2022

江苏统计年鉴

JIANGSU STATISTICAL YEARBOOK

（总第39期 №.39）

江　苏　省　统　计　局
国家统计局江苏调查总队　编

Compiled by
Jiangsu Provincial Bureau of Statistics
Survey Office of the National Bureau of Statistics in Jiangsu

中国统计出版社
China Statistics Press

图书在版编目(CIP)数据

江苏统计年鉴. 2022 = Jiangsu Statistical Yearbook 2022：汉、英 / 江苏省统计局，国家统计局江苏调查总队编. —北京：中国统计出版社，2022.8
ISBN 978-7-5037-9839-9

Ⅰ. ①江… Ⅱ. ①江… ②国… Ⅲ. ①统计资料-江苏-2022-年鉴-汉、英 Ⅳ. ①C832.53-54

中国版本图书馆 CIP 数据核字(2022)第 100406 号

江苏统计年鉴 2022

编　　者 / 江苏省统计局　国家统计局江苏调查总队
责任编辑 / 高媛媛
执行编辑 / 王春蕾
装帧设计 / 奚　磊
出版发行 / 中国统计出版社有限公司
地　　址 / 北京市丰台区西三环南路甲 6 号
邮政编码 / 100073
电　　话 / 邮购(010)63376909　书店(010)68783171
网　　址 / http://www.zgtjcbs.com
印　　刷 / 南京人民印刷厂有限责任公司
经　　销 / 新华书店
开　　本 / 890 mm × 1240 mm　1/16
字　　数 / 2000 千字
印　　张 / 46.50
版　　别 / 2022 年 8 月第 1 版
版　　次 / 2022 年 8 月第 1 次印刷
定　　价 / 480.00 元　Price: 480.00 yuan(RMB)

本书附同版本 CD-ROM 一张，光盘内容以书面文字为准。

如有印装错误，由本社发行部负责调换。

《江苏统计年鉴2022》

编委会和编辑人员

Jiangsu Statistical Yearbook 2022

EDITORIAL BOARD AND EDITORIAL STAFF

编者说明

一、《江苏统计年鉴 2022》(以下简称《年鉴》)是一部全面、系统反映江苏省 2021 年及历史重要年份国民经济和社会发展情况的资料性年刊,收录了江苏省及各地区大量的经济社会发展统计信息。

二、《年鉴》分为 22 篇:1. 综合;2. 国民经济核算;3. 人口、就业和工资;4. 价格指数;5. 人民生活;6. 固定资产投资;7. 财政、金融;8. 对外经济贸易;9. 能源、资源、环境;10. 农业;11. 工业;12. 建筑业;13. 运输、邮电和服务业;14. 批发零售、住宿餐饮和旅游;15. 科技、教育;16. 文化、体育、卫生;17. 公共管理、社会保障和社会组织;18. 城市经济与建设;19. 区域经济;20. 市县社会经济;21. 县(市)社会经济发展序列;22. 乡镇基本情况以及附录部分,全国分省主要指标。

为方便读者使用,各篇首设有简要说明,对本篇的主要内容、资料来源、统计范围、统计方法以及历史变动情况予以简要概述,篇末附有主要统计指标解释。

三、《年鉴》资料大部分来自年度统计报表,少部分来自抽样调查等。全国分省资料来自国家统计局的有关统计资料。

四、《年鉴》中所使用的度量衡单位均采用国际统一标准计量单位。

五、《年鉴》中国民经济行业分类按 2017 年国家标准"国民经济行业分类"(GB/T4754 - 2017)执行。

六、《年鉴》总量指标计算所采用的价格均为现行价格。

七、《年鉴》中部分数据合计数或相对数由于单位取舍不同产生的计算误差,均未作机械调整。

八、《年鉴》表中"..."表示数据不足本表最小单位数;空格表示该项统计指标数据不详或无该项数据;加"#"表示其中的主要项。

感谢国内外广大读者多年来对《年鉴》编辑出版工作的支持和帮助,欢迎继续提出宝贵意见,使《年鉴》的形式和内容更趋完善。

EDITOR'S NOTES

Ⅰ. *Jiangsu Statistical Yearbook 2022* (abbreviated as *Yearbook* hereinafter) is an annual statistical publication which preflects comprehenisive and systematic data series about the national economy and social development in Jiangsu Province in 2021 and some selected data series in historically important years. It includes much statistical information on economic and social development the province and various regions.

Ⅱ. *Yearbook* contatins twenty-two chapters: 1. General Survey; 2. National Accounts; 3. Population, Employment and Wages; 4. Price Indices; 5. People's Livelihoods; 6. Investment in Fixed Assets; 7. Government Finance, Financial Intermediation; 8. International Trade and Economic Cooperation; 9. Energy, Resources and Environment; 10. Agriculture; 11. Industry; 12. Construction; 13. Transport, Postal and Telecommunication Services, and Service Industry; 14. Wholesale and Retail Trades, Hotels, Catering Services and Tourism; 15. Science and Technology, Education; 16. Culture, Sports and Public Health; 17. Public Management, Social Security and Social Organizations; 18. Urban Economy and Construction; 19. Regional Economy; 20. Social Economy of Cities and Counties; 21. Social Economy Development Sequence of Counties (Cities); 22. Basic Conditions of Villages and Towns. Appendix—Major Indicators by Province.

To facilitate readers, the Brief Introduction at the beginning of each chapter provides a summary of the main contents of the chapter, data sources, statistical scope, statistical methods and historical changes. At the end of each chapter, Explanatory Notes on Main Statistical Indicators are included.

Ⅲ. The major data sources of this *Yearbook* are obtained from annual statistical reports, and some from sample surveys. National major indicators grouped by province are obtained from relative statistical data published by the National Bureau of Statistics of China.

Ⅳ. The units of measurement used in the *Yearbook* are international standard measurement units.

Ⅴ. The classification of national economic industry used in the *Yearbook* is carried out according to the national standard of 2017's "The Classification on National Economic Industry" (GB/T4754 – 2017).

Ⅵ. The prices used in the calculation of the gross indicators are current prises.

Ⅶ. Statistical dicrepancies on totals and relative figures due to rounding are not adjusted in the *Yearbook*.

Ⅷ. In the *Yearbook*, "…" indicates that the data are not large enough to be measured in the smallest unit in the table; (blank space) indicates that the data are unknown, or are not available, "#" indicates the major breakdown of the total.

We express thanks to the general readers of domestic and abroad for supporting and helping the work of compilation and publication of the *Yearbook*. We sincerely welcome valuable suggestions from the general readers so that the form and content of the *Yearbook* can be further improved.

目 录

CONTENTS

1 综 合

General Survey

2　国民经济核算

National Accounts

4 价格指数

Price Indices

5 人民生活

People's Livelihoods

6　固定资产投资

Investment in Fixed Assets

7 财政、金融

Government Finance, Financial Intermediation

8 对外经济贸易

International Trade and Economic Cooperation

9 能源、资源、环境

Energy, Resources and Environment

10 农 业

Agriculture

11 工 业

Industry

12 建筑业

Construction

13 运输、邮电和服务业

Transport, Postal and Telecommunication Services, and Service Industry

15　科技、教育

Science and Technology, Education

16 文化、体育、卫生

Culture, Sports and Public Health

17 公共管理、社会保障和社会组织

Public Management, Social Security and Social Organizations

18 城市经济与建设

Urban Economy and Construction

19 区域经济

Regional Economy

20　市县社会经济

Social Economy of Cities and Counties

21　县（市）社会经济发展序列

Social Economy Development Sequence of Counties（Cities）

22 乡镇基本情况

Basic Conditions of Villages and Towns

附录 全国分省主要指标

Appendix Main Indicators by Province

1

综　合

General Survey

简 要 说 明

本篇主要内容和资料来源

一、综合资料主要包括行政区划、国民经济和社会发展综合资料、私营个体统计资料等。

二、行政区划资料，由民政部门根据截止到上一年末全省行政区划变更情况整理提供。

三、国民经济综合资料是抽取全书的精华，通过对各篇章主要统计指标及其速度、结构、比例和效益等的加工计算，反映国民经济和社会发展的总体情况。

四、私营个体统计资料，由市场监管部门整理提供。

Brief Introduction

Main Contents and Sources of Data

Ⅰ. This chapter consists of three parts: divisions of administrative areas, summary data on the national economy and social development, and private and individual statistics.

Ⅱ. Data on divisions of administrative areas are provided by the Ministry of Civil Affairs on the basis of the changes in the divisions of administrative areas at the end of the previous year.

Ⅲ. The summary data on the national economy extracts the essence of the whole book and reflect the overall situation of the economic and social development by processing and calculating main statistical indicators and its growth, structure, ratio and efficiency, which derived from other chapters.

Ⅳ. Private and individual statistics are sorted out and provided by the Department of Market Regulatory.

自然概况

位　置

江苏简称苏，位于我国大陆东部沿海中心，介于东经116°18′—121°57′，北纬30°45′—35°20′之间。东濒黄海，西连安徽，北接山东，东南与浙江和上海毗邻。

江苏地处美丽富饶的长江三角洲，平原辽阔，主要有苏南平原，江淮平原、黄淮平原和东部滨海平原，自然条件优越，经济基础较好。

面　积

全省面积10.72万平方公里，占全国总面积的1.1%，海岸线长954公里。

河　流

全省境内河川交错，水网密布，长江横穿东西425多公里，大运河纵贯南北718公里，西南部有秦淮河，北部有苏北灌溉总渠、新沭河、通扬运河等。有大小湖泊290多个，全国五大淡水湖，江苏得其二，太湖和洪泽湖像两面大明镜，分别镶嵌在水乡江南和苏北平原。

资　源

江苏以地形地势低平，河湖众多为特点，平原、水面所占比例之大，在全国居首位，成为江苏一大地理优势。水产资源丰富，有广阔的海涂、浅海，东部沿海渔场面积达15.4万平方公里，其中包括著名的吕泗、海州湾等四大渔场，盛产黄鱼、带鱼、昌鱼、虾类、蟹类及贝藻类等。江苏也是全国河蟹、鳗鱼苗的主要产地。内陆水面4000多万亩，养殖面积1148万亩，有淡水鱼类140余种，已利用的有40多种。矿产资源分布广泛，品种较多，已发现的有133种。能源矿产主要有煤炭、石油和天然气；非金属矿产有硫、磷、钠盐、水晶、蓝晶石、蓝宝石、金刚石、高岭土、石灰石、石英砂、大理石、陶瓷粘土；金属矿产有铁、铜、铅、锌、银、金、锶、锰等。粘土类矿产、建材类矿产、化工原料矿产、冶金辅助原料矿产、特种用途矿产和有色金属矿产，是江苏矿产资源的优势。

气　候

全省地处亚热带向暖温带过渡区，气候温和，雨量适中，四季分明，以淮河、灌溉总渠一线为界，以南属亚热带湿润季风气候，以北属暖温带湿润、半湿润季风气候。

Natural Resources

Location

Jiangsu (short for Su) lies in the east of the country. It is situated in the center of the costal area, between 116°18′—121°57′E and 30°45′—35°20′N, with Yellow Sea on the east, Anhui on the west, Shandong on the north, and Zhejiang and Shanghai as its neighbours on the south-east.

Jiangsu seats on the beautiful and abundant Yangtze River Delta with vast plains, mainly including South-Su Plain, Jianghuai Plain, Huanghuai Plain and Eastern Coastal Plain. Jiangsu possesses favorable natural conditions and good economic bases.

Area

The area of Jiangsu is 107. 2 thousand square kilometres, occupied 1. 1 % of the total national area. The coastline of the province is as long as 954 kilmetres.

Rivers and Lakes

In Jiangsu, there are rivers crisscrossing over the water network. The Yangtze River travels the whole area of Jiangsu, from west to east, for more than 425 kilometres. The Grand Canal flows from south to north for 718 kilometres. There are Qinhuai River in the south-east of Jiangsu, Northern Jiangsu Irrigation Canal, Xinshu River and Tongyang canal etc. in the north part. Among the 290 lakes of varying size in Jiangsu, the Taihu Lake and Hongzehu Lake are both listed among the national "Five Largest Freshwater Lakes", which are like two bright mirrors inlaid respectively into the water town in the south of Yangtze River and Subei Plain.

Resources

The province is characteristic of topographical features in low and flat terrains, with numerous rivers and lakes. The proportion of plains and watersurface areas is so large that it ranks the first in China and becomes a geographical superiority proportion. There are plentiful aquatic resources, vast shallow sea beaches and epeiric seas. There are 154 thousand square kilometres of fishing grounds on the eastern coastal area, composed of the four famous fishing grounds such as Lvsi and Haizhouwan etc. , abound in yellow croaker, hairtail, butterfish, shrimps and crabs, and shellfish and algae. Jiangsu is also a main production area of crabs and young eels in the country. There are more than 40 million mu of interior water surface, with 11.48 million mu of aquatic farm. Among 140 kinds and more of flesh water fishes, over 40 are utilized. Numerous varieties of mineral resources are widely dispersed, 133 kinds of them have been discovered. The main sources of energy and minerals dispersed in Jiangsu are coal, petroleum and natural gas. Non-metallic minerals contain sulphur, phosphorus, sodium, crystal, kyanite, sapphire, diamond, kaolin, limestone, quartzite, marble and pottery clay. Metallic minerals contain iron, copper, lead, zinc, silver, gold, strontium and manganese. The minerals as clay, construction materials, sand, chemical raw materials, metallurgical assistance raw materials, special purpose minerals and non-ferrous metal minerals become a mineral superiority of Jiangsu.

Climate

Jiangsu is located in the subtropical to warm temperate transition zone, with mild climate, moderate rainfall and distinct seasons. It is bounded by the Huaihe River and the general irrigation canal. The south belongs to the subtropical temperate monsoon climate, while the north belongs to the warm temperate humid, semi-humid monsoon climate.

综　合
GENERAL SURVEY

从数字看 2021 年的江苏
Statistics of Jiangsu in 2021

江 苏 的 地 位
Status of Jiangsu

地区生产总值	Gross Domestic Product	占全国	10.2 %	10.2 percent of China
#第三产业	Tertiary Industry	占全国	9.8%	9.8 percent of China
人均地区生产总值	Per Capita GDP	高于全国	56063 元	Over 56063 yuan
房地产开发投资	Real Estate Development and Investment	占全国	9.1%	9.1 percent of China
社会消费品零售总额	Total Retail Sales of Consumer Goods	占全国	9.7%	9.7 percent of China
进出口总额(人民币)	Total Value of Imports and Exports(RMB)	占全国	13.3%	13.3 percent of China
#出口总额	Total Exports	占全国	15.0%	15.0 percent of China
粮食产量	Output of Grain	占全国	5.5%	5.5 percent of China
钢材产量	Output of Steel	占全国	11.7%	11.7 percent of China
发电量	Output of Electricity	占全国	6.8%	6.8 percent of China
居民人均可支配收入	Per Capita Disposable Income of Households	高于全国	12370 元	Over 12370 yuan
城镇常住居民人均可支配收入	Per Capita Disposable Income of Urban Permanent Households	高于全国	10332 元	Over 10332 yuan
农村常住居民人均可支配收入	Per Capita Disposable Income of Rural Permanent Households	高于全国	7860 元	Over 7860 yuan

江 苏 的 人 口
Population of Jiangsu

年末常住人口	Permanent Population at Year-end	8505.40	万人	(10 000 persons)
年末户籍人口	Registered Population at Year-end	7881.70	万人	(10 000 persons)
就业人员	Employment	4862.86	万人	(10 000 persons)
出生人口	Births	57.98	万人	(10 000 persons)
死亡人口	Deaths	57.49	万人	(10 000 persons)
结婚人数	Marriages	46.70	万对	(10 000 couples)
离婚人数	Divorces	13.48	万对	(10 000 couples)
人口密度	Population Density	793	人/平方公里	(person/sq. km)

江苏的经济发展
Economic Development of Jiangsu

		1979—2021年平均增长(%) 1979—2021 Average Annual Growth Rate(%)	2012—2021年平均增长(%) 2012—2021 Average Annual Growth Rate(%)
地区生产总值	Gross Domestic Product	11.4	7.9
第一产业	Primary Industry	4.1	2.3
第二产业	Secondary Industry	12.5	7.9
#工业	Industry	12.7	8.3
第三产业	Tertiary Industry	13.0	8.6
一般公共预算收入	General Public Budget Revenue	12.6	8.5
社会消费品零售总额	Total Retail Sales of Consumer Goods	15.6	10.7
出口总额	Total Exports	16.6	1.0

江苏的一天
One Day in Jiangsu

地区生产总值	Gross Domestic Product	318.81	亿元	(100 million yuan)
第一产业	Primary Industry	12.94	亿元	(100 million yuan)
第二产业	Secondary Industry	141.85	亿元	(100 million yuan)
#工业	Industry	122.29	亿元	(100 million yuan)
第三产业	Tertiary Industry	164.02	亿元	(100 million yuan)
财政收入	Government Revenue	85.34	亿元	(100 million yuan)
货物运输量	Freight Traffic	841.58	万吨	(10 000 tons)
竣工房屋面积	Floor Space of Buildings Completed	205.46	万平方米	(10 000 sq. m)
社会消费品零售总额	Total Retail Sales of Consumer Goods	116.99	亿元	(100 million yuan)
出口总额	Total Exports	13.80	亿美元	(USD 100 million)
出版报纸	Newspapers Published	547.93	万份	(10 000 copies)
邮寄函件	Letters Delivered	33.04	万件	(10 000 pieces)

1-1 行政区划（2021 年）
Administrative Divisions (2021)

单位:个 (unit)

市名	City	各级市单位数 Number of Cities at All Levels	县级单位数 Number of Counties	市辖区 Districts under the Jurisdiction of Cities	县级市 Cities at County Level	县 Counties
全省	**Total**	**13**	**95**	**55**	**21**	**19**
南京	Nanjing	1	11	11	0	0
无锡	Wuxi	1	7	5	2	0
徐州	Xuzhou	1	10	5	2	3
常州	Changzhou	1	6	5	1	0
苏州	Suzhou	1	9	5	4	0
南通	Nantong	1	7	3	3	1
连云港	Lianyungang	1	6	3	0	3
淮安	Huai'an	1	7	4	0	3
盐城	Yancheng	1	9	3	1	5
扬州	Yangzhou	1	6	3	2	1
镇江	Zhenjiang	1	6	3	3	0
泰州	Taizhou	1	6	3	3	0
宿迁	Suqian	1	5	2	0	3

1-1 续表 Continued

单位:个 (unit)

市名	City	镇 Towns	乡 Townships	街道办事处 Subdistrict Offices	居民委员会 Neighbourhood Committees	村民委员会 Village Committees
全省	**Total**	**699**	**19**	**519**	**7536**	**13767**
南京	Nanjing	6	0	95	902	324
无锡	Wuxi	30	0	45	654	545
徐州	Xuzhou	97	0	70	733	2031
常州	Changzhou	33	0	29	433	599
苏州	Suzhou	51	0	46	1179	964
南通	Nantong	65	0	38	636	1295
连云港	Lianyungang	53	7	30	278	1428
淮安	Huai'an	57	0	38	310	1276
盐城	Yancheng	95	0	30	637	1759
扬州	Yangzhou	61	2	20	391	1009
镇江	Zhenjiang	31	0	25	285	484
泰州	Taizhou	61	2	25	522	1165
宿迁	Suqian	59	8	28	576	888

1－2　国民经济和社会发展总量与速度指标

指　标	Item	总量指标 1978	1990	2000	2010
人口与就业	**Population and Employment**				
人口　（万人）	**Population　(10 000 persons)**				
年末人口	Population at Year-end	5834.32	6766.90	7327.24	7869.34
城镇人口	Urban Population	800.77	1458.94	3040.81	4767.63
乡村人口	Rural Population	5033.55	5307.96	4286.43	3101.71
就业　（万人）	**Employment　(10 000 persons)**				
就业人数	Number of Employed Persons	2777.72	4225.02	4418.14	4724.68
#城镇非私营单位在岗职工人数	Number of Employees in Urban Non Private Units	581.50	879.85	673.25	710.58
#国有单位	State-owned Units	366.37	536.88	411.40	263.95
年末城镇登记失业人数	Number of Registered Unemployment in Urban Areas at Year-end		22.52	30.36	40.65
宏观经济	**Macro-economy**				
国民经济核算　（亿元）	**National Accounts　(100 million yuan)**				
地区生产总值	Gross Domestic Product	249.24	1416.50	8553.69	41383.87
第一产业	Primary Industry	68.71	355.17	1048.34	2409.24
第二产业	Secondary Industry	131.09	692.59	4435.89	21853.60
第三产业	Tertiary Industry	49.44	368.74	3069.46	17121.03
支出法地区生产总值	GDP by Expenditure Approach				
#最终消费	Final Consumption Expenditure	130.55	717.36	3710.72	17216.82
居民消费	Household Consumption	115.15	608.29	2815.51	10942.82
政府消费	Government Consumption	15.40	109.07	895.21	6274.00
资本形成总额	Gross Capital Formation	77.98	588.44	4044.78	21740.39
固定资本形成	Fixed Capital Formation	40.40	374.12	3225.42	21276.24
存货增加	Changes in Inventories	37.58	214.32	819.36	464.15
货物和服务净出口	Net Exports of Goods and Services	40.71	110.70	798.19	2426.65
投资　（亿元）	**Investment　(100 million yuan)**				
房地产开发投资	Real Estate Development and Investment		11.71	358.72	4299.38
#住宅	Residential Buildings			260.79	3158.46
财政　（亿元）	**Finance　(100 million yuan)**				
一般公共预算收入	General Public Budget Revenue	61.09	136.20	448.31	4079.86
一般公共预算支出	General Public Budget Expenditure	28.38	100.97	591.28	4914.06
物价　（上年＝100）	**Price　(preceding year＝100)**				
居民消费价格指数	Consumer Price Index	100.1	103.2	100.1	103.8

Aggregate Indicators on National Economy and Social Development and Growth Rates

Aggregate Indicator		速度指标 Growth Rate							
		2021年比下列各年增长(%) Growth Rate of 2021 over the Following Years (%)					年平均增长(%) Average Annual Growth Rate (%)		
2020	2021	1978	1990	2000	2010	2020	1979—2021	2002—2021	2012—2021
8477.26	8505.40	45.8	25.7	16.1	8.1	0.3	0.9	0.7	0.7
6225.86	6288.89	685.4	331.1	106.8	31.9	1.0	4.9	3.5	2.5
2251.40	2216.51	-56.0	-58.2	-48.3	-28.5	-1.5	-1.9	-3.1	-3.0
4893.00	4862.86	75.1	15.1	10.1	2.9	-0.6	1.3	0.5	0.26
1263.46	1241.23	113.5	41.1	84.4	74.7	-1.8	1.8	3.0	5.2
265.37	277.95	-24.1	-48.2	-32.4	5.3	4.7	-0.6	-1.8	0.5
36.67	49.13		118.2	61.8	20.9	34.0		2.3	1.7
102718.98	116364.20	10371.8	2882.3	702.1	131.7	8.6	11.4	10.4	7.9
4536.72	4722.42	462.1	200.3	83.6	29.1	3.1	4.1	2.9	2.3
44226.43	51775.39	16007.1	3890.9	796.2	131.1	10.1	12.5	11.0	7.9
53955.83	59866.39	18969.4	3728.4	784.1	147.7	7.7	13.0	10.9	8.6
102807.68									
49717.89									
36380.33									
43434.52									
41548.93									
1885.59									
9655.27									
13171.27	13477.45		114993.5	3657.1	213.5	2.3		18.8	10.9
10416.03	10786.21			4036.0	241.5	3.6		19.4	11.8
9058.99	10015.16	16294.1	7253.3	2134.0	145.5	10.6	12.6	15.9	8.5
13681.55	14585.26	51292.74	14345.14	2366.73	196.81	6.61	15.62	16.49	10.40
102.5	101.6	614.0	235.1	62.8	31.3	1.6	4.7	2.3	2.5

1-2 续表 1

指标	Item	总量指标 1978	1990	2000	2010
商品零售价格指数	Retail Price Index	100.2	102.3	98.6	103.2
工业生产者出厂价格指数	Producer Price Index for Industrial Products			101.1	107.3
工业生产者购进价格指数	Purchasing Price Index of Industrial Producers			107.1	112.8
利用外资 （亿美元）	**Utilization of Foreign Capital （USD 100 million）**				
实际使用外资	Actually Utilization of Foreign Capital		1.41	64.24	284.98
产 业	**Industry**				
农业	**Agriculture**				
农林牧渔业劳动力 （万人）	Agriculture, Forestry, Animal Husbandry and Fishery Labor Force （10 000 persons）	2030.67	1714.49	1480.22	859.83
农林牧渔业总产值 （亿元）	Gross Output Value of Agriculture, Forestry, Animal Husbandry and Fishery （100 million yuan）	105.87	580.53	1869.73	4283.21
主要农产品产量 （万吨）	Output of Major Farm Products （10 000 tons）				
粮食	Grain	2400.65	3264.15	3106.63	3235.10
棉花	Cotton	47.54	46.42	31.45	26.08
油料	Oil-bearing Crops	37.44	112.39	225.65	151.97
糖类	Sugar Crops	6.88	22.26	28.26	10.27
蚕茧	Silkworm Cocoons	2.63	12.00	9.01	7.91
猪牛羊肉	Pork, Beef and Mutton		158.38	227.41	223.91
水产品	Aquatic Products	39.76	118.25	308.79	460.44
工业	**Industry**				
全部工业增加值 （亿元）	Total Industrial Added Value （10 000 tons）	117.10	634.13	3848.52	19382.18
主要工业产品产量 （万吨）	Output of Major Industrial Products （10 000 tons）				
粗钢	Crude Steel	54.51	190.18	617.16	6242.75
钢材	Rolled Steel	60.31	203.01	1401.83	9122.95
发电量 （亿千瓦时）	Electricity Generation （100 million kW·h）	126.42	404.47	909.69	3358.98
原煤	Coal	1707.02	2407.79	2479.02	2122.48
农用化肥(折 100%)	Chemical Fertilizers	72.18	145.90	192.38	241.96
水泥	Cement	444.10	1532.89	4599.52	15647.46
化学纤维	Chemical Fiber	2.11	40.76	190.99	1027.19
彩色电视机 （万台）	Color Television Sets （10 000 units）	0.03	36.64	127.66	1766.89
家用电冰箱 （万台）	Household Refrigerators （10 000 units）		83.18	285.17	812.49
汽车 （万辆）	Motor Vehicles （10 000 units）	1.51	4.63	9.06	72.87
建筑业	**Construction**				
建筑业从事主营业务活动的从业人员平均人数 （万人）	The Average Number of Employees Engaged in Principal Business （10 000 persons）		124.31	221.48	598.98
建筑业总产值 （亿元）	Gross Output Value of Construction （100 million yuan）		147.23	1546.17	12405.90
施工房屋面积 （万平方米）	Floor Space of Buildings under Construction （10 000 sq. m）		5241	21287	119036
竣工房屋面积 （万平方米）	Floor Space of Buildings Completed （10 000 sq. m）		3308	12330	48560

1-2 续表1 Continued

Aggregate Indicator		速度指标 Growth Rate							
2020	2021	2021年比下列各年增长(%) Growth Rate of 2021 over the Following Years (%)					年平均增长(%) Average Annual Growth Rate (%)		
		1978	1990	2000	2010	2020	1979—2021	2002—2021	2012—2021
101.8	102.3	421.0	147.3	37.8	24.6	2.3	3.9	1.5	2.0
97.8	106.3		96.8	23.7	2.9	6.3		1.0	0.3
96.5	113.8		248.9	77.8	2.1	13.8		2.8	0.2
283.84	329.96		23284.8	413.7	15.8	16.2		8.1	1.3
658.13	631.46	-68.9	-63.2	-57.3	-26.6	-4.1	-2.7	-4.0	-2.8
7952.59	8279.72	733.7	319.7	99.5	32.0	4.3	5.1	3.3	2.6
3729.06	3746.10	56.0	14.8	20.6	15.8	0.5	1.0	0.9	1.3
1.06	0.79	-98.3	-98.3	-97.5	-97.0	-25.7	-9.1	-16.1	-27.2
93.01	97.81	161.2	-13.0	-56.7	-35.6	5.2	2.3	-3.9	-3.9
7.14	6.56	-4.7	-70.5	-76.8	-36.2	-8.2	-0.1	-6.7	-4.0
3.64	3.06	16.3	-74.5	-66.1	-61.3	-16.0	0.4	-5.0	-8.3
149.55	184.52		16.5	-18.9	-17.6	23.4		-1.0	-1.7
490.18	493.81		317.6	59.9	7.2	0.7		2.3	0.6
38198.13	44634.07	17237.4	4040.2	870.8	140.2	11.6	12.7	11.4	8.3
12108.20	11924.95	21776.6	6170.3	1832.2	91.0	-1.5	13.3	15.1	6.1
15004.02	15701.90	25935.3	7634.5	1020.1	72.1	4.7	13.8	12.2	5.1
5049.54	5782.40	4474.0	1329.6	535.6	72.1	14.5	9.3	9.2	5.1
1022.28	934.34	-45.3	-61.2	-62.3	-56.0	-8.6	-1.4	-4.5	-7.2
199.41	178.29	147.0	22.2	-7.3	-26.3	-10.6	2.1	-0.4	-2.7
15246.45	15374.24	3361.9	903.0	234.3	-1.7	0.8	8.6	5.9	-0.2
1534.12	1625.34	76930.3	3887.6	751.0	58.2	5.9	16.7	10.7	4.3
796.37	753.55	2511733.3	1956.6	490.3	-57.4	-5.9	26.6	8.8	-7.5
1265.22	1372.11		1549.6	381.2	68.9	8.4		7.8	4.9
75.33	77.57	5044.2	1575.7	755.8	6.4	3.0	9.6	10.8	0.6
973.96	1035.33		732.9	367.5	72.8	6.3		7.6	5.1
35251.64	38244.49		25876.0	2373.5	208.3	8.5		16.5	10.8
267408	273428		5117.1	1184.5	129.7	2.3		12.9	7.9
77803	74993		2167.1	508.2	54.4	-3.6		9.0	4.0

1-2 续表 2

指标	Item	总量指标 1978	1990	2000	2010
交通运输	**Transport**				
货运量 （万吨）	Freight Traffic （10 000 tons）	14626	49399	90436	188565
#铁路	Railways	3224	4235	4077	6374
公路	Highways	4488	27904	59056	123500
水运	Waterways	6557	15908	25902	48702
客运量 （万人）	Passenger Traffic （10 000 persons）	25621	48339	107244	226627
#铁路	Railways	2752	4788	4891	9711
公路	Highways	18694	41850	101713	215850
水运	Waterways	4175	1701	514	590
港口货物吞吐量 （万吨）	Volume of Freight Handled at Seaports （10 000 tons）	10183	17002	39200	158977
邮电通信业	**Postal and Telecommunication Services**				
邮电业务总量 （亿元）	Business Volume of Postal Services （100 million yuan）	1.83	9.98	323.45	2194.60
函件 （亿件）	Number of Letters （100 million pieces）	1.63	3.30	5.74	9.36
年末固定电话用户 （万户）	Number of Fixed Telephone Subseribers at Year-end （10 000 househalds）			1138.06	2498.80
年末移动电话用户 （万户）	Number of Mobile Phone Subseribers at Year-end （10 000 househalds）			619.50	5923.10
国内商业	**Domestic Trade**				
社会消费品零售总额 （亿元）	Total Retail Sales of Consumer Goods （100 million yuan）	84.79	515.43	2940.16	13990.35
对外经济贸易和旅游	**International Trade and Tourism**				
进出口总额 （亿美元）	Total Value of Imports and Exports （USD 100 million）	4.27	41.39	456.38	4657.93
进口	Imports	0.09	11.95	198.69	1952.43
出口	Exports	4.18	29.44	257.70	2705.50
接待海外旅游人数 （万人）	Number of Overseas Tourists Received （10 000 persons）	11.33	72.48	160.94	653.55
金融保险 （亿元）	**Finance and Insurance （100 million yuan）**				
年末金融机构人民币存款	RMB Deposits of Financial Institutions at the End of the Year	60.72	860.33	8400.75	58984.14
年末金融机构人民币贷款	RMB Loans of Financial Institutions at the End of the Year	115.29	1013.45	5967.66	42121.04
国内保险保费收入	Domestic Premium Income		9.31	132.03	1162.67
教育、科技、文化	**Education, Science and Technology, Culture**				
教育	**Education**				
高等学校本专科在校学生 （万人）	Student Enrollment in Normal and Short-cycle Courses in Higher Education Institutions （10 000 persons）	6.05	14.69	45.19	164.94
中等专业学校在校学生 （万人）	Students Enrollment in Specialized Secondary Schools （10 000 persons）	3.84	13.99	43.62	68.30
普通中学在校学生 （万人）	Students Enrollment in Regular Secondary Schools （10 000 persons）	385.85	281.97	373.64	368.61
小学在校学生 （万人）	Students Enrollment in Primary Schools （10 000 persons）	868.90	612.29	718.55	398.78
科技	**Science and Technology**				
各类专业技术人员 （万人）	Professional and Technical Personnels （10 000 persons）	22.18	158.86	194.24	140.53

1-2 续表2 Continued

Aggregate Indicator		速度指标 Growth Rate							
		2021年比下列各年增长(%) Growth Rate of 2021 over the Following Years (%)					年平均增长(%) Average Annual Growth Rate (%)		
2020	2021	1978	1990	2000	2010	2020	1979—2021	2002—2021	2012—2021
288513	307176	2000.2	521.8	239.7	62.9	6.5	7.3	6.0	4.5
6866	8188	154.0	93.3	100.8	28.5	19.3	2.2	3.4	2.3
174624	186708	4060.2	569.1	216.2	51.2	6.9	9.1	5.6	3.8
93467	98232	1398.1	517.5	279.2	101.7	5.1	6.5	6.6	6.6
85164	66156	158.2	36.9	-38.3	-70.8	-22.3	2.2	-2.3	-10.6
15038	19075	593.1	298.4	290.0	96.4	26.8	4.6	6.7	6.3
67664	43789	134.2	4.6	-56.9	79.7	-35.3	2.0	-3.9	-13.5
1562	2140	-48.7	25.8	316.3	262.7	37.0	-1.5	7.0	12.4
296553	320835	3050.7	1787.0	718.5	101.8	8.2	8.4	10.5	6.6
10881.16	2270.13	123951.0	22646.8	601.8	3.4	-79.1	18.0	9.7	0.3
1.52	1.21	-26.0	-63.5	-79.0	-87.1	-20.5	-0.7	-7.2	-17.0
1265.34	1250.47			9.9	-50.0	-1.2		0.4	-6.1
9897.05	10179.47			1543.2	71.9	2.9		14.3	5.0
37086.06	42702.65	50262.8	8184.9	1352.4	205.2	15.1	15.6	13.6	10.7
6427.75	8068.73	188646.7	19393.9	1668.0	73.2	25.5	19.2	14.7	5.1
2464.91	2033.29	3359022.5	25277.2	1426.7	55.4	23.1	27.4	13.9	4.1
3962.83	5035.49	120232.8	17005.1	1854.0	86.1	27.1	17.9	15.2	5.8
77.03	61.89	446.2	-14.6	-61.5	-90.5	-19.7	4.0	-4.4	-19.3
172580.27	189433.13	311878.1	21918.7	2155.0	221.2	9.8	20.6	16.0	11.2
154523.28	177970.10	154267.3	17460.8	2882.2	322.5	15.2	18.6	17.5	14.0
4015.10	4051.10		43413.4	2968.3	248.4	0.9		17.7	12.0
201.47	211.08	3388.9	1336.9	367.1	28.0	4.8	8.6	7.6	2.3
50.83	64.12	1569.8	358.3	47.0	-6.1	26.1	6.8	1.9	-0.6
369.80	389.07	0.8	38.0	4.1	5.6	5.2	0.0	0.2	0.5
580.82	585.68	-32.6	-4.3	-18.5	46.9	0.8	-0.9	-1.0	3.6
125.12	132.25	496.3	-16.7	-31.9	-5.9	5.7	-1.2	-1.8	-0.6

1-2 续表 3

指标	Item	总量指标 1978	1990	2000	2010
#工程技术人员	Engineering Personnels	7.83	31.84	44.84	19.00
文化	**Culture**				
图书出版量（亿册）	Books Published (100 million copies)	1.94	3.44	3.47	5.17
杂志出版量（万册）	Magazines Issued (10 000 copies)	535	4107	11008	10475
报纸出版量（亿份）	Newspapers Issued (100 million copies)	2.45	8.27	23.34	27.12
家庭、生活、卫生	**Family, People's Livelihood and Health Care**				
家庭	**Family**				
总户数（万户）	Total Households (10 000 households)	1423.11	1806.78	2220.38	2564.59
城镇居民平均每户家庭人口（人）	Average Household Size in Urban Households (person)		3.34	3.07	2.79
农村居民平均每户家庭人口（人）	Average Household Size in Rural Households (person)		4.10	3.74	3.68
居住	**Housing**				
城镇居民人均住房建筑面积（平方米）	Per Capita Floor Space of Urban Households (sq. m)	5.7	17.3	25.5	33.4
农村居民人均住房建筑面积（平方米）	Per Capita Floor Space of Rural Households (sq. m)	9.7	25.2	33.7	46.3
收入	**Income**				
城镇居民人均可支配收入（元）	Per Capita Disposable Income of Urban Households (yuan)	288	1464	6800	22944
农村居民人均可支配收入（元）	Per Capita Disposable Income of Rural Households (yuan)	155	884	3595	9118
工资	**Wages**				
工资总额（亿元）	Total Wages of Staff and Workers (100 million yuan)	29.05	184.60	705.36	2841.33
职工平均工资（元）	Average Wage of Staff and Workers (yuan)	513	2129	10299	40505
卫生	**Health Care**				
医疗卫生机构数（个）	Number of Health Care Institutions (unit)	9277	12366	12813	30961
#医院	Hospitals			634	1157
基层医疗卫生机构	Health Care Institutions at Grassroot Level				29098
专业公共卫生机构	Professional Public Health Institutions				449
其他机构	Other Institutions				257
床位数（万张）	Number of Hospital Beds (10 000 units)	12.29	16.45	17.31	26.97
#医院	Hospital			10.01	19.55
基层医疗卫生机构	Health Care Institutions at Grassroot Level				6.86
专业公共卫生机构	Professional Public Health Institutions				0.34
其他机构	Other Institutions				0.22
卫生技术人员数（万人）	Number of Health Technical Personnels (10 000 persons)	14.00	21.35	25.36	32.84
#执业(助理)医师	Licensed Physicians & Physician Assistants	5.70	9.94	11.44	12.90
注册护士	Registered Nurses	1.79	5.34	7.39	12.03
市政建设	**Urban Civil Construction**				
自来水供水量（亿吨）	Volume of Tap Water Supply (100 million tons)	3.51	25.67	35.34	48.28
排水管道长度（公里）	Length of Sewage Pipes (km)	1503	4099	11097	46867
年末实有道路长度（公里）	Length of Paved Roads at Year-end (km)	1893	5812	11011	31899

1－2 续表3 Continued

Aggregate Indicator		速度指标 Growth Rate							
		2021年比下列各年增长(%) Growth Rate of 2021 over the Following Years (%)					年平均增长(%) Average Annual Growth Rate (%)		
2020	2021	1978	1990	2000	2010	2020	1979—2021	2002—2021	2012—2021
12.37	14.18	81.1	-55.5	-68.4	-25.4	14.6	1.4	-5.3	-2.6
7.00	7.89	306.7	129.4	127.4	52.6	12.7	3.3	4.0	3.9
10936	11998	2142.6	192.1	9.0	14.5	9.7	7.5	0.4	1.2
19.25	20.00	716.3	141.8	-14.3	-26.3	3.9	5.0	-0.7	-2.7
3193.26	3273.60	130.0	81.2	47.4	27.6	2.5	2.0	1.9	2.2
2.97	2.94		-12.0	-4.2	-5.4	-1.0		-0.2	0.5
2.89	2.86		-30.2	-23.5	-22.3	-1.0		-1.3	-2.3
48.3	48.7	754.8	181.8	90.8	45.9	0.9	5.1	3.1	3.5
62.5	65.6	576.2	160.3	94.6	41.6	4.9	4.5	3.2	3.2
53102	57743	19949.8	3844.2	749.2	151.7	8.7	13.1	10.7	8.8
24198	26791	17184.4	2930.6	645.2	193.8	10.7	12.7	10.0	10.3
13044.4	14431.8	49579.2	7717.9	1946.0	407.9	10.6	15.5	15.5	15.9
106034	117868	22876.2	5436.3	1044.5	191.0	11.2	13.5	12.3	10.2
35746	36448	292.9	194.7	1895	17.7	2.0	3.2	5.1	1.5
1996	2030		220.2	75.5	1.7		5.7	5.2	
32702	33387			14.7	2.1			1.3	
658		619			37.9	-5.9			3.0
390	412			60.3	5.6			4.4	
53.50	54.86	346.4	233.5	216.9	103.4	2.5	3.5	5.6	6.7
42.17	42.99			329.5	119.9	1.9		7.2	7.4
10.16	10.52				53.4	3.5			4.0
0.94	1.15				238.2	22.3			11.7
0.22	0.20				-7.8	-9.1			-0.7
66.55	69.18				110.7	4.0	3.8	4.9	7.0
26.78	27.27				111.4	1.8	3.7	4.2	7.0
29.42	30.86				156.6	4.9	6.8	7.0	8.9
58.76	63.77	1716.8	148.4	80.4	32.1	8.5	7.0	2.9	2.6
88001	92127	6029.5	2147.5	730.2	96.6	4.7	10.0	10.6	6.3
50861	53304	2715.8	817.1	384.1	67.1	4.8	8.1	7.8	4.8

1-3 国民经济和社会发展结构指标
Composition Indicators on National Economy and Social Development

单位:%　　　　(%)

指　　标	Item	1978	2005	2010	2015	2020	2021
人口与就业	**Population and Employment**						
人　口	**Population**						
城乡结构	Urban and Rural Structure						
城镇	Urban Areas	13.7	50.5	60.6	67.5	73.4	73.9
乡村	Rural Areas	86.3	49.5	39.4	32.5	26.6	26.1
性别结构	Sexual Structure						
男	Male	50.6	50.0	50.4	50.7	50.8	50.7
女	Female	49.4	50.0	49.6	49.3	49.2	49.3
就　业	**Employment**						
产业结构	Industrial Structure						
第一产业	Primary Industry	69.7	30.9	21.8	17.5	13.8	13.0
第二产业	Secondary Industry	19.6	37.2	42.3	42.1	39.7	40.2
第三产业	Tertiary Industry	10.7	31.9	35.9	40.4	46.5	46.8
经济类型结构	Structures of Economic Types						
城镇非私营单位从业人员	Staff and Workers Employed in Urban Non-Private Units	20.9	13.7	16.2	32.1	27.4	27.0
国有单位	State-owned Units	13.2	6.2	6.0	6.1	5.7	6.0
城镇集体单位	Collective-owned Units	7.7	0.8	0.6	0.7	0.7	0.6
其他单位	Other Units		6.7	9.6	25.3	21.1	20.4
宏观经济	**Macro-economy**						
国民经济核算	**National Accounts**						
地区生产总值产业结构	Regional GDP and Industrial Structure						
第一产业	Primary Industry	27.6	8.1	6.1	5.5	4.4	4.1
第二产业	Secondary Industry	52.6	56.5	52.8	46.8	43.1	44.5
第三产业	Tertiary Industry	19.8	35.4	41.1	47.6	52.5	51.4
投　资	**Investment**						
经济类型结构	Structures of Economic Types						
国有经济	State-owned Economy	95.2	23.8	20.1	19.4	14.5	15.0

1－3 续表1 Continued

单位:% (%)

指 标	Item	1978	2005	2010	2015	2020	2021
集体经济	Collective-owned Economy	4.8	5.1	4.2	4.1	0.6	0.6
港澳台及外商投资经济	Hong Kong, Macao, Taiwan and Foreign Investment Economy		17.9	13.7	8.5	10.9	11.0
私营个体经济	Private and Individual Economy		30.0	35.9	46.3	46.7	50.4
其他经济	Other Economy		23.2	26.1	21.7	27.3	23.0
财 政	**Government Finance**						
财政预算支出结构	Structure of General Public Budgetary Expenditure						
#农林水事务	Operating Expenses of Agriculture, Forestry and Water	25.1	5.8	10.0	10.4	8.0	7.6
教育支出	Education	10.8	15.4	17.6	18.0	17.6	17.6
产业经济	**Industrial Economy**						
农 业	**Agriculture**						
农林牧渔业产值结构	Structure of Output Value of Agriculture, Forestry, Animal Husbandry and Fishery						
农业	Farming	80.4	50.1	52.8	52.9	51.6	53.5
林业	Forestry	1.4	1.8	1.8	1.8	2.2	2.2
牧业	Animal Husbandry	15.8	23.2	21.5	18.0	16.5	14.7
渔业	Fishery	2.3	19.9	18.7	21.6	22.3	22.1
农林牧渔服务业	Agriculture, Forestry, Animal Husbandry and Fishery Services		5.0	5.1	5.7	7.4	7.6
工 业	**Industry**						
工业产值按轻重分	Grouped by Light and Heavy Industry						
轻工业	Light Industry	52.4	31.2	26.6	27.4	23.8	25.3
重工业	Heavy Industry	47.6	68.8	73.4	72.6	76.2	74.7

1-3 续表2 Continued

单位:% (%)

指 标	Item	1978	2005	2010	2015	2020	2021
建 筑 业	**Construction**						
建筑业总产值结构	Structure of Gross Output Value of Construction						
国有经济	State-owned Economy		19.8	9.7	8.6	13.4	14.1
地方	Local-owned Economy		16.7	5.7	4.8	8.6	8.9
部属	Central-owned Economy		3.1	4.1	3.9	4.9	5.2
集体及其他经济	Collective-owned and other Economy		80.2	90.3	91.4	86.6	85.9
运 输 业	**Transport**						
货运量结构	Structure of Freight Traffic						
铁路	Railways	22.0	4.5	3.4	2.4	2.4	2.7
公路	Highways	30.7	67.6	65.5	53.6	60.5	60.8
水运	Waterways	44.8	25.9	25.8	38.0	32.4	32.0
对外经济贸易和旅游	**International Trade and Tourism**						
出口商品结构	Structure of Exports						
#亚洲地区	Asian Region		45.4	39.2	46.7	46.5	45.9
欧洲地区	European Region		24.8	27.7	19.5	21.4	21.8
北美洲	North America		23.8	23.1	23.1	21.0	20.2
海外旅游人数结构	Structure of Overseas Tourists						
外国人	Foreigners	76.2	69.3	72.5	65.8	67.0	64.2
港澳同胞	Compatriots from Hong Kong, Macao	23.8	11.9	9.8	4.8	6.1	6.6
台湾同胞	Compatriots from Taiwan		18.8	17.7	29.3	26.9	29.2
教育、科技	**Education, Science and Technology**						
教 育	**Education**						
在校学生结构	Structure of Student Enrollment						
大学生	College and University Students	0.5	9.7	16.1	17.0	18.3	18.8
中学生	Secondary School Students	30.8	49.6	45.1	33.4	34.7	35.1
小学生	Primary School Students	68.7	40.6	38.8	49.6	47.1	46.1
专任教师结构	Full-time Teachers by Type						
大学	Colleges and Universities	3.0	10.5	15.1	15.7	15.2	13.7
中学	Secondary Schools	37.1	48.6	47.9	43.7	43.1	44.2
小学	Primary Schools	59.9	40.9	37.0	40.6	41.7	42.1
科 技	**Science and Technology**						
各类专业技术人员结构	Structure of Professional and Technical Personnels						

1-3 续表3 Continued

单位:% (%)

指 标	Item	1978	2005	2010	2015	2020	2021
#工程技术人员	Engineering and Technical Personnels	35.3	14.1	13.5	9.7	9.9	10.7
农业技术人员	Agricultural Technicians	6.1	2.1	1.9	2.2	1.8	1.5
科学研究人员	Scientific Research Personnels	5.5	1.2	1.1	1.0	1.1	0.6
卫生技术人员	Health Care Personnels	30.5	15.8	15.1	19.4	18.9	18.5
教学人员	Teaching staff	22.5	46.6	47.5	56.9	56.6	55.0
生活、卫生	**People's Livelihood and Health Care**						
生　活	**People's Livelihood**						
城镇居民消费结构	Consumption Structure of Urban Households						
食品烟酒	Foods, Tobacco and Liquor	55.1	37.2	36.5	28.1	26.9	26.2
衣着	Clothing	13.8	9.3	10.2	7.1	5.7	5.7
居住	Residence		9.2	8.6	22.6	30.4	28.2
其他	Others		44.3	44.7	42.2	37.0	39.9
农村居民消费结构	Consumption Structure of Rural Households						
食品烟酒	Foods, Tobacco and Liquor	62.1	44.0	38.1	31.7	30.6	32.1
衣着	Clothing	12.1	5.4	5.4	6.0	4.8	5.7
居住	Residence	13.6	14.4	17.9	20.6	22.2	21.9
其他	Others	12.1	36.2	38.6	41.7	42.3	40.4
卫　生	**Health Care**						
卫生机构构成	Structure of Health Care Institutions						
#医院	Hospitals		3.1	3.7	5.0	5.6	5.6
基层医疗卫生机构	Health Care Institutions at Grass-root Level		94.8	94.0	90.3	91.5	91.6
妇幼保健院	Maternity and Children Care Institutions		0.0	0.0	0.1	0.1	0.1
疾病预防控制中心	Disease Protection and Controlling Centers		0.3	0.4	0.4	0.3	0.3
卫生技术人员构成	Structure of Health Technical Personnels						
#执业(助理)医师	Licensed Physician & Physician Assistants		42.9	39.3	38.9	40.2	39.4
注册护士	Registered Nurses		31.0	37.3	41.9	44.2	44.6
医疗卫生机构床位数	Beds of Health Care Institutions						
医院	Hospitals		65.9	72.5	79.4	78.8	78.4
基层医疗卫生机构	Health Care Institutions at Grass-root Level		29.1	25.4	18.4	19.0	19.2
其他卫生机构	Other Health Care Institutions		5.0	2.1	2.2	2.2	2.5

1-4 国民经济和社会发展比例和效益指标
Proportion and Efficiency Indicators on National Economy and Social Development

指标	Item	2017	2018	2019	2020	2021
人口与就业	**Population and Employment**					
出生率 (‰)	Birth Rate (‰)	9.26	8.88	8.69	6.66	5.65
死亡率 (‰)	Death Rate (‰)	6.48	6.47	6.48	6.49	6.77
自然增长率 (‰)	Natural Growth Rate (‰)	2.78	2.41	2.21	0.17	-1.12
城镇登记失业率 (%)	Registered Unemployment Rate in Urban Areas (%)	2.98	2.97	3.03	3.20	2.54
国民经济核算	**National Accounts**					
服务业增加值占地区生产总值比重 (%)	Proportion of Value-added of Service Industry to Regional GDP (%)	49.7	50.4	51.5	52.2	51.4
人均地区生产总值 (元)	Per Regional GDP (yuan)	102202	110508	116650	121231	137039
人均地区生产总值 (美元)	Per Regional GDP (USD)	15137	16699	16909	17576	21241
全社会劳动生产率 (元/人)	The Labor Productivity of the Whole Society (yuan/person)	176632	191005	201544	209712	238552
固定资产投资	**Investment in Fixed Assets**					
第一产业占固定资产投资完成额比重 (%)	Proportion of Primary Industry in Fixed Assets Investment (%)	0.6	0.5	0.6	0.8	0.6
第二产业占固定资产投资完成额比重 (%)	Proportion of Secondary Industry in Fixed Assets Investment (%)	49.8	44.1	43.4	41.1	43.5
第三产业占固定资产投资完成额比重 (%)	Proportion of Tertiary Industry in Fixed Assets Investment (%)	49.5	55.4	56.0	58.1	55.8
消费	**Consumption**					
人均社会消费品零售额 (元)	Per Retail Sales of Social Consumer Goods (yuan)	39058	42055	44543	43769	50290
对外贸易	**International Trade**					
进出口总额相当于地区生产总值比例 (%)	Proportion of Total Value of Imports & Exports to Regional GDP (%)	46.5	47.1	44.0	43.3	44.7
出口总额相当于地区生产总值比例 (%)	Proportion of Total Value of Exports to Regional GDP (%)	28.6	28.7	27.6	26.7	16.8
高新技术产品出口额占出口总额的比重 (%)	Proportion of New and High Technology Product Exports to Exports (%)	38.0	38.0	36.6	39.3	34.7
机电产品出口额占出口总额的比重 (%)	Proportion of Electronic Mechanical Product Exports to Exports (%)	65.9	66.1	66.0	63.7	66.4
一般贸易出口额占出口总额的比重 (%)	Proportion of Ordinary Trade Exports to Exports (%)	48.3	50.3	53.2	53.4	58.0
加工贸易出口额占出口总额的比重 (%)	Proportion of Processing Trade Exports to Exports (%)	41.7	38.4	37.9	35.3	30.8
财政	**Government Finance**					
一般公共预算收入相当于地区生产总值比例 (%)	Proportion of General Public Budget Revenue to Regional GDP (%)	9.5	9.3	8.8	8.8	8.6
一般公共预算支出相当于地区生产总值比例 (%)	Proportion of General Public Budget Expenditure to Regional GDP (%)	12.4	12.5	12.7	13.3	12.5
农业	**Agriculture**					
每公顷播种面积农产品产量 (千克)	Output of Farm Crops per Hectare of Sown Area (kg)					
粮食	Grain	6533	6684	6887	6898	6902
棉花	Cotton	1224	1241	1350	1269	1363
油料	Oil-bearing Crops	3191	3278	3331	3338	3304
工业	**Industry**					
总资产贡献率 (%)	Ratio of Total Assets to Industrial Output Value (%)	14.22	12.11	9.28	8.77	9.15
资产负债率 (%)	Assets-Liability Ratio (%)	52.34	52.62	53.00	53.09	53.76
流动资产周转次数 (次/年)	Turnover of Working Capital (times/year)	2.42	2.00	1.71	1.58	1.65
成本费用利润率 (%)	Ratio of Profits to Industrial Cost (%)	7.11	6.91	6.17	6.51	6.66

1－4 续表 Continued

指标	Item	2017	2018	2019	2020	2021
建筑业	**Construction**					
建筑业劳动生产率 （元/人）	Labor Productivity of Construction （yuan/person）	312383	349703	363015	361942	369394
产值利税率 （%）	Ratio of Pre-tax Profits to Gross Output Value （%）	7.10	7.43	6.89	6.78	6.31
房屋建筑面积竣工率 （%）	Rate of Floor Space of Buildings Completed （%）	32.5	30.4	30.5	29.1	27.4
交通运输业	**Transport**					
铁路网密度 （公里/万平方公里）	Railway Density （km/10 000 sq. km）	258	283	330	373	394
公路网密度 （公里/万平方公里）	Highway Density （km/10 000 sq. km）	14783	14807	14919	14748	14742
邮电通信业	**Postal and Telecommunication Services**					
电话普及率（含移动电话） （部/百人）	Popularization Rate of Telephone （Include Mobile Telephone） （set/100 persons）	129	139	143	132	134
移动电话普及率 （部/百人）	Popularization Rate of Mobile Telephone （set/100 persons）	110	122	126	117	120
旅游业	**Tourism**					
每一来华游客花费 （美元）	Expenditure per International Tourist in China （USD）	1133	1160	1187	2151	1846
国内旅游人均花费 （元）	Expenditure per Domestic Tourist （yuan）	1522	1578	1587	1725	1642
金融业	**Financial Intermediation**					
金融机构存款相当于地区生产总值比例 （%）	Proportion of Deposits of Financial Institutions to GDP （%）	151.3	149.9	154.9	168.0	162.8
金融机构贷款相当于地区生产总值比例 （%）	Proportion of Loans of Financial Institutions to GDP （%）	118.9	124.2	135.1	150.4	152.9
金融机构年末人民币贷、存款余额比例 （%）	Ratio of Loan to Deposit of Financial Institutions at Year-end （%）	78.6	82.8	87.2	89.5	93.9
教育	**Education**					
每万人口在校大学生数 （人）	Number of University and College Students per 10 000 Population （person）	242.2	248.5	258.8	266.5	280.1
初中升学率 （%）	Promotion Rate from Junior Secondary Schools to Senior Secondary Schools （%）	100.0	100.0	100.0	100.0	100.0
小学升学率 （%）	Promotion Rate from Primary Schools to Junior Secondary Schools （%）	100.0	100.0	100.0	100.0	100.0
学龄儿童入学率 （%）	Enrollment Ratio of Primary Schools （%）	100.0	100.0	100.0	100.0	100.0
科技	**Science and Technology**					
研发经费支出相当于地区生产总值比例 （%）	Proportion of R&D Expenditure to Regional GDP （%）	2.63	2.69	2.82	2.93	2.95
高新技术产业产值占工业总产值比例 （%）	Proportion of New and High Technology Output to Industry （%）	42.7	43.8	44.4	46.5	47.5
每万人口发明专利拥有量 （件/万人）	Possession of Invention Patent per 10 000 Population （uint/10 000 persons）	22.50	26.45	30.16	36.14	41.17
卫生	**Health Care**					
每万人口执业（助理）医师数 （人）	Number of Licensed （Assistant） Doctors per 10 000 Population （person）	27.1	29.0	31.6	31.6	32.1
每万人口医疗机构床位数（张）	Number of Beds of Hospitals per 10 000 Population （bed）	54.6	59.7	59.7	58.9	59.7
医疗机构病床使用率 （%）	Beds Utilization Rate of Medical Organizations （%）	83.0	82.0	81.0	71.6	71.9
人民生活	**People's Livelihood**					
城镇恩格尔系数 （%）	Engle Coefficient of Urban Households （%）	27.5	26.1	25.5	26.8	26.2
农村恩格尔系数 （%）	Engle Coefficient of Rural Households （%）	28.9	26.2	26.2	30.6	32.1
城乡收入比（以农民收入为1）	Urban and Rural Income Ratio （Rural Income as 1）	2.28	2.26	2.25	2.19	2.16
城市市政建设	**Municipal Works**					
用水普及率 （%）	Coverage Rate of Urban Population with Access to Tap Water （%）	100.0	100.0	100.0	100.0	100.0
燃气普及率 （%）	Coverage Rate of Urban Population with Access to Gas （%）	99.7	99.8	99.8	99.9	99.9
人均公园绿地面积 （平方米）	Per Capita Public Green Area （sq. m）	15.0	14.7	15.0	15.3	15.6

1-5 江苏国民经济占全国的比重（2021 年）
Percentage of Jiangsu's National Economy in the Country (2021)

指 标	Item	全 国 Country	江 苏 Jiangsu	江苏占全国的比重(%) Percentage to the Country of Jiangsu(%)
土地面积 (万平方公里)	Land Area (10 000 sq. km)	960	10.72	1.1
年末总人口 (万人)	Year-end Total Population (10 000 persons)	141260	8505.40	6.0
地区生产总值 (亿元)	Gross Domestic Product (100 million yuan)	1143670	116364.20	10.2
第一产业	Primary Industry	83086	4722.42	5.7
第二产业	Secondary Industry	450904	51775.39	11.5
第三产业	Tertiary Industry	609680	59866.39	9.8
人均地区生产总值 (元)	Per Capita GDP (yuan)	80976	137039	高 56063 元
一般公共预算收入 (亿元)	General Public Budget Revenue (100 million yuan)	202539	10015.16	4.9
房地产开发投资(亿元)	Real Estate Investment	147602	13477.45	9.1
社会消费品零售总额 (亿元)	Total Retail Sales of Consumer Goods (100 million yuan)	440823	42702.65	9.7
进出口总额 (亿美元)	Total Value of Exports and Imports (USD 100 million)	391009	52130.59	13.3
#出 口	Exports	217348	32532.33	15.0
普通高等学校本专科在校生 (万人)	Student Enrollment in Normal and Short-cycle Coures in Higher Education Institutions (10 000 persons)	3496	211.08	6.0
医疗卫生机构床位数 (万张)	Beds of Health Care Institutions (10 000 units)	741	54.86	7.4
卫生技术人员 (万人)	Health Technical Personnels (10 000 persons)	1124	69.19	6.2
#执业(助理)医师	Licensed Physicians & Physician Assistants	429	27.27	6.4
居民人均可支配收入 (元)	Per Capita Disposable Income of Households (yuan)	35128	47498	高 12370 元
城镇常住居民人均可支配收入 (元)	Per Capita Disposable Income of Urban Permanent Households (yuan)	47412	57743	高 10332 元
农村常住居民人均可支配收入 (元)	Per Capita Disposable Income of Rural Permanent Households (yuan)	18931	26791	高 7860 元
工农业主要产品产量 (万吨)	Output of Major Industrial and Agricultural Products (10 000 tons)			
粮 食	Grain	68285	3746.10	5.5
棉 花	Cotton	573	0.79	0.1
油 料	Oil-bearing Crops	3613	97.81	2.7
粗 钢	Crude Steel	103524	11924.95	11.5
钢 材	Rolled Steel	133667	15701.90	11.7
发电量 (亿千瓦时)	Electricity (100 million kW·h)	85342	5782.40	6.8
水 泥	Cement	237811	15374.24	6.5
农用化肥(折 100%)	Chemical Fertilizers (convert into 100 %)	5544	178.29	3.2
化学纤维	Chemical Fibers	6709	1625.34	24.2
布 (亿米)	Cloth (100 million)	502	53.29	10.6
彩色电视机 (万台)	Colour Television Sets (10 000 set)	18497	796.37	4.3
汽 车 (万辆)	Motor Vehicles (10 000 units)	2653	77.57	2.9

1-6 江苏的一天
One Day in Jiangsu

指标	Item	1978	2005	2010	2015	2020	2021
每天的产量	**Daily Production**						
地区生产总值（亿元）	Gross Domestic Product (100 million yuan)	0.68	49.65	113.38	195.22	280.65	318.81
第一产业	Primary Industry	0.19	4.00	6.93	10.83	12.40	12.94
第二产业	Secondary Industry	0.36	28.06	59.89	91.43	120.84	141.85
第三产业	Tertiary Industry	0.14	17.59	46.55	92.96	147.42	164.02
#工　业	Industry	0.32	25.08	53.10	78.91	103.13	122.29
建筑业	Construction	0.04	2.97	6.79	12.62	17.84	19.68
房地产业	Real Estate	0.02	2.19	6.99	13.57	24.44	24.50
财政收入（亿元）	Government Revenue (100 million yuan)	0.17	8.56	32.17	48.88	73.73	85.34
粮　食（万吨）	Grain (10 000 tons)	6.58	7.77	9.00	9.85	10.19	10.26
猪牛羊肉（吨）	Pork, Beef and Mutton (ton)		6633	6135	6356	4086	5055
水产品（吨）	Aquatic Products (ton)	1089	10648	12615	14304	13393	13529
粗　钢（万吨）	Rough Steel (10 000 tons)	0.15	9.00	17.10	30.12	33.08	32.67
钢　材（万吨）	Rolled-steel (10 000 tons)	0.17	11.86	24.99	37.15	40.99	43.02
发电量（亿千瓦时）	Electricity (100 million kW·h)	0.35	4.90	9.20	11.92	13.80	15.84
原　煤（万吨）	Coal (10 000 tons)	4.68	7.72	5.82	5.26	2.79	2.56
水　泥（万吨）	Cement (10 000 tons)	1.22	26.24	42.87	49.35	41.66	42.12
布（万米）	Cloth (10 000 m)	385	1479	2424	2621	1436	1460
每天消费量	**Daily Consumption**						
城镇居民人均生活消费支出（元）	Per Living Consumption Expenditure of Urban Households (yuan)	0.76	23.62	39.33	68.40	84.38	100.16
#食品烟酒	Foods, Tobacco and Liquor	0.42	8.78	14.36	19.19	22.66	26.27
农村居民人均生活消费支出（元）	Per Living Consumption Expenditure of Rural Households (yuan)	0.38	9.77	17.93	35.29	46.51	57.89
#食品烟酒	Foods, Tobacco and Liquor	0.24	4.30	6.83	11.17	14.25	18.58
社会消费品零售总额（亿元）	Total Retail Sales of Consumer Goods (100 million yuan)	0.23	15.71	37.28	70.90	101.33	116.99
每天其他经济活动	**Other Daily Economic Activities**						
货物运输量（万吨）	Freight Traffic (10 000 tons)	40.07	309.34	516.60	579.86	788.29	841.58
旅客运输量（万人）	Passenger Traffic (10 000 persons)	70.19	397.82	620.90	421.76	232.69	181.25
竣工房屋面积（万平方米）	Floor Space of Buildings Completed (10 000 sq. m)		69.57	133.04	210.48	212.58	205.46
出版报纸（万份）	Newspapers Published (10 000 copies)	67.12	734.25	743.05	735.07	525.95	547.93
邮寄函件（万件）	Letters Delivered (10 000 pieces)	44.66	115.34	256.44	133.70	41.45	33.04
进出口总额（万美元）	Total Value of Imports and Exports (USD 10 000)	117	62450	127614	149483	175622	221061
#出口	Exports	115	33694	74123	92786	108274	137957
实际使用外资（万美元）	Actually Utilization of Foreign Capital (USD 10 000)		3611	7808	6651	7755	9040
每天人口变动和婚姻	**Daily Population Changes and Marriages**						
出生人数（人）	Births (person)	2483	1886	2079	1976	1542	1315
死亡人数（人）	Deaths (person)	968	1436	1470	1535	1502	1575
结婚对数（对）	Marriages (couple)		1293	2074	2153	1345	1279
离婚对数（对）	Divorces (couple)		339	439	517	644	369

1－7 全省人均国民经济主要指标
Major per Capita Indicators of National Economy of Jiangsu

指标		Item		1978	2005	2010	2015	2020	2021
地区生产总值	（元）	Gross Domestic Product	（yuan）	430	23984	52787	89426	121231	137039
第一产业		Primary Industry		118	1934	3228	4960	5354	5561
第二产业		Secondary Industry		226	13553	27885	41881	52196	60974
第三产业		Tertiary Industry		85	8496	21673	42584	63678	70503
#工　业		Industry		202	12117	24723	36147	44546	52564
建筑业		Construction		24	1437	3162	5782	7708	8461
房地产业		Real Estate		9	1058	3254	6217	10557	10532
一般公共预算收入	（元）	General Public Budget Revenue	（yuan）	105	1751	5204	10076	10691	11795
一般公共预算支出	（元）	General Public Budget Expenditure	（yuan）	49	2215	6268	12158	16147	17177
房地产开发投资(元)	（元）	Real Estate Investment	（yuan）		2045	5484	10233	15545	15872
社会消费品零售额(元)	（元）	Total Retail Sales of Consumer Goods	（yuan）	146	7591	17115	32475	43769	50290
进出口总额	（美元）	Total Value of Imports and Exports	（USD）	7	3017	5941	6847	7586	9502
#出　口		Exports		7	1628	3451	4250	4677	5930
城镇常住居民可支配收入	（元）	Per Capita Disposable Income of Urban Households	（yuan）	288	12319	22944	37173	53102	57743
农村常住居民可支配收入	（元）	Per Capita Disposable Income of Rural Households	（yuan）	155	5276	9118	16257	24198	26791
在校大学生数	（人/万人）	Number of University and College Students	（person/10 000 persons）	10	155	210	235	266	249
医疗机构床位数	（张/万人）	Beds of Health Care Institutions	（bed/10 000 persons）	19	26	31	48	59	65
卫生技术人员数	（人/万人）	Health Technical Personnels	（person/10 000 persons）	24	34	42	61	79	70
#执业医师		Licensed Physicians		10	15	16	24	32	32
主要工农业产品产量	（千克）	Output of Major Industrial and Agricultural Products	（kg）						
粮　食		Grain		414	380	421	451	440	441
棉　花		Cotton		8.2	4.3	3.3	1.5	0.1	0.1
油　料		Oil-Bearing Crops		6	29	16	12	11	12
粗　钢		Crude Steel		9	435	796	1380	1429	1404
原　煤		Coal		294	373	271	241	121	110
发电量	（千瓦时）	Electricity	（kW·h）	218	2368	4285	5461	5959	6810

1－8 全省法人单位数及从业人员数

Number of Legal Entities and Employment of Jiangsu

项　目	Item	法人单位数(个) Number of Legal Entities (unit) 2020	2021	从业人员(万人) Employees (10 000 persons) 2018
合　计	**Total**	**2540122**	**3082465**	**3828.12**
按机构类型分	**Grouped by Type of Institutions**			
企业	Enterprises	2333882	2892131	3457.88
事业单位	Government-affiliated Institutions	39948	34894	188.87
机关	Agencies & Organizations	9139	8183	78.28
社会团体	Social Groups	32191	32546	11.05
民办非企业单位	Private Non-Enterprise Units	47998	51233	39.76
基金会	Fundations	562	584	0.26
居委会	Neighborhood Committee	7313	6836	7.33
村委会	Villages Committee	14969	14094	13.35
农民专业合作社	Farmers Professional Cooperatives	46386	35728	23.28
农村集体经济组织	Rural Collective Economic Organizations	922	766	0.45
其他组织机构	Other Organizations	6812	5470	7.61
按登记注册类型分	**Grouped by Type of Registration**			
内资	Domestic Funded	2508221	3047674	3422.65
国有	State-owned	58279	53430	265.20
集体	Collective-owned	33866	32580	36.58
股份合作	Cooperative	1575	1655	2.72
联营	Joint Ownership	3146	3089	0.79
国有联营	State Joint-owned	122	145	0.24
集体联营	Collective Joint-owned	478	502	0.22
国有与集体联营	Joint State-collective	402	413	0.13
其他联营	Other Joint-owned	2144	2029	0.21
有限责任公司	Limited Liability Corporations	81975	85035	543.17
国有独资公司	State Sole-proprietorship Corporations	3675	3998	58.13
其他有限责任公司	Other Limited Corporations Ltd.	78300	81037	485.04
股份有限公司	Share-holding Corporations Ltd.	10313	10119	138.35
私营	Private	2208053	2757857	2338.31
私营独资	Private Sole-proprietorship	124581	138229	107.22
私营合伙	Private Partnership	24960	32844	11.63
私营有限责任公司	Private Limited Liability Corporations	2044407	2572298	2155.28
私营股份有限公司	Private Share-holding Corporations Ltd.	14105	14486	64.18
其他内资	Other Domestic Funded	111014	103909	97.54

注:由于日常的基本单位统计无全部单位的从业人员统计,故从业人员系 2018 年第四次全国经济普查数据。

a) Since the statistics of the daily basic unit don't contain the statistics of employees of all units, the data of the employees are based on the fourth national economic census in 2018.

1-8 续表 Continued

项目	Item	法人单位数(个) Corporation Units (unit) 2020	2021	从业人员(万人) Employees (10 000 persons) 2018
港澳台商投资	Investment from Hong Kong, Macao and Taiwan	13592	15068	151.82
与港澳台商合资经营	Joint-venture	3764	3878	37.99
与港澳台商合作经营	Cooperative	96	98	1.14
港澳台商独资	Sole-proprietorship	9358	10607	108.37
港澳台商投资股份有限公司	Share-holding Corporations Ltd.	190	234	3.72
其他港、澳、台商投资	Others	184	251	0.60
外商投资	Foreign Invested	18309	19723	253.64
中外合资经营	Sino-foreign Joint-venture	5058	5160	65.38
中外合作经营	Sino-foreign Cooperative	131	134	1.51
外资企业	Sole-proprietorship Enterprises	12409	13507	180.58
外商投资股份有限公司	Foreign Invested share-holding Corporations Ltd.	250	270	5.21
其他外商投资	Others	461	652	0.97
按行业分	**Grouped by Sector**			
农、林、牧、渔业	Agriculture, Forestry, Animal Husbandry and Fishery	55010	56489	9.06
采矿业	Mining	345	447	6.96
制造业	Manufacturing	548207	617269	1435.64
电力、热力、燃气及水生产和供应业	Production and Supply of Electricity, Heat, Gas and Water	5193	6247	19.70
建筑业	Construction	195182	273596	880.28
批发和零售业	Wholesale and Retail Trades	735943	904612	379.61
交通运输、仓储和邮政业	Transport, Storage and Post	73867	92990	103.52
住宿和餐饮业	Hotels and Catering Services	32208	41837	48.10
信息传输、软件和信息技术服务业	Informaiton Transmissions, Software and IT Services	113164	144981	86.11
金融业	Financial Intermediation	6199	7542	2.86
房地产业	Real Estate	72876	86700	99.95
租赁和商务服务业	Leasing and Business Services	251864	319017	217.45
科学研究和技术服务业	Scientific Research and Technical Services	182654	239345	115.11
水利、环境和公共设施管理业	Management of Water Conservancy, Environment and Public Facilities	17300	23063	26.91
居民服务、修理和其他服务业	Services to Households, Repair and Other Services	46772	55276	31.87
教育	Education	42284	46000	129.16
卫生和社会工作	Health and Social Service	32096	34128	73.83
文化、体育和娱乐业	Culture, Sports and Entertainment	47540	55632	30.56
公共管理、社会保障和社会组织	Public Management, Social Security and Social Organization	81418	77294	131.43

1-9 年末个体工商业基本情况（2021 年）
Individual Industry and Commerce at Year-end（2021）

单位:亿元

行 业	Sector	户数（万户）Households（10 000 units）	资金数额（亿元）Capital（100 million yuan）
总计	**Total**	**950.44**	**9719.67**
按行业分	**Grouped by Sector**		
农、林、牧、渔业	Agriculture, Forestry, Animal Husbandry and Fishery	24.73	920.40
采矿业	Mining	0.03	0.65
制造业	Manufacturing	57.54	895.95
电力、热力、燃气及水的生产和供应业	Production and Supply of Electricity, Heat, Gas and Water	0.09	1.86
建筑业	Construction	10.83	197.85
批发和零售业	Wholesale and Retail Trades	468.56	4654.16
交通运输、仓储和邮政业	Transport, Storage and Post	93.40	608.58
住宿和餐饮业	Hotels and Catering Services	89.08	1041.66
信息传输、软件和信息技术服务业	Information Transmissions, Software and IT Services	11.77	56.14
金融业	Financial Intermediation	0.05	0.67
房地产业	Real Estate	2.57	25.74
租赁和商务服务业	Leasing and Business Services	94.38	311.84
科学研究、技术服务业	Scientific Research and Technical Service	3.98	43.67
水利、环境和公共设施管理业	Management of Water Conservancy, Environment and Public Facilities	0.28	4.64
居民服务、修理和其他服务业	Services to Households, Repair and Other Services	81.68	804.37
教育	Education	2.65	36.52
卫生和社会工作	Health and Social Services	0.86	13.49
文化、体育和娱乐业	Culture, Sports and Entertainment	7.89	100.90
其他	Others	0.06	0.57
按登记机关分	**Grouped by Registration Authority**		
江 苏 省(本级)	Jiangsu Province(Own Level)	8(户)	25.50(万元)
南 京	Nanjing	95.70	895.27
无 锡	Wuxi	62.88	469.00
徐 州	Xuzhou	93.91	1146.42
常 州	Changzhou	48.91	518.76
苏 州	Suzhou	190.83	1244.84
南 通	Nantong	80.34	782.74
连云港	Lianyungang	46.66	691.72
淮 安	Huai'an	88.50	533.03
盐 城	Yancheng	52.70	592.87
扬 州	Yangzhou	41.29	433.78
镇 江	Zhenjiang	39.34	654.66
泰 州	Taizhou	46.26	1028.16
宿 迁	Suqian	63.14	728.42

1－10　年末私营企业基本情况（2021年）
Private Enterprises at Year-end（2021）

行　业	Sector	户数（万户）Households（10 000 units）	注册资金（亿元）Registered Capital（100 million yuan）
总计	**Total**	**356.25**	**226828.50**
按行业分	**Grouped by Sector**		
农、林、牧、渔业	Agriculture, Forestry, Animal Husbandry and Fishery	6.12	2345.57
采矿业	Mining	0.04	78.98
制造业	Manufacturing	61.31	36111.71
电力、热力、燃气及水的生产和供应业	Production and Supply of Electricity, Heat, Gas and Water	0.44	760.98
建筑业	Construction	39.79	35990.21
批发和零售业	Wholesale and Retail Trades	104.85	33930.57
交通运输、仓储和邮政业	Transport, Storage and Post	9.88	4098.60
住宿和餐饮业	Hotels and Catering Services	3.38	889.25
信息传输、软件和信息技术服务业	Information Transmissions, Software and IT Services	11.83	5265.43
金融业	Financial Intermediation	0.88	8060.02
房地产业	Real Estate	8.81	9418.83
租赁和商务服务业	Leasing and Business Services	40.78	48370.15
科学研究、技术服务业	Scientific Research and Technical Service	49.46	35691.85
水利、环境和公共设施管理业	Management of Water Conservancy, Environment and Public Facilities	1.06	982.65
居民服务、修理和其他服务业	Services to Households, Repair and Other Services	7.23	1681.40
教育	Education	2.36	306.87
卫生和社会工作	Health and Social Service	0.97	469.24
文化、体育和娱乐业	Culture, Sports and Entertainment	7.05	2373.79
其他	Others	0.01	2.40
按地区分	**Grouped by Region**		
江苏省(本级)	Jiangsu Province(Own Level)	0.13	2478.41
南　京	Nanjing	55.57	40386.12
无　锡	Wuxi	35.60	23606.05
徐　州	Xuzhou	27.34	15185.59
常　州	Changzhou	22.50	14615.67
苏　州	Suzhou	74.92	47649.64
南　通	Nantong	27.34	17667.33
连云港	Lianyungang	14.73	6421.59
淮　安	Huai'an	12.41	7564.20
盐　城	Yancheng	21.63	13141.44
扬　州	Yangzhou	18.73	10513.14
镇　江	Zhenjiang	12.53	9154.00
泰　州	Taizhou	16.60	10493.73
宿　迁	Suqian	16.21	7951.60

主要统计指标解释

行政区划 指国家对行政区域的划分。根据有关法规规定，我国的行政区域划分如下：(1)全国分为省、自治区、直辖市；(2)省、自治区分为自治州、县、自治县、市；(3)自治州分为县、自治县、市；(4)县、自治县分为乡、民族乡、镇；(5)直辖市和较大的市分为区、县；(6)国家在必要时设立的特别行政区。

平均增长速度 平均增长速度表明社会经济现象在一个较长的时期内逐期平均增长变化的程度，它不能根据各个环比增长速度直接求得，但与平均发展速度之间存在着一定的数量关系：平均增长速度 = 平均发展速度 - 1。

平均发展速度是一种根据环比发展速度计算的序时平均数，由于各时期对比的基础不同，所以计算平均发展速度不能采用一般的序时平均数的计算方法，计算方法分为水平法和累计法。水平法，又称几何平均法，即将环比发展速度按连乘法用几何平均数公式计算。累计法，也称方程法，根据一段时期内各年发展水平总和与基期水平的关系，列出方程式计算平均发展速度。水平法着重考虑最后一年所达到的发展水平；累计法着重考虑整个时期累计发展水平的总量。

本《年鉴》内所列的平均增长速度，均用“水平法”计算。从某年到某年平均增长速度的年份，均不包括基期年在内。如1978 年以来的平均增长速度是以 1978 年为基期计算的，则写为 1979—2021 年平均增长速度，其余类推。

企业(单位)登记注册类型 是以在市场主体登记机关登记注册的各类企业为划分对象，以市场主体登记部门对企业登记注册的类型为依据，将企业登记注册类型分为内资企业、港澳台商投资企业和外商投资企业三大类。内资企业包括国有企业、集体企业、股份合作企业、联营企业、有限责任公司、股份有限公司、私营公司和其他企业；港澳台商投资企业和外商投资企业分别包括合资经营企业、合作经营企业、独资经营企业和股份有限公司。对不在市场主体登记部门进行登记注册的行政机关、事业单位和社会团体，主要按其经费来源和管理方式进行划分。

国有企业 指企业全部资产归国家所有，并按《中华人民共和国企业法人登记管理条例》规定登记注册的非公司制的经济组织。不包括有限责任公司中的国有独资公司。

集体企业 指企业资产归集体所有，并按《中华人民共和国企业法人登记管理条例》规定登记注册的经济组织。

股份合作企业 指以合作制为基础，由企业职工共同出资入股，吸收一定比例的社会资产投资组建，实行自主经营，自负盈亏，共同劳动，民主管理，按劳分配与按股分红相结合的一种集体经济组织。

联营企业 指两个及两个以上相同或不同所有制性质的企业法人或事业单位法人，按自愿、平等、互利的原则，共同投资组成的经济组织。联营企业包括国有联营企业、集体联营企业、国有与集体联营企业和其他联营企业。

有限责任公司 指根据《中华人民共和国公司登记管理条例》规定登记注册，由两个以上、五十个以下的股东共同出资，每个股东以其所认缴的出资额对公司承担有限责任，公司以其全部资产对其债务承担责任的经济组织。有限责任公司包括国有独资公司以及其他有限责任公司。

股份有限公司 指根据《中华人民共和国公司登记管理条例》规定登记注册，其全部注册资本由等额股份构成并通过发行股票筹集资本，股东以其认购的股份对公司承担有限责任，公司以其全部资产对其债务承担责任的经济组织。

私营企业 指由自然人投资设立或由自然人控股，以雇佣劳动为基础的营利性经济组织。包括按照《公司法》《合伙企业法》《私营企业暂行条例》规定登记注册的私营有限责任公司、私营股份有限公司、私营合伙企业和私营独资企业。

其他企业 指上述企业之外的其他内资经济组织。

与港澳台商合资经营企业 指港澳台地区投资者与内地企业依照《中华人民共和国中外合资经营企业法》及有关法律的规定，按合同规定的比例投资设立、分享利润和分担风险的企业。

与港澳台商合作经营企业 指港澳台地区投资者与内地企业依照《中华人民共和国中外合作经营企业法》及有关法律的规定，依照合作合同的约定进行投资或提供条件设立、分配利润和分担风险的企业。

港澳台商独资经营企业 指依照《中华人民共和国外资企业法》及有关法律的规定，在内地由港澳台地区投资者全额投资设立的企业。

港澳台商投资股份有限公司 指根据国家有关规定，经原外经贸部依法批准设立，其中港、澳、台商的股本占公司注册资本的比例达 25% 以上的股份有限公司。凡其中港、澳、台商的股本占公司注册资本的比例小于 25% 的，属于内资企业中的股份有限公司。

中外合资经营企业 指外国企业或外国人与中国内地企业依照《中华人民共和国中外合资经营企业法》及有关法律的规定，按合同规定的比例投资设立、分享利润和分担风险的企业。

中外合作经营企业 指外国企业或外国人与中国内地企业依照《中华人民共和国中外合作经营企业法》及有关法律的规

定,依照合作合同的约定进行投资或提供条件设立、分配利润和分担风险的企业。

外资企业 指依照《中华人民共和国外资企业法》及有关法律的规定,在中国内地由外国投资者全额投资设立的企业。

外商投资股份有限公司 指根据国家有关规定,经原外经贸部依法批准设立,其中外资的股本占公司注册资本的比例达25% 以上的股份有限公司。凡其中外资股本占公司注册资本的比例小于25%的,属于内资企业中的股份有限公司。

行政机关、事业单位和社会团体 参照企业登记注册类型,主要按其经费来源和管理方式划分。具体规定如下:

(1) 行政机关:包括国家机关和政党机关,原则上均列为"国有"。但有特殊规定的,如供销社等,则列为"集体"。

(2) 事业单位:包括经国家机构编制部门和有关业务主管部门批准成立的各类事业单位,不包括实行企业化管理的事业单位。事业单位的划分办法如下:

① 由国家财政预算拨款或列入财政预算外资金管理以及经费主要来源于国有主管部门或国有上级单位的事业单位,列为"国有"。

② 经费主要来源于集体单位的事业单位,列为"集体"。

③ 公民个人(或个人合伙)开办的事业单位,列为"私营"。

④ 上述以外的其他事业单位,如果其经费来源不明确,按管理方式进行归类。

(3) 社会团体:包括经民政部门批准成立以及未纳入社会团体管理条例范围的工会、妇联等各类社会团体。社会团体的划分办法如下:

① 未纳入民政部社会团体管理条例范围的工会、妇联、共青团、青联、工商联、科协、侨联等社会团体,国家拨款设立的基金会或基金管理组织以及经费主要来源于国有业务主管部门或国有上级单位的社会团体,列为"国有"。

② 经费主要来源于集体单位的社会团体,列为"集体"。

③ 公民个人(或个人合伙)开办的社会团体,划为"私营"。

④ 上述以外的其他社会团体,如果其经费来源不明确,改按管理方式进行归类。

Explanatory Notes on Main Statistical Indicators

Divisions of Administrative Areas refer to the division of administrative areas by the State. The relative laws define the administrative division as follows: 1) the whole country is divided into provinces, autonomous regions and municipalities directly under the Central Government; 2) provinces and autonomous regions are further divided into autonomous prefectures, counties, autonomous counties and cities; 3) autonomous prefectures are further divided into counties, autonomous counties and cities; 4) counties and autonomous counties are further divided into townships, ethnic townships and towns; 5) municipalities directly under the Central Government and large cities are divided into districts and counties; 6) the State shall, when necessary, establish special administrative regions.

Average Annual Growth Rate shows the average growth rate of social and economic development during a longer period. It can not be directly calculated by chain based growth rate. The relation is:

Average Growth Rate = Average Speed of Development − 1

Average speed of development is the time series average of speed which is obtained through chain-based calculation. Because the reference bases during the different periods are not same, average speed of development can not be calculated by the general method. Level approach and accumulative approach for calculating average speed of development rate are applied. The "level approach", or geometric average approach, is derived by the formula of geometric average of the chain-based speeds of development by continuous multiplication. The other is called the "accumulative approach" or the "equation" method, which is derived by the summation of the actual figure of each year in the interval divided by the figure in the base year. The level approach focuses on the level of the last year, while the accumulative approach emphasizes the aggregate development for the entire duration.

The average annual growth rates listed in the *Yearbook* are calculated by the "level approach". The base year is not listed in the duration for which average annual growth rates are computed. For instance, the average annual growth rate since 1978 is shown as the average annual growth rate of 1979—2021 without showing the base year 1978.

Registration Status of Enterprises(Units) Enterprises are classified into 3 categories, namely enterprises with domestic investment, enterprises with investment from Hong Kong, Macao and Taiwan, and enterprises with foreign investment, according to the registration status of an enterprise in market supervision administration. Domestic-invested enterprises include state-owned enterprises, collective-owned enterprises, cooperative enterprises, joint ownership enterprises, limited liability corporations, share-holding corporations Ltd., private enterprises and other enterprises. Included in the enterprises with investment from Hong Kong, Macao and Taiwan and enterprises with foreign investment are joint-venture enterprises, cooperative enterprises, sole-proprietorship enterprises and share-holding corporations Ltd. For government agencies, institutions and social organizations which are not registered in industrial and commercial administration agencies, they are classified mainly by their sources of funding and manners of management.

State-owned Enterprises refer to non-corporation economic units where the entire assets are owned by the state and which have been registered in accordance with the *Regulation of the People's Republic of China on the Management of Registration of Corporate Enterprises*. Not included from this category are state sole-proprietorship corporations in the limited liability corporations.

Collective-owned Enterprises refer to economic units where the assets are owned collectively and which have been registered in accordance with the *Regulation of the People's Republic of China on the Management of Registration of Corporate Enterprises*.

Cooperative Enterprises refer to a form of collective economic units (enterprises) where capitals come mainly from employees as their shares, with certain proportion of capital from the outside, where production is organized on the basis of independent operation, independent accounting for profits and losses, joint work, democratic management, and a distribution system that integrates remuneration according to work with dividend according to capital share.

Joint Ownership Enterprises refer to economic units established by two or more corporate enterprises or corporate institutions of the same or different ownership, through joint investment on the basis of voluntary participation, equality, and mutual benefits. They include state joint ownership enterprises; collective joint ownership enterprises; joint state-collective enterprises; and other joint ownership enterprises.

Limited Liability Corporations refer to economic units established with investment from 2—50 investors and registered in accordance with the *Regulation of the People's Republic of China on the Management of Registration of Corporations*, each investor bearing limited liability to the corporation depending on its share of investment, and the corporation bearing liability to its debt to the maximum of its total assets. Limited liability corporations include solely State-funded limited liability corporations and other limited liability corporations.

Share-holding Corporations Ltd. refer to economic units registered in accordance with the *Regulation of the People's Republic of China on the Management of Registration of Corporations*, with total registered capital divided into equal shares and additional capitals raised through issuing stocks. Each investor bears limited liability to the corporation depending on the holding of shares, and the corporation bears liability to its debt to the maximum of its total assets.

Private Enterprises refer to profit-making economic units invested and established by natural persons, or controlled by natural persons, using employed labour. Included in this category are private limited liability corporations, private share-holding corporations Ltd., private partnership enterprises and private sole-proprietorship enterprises registered in accordance with the *Company Law*, *the Law on Partnership Business and Interim Regulations on Private Enterprises*.

Other Enterprises refer to domestic-invested economic units other than those mentioned above.

Joint Venture Enterprises with Hong Kong, Macao and Taiwan are enterprises established by investors from Hong Kong, Macao and Taiwan with enterprises in the mainland of China in accordance with the *Law of the People's Republic of China on Sino-foreign Equity Joint Ventures* and other relevant laws, where the establishment of the investment and the sharing of profits, taking risks and loss are stipulated in joint venture contracts.

Cooperative Enterprises with Hong Kong, Macao and Taiwan established by investors from Hong Kong, Macao and Taiwan with enterprises in the mainland of China in accordance with the *Law of the People's Republic of China on Sino-foreign Contractual Joint Venture* and other relevant laws, where the investment or provision of facilities and the sharing of profits and risks are stipulated under cooperative contracts.

Sole-proprietorship Enterprises with Investment from Hong Kong, Macao and Taiwan refer to enterprises established in the mainland of China with exclusive investment from investors from Hong Kong, Macao and Taiwan in accordance with *the Law of the People's Republic of China on Enterprises with Foreign Investment* and other relevant laws.

Share-holding Corporations Ltd. with Investment from Hong Kong, Macao and Taiwan refer to share-holding corporations Ltd. established with the approval from the Ministry of Commerce(the former Ministry of Foreign Trade and Economic Relations) in line with relevant state regulations, where the share of investment from Hong Kong, Macao or Taiwan businessmen exceeds 25% of the total registered capital of the corporation. In case the share of investment from Hong Kong, Macao or Taiwan is less than 25% of the total registered capital, the enterprise is to be classified as domestic-invested share-holding corporation Ltd.

Joint Venture Enterprises with Foreign Investment refer to enterprises jointly established by foreign enterprises or foreigners with enterprises in the mainland of China in accordance with the *Law of the People's Republic of China on Sino-foreign Equity Joint Ventures* and other relevant laws, where the sharing of investment, profits and risks is stipulated in contracts.

Cooperative Enterprises with Foreign Investment refer to enterprises jointly established by foreign enterprises or foreigners with enterprises in the mainland of China in accordance with the *Law of the People's Republic of China on Sino-foreign Contractual Joint Venture* and other relevant laws, where the investment or provision of facilities and the sharing of profits and taking risks and loss are stipulated in cooperative contracts.

Sole-proprietorship Enterprises with Foreign Investment refer to enterprises established in the mainland of China with exclusive investment from foreign investors in accordance with the *Law of the People's Republic of China on Enterprises with Foreign Investment* and other relevant laws.

Share-holding Corporations Ltd. with Foreign Investment refer to share-holding corporations Ltd. established with the approval from the former Ministry of Foreign Trade and Economic Relations in line with relevant state regulations, where the share of investment from foreign investors exceeds 25% of the total registered capital of the corporation. In case the share of foreign investment is less than 25% of the total registered capital, the enterprise is to be classified as domestic-invested share-holding corporation Ltd.

Government Agencies, Institutions and Social Organizations are classified into the following categories by sources of funds and manners of management taking reference of the registration status of enterprises:

(1) Government agencies: include state and party agencies, classified in principle as state-owned. There are exceptions, such as supply and marketing cooperatives which are classified as collective-owned.

(2) Institutions: include institutions of various types established with the approval by organizations and staffing departments of the government, but exclude institutions where enterprise management system is introduced. Institutions are further classified as follows:

① Institutions that are allocated by the state-financial budget or in cluded in the management of extra-budget funds, and whose funds are mainly derived from the competent state-owned departments or higher-leve units of the state. Such institutions are classified as state-owned.

② Institutions for which their budget mainly come from collective units. Such institutions are classified as collective-owned.

③ Social institutions established by individual or a group of citizens, which are classified as private.

④ Institutions other than those mentioned above for which their sources of budget are not clear. Such institutions are classified by the manners of management.

(3) Social organizations: include social organizations established with the approval from the Ministry of Civil Affairs, and organizations that are not covered by social organization management regulations such as labor unions, women's federations etc. Social organizations are further classified as follows:

① Social organizations that are not covered by social organization management regulations of the Ministry of Civil Affairs such as labor unions, women federations, communist youth leagues, youth associations, industrial and commerce associations, scientist associations, overseas Chinese associations, etc., foundations and fund management organizations established with funds from the state, and social organizations whose funds mainly come from the budget of their competent government agencies. Such institutions are classified as state-owned.

② Social organizations for which their budget mainly comes from collective units. Such institutions are classified as collective-owned.

③ Social organizations established by individual or a group of citizens, which are classified as private.

④ Social organizations other than those mentioned above for which their sources of budget are not clear. Such organizations are classified by the manners of management.

2

国民经济核算

National Accounts

简 要 说 明

本篇主要内容和资料来源

一、地区生产总值数据是根据不同产业部门、不同支出构成的特点和资料来源情况而采用不同方法计算的。

二、地区生产总值是一个价值量指标，其价值的变化受价格变化和物量变化两大因素影响。不变价地区生产总值是把按当期价格计算的地区生产总值换算成按某个固定期（基期）价格计算的价值，从而使两个不同时期的价值进行比较时，能够剔除价格变化的影响，以反映物量变化，反映生产活动成果的实际变动。地区生产总值指数就是根据两个时期不变价地区生产总值计算得到的。随着经济的不断发展，各行业的价格结构也会不断发生变化，为了更好地反映这种变化对于经济的影响，计算不变价地区生产总值需要每隔若干年调整一次基期。我国自开始核算地区生产总值以来，共有 1952 年、1957 年、1970 年、1980 年、1990 年、2000 年、2005 年、2010 年、2015 年、2020 年 10 个不变价基期，目前的基期是 2020 年。也就是说，2021 年的不变价地区生产总值是按照 2020 年价格计算的。由于计算不变价地区生产总值采用按不同基期分段计算，因此本年鉴中的不变价地区生产总值数据也按分段方式公布。

三、根据第四次全国经济普查结果修订历史数据，并对缺失的行业数据进行了具体细分和修订。2021 年数据为快报数。

四、根据第七次全国人口普查结果修订 2011 年以来的人均 GDP 历史数据。

Brief Introduction

Main Contents and Sources of Data

Ⅰ. Data on gross regional product (GDP) are computed based on different approaches in the light of the different features of various sectors, various expenditure structures and different data sources.

Ⅱ. Gross Domestic Product (GDP) is a measurement of value which changes depending on changes of price and volume. GDP at constant prices converts the gross regional product based on the current price into a value based on the price of certain base period. After price effects are removed, the values of two different periods can be compared to reflect the volume changes, and the real changes of production activity results. GDP index is derived from the constant-price GDP. As the economy grows, changes will take place in the price structures of various industries, and the the calculation of GDP at constant prices repuires an adjustment of the base period every few years in order to better reflect the impact of price change in the economy. Since China started GDP calculation, ten constant-price base periods have been used, such as 1952, 1957, 1970, 1980, 1990, 2000, 2005, 2010, 2015 and 2020, and the current base period is 2020. That is to say, the 2021 GDP at constant prices is calculated on the basis of the 2020 prices. As the calculation of constant-price GDP is based on different base periods, the constant-price GDP data in this yearbook are also published on the basis of different base periods.

Ⅲ. The historical data were revised in accordance with the results of the Forth National Economics Census, and the missing industries were specifically subdivided and revised. Data in 2021 are the number of quick reports.

Ⅳ. The historical data of per capita GDP since 2011 have been revised based on the results of the Seventh National Population Census.

2-1 主要年份总产出
Total Output in Major Years

按当年价格计算,单位:亿元 (at current prices,100 million yuan)

年份 Year	总产出 Total Output	第一产业 Primary Industry	第二产业 Secondary Industry	第三产业 Tertiary Industry	#工业 Industry
1952	81.54	31.87	27.19	22.48	25.53
1955	100.53	36.22	35.77	28.54	32.82
1957	114.15	36.81	44.63	32.71	41.01
1962	133.12	40.15	56.38	36.59	53.36
1965	192.52	57.27	97.49	37.76	88.08
1970	273.85	71.33	149.65	52.87	135.47
1975	412.28	91.66	260.23	60.39	235.28
1976	438.59	100.71	271.19	66.69	247.59
1977	487.98	89.16	326.37	72.45	297.12
1978	566.85	105.87	378.99	81.99	337.65
1979	661.26	145.25	427.36	88.65	386.05
1980	750.12	138.45	515.71	95.96	467.82
1981	816.27	153.62	557.41	105.24	504.94
1982	897.85	188.11	593.52	116.22	534.87
1983	1014.55	206.86	679.67	128.02	600.70
1984	1239.44	253.82	836.02	149.60	745.36
1985	1642.70	288.55	1157.52	196.63	1036.67
1986	1960.44	332.66	1380.16	247.62	1235.38
1987	2472.22	380.25	1771.85	320.12	1590.31
1988	3409.56	497.95	2370.81	540.80	2152.93
1989	3839.67	522.25	2713.50	603.92	2507.42
1990	4208.23	580.53	2978.51	649.19	2764.10
1991	4820.22	580.93	3416.59	822.70	3161.60
1992	6876.03	673.82	5089.59	1112.62	4673.57
1993	10211.78	875.37	7757.28	1579.13	7096.46
1994	14042.74	1358.50	10601.01	2083.23	9826.50
1995	17782.72	1721.35	13053.11	3008.26	11995.30
1996	20363.46	1953.13	14764.02	3646.31	13425.15
1997	22393.07	2096.40	16342.27	3954.40	14703.65
1998	23450.64	2129.05	16967.90	4353.69	15163.56
1999	24640.34	2108.71	17714.22	4817.41	15779.09
2000	27127.82	2115.39	19714.71	5297.72	17653.76
2001	29893.95	2174.81	21753.49	5965.65	19595.68
2002	32651.13	1953.50	23884.16	6813.47	21386.23
2003	38751.33	2115.88	28971.95	7663.50	25882.11
2004	47091.85	2417.63	35989.68	8684.54	32156.83
2005	56907.45	2577.02	43408.85	10921.58	39207.39
2006	67931.48	2707.13	52090.66	13133.69	47363.21
2007	84109.98	3062.32	64956.64	16091.02	59779.06
2008	99913.51	3585.12	76556.04	19772.35	69772.08
2009	108291.56	3806.96	82483.89	22000.71	74203.47
2010	128492.49	4283.21	96369.86	27839.42	86719.71
2011	158022.92	5216.99	116627.01	36178.92	105261.95
2012	171669.51	5781.50	124383.94	41504.07	111828.51
2013	185260.48	6124.25	130772.58	48363.65	116745.75
2014	201974.21	6402.75	140323.58	55247.88	124393.14
2015	219064.39	6980.37	150287.96	61796.06	133720.37
2016	232424.43	7172.25	154732.47	70519.71	138290.71
2017	252335.47	7201.40	167767.21	77366.86	149270.32
2018	281992.04	7228.51	188232.66	86530.87	164195.12
2019	294412.66	7503.15	193369.44	93540.07	166195.39
2020	300887.11	7953.51	195914.53	97019.07	168708.75

2-2 主要年份总产出指数

Indices of Total Output in Major Years

按可比价格计算,1952 年 = 100 (at constant prices, year of 1952 = 100)

年份 Year	总产出 Total Output	第一产业 Primary Industry	第二产业 Secondary Industry	第三产业 Tertiary Industry	#工业 Industry
1952	100.0	100.0	100.0	100.0	100.0
1955	120.0	113.0	134.3	123.6	129.7
1957	127.0	109.1	169.4	132.1	165.9
1962	121.8	93.4	200.8	121.4	208.5
1965	181.6	139.7	372.6	129.2	365.0
1970	263.7	166.3	653.9	179.4	651.2
1975	390.0	204.4	1164.8	207.2	1165.2
1976	420.8	212.3	1267.0	232.1	1285.1
1977	463.9	191.0	1524.5	249.8	1543.0
1978	544.0	232.1	1776.6	285.4	1755.8
1979	598.9	257.4	1983.5	291.2	2000.3
1980	671.6	243.2	2380.5	304.9	2417.9
1981	732.4	262.4	2589.9	342.2	2618.8
1982	802.5	301.5	2796.8	376.6	2820.2
1983	908.5	319.4	3242.2	415.6	3211.5
1984	1090.8	371.9	3955.8	477.5	3959.1
1985	1379.6	383.5	5250.3	599.0	5280.7
1986	1595.5	407.5	6115.4	731.7	6161.6
1987	1912.0	420.2	7474.4	906.9	7631.1
1988	2399.8	448.1	9385.3	1288.2	9590.3
1989	2492.6	449.6	9671.7	1422.0	10036.5
1990	2697.8	460.9	10591.2	1502.8	11042.5
1991	3046.2	455.7	12110.4	1807.0	12642.3
1992	4267.8	515.0	18038.4	2272.0	18864.6
1993	5746.6	573.1	25197.1	2887.9	26795.1
1994	7334.3	642.4	33172.0	3354.0	35831.4
1995	8708.7	730.4	39686.3	3903.8	42818.5
1996	10008.5	803.0	45823.2	4471.4	49213.2
1997	11314.1	856.4	52098.2	5035.8	55704.5
1998	12441.1	885.7	57347.6	5676.1	61113.7
1999	13612.6	925.5	62773.5	6330.8	66941.5
2000	14939.2	959.6	68961.7	7079.4	73797.1
2001	16383.3	988.4	75650.7	7946.8	81472.0
2002	18049.8	1013.1	83613.8	8878.3	89782.1
2003	20560.9	1005.0	96748.4	9976.2	103967.7
2004	23692.0	1065.3	112553.6	11356.7	121434.3
2005	27435.3	1098.4	131125.0	13230.6	142320.9
2006	31770.1	1145.6	152760.6	15268.1	166230.9
2007	36630.9	1193.7	176896.7	17665.2	194822.6
2008	41649.3	1363.2	200070.2	20474.0	221513.3
2009	47063.8	1596.3	225679.2	23135.6	248759.4
2010	53182.0	1692.1	255468.9	26305.1	282093.2
2011	59191.6	1763.2	285103.2	29277.6	316508.5
2012	65761.9	2159.9	316464.6	32205.4	351324.5
2013	73081.2	2137.8	352478.3	36034.6	388810.8
2014	80097.0	2266.1	385611.2	39926.3	424192.6
2015	87305.7	2345.4	419930.6	43958.9	460673.1
2016	94115.5	2352.5	449745.7	48530.6	494762.9
2017	100905.5	2362.6	480778.2	52519.9	530732.2
2018	107442.2	2405.1	509624.8	56721.4	565229.7
2019	113612.6	2436.7	538792.7	60460.5	598205.7
2020	117628.8	2478.5	559008.2	62394.0	621021.3

2-3 主要年份地区生产总值
Gross Domestic Product in Major Years

按当年价格计算，单位：亿元　　　　(at current prices, 100 million yuan)

年份 Year	地区生产总值 Gross Domestic Product	第一产业 Primary Industry	第二产业 Secondary Industry	第三产业 Tertiary Industry	#工业 Industry	#建筑业 Construction	#金融业 Financial Intermediation	#房地产业 Real Estate	人均地区生产总值(元) Per Capita GDP (yuan)
1952	48.41	25.49	8.53	14.39	7.63	0.90	1.53	0.75	131
1955	58.96	29.69	11.29	17.98	10.06	1.23	1.99	1.08	150
1957	65.11	29.94	14.40	20.77	12.51	1.89	2.25	1.19	157
1962	69.20	29.10	17.34	22.76	15.69	1.65	2.74	1.29	161
1965	95.10	41.20	30.26	23.64	26.87	3.39	2.81	1.50	208
1970	129.23	51.03	46.16	32.04	42.33	3.83	4.35	2.31	249
1975	184.16	67.59	79.61	36.96	72.70	6.91	5.31	2.90	329
1976	187.97	62.38	85.04	40.55	78.48	6.56	5.79	3.19	332
1977	202.40	53.22	105.35	43.83	97.15	8.20	6.34	3.51	353
1978	249.24	68.71	131.09	49.44	117.10	13.99	10.43	5.50	430
1979	298.55	104.04	141.14	53.37	126.25	14.89	10.27	5.42	509
1980	319.80	94.24	167.41	58.15	151.22	16.19	11.52	6.08	541
1981	350.02	109.39	178.01	62.62	161.11	16.90	12.32	6.50	586
1982	390.17	135.15	185.52	69.50	168.09	17.43	13.74	7.25	645
1983	437.65	150.41	210.81	76.43	191.52	19.29	14.47	7.64	716
1984	518.85	179.00	250.39	89.46	228.58	21.81	15.52	8.19	843
1985	651.82	195.66	339.56	116.60	307.89	31.67	18.91	11.93	1053
1986	744.94	224.26	376.32	144.36	337.77	38.55	25.56	13.50	1193
1987	922.33	246.86	493.69	181.78	443.23	50.46	25.14	14.59	1462
1988	1208.85	319.18	586.82	302.85	526.92	59.90	47.44	21.25	1891
1989	1321.85	324.18	657.06	340.61	599.91	57.15	65.45	24.72	2038
1990	1416.50	355.17	692.59	368.74	634.13	58.46	72.53	27.02	2130
1991	1601.38	345.14	793.92	462.32	725.83	68.09	77.81	33.51	2353
1992	2136.02	393.82	1119.26	622.94	1017.94	101.32	109.27	43.89	3106
1993	2998.16	490.59	1598.05	909.52	1451.97	146.08	140.04	73.03	4321
1994	4057.39	683.98	2186.77	1186.64	2002.22	184.55	187.37	95.23	5801
1995	5155.25	866.24	2715.26	1573.75	2467.63	247.63	244.65	134.95	7319
1996	6004.21	989.18	3074.12	1940.91	2754.80	319.32	291.71	178.79	8471
1997	6680.34	1035.80	3411.86	2232.68	3016.44	395.42	318.08	211.22	9371
1998	7199.95	1047.16	3640.10	2512.69	3157.69	482.41	322.33	253.14	10049
1999	7697.82	1037.37	3920.15	2740.30	3387.99	532.16	330.25	272.34	10695
2000	8553.69	1048.34	4435.89	3069.46	3848.52	587.37	349.49	298.15	11765
2001	9456.84	1094.48	4907.46	3454.90	4270.90	636.56	353.41	326.74	12879
2002	10606.85	1110.44	5604.49	3891.92	4880.09	724.40	368.86	371.09	14369
2003	12442.87	1162.45	6787.11	4493.31	6004.65	782.46	392.11	447.47	16743
2004	14823.13	1300.40	8325.76	5196.97	7407.76	924.14	440.50	534.17	19790
2005	18121.33	1390.20	10234.06	6497.07	9154.98	1085.44	492.39	799.73	23984
2006	21240.79	1468.29	11991.11	7781.39	10812.04	1186.05	653.25	1017.91	27868
2007	25988.36	1715.56	14497.42	9775.38	13137.87	1366.76	1054.25	1365.71	33798
2008	30945.45	1988.17	17051.10	11906.18	15336.03	1722.50	1298.49	1626.13	39967
2009	34471.67	2143.62	18667.16	13660.89	16570.31	2104.50	1596.98	2025.39	44272
2010	41383.87	2409.24	21853.60	17121.03	19382.18	2479.30	2105.92	2550.95	53525
2011	48839.21	2908.78	25231.21	20699.22	22313.47	2925.75	2540.11	2907.89	61464
2012	53701.92	3241.42	27150.75	23309.75	23942.24	3216.54	3046.51	3142.82	66533
2013	59349.41	3447.49	29149.42	26752.50	25564.39	3593.22	3818.79	3668.40	72768
2014	64830.51	3607.40	31048.84	30174.27	27154.52	3902.52	4483.69	4304.44	78711
2015	71255.93	3952.47	33371.77	33931.69	28802.63	4607.04	4914.55	4954.09	85871
2016	77350.85	4039.75	35041.53	38269.57	30291.36	4790.04	5545.17	5792.01	92658
2017	85869.76	4045.16	39124.11	42700.49	33782.61	5385.97	6215.65	6907.75	102202
2018	93207.55	4141.71	42129.37	46936.47	36113.22	6063.69	6846.88	7467.17	110508
2019	98656.82	4297.24	43507.53	50852.05	37225.68	6330.70	7435.70	7925.85	116650
2020	102807.68	4537.58	44631.25	53638.85	38198.13	6481.55	8245.23	8383.85	121333
2021	116364.20	4722.42	51775.39	59866.39	44634.07	7184.09	9163.96	8943.28	137039

2-4 主要年份地区生产总值构成

Composition of Gross Domestic Product in Major Years

按当年价格计算,单位:% (at current prices,%)

年份 Year	地区生产总值 Gross Domestic Product	第一产业 Primary Industry	第二产业 Secondary Industry	第三产业 Tertiary Industry	#工业 Industry	#建筑业 Construction	#金融业 Financial Intermediation	#房地产业 Real Estate
1952	100.0	52.7	17.6	29.7	15.8	1.9	3.2	1.5
1955	100.0	50.4	19.1	30.5	17.1	2.1	3.4	1.8
1957	100.0	46.0	22.1	31.9	19.2	2.9	3.5	1.8
1962	100.0	42.1	25.0	32.9	22.7	2.4	4.0	1.9
1965	100.0	43.3	31.8	24.9	28.3	3.6	3.0	1.6
1970	100.0	39.5	35.7	24.8	32.8	3.0	3.4	1.8
1975	100.0	36.7	43.2	20.1	39.5	3.8	2.9	1.6
1976	100.0	33.2	45.2	21.6	41.8	3.5	3.1	1.7
1977	100.0	26.3	52.0	21.7	48.0	4.1	3.1	1.7
1978	100.0	27.6	52.6	19.8	47.0	5.6	4.2	2.2
1979	100.0	34.8	47.3	17.9	42.3	5.0	3.4	1.8
1980	100.0	29.5	52.3	18.2	47.3	5.1	3.6	1.9
1981	100.0	31.3	50.8	17.9	46.0	4.8	3.5	1.9
1982	100.0	34.6	47.6	17.8	43.1	4.5	3.5	1.9
1983	100.0	34.4	48.2	17.4	43.8	4.4	3.3	1.7
1984	100.0	34.5	48.3	17.2	44.1	4.2	3.0	1.6
1985	100.0	30.0	52.1	17.9	47.2	4.9	2.9	1.8
1986	100.0	30.1	50.5	19.4	45.3	5.2	3.4	1.8
1987	100.0	26.8	53.5	19.7	48.1	5.5	2.7	1.6
1988	100.0	26.4	48.5	25.1	43.6	5.0	3.9	1.8
1989	100.0	24.5	49.7	25.8	45.4	4.3	5.0	1.9
1990	100.0	25.1	48.9	26.0	44.8	4.1	5.1	1.9
1991	100.0	21.5	49.6	28.9	45.3	4.3	4.9	2.1
1992	100.0	18.4	52.4	29.2	47.7	4.7	5.1	2.1
1993	100.0	16.4	53.3	30.3	48.4	4.9	4.7	2.4
1994	100.0	16.9	53.9	29.2	49.3	4.5	4.6	2.3
1995	100.0	16.8	52.7	30.5	47.9	4.8	4.7	2.6
1996	100.0	16.5	51.2	32.3	45.9	5.3	4.9	3.0
1997	100.0	15.5	51.1	33.4	45.2	5.9	4.8	3.2
1998	100.0	14.5	50.6	34.9	43.9	6.7	4.5	3.5
1999	100.0	13.5	50.9	35.6	44.0	6.9	4.3	3.5
2000	100.0	12.3	51.9	35.9	45.0	6.9	4.1	3.5
2001	100.0	11.6	51.9	36.5	45.2	6.7	3.7	3.5
2002	100.0	10.5	52.8	36.7	46.0	6.8	3.5	3.5
2003	100.0	9.3	54.5	36.1	48.3	6.3	3.2	3.6
2004	100.0	8.8	56.2	35.1	50.0	6.2	3.0	3.6
2005	100.0	7.7	56.5	35.9	50.5	6.0	2.7	4.4
2006	100.0	6.9	56.5	36.6	50.9	5.6	3.1	4.8
2007	100.0	6.6	55.8	37.6	50.6	5.3	4.1	5.3
2008	100.0	6.4	55.1	38.5	49.6	5.6	4.2	5.3
2009	100.0	6.2	54.2	39.6	48.1	6.1	4.6	5.9
2010	100.0	5.8	52.8	41.4	46.8	6.0	5.1	6.2
2011	100.0	6.0	51.7	42.4	45.7	6.0	5.2	6.0
2012	100.0	6.0	50.6	43.4	44.6	6.0	5.7	5.9
2013	100.0	5.8	49.1	45.1	43.1	6.1	6.4	6.2
2014	100.0	5.6	47.9	46.5	41.9	6.0	6.9	6.6
2015	100.0	5.5	46.8	47.6	40.4	6.5	6.9	7.0
2016	100.0	5.2	45.3	49.5	39.2	6.2	7.2	7.5
2017	100.0	4.7	45.6	49.7	39.3	6.3	7.2	8.0
2018	100.0	4.4	45.2	50.4	38.7	6.5	7.3	8.0
2019	100.0	4.4	44.1	51.5	37.7	6.4	7.5	8.0
2020	100.0	4.4	43.4	52.2	37.2	6.3	8.0	8.2
2021	100.0	4.1	44.5	51.4	38.4	6.2	7.9	7.7

2-5 不变价地区生产总值
Gross Domestic Product at Constant Prices

单位:亿元 (100 million yuan)

年份 Year	地区生产总值 Gross Domestic Product	第一产业 Primary Industry	第二产业 Secondary Industry	第三产业 Tertiary Industry	#工业 Industry	#建筑业 Construction
按1980年价格计算 Price Base Year = 1980						
1980	328.21	100.50	169.56	58.15	153.37	16.19
1981	363.85	113.44	181.85	68.56	164.56	17.29
1982	399.66	131.53	192.41	75.72	174.63	17.78
1983	448.78	140.98	221.82	85.98	202.11	19.71
1984	519.29	159.22	261.51	98.56	231.60	29.91
1985	609.14	157.88	334.88	116.38	304.52	30.36
1986	672.32	166.33	367.10	138.89	331.25	35.85
1987	762.72	167.11	433.55	162.06	388.62	44.93
1988	912.08	174.37	510.67	227.04	459.37	51.30
1989	934.74	169.42	512.97	252.35	468.94	44.03
1990	981.59	171.16	540.61	269.82	496.73	43.88
按1990年价格计算 Price Base Year = 1990						
1990	1438.00	358.93	710.33	368.74	651.87	58.46
1991	1557.32	344.81	773.85	438.66	709.30	64.55
1992	1955.77	381.53	1020.73	553.51	928.13	92.60
1993	2342.88	391.25	1258.98	692.65	1143.28	115.70
1994	2728.74	411.73	1545.47	771.54	1410.47	135.00
1995	3148.95	467.66	1795.09	886.20	1626.27	168.82
1996	3533.97	503.88	2016.78	1013.31	1803.53	213.25
1997	3956.46	529.04	2271.40	1156.02	2007.33	264.07
1998	4392.36	540.19	2546.93	1305.24	2224.12	322.81
1999	4835.68	565.06	2834.48	1436.14	2477.67	356.81
2000	5346.92	587.06	3163.06	1596.80	2779.95	383.11
按2000年价格计算 Price Base Year = 2000						
2000	8553.69	1048.34	4435.89	3069.46	3848.52	587.37
2001	9422.01	1079.79	4921.27	3420.95	4291.02	630.25
2002	10521.02	1109.48	5593.98	3817.56	4887.48	706.50
2003	11954.29	1107.82	6557.24	4289.23	5757.45	799.79
2004	13636.38	1118.97	7598.29	4919.12	6705.50	897.73
2005	15612.84	1147.37	8822.06	5643.41	7833.78	993.43
按2005年价格计算 Price Base Year = 2005						
2005	18121.33	1390.20	10234.06	6497.07	9154.98	1085.44
2006	20828.39	1464.45	11864.68	7499.26	10669.23	1201.33
2007	23940.38	1493.85	13712.08	8734.45	12457.75	1260.66
2008	26980.37	1550.64	15527.38	9902.35	14169.09	1365.27
2009	30339.42	1614.28	17465.39	11259.75	15846.83	1625.70
2010	34198.16	1683.02	19744.88	12770.26	17953.00	1799.44
按2010年价格计算 Price Base Year = 2010						
2010	41383.87	2409.24	21853.60	17121.03	19382.18	2479.30
2011	45952.65	2514.68	24431.81	19006.16	21789.61	2650.13
2012	50660.20	2629.27	27161.63	20869.30	24246.90	2922.74
2013	55580.11	2843.69	29915.59	22820.83	26782.44	3141.43
2014	60359.43	2929.00	32336.54	25093.89	28989.88	3354.83
2015	65552.00	3025.66	35050.98	27475.36	31330.72	3728.59
按2015年价格计算 Price Base Year = 2015						
2015	71255.93	3952.47	33371.77	33931.69	28802.63	4607.04
2016	76814.60	4015.21	35583.34	37216.05	30804.92	4818.96
2017	82343.69	4030.57	37965.78	40347.34	33103.65	4905.70
2018	87860.84	4104.30	40210.23	43546.31	35301.94	4954.76
2019	93000.70	4157.66	42450.42	46392.62	37322.12	5176.51
2020	96404.53	4229.41	44129.47	48045.65	38840.07	5340.61
按2020年价格计算 Price Base Year = 2020						
2020	102807.68	4537.58	44631.25	53638.85	38198.13	6481.55
2021	111603.07	4678.01	49159.91	57765.15	42617.25	6583.06

2－6 主要年份地区生产总值指数

Indices of Gross Domestic Product in Major Years

按可比价格计算，上年＝100 （at constant prices, preceding year＝100）

年份 Year	地区生产总值 Gross Domestic Product	第一产业 Primary Industry	第二产业 Secondary Industry	第三产业 Tertiary Industry	#工业 Industry	#建筑业 Construction	#金融业 Financial Intermediation	#房地产业 Real Estate	人均地区生产总值 Per Capita GDP
1952									
1955	111.1	114.7	101.7	107.0	101.9	100.7	107.8	105.3	108.6
1957	100.4	101.8	100.5	97.6	95.5	130.9	100.8	102.7	98.2
1962	93.2	101.5	73.5	94.0	72.8	80.8	100.7	89.9	91.9
1965	107.1	101.3	130.8	103.1	120.8	241.7	105.6	103.7	104.7
1970	114.9	107.1	136.5	110.1	137.5	130.6	110.2	109.7	112.3
1975	106.1	102.1	115.6	99.2	117.1	105.4	101.1	101.9	104.8
1976	101.0	87.3	112.0	111.3	113.7	98.8	108.0	105.5	99.7
1977	106.3	86.7	123.9	107.1	123.8	125.3	116.1	114.7	105.1
1978	124.6	132.1	124.6	113.9	123.3	135.7	138.5	131.2	123.3
1979	112.0	122.9	107.1	105.7	108.0	100.4	106.6	110.9	110.8
1980	104.8	89.5	118.2	101.6	119.7	105.2	103.2	103.3	103.9
1981	110.9	112.9	107.2	117.9	107.3	106.8	128.1	119.1	109.7
1982	109.8	115.9	105.8	110.4	106.1	102.8	111.0	111.0	108.5
1983	112.3	107.2	115.3	113.5	115.7	110.9	108.8	108.7	111.0
1984	115.7	112.9	117.9	114.6	114.6	151.8	114.6	114.7	115.0
1985	117.3	99.2	128.1	118.1	131.5	101.5	101.1	120.9	116.6
1986	110.4	105.4	109.6	119.3	108.8	118.1	130.3	109.1	109.5
1987	113.4	100.5	118.1	116.7	117.3	125.3	91.1	100.2	112.3
1988	119.6	104.3	117.8	140.1	118.2	114.2	158.6	122.4	118.0
1989	102.5	97.2	100.5	111.1	102.1	85.8	136.4	114.9	101.0
1990	105.0	101.0	105.4	106.9	105.9	99.7	109.5	108.1	102.4
1991	108.3	96.1	108.9	119.0	108.8	110.4	104.8	118.2	105.8
1992	125.6	110.6	131.9	126.2	130.9	143.5	133.1	117.9	124.3
1993	119.8	102.5	123.3	125.1	123.2	124.9	113.3	149.8	118.7
1994	116.5	105.2	122.8	111.4	123.4	116.7	111.9	108.1	115.6
1995	115.4	113.6	116.2	114.9	115.3	125.1	118.1	125.0	114.6
1996	112.2	107.7	112.3	114.3	110.9	126.3	115.4	123.7	111.5
1997	112.0	105.0	112.6	114.1	111.3	123.8	113.5	121.5	111.3
1998	111.0	102.1	112.1	112.9	110.8	122.2	103.9	123.8	110.5
1999	110.1	104.6	111.3	110.0	111.4	110.5	104.8	111.2	109.6
2000	110.6	103.9	111.6	111.2	112.2	107.4	109.8	107.5	109.5
2001	110.2	103.0	110.9	111.5	111.5	107.3	102.8	109.7	109.1
2002	111.7	102.7	113.7	111.6	113.9	112.1	105.9	112.6	111.1
2003	113.6	99.9	117.2	112.4	117.8	113.2	106.8	112.0	112.9
2004	114.1	101.0	115.9	114.7	116.5	112.2	107.5	109.5	113.2
2005	114.5	102.5	116.1	114.7	116.8	110.7	118.9	124.6	113.5
2006	114.9	105.3	115.9	115.4	116.5	110.7	121.3	119.3	113.9
2007	114.9	102.0	115.6	116.5	116.8	104.9	138.6	117.3	113.9
2008	112.7	103.8	113.2	113.4	113.7	108.3	112.0	109.0	111.9
2009	112.4	104.1	112.5	113.7	111.8	119.1	128.1	127.3	111.8
2010	112.7	104.3	113.1	113.4	113.3	110.7	117.0	108.9	111.9
2011	111.0	104.4	111.8	111.0	112.4	106.9	106.2	103.1	109.6
2012	110.2	104.6	111.2	109.8	111.3	110.3	114.7	108.6	108.5
2013	109.7	108.2	110.1	109.4	110.5	107.5	123.5	111.2	108.6
2014	108.6	103.0	108.1	110.0	108.2	106.8	116.9	102.1	107.5
2015	108.6	103.3	108.4	109.5	108.1	111.1	111.3	105.7	107.8
2016	107.8	101.6	106.6	109.7	107.0	104.6	112.7	105.7	107.2
2017	107.2	100.4	106.7	108.4	107.5	101.8	109.0	103.1	106.5
2018	106.7	101.8	105.9	107.9	106.6	101.0	107.0	101.8	106.3
2019	105.9	101.3	105.6	106.5	105.7	104.5	109.2	104.2	105.6
2020	103.7	101.7	104.0	103.6	104.1	103.2	107.3	104.1	103.5
2021	108.6	103.1	110.1	107.7	111.6	101.6	106.3	105.8	108.3

2-7 主要年份地区生产总值定基指数

Fixed-base Indices of Gross Domestic Product in Major Years

按可比价格计算,1952 年 =100 (at constant prices, year of 1952 =100)

年份 Year	地区生产总值 Gross Domestic Product	第一产业 Primary Industry	第二产业 Secondary Industry	第三产业 Tertiary Industry	#工业 Industry	#建筑业 Construction	#金融业 Financial Intermediation	#房地产业 Real Estate	人均地区生产总值 Per Capita GDP
1952	100.0	100.0	100.0	100.0	100.0	100.0	100.0	100.0	100.0
1955	118.9	115.9	133.5	121.6	132.0	142.1	124.0	113.8	111.3
1957	121.9	111.0	174.3	131.0	166.0	223.2	134.6	132.2	108.8
1962	103.8	84.6	202.6	118.0	212.1	146.3	152.5	173.6	89.2
1965	147.6	125.6	375.0	126.4	371.4	396.8	169.8	192.0	119.1
1970	200.9	148.7	663.6	176.0	671.7	615.8	246.9	300.0	143.1
1975	277.5	188.4	1179.3	198.1	1216.2	961.1	307.8	378.2	182.8
1976	280.3	164.4	1320.2	220.4	1382.9	949.5	332.4	398.9	182.4
1977	297.9	142.5	1636.2	236.0	1711.7	1189.5	386.0	457.5	191.7
1978	371.3	188.3	2038.8	268.8	2110.7	1613.7	534.6	600.0	236.3
1979	415.9	231.3	2183.9	284.1	2279.2	1620.0	569.8	665.5	261.8
1980	436.0	207.0	2580.8	288.6	2729.0	1704.2	588.3	687.4	272.1
1981	483.3	233.6	2767.9	340.2	2928.1	1820.0	753.6	818.4	298.5
1982	530.9	270.9	2928.6	375.8	3107.3	1871.6	836.3	908.0	324.0
1983	596.1	290.3	3376.3	426.7	3596.3	2074.7	909.5	987.4	359.8
1984	689.8	327.9	3980.4	489.1	4121.0	3148.4	1042.5	1132.2	413.7
1985	809.2	325.1	5097.1	577.6	5418.5	3195.8	1054.2	1369.0	482.4
1986	893.1	342.5	5587.5	689.3	5894.1	3773.7	1373.7	1493.1	527.9
1987	1013.2	344.1	6598.9	804.3	6914.9	4729.5	1252.0	1495.4	592.6
1988	1211.6	359.1	7772.8	1126.7	8173.8	5400.0	1986.0	1831.0	699.5
1989	1241.7	348.9	7807.8	1252.4	8344.1	4634.7	2709.5	2104.6	706.4
1990	1303.9	352.5	8228.5	1339.1	8838.6	4618.9	2967.6	2274.7	723.5
1991	1412.1	338.6	8964.3	1593.0	9617.3	5100.1	3111.2	2689.8	765.7
1992	1773.4	374.7	11824.1	2010.0	12584.4	7316.4	4140.6	3170.5	951.8
1993	2124.4	384.2	14584.0	2515.3	15501.6	9141.5	4692.6	4748.9	1129.8
1994	2474.3	404.3	17902.7	2801.8	19124.4	10666.4	5252.3	5132.0	1305.8
1995	2855.3	459.2	20794.3	3218.2	22050.4	13338.5	6203.2	6413.3	1496.3
1996	3204.5	494.8	23362.4	3679.8	24453.8	16849.0	7161.0	7936.2	1668.6
1997	3587.6	519.5	26311.9	4198.0	27217.1	20864.3	8131.1	9644.4	1857.3
1998	3982.8	530.5	29503.6	4739.9	30156.5	25505.3	8451.1	11944.3	2051.5
1999	4384.8	554.9	32834.6	5215.3	33594.4	28191.7	8857.8	13278.7	2248.2
2000	4848.4	576.5	36640.9	5798.7	37692.9	30269.7	9727.2	14270.4	2461.4
2001	5340.5	593.8	40650.2	6462.7	42026.9	32479.5	9999.4	15654.1	2684.4
2002	5963.5	610.1	46206.8	7212.0	47868.7	36408.9	10589.5	17626.6	2981.7
2003	6775.9	609.2	54163.4	8103.0	56389.3	41216.6	11309.8	19741.7	3365.4
2004	7729.3	615.3	62762.6	9293.0	65674.6	46263.8	12159.8	21617.4	3808.7
2005	8849.6	631.0	72871.1	10661.3	76725.1	51195.7	14458.0	26936.9	4323.2
2006	10171.6	664.7	84481.8	12305.8	89415.6	56661.7	17536.9	32124.7	4925.8
2007	11691.4	678.0	97636.1	14332.7	104404.7	59460.1	24314.8	37668.9	5612.0
2008	13175.9	703.8	110561.9	16249.1	118746.9	64394.1	27244.6	41073.8	6281.1
2009	14816.3	732.7	124361.4	18476.5	132807.5	76677.5	34913.0	52300.9	7023.6
2010	16700.8	763.9	140592.4	20955.2	150458.7	84872.1	40831.3	56956.8	7862.8
2011	18544.5	797.3	157179.0	23262.5	169146.9	90720.0	43363.0	58738.1	8617.7
2012	20444.3	833.6	174740.9	25542.8	188222.2	100052.0	49716.3	63807.8	9350.2
2013	22429.8	901.6	192458.2	27931.4	207905.0	107538.3	61422.1	70957.6	10154.3
2014	24358.5	928.6	208033.0	30713.5	225040.7	114843.4	71833.1	72453.8	10915.9
2015	26454.0	959.3	225496.0	33628.3	243212.0	127638.1	79932.6	76547.6	11767.3
2016	28517.7	974.5	240439.8	36883.3	260119.6	133509.3	90083.9	80910.7	12614.6
2017	30570.4	978.2	256538.2	39986.6	279530.2	135912.5	98191.5	83419.0	13434.5
2018	32618.6	996.1	271704.1	43156.9	298092.8	137271.7	105065.0	84920.7	14280.9
2019	34543.1	1009.1	286919.6	45962.1	315084.1	143448.9	114731.0	88487.4	15080.6
2020	35807.4	1026.5	298268.1	47599.8	327899.0	147996.2	123090.7	92078.6	15608.4
2021	38886.8	1058.3	328393.2	51265.0	365935.3	150364.2	130845.4	97419.2	16903.9

2-8 分行业地区生产总值

Gross Domestic Product by Sector

按当年价格计算，单位：亿元　　　　(at current prices, 100 million yuan)

行　业	Sector	2015	2016	2017	2018	2019	2020	2021
地区生产总值	**Gross Domestic Product**	**71255.93**	**77350.85**	**85869.76**	**93207.55**	**98656.82**	**102807.68**	**116364.20**
按三次产业分	Grouped by Industry							
第一产业	Primary Industry	3952.47	4039.75	4045.16	4141.71	4297.24	4537.58	4722.42
第二产业	Secondary Industry	33371.77	35041.53	39124.11	42129.37	43507.53	44631.25	51775.39
第三产业	Tertiary Industry	33931.69	38269.57	42700.49	46936.47	50852.05	53638.85	59866.39
按行业分	Grouped by Sector							
农、林、牧、渔业	Agriculture, Forestry, Animal Husbandry and Fishery	4175.94	4286.10	4314.53	4431.38	4611.88	4868.50	5073.71
农、林、牧、渔专业及辅助性活动	Agriculture, Forestry, Animal Husbandry and Fishery Services	223.47	246.35	269.37	289.67	314.64	330.92	351.29
工业	Industry	28802.63	30291.36	33782.61	36113.22	37225.68	38198.13	44634.07
采矿业	Mining	301.24	316.81	353.33	377.70	382.12	439.37	743.71
制造业	Manufacturing	27025.63	28422.51	31698.35	33885.20	34891.67	35817.64	41681.66
电力、热力、燃气及水生产和供应业	Production and Supply of Electricity, Heat, Gas and Water	1475.76	1552.04	1730.93	1850.32	1951.89	1941.12	2208.70
建筑业	Construction	4607.04	4790.04	5385.97	6063.69	6330.70	6481.55	7184.09
批发和零售业	Wholesale and Retail Trades	7829.76	8447.94	9197.46	10139.27	10836.58	11210.63	13163.42
交通运输、仓储和邮政业	Transport, Storage and Post	2435.34	2535.57	2743.41	2964.41	3170.03	3179.78	3466.23
住宿和餐饮业	Hotels and Catering Services	1112.55	1203.18	1302.85	1413.43	1531.39	1396.40	1591.03
信息传输、软件和信息技术服务业	Information Transmission, Software and Information Technology	1685.12	1961.21	2172.79	2409.97	2599.64	2996.47	3417.68
金融业	Financial Intermediation	4914.55	5545.17	6215.65	6846.88	7435.70	8245.23	9163.96
房地产业	Real Estate	4954.09	5792.01	6907.75	7467.17	7925.85	8383.85	8943.28
租赁和商务服务业	Leasing and Business Services	1958.03	2278.82	2524.68	2800.26	2972.56	3061.27	3356.99
科学研究和技术服务业	Scientific Research and Technical Services	1413.53	1645.10	1822.59	2021.53	2253.72	2411.19	2698.75
水利、环境和公共设施管理业	Management of Water Conservancy, Environment and Public Facilities	395.22	459.97	509.61	565.21	650.55	662.78	662.92
居民服务、修理和其他服务业	Household Service, Repair and Other Services	742.71	864.39	957.65	1062.17	1160.21	1178.42	1314.04
教育	Education	1807.68	2103.83	2330.82	2585.24	2903.77	3051.66	3316.34
卫生和社会工作	Health and Social Service	1155.06	1344.30	1489.34	1651.91	1806.98	1942.12	2178.19
文化、体育和娱乐业	Culture, Sports and Entertainment	406.75	473.38	524.46	581.71	602.25	556.26	618.76
公共管理、社会保障和社会组织	Public Management, Social Security and Social Organization	2859.93	3328.48	3687.59	4090.10	4639.33	4983.44	5580.74

2-9 分行业地区生产总值构成
Composition of Gross Domestic Product by Sector

按当年价格计算,单位:% (at current prices,%)

行业	Sector	2015	2016	2017	2018	2019	2020	2021
地区生产总值	**Gross Domestic Product**	**100.0**	**100.0**	**100.0**	**100.0**	**100.0**	**100.0**	**100.0**
按三次产业分	Grouped by Industry							
第一产业	Primary Industry	5.5	5.2	4.7	4.4	4.4	4.4	4.1
第二产业	Secondary Industry	46.8	45.3	45.6	45.2	44.1	43.4	44.5
第三产业	Tertiary Industry	47.6	49.5	49.7	50.4	51.5	52.2	51.4
按行业分	Grouped by Sector							
农、林、牧、渔业	Agriculture, Forestry, Animal Husbandry and Fishery	5.9	5.5	5.0	4.8	4.7	4.7	4.4
农、林、牧、渔专业及辅助性活动	Agriculture, Forestry, Animal Husbandry and Fishery Services	0.3	0.3	0.3	0.3	0.3	0.3	0.3
工业	Industry	40.4	39.2	39.3	38.7	37.7	37.2	38.4
采矿业	Mining	0.4	0.4	0.4	0.4	0.4	0.4	0.6
制造业	Manufacturing	37.9	36.7	36.9	36.4	35.4	34.8	35.8
电力、热力、燃气及水生产和供应业	Production and Supply of Electricity, Heat, Gas and Water	2.1	2.0	2.0	2.0	2.0	1.9	1.9
建筑业	Construction	6.5	6.2	6.3	6.5	6.4	6.3	6.2
批发和零售业	Wholesale and Retail Trades	11.0	10.9	10.7	10.9	11.0	10.9	11.3
交通运输、仓储和邮政业	Transport, Storage and Post	3.4	3.3	3.2	3.2	3.2	3.1	3.0
住宿和餐饮业	Hotels and Catering Services	1.6	1.6	1.5	1.5	1.6	1.4	1.4
信息传输、软件和信息技术服务业	Information Transmission, Software and Information Technology	2.4	2.5	2.5	2.6	2.6	2.9	2.9
金融业	Financial Intermediation	6.9	7.2	7.2	7.3	7.5	8.0	7.9
房地产业	Real Estate	7.0	7.5	8.0	8.0	8.0	8.2	7.7
租赁和商务服务业	Leasing and Business Services	2.7	2.9	2.9	3.0	3.0	3.0	2.9
科学研究和技术服务业	Scientific Research and Technical Services	2.0	2.1	2.1	2.2	2.3	2.3	2.3
水利、环境和公共设施管理业	Management of Water Conservancy, Environment and Public Facilities	0.6	0.6	0.6	0.6	0.7	0.6	0.6
居民服务、修理和其他服务业	Household Service, Repair and other Services	1.0	1.1	1.1	1.1	1.2	1.1	1.1
教育	Education	2.5	2.7	2.7	2.8	2.9	3.0	2.8
卫生和社会工作	Health and Social Service	1.6	1.7	1.7	1.8	1.8	1.9	1.9
文化、体育和娱乐业	Culture, Sports and Entertainment	0.6	0.6	0.6	0.6	0.6	0.5	0.5
公共管理、社会保障和社会组织	Public Management, Social Security and Social Organization	4.0	4.3	4.3	4.4	4.7	4.8	4.8

2-10 分市分行业地区生产总值（2021 年）

按当年价格计算，单位：亿元

行业	Sector	南京 Nanjing	无锡 Wuxi	徐州 Xuzhou	常州 Changzhou
地区生产总值	**Gross Domestic Product**	**16355.33**	**14003.24**	**8117.44**	**8807.58**
按三次产业分	Grouped by Industry				
第一产业	Primary Industry	303.94	130.33	743.34	166.87
第二产业	Secondary Industry	5902.65	6710.50	3376.02	4198.93
第三产业	Tertiary Industry	10148.74	7162.41	3998.08	4441.78
按行业分	Grouped by Sector				
农、林、牧、渔业	Agriculture, Forestry, Animal Husbandry and Fishery	326.55	149.34	783.70	182.79
农、林、牧、渔专业及辅助性活动	Agriculture, Forestry, Animal Husbandry and Fishery Services	22.61	19.01	40.36	15.92
工业	Industry	4991.39	6038.47	2783.94	3791.46
采矿业	Mining	31.57	16.16	223.23	8.57
制造业	Manufacturing	4776.31	5821.51	2425.50	3657.86
电力、热力、燃气及水生产和供应业	Production and Supply of Electricity, Heat, Gas and Water	183.52	200.80	135.21	125.02
建筑业	Construction	913.07	672.70	594.22	408.01
批发和零售业	Wholesale and Retail Trades	1449.69	2051.58	1213.87	935.16
交通运输、仓储和邮政业	Transport, Storage and Post	562.94	289.37	336.85	243.22
住宿和餐饮业	Hotels and Catering Services	234.97	183.94	136.05	139.65
信息传输、软件和信息技术服务业	Information Transmission, Software and Information Technology	1511.35	427.81	94.93	219.73
金融业	Financial Intermediation	2021.07	1159.99	449.65	715.04
房地产业	Real Estate	1160.72	968.64	536.46	589.23
租赁和商务服务业	Leasing and Business Services	375.77	491.26	278.15	554.93
科学研究和技术服务业	Scientific Research and Technical Services	606.56	175.47	88.74	224.61
水利、环境和公共设施管理业	Management of Water Conservancy, Environment and Public Facilities	140.18	100.01	33.38	43.49
居民服务、修理和其他服务业	Household Service, Repair and Other Services	97.28	144.76	69.13	94.81
教育	Education	688.71	294.12	191.44	152.51
卫生和社会工作	Health and Social Service	361.15	214.38	148.52	105.04
文化、体育和娱乐业	Culture, Sports and Entertainment	127.90	57.54	70.26	96.67
公共管理、社会保障和社会组织	Public Management, Social Security and Social Organization	786.02	583.86	308.15	311.22

Composition of Gross Domestic Product by Sector and City (2021)

(at current prices, 100 million yuan)

苏州 Suzhou	南通 Nantong	连云港 Lianyungang	淮安 Huai'an	盐城 Yancheng	扬州 Yangzhou	镇江 Zhenjiang	泰州 Taizhou	宿迁 Suqian
22718.34	**11026.94**	**3727.92**	**4550.13**	**6617.39**	**6696.43**	**4763.42**	**6025.26**	**3719.01**
189.73	485.02	398.13	423.32	735.76	317.18	157.02	318.13	353.03
10872.81	5357.92	1625.76	1889.21	2686.13	3207.38	2319.73	2918.59	1613.47
11655.80	5184.00	1704.03	2237.60	3195.50	3171.87	2286.67	2788.54	1752.51
217.96	541.63	432.45	441.70	783.40	336.92	177.20	331.84	368.05
28.23	56.61	34.32	18.38	47.64	19.74	20.18	13.71	15.02
9962.52	4538.90	1314.54	1540.18	2246.58	2662.89	2105.95	2306.43	1354.74
1.23	25.99	40.80	27.65	4.27	68.28	19.81	9.58	0.58
9653.45	4165.45	1073.35	1427.83	2040.43	2480.44	1919.60	2195.93	1311.70
307.84	347.46	200.39	84.70	201.88	114.17	166.54	100.91	42.46
914.92	821.47	311.22	349.66	440.15	546.69	213.78	612.54	259.16
2398.32	1079.21	331.09	340.44	771.49	627.45	563.21	533.85	430.77
577.46	287.99	189.17	149.44	232.32	160.64	188.63	248.05	74.46
354.04	164.41	46.17	90.17	105.11	88.37	67.36	62.65	41.49
741.88	211.29	43.42	128.90	117.14	96.21	62.75	100.58	99.87
1970.93	737.53	261.19	288.76	399.03	369.26	399.70	390.65	269.28
2124.74	899.34	277.51	392.14	476.02	651.73	289.09	434.35	262.51
657.89	236.38	62.52	145.16	132.13	211.31	86.22	167.47	95.68
472.04	251.20	60.27	77.36	141.25	140.71	108.90	89.64	38.87
102.92	31.49	28.40	37.05	39.88	33.43	44.05	66.83	24.67
189.32	202.13	31.41	72.52	74.05	57.25	34.69	63.53	39.37
597.09	259.83	117.98	149.04	218.08	195.38	121.06	150.76	121.98
392.88	213.15	56.43	107.55	121.20	118.06	67.61	128.48	73.55
59.54	82.87	10.76	26.34	35.32	34.88	41.48	48.91	16.08
983.89	468.14	153.41	213.71	284.25	365.24	191.74	288.69	148.49

2-11 三次产业对地区生产总值的贡献率和拉动

按可比价格计算

年份 Year	地区生产总值 Gross Domestic Product		第一产业 Primary Industry	
	贡献率(%) Contribution Share(%)	拉动(百分点) Contribution (percentage points)	贡献率(%) Contribution Share(%)	拉动(百分点) Contribution (percentage points)
1990	100.0	5.0	3.7	0.2
1991	100.0	8.3	-11.8	-1.0
1992	100.0	25.6	9.2	2.4
1993	100.0	19.8	2.5	0.5
1994	100.0	16.5	5.3	0.9
1995	100.0	15.4	13.3	2.0
1996	100.0	12.2	9.4	1.1
1997	100.0	12.0	6.0	0.7
1998	100.0	11.0	2.6	0.3
1999	100.0	10.1	5.6	0.6
2000	100.0	10.6	4.3	0.5
2001	100.0	10.2	3.6	0.4
2002	100.0	11.7	2.7	0.3
2003	100.0	13.6	-0.1	0.0
2004	100.0	14.1	0.7	0.1
2005	100.0	14.5	1.4	0.2
2006	100.0	14.9	2.7	0.4
2007	100.0	14.9	0.9	0.1
2008	100.0	12.7	1.9	0.2
2009	100.0	12.4	1.9	0.2
2010	100.0	12.7	1.8	0.2
2011	100.0	11.0	2.3	0.3
2012	100.0	10.2	2.4	0.2
2013	100.0	9.7	4.4	0.4
2014	100.0	8.6	1.8	0.2
2015	100.0	8.6	1.9	0.2
2016	100.0	7.8	1.1	0.1
2017	100.0	7.2	0.3	0.0
2018	100.0	6.7	1.3	0.1
2019	100.0	5.9	1.0	0.1
2020	100.0	3.7	2.1	0.1
2021	100.0	8.6	1.6	0.1

注:1. 产业贡献率指各产业增加值增量与GDP增量之比(可比价)。
2. 三次产业拉动指GDP增长速度与各产业贡献率之乘积。

Contribution Share and Contribution of the Three Strata of Industry to GDP Growth

(at constant prices)

第二产业 Secondary Industry		第三产业 Tertiary Industry		#工 业 Industry	
贡献率(%) Contribution Share(%)	拉动(百分点) Contribution (percentage points)	贡献率(%) Contribution Share(%)	拉动(百分点) Contribution (percentage points)	贡献率(%) Contribution Share(%)	拉动(百分点) Contribution (percentage points)
59.0	3.0	37.3	1.9	59.3	3.0
53.2	4.4	58.6	4.9	48.1	4.0
62.0	15.9	28.8	7.4	54.9	14.1
61.5	12.2	35.9	7.1	55.6	11.0
74.2	12.3	20.4	3.4	69.2	11.4
59.4	9.1	27.3	4.2	51.4	7.9
57.6	7.0	33.0	4.0	46.0	5.6
60.3	7.2	33.8	4.1	48.2	5.8
63.2	7.0	34.2	3.8	49.7	5.5
64.9	6.6	29.5	3.0	57.2	5.8
64.3	6.8	31.4	3.3	59.1	6.3
55.9	5.7	40.5	4.1	51.0	5.2
61.2	7.2	36.1	4.2	54.3	6.3
67.2	9.1	32.9	4.5	60.7	8.3
61.9	8.7	37.4	5.3	56.4	7.9
61.9	9.0	36.6	5.3	57.1	8.3
60.2	9.0	37.0	5.5	55.9	8.3
59.4	8.8	39.7	5.9	57.5	8.6
59.7	7.6	38.4	4.9	56.3	7.1
57.7	7.2	40.4	5.0	49.9	6.2
59.1	7.5	39.1	5.0	54.6	6.9
56.4	6.2	41.3	4.5	52.7	5.8
58.0	5.9	39.6	4.0	52.2	5.3
56.0	5.4	39.7	3.8	51.5	5.0
50.7	4.4	47.6	4.1	46.2	4.0
52.3	4.5	45.9	3.9	45.1	3.9
39.8	3.1	59.1	4.6	36.0	2.8
43.1	3.1	56.6	4.1	41.6	3.0
40.7	2.7	58.0	3.9	39.8	2.7
43.6	2.6	55.4	3.3	39.3	2.3
49.3	1.8	48.6	1.8	44.6	1.7
51.5	4.4	46.9	4.0	50.2	4.3

a) Industrial contribution ration refers to the proportion of the increase in added value of each industry to the increase in GDP.
b) Contribution of the three strata of industry refers to the growth rate of GDP multiplied by the contribution rate of every industry.

2－12 分市地区生产总值
Gross Domestic Product by City

按当年价格计算，单位：亿元 (at current prices, 100 million yuan)

地 区	Region	地区生产总值 Gross Domestic Product 2015	2016	2017	2018	2019	2020	2021
按市分	**by City**							
南 京	Nanjing	10015.73	10819.14	11894.00	13009.17	14045.15	14782.95	16355.33
无 锡	Wuxi	8681.37	9340.16	10313.07	11202.98	11803.32	12340.48	14003.24
徐 州	Xuzhou	5336.75	5809.81	6333.50	6710.36	7053.35	7284.77	8117.44
常 州	Changzhou	5281.31	5752.34	6478.16	6897.02	7405.86	7810.32	8807.58
苏 州	Suzhou	14468.68	15445.26	16997.47	18263.48	19264.80	20180.45	22718.34
南 通	Nantong	6498.29	7151.69	8034.07	8753.23	9369.39	10018.31	11026.94
连云港	Lianyungang	2305.05	2536.49	2784.48	2923.04	3125.29	3277.07	3727.92
淮 安	Huai'an	2755.58	3090.86	3341.61	3615.02	3840.21	4003.37	4550.13
盐 城	Yancheng	4181.71	4546.90	4990.12	5387.16	5656.26	5918.38	6617.39
扬 州	Yangzhou	4099.91	4539.12	5078.58	5478.74	5799.08	6013.33	6696.43
镇 江	Zhenjiang	3088.47	3435.73	3714.57	3847.79	4077.32	4185.09	4763.42
泰 州	Taizhou	3494.93	3888.29	4424.57	4767.24	5107.36	5297.77	6025.26
宿 迁	Suqian	2242.40	2476.18	2721.87	2864.87	3084.23	3270.37	3719.01
按区域分	**by Region**							
苏 南	Southern Jiangsu	41535.56	44792.63	49397.27	53220.44	56596.45	59299.29	66647.91
苏 中	Mid Jiangsu	14093.13	15579.10	17537.22	18999.21	20275.83	21329.41	23748.63
苏 北	Northern Jiangsu	16821.49	18460.24	20171.58	21500.45	22759.34	23753.96	26731.89

2－12　续表1　Continued

本表按当年价格计算,单位:亿元　　(at current prices, 100 million yuan)

地　区 Region		第一产业增加值 Value-Added by the Primary Industry						
		2015	2016	2017	2018	2019	2020	2021
按市分	**by City**							
南 京	Nanjing	232.40	252.54	263.01	276.34	287.82	296.80	303.94
无 锡	Wuxi	125.71	133.46	133.96	125.52	122.51	128.10	130.33
徐 州	Xuzhou	590.56	607.08	631.03	649.58	682.83	718.68	743.34
常 州	Changzhou	146.55	152.67	157.10	157.31	157.00	164.30	166.87
苏 州	Suzhou	215.71	221.81	221.98	214.25	196.70	196.40	189.73
南 通	Nantong	354.90	366.66	382.69	408.41	428.84	458.70	485.02
连云港	Lianyungang	282.69	301.56	313.42	335.60	362.64	386.10	398.13
淮 安	Huai'an	307.67	324.61	339.44	363.20	386.21	409.70	423.32
盐 城	Yancheng	516.53	533.91	551.71	592.53	619.90	661.20	735.76
扬 州	Yangzhou	262.46	257.44	268.36	279.97	292.80	307.10	317.18
镇 江	Zhenjiang	132.82	137.78	142.43	141.71	140.42	149.50	157.02
泰 州	Taizhou	218.93	240.00	264.08	286.24	292.50	307.10	318.13
宿 迁	Suqian	258.11	275.23	292.14	310.88	324.59	341.40	353.03
按区域分	**by Region**							
苏 南	Southern Jiangsu	853.19	898.26	918.48	915.13	904.45	935.10	947.89
苏 中	Mid Jiangsu	836.29	864.10	915.13	974.62	1014.14	1072.90	1120.33
苏 北	Northern Jiangsu	1955.56	2042.39	2127.74	2251.78	2376.18	2517.08	2653.58

2-12 续 表2 Continued

按当年价格计算,单位:亿元 (at current prices, 100 million yuan)

地 区 Region		第二产业增加值 Value-Added by the Secondary Industry						
		2015	2016	2017	2018	2019	2020	2021
按市分	**by City**							
南 京	Nanjing	3981.04	4171.55	4451.96	4766.31	5040.85	5179.35	5902.65
无 锡	Wuxi	4122.65	4425.88	4853.03	5309.86	5578.88	5721.19	6710.50
徐 州	Xuzhou	2309.17	2450.47	2622.95	2701.49	2835.17	2911.61	3376.02
常 州	Changzhou	2622.86	2765.93	3116.00	3282.26	3529.17	3616.15	4198.93
苏 州	Suzhou	7250.53	7434.61	8217.83	8918.33	9130.18	9385.58	10872.81
南 通	Nantong	3307.10	3537.09	3979.65	4308.12	4588.10	4747.85	5357.92
连云港	Lianyungang	1038.97	1135.40	1249.03	1269.82	1349.15	1372.35	1625.76
淮 安	Huai'an	1184.34	1307.58	1414.66	1521.40	1586.18	1608.98	1889.21
盐 城	Yancheng	1854.44	1974.81	2137.96	2309.92	2325.59	2344.38	2686.13
扬 州	Yangzhou	2029.25	2262.78	2474.71	2621.09	2727.21	2751.35	3207.38
镇 江	Zhenjiang	1529.57	1665.63	1807.78	1862.91	1954.79	1968.63	2319.73
泰 州	Taizhou	1813.42	1944.19	2197.02	2395.35	2499.98	2526.10	2918.59
宿 迁	Suqian	1020.96	1129.41	1219.91	1245.33	1316.85	1367.35	1613.47
按区域分	**by Region**							
苏 南	Southern Jiangsu	19506.65	20463.60	22446.60	24139.67	25233.87	25870.90	30004.62
苏 中	Mid Jiangsu	7149.77	7744.06	8651.38	9324.56	9815.29	10025.31	11483.89
苏 北	Northern Jiangsu	7407.89	7997.67	8644.51	9047.97	9412.94	9604.67	11190.59

2-12 续表3 Continued

按当年价格计算,单位:亿元 (at current prices, 100 million yuan)

地区 Region		第三产业增加值 Value-Added by the Tertiary Industry						
		2015	2016	2017	2018	2019	2020	2021
按市分	**by City**							
南京	Nanjing	5802.29	6395.05	7179.03	7966.52	8716.48	9306.80	10148.74
无锡	Wuxi	4433.01	4780.82	5326.08	5767.60	6101.93	6491.19	7162.41
徐州	Xuzhou	2437.01	2752.26	3079.52	3359.29	3535.35	3654.48	3998.08
常州	Changzhou	2511.90	2833.74	3205.06	3457.45	3719.69	4029.87	4441.78
苏州	Suzhou	7002.44	7788.84	8557.66	9130.90	9937.92	10598.47	11655.80
南通	Nantong	2836.29	3247.94	3671.73	4036.70	4352.45	4811.76	5184.00
连云港	Lianyungang	983.39	1099.53	1222.03	1317.62	1413.50	1518.62	1704.03
淮安	Huai'an	1263.57	1458.67	1587.51	1730.42	1867.82	1984.69	2237.60
盐城	Yancheng	1810.73	2038.17	2300.46	2484.71	2710.77	2912.79	3195.50
扬州	Yangzhou	1808.20	2018.90	2335.51	2577.68	2779.07	2954.88	3171.87
镇江	Zhenjiang	1426.08	1632.32	1764.36	1843.17	1982.11	2066.96	2286.67
泰州	Taizhou	1462.58	1704.10	1963.47	2085.65	2314.88	2464.57	2788.54
宿迁	Suqian	963.32	1071.53	1209.82	1308.66	1442.79	1561.63	1752.51
按区域分	**by Region**							
苏南	Southern Jiangsu	21175.72	23430.77	26032.19	28165.64	30458.13	32493.29	35695.40
苏中	Mid Jiangsu	6107.07	6970.94	7970.71	8700.03	9446.40	10231.20	11144.41
苏北	Northern Jiangsu	7458.03	8420.17	9399.33	10200.70	10970.22	11632.21	12887.72

2－12 续表4 Continued

按当年价格计算，单位：亿元 （at current prices, 100 million yuan）

地区	Region	全部工业增加值 Value-Added by Total Industrial 2015	2016	2017	2018	2019	2020	2021
按市分	**by City**							
南京	Nanjing	3451.54	3627.76	3837.39	4004.14	4215.76	4331.59	4991.39
无锡	Wuxi	3691.58	3976.15	4358.43	4766.31	4985.41	5126.15	6038.47
徐州	Xuzhou	1958.98	2038.14	2153.33	2190.21	2282.44	2346.16	2783.94
常州	Changzhou	2348.05	2482.69	2802.18	2933.88	3156.05	3231.84	3791.46
苏州	Suzhou	6648.29	6818.92	7535.95	8167.59	8316.49	8514.39	9962.52
南通	Nantong	2760.78	2974.93	3353.45	3611.07	3835.70	3956.90	4538.90
连云港	Lianyungang	844.75	930.03	1023.76	1020.11	1085.19	1107.60	1314.54
淮安	Huai'an	947.46	1054.16	1140.21	1222.84	1266.30	1286.78	1540.18
盐城	Yancheng	1541.97	1652.07	1775.13	1908.27	1896.91	1924.52	2246.58
扬州	Yangzhou	1647.70	1850.32	2011.23	2105.45	2210.96	2244.17	2662.89
镇江	Zhenjiang	1376.26	1507.39	1633.94	1671.06	1749.32	1770.01	2105.95
泰州	Taizhou	1413.41	1527.42	1731.58	1876.98	1946.11	1973.08	2306.43
宿迁	Suqian	846.90	951.44	1022.91	1028.04	1084.32	1124.25	1354.74
按区域分	**by Region**							
苏南	Southern Jiangsu	17515.72	18412.91	20167.89	21542.98	22423.03	22973.98	26889.79
苏中	Mid Jiangsu	5821.89	6352.67	7096.26	7593.50	7992.77	8174.15	9508.22
苏北	Northern Jiangsu	6140.06	6625.84	7115.35	7369.47	7615.16	7789.30	9239.98

2－12 续表5 Continued

按当年价计算,单位:元 （at current prices, yuan）

地区 Region		人均地区生产总值 Per Capita GDP						
		2015	2016	2017	2018	2019	2020	2021
按市分	**by City**							
南京	Nanjing	112149	119484	129784	141129	151630	158944	174520
无锡	Wuxi	120434	128361	140306	151260	158659	165449	187415
徐州	Xuzhou	60900	65762	70905	74486	77954	80288	89634
常州	Changzhou	102368	110709	123796	131448	140720	148032	165724
苏州	Suzhou	117961	124347	135139	144456	151844	158545	177505
南通	Nantong	84913	93155	104530	113794	121529	129667	142642
连云港	Lianyungang	51219	56041	61173	63926	68151	71303	81015
淮安	Huai'an	58558	65993	71525	77596	82699	87028	99768
盐城	Yancheng	62721	68227	74707	80505	84408	88209	98593
扬州	Yangzhou	91501	101150	112862	121222	127733	132016	146562
镇江	Zhenjiang	97307	108079	116671	120569	127418	130486	148204
泰州	Taizhou	76647	85444	97414	105145	112831	117210	133323
宿迁	Suqian	45638	50210	54965	57698	62065	65663	74476
按区域分	**by Region**							
苏南	Southern Jiangsu	113059	120646	131693	141147	149520	156168	174604
苏中	Mid Jiangsu	84424	93202	104839	113457	120861	126952	141203
苏北	Northern Jiangsu	56926	62281	67718	71915	75996	79287	89333

2－13 分市地区生产总值构成
Composition of Gross Domestic Product by City

按当年价格计算,单位:% (at current prices, %)

地区 Region		第一产业增加值 Value-Added by the Primary Industry						
		2015	2016	2017	2018	2019	2020	2021
按市分	**by City**							
南 京	Nanjing	2.3	2.3	2.2	2.1	2.0	2.0	1.9
无 锡	Wuxi	1.4	1.4	1.3	1.1	1.0	1.0	0.9
徐 州	Xuzhou	11.1	10.4	10.0	9.7	9.7	9.9	9.2
常 州	Changzhou	2.8	2.7	2.4	2.3	2.1	2.1	1.9
苏 州	Suzhou	1.5	1.4	1.3	1.2	1.0	1.0	0.8
南 通	Nantong	5.5	5.1	4.8	4.7	4.6	4.6	4.4
连云港	Lianyungang	12.3	11.9	11.3	11.5	11.6	11.8	10.7
淮 安	Huai'an	11.2	10.5	10.2	10.0	10.1	10.2	9.3
盐 城	Yancheng	12.4	11.7	11.1	11.0	11.0	11.2	11.1
扬 州	Yangzhou	6.4	5.7	5.3	5.1	5.0	5.1	4.7
镇 江	Zhenjiang	4.3	4.0	3.8	3.7	3.4	3.6	3.3
泰 州	Taizhou	6.3	6.2	6.0	6.0	5.7	5.8	5.3
宿 迁	Suqian	11.5	11.1	10.7	10.9	10.5	10.4	9.5
按区域分	**by Region**							
苏 南	Southern Jiangsu	2.1	2.0	1.9	1.7	1.6	1.6	1.4
苏 中	Mid Jiangsu	5.9	5.5	5.2	5.1	5.0	5.0	4.7
苏 北	Northern Jiangsu	11.6	11.1	10.5	10.5	10.4	10.6	9.9

2-13 续表1 Continued

按当年价格计算,单位:% (at current prices, %)

地 区 Region		第二产业增加值 Value-Added by the Secondary Industry						
		2015	2016	2017	2018	2019	2020	2021
按市分	**by City**							
南京	Nanjing	39.7	38.6	37.4	36.6	35.9	35.0	36.1
无锡	Wuxi	47.5	47.4	47.1	47.4	47.3	46.4	47.9
徐州	Xuzhou	43.3	42.2	41.4	40.3	40.2	40.0	41.6
常州	Changzhou	49.7	48.1	48.1	47.6	47.7	46.3	47.7
苏州	Suzhou	50.1	48.1	48.3	48.8	47.4	46.5	47.9
南通	Nantong	50.9	49.5	49.5	49.2	49.0	47.4	48.6
连云港	Lianyungang	45.1	44.8	44.9	43.4	43.2	41.9	43.6
淮安	Huai'an	43.0	42.3	42.3	42.1	41.3	40.2	41.5
盐城	Yancheng	44.3	43.4	42.8	42.9	41.1	39.6	40.6
扬州	Yangzhou	49.5	49.9	48.7	47.8	47.0	45.8	47.9
镇江	Zhenjiang	49.5	48.5	48.7	48.4	47.9	47.0	48.7
泰州	Taizhou	51.9	50.0	49.7	50.2	48.9	47.7	48.4
宿迁	Suqian	45.5	45.6	44.8	43.5	42.7	41.8	43.4
按区域分	**by Region**							
苏南	Southern Jiangsu	47.0	45.7	45.4	45.4	44.6	43.6	45.0
苏中	Mid Jiangsu	50.7	49.7	49.3	49.1	48.4	47.0	48.4
苏北	Northern Jiangsu	44.0	43.3	42.9	42.1	41.4	40.4	41.9

2－13 续表2 Continued

按当年价格计算，单位：% （at current prices，%）

地区 Region		第三产业增加值 Value-Added by the Tertiary Industry 2015	2016	2017	2018	2019	2020	2021
按市分	**by City**							
南京	Nanjing	57.9	59.1	60.4	61.2	62.1	63.0	62.0
无锡	Wuxi	51.1	51.2	51.6	51.5	51.7	52.6	51.2
徐州	Xuzhou	45.7	47.4	48.6	50.1	50.1	50.1	49.2
常州	Changzhou	47.6	49.3	49.5	50.1	50.2	51.6	50.4
苏州	Suzhou	48.4	50.4	50.3	50.0	51.6	52.5	51.3
南通	Nantong	43.6	45.4	45.7	46.1	46.5	48.0	47.0
连云港	Lianyungang	42.7	43.3	43.9	45.1	45.2	46.3	45.7
淮安	Huai'an	45.9	47.2	47.5	47.9	48.6	49.6	49.2
盐城	Yancheng	43.3	44.8	46.1	46.1	47.9	49.2	48.3
扬州	Yangzhou	44.1	44.5	46.0	47.0	47.9	49.1	47.4
镇江	Zhenjiang	46.2	47.5	47.5	47.9	48.6	49.4	48.0
泰州	Taizhou	41.8	43.8	44.4	43.7	45.3	46.5	46.3
宿迁	Suqian	43.0	43.3	44.4	45.7	46.8	47.8	47.1
按区域分	**by Region**							
苏南	Southern Jiangsu	51.0	52.3	52.7	52.9	53.8	54.8	53.6
苏中	Mid Jiangsu	43.3	44.7	45.5	45.8	46.6	48.0	46.9
苏北	Northern Jiangsu	44.3	45.6	46.6	47.4	48.2	49.0	48.2

2-13 续表3 Continued

按当年价格计算,单位:% (at current prices, %)

地区	Region	全部工业增加值 Value-Added by Total Industrial 2015	2016	2017	2018	2019	2020	2021
按市分	**by City**							
南京	Nanjing	34.5	33.5	32.3	30.8	30.0	29.3	30.5
无锡	Wuxi	42.5	42.6	42.3	42.5	42.2	41.5	43.1
徐州	Xuzhou	36.7	35.1	34.0	32.6	32.4	32.2	34.3
常州	Changzhou	44.5	43.2	43.3	42.5	42.6	41.4	43.0
苏州	Suzhou	45.9	44.1	44.3	44.7	43.2	42.2	43.9
南通	Nantong	42.5	41.6	41.7	41.3	40.9	39.5	41.2
连云港	Lianyungang	36.6	36.7	36.8	34.9	34.7	33.8	35.3
淮安	Huai'an	34.4	34.1	34.1	33.8	33.0	32.1	33.8
盐城	Yancheng	36.9	36.3	35.6	35.4	33.5	32.5	33.9
扬州	Yangzhou	40.2	40.8	39.6	38.4	38.1	37.3	39.8
镇江	Zhenjiang	44.6	43.9	44.0	43.4	42.9	42.3	44.2
泰州	Taizhou	40.4	39.3	39.1	39.4	38.1	37.2	38.3
宿迁	Suqian	37.8	38.4	37.6	35.9	35.2	34.4	36.4
按区域分	**by Region**							
苏南	Southern Jiangsu	42.2	41.1	40.8	40.5	39.6	38.7	40.3
苏中	Mid Jiangsu	41.3	40.8	40.5	40.0	39.4	38.3	40.0
苏北	Northern Jiangsu	36.5	35.9	35.3	34.3	33.5	32.8	34.6

2-14 分市地区生产总值指数
Indices of Gross Domestic Product by City

按可比价格计算，上年=100 (at constant prices, preceding year=100)

地区	Region	地区生产总值 Gross Domestic Product 2015	2016	2017	2018	2019	2020	2021
按市分	**by City**							
南京	Nanjing	109.3	108.1	108.1	108.0	107.7	104.6	107.5
无锡	Wuxi	107.1	107.5	107.4	107.4	106.6	103.7	108.8
徐州	Xuzhou	109.5	108.2	107.7	104.2	105.7	103.4	108.7
常州	Changzhou	109.2	108.5	108.1	107.0	106.7	104.5	109.1
苏州	Suzhou	107.5	107.5	107.1	106.8	105.6	103.4	108.7
南通	Nantong	109.6	109.3	107.8	107.2	106.1	104.7	108.9
连云港	Lianyungang	110.8	107.8	107.4	104.7	105.9	103.0	108.8
淮安	Huai'an	110.3	109.0	107.4	106.5	106.4	103.2	110.0
盐城	Yancheng	110.5	108.9	106.8	105.5	105.0	103.5	107.7
扬州	Yangzhou	110.3	109.4	108.0	106.7	106.6	103.5	107.4
镇江	Zhenjiang	109.6	109.3	107.2	103.1	105.6	103.5	109.4
泰州	Taizhou	110.2	109.5	108.2	106.7	106.2	103.6	110.1
宿迁	Suqian	110.0	109.1	107.5	106.8	106.9	104.5	109.1
按区域分	**by Region**							
苏南	Southern Jiangsu	108.2	107.9	107.5	106.9	106.5	103.9	108.5
苏中	Mid Jiangsu	110.0	109.4	107.9	106.9	106.3	104.1	108.8
苏北	Northern Jiangsu	110.1	108.6	108.4	105.3	105.8	103.5	108.7

2-14 续表1 Continued

按可比价格计算，上年=100 (at constant prices, preceding year=100)

地 区 Region		第一产业增加值 Value-Added by the Primary Industry						
		2015	2016	2017	2018	2019	2020	2021
按市分	**by City**							
南京	Nanjing	103.4	101.1	101.2	100.6	100.7	100.9	100.8
无锡	Wuxi	99.9	97.7	101.3	99.7	97.6	101.6	101.3
徐州	Xuzhou	103.5	102.0	102.5	102.4	102.4	102.8	103.8
常州	Changzhou	103.1	99.1	101.0	99.0	98.0	102.0	101.5
苏州	Suzhou	103.3	99.0	100.8	95.4	93.4	98.0	99.2
南通	Nantong	102.9	100.7	105.1	102.2	100.8	102.6	104.5
连云港	Lianyungang	103.6	101.6	102.7	102.6	103.6	102.0	103.4
淮安	Huai'an	103.6	101.7	103.1	103.1	105.4	101.8	103.4
盐城	Yancheng	103.6	100.9	102.7	103.2	100.0	102.7	103.5
扬州	Yangzhou	103.6	100.0	102.2	103.0	101.4	102.9	103.0
镇江	Zhenjiang	103.6	100.2	101.4	95.8	98.3	102.8	103.4
泰州	Taizhou	103.4	101.4	102.8	102.7	102.3	103.0	102.8
宿迁	Suqian	103.4	102.0	102.7	103.0	102.1	101.7	103.1
按区域分	**by Region**							
苏南	Southern Jiangsu	102.7	99.5	101.1	98.1	97.6	100.8	101.1
苏中	Mid Jiangsu	103.2	100.7	103.6	102.6	101.4	102.8	103.6
苏北	Northern Jiangsu	103.6	101.6	102.7	102.9	102.3	102.3	103.5

2-14 续表2 Continued

按可比价格计算，上年=100 (at constant prices, preceding year=100)

地区	Region	第二产业增加值 Value-Added by the Secondary Industry 2015	2016	2017	2018	2019	2020	2021
按市分	**by City**							
南京	Nanjing	107.0	105.4	105.1	106.5	106.3	105.6	107.6
无锡	Wuxi	105.2	106.6	107.3	108.0	107.5	104.3	109.9
徐州	Xuzhou	109.0	108.0	106.4	101.5	106.7	104.0	108.7
常州	Changzhou	108.5	106.1	106.8	106.2	108.4	104.2	109.8
苏州	Suzhou	104.8	105.4	106.0	105.6	105.1	103.4	109.5
南通	Nantong	109.7	110.3	106.8	106.5	107.0	104.5	109.8
连云港	Lianyungang	111.3	107.8	107.2	101.9	107.7	102.6	109.5
淮安	Huai'an	110.9	109.1	106.4	104.9	106.0	103.5	109.8
盐城	Yancheng	110.4	109.2	104.8	103.7	99.8	102.8	108.1
扬州	Yangzhou	110.6	108.2	106.7	105.8	107.1	103.6	109.2
镇江	Zhenjiang	109.4	108.8	106.0	103.0	104.4	103.6	110.7
泰州	Taizhou	110.2	108.8	107.3	106.8	105.4	103.3	109.3
宿迁	Suqian	110.9	110.1	107.8	107.4	106.8	104.7	109.9
按区域分	**by Region**							
苏南	Southern Jiangsu	106.2	106.0	106.2	106.1	106.3	104.2	109.3
苏中	Mid Jiangsu	110.1	109.3	106.9	106.4	106.6	103.9	109.5
苏北	Northern Jiangsu	110.2	108.7	105.0	103.4	105.0	103.5	109.0

2－14 续表3 Continued

按可比价格计算，上年＝100 （at constant prices，preceding year＝100）

地 区 Region		第三产业增加值 Value-Added by the Tertiary Industry 2015	2016	2017	2018	2019	2020	2021
按市分	**by City**							
南 京	Nanjing	111.5	110.3	110.3	109.1	108.7	104.1	107.6
无 锡	Wuxi	109.5	108.7	107.7	107.1	106.0	103.2	107.9
徐 州	Xuzhou	111.2	109.6	109.9	107.0	105.5	103.0	109.6
常 州	Changzhou	110.5	111.3	109.7	108.1	105.6	104.9	108.8
苏 州	Suzhou	110.8	109.9	108.2	108.1	106.3	103.5	108.1
南 通	Nantong	110.4	109.2	109.1	108.4	105.8	105.1	108.3
连云港	Lianyungang	112.3	109.8	108.9	108.2	104.7	103.8	109.5
淮 安	Huai'an	111.2	110.7	109.2	108.8	106.9	103.2	111.6
盐 城	Yancheng	112.7	111.0	110.1	108.1	100.0	104.3	108.2
扬 州	Yangzhou	110.7	112.1	110.1	108.2	106.6	103.5	106.2
镇 江	Zhenjiang	110.2	110.6	109.0	103.7	107.3	103.5	108.6
泰 州	Taizhou	111.2	111.4	110.0	107.0	107.6	104.1	111.8
宿 迁	Suqian	111.1	110.1	108.5	107.3	108.2	100.0	109.5
按区域分	**by Region**							
苏 南	Southern Jiangsu	110.6	110.0	108.9	107.8	106.9	103.8	108.0
苏 中	Mid Jiangsu	110.7	110.6	109.6	108.0	106.4	104.4	108.5
苏 北	Northern Jiangsu	111.7	110.2	109.6	107.8	104.5	103.7	109.6

2-14 续表4 Continued

按可比价格计算，上年=100 (at constant prices, preceding year=100)

地 区	Region	全部工业增加值 Valued-Added by Total Industrial						
		2015	2016	2017	2018	2019	2020	2021
按市分	**by City**							
南 京	Nanjing	107.7	104.9	106.0	107.3	106.3	106.4	108.8
无 锡	Wuxi	105.0	106.8	108.0	108.6	107.6	104.6	111.0
徐 州	Xuzhou	108.5	108.5	107.5	101.3	106.7	104.5	111.4
常 州	Changzhou	108.3	106.3	107.7	106.7	108.7	104.6	111.4
苏 州	Suzhou	104.3	105.4	106.7	106.0	105.0	103.6	111.2
南 通	Nantong	109.6	111.2	108.0	107.4	107.8	104.8	111.7
连云港	Lianyungang	112.5	108.6	108.0	101.7	108.5	104.4	110.8
淮 安	Huai'an	110.9	109.7	107.5	104.9	105.9	104.0	111.9
盐 城	Yancheng	110.5	109.8	105.6	104.1	99.7	103.2	110.9
扬 州	Yangzhou	110.5	108.6	107.7	106.4	107.6	103.9	111.2
镇 江	Zhenjiang	109.3	109.1	106.5	102.8	104.4	103.7	112.1
泰 州	Taizhou	110.0	109.4	108.5	107.6	105.6	103.7	111.4
宿 迁	Suqian	110.8	110.5	108.4	107.7	106.9	105.2	113.4
按区域分	**by Region**							
苏 南	Southern Jiangsu	106.1	106.1	106.9	106.6	106.3	104.9	110.8
苏 中	Mid Jiangsu	110.0	109.9	108.0	107.2	107.2	106.4	111.5
苏 北	Northern Jiangsu	110.2	109.3	105.6	103.5	105.0	101.8	111.6

2-15 按收入法计算的地区生产总值

Gross Domestic Product by Income Approach

按当年价格计算 (at current prices)

年 份	地区生产总值(亿元) Gross Domestic Product (100 million yuan)	劳动者报酬 Compensation of Employees	生产税净额 Net Taxes on Production	固定资产折旧 Depreciation of Fixed Assets	营业盈余 Operating Surplus	占地区生产总值比重(%) Percentage to GDP (%) 劳动者报酬 Compensation of Employees	生产税净额 Net Taxes on Production	固定资产折旧 Depreciation of Fixed Assets	营业盈余 Operating Surplus
1978	249.24	116.91	31.79	19.98	80.56	46.9	12.8	8.0	32.3
1980	319.80	152.29	45.96	23.90	97.65	47.6	14.4	7.5	30.5
1985	651.82	321.08	89.26	48.80	192.68	49.3	13.7	7.5	29.6
1990	1416.50	693.86	192.85	186.92	342.87	49.0	13.6	13.2	24.2
1991	1601.38	731.05	183.38	217.55	469.40	45.7	11.5	13.6	29.3
1992	2136.02	1031.95	282.34	270.03	551.70	48.3	13.2	12.6	25.8
1993	2998.16	1447.34	388.51	321.91	840.40	48.3	13.0	10.7	28.0
1994	4057.39	2008.61	532.55	444.10	1072.13	49.5	13.1	10.9	26.4
1995	5155.25	2658.24	600.37	693.97	1202.67	51.6	11.6	13.5	23.3
1996	6004.21	3175.76	675.69	785.07	1367.69	52.9	11.3	13.1	22.8
1997	6680.34	3554.74	780.56	873.37	1471.67	53.2	11.7	13.1	22.0
1998	7199.95	3801.35	830.80	987.19	1580.61	52.8	11.5	13.7	22.0
1999	7697.82	3972.54	870.14	1070.11	1785.03	51.6	11.3	13.9	23.2
2000	8553.69	4418.69	975.28	1215.44	1944.28	51.7	11.4	14.2	22.7
2001	9456.84	4872.24	1089.24	1362.23	2133.13	51.5	11.5	14.4	22.6
2002	10606.85	5418.94	1236.80	1497.81	2453.30	51.1	11.7	14.1	23.1
2003	12442.87	6207.89	1507.55	1710.89	3016.54	49.9	12.1	13.7	24.2
2004	14823.13	6684.17	2204.52	2074.57	3859.87	45.1	14.9	14.0	26.0
2005	18121.33	7506.84	2681.58	2704.90	5228.01	41.4	14.8	14.9	28.9
2006	21240.79	8918.97	3095.26	3186.74	6039.82	42.0	14.6	15.0	28.4
2007	25988.36	10102.75	4073.43	3566.67	8245.51	38.9	15.7	13.7	31.7
2008	30945.45	12965.03	4735.74	4057.04	9187.64	41.9	15.3	13.1	29.7
2009	34471.67	14902.32	5195.39	4614.40	9759.56	43.2	15.1	13.4	28.3
2010	41383.87	17542.25	5863.27	5402.46	12575.89	42.4	14.2	13.1	30.4
2011	48839.21	21082.37	6624.00	6468.35	14664.49	43.2	13.6	13.2	30.0
2012	53701.92	23348.97	7177.09	7073.42	16102.44	43.5	13.4	13.2	30.0
2013	59349.41	26353.92	7640.44	7736.57	17618.48	44.4	12.9	13.0	29.7
2014	64830.51	29160.52	8018.81	8521.80	19129.38	45.0	12.4	13.1	29.5
2015	71255.93	32790.96	8547.17	9192.81	20724.99	46.0	12.0	12.9	29.1
2016	77350.85	35490.63	9306.60	10360.97	22192.65	45.9	12.0	13.4	28.7
2017	85869.76	39574.79	9940.01	11524.85	24830.11	46.1	11.6	13.4	28.9
2018	93207.55	42591.24	11799.26	12728.96	26088.09	45.7	12.7	13.7	28.0
2019	98656.82	45224.62	12616.91	13507.91	27307.38	45.8	12.8	13.7	27.7
2020	102807.68	48418.73	12996.20	15114.58	26278.17	47.1	12.6	14.7	25.6

2-16 按支出法计算的地区生产总值

Gross Domestic Product by Expenditure Approach

按当年价格计算,单位:亿元 (at current prices,100 million yuan)

年份 Year	支出法地区生产总值 Gross Domestic Product by Expenditure Approach	最终消费支出 Final Consumption Expenditure	居民消费支出 Household Consumption Expenditure	城镇居民 Urban Households	农村居民 Rural Households	政府消费支出 Government Consumption Expenditure	资本形成总额 Gross Capital Formation	固定资本形成 Gross Fixed Capital Formation	存货变动 Changes in Inventories	货物和服务净出口 Net Exports of Goods and Services
1978	249.24	130.55	115.15	39.04	76.11	15.40	77.98	40.40	37.58	40.71
1980	319.80	175.47	154.72	49.59	105.13	20.75	97.44	58.25	39.19	46.89
1985	651.82	353.72	300.86	80.88	219.98	52.86	271.42	193.25	78.17	26.68
1989	1321.85	662.01	557.60	171.20	386.40	104.41	528.44	336.24	192.20	131.40
1990	1416.50	717.36	608.29	205.00	403.29	109.07	588.44	374.12	214.32	110.70
1991	1601.38	835.07	656.99	233.39	423.60	178.08	694.80	461.98	232.82	71.51
1992	2136.02	960.21	735.62	275.63	459.99	224.59	1069.20	747.29	321.91	106.61
1993	2998.16	1251.08	984.44	414.50	569.94	266.64	1589.93	1201.41	388.52	157.15
1994	4057.39	1721.45	1350.89	568.70	782.19	370.56	2018.95	1434.95	584.00	316.99
1995	5155.25	2250.66	1806.43	776.51	1029.92	444.23	2479.30	1756.88	722.42	425.29
1996	6004.21	2721.84	2218.68	904.67	1314.01	503.16	2798.62	2062.17	736.45	483.75
1997	6680.34	3020.94	2417.77	1027.26	1390.51	603.17	2925.28	2295.97	629.31	734.12
1998	7199.95	3161.88	2513.52	1142.99	1370.53	648.36	3321.44	2642.29	679.15	716.63
1999	7697.82	3339.79	2594.18	1266.14	1328.04	745.61	3554.26	2842.65	711.61	803.77
2000	8553.69	3710.72	2815.51	1477.05	1338.46	895.21	4044.78	3225.42	819.36	798.19
2001	9456.84	4141.92	3027.67	1654.36	1373.31	1114.25	4393.21	3543.16	850.05	921.71
2002	10606.85	4801.91	3475.13	1969.21	1505.92	1326.78	4808.67	3994.23	814.44	996.27
2003	12442.87	5484.04	3909.55	2468.92	1440.63	1574.49	6182.38	5480.80	701.58	776.45
2004	14823.13	6219.14	4429.02	3059.64	1369.38	1790.12	8099.20	7114.12	985.08	504.79
2005	18121.33	7650.97	5339.09	3750.82	1588.27	2311.88	9640.65	9067.15	573.50	829.71
2006	21240.79	9040.72	6236.42	4434.79	1801.63	2804.30	10950.49	10298.06	652.43	1249.58
2007	25988.36	10928.68	7328.19	5249.15	2079.04	3600.49	12787.19	12010.59	776.60	2272.49
2008	30945.45	12838.05	8425.61	6139.74	2285.87	4412.44	15398.06	14419.02	979.04	2709.34
2009	34471.67	14366.10	9235.38	6756.04	2479.34	5130.72	18029.88	17595.97	433.91	2075.69
2010	41383.87	17216.82	10942.82	8266.41	2676.41	6274.00	21740.40	21276.25	464.15	2426.65
2011	48839.21	20650.10	13534.19	10428.44	3105.75	7115.91	25739.54	25212.73	526.81	2449.57
2012	53701.92	22704.49	15385.57	11904.43	3481.14	7318.92	28098.77	27256.15	842.62	2898.66
2013	59349.41	26667.62	18889.19	14636.65	4252.54	7778.43	29899.48	28967.07	932.41	2782.31
2014	64830.51	31036.36	22510.56	17515.48	4995.08	8525.80	30892.99	29889.49	1003.50	2901.16
2015	71255.93	35002.17	25245.17	19689.08	5556.09	9757.00	31813.01	31153.21	659.80	4440.75
2016	77350.85	39499.88	28654.71	22493.95	6160.76	10845.17	33123.30	32254.56	868.74	4727.67
2017	85869.76	43020.75	31892.36	25082.70	6809.66	11128.39	37353.35	36416.79	936.56	5495.66
2018	93207.55	47069.81	35046.79	27612.69	7434.10	12023.02	37837.36	36757.83	1079.53	8300.38
2019	98656.82	49984.42	37548.34	29878.64	7669.70	12436.08	39275.85	38176.86	1098.99	9396.55
2020	102807.68	49717.89	36380.33	29349.18	7031.15	13337.56	43434.52	41548.93	1885.59	9655.27

2-17 按支出法计算的地区生产总值构成

Composition of Gross Domestic Product by Expenditure Approach

按当年价格计算,单位:% (at current prices,%)

年份 Year	支出法地区生产总值 Gross Domestic Product by Expenditure Approach	最终消费支出 Final Consumption Expenditure	居民消费支出 Household Consumption Expenditure	城镇居民 Urban Households	农村居民 Rural Households	政府消费支出 Government Consumption Expenditure	资本形成总额 Gross Capital Formation	固定资本形成 Gross Fixed Capital Formation	存货变动 Changes in Inventories	货物和服务净出口 Net Exports of Goods and Services
1978	100.0	52.4	46.2	15.7	30.5	6.2	31.3	16.2	15.1	16.3
1980	100.0	54.9	48.4	15.5	32.9	6.5	30.5	18.2	12.3	14.7
1985	100.0	54.3	46.2	12.4	33.7	8.1	41.6	29.6	12.0	4.1
1989	100.0	50.1	42.2	13.0	29.2	7.9	40.0	25.4	14.5	9.9
1990	100.0	50.6	42.9	14.5	28.5	7.7	41.5	26.4	15.1	7.8
1991	100.0	52.1	41.0	14.6	26.5	11.1	43.4	28.8	14.5	4.5
1992	100.0	45.0	34.4	12.9	21.5	10.5	50.1	35.0	15.1	5.0
1993	100.0	41.7	32.8	13.8	19.0	8.9	53.0	40.1	13.0	5.2
1994	100.0	42.4	33.3	14.0	19.3	9.1	49.8	35.4	14.4	7.8
1995	100.0	43.7	35.0	15.1	20.0	8.6	48.1	34.1	14.0	8.2
1996	100.0	45.3	37.0	15.1	21.9	8.4	46.6	34.3	12.3	8.1
1997	100.0	45.2	36.2	15.4	20.8	9.0	43.8	34.4	9.4	11.0
1998	100.0	43.9	34.9	15.9	19.0	9.0	46.1	36.7	9.4	10.0
1999	100.0	43.4	33.7	16.4	17.3	9.7	46.2	36.9	9.2	10.4
2000	100.0	43.4	32.9	17.3	15.6	10.5	47.3	37.7	9.6	9.3
2001	100.0	43.8	32.0	17.5	14.5	11.8	46.5	37.5	9.0	9.7
2002	100.0	45.3	32.8	18.6	14.2	12.5	45.3	37.7	7.7	9.4
2003	100.0	44.1	31.4	19.8	11.6	12.7	49.7	44.0	5.6	6.2
2004	100.0	42.0	29.9	20.6	9.2	12.1	54.6	48.0	6.6	3.4
2005	100.0	42.2	29.5	20.7	8.8	12.8	53.2	50.0	3.2	4.6
2006	100.0	42.6	29.4	20.9	8.5	13.2	51.6	48.5	3.1	5.9
2007	100.0	42.1	28.2	20.2	8.0	13.9	49.2	46.2	3.0	8.7
2008	100.0	41.5	27.2	19.8	7.4	14.3	49.8	46.6	3.2	8.8
2009	100.0	41.7	26.8	19.6	7.2	14.9	52.3	51.0	1.3	6.0
2010	100.0	41.6	26.4	20.0	6.5	15.2	52.5	51.4	1.1	5.9
2011	100.0	42.3	27.7	21.4	6.4	14.6	52.7	51.6	1.1	5.0
2012	100.0	42.3	28.6	22.2	6.5	13.6	52.3	50.8	1.6	5.4
2013	100.0	44.9	31.8	24.7	7.2	13.1	50.4	48.8	1.6	4.7
2014	100.0	47.9	34.7	27.0	7.7	13.2	47.7	46.1	1.5	4.5
2015	100.0	49.1	35.4	27.6	7.8	13.7	44.6	43.7	0.9	6.2
2016	100.0	51.1	37.0	29.1	8.0	14.0	42.8	41.7	1.1	6.1
2017	100.0	50.1	37.1	29.2	7.9	13.0	43.5	42.4	1.1	6.4
2018	100.0	50.5	37.6	29.6	8.0	12.9	40.6	39.4	1.2	8.9
2019	100.0	50.7	38.1	30.3	7.8	12.6	39.8	38.7	1.1	9.5
2020	100.0	48.4	35.4	28.5	6.8	13.0	42.2	40.4	1.8	9.4

2-18 按支出法计算的地区生产总值指数

Indices of Gross Domestic Product by Expenditure Approach

按可比价格计算,1952 年 = 100 (at constant prices, year of 1952 = 100)

年 份 Year	支出法地区生产总值指数 Gross Domestic Product by Expenditure Approach	最终消费支出 Final Consumption Expenditure	居民消费支出 Household Consumption Expenditure	城镇居民 Urban Households	农村居民 Rural Households	政府消费支出 Government Consumption Expenditure	资本形成总额 Gross Capital Formation	固定资本形成 Gross Fixed Capital Formation	存货变动 Changes in Inventories
1952	100.0	100.0	100.0	100.0	100.0	100.0	100.0	100.0	100.0
1978	371.3	367.6	352.3	607.8	290.1	545.3	695.7	593.2	847.1
1980	436.0	468.4	448.7	732.2	379.7	696.3	809.3	811.3	806.4
1985	809.2	824.0	757.4	1022.5	693.7	1595.0	2156.6	2573.0	1541.6
1989	1241.7	1000.3	885.3	1411.2	757.8	2331.2	3610.7	3998.6	3037.7
1990	1303.9	1063.7	949.6	1601.7	791.9	2383.2	4161.1	4791.5	3229.8
1991	1412.1	1162.8	992.5	1754.9	806.8	3246.0	4472.4	5230.2	3389.1
1992	1773.4	1493.5	1253.9	2337.9	988.1	4462.1	5534.2	7583.6	3054.8
1993	2124.4	1787.9	1518.0	3114.8	1122.8	5103.7	6603.7	9239.5	3450.0
1994	2474.3	2095.2	1772.7	3585.7	1324.5	6068.9	7772.3	10860.6	4074.8
1995	2855.3	2422.4	2027.1	4102.3	1514.1	7331.8	9053.4	12381.0	5022.8
1996	3204.5	2670.9	2261.5	4311.6	1757.6	7711.4	10229.2	14289.6	5367.3
1997	3587.6	2944.6	2444.1	4851.4	1850.0	9193.2	11375.3	16021.8	5834.1
1998	3982.8	3250.8	2677.4	5686.3	1930.6	10441.6	12662.2	18662.4	5645.7
1999	4384.8	3593.4	2889.2	6573.2	1970.4	12530.4	13870.1	20698.5	5922.1
2000	4848.4	3970.6	3107.9	7632.5	1974.7	15034.2	15272.9	22421.1	6900.9
2001	5340.5	4420.0	3371.3	8640.9	2038.8	18080.3	16765.7	24392.9	7841.6
2002	5963.5	4993.8	3714.3	9963.0	2119.8	21867.4	18721.5	28445.5	7294.1
2003	6775.9	5667.9	4176.3	12455.3	2025.7	25417.8	21744.0	35873.5	5035.9
2004	7729.3	6452.9	4780.6	15489.1	1967.3	28542.9	25319.8	41206.1	6550.7
2005	8849.6	7349.2	5417.6	17552.9	2229.4	32920.2	28663.0	46648.2	7414.2
2006	10171.6	8558.7	6164.5	20188.5	2472.1	40369.3	32082.9	52226.0	8268.8
2007	11691.4	9942.6	6991.8	23096.7	2744.2	49276.2	36023.5	58471.7	9709.0
2008	13175.9	11300.9	7743.8	25885.2	2948.0	58859.0	39846.0	63882.2	12734.3
2009	14816.3	13005.8	8810.2	29524.6	3331.6	69167.9	45915.1	77205.7	5644.4
2010	16700.8	14657.6	10026.1	33274.2	3878.0	71173.8	53123.8	86624.8	6349.9
2011	18544.5	16269.9	11369.5	38198.8	4537.3	76867.7	58914.3	95547.2	7010.3
2012	20444.3	17929.5	12722.5	43852.3	5236.0	86706.8	62920.5	104719.7	7662.3
2013	22429.8	19668.6	14172.9	51351.0	6141.9	101100.1	63046.3	114249.2	8344.2
2014	24358.5	21360.1	15590.2	57513.1	6909.6	111715.6	66450.8	123389.1	9003.4
2015	26454.0	23197.1	17211.6	63552.0	7655.8	122440.3	73228.8	132643.3	9777.7
2016	28517.7	25006.4	18743.4	69589.4	8444.4	131011.1	78647.8	142458.9	10452.4
2017	30570.4	26806.9	20317.8	76339.6	9280.4	142409.1	82658.8	150436.6	11037.7
2018	32618.6	28603.0	22004.2	83439.2	10171.3	153944.2	87205.0	157507.1	11523.4
2019	34543.1	30548.0	23720.5	90114.3	10893.5	160255.9	90606.0	163334.9	12710.3
2020	35821.2	30700.7	23317.3	89753.9	10174.5	171313.6	98941.8	176728.4	18201.1

主要统计指标解释

国内生产总值(GDP) 指一个国家所有常住单位在一定时期内生产活动的最终成果。国内生产总值有三种表现形态,即价值形态、收入形态和产品形态。从价值形态看,它是所有常住单位在一定时期内生产的全部货物和服务价值与同期投入的全部非固定资产货物和服务价值的差额,即所有常住单位的增加值之和;从收入形态看,它是所有常住单位在一定时期内创造的各项收入之和,包括劳动者报酬、生产税净额、固定资产折旧和营业盈余;从产品形态看,它是所有常住单位在一定时期内最终使用的货物和服务价值与货物和服务净出口价值之和。在实际核算中,国内生产总值有三种计算方法,即生产法、收入法和支出法。三种方法分别从不同的方面反映国内生产总值及其构成。

对于一个地区来说,称为地区生产总值或地区 GDP。

支出法地区生产总值 是从最终使用的角度反映一个地区一定时期内生产活动最终成果的一种方法,包括最终消费支出、资本形成总额及货物和服务净出口三部分。计算公式为:

支出法地区生产总值 = 最终消费支出 + 资本形成总额 + 货物和服务净出口

最终消费支出 指常住单位为满足物质、文化和精神生活的需要,从本国经济领土和国外购买的货物和服务的支出。它不包括非常住单位在本国经济领土内的消费支出。最终消费支出分为居民消费支出和政府消费支出。

居民消费支出 指常住住户在一定时期内对于货物和服务的全部最终消费支出。居民消费支出除了直接以货币形式购买的货物和服务的消费支出外,还包括以其他方式获得的货物和服务的消费支出,后者称为虚拟消费支出。居民虚拟消费支出主要包括:单位以实物报酬及实物转移的形式提供给劳动者的货物和服务;住户生产用于自身消费的货物(如自产自用的农产品),以及纳入生产核算范围并用于自身消费的服务(如住户的自有住房服务);银行和保险机构提供的间接计算的金融服务。

政府消费支出 指广义政府部门为全社会提供的公共服务的消费支出和免费或以较低的价格向居民住户提供的货物和服务的净支出,前者等于政府服务的产出价值减去政府单位所获得的经营收入的价值,后者等于广义政府部门免费或以较低价格向居民住户提供的货物和服务的市场价值减去向住户收取的价值。

资本形成总额 指常住单位在一定时期内获得减去处置的固定资产和存货的净额,包括固定资本形成总额和存货变动两部分。

固定资本形成总额 指常住单位在一定时期内获得的固定资产减处置的固定资产的价值总额。固定资产是通过生产活动生产出来的,且其使用年限在一年以上、单位价值在规定标准以上的资产,不包括自然资产、耐用消费品、小型工器具。固定资本形成总额包括住宅、其他建筑和构筑物、机器和设备、培育性生物资源、知识产权产品(研发支出、矿藏的勘探、计算机软件)的价值获得减处置。

存货变动 指常住单位在一定时期内存货实物量变动的市场价值,即期末价值减期初价值的差额,再扣除当期由于价格变动而产生的持有收益。存货变动可以是正值,也可以是负值,正值表示存货上升,负值表示存货下降。存货包括生产单位购进的原材料、燃料和储备物资等存货,以及生产单位生产的成品、在制品和半成品等存货。

货物和服务净出口 指货物和服务出口减货物和服务进口的差额。出口包括常住单位向非常住单位出售或无偿转让的各种货物和服务的价值;进口包括常住单位从非常住单位购买或无偿得到的各种货物和服务的价值。货物的出口和进口都按离岸价格计算。

Explanatory Notes on Main Statistical Indicators

Gross Domestic Product (GDP) refers to the final products produced by all resident units in a country during a certain period of time. Gross domestic product is expressed in three different perspectives, namely value, income, and products respectively. GDP in its value perspective refers to the balance of total value of all goods and services produced by all resident units during a certain period of time, minus the total value of input of goods and services of the nature of non-fixed assets; in other words, it is the sum of the value-added of all resident units. GDP from the perspective of income refers to the sum of all kinds of revenue, including compensation of employees, net taxes on production, depreciation of fixed assets, and operating surplus. GDP from the perspective of products refers to the value of all goods and services for final demand by all resident units plus the net exports of goods and services during a given period of time. In the practice of national accounting, gross domestic product is calculated by three approaches, namely production approach, income approach and expenditure approach, which reflect gross domestic product and its composition from different angles.

For a region, it is called as gross regional product (GDP) or regional GDP.

GDP by Expenditure Approach refers to the method of measuring the final results of production activities of a region during a given period from the perspective of final uses. It includes final consumption expenditure, gross capital formation and net export of goods and services. The formula for computation is:

GDP by Expenditure Approach = Final Consumption Expenditure + Gross Capital Formation + Net Export of Goods and Services

Final Consumption Expenditure refers to the total expenditure of resident units for purchases of goods and services from both the domestic economic territory and abroad to meet the needs of material, cultural and spiritual life. It does not include the expenditure of non-resident units on consumption in the economic territory of the country. The final consumption expenditure is broken down into household consumption expenditure and government consumption expenditure.

Household Consumption Expenditure refers to the total expenditure of resident households on the final consumption of goods and services. In addition to the consumption of goods and services bought by the households directly with money, the household consumption expenditure also includes expenditure on goods and services obtained by the households in other ways, i. e. the so-called imputed consumption expenditure, which mainly includes: (a) the goods and services provided to households by employers in the form of payment in kind and transfer in kind; (b) goods and services produced and consumed by the households themselves (such as self-producing-and-self-consuming agricultural products); (c) financial intermediate services provided by banking and insurance institutions.

Government Consumption Expenditure refers to the consumption expenditure spent for the provision of public services provided by the government to the whole country and the net expenditure on the goods and services provided by the government to households free of charge or at low prices. The former equals to the output value of the government services minus the value of operating income obtained by the government departments. The latter equals to the market value of the goods and services provided by the government free of charge or at low prices to the households minus the value received by the government from the households.

Gross Capital Formation refers to resident units' acquisitions less disposals of fixed assets and inventory during a given period, including gross fixed capital formation and changes in inventories.

Gross Fixed Capital Formation refers to the value of acquisitions less disposals of fixed assets during a given period. Fixed assets are the assets produced through production activities with unit value above a specified amount and which could be used for over one year. Natural assets, consumer durables, small instruments are not included. Gross fixed capital formation includes the value of housing, other buildings and structure, equipment and machinery, breeding biological resources, intellectual property right product (expenditure for R&D, the prospecting of minerals and the acquisition of computer software) minus the disposal of them.

Changes in Inventories refer to the market value of the change in the physical volume of inventory of resident units during a given period, i. e. the difference between the values at the beginning and at the end of the period minus the gains due to the change in prices. The changes in inventories can have a positive or a negative value. A positive value indicates an increase in inventory while a negative value indicates a decrease in inventory. The inventory includes raw materials, fuels and reserve materials purchased by the production units as well as the inventory of finished products, semi-finished products and work-in-progress.

Net Export of Goods and Services refers to the exports of goods and services subtracting the imports of goods and services. Exports include the value of various goods and services sold or gratuitously transferred by resident units to non-resident units. Imports include the value of various goods and services purchased or gratuitously acquired by resident units from non-resident units. The exports and imports of goods are calculated at FOB.

3

人口、就业和工资

Population, Employment and Wages

简 要 说 明

一、本篇资料主要内容

本篇资料反映我省2021年及历年人口就业和城镇单位就业及工资方面的基本情况。

二、本篇资料来源

1．人口资料：表3－1、表3－2、表3－3为年末主要人口推算数据，其中2011—2019年数据根据第七次人口普查作了修订；表3－4为公安户籍资料；表3－5为七次人口普查主要数据；表3－6为年末常住人口推算数据；表3－7至表3－9为2021年1‰人口抽样调查样本数据。

2．就业基本情况：就业人数及分三次产业就业人数是推算数据；城镇单位就业数据，根据《劳动工资统计报表制度》推算整理。

3．城镇登记失业人数，由人力资源和社会保障部门整理提供。

三、本篇统计调查方法

1．人口资料采用抽样调查方法和人口普查资料进行整理。

2．城镇非私营和城镇私营单位工资统计采用全面调查和抽样调查相结合的方法。

Brief Introduction

I. Main Contents

Data in this chapter show the basic condition of the population, employment and wages in 2021 as well as previous years for the province.

II. Sources of Data

1. Data on population: Data in tables 3 – 1, 3 – 2, 3 – 3 are estimated from the main population at year-end, figures for 2011—2019 have been revised in line with the data from the Seventh National Population Census; data in table 3 – 4 are household registered population from department of public security; data in table 3 – 5 present the main results from all previous provincial Population Census; data in table 3 – 6 are permanent population at year-end by region; In tables 3 – 7 to 3 – 9, data are the 1‰ population sample data from 2021.

2. Data on basic conditions of employment, data by groups, total wage bills of staff and workers are collected and compiled through *The Reporting Form System on Labour Wage Statistics*.

3. Data on the number of registered unemployed persons in urban areas are provided by the department of Human Resources and Social Security.

III. Statistical Survey Methods

1. Data on population are collected by sampling survey and compiled according to the population censuses.

2. The statistics of urban non-private units adpot at a comprehensive survey method. Urban private unit wage statistical data is used in comprehensive survey and sample survey of combining.

3-1 全省人口数、户数(常住)

Population and Households(Permanent)

年份 Year	总户数(万户) Total Households (10 000 households)	总人口(万人) Total Population (10 000 persons)	按性别分 Grouped by Gender 男 Male 人口数(万人) Population (10 000 persons)	比重(%) Proportion	女 Female 人口数(万人) Population (10 000 persons)	比重(%) Proportion	平均每户人数(人/户) Average Family Size (person/households)	年平均人口(万人) Average Annual Population (10 000 persons)	人口密度(人/平方公里) Density of Population (person/sq. km)
1990	1806.78	6766.90	3443.68	50.89	3323.22	49.11	3.75		660
1991	1859.70	6843.70	3451.96	50.44	3391.74	49.56	3.68	6805.30	667
1992	1957.85	6911.20	3483.24	50.40	3427.96	49.60	3.53	6877.45	674
1993	1893.28	6967.27	3513.59	50.43	3453.68	49.57	3.68	6939.24	679
1994	1923.44	7020.54	3534.09	50.34	3486.45	49.66	3.65	6993.91	684
1995	2066.09	7066.02	3589.56	50.80	3476.46	49.20	3.42	7043.28	689
1996	2014.21	7110.16	3610.72	50.78	3499.44	49.22	3.53	7088.09	693
1997	2133.69	7147.86	3628.08	50.76	3519.78	49.24	3.35	7129.01	697
1998	2087.92	7182.46	3643.21	50.72	3539.26	49.28	3.44	7165.16	700
1999	2121.51	7213.13	3656.05	50.69	3557.08	49.31	3.40	7197.80	703
2000	2220.38	7327.24	3710.28	50.64	3616.96	49.36	3.30	7270.19	714
2001	2314.00	7358.52	3724.81	50.62	3633.71	49.38	3.18	7342.88	717
2002	2350.96	7405.50	3752.03	50.67	3653.47	49.33	3.15	7382.01	722
2003	2345.19	7457.70	3775.26	50.62	3682.44	49.38	3.18	7431.60	727
2004	2388.23	7522.95	3811.87	50.67	3711.08	49.33	3.15	7490.33	733
2005	2463.60	7588.24	3795.64	50.02	3792.60	49.98	3.08	7555.59	740
2006	2485.61	7655.66	3829.47	50.02	3826.19	49.98	3.08	7621.95	746
2007	2507.51	7723.13	3863.09	50.02	3860.03	49.98	3.08	7689.40	753
2008	2504.03	7762.48	3883.33	50.03	3879.15	49.97	3.10	7742.81	756
2009	2519.44	7810.27	3908.18	50.04	3902.09	49.96	3.10	7786.38	761
2010	2564.59	7869.34	3964.31	50.38	3905.03	49.62	3.07	7839.81	767
2011	2630.06	8022.99	4052.08	50.51	3970.91	49.49	3.05	7946.17	782
2012	2676.64	8119.81	4107.61	50.59	4012.20	49.41	3.03	8071.40	791
2013	2724.49	8192.44	4148.61	50.64	4043.83	49.36	3.01	8156.13	798
2014	2778.98	8281.09	4199.39	50.71	4081.70	49.29	2.98	8236.77	773
2015	2815.59	8315.11	4217.60	50.72	4097.51	49.28	2.95	8298.10	776
2016	2883.79	8381.47	4255.00	50.77	4126.47	49.23	2.91	8348.29	782
2017	2945.70	8423.50	4277.02	50.77	4146.48	49.23	2.86	8402.49	786
2018	3013.29	8446.19	4288.05	50.77	4158.14	49.23	2.80	8434.85	788
2019	3094.93	8469.09	4299.51	50.77	4169.57	49.23	2.74	8457.64	790
2020	3193.26	8477.26	4304.41	50.78	4172.85	49.22	2.65	8473.18	791
2021	3273.60	8505.40	4316.20	50.75	4189.20	49.25	2.60	8491.33	794

3－2 全省市、镇、乡村人口数及其构成

Population of Cities, Towns, Townships and It's Composition

单位:万人　　(10 000 persons)

年 份 Year	总人口数 Total Population	#城镇人口 Urban Population		市 City		镇 Town		乡村 Township	
		人口数 Population	占总人口% Proportion	人口数 Population	占总人口% Proportion	人口数 Population	占总人口% Proportion	人口数 Population	占总人口% Proportion
1978	5834.32	800.77	13.7	570.14	9.8	230.63	3.9	5033.55	86.3
1980	5938.19	901.78	15.2	636.41	10.7	265.37	4.5	5036.41	84.8
1985	6213.48	1099.79	17.7	0.00	0.0	0.00	0.0	5113.69	82.3
1990	6766.90	1458.94	21.6	1043.45	15.4	415.49	6.1	5307.96	78.5
1991	6843.70	1587.74	23.2	1163.43	17.0	424.31	6.2	5255.96	76.8
1992	6911.20	1643.72	23.8	1182.59	17.1	461.13	6.7	5267.48	76.2
1993	6967.27	1673.58	24.0	1199.26	17.2	474.32	6.8	5293.69	76.0
1994	7020.54	1733.01	24.7	1255.58	17.9	477.43	6.8	5287.53	75.3
1995	7066.02	1929.09	27.3	1331.30	18.8	597.79	8.5	5136.93	72.7
1996	7110.16	1942.50	27.3	1328.18	18.7	614.32	8.6	5167.66	72.7
1997	7147.86	2133.64	29.9	1465.31	20.5	668.33	9.4	5014.22	70.1
1998	7182.46	2262.47	31.5	1537.05	21.4	725.42	10.1	4919.99	68.5
1999	7213.13	2520.09	34.9	1685.84	23.4	834.25	11.6	4693.04	65.1
2000	7327.24	3040.81	41.5	1868.45	25.5	1172.36	16.0	4286.43	58.5
2001	7358.52	3134.73	42.6	1927.93	26.2	1206.80	16.4	4223.79	57.4
2002	7405.50	3310.25	44.7	2028.37	27.4	1281.89	17.3	4095.25	55.3
2003	7457.70	3487.97	46.8	2137.38	28.7	1350.59	18.1	3969.73	53.2
2004	7522.95	3624.56	48.2	2174.73	28.9	1449.82	19.3	3898.39	51.8
2005	7588.24	3832.06	50.5	2307.80	30.4	1524.26	20.1	3756.18	49.5
2006	7655.66	3973.29	51.9	2392.85	31.3	1580.44	20.6	3682.37	48.1
2007	7723.13	4108.70	53.2	2474.33	32.0	1634.37	21.2	3614.43	46.8
2008	7762.48	4215.17	54.3	2538.45	32.7	1676.72	21.6	3547.31	45.7
2009	7810.27	4342.51	55.6	2619.43	33.5	1723.08	22.1	3467.76	44.4
2010	7869.34	4767.63	60.6	3012.38	38.3	1755.25	22.3	3101.71	39.4
2011	8022.99	4975.06	62.0	3149.71	39.3	1825.35	22.8	3047.93	38.0
2012	8119.81	5116.29	63.0	3239.99	39.9	1876.30	23.1	3003.52	37.0
2013	8192.44	5275.11	64.4	3340.65	40.8	1934.46	23.6	2917.33	35.6
2014	8281.09	5440.68	65.7	3460.82	41.8	1979.86	23.9	2840.41	34.3
2015	8315.11	5611.87	67.5	3583.59	43.1	2028.28	24.4	2703.24	32.5
2016	8381.47	5777.35	68.9	3702.10	44.2	2075.25	24.8	2604.12	31.1
2017	8423.50	5911.61	70.2	3800.21	45.1	2111.40	25.1	2511.89	29.8
2018	8446.19	6012.84	71.2	3876.09	45.9	2136.75	25.3	2433.35	28.8
2019	8469.09	6137.55	72.5	3964.67	46.8	2172.88	25.7	2331.54	27.5
2020	8477.26	6225.86	73.4	4027.84	47.5	2198.02	25.9	2251.40	26.6
2021	8505.40	6288.89	73.9	4070.37	47.9	2218.52	26.1	2216.51	26.1

3-3 全省人口自然变动
Natural Change of Population

年份 Year	出生 Birth		死亡 Death		自然增长 Natural Growth	
	人数(万人) Population (10 000 persons)	出生率(‰) Birth Rate (‰)	人数(万人) Population (10 000 persons)	死亡率(‰) Death Rate (‰)	人数(万人) Population (10 000 persons)	自然增长率(‰) Natural Growth Rate (‰)
1978	90.62	15.63	35.32	6.09	55.30	9.54
1979	85.79	14.63	34.31	5.85	51.48	8.78
1980	86.90	14.69	38.87	6.57	48.03	8.12
1981	100.58	16.83	37.18	6.22	63.40	10.61
1982	99.42	16.43	34.77	5.75	64.65	10.68
1983	73.17	11.97	36.39	5.95	36.78	6.02
1984	64.09	10.42	36.32	5.90	27.77	4.52
1985	67.11	10.84	36.35	5.87	30.76	4.97
1986	82.38	13.20	36.19	5.80	46.19	7.40
1987	97.27	15.42	36.50	5.79	60.77	9.63
1988	102.46	16.03	37.65	5.89	64.81	10.14
1989	111.27	17.15	36.31	5.60	74.96	11.55
1990	137.96	20.54	43.86	6.53	94.10	14.01
1991	116.03	17.05	44.23	6.50	71.80	10.55
1992	108.04	15.71	46.49	6.76	61.55	8.95
1993	96.94	13.97	45.87	6.61	51.07	7.36
1994	96.38	13.78	47.98	6.86	48.40	6.92
1995	86.77	12.32	46.20	6.56	40.57	5.76
1996	85.84	12.11	46.64	6.58	39.20	5.53
1997	81.47	11.43	48.76	6.84	32.71	4.59
1998	78.60	10.97	49.01	6.84	29.59	4.13
1999	75.58	10.50	49.95	6.94	25.63	3.56
2000	66.01	9.08	47.40	6.52	18.61	2.56
2001	66.31	9.03	48.61	6.62	17.70	2.41
2002	67.69	9.17	51.60	6.99	16.09	2.18
2003	67.18	9.04	52.24	7.03	14.94	2.01
2004	70.78	9.45	53.93	7.20	16.85	2.25
2005	69.81	9.24	53.12	7.03	16.70	2.21
2006	71.34	9.36	53.96	7.08	17.38	2.28
2007	72.05	9.37	54.36	7.07	17.69	2.30
2008	72.32	9.34	54.51	7.04	17.81	2.30
2009	74.36	9.55	54.43	6.99	19.93	2.56
2010	76.31	9.73	53.94	6.88	22.37	2.85
2011	75.61	9.52	53.64	6.75	21.97	2.77
2012	74.67	9.25	53.84	6.67	20.83	2.58
2013	74.86	9.18	53.91	6.61	20.95	2.57
2014	75.13	9.12	54.20	6.58	20.93	2.54
2015	72.11	8.69	54.27	6.54	17.84	2.15
2016	77.96	9.34	54.35	6.51	23.61	2.83
2017	77.82	9.26	54.45	6.48	23.37	2.78
2018	74.93	8.88	54.57	6.47	20.36	2.41
2019	73.51	8.69	54.81	6.48	18.70	2.21
2020	56.43	6.66	54.99	6.49	1.44	0.17
2021	47.98	5.65	57.49	6.77	-9.51	-1.12

3－4 全省人口数、户数(户籍)

Population and Households(Registered)

年份 Year	总户数(万户) Total Households (10 000 households)	总人口(万人) Total Population (10 000 persons)	按性别分 Grouped by Grender 男 Male 人口数(万人) Population (10 000 persons)	比重(%) Proportion (%)	女 Female 人口数(万人) Population (10 000 persons)	比重(%) Proportion (%)	平均每户人数(人/户) Average Family Size (person/households)	年平均人口(万人) Average Annual Population (10 000 persons)	人口密度(人/平方公里) Density of Population (person/sq. km)
1949	838.00	3512.00	1778.80	50.65	1733.20	49.35	4.19		342
1952	888.00	3739.00	1891.60	50.59	1847.40	49.41	4.21	3697.50	364
1957	985.51	4182.71	2087.06	49.90	2095.65	50.10	4.24	4136.05	408
1962	1089.51	4333.74	2155.01	49.70	2178.73	50.30	3.98	4288.57	422
1965	1110.13	4623.74	2319.92	50.17	2303.82	49.83	4.17	4567.75	451
1970	1215.28	5252.09	2635.02	50.17	2617.07	49.83	4.32	5185.36	512
1975	1315.55	5636.12	2842.86	50.44	2793.26	49.56	4.28	5600.91	549
1980	1471.76	5938.19	3003.75	50.58	2934.44	49.42	4.03	5915.37	579
1985	1633.62	6213.48	3168.25	50.99	3045.23	49.01	3.80	6192.46	606
1990	1956.89	6671.73	3406.33	51.06	3265.40	48.94	3.41	6618.80	650
1991	1987.55	6733.87	3439.29	51.07	3294.58	48.93	3.39	6702.80	656
1992	2015.17	6767.49	3457.77	51.09	3309.72	48.91	3.36	6750.68	660
1993	2034.87	6800.69	3476.26	51.12	3324.43	48.88	3.34	6784.09	663
1994	2055.96	6831.28	3491.72	51.11	3339.56	48.89	3.32	6815.99	666
1995	2085.96	6868.42	3509.59	51.10	3358.83	48.90	3.29	6849.85	669
1996	2113.07	6908.13	3528.95	51.08	3379.19	48.92	3.27	6888.28	673
1997	2146.87	6948.36	3537.04	50.90	3411.32	49.10	3.24	6928.25	677
1998	2186.70	6983.09	3565.55	51.06	3417.54	48.94	3.19	6965.73	681
1999	2221.70	7009.09	3577.71	51.04	3431.37	48.96	3.15	6996.09	683
2000	2268.56	7069.28	3602.92	50.97	3466.36	49.03	3.12	7039.19	689
2001	2300.83	7097.00	3616.16	50.95	3480.84	49.05	3.08	7083.14	692
2002	2323.06	7127.33	3631.10	50.95	3496.23	49.05	3.07	7112.17	695
2003	2344.84	7163.93	3646.60	50.90	3517.33	49.10	3.06	7145.63	698
2004	2359.61	7206.05	3663.62	50.84	3542.43	49.16	3.05	7184.99	702
2005	2382.21	7252.88	3686.09	50.82	3566.79	49.18	3.04	7229.47	707
2006	2390.18	7317.72	3715.24	50.77	3602.48	49.23	3.06	7285.30	713
2007	2390.55	7354.08	3733.67	50.77	3620.41	49.23	3.08	7335.90	717
2008	2399.15	7388.63	3750.38	50.77	3638.25	49.23	3.08	7371.36	720
2009	2403.89	7419.23	3765.32	50.75	3653.91	49.25	3.09	7403.93	723
2010	2417.01	7466.59	3787.73	50.73	3678.86	49.27	3.09	7442.91	728
2011	2425.11	7514.25	3811.84	50.73	3702.41	49.27	3.10	7490.42	733
2012	2416.27	7553.48	3832.55	50.74	3720.93	49.26	3.12	7533.87	737
2013	2423.54	7616.84	3863.48	50.72	3753.36	49.28	3.14	7585.16	743
2014	2435.42	7684.69	3894.09	50.67	3790.60	49.33	3.16	7650.76	717
2015	2439.58	7717.59	3908.27	50.64	3809.32	49.36	3.16	7701.14	720
2016	2453.85	7775.66	3934.87	50.60	3840.79	49.40	3.17	7746.63	726
2017	2469.65	7794.19	3940.90	50.56	3853.29	49.44	3.16	7784.92	728
2018	2497.33	7831.86	3956.28	50.52	3875.58	49.48	3.14	7813.02	731
2019	2524.13	7858.27	3966.61	50.48	3891.66	49.52	3.11	7845.06	734
2020	2552.38	7876.75	3971.91	50.43	3904.85	49.57	3.09	7867.51	735
2021	2580.51	7881.70	3970.04	50.37	3911.65	49.63	3.05	7879.23	736

3-5 全省历次人口普查主要数据
Major Data of All Previous Provincial Population Census

指标	Item	1953	1964	1982	1990	2000	2010	2020
总人口 （万人）	**Total Population (10 000 persons)**	**3767.29**	**4452.21**	**6052.11**	**6705.68**	**7304.36**	**7866.09**	**8474.80**
男	Male	1888.95	2242.71	3076.75	3412.32	3698.20	3962.67	4303.16
女	Female	1878.34	2209.50	2975.36	3293.36	3606.16	3903.42	4171.64
性别比（女性为100）	Sex Ratio (Female = 100)	100.56	101.50	103.41	103.61	102.55	101.54	103.15
家庭户规模 （人/户）	**Family Size (person/household)**	**4.19**	**4.09**	**3.91**	**3.66**	**3.25**	**2.94**	**2.60**
各年龄组人口 （万人）	**Population by Age (10 000 persons)**							
0—14岁	Aged 0—14	1414.86	1772.66	1753.75	1592.47	1434.20	1023.35	1289.19
15—64岁	Aged 15—64	2183.21	2514.48	3962.69	4657.93	5224.32	5986.88	5812.95
65岁及以上	Aged 65 and Over	169.22	165.07	335.67	455.28	645.84	855.86	1372.65
民族人口 （万人）	**Population by Ethnicity (10 000 persons)**							
汉族	Han Nationality	3760.92	4443.90	6041.08	6690.37	7278.37	7827.60	8412.68
占总人口比重（%）	Proportion (%)	99.8	99.8	99.8	99.8	99.6	99.5	99.3
少数民族	Minority Nationalities	6.37	8.31	11.03	15.28	25.99	38.49	62.12
占总人口比重（%）	Proportion (%)	0.2	0.2	0.2	0.2	0.4	0.5	0.7
每十万人拥有的各种受教育程度人口 （人）	**Population with Various Educational Attainment per 100 000 Persons (person)**							
大专及以上	Junior Colleges and Above		386	639	1474	3919	10820	18663
高中和中专	Senior Secondary Schools and Technical Secondary Schools		1470	6981	8670	13079	16150	16191
初中	Junior Secondary Schools		5236	20049	26426	36365	38676	33308
小学	Primary Schools		26588	32613	34791	32882	24196	22742
城乡人口 （万人）	**Population by Residence (10 000 persons)**							
城镇人口	Urban Population	556.81	660.26	957.22	1446.85	3086.24	4737.15	6224.24
乡村人口	Rural Population	3210.48	3791.95	5094.89	5258.83	4218.12	3128.94	2250.56
平均预期寿命 （岁）	**Life Expectancy at Birth (age)**			**69.49**	**71.62**	**74.13**	**76.63**	**79.32**
男	Male			67.35	69.46	71.88	74.60	77.02
女	Female			71.56	73.82	76.47	78.81	81.83

3-6 按地区分常住人口
Permanent Population by Region

地 区 Region		2020 总人口（万人） Total Population (10 000 persons)	2020 城镇人口（万人） Urban Population (10 000 persons)	2020 城镇人口比重（%） Proportion (%)	2021 总人口（万人） Total Population (10 000 persons)	2021 城镇人口（万人） Urban Population (10 000 persons)	2021 城镇人口比重（%） Proportion (%)
全 省	**Total**	**8477.26**	**6225.86**	**73.4**	**8505.40**	**6288.89**	**73.9**
南 京	Nanjing	931.97	808.95	86.8	942.34	818.89	86.9
无 锡	Wuxi	746.40	617.94	82.8	747.95	619.98	82.9
徐 州	Xuzhou	908.39	596.18	65.6	902.85	597.60	66.2
常 州	Changzhou	527.96	406.90	77.1	534.96	415.02	77.6
苏 州	Suzhou	1274.96	1041.90	81.7	1284.78	1052.62	81.9
南 通	Nantong	772.80	544.36	70.4	773.30	550.59	71.2
连云港	Lianyungang	460.10	283.05	61.5	460.20	287.07	62.4
淮 安	Huai'an	455.92	299.40	65.7	456.22	302.06	66.2
盐 城	Yancheng	671.06	430.22	64.1	671.30	434.67	64.8
扬 州	Yangzhou	456.10	323.97	71.0	457.70	326.89	71.4
镇 江	Zhenjiang	321.10	255.11	79.5	321.72	256.99	79.9
泰 州	Taizhou	451.68	307.41	68.1	452.18	310.38	68.6
宿 迁	Suqian	498.82	310.47	62.2	499.90	316.14	63.2
苏 南	Southern Jiangsu	3802.39	3130.80	82.3	3831.75	3163.50	82.6
苏 中	Mid Jiangsu	1680.58	1175.74	70.0	1683.18	1187.86	70.6
苏 北	Northern Jiangsu	2994.29	1919.32	64.1	2990.47	1937.54	64.8

3-7 全省人口年龄构成情况(2021年11月1日零时)
Age Composition(0 o'clock on November 1,2021)

单位:人 (person)

年龄组(岁) Age Group	总人口 Total	#女 Female	城镇 Urban	乡村 Rural
合 计(Total)	**373820**	**184107**	**276418**	**97402**
0—4	14383	6900	11162	3221
5—9	20757	9723	16209	4548
10—14	19752	9106	14539	5213
15—19	16237	7367	13191	3046
20—24	16540	7543	14007	2533
25—29	22461	10472	18115	4346
30—34	35486	17269	28456	7030
35—39	26419	13089	21537	4882
40—44	24612	12255	19871	4741
45—49	26388	13223	20103	6285
50—54	35001	17748	24858	10143
55—59	32952	16615	22778	10174
60—64	19121	9493	12888	6233
65—69	23522	11787	14707	8815
70—74	16590	8466	10028	6562
75—79	10717	5590	6308	4409
80—84	7163	3928	4258	2905
85—89	3991	2389	2368	1623
90及以上 (90 and over)	1728	1144	1035	693

注:本表是2021年人口抽样调查样本直接汇总数据,总人口抽样比为0.44%。(3-8、3-9表同)

a) Data in this table are calculated by 2021 sample survey of population, and the sampling fraction is 0.44%. (The same as in the tables 3-8 and 3-9)

3-8 全省人口受教育程度情况（2021年11月1日零时）
Educational Attainment(0 o'clock on November 1,2021)

单位:人　　　　(person)

指标	Item	6岁及以上人口 Population Aged 6 and Over	未上过学 No schooling	学前教育 Preschool Education	小学 Primary Shools	初中 Junior Secondary Shools	高中 Senior Secondary Schools	大学专科 College Students	大学本科 Undergraduates	研究生 Postgraduates
合计	**Total**	**355440**	**10195**	**2352**	**85035**	**118685**	**62464**	**39906**	**33114**	**3689**
男	Male	180124	2214	1024	37688	63059	35103	21901	17141	1994
女	Female	175316	7981	1328	47347	55626	27361	18005	15973	1695
按城乡分	Grouped by Residence									
城镇	Urban	262063	5398	1648	52436	82074	50729	34896	31313	3569
男	Male	132703	1073	724	23327	42647	27837	18938	16229	1928
女	Female	129360	4325	924	29109	39427	22892	15958	15084	1641
乡村	Rural	93377	4797	704	32599	36611	11735	5010	1801	120
男	Male	47421	1140	301	14361	20411	7266	2963	912	67
女	Female	45956	3657	403	18238	16200	4469	2047	889	53

3-9 全省15岁及以上人口的婚姻状况（2021年11月1日零时）
Marital Status of Population Aged 15 and Over (0 o'clock on November 1,2021)

单位:人　　　　(person)

年龄组(岁) Age Group	未婚 Never Married	有配偶 Married	离婚 Divorced	丧偶 Widowed
合计 (Total)	**49807**	**244889**	**6081**	**18151**
15—19	16214	22	0	0
20—24	15057	1462	21	0
25—29	9825	12431	200	4
30—34	4503	30013	947	23
35—39	1194	24286	890	49
40—44	547	23033	933	99
45—49	382	25031	779	196
50—54	455	33076	874	596
55—59	364	30752	721	1115
60—64	277	17316	307	1220
65及以上(65 and over)	989	47467	409	14849

3－10 就业基本情况
Basic Conditions of Employment

指 标	Item	2000	2005	2010	2015	2020	2021
就业人员合计 （万人）	Total Number of Employed Persons (10 000 persons)	4418.14	4578.75	4724.68	4832.50	4893.00	4862.86
第一产业	Primary Industry	1890.96	1414.83	1029.98	845.69	675.23	629.69
第二产业	Secondary Industry	1335.16	1703.29	1998.54	2034.48	1942.52	1956.88
第三产业	Tertiary Industry	1192.02	1460.62	1696.16	1952.33	2275.25	2276.29
就业人员构成 （合计＝100）	Composition of Employed Persons (Total＝100)						
第一产业	Primary Industry	42.8	30.9	21.8	17.5	13.8	13.0
第二产业	Secondary Industry	30.2	37.2	42.3	42.1	39.7	40.2
第三产业	Tertiary Industry	27.0	31.9	35.9	40.4	46.5	46.8
城镇地区就业人员 （万人）	Urban Employed Persons (10 000 persons)	1655.00	2133.58	2830.54	3192.59	3480.88	3515.00
城镇非私营单位就业人员 （万人）	Employed Persons in Urban Non-private Units (10 000 persons)	693.09	628.82	763.75	1552.08	1342.51	1314.02
国有单位	State-owned Units	421.75	283.75	281.21	294.31	280.03	292.22
城镇集体单位	Urban Collective-owned Units	117.94	38.70	30.31	33.71	32.26	31.39
其他单位	Units of Other Types of Owner ship	153.41	306.37	452.23	1224.06	1030.21	990.42
内资单位	Domestic Funded Units	102.03	176.27	243.52	789.10	682.61	649.67
股份合作单位	Cooperative Units	17.84	8.31	6.31	4.05	3.28	2.58
联营单位	Joint Ownership Units	5.45	1.78	1.10	1.13	7.24	3.77
有限责任公司	Limited Liability Corporations	47.07	88.09	106.90	601.66	494.04	459.23
股份有限公司	Share-holding Corporations Ltd.	30.66	52.88	59.27	169.38	160.67	167.5
其他	Others	0.99	25.21	69.95	12.88	17.38	16.59
港澳台商投资单位	Units with Funds from Hong Kong, Macao & Taiwan	20.00	50.38	65.03	164.43	133.90	136.71
外商投资单位	Foreign Funded Units	31.38	79.72	143.68	270.53	213.71	204.03
城镇非私营单位在岗职工人数 （万人）	Number of Staff and Workers in Urban Non-private Units (10 000 persons)	673.25	602.93	710.58	1467.53	1263.46	1241.23
国有单位	State-owned Units	411.40	273.43	263.95	275.97	265.37	277.95
城镇集体单位	Urban Collective-owned Units	114.85	36.84	27.35	30.43	29.48	28.72
其他单位	Units of Other Types of Ownership	147.00	292.67	419.28	1161.13	968.60	934.56
城镇非私营单位女性就业人员 （万人）	Number of Employed Female Persons in Urban Units (10 000 persons)	270.20	264.94	319.03	529.34	479.29	485.66
年末城镇登记失业人数 （万人）	Number of Registered Unemployed Persons in Urban Areas (year-end) (10 000 persons)	30.36	41.63	40.65	36.01	36.67	49.13
年末城镇登记失业率 （%）	Registered Unemployment Rate in Urban Areas(year-end) (%)	3.2	3.6	3.2	3.0	3.2	2.5

注：1. 从2013年起，原属于乡镇企业的规模以上非私营法人单位纳入城镇单位进行统计。

2. 从2020年起，根据国家统计局新的方法制度，城镇单位就业人员数为抽样调查推算数。（下相关表同）

3. 2021年城镇登记失业人数统计口径由本地户籍扩大至城镇区内所有登记人员，城镇登记失业率、年末城镇登记失业人数与往年不具可比性。（下相关表同）

a) The non-private legal entities above designated size originally belonged to township enterprises have been taken into urban units since 2013.

b) Since 2020, according to the new system of the National Bureau of Statistics, the number of employed persons in urban units was calculated based on sample survey. (The same as in the following related tables)

c) In 2021, the statistical caliber of the number of registered unemployed persons in urban areas is expanded from the local household registration to all registered personnels in urban areas, and the registered unemployment rate in urban areas and the registered unemployment rate in urban areas at year-end are not comparable with previous years. (The same as in the following related tables)

3-11 就业人数
Number of Employed Persons

单位:万人　　　　(10 000 persons)

年份 Year	就业人数 Total Number of Employed Persons	#城镇非私营单位职工人数 Number of Staff and Workers in Urban Non-private Units	国有单位 State-owned Units	城镇集体单位 Urban Collective-owned Units	其他单位 Other Units	#城镇非私营单位其他就业人员 Others Employed Persons in Urban Non-private Units
1978	2777.72	581.50	366.37	215.13		
1980	2821.03	644.15	401.98	242.17		
1985	3262.97	782.44	468.80	305.39	8.25	
1989	3519.83	867.55	525.24	324.73	17.58	
1990	4225.02	879.85	536.88	323.34	19.63	
1991	4272.97	899.27	551.52	324.91	22.84	
1992	4315.12	904.09	562.69	313.81	27.59	
1993	4339.81	914.73	574.02	293.57	47.14	12.81
1994	4362.76	909.83	571.39	277.27	60.67	11.04
1995	4385.17	915.98	576.24	273.96	65.78	10.50
1996	4386.97	905.52	575.48	256.91	73.13	10.79
1997	4388.79	893.74	577.54	239.61	76.59	11.29
1998	4389.92	752.76	471.52	161.85	119.39	16.41
1999	4390.71	717.12	445.27	139.03	132.82	18.99
2000	4418.14	673.25	411.40	114.85	147.00	19.84
2001	4436.45	625.83	377.40	90.34	158.09	22.35
2002	4472.84	590.32	329.96	67.11	193.25	25.33
2003	4499.97	579.10	304.98	52.58	221.54	29.41
2004	4537.07	575.08	281.03	41.11	252.94	31.77
2005	4578.75	602.93	273.43	36.83	292.67	25.89
2006	4628.95	645.71	268.41	33.58	343.72	33.66
2007	4677.88	667.27	268.54	33.12	365.62	35.41
2008	4700.96	668.29	264.31	31.45	372.53	39.35
2009	4726.54	673.74	263.26	28.15	382.32	47.61
2010	4724.68	710.58	263.95	27.35	419.28	53.17
2011	4749.23	774.39	276.86	27.77	469.76	36.89
2012	4770.54	792.62	280.92	27.59	484.11	38.32
2013	4791.90	1418.57	276.26	35.04	1107.27	85.40
2014	4812.82	1512.79	281.13	35.34	1196.32	89.61
2015	4832.50	1467.53	275.97	30.43	1161.13	84.55
2016	4850.22	1410.73	271.01	29.51	1110.21	86.58
2017	4872.80	1394.55	261.66	24.78	1108.12	90.04
2018	4886.90	1374.06	240.30	22.65	1111.11	98.53
2019	4903.20	1252.78	246.45	26.16	980.17	75.76
2020	4893.00	1263.46	265.37	29.48	968.60	79.05
2021	4862.86	1241.23	277.95	28.72	934.56	72.80

注：1. 从1990年开始就业人数为推算数。
2. 1998年以前的职工人数包括在岗职工人数和下岗职工人数。(下相关表同)
3. 1998年开始的职工人数为在岗职工人数,不包括离开本单位仍保留劳动关系的职工人数。(下相关表同)

a) Since 1990, the number of employed persons was the estimated figure.
b) Before 1998, the number of staff and workers included employed and laid off personnels. (The same as in the following related tables)
c) Since 1998, the number of staff and workers included employed personnels, but excluded staff and workers who had left self units, but still remained the labor relationship. (The same as in the following related tables)

3-12 按三次产业分就业人数
Number of Employed Persons by Three Strata of Industry

单位:万人 (10 000 persons)

年份 Year	就业人数 Total Number of Employed Persons				构成(%) Composition in Percentage(%)		
		第一产业 Primary Industry	第二产业 Secondary Industry	第三产业 Tertiary Industry	第一产业 Primary Industry	第二产业 Secondary Industry	第三产业 Tertiary Industry
1978	2777.72	1937.06	544.57	296.09	69.7	19.6	10.7
1980	2821.03	1987.28	546.48	287.27	70.4	19.4	10.2
1985	3262.97	1738.09	1065.75	459.13	53.2	32.7	14.1
1989	3519.83	1714.69	1215.40	589.74	48.7	34.5	16.8
1990	4225.02	2389.25	1212.58	623.19	56.6	28.7	14.7
1991	4272.97	2405.68	1226.34	640.95	56.3	28.7	15.0
1992	4315.12	2337.93	1270.80	706.39	54.2	29.4	16.4
1993	4339.81	2228.06	1325.38	786.37	51.4	30.5	18.1
1994	4362.76	2131.65	1375.14	855.97	48.9	31.5	19.6
1995	4385.17	2057.08	1407.64	920.45	46.9	32.1	21.0
1996	4386.97	2014.06	1397.25	975.66	45.9	31.9	22.2
1997	4388.79	1981.54	1382.03	1025.22	45.1	31.5	23.4
1998	4389.92	1946.49	1341.12	1102.31	44.3	30.6	25.1
1999	4390.71	1908.64	1330.39	1151.68	43.5	30.3	26.2
2000	4418.14	1890.96	1335.16	1192.02	42.8	30.2	27.0
2001	4436.45	1832.25	1375.30	1228.90	41.3	31.0	27.7
2002	4472.84	1744.41	1453.67	1274.76	39.0	32.5	28.5
2003	4499.97	1615.49	1547.99	1336.49	35.9	34.4	29.7
2004	4537.07	1506.31	1633.35	1397.42	33.2	36.0	30.8
2005	4578.75	1414.83	1703.29	1460.62	30.9	37.2	31.9
2006	4628.95	1323.88	1777.52	1527.55	28.6	38.4	33.0
2007	4677.88	1230.28	1857.12	1590.48	26.3	39.7	34.0
2008	4700.96	1179.94	1889.79	1631.23	25.1	40.2	34.7
2009	4726.54	1120.19	1942.61	1663.74	23.7	41.1	35.2
2010	4724.68	1029.98	1998.54	1696.16	21.8	42.3	35.9
2011	4749.23	992.59	2018.42	1738.22	20.9	42.5	36.6
2012	4770.54	958.88	2032.25	1779.41	20.1	42.6	37.3
2013	4791.90	929.63	2041.35	1820.92	19.4	42.6	38.0
2014	4812.82	890.37	2045.45	1877.00	18.5	42.5	39.0
2015	4832.50	845.69	2034.48	1952.33	17.5	42.1	40.4
2016	4850.22	814.84	2027.39	2007.99	16.8	41.8	41.4
2017	4872.80	769.90	2012.47	2090.43	15.8	41.3	42.9
2018	4886.90	737.92	1993.86	2155.12	15.1	40.8	44.1
2019	4903.20	706.06	1961.28	2235.86	14.4	40.0	45.6
2020	4893.00	675.23	1942.52	2275.25	13.8	39.7	46.5
2021	4862.86	629.69	1956.88	2276.29	13.0	40.2	46.8

3－13 按地区分就业人数
Number of Employed Persons by Region

单位:万人　　　　(10 000 persons)

地区 Region		2020 就业人数 Total Number of Employed Persons	2020 第一产业 Primary Industry	2020 第二产业 Secondary Industry	2020 第三产业 Tertiary Industry	2021 就业人数 Total Number of Employed Persons	2021 第一产业 Primary Industry	2021 第二产业 Secondary Industry	2021 第三产业 Tertiary Industry
全　省	**Total**	**4893.0**	**675.2**	**1942.5**	**2275.3**	**4862.9**	**629.7**	**1956.9**	**2276.3**
按市分	**City**								
南　京	Nanjing	484.4	37.6	150.3	296.5	485.1	36.2	152.3	296.6
无　锡	Wuxi	418.8	13.7	206.1	199.0	418.7	13.0	206.6	199.1
徐　州	Xuzhou	482.1	95.0	166.5	220.6	475.2	87.0	167.6	220.6
常　州	Changzhou	300.5	26.9	132.6	141.0	300.4	25.3	134.1	141.1
苏　州	Suzhou	747.8	19.2	384.2	344.4	748.8	18.1	386.1	344.6
南　通	Nantong	486.2	71.9	204.2	210.1	481.9	66.3	205.5	210.2
连云港	Lianyungang	253.0	70.0	77.4	105.6	249.4	65.7	78.1	105.7
淮　安	Huai'an	268.9	70.4	85.2	113.3	265.4	66.2	85.9	113.4
盐　城	Yancheng	418.0	85.4	152.6	179.9	413.0	79.2	153.9	180.0
扬　州	Yangzhou	272.3	41.1	103.2	128.0	270.8	38.4	104.3	128.1
镇　江	Zhenjiang	199.4	19.7	79.3	100.4	198.7	18.4	80.0	100.4
泰　州	Taizhou	278.6	50.0	107.6	121.0	275.6	46.1	108.5	121.0
宿　迁	Suqian	283.2	74.3	93.2	115.6	279.8	70.0	94.1	115.7
按区域分	**Region**								
苏　南	Southern Jiangsu	2150.9	117.1	952.6	1081.2	2151.7	110.9	959.1	1081.8
苏　中	Mid Jiangsu	1037.1	163.1	414.9	459.1	1028.3	150.8	418.3	459.2
苏　北	Northern Jiangsu	1705.1	395.1	575.0	735.0	1682.8	368.0	579.5	735.3

3－14 城镇非私营单位就业人员数（2021年）

Number of Employed Persons in Urban Non-Private Units（2021）

单位：万人 （10 000 persons）

项　　目	Item	就业人员年末人数 Number of Employed Persons at Year-end	在岗职工 Staff and Workers	其他就业人员 Others
总　　计	**Total**	**1314.02**	**1241.23**	**72.80**
按登记注册类型分	**Grouped by Status of Registration**			
国有单位	State-owned Units	292.22	277.95	14.27
城镇集体单位	Urban Collective-owned Units	31.39	28.72	2.67
其他单位	Units of Other Types of Ownership	990.42	934.56	55.86
内资单位	Domestic Funded Units	649.67	603.07	46.60
股份合作单位	Cooperative Units	2.58	2.50	0.07
联营单位	Joint Ownership Units	3.77	3.64	0.13
有限责任公司	Limited Liability Corporations	459.23	429.75	29.48
股份有限公司	Share-holding Corporations Ltd.	167.50	151.30	16.20
其他	Others	16.59	15.87	0.72
港、澳、台商投资单位	Units with Funds from Hong Kong, Macao and Taiwan	136.71	133.52	3.19
外商投资单位	Foreign Funded Units	204.03	197.96	6.07
按国民经济行业分	**Grouped by Sector**			
农、林、牧、渔业	Agriculture, Forestry, Animal Husbandry and Fishery	2.53	2.32	0.20
采矿业	Mining	5.40	4.99	0.41
制造业	Manufacturing	461.21	453.32	7.89
电力、热力、燃气及水的生产和供应业	Production and Supply of Electricity, Heat, Gas and Water	15.02	14.92	0.10
建筑业	Construction	230.46	210.81	19.66
批发和零售业	Wholesale and Retail Trades	54.36	52.99	1.36
交通运输、仓储和邮政业	Transport, Storage and Post	44.93	43.91	1.02
住宿和餐饮业	Hotels and Catering Services	20.58	17.65	2.93
信息传输、软件和信息技术服务业	Information Transmission, Software and IT Services	34.64	33.12	1.52
金融业	Financial Intermediation	43.47	30.91	12.56
房地产业	Real Estate	30.80	29.53	1.27
租赁和商务服务业	Leasing and Business Services	46.03	39.14	6.89
科学研究和技术服务业	Scientific Research and Technical Services	27.16	26.24	0.92
水利、环境和公共设施管理业	Management of Water Conservancy, Environment and Public Facilities	14.02	12.68	1.34
居民服务、修理和其他服务业	Services to Households, Repair and Other Services	5.30	4.93	0.37
教育	Education	112.76	107.34	5.42
卫生和社会工作	Health and Social Service	63.24	58.83	4.41
文化、体育和娱乐业	Culture, Sports and Entertainment	8.94	8.50	0.44
公共管理、社会保障和社会组织	Public Management, Social Security and Social Organization	93.19	89.12	4.07

注：本表城镇单位数据不含私营单位。（下相关表同）

a）Data of employed persons in urban units do not include those in private enterprises.（The same as in the following related tables）

3-15 按行业分城镇非私营单位就业人员数（2021 年）
Number of Employed Persons in Urban Non-Private Units by Sector (2021)

单位:万人 (10 000 persons)

项目	Item	国有单位 State-owned Units	城镇集体单位 Urban Collective-owned Units	其他单位 Other Units
总计	**Total**	**292.22**	**31.39**	**990.42**
按国民经济行业分	Grouped by Sector			
农、林、牧、渔业	Agriculture, Forestry, Animal Husbandry and Fishery	1.51	0.10	0.92
采矿业	Mining	0.08	0.01	5.31
制造业	Manufacturing	3.66	1.41	456.15
电力、热力、燃气及水的生产和供应业	Production and Supply of Electricity, Heat, Gas and Water	0.99	0.23	13.80
建筑业	Construction	10.48	1.89	218.10
批发和零售业	Wholesale and Retail Trades	2.91	0.50	50.95
交通运输、仓储和邮政业	Transport, Storage and Post	7.01	0.75	37.17
住宿和餐饮业	Hotels and Catering Services	1.34	0.13	19.11
信息传输、软件和信息技术服务业	Information Transmission, Software and IT Services	1.52	0.06	33.05
金融业	Financial Intermediation	4.90	0.02	38.55
房地产业	Real Estate	1.38	0.97	28.45
租赁和商务服务业	Leasing and Business Services	8.22	2.01	35.80
科学研究和技术服务业	Scientific Research and Technical Services	7.46	0.81	18.89
水利、环境和公共设施管理业	Management of Water Conservancy, Environment and Public Facilities	6.65	1.61	5.76
居民服务、修理和其他服务业	Services to Households, Repair and Other Services	0.78	0.83	3.69
教育	Education	91.01	10.80	10.95
卫生和社会工作	Health and Social Service	46.33	7.60	9.32
文化、体育和娱乐业	Culture, Sports and Entertainment	4.33	0.35	4.26
公共管理、社会保障和社会组织	Public Management, Social Security and Social Organization	91.67	1.32	0.20

3-16 按行业分城镇非私营单位女性就业人员数（2021 年）

Number of Employed Women in Urban Non-Private Units by Sector (2021)

单位:万人 （10 000 persons）

行业	Sector	女性就业人数 Number of Emloyed Women	国有单位 State-owned Units	城镇集体单位 Urban Collective-owned Units	其他单位 Other Units
总计	**Total**	**485.66**	**138.02**	**17.72**	**329.92**
农、林、牧、渔业	Agriculture, Forestry, Animal Husbandry and Fishery	1.14	0.79	0.03	0.32
采矿业	Mining	0.86	0.02		0.84
制造业	Manufacturing	178.95	0.88	0.68	177.39
电力、热力、燃气及水的生产和供应业	Production and Supply of Electricity, Heat, Gas and Water	3.78	0.29	0.07	3.42
建筑业	Construction	13.02	0.61	0.29	12.12
批发和零售业	Wholesale and Retail Trades	28.61	0.92	0.23	27.45
交通运输、仓储和邮政业	Transport, Storage and Post	10.86	1.99	0.16	8.71
住宿和餐饮业	Hotels and Catering Services	12.00	0.76	0.07	11.18
信息传输、软件和信息技术服务业	Information Transmission, Software and IT Services	13.07	0.60	0.01	12.46
金融业	Financial Intermediation	24.70	2.40	0.02	22.29
房地产业	Real Estate	13.24	0.59	0.52	12.13
租赁和商务服务业	Leasing and Business Services	17.03	2.16	0.56	14.31
科学研究和技术服务业	Scientific Research and Technical Services	9.22	2.60	0.26	6.35
水利、环境和公共设施管理业	Management of Water Conservancy, Environment and Public Facilities	6.06	2.73	0.77	2.57
居民服务、修理和其他服务业	Services to Households, Repair and Other Services	2.52	0.33	0.28	1.91
教育	Education	73.20	57.41	8.02	7.77
卫生和社会工作	Health and Social Service	43.20	31.66	5.06	6.48
文化、体育和娱乐业	Culture, Sports and Entertainment	4.46	2.12	0.18	2.16
公共管理、社会保障和社会组织	Public Management, Social Security and Social Organization	29.75	29.16	0.50	0.08

3－17 城镇失业人数及失业率

Number of Urban Unemployed Persons and Unemployed Rate

单位:万人 (10 000 persons)

年　　份 Year	城镇失业人员再就业人数 Re-employment	年末城镇登记失业人数 Registered Unemployment in Urban Areas	年末城镇登记失业率(%) Registered Unemployment Rate in Urban Areas at Year-end (%)
1979	54.70	34.30	5.40
1980	32.78	20.29	3.10
1985	15.25	7.15	0.90
1990	28.06	22.52	2.40
1991	23.33	18.68	2.00
1992	21.43	18.81	2.00
1993	20.64	19.43	2.00
1994	22.19	19.58	2.00
1995	21.49	20.13	2.00
1996	20.78	22.34	2.20
1997	21.40	23.80	2.40
1998	21.61	24.26	2.60
1999	21.57	26.57	2.90
2000	27.01	30.36	3.40
2001	34.94	36.14	3.60
2002	39.96	42.17	4.20
2003	54.46	41.84	4.10
2004	60.22	42.90	3.90
2005	62.92	41.63	3.56
2006	68.65	40.40	3.40
2007	81.89	39.26	3.19
2008	92.19	41.09	3.25
2009	52.00	40.74	3.22
2010	60.93	40.65	3.16
2011	66.11	41.45	3.22
2012	66.71	40.47	3.14
2013	81.61	37.61	3.03
2014	77.64	36.57	3.01
2015	77.74	36.01	3.00
2016	77.82	35.21	3.00
2017	80.55	34.69	2.98
2018	89.45	34.37	2.97
2019	94.81	35.09	3.03
2020	89.54	36.67	3.20
2021	88.33	49.13	2.54

3-18 在岗职工工资总额及指数
Total Wage Bill of Staff and Workers and Indices

年份 Year	绝对数(亿元) Total Wage Bill(100 million yuan)				指数(以上年为100) Indices (preceding year=100)			
	全部职工 Total	国有单位 State-owned Units	城镇集体单位 Urban Collective-owned Units	其他单位 Other Types of Ownership	全部职工 Total	国有单位 State-owned Units	城镇集体单位 Urban Collective-owned Units	其他单位 Other Types of Ownership
1978	29.05	19.84	9.21		110.7	110.8	110.6	
1979	33.10	22.46	10.64		113.9	113.2	115.5	
1980	41.63	27.99	13.64		125.8	124.6	128.2	
1981	44.13	29.60	14.53		106.0	105.8	106.5	
1982	48.14	32.35	15.79		109.1	109.3	108.7	
1983	50.78	34.41	16.37		105.5	106.4	103.7	
1984	67.28	43.34	23.25	0.69	132.5	126.0	142.0	
1985	86.17	55.10	30.09	0.98	128.1	127.1	129.4	142.0
1986	105.56	67.93	36.28	1.35	122.5	123.3	120.6	137.8
1987	121.26	78.09	41.30	1.87	114.9	115.0	113.8	138.5
1988	152.53	99.17	50.60	2.76	125.8	127.0	122.5	147.6
1989	165.38	108.56	53.05	3.77	108.4	109.5	104.8	136.6
1990	184.60	123.25	56.70	4.65	111.6	113.5	106.9	123.3
1991	204.43	136.26	62.05	6.12	110.7	110.6	109.4	131.6
1992	251.51	170.85	71.64	9.02	123.0	125.4	115.4	147.4
1993	328.21	221.91	85.85	20.45	130.5	129.9	119.8	226.7
1994	450.44	312.56	103.32	34.56	137.2	140.8	120.3	169.0
1995	541.62	369.10	126.57	45.95	120.2	118.1	122.5	132.9
1996	595.72	411.30	128.61	55.81	110.0	111.4	101.6	121.5
1997	635.44	446.95	124.86	63.63	106.7	108.7	97.1	114.0
1998	628.49	422.35	99.49	106.65	103.0	101.8	92.9	131.3
1999	666.28	443.41	91.90	130.97	106.0	105.0	92.4	122.8
2000	705.36	463.63	82.98	158.75	105.9	104.6	90.3	121.2
2001	758.55	498.61	71.42	188.52	107.5	107.5	86.1	118.8
2002	813.09	506.06	60.42	246.61	107.2	101.5	84.6	130.8
2003	917.33	540.59	53.51	323.23	112.8	106.8	88.6	131.1
2004	1050.35	591.38	48.20	410.77	114.5	109.4	90.1	127.1
2005	1252.06	672.70	48.80	530.56	119.2	113.8	101.2	129.2
2006	1520.39	768.86	52.55	698.97	121.4	114.3	107.7	131.7
2007	1806.65	896.36	61.72	848.57	118.8	116.6	117.5	121.4
2008	2132.45	1035.56	72.33	1024.57	118.0	115.5	117.2	120.7
2009	2403.32	1196.05	75.78	1131.49	112.7	115.5	104.8	110.4
2010	2841.33	1344.25	85.33	1411.75	118.2	112.4	112.6	124.8
2011	3548.29	1569.23	102.31	1876.75	124.9	116.7	119.9	132.9
2012	4065.99	1758.24	119.59	2188.16	114.6	112.0	116.9	116.6
2013	8041.98	1914.49	179.22	5948.27	197.8	108.9	149.9	271.8
2014	9174.49	2083.33	190.74	6900.42	114.1	108.8	106.4	116.0
2015	9802.41	2262.27	179.75	7360.39	106.8	108.6	94.2	106.7
2016	10583.16	2570.48	203.71	7808.97	108.0	113.6	113.3	106.1
2017	10955.14	2765.22	183.34	8006.59	103.5	107.6	90.0	102.5
2018	11784.92	2843.98	191.48	8749.47	107.6	102.8	104.4	109.3
2019	12213.08	3350.73	246.15	8616.19	103.6	117.8	128.6	98.5
2020	13044.40	3913.56	294.12	8836.72	106.8	116.8	119.5	102.6
2021	14431.80	4414.48	307.95	9709.38	110.6	112.8	104.7	109.9

注：1998 年起职工工资为在岗职工工资，不包括离开本单位仍保留劳动关系的职工的生活补助费。(下相关表同)

a) Since 1998, the wage bill of staff and workers was for employed personnels, but excluded living expense subsidies of the personnels who had left self units, but still remained labor relationship. (The same as in the following related tables)

3－19 城镇非私营单位就业人员工资总额（2021 年）
Total Wage Bill of Employed Persons in Urban Non-Private Units (2021)

单位:亿元 (100 million yuan)

项目	Item	就业人员工资总额 Total Wages Bill	在岗职工 Staff and Workers	其他就业人员 Others
总计	**Total**	**14942.57**	**14431.80**	**510.77**
按登记注册类型分	**Grouped by Status of Registration**			
国有单位	State-owned Units	4510.23	4414.48	95.76
城镇集体单位	Urban Collective-owned Units	322.65	307.95	14.70
其他单位	Units of Other Types of Ownership	10109.69	9709.38	400.32
内资单位	Domestic Funded Units	6437.43	6132.37	305.05
股份合作单位	Cooperative Units	19.21	18.87	0.34
联营单位	Joint Ownership Units	38.63	38.13	0.51
有限责任公司	Limited Liability Corporations	4315.11	4132.95	182.16
股份有限公司	Share-holding Corporations Ltd.	1932.48	1814.71	117.77
其他	Others	131.99	127.71	4.27
港、澳、台商投资单位	Units with Funds from Hong Kong, Macao and Taiwan	1363.14	1339.64	23.49
外商投资单位	Foreign Funded Units	2309.13	2237.36	71.77
按国民经济行业分	**Grouped by Sector**			
农、林、牧、渔业	Agriculture, Forestry, Animal Husbandry and Fishery	14.14	13.14	1.00
采矿业	Mining	64.21	62.63	1.58
制造业	Manufacturing	4728.01	4634.89	93.12
电力、热力、燃气及水的生产和供应业	Production and Supply of Electricity, Heat, Gas and Water	242.16	241.43	0.73
建筑业	Construction	1707.57	1588.93	118.64
批发和零售业	Wholesale and Retail Trades	587.82	576.52	11.30
交通运输、仓储和邮政业	Transport, Storage and Post	504.02	496.78	7.23
住宿和餐饮业	Hotels and Catering Services	112.87	106.77	6.10
信息传输、软件和信息技术服务业	Information Transmission, Software and IT Services	613.95	601.95	12.00
金融业	Financial Intermediation	752.00	664.14	87.86
房地产业	Real Estate	294.90	288.58	6.31
租赁和商务服务业	Leasing and Business Services	392.84	347.05	45.78
科学研究和技术服务业	Scientific Research and Technical Services	422.33	413.74	8.59
水利、环境和公共设施管理业	Management of Water Conservancy, Environment and Public Facilities	122.97	117.37	5.59
居民服务、修理和其他服务业	Services to Households, Repair and Other Services	43.85	42.15	1.70
教育	Education	1674.87	1640.97	33.90
卫生和社会工作	Health and Social Service	955.64	914.57	41.07
文化、体育和娱乐业	Culture, Sports and Entertainment	111.21	108.39	2.82
公共管理、社会保障和社会组织	Public Management, Social Security and Social Organization	1597.22	1571.80	25.42

3-20 在岗职工平均工资及指数

Average Wage of Staff and Workers and Indices

年份 Year	绝对数（元）Absolute Figure (yuan)				指数（以上年为100）Indices (preceding year = 100)			
	全部职工 Total	国有单位 State-owned Units	城镇集体单位 Urban Collective-owned Units	其他单位 Others	全部职工 Total	国有单位 State-owned Units	城镇集体单位 Urban Collective-owned Units	其他单位 Others
1978	513	563	432		108.2	108.9	107.5	
1979	565	618	478		110.3	109.8	110.9	
1980	667	721	578		117.8	116.7	120.7	
1981	672	718	594		100.7	99.6	102.8	
1982	703	748	626		104.6	104.2	105.4	
1983	723	768	643		102.8	102.7	102.7	
1984	931	1003	820	1012	128.8	130.6	127.5	
1985	1135	1211	1015	1237	121.9	120.7	123.8	122.2
1986	1327	1430	1166	1468	116.9	118.1	114.9	118.7
1987	1471	1581	1295	1639	110.9	110.6	111.1	111.6
1988	1796	1936	1564	2059	122.1	122.5	120.8	125.6
1989	1918	2082	1639	2185	106.8	107.5	104.8	106.1
1990	2129	2331	1776	2444	111.0	111.9	108.4	111.9
1991	2302	2501	1932	2773	108.1	107.3	108.8	113.5
1992	2800	3057	2292	3370	121.6	122.2	118.6	121.5
1993	3615	3896	2937	4434	129.1	127.4	128.1	131.6
1994	4974	5491	3728	5827	137.6	140.9	126.9	131.4
1995	5943	6441	4621	7137	119.5	117.3	124.0	122.5
1996	6603	7186	4990	7740	111.1	111.6	108.0	108.4
1997	7108	7745	5183	8376	107.6	107.8	103.9	108.2
1998	8256	8872	6033	8867	105.7	106.3	101.3	102.5
1999	9171	9855	6452	9763	111.1	111.1	106.9	110.1
2000	10299	11109	6962	10698	112.3	112.7	107.9	109.6
2001	11842	12917	7543	11790	115.0	116.3	108.3	110.2
2002	13509	15030	8638	12633	114.1	116.4	114.5	107.2
2003	15712	17502	9836	14656	116.3	116.4	113.9	116.0
2004	18202	20876	11350	16346	115.8	119.3	115.4	111.5
2005	20957	24659	13064	18468	115.1	118.1	115.1	113.0
2006	23782	28722	15550	20691	113.5	116.5	119.0	112.0
2007	27374	33411	18837	23641	115.1	116.3	121.1	114.3
2008	31667	39325	22929	27067	115.7	117.7	121.7	114.5
2009	35890	45446	27022	29901	113.3	115.6	117.9	110.5
2010	40505	51245	31502	34260	112.9	112.8	116.6	114.6
2011	45987	57002	37302	40028	113.5	111.2	118.4	116.8
2012	51279	62913	43835	45008	111.5	110.4	117.5	112.4
2013	57985	70114	51757	55117	113.1	111.4	118.1	122.5
2014	61783	74673	54993	58913	106.5	106.5	106.3	106.9
2015	67200	82355	59629	63790	108.8	110.3	108.4	108.3
2016	72684	92412	65536	68024	108.2	112.2	109.9	106.6
2017	79741	102328	71426	72609	109.7	110.7	109.0	106.7
2018	86590	119135	85534	79548	108.6	116.4	119.8	109.6
2019	98669	137322	94575	89033	113.9	115.3	110.6	111.9
2020	106034	149287	100341	94133	107.5	108.7	106.1	105.7
2021	117868	160771	108053	105385	111.2	107.7	107.7	112.0

3-21 在岗职工平均工资指数
Average Wage Indices of Staff and Workers

1978 年 = 100 (100 in 1978)

年份 Year	全部职工 Total		国有单位 State-owned Units		城镇集体单位 Urban Collective-owned Units		其他单位 Others	
	平均货币工资指数 Indices of Average Nominal Wage	平均实际工资指数 Indices of Average Real Wage	平均货币工资指数 Indices of Average Nominal Wage	平均实际工资指数 Indices of Average Real Wage	平均货币工资指数 Indices of Average Nominal Wage	平均实际工资指数 Indices of Average Real Wage	平均货币工资指数 Indices of Average Nominal Wage	平均实际工资指数 Indices of Average Real Wage
1978	100.0	100.0	100.0	100.0	100.0	100.0		
1979	110.3	109.5	109.8	109.0	110.9	110.1		
1980	130.0	121.7	128.1	119.9	133.8	125.3		
1981	130.0	118.3	128.1	116.6	133.8	121.7		
1982	137.0	122.3	132.9	118.7	144.9	129.4		
1983	140.9	132.7	136.4	128.4	148.8	140.1		
1984	181.5	154.9	178.2	152.0	189.8	161.9	100.0	100.0
1985	221.2	174.9	215.1	170.0	235.0	185.8	122.2	111.5
1986	258.7	189.2	254.0	185.8	269.9	197.4	145.1	124.4
1987	286.7	189.7	280.8	185.8	299.8	198.4	162.0	125.7
1988	350.1	189.0	343.9	185.7	362.0	195.5	203.5	128.8
1989	373.9	174.1	369.8	172.2	379.4	176.6	215.9	117.8
1990	415.0	189.8	414.0	189.3	411.1	188.0	241.5	127.4
1991	448.7	190.5	444.2	188.6	447.2	189.9	274.0	134.2
1992	545.8	213.2	543.0	212.1	530.6	207.3	333.0	149.9
1993	704.7	231.9	692.0	227.7	679.9	223.7	438.1	166.1
1994	969.6	254.6	675.3	256.1	863.0	226.6	575.8	174.2
1995	1158.5	261.7	1144.0	258.5	1069.7	241.7	705.2	183.6
1996	1287.1	262.5	1276.4	260.3	1155.1	235.5	764.8	179.7
1997	1385.6	278.9	1375.7	276.9	1199.8	241.5	827.7	192.0
1998	1609.4	324.1	1575.8	317.3	1396.5	281.2	876.2	203.4
1999	1787.7	365.1	1750.4	357.5	1493.5	305.0	964.7	227.1
2000	2007.6	410.1	1973.2	403.0	1611.6	329.2	1057.1	215.9
2001	2308.4	471.0	2294.3	468.1	1746.1	356.3	1165.0	237.7
2002	2545.6	525.2	2669.6	550.8	1999.5	412.5	1248.3	257.5
2003	3062.8	629.6	3108.7	639.0	2276.9	468.0	1448.2	297.7
2004	3548.2	703.3	3708.0	735.0	2627.3	520.8	1615.2	320.2
2005	4085.2	793.1	4379.9	850.3	3024.1	587.1	1824.9	354.3
2006	4635.9	885.8	5101.6	974.8	3599.5	687.8	2044.6	390.7
2007	5336.1	980.5	5934.5	1090.4	4360.4	801.2	2336.1	429.2
2008	6172.9	1078.0	6984.9	1219.9	5307.6	926.9	2674.6	467.1
2009	6996.1	1226.7	8072.1	1415.4	6255.1	1096.7	2954.6	518.1
2010	7895.7	1336.3	9102.1	1540.6	7292.1	1234.1	3385.4	573.0
2011	8964.3	1443.5	10124.7	1630.5	8634.7	1390.4	3955.3	637.0
2012	9995.9	1568.8	11174.6	1754.0	10147.0	1592.5	4447.4	698.1
2013	11303.1	1734.1	12453.6	1910.8	11980.8	1838.0	5446.3	835.7
2014	12043.5	1807.9	13263.4	1992.1	12729.9	1916.2	5821.4	871.3
2015	13099.4	1933.5	14627.9	2160.3	13803.0	2043.0	6303.4	927.7
2016	14168.4	2042.3	16414.2	2367.3	15170.4	2192.8	6721.7	966.1
2017	15544.1	2201.0	18175.5	2575.0	16533.8	2347.6	7174.8	1013.0
2018	16879.1	2337.8	21160.7	2930.8	19799.5	2742.3	7860.5	1088.7
2019	19233.7	2583.8	24391.1	3276.6	21892.4	2941.0	8797.7	1181.9
2020	20669.4	2709.8	26516.3	3474.8	23227.1	3044.3	9301.7	1218.8
2021	22976.2	2964.8	28556.1	3683.2	25012.2	3226.7	10413.6	1343.0

注:其他单位以 1984 年为 100。

a) Indices of other units were 100 in 1984.

3-22 城镇非私营单位就业人员平均工资（2021 年）
Average Wage of Employed Persons in Urban Non-Private Units (2021)

单位:元 (yuan)

项　　目	Item	就业人员年平均工资 Annual Average Wage	在岗职工年平均工资 Annual Average Wage of Staff and Workers	其他就业人员年均工资 Annual Average Wage of Others
总　　计	**Total**	**115133**	**117868**	**69547**
按登记注册类型分	**Grouped by Status of Registration**			
国有单位	State-owned Units	156244	160771	67993
城镇集体单位	Urban Collective-owned Units	103460	108053	54714
其他单位	Units of Other Types of Ownership	103371	105385	70636
内资单位	Domestic Funded Units	100897	103860	64124
股份合作单位	Cooperative Units	76417	77175	49566
联营单位	Joint Ownership Units	82960	84135	40401
有限责任公司	Limited Liability Corporations	95780	98050	62793
股份有限公司	Share-holding Corporations Ltd.	117974	124144	66805
其他	Others	79904	80943	57758
港、澳、台商投资单位	Units with Funds from Hong Kong, Macao and Taiwan	100125	100700	75540
外商投资单位	Foreign Funded Units	113284	113086	119798
按国民经济行业分	**Grouped by Sector**			
农、林、牧、渔业	Agriculture, Forestry, Animal Husbandry and Fishery	54841	55577	46732
采矿业	Mining	118302	126216	33953
制造业	Manufacturing	103619	103342	119597
电力、热力、燃气及水的生产和供应业	Production and Supply of Electricity, Heat, Gas and Water	161610	162550	55354
建筑业	Construction	78114	79112	66823
批发和零售业	Wholesale and Retail Trades	107279	107921	82325
交通运输、仓储和邮政业	Transport, Storage and Post	110171	111308	64761
住宿和餐饮业	Hotels and Catering Services	56449	62073	21837
信息传输、软件和信息技术服务业	Information Transmission, Software and IT Services	180782	185006	84279
金融业	Financial Intermediation	164177	215959	58376
房地产业	Real Estate	95203	97196	49148
租赁和商务服务业	Leasing and Business Services	85183	88176	67749
科学研究和技术服务业	Scientific Research and Technical Services	157913	160160	94252
水利、环境和公共设施管理业	Management of Water Conservancy, Environment and Public Facilities	87686	92855	40437
居民服务、修理和其他服务业	Services to Households, Repair and Other Services	82409	85095	46226
教育	Education	149417	154290	59084
卫生和社会工作	Health and Social Service	153012	157324	95013
文化、体育和娱乐业	Culture, Sports and Entertainment	123618	127518	56830
公共管理、社会保障和社会组织	Public Management, Social Security and Social Organization	171844	176852	62470

3－23　按地区分城镇非私营单位就业人员平均工资
Average Wage of Employed Persons in Urban Non-Private Units by Region

单位:元　　(yuan)

地　区	Region	2015	2016	2017	2018	2019	2020	2021
全　省	Total	66196	71574	78267	84688	96527	103621	115133
苏　南	Southern Jiangsu	73792	81053	89164	96649	107569	116563	128959
苏　中	Mid Jiangsu	62901	66331	70808	75196	82745	88505	99640
苏　北	Northern Jiangsu	52866	56905	62910	69096	77242	83128	92491
南　京	Nanjing	78946	87559	98106	106100	118906	130155	141988
无　锡	Wuxi	74556	80251	86780	95093	102649	112490	122798
徐　州	Xuzhou	52580	55750	62101	68820	76681	84159	94757
常　州	Changzhou	70144	75946	83909	90663	102561	110783	120748
苏　州	Suzhou	72656	80187	87431	94124	105357	112926	125513
南　通	Nantong	65957	69654	74640	78648	86070	91609	98277
连云港	Lianyungang	54402	59208	66952	72870	80738	86303	96322
淮　安	Huai'an	53612	58111	63297	68584	74113	79232	86270
盐　城	Yancheng	52389	57374	63285	70147	82014	86650	97835
扬　州	Yangzhou	63168	66706	70497	74616	81266	86828	96712
镇　江	Zhenjiang	62240	67581	73702	77869	85150	91360	102346
泰　州	Taizhou	56613	59685	63929	69071	77963	84267	109454
宿　迁	Suqian	51796	54466	59279	64175	71011	76753	82207

3-24 按行业分城镇非私营单位就业人员平均工资（2021年）
Average Wage of Employed Persons in Urban Non-Private Units by Sector (2021)

单位:元 (yuan)

项目	Item	国有单位 State-owned Units	城镇集体单位 Urban Collective-owned Units	其他单位 Other Units
总计	**Total**	**156244**	**103460**	**103371**
按国民经济行业分	**Grouped by Sector**			
农、林、牧、渔业	Agriculture, Forestry, Animal Husbandry and Fishery	52329	60416	58254
采矿业	Mining	74111	52257	119117
制造业	Manufacturing	140553	56315	103472
电力、热力、燃气及水的生产和供应业	Production and Supply of Electricity, Heat, Gas and Water	144232	64326	164475
建筑业	Construction	66616	61052	78785
批发和零售业	Wholesale and Retail Trades	127063	63992	106587
交通运输、仓储和邮政业	Transport, Storage and Post	109260	67514	111171
住宿和餐饮业	Hotels and Catering Services	68379	55603	55600
信息传输、软件和信息技术服务业	Information Transmission, Software and IT Services	134032	118196	183048
金融业	Financial Intermediation	193301	106926	160731
房地产业	Real Estate	99666	56603	96310
租赁和商务服务业	Leasing and Business Services	82229	63333	87071
科学研究和技术服务业	Scientific Research and Technical Services	173144	130908	153016
水利、环境和公共设施管理业	Management of Water Conservancy, Environment and Public Facilities	104853	65732	74094
居民服务、修理和其他服务业	Services to Households, Repair and Other Services	107465	112034	70663
教育	Education	160187	122186	89970
卫生和社会工作	Health and Social Service	168503	124080	99223
文化、体育和娱乐业	Culture, Sports and Entertainment	144046	101263	104973
公共管理、社会保障和社会组织	Public Management, Social Security and Social Organization	172794	113846	116722

3－25 城镇私营单位就业人员平均工资
Average Wage of Employed Persons in Urban Private Units

单位:元 (yuan)

行业	Sector	2015	2016	2017	2018	2019	2020	2021
总计	**Total**	**43689**	**47156**	**49345**	**54161**	**58322**	**63830**	**68868**
农、林、牧、渔业	Agriculture, Forestry, Animal Husbandry and Fishery	35768	37048	37724	39849	41772	49812	53503
采矿业	Mining	38081	39749	42119	49054	55786	54251	86463
制造业	Manufacturing	44082	48133	50648	54899	59317	64691	72975
电力、热力、燃气及水的生产和供应业	Production and Supply of Electricity, Heat, Gas and Water	39841	43928	45789	51184	55960	73620	77557
建筑业	Construction	44776	48351	50390	55353	58541	63699	65313
批发和零售业	Wholesale and Retail Trades	39986	41803	43380	51175	55569	59595	62569
交通运输、仓储和邮政业	Transport, Storage and Post	43236	47241	48588	57893	62596	62404	65458
住宿和餐饮业	Hotels and Catering Services	35818	36197	39455	46793	49447	46553	50970
信息传输、软件和信息技术服务业	Information Transmission, Software and IT Services	52318	52879	56873	60451	68791	91114	100702
金融业	Financial Intermediation	43725	46658	46822	57090	58955	107398	106528
房地产业	Real Estate	41083	42121	43541	45953	48000	60834	64030
租赁和商务服务业	Leasing and Commercial Services	43948	46631	47193	51487	56207	61288	66932
科学研究和技术服务业	Scientific Research and Technical Services	46993	50933	54647	55250	61918	75389	79304
水利、环境和公共设施管理业	Management of Water Conservancy, Environment and Public Facilities	45312	45393	43685	39144	40631	45569	46241
居民服务、修理和其他服务业	Services of Households, Repair and Other Services	41195	42302	43481	43856	46156	45617	49202
教育	Education	44600	45802	49058	49419	53670	61289	68542
卫生和社会工作	Health and Social Service	41992	46492	50673	61134	68748	69408	76767
文化、体育和娱乐业	Culture, Sports and Entertainment	39839	43600	46356	51389	54362	59413	62836

主要统计指标解释

人口数 指一定时点、一定地区范围内的有生命的个人的总和。

年度统计的年末人口数指每年12月31日24时的人口数。年度统计的全国人口总数内未包括台湾省和港澳同胞以及海外华侨人数。

城镇人口和乡村人口

1952—1989年城镇人口是指市辖区内和县辖镇的全部人口;乡村人口是指县辖乡人口。

1990—1999年城镇人口是指设区的市的区人口和不设区的市所辖的街道人口以及不设区的市所辖镇的居民委员会人口和县辖镇的居民委员会人口;乡村人口是除上述两种人口以外的全部人口。

2000—2005年人口普查和2000年以后城镇人口:市人口是指设区市的人口密度在1500人/平方公里以上的市区人口和人口密度不足1500人的区政府驻地和区辖其他街道人口,以及政府驻地的城市建设延伸到的周边乡镇人口;不设区市的市政府驻地和市辖其他街道人口,以及政府驻地的城市建设延伸到的乡镇人口。镇人口是指镇政府驻地和镇辖其他居委会人口,以及镇政府驻地的城区建设延伸到周边村民委员会人口。乡村人口是指除上述人口以外的全部人口。

2006年至今的城镇人口分为城区人口和镇区人口。其中,城区人口,包括街道办事处所辖的居民委员会(社区委员会),及城市公共设施、居住设施等连接到的其他居民委员会(社区委员会)和村民委员会的人口。镇区人口,包括镇所辖的居民委员会(社区委员会),镇的公共设施、居住设施等连接到的村民委员会,以及常住人口在3000人以上独立的工矿区、开发区、科研单位、大专院校、农场、林场等特殊区域中的人口。乡村人口是指除上述人口以外的全部人口。

出生率(又称粗出生率) 指在一定时期内(通常为一年)一定地区的出生人数与同期内平均人数(或期中人数)之比。一般用千分率表示。本资料中的出生率指年出生率,其计算公式为:

出生率=年出生人数/年平均人数×1000‰

式中:出生人数指活产婴儿,即胎儿脱离母体时(不管怀孕月数),有过呼吸或其他生命现象。年平均人数指年初、年底人口数的平均数,也可用年中人口数代替。

死亡率(又称粗死亡率) 指在一定时期内(通常为一年)一定地区的死亡人数与同期内平均人数(或期中人数)之比,一般用千分率表示。本资料中的死亡率指年死亡率,其计算公式为:

死亡率=年死亡人数/年平均人数×1000‰

人口自然增长率 指在一定时期内(通常为一年)人口自然增加数(出生人数减死亡人数)与该时期内平均人数(或期中人数)之比,一般用千分率表示。计算公式为:

人口自然增长率=(本年出生人数-本年死亡人数)/年平均人数×1000‰

就业人员 指从事一定社会劳动并取得劳动报酬或经营收入的人员,包括在岗职工、再就业的离退休人员、私营业主、个体户主、私营和个体就业人员、乡镇企业就业人员、农村就业人员、其他就业人员(包括民办教师、宗教职业者、现役军人等)。这一指标反映了一定时期内全部劳动力资源的实际利用情况,是研究我国基本国情国力的重要指标。

单位就业人员 指在各类法人单位工作,并由单位支付劳动报酬的人员,包括在岗职工和其他就业人员。在岗职工 指在本单位工作且与本单位签订劳动合同,并由单位支付各项工资和社会保险、住房公积金的人员,以及上述人员中由于学习、病伤、产假等原因暂未工作仍由单位支付工资的人员。其他就业人员 指在本单位工作,不能归到在岗职工、劳务派遣人员中的人员。此类人员是实际参加本单位生产或工作并从本单位取得劳动报酬的人员。具体包括:非全日制人员、聘用的正式离退休人员、兼职人员和第二职业者等,以及在本单位中工作的外籍和港澳台方人员。

城镇登记失业人员 指在劳动年龄(16周岁至退休年龄)内,有劳动能力无业而要求就业,并在当地就业服务机构进行失业登记的城镇常住人员。

国有单位就业人员 指在国有经济单位及其附属机构工作,并由其支付工资的各类人员。

城镇集体单位就业人员 指在城镇集体经济单位及其管理部门工作,并由其支付工资的各类人员。

其他单位就业人员 指在联营经济、股份制经济、外商投资经济、港、澳、台投资经济单位工作,并由其支付工资的各类人员。

工资总额 根据《关于工资总额组成的规定》,工资总额是指本单位在报告期内(季度或年度)直接支付给本单位人员的劳动报酬总额。包括计时工资、计件工资、奖金、津贴和补贴、加班加点工资、特殊情况下支付的工资。工资总额是税前工资,包括单位从个人工资中直接为其代扣或代缴的房费、个人所得税、水费、电费、住房公积金和社会保险基金个人缴纳部分等。工资总额不论是计入成本的还是不计入成本的,不论是以货币形式支付的还是以实物形式支付的,均应列入工资总额的计算范围。工资总额由基本工资、绩效工资、工资性津贴和补贴、其他工资四部分组成。工资总额不包括病假、事假等情况的扣款。

平均工资 指在报告期内单位发放工资的人均水平。计算公式为:

平均工资=报告期工资总额/报告期平均人数

在岗职工平均工资指数 指报告期在岗职工平均工资与基期在岗职工平均工资的比率,是反映不同时期在岗职工货币工资水平变动情况的相对数。计算公式为:

在岗职工平均工资指数=报告期平均工资/基期平均

工资×100%

在岗职工平均实际工资指数 在岗职工平均实际工资指扣除物价变动因素后的在岗职工平均工资。在岗职工平均实际工资指数是反映实际工资变动情况的相对数，表明在岗职工实际工资水平提高或降低的程度。计算公式为：

在岗职工平均实际工资指数=报告期平均工资指数/报告期城镇居民消费价格指数×100%。

Explanatory Notes on Main Statistical Indicators

Total Population refers to the total number of people alive at a certain point of time within a given area.

The annual statistics on total population is taken at midnight, the 31st of December, not including residents in Taiwan Province, Chinese compatriots in Hong Kong, Macao and overseas Chinese.

Urban Population and Rural Population

From 1952 to 1989 urban population refers to the population of municipal districts and towns under the administration of cities; rural population refers to the population of townships under the administration of counties.

From 1990 to 1999 urban population is composed of the population of districts of cities divided into districts, the population of sub-district offices under the cities not divided into districts, the population of neighborhoods of towns under the administration of cities not divided into districts and the population of neighborhoods of towns under the administration of counties; rural population is the population other than those mentioned above.

Urban population from 2000 to 2005: city population refers to the population of the urban area of the districted city with a population density of more than 1,500 people per square kilometer, the population of the district government and other streat under the iurisdiction of the district with a population density of less than 1,500 people, as well as the urban construction of the government seat extending to the population of surrounding townships. the population of the city governments and other streets under the jurisdiction of the city government without districts and cities, as well as the urban construction of the government premises extends to the population of the surrounding town ships. Town population refers to the population of places where town governments are stationed and other neighborhood committees under the administration of the towns, and the population of circumjacent villagers' committees where are the extending areas of town construction of the places where the town governments are stationed. Rural population is the population other than those mentioned above.

From 2006 to now urban population is composed of city population and town population. City population includes the population of neighborhood committees (community committees) under the administration of sub-district offices and the population of other neighborhood committees (community committees) and villagers' committees connected through city common facilities and residence facilities. Town population includes the population of neighborhood committees (community committees) under the administration of towns and the population of villagers' committees connected through town common facilities and residence facilities, and the population of special areas with more than 3,000 permanent residents, such as independent mining areas, development zones, research institutes, universities and colleges, farms, forestry centers and so on. Rural population is the population other than those mentioned above.

Birth Rate (or Crude Birth Rate) refers to the ratio of the number of births to the average population (or mid-year population) during a certain period of time (usually a year) which is often expressed in‰. Birth rate in the chapter refers to annual birth rate. The following formula is used:

Birth Rate = Annual Number of Births/Annual Average Population × 1000‰

In the formula, number of births refer to live births, that is, the baby has breathed or shows other life phenomena when it is separated from the mother regardless of the length of pregnancy. Annual average population is the average of the number of population at the beginning of the year and that at the end of the year. Sometimes it is substituted by the mid-year population.

Death Rate (or Crude Death Rate) refers to the ratio of the number of deaths to the average population (or mid-year population) during a certain period of time (usually a year) which is often expressed in ‰. Death rate in the chapter refers to annual death rate. The following formula is used:

Death Rate = Annual Number of Deaths/Annual Average Population × 1000 ‰

Natural Growth Rate of Population refers to the ratio of natural increase in population (number of births minus number of deaths) in a certain period of time (usually a year) to the average population (or mid-year population) of the same period which is often expressed in ‰. The following formula is applied:

Natural Growth Rate of Population = (Number of Births This Year − Number of Deaths This Year)/Annual Average Population × 1000‰

Employed Persons refer to the persons who are engaged in social working and receive remuneration payment or earn business income, including total staff and workers, re-employed retirees, employers of private enterprises, self-employed workers, employees in private enterprises and individual economy, employees in township enterprises, employed persons in the rural areas, and other employed persons (including teachers in the schools run by the local people, people engaged in religious profession and the servicemen, etc.). This indicator reflects the actual utilization of total labour force during a certain period of time and is often used for the research on China's economic situation and national power.

Persons Employed in Various Units refer to the work of all types of legal entities and the payment of labor remuneration by the unit, including Employed Staff and Workers and other employed personnel. Employed Staff and Workers refer to persons who signed labor contracts with working units and working units would pay wages, social insurance and housing funds for them. Persons who have their work posts but are temporarily absent from work for reasons of study or on sick, injury or maternal leave and still receive wages from their working units are also included. Other employed personnel refer to the work of the unit, can not be assigned to the Employed Staff and Workers and labor dispatched personnel. These person are those who actually participate in the production or work of the unit and receive remuneration from the unit. These include: part-time staff, official retirees employed, part-time employees and employees holding the second job, as well as foreigners and Hong Kong, Macao and Taiwanese personnel working in the unit.

Registered Unemployed Persons in Urban Areas refer to the persons residing in urban areas at certain working ages (16 years old to the age of enjoying primary endowment insurance benefits according to the law), who are capable of working, unemployed and willing to work, and have been registered at the public employment and talent service agencies to apply for a job.

Staff and Workers in State-owned Units refer to the persons who work in the state-owned units or their attached units and are listed in their payrolls.

Staff and Workers of Collective-owned Units in Urban Areas refer to the persons who work in collective-owned units in urban areas and their administration departments and receive payment therefrom.

Staff and Workers in Units of Other Types of Ownership refer to those who work in (and receive payment therefrom) enterprises and institutions of joint ownership, cooperative, foreign ownership, and ownership by entrepreneurs from Hong Kong, Macao, and Taiwan.

Total Wage Bill It is revised according to the "Provision of Composition of Total Wages", total wage bill refers to the total remuneration payment to all employed persons in various units during the reporting period (by quarter or by year), including hourly-paid wages, piece-rate wages, bonuses, allowance and subsidies, overtime wages and wages paid under special circumstances. Total wage bill is pre-tax wages, including the room charges, utility bills, housing funds and social insurance paid or withheld by employee's units. Total wage bill, whether or not included in cost, whether or not paid in money or in kind, shall be included in the calculation of total wage. Total wage bill consists of four parts: basic wages, performance wages, wage allowances and subsidies, and other wages, but excludes deductions in cases of sick leave, personal leave, etc.

Average Wage refers to the average per capita wage during a certain period of time for employed persons. It is calculated as follows

Average Wage = Total Wage Bill of Employed Persons at Reference Time/Average Number of Persons Employed at Reference Time

Average Wage Indices of Employed Staff and Workers refers to the ratio of average wage of employed staff and workers at the report period to that at the base period, which reflects the change of wage of employed staff and workers at the different period. It is calculated as follows:

Average Wage Indices = Average Wage of Employed Staff and Workers at Reference Time/Average Wage of Employed Staff and Workers at Base Period × 100%

Average Real Wage Indices of Employed Staff and Workers refers to the average wage of employed staff and workers after removing the effects of the price changes and average real wage indices of employed staff and workers refer to the change of real wage, which reflects the relative increasing or decreasing level of real wage of employed staff and workers, which is calculated as follows:

Average Real Wage Indices of employed Staff and Workers = Average Wage Indices of employed Staff and Workers at Reference Time/Urban Consumer Price Indices at the Report Period × 100%

4

价格指数

Price Indices

简　要　说　明

一、本篇资料的主要内容

本篇价格指数资料，反映生产、流通、消费与投资等环节的价格变动趋势和变动幅度。主要包括居民消费价格指数、商品零售价格指数、工业生产者价格指数和房地产价格指数等。

二、本篇资料的来源

价格指数编制由国家统计局江苏调查总队组织实施。各市、县调查队依据国家统计局统一制定的价格统计调查制度从基层采集原始数据汇总后上报。

三、居民消费、商品零售价格指数

编制居民消费、商品零售价格指数的资料采用抽样调查和重点调查相结合的方法取得，即在全省选择不同经济区域和分布合理的地区，以及有代表性的商品（服务）作为样本，对其市场价格进行定期调查，以样本推断总体。编制过程按下列几个步骤进行：

1. 选择调查地区和调查点。调查地区按照经济区域和地区分布合理等原则，选出具有代表性的大、中、小城市和县作为国家的调查地区，在此基础上选定经营规模大、商品种类多的商场商场（店）、超市、农贸市场、服务网点和互联网电商等作为调查点。

2. 选择代表规格品。代表规格品是选择那些消费量大、价格变动有代表性的商品（服务）；代表规格品根据城乡居民消费支出记账资料和商品零售资料，按照有关规定筛选的确定。筛选原则：(1) 与社会生产和人民生活关系密切；(2) 消费（销售）数量（金额）大；(3) 市场供应稳定；(4) 价格变动趋势有代表性；(5) 所选的代表规格品之间差异大，价格变动特征的相关性低。

目前，居民消费价格调查按用途划分为 8 个大类，268 个基本分类，各地每月调查 800 种以上规格品价格；商品零售价格按用途划分为 16 个大类，197 个基本分类，各地每月调查 700 种以上规格品价格。

3. 价格调查方式。通过手持数据采集器，采用定人、定点、定时的方法直接调查，选中的调查对象应协助做好价格数据填报工作。在保证价格准确的前提下，经国家统计局审定，各地可通过相关政府部门发布的通知、公告等文件，以及部分企业、单位公开发布的收费信息资料和被调查单位的电子数据进行采价，也可从互联网采集特定商品和服务价格。

4. 权数的确定。居民消费价格指数的计算权数根据城乡居民家庭消费支出构成确定；商品零售价格指数的计算权数主要根据社会商品零售额资料确定。

四、工业生产者价格指数

工业生产者价格包括工业企业产品第一次出售时的出厂价格（下简称工业生产者出厂价格）和原材料、燃料、动力购进价格（下简称工业生产者购进价格）。

工业生产者价格调查采用重点调查与典型调查相结合的调查方法。根据代表性原则，抽选年主营业务收入 2000 万元以上的企业作为调查对象。经国家统计局审定，可酌情补充部分年主营业务收入 2000 万元以下的企业。

1. 代表企业的选择原则：(1) 按工业行业选择调查企业，各中类行业原则上都要有调查企业。(2) 大型企业应尽量都选上（或占相当大比重）。(3) 选择生产稳定、正常的企业作为调查对象。

2. 代表产品的选择原则：(1) 按工业行业选择基本分类和代表产品。(2) 选择对国计民生影响大的产品。(3) 选择生产较为稳定的产品。(4) 选择有发展前景的产品。(5) 选择具有地方特色的产品。

3. 价格调查方式。采用企业报表形式。

4. 权数的确定。工业生产者出厂价格统计中，小类及小类以上的权数资料来源于工业统计中分行业工业销售产值数据资料；基本分类的权数资料来源于独立的工业企业产品权数调查。工业生产者购进价格统计中，基本分类及以上分类的权数资料主要来源于独立的工业企业产品权数调查，小类及小类以上的权数还可以参照相应行业的出厂权数和分行业的投入产出数据资料。权数一般五年更换一次。

五、房地产价格指数

住宅销售价格包括新建住宅和二手住宅两部分。

新建住宅价格调查，在 2010 年以前采用重点调查与典型调查相结合的方法，从 2011 年开始，采用全面调查的方法。二手住宅价格调查采用重点调查与典型调查相结合的方法。

调查方式采用报表与走访相结合的方式。

Brief Introduction

Ⅰ. Main Contents

Data on price indices in this chapter show the trends and rates of changes in the prices of production, distribution, consumption and investment, including mainly consumer price indices, retail price indices, price indices of agricultural means of production, producer price indices for farm products, price indices for investment in fixed assets, and price indices for real estate.

Ⅱ. Sources of Data

Compilation of statistics on price indices is organized by the Survey office of the National Bureau of Statistics in Jiangsu. The survey office and the selected cities and counties collect data and calculate the price indices in accordance with the scheme of price survey system stipulated by the NBS.

Ⅲ. Consumer Price Indices and Retail Price Indices

Data for compilation of the consumer price indices and the retail price indices in Jiangsu are collected through sample surveys. Areas distributed in different economic regions are selected as the sample areas and representative goods or services are selected as the sample commodities. Regular surveys are conducted to collect data on their market prices. Price statistics are estimated on the basis of the results from the samples. Following are major steps in the process of calculation of the price indices:

1. The selection of areas and outlets: Based on such principles as regional economic features and reasonable geographic distribution, representative sample areas for the national survey are selected which include large, medium and small cities and counties. When the sample areas have been selected, shopping malls, supermarkets, farmers' markets, service outlets and Internet e-commerce with large operation scale and various commodity types are selected as outlets for the survey.

2. The selection of representative commodities and their specifications or varieties: The representative specifications are to those goods or services that have large consumption and representative price changes. The representative specifications or varieties are determined based on the consumption expenditure account data of urban and rural residents and data on the retail sales of commodities in line with related instructions. The principles for selection are: (1) The commodities are closely related to social production people's living conditions; (2) They are consumes (or sold) in large quantities (or large values); (3) The market supply is stable; (4) The changes of their prices are representative in trend; (5) There is great heterogeneity among the specifications or varieties selected, and the correlation between price charges is low.

At present, data are collected on more than 800 and more specifications each month under 268 basic headings in 8 categories in the consumer price surveys. For the retail price surveys, data are collected on more than 700 specifications each month under 197 basic headings in 16 categories.

3. Method of data collection: Through handheld data capturing device, direct investigation is conducted by the method of fixed data collector, fixed outlet and fixed timing, or the selected respondents assist in filling in the forms. On the premise of ensuring accurate prices and with the approval by the NBS, local governments can collect prices of specific goods and services from the Internet through announcements and other documents issued by relevant government departments, as well as publicly published fee-collecting information of some enterprises and units, and electronic data of the units under investigation.

4. Determination of the weights: The weights of the consumer price indices are determined according to the composition expenditures of urban and rural households. The weights of the retail price indices are determined mainly according to the total retail sales of commodities.

Ⅳ. Producer Price Indices for Industrial Products

Producer prices for manufactured goods refer to the ex-factory price of manufactured goods when they are first sold, primary materials, fuel and purchase price of power.

The survey program is a combined use of the key units' survey and typical units' survey methods. Key units refer to those non-State-owned industrial enterprises with annual revenue above 20 million yuan. Typical units refer to the industrial enterprises with annual sale revenue below 20 million yuan.

1. Principles for selecting the representative enterprises: (1) Enterprises to be covered in the survey are selected by industrial sectors. In principle, every branch should have enterprises selected; (2) All (or a majority of) large-sized enterprises should be selected; (3) Enterprises selected should be those with normal and stable production.

2. Principle for the selection of representative products: (1) The products are selected by industrial sectors; (2) The selected products should have great impact on the national economy and people's living conditions; (3) The production of the products selected are relatively more stable; (4) The prospects of the products selected are promising; (5) The products selected are representative to the localities.

3. Method of data collection: The method of reporting forms by enterprises is adopted.

4. Determination of the weights: In the stoctistics of industrial producers' ex-factory prices, the weights of subcategories and above are derived from the data of industrial sales output value. The weights of the basic calssification are derined from independent surveys of product weights of industrial enterprises. In the statistics of industrial producers' purchase prices, the weights of the basic classification and above are mainly derived from the independent product weight survey of industial enterprises. The weights of subcategories and above can also refer to the ex-factory rights of the cortesperding industry and the input putput data of the subindustry. The weights are replaced every five years.

Ⅴ. Price Indices for Real Estate

Sale prices of houses include the prices for commercialized houses and for second-hand houses.

New housing price survey before 2010 used the key survey and typical method of combining. From the beginning of 2011, it takes a comprohensive survey. Second-hand housing prices use a combiration of approaches focused on investigation and sampling surveys.

The survey mothod includs reports and visition.

4－1 各种价格指数
Price Indices

上年＝100 (preceding year＝100)

年份 Year	居民消费价格指数 Consumer Price Index	城市 Urban	农村 Rural	商品零售价格指数 Retail Price Index	工业生产者出厂价格指数 Producer Price Index for Industrial Products	工业生产者购进价格指数 Purchasing Price Index for Industrial Products	固定资产投资价格指数 Price Index for Investment in Fixed Assets
1979	101.0	100.7	101.3	101.3			
1980	105.6	105.7	105.6	105.8			
1981	101.5	102.3	100.9	101.4			
1982	100.9	100.9	101.0	100.9			
1983	100.4	100.8	100.0	100.1			
1984	103.0	104.1	102.1	102.5			
1985	109.5	109.6	109.4	109.5			
1986	107.1	106.4	107.7	107.1			
1987	109.2	110.5	107.7	109.3			
1988	121.9	122.6	121.4	122.3			
1989	117.1	116.0	118.5	116.8			
1990	103.2	103.4	103.0	102.3			
1991	104.9	107.7	101.9	104.8	103.2	107.0	104.5
1992	106.6	108.8	104.4	105.1	103.8	110.2	112.1
1993	118.2	118.7	117.3	115.9	118.5	125.7	138.8
1994	123.2	125.3	121.7	123.6	121.4	120.1	114.6
1995	115.8	116.2	115.3	114.3	114.2	117.3	107.4
1996	109.3	110.8	107.1	106.8	100.6	103.9	103.2
1997	101.7	101.3	102.0	99.3	97.9	97.9	99.2
1998	99.4	100.0	99.0	98.2	94.5	91.4	98.8
1999	98.7	98.6	98.8	96.9	96.1	94.4	98.3
2000	100.1	100.0	100.1	98.6	101.1	107.1	101.2
2001	100.8	100.1	101.5	98.9	99.1	99.5	100.8
2002	99.2	98.4	100.2	98.4	97.6	98.6	101.3
2003	101.0	100.9	101.2	99.8	102.3	106.5	104.3
2004	104.1	103.7	104.6	102.2	106.5	116.3	109.3
2005	102.1	102.0	102.4	100.3	102.6	107.6	100.9
2006	101.6	101.6	101.7	100.8	101.5	106.4	101.2
2007	104.3	104.1	104.8	102.9	102.6	105.0	104.9
2008	105.4	105.2	105.6	104.9	104.6	115.0	110.0
2009	99.6	99.6	99.5	98.9	95.2	91.9	97.7
2010	103.8	103.6	104.3	103.2	107.3	112.8	105.1
2011	105.3	105.1	105.9	104.6	106.2	108.9	106.8
2012	102.6	102.6	102.6	102.1	97.1	95.8	98.6
2013	102.3	102.3	102.5	101.4	98.0	97.1	100.5
2014	102.2	102.2	102.2	101.6	98.3	97.0	101.1
2015	101.7	101.7	101.5	100.6	95.3	92.1	96.2
2016	102.3	102.4	101.8	100.8	98.1	98.0	98.8
2017	101.7	101.8	101.5	101.9	104.8	109.7	107.6
2018	102.3	102.3	102.4	102.6	102.8	104.6	106.0
2019	103.1	103.1	103.4	102.6	98.9	97.2	101.3
2020	102.5	102.4	102.8	101.8	97.8	96.5	
2021	101.6	101.6	101.5	102.3	106.3	113.8	

注:2020 年以后国家统计局取消固定资产投资价格调查制度。

a) The National Bureau of Statistics has cancelled the survey system of the price index for investment in fixed assets since 2020.

4-2 各种价格定基指数
Fixed-base Price Indices

年 份 Year	居民消费价格指数（1978年=100） Consumer Price Index (1978=100)	城 市 Urban	农 村 Rural	商品零售价格指数（1978年=100） Retail Price Index (1978=100)	工业生产者出厂价格指数（1990年=100） Producer Price Index for Industrial Products (1990=100)	工业生产者购进价格指数（1990年=100） Purchasing Price Index for Industrial Products (1990=100)	固定资产投资价格指数（1990年=100） Price Index for Investment in Fixed Assets (1990=100)
1979	101.0	100.7	101.3	101.3			
1980	106.7	106.4	107.0	107.7			
1981	108.3	108.9	107.9	108.7			
1982	109.2	109.9	109.0	109.7			
1983	109.7	110.7	109.0	109.8			
1984	113.0	115.3	111.3	112.5			
1985	123.7	126.4	121.8	123.2			
1986	132.5	134.4	131.1	131.9			
1987	144.7	148.6	141.2	144.2			
1988	176.3	182.1	171.5	176.4			
1989	206.5	211.3	203.2	206.0			
1990	213.1	218.5	209.3	210.7			
1991	223.5	235.3	213.3	220.9	103.2	107.0	104.5
1992	238.3	256.0	222.6	232.1	107.1	117.9	117.1
1993	281.7	303.9	261.2	269.0	126.9	148.2	162.6
1994	347.0	380.7	317.8	332.5	154.1	178.0	186.3
1995	401.8	442.4	366.5	380.1	176.0	208.8	200.1
1996	439.2	490.2	392.5	405.9	177.0	216.9	206.5
1997	446.7	496.6	400.3	403.1	173.3	212.4	204.9
1998	444.0	496.6	396.3	395.8	163.8	194.1	202.4
1999	438.2	489.6	391.6	383.5	157.4	183.3	199.0
2000	438.7	489.6	392.0	378.1	159.1	196.3	201.4
2001	442.2	490.1	397.8	373.9	157.7	195.3	203.0
2002	438.6	482.2	398.6	368.0	153.9	192.6	205.6
2003	443.0	486.5	403.4	367.3	157.4	205.2	214.4
2004	461.2	504.5	422.0	375.4	167.6	238.6	234.3
2005	470.9	514.6	432.1	376.5	171.9	256.8	236.4
2006	478.4	522.8	439.5	379.5	174.5	273.2	239.2
2007	499.0	544.3	460.6	390.5	179.0	286.7	250.9
2008	525.9	572.6	486.4	409.6	187.2	329.7	276.0
2009	523.8	570.3	484.0	405.1	178.2	303.0	269.7
2010	543.7	590.8	504.8	418.1	191.2	341.8	283.5
2011	572.7	621.1	534.7	437.4	203.1	372.2	302.8
2012	587.4	637.0	548.5	446.4	197.2	356.6	298.6
2013	601.2	651.6	562.2	452.7	193.3	346.3	300.1
2014	614.4	666.0	574.5	459.8	190.0	335.9	303.4
2015	624.7	677.4	583.2	462.5	181.1	309.4	291.9
2016	638.7	693.3	593.0	466.2	177.7	303.2	288.4
2017	649.9	705.9	601.8	475.1	186.2	312.5	310.3
2018	664.9	722.0	616.3	487.4	191.4	326.9	329.0
2019	685.7	744.0	637.2	500.3	189.3	317.7	333.3
2020	702.8	762.0	655.2	509.3	185.1	306.6	
2021	714.0	774.2	665.0	521.0	196.8	348.9	

4－3 居民消费价格分类指数（2021 年）
Consumer Price Indices by Category（2021）

上年＝100　　　　(preceding year＝100)

类别	Item	全省 Total	城市 Urban	农村 Rural
居民消费价格总指数	**Total Consumer Price Index**	**101.6**	**101.6**	**101.5**
消费品价格指数	Consumer Goods Price Index	101.7	101.8	101.6
服务价格指数	Service Price Index	101.4	101.4	101.3
食品烟酒	**Foods, Tobacco and Liquor**	**100.9**	**101.0**	**100.5**
食品	Foods	100.5	100.7	99.9
粮食	Grain	100.8	100.8	100.8
薯类	Tubers	104.8	104.2	106.7
豆类	Beans	109.9	109.3	111.3
食用油	Edible Oil and Fats	106.3	105.7	107.8
菜及食用菌	Vegetables	106.2	106.0	107.4
#鲜菜	Fresh Vegetables	106.8	106.5	107.9
畜肉类	Meat of Livestock	85.0	85.4	83.5
#猪肉	Pork	72.9	73.1	72.3
禽肉类	Meat of Poultry	97.1	97.1	97.2
水产品	Aquatic Products	114.0	113.7	115.3
蛋类	Eggs	112.5	112.1	114.0
奶类	Milk and Other Dairy Products	102.4	102.4	102.4
干鲜瓜果类	Fruits and Nuts	103.6	103.6	103.7
#鲜果	Fresh Fruits	104.5	104.5	104.3
糖果糕点类	Candy and Cake	102.4	102.5	102.2
调味品	Flavoring	101.3	101.0	101.9
其他食品类	Other Foods	100.9	101.0	100.5
茶及饮料	Tea and Beverages	101.0	101.0	101.2
烟酒	Tobacco and Alcohol	101.8	102.1	101.3
卷烟	Cigarettes	101.4	101.6	101.0
酒类	Alcohol	102.6	102.9	101.7
在外餐饮	Dining Out	101.5	101.5	102.1
衣着	**Clothing**	**101.5**	**101.4**	**101.8**
服装	Garments	101.6	101.6	101.8
衣着材料及配件	Clothing Material and Accessories	101.2	101.3	100.7
衣着服务费	Clothing Services	102.7	103.2	100.6
鞋类	Footwear	100.8	100.5	101.8
居住	**Residence**	**101.3**	**101.3**	**101.7**
租赁房房租	Rent of Rental Housing	101.3	101.3	101.4

4-3 续表 Continued

上年=100 (preceding year=100)

类　别	Item	全省 Total	城市 Urban	农村 Rural
住房保养维修及管理	Housing Maintenance and Management	102.7	102.7	102.5
水电燃料	Water, Electricity and Fuels	101.1	100.9	101.9
自有住房	Private Housing	101.1	101.1	101.5
生活用品及服务	**Articles for Daily Use and Services**	**101.1**	**101.1**	**101.1**
家具及室内装饰品	Furniture and Interior Decorations	102.9	102.9	103.1
家用器具	Home Appliances	101.7	101.7	101.8
家用纺织品	Home Textiles	101.0	101.3	99.2
家庭日用杂品	Daily Use Household Articles	100.3	100.3	100.3
个人护理用品	Personal-care Supplies	98.7	98.7	98.9
家庭服务	Household Services	103.0	103.2	101.9
交通和通信	**Transportation and Communications**	**104.3**	**104.4**	**103.9**
交通	Transportation	105.1	105.3	104.7
通信	Communications	101.4	101.5	101.3
教育文化和娱乐	**Education, Culture and Recreation**	**101.8**	**101.9**	**101.3**
教育	Education	101.6	101.7	101.5
文化娱乐	Culture and Recreation	102.0	102.1	100.8
文娱耐用消费品	Durable Consumer Goods for Cultural and Recreation	101.5	101.4	101.8
文化娱乐服务	Services for Culture and Recreation	102.5	102.7	101.0
旅游	Touring	102.5	102.7	99.6
医疗保健	**Health Care**	**101.0**	**101.1**	**100.8**
药品及医疗器具	Medicine and Medical Instruments	100.1	100.1	100.1
医疗服务	Medical Services	101.3	101.4	101.0
其他用品和服务	**Other Articles and Services**	**98.9**	**99.0**	**98.4**
其他用品	Other Articles	100.1	100.3	99.3
其他服务	Other Services	97.5	97.6	97.1

4-4 商品零售价格分类指数（2021 年）
Retail Price Indices by Category (2021)

上年=100 (preceding year=100)

类别	Item	全省 Total	城市 Urban	农村 Rural
商品零售价格指数	**Retail Price Index**	**102.3**	**102.3**	**102.1**
食品	Foods	100.8	100.9	100.3
饮料、烟酒	Beverages, Tobacco and Alcohol	101.8	101.9	101.2
服装、鞋帽	Garments, Shoes and Hats	101.3	101.3	101.8
纺织品	Textiles	101.4	101.6	99.4
家用电器及音像器材	Household Appliances, Music and Video Equipment	100.9	100.8	101.3
文化办公用品	Cultural and Office Appliances	102.6	102.6	103.0
日用品	Articles for Daily Use	99.8	99.8	100.3
体育娱乐用品	Sports and Recreation Arcticles	100.5	100.5	100.5
交通、通信用品	Transportation and Communication Appliances	101.3	101.4	100.6
家具	Furniture	103.2	103.2	103.4
化妆品	Cosmetics	98.6	98.6	98.7
金银饰品	Gold and Silver Ornaments	100.8	100.8	100.3
中西药品及医疗保健用品	Traditional Chinese and Western Medicines and Health Care Articles	100.0	99.9	100.0
书报杂志及电子出版物	Books, Newspapers, Magazines and Electronic Publications	100.3	100.2	100.8
燃料	Fuels	114.7	114.6	115.1
建筑材料及五金电料	Building Materials and Hardware	101.9	101.7	103.3

4-5 工业生产者出厂价格指数
Producer Price Indices for Industrial Products

上年=100　　(preceding year=100)

类别	Item	2005	2010	2015	2020	2021
工业生产者出厂价格指数	**Producer Price Indices for Industrial Products**	**102.6**	**107.3**	**95.3**	**97.8**	**106.3**
轻工业	Light Industry	100.3	104.9	98.3	97.1	103.5
以农产品为原料	Using Farm Products as Raw Materials	100.9	107.3	99.1	99.0	103.5
以非农产品为原料	Using Non-Farm Products as Raw Materials	100.1	103.6	97.0	94.8	103.5
重工业	Heavy Industry	105.4	109.7	94.3	98.0	107.4
采掘	Mining	121.6	125.0	80.8	100.5	164.8
原料	Raw Materials	109.7	113.8	91.1	94.9	114.1
加工	Manufacturing	102.1	107.4	95.4	98.9	105.2
生产资料	Means of Production	103.2	108.2	94.4	97.3	107.6
采掘	Mining	121.9	124.4	80.8	100.5	164.8
原料	Raw Materials	108.9	114.3	90.5	94.1	115.1
加工	Manufacturing	100.9	106.3	95.6	98.2	105.2
生活资料	Consumer Goods	100.5	103.1	99.6	99.6	101.3
食品	Foods	99.9	105.6	99.1	103.2	105.3
衣着	Clothing	102.9	103.2	100.6	98.6	99.9
一般日用品	Articles for Daily Use	101.2	102.1	99.3	97.7	99.6
耐用消费品	Durable Consumer Goods	98.2	100.8	99.5	99.4	101.2

4-6 按部门分工业生产者出厂价格指数
Producer Price Indices for Industrial Products by Sector

上年=100　　(preceding year=100)

类别	Item	2005	2010	2015	2020	2021
工业生产者出厂价格指数	**Producer Price Indices for Industrial Products**	**102.6**	**107.3**	**95.3**	**97.8**	**106.3**
冶金工业	Metallurgical Industry	103.5	112.6	86.5	98.5	119.1
电力工业	Power Industry	106.0	100.5	100.7	95.6	102.9
煤炭及炼焦工业	Coal and Coking Industry	116.1	116.8	81.6	84.3	196.2
石油工业	Petroleum Industry	119.6	127.3	80.0	85.4	118.5
化学工业	Chemical Industry	105.8	113.8	91.1	94.7	112.1
机械工业	Machanical Industry	100.0	102.9	98.7	98.7	101.5
建筑材料工业	Building Materials Industry	95.4	105.5	94.5	102.0	104.2
森林工业	Forest Industry	103.0	101.3	101.0	99.7	101.5
食品工业	Food Industry	99.6	105.1	98.7	103.6	106.2
纺织工业	Textile Industry	101.5	111.7	98.3	94.9	102.3
缝纫工业	Tailoring Industry	103.3	103.2	100.6	98.3	99.9
皮革工业	Leather Industry	101.5	101.8	99.6	100.6	100.3
造纸工业	Paper Industry	101.8	107.9	99.4	98.4	104.1
文教艺术用品工业	Cultural, Educational and Handicrafts Articles Industry	102.2	101.1	100.3	100.0	100.9
其他工业	Others	100.8	104.0	100.4	97.6	99.1

4-7 按行业分工业生产者出厂价格指数
Producer Price Indices for Industrial Products by Sector

上年=100 (preceding year=100)

行业	Sector	2015	2016	2017	2018	2019	2020	2021
工业生产者出厂价格指数	**Producer Price Indices for Industrial Products**	**95.3**	**98.1**	**104.8**	**102.8**	**98.9**	**97.8**	**106.3**
煤炭开采和洗选业	Mining and Washing of Coal	79.8	90.1	121.5	103.8	107.7	82.1	196.2
石油和天然气开采业	Extraction of Petroleum and Natural Gas	54.9	84.9	132.7	125.7	96.4	68.0	158.8
黑色金属矿采选业	Mining and Processing of Ferrous Metal Ores	63.2	80.9	106.1	100.8	100.8	104.8	128.9
有色金属矿采选业	Mining and Processing of Non-Ferrous Metal Ores	96.0	91.1	99.0	100.6	96.9	99.7	117.5
非金属矿采选业	Mining and Processing of Non-metal Ores	99.6	100.7	106.1	113.5	105.7	108.1	111.8
农副食品加工业	Processing of Food from Agricultural Products	98.0	100.6	102.2	99.0	101.0	105.2	110.4
食品制造业	Manufacturing of Foods	99.8	99.5	101.7	101.9	101.9	100.1	104.7
酒、饮料和精制茶制造业	Manufacturing of Alcohol, Beverage and Refined Tea	99.0	99.0	100.1	101.5	99.5	101.0	101.3
烟草制品业	Manufacturing of Tobacco	100.5	100.0	100.0	100.1	102.4	100.6	100.0
纺织业	Manufacturing of Textile	98.4	99.5	101.6	101.5	99.4	95.2	102.3
纺织服装、服饰业	Manufacturing of Textile Wearing, Apparel and Accessories	101.0	101.6	101.7	101.5	100.5	98.0	99.4
皮革、毛皮、羽毛及其制品和制鞋业	Manufacturing of Leather, Fur, Feather and Related Products and Footwear	99.2	99.9	100.3	101.4	101.8	99.8	99.7
木材加工和木、竹、藤、棕、草制品业	Processing of Timber, Manufacture of Wood, Bamboo, Rattan, Palm and Straw Products	101.1	100.3	98.4	101.0	102.1	99.5	101.3
家具制造业	Manufacturing of Furniture	99.7	100.4	102.1	100.7	101.3	100.9	102.4
造纸和纸制品业	Manufacturing of Paper and Paper Products	99.4	99.4	111.2	107.2	93.0	97.3	104.1
印刷和记录媒介复制业	Printing and Reproduction of Recorded Media	99.9	99.4	101.4	101.1	101.1	98.9	100.4
文教、工美、体育和娱乐用品制造业	Manufacturing of Articles for Culture, Education, Arts and Crafts, Sport and Entertainment Activities	101.5	101.9	100.5	99.7	102.4	100.0	101.3
石油加工、炼焦和核燃料加工业	Processing of Petroleum, Coking, Processing of Nuclear Fuels	78.1	94.0	120.3	112.7	98.4	84.4	122.8

4-7 续表 Continued

上年=100 (preceding year=100)

行业	Sector	2015	2016	2017	2018	2019	2020	2021
化学原料和化学制品制造业	Manufacturing of Raw Chemical Materials and Chemical Products	89.2	96.5	110.8	107.5	96.7	94.7	118.1
医药制造业	Manufacturing of Medicines	98.9	99.8	100.1	102.9	100.2	98.3	97.6
化学纤维制造业	Manufacturing of Chemical Fibers	87.7	94.9	107.4	104.8	93.5	86.6	117.5
橡胶和塑料制品业	Manufacturing of Rubber and Plastic Products		98.1	103.5	101.7	99.4	97.2	103.6
非金属矿物制品业	Manufacturing of Non-metallic Mineral Products	95.2	98.1	109.1	112.8	103.1	100.5	103.7
黑色金属冶炼和压延加工业	Smelting and Pressing of Ferrous Metals	79.6	99.3	122.2	106.8	97.8	98.3	122.6
有色金属冶炼和压延加工业	Smelting and Pressing of Non-ferrous Metals	91.7	94.7	116.3	105.9	97.8	98.9	120.9
金属制品业	Manufacturing of Metal Products	96.6	98.1	107.8	106.2	100.0	98.7	108.3
通用设备制造业	Manufacturing of General Purpose Machinery	98.7	98.7	100.3	101.0	100.5	100.1	101.3
专用设备制造业	Manufacturing of Special Purpose Machinery	99.2	99.0	100.1	101.2	100.0	100.7	100.2
汽车制造业	Manufacturing of Automobiles		97.5	99.3	99.8	99.9	101.2	99.8
铁路、船舶、航空航天和其他运输设备制造业	Manufacturing of Railway, Ship, Aerospace and Other Transport Equipment		99.7	102.8	101.9	100.0	100.3	101.0
电气机械和器材制造业	Manufacturing of Electrical Machinery and Apparatus	97.4	97.5	101.6	99.6	96.0	94.5	105.9
计算机、通信和其他电子设备制造业	Manufacturing of Computers, Communications and Other Electronic Equipment	98.9	97.7	98.8	97.4	99.3	98.4	98.8
仪器仪表制造业	Manufacturing of Measuring Instruments and Machinery	99.4	99.6	99.1	98.7	101.5	100.7	99.8
其他制造业	Other Manufacturing	101.1	102.9	102.4	100.8	98.3	100.7	98.0
废弃资源综合利用业	Utilization of Waste Resources	86.0	101.5	106.5	115.3	103.7	106.6	135.3
金属制品、机械和设备修理业	Repair Service of Metal Products, Machinery and Equipment		99.7	102.0	103.9	105.4	100.2	100.6
电力、热力生产和供应业	Production and Supply of Electric Power and Heat Power	101.2	95.2	101.0	100.9	97.8	98.3	102.9
燃气生产和供应业	Production and Supply of Gas	102.8	91.4	102.4	104.8	102.0	95.7	100.7
水的生产和供应业	Production and Supply of Water	102.4	103.5	100.5	101.4	103.8	99.6	99.8

4－8 工业生产者购进价格指数
Purchasing Price Indices for Industrial Products

上年＝100 (preceding year＝100)

类别	Item	2015	2016	2017	2018	2019	2020	2021
工业生产者购进价格指数	**Purchasing Price Indices for Industrial Products**	**92.1**	**98.0**	**109.7**	**104.6**	**97.2**	**96.5**	**113.8**
燃料动力类	Fuel and Power	85.1	96.7	114.5	107.4	96.4	89.7	122.1
黑色金属材料类	Ferrous Metal	87.8	98.4	117.2	107.8	100.6	99.7	119.9
有色金属材料和电线类	Non-Ferrous Metal and Wire	90.2	95.9	115.6	103.8	97.3	100.9	126.0
化工原料类	Chemical Materials	91.1	97.3	113.1	106.0	90.7	89.3	119.8
木材及纸浆类	Timber and Pulp	102.5	99.0	104.3	106.0	97.3	97.9	107.0
建筑材料及非金属矿类	Construction Materials and Non-Metal Mining Industry	91.7	96.5	108.1	110.7	102.0	100.2	108.3
其他工业原材料、半成品类	Other Industrial Raw Materials and Semi-Finished Products	96.7	98.7	103.0	101.3	98.6	99.1	105.3
农副产品类	Farm and Sideline Products	93.5	100.3	104.7	98.9	98.9	99.8	116.4
纺织原料类	Textile Raw Materials	98.0	100.3	103.9	102.2	99.1	95.9	104.4

4－9 房地产价格指数
Real Estate Price Indices

上年＝100 (preceding year＝100)

类别	Item	2015	2016	2017	2018	2019	2020	2021
新建住宅	New Commercial Residential							
南京	Nanjing	100.1	130.7	113.9	98.8	104.0	104.5	104.8
无锡	Wuxi	95.8	115.8	117.8	100.7	108.0	108.7	105.1
徐州	Xuzhou	96.5	104.1	111.3	111.7	115.7	111.4	107.4
扬州	Yangzhou	95.0	103.9	112.6	109.1	112.4	108.7	107.2
二手住宅	Second-hand Residential							
南京	Nanjing	100.9	121.6	114.4	99.6	103.3	104.8	105.5
无锡	Wuxi	96.9	107.9	117.8	105.0	106.3	109.0	106.3
徐州	Xuzhou	96.3	102.0	106.4	106.7	107.4	106.7	107.6
扬州	Yangzhou	97.9	101.7	108.8	106.0	107.6	104.4	105.7

主要统计指标解释

居民消费价格指数 是反映一定时期内城乡居民所购买的生活消费品价格和服务项目价格变动趋势和程度的相对数。

商品零售价格指数 是反映城乡商品零售价格变动趋势的一种经济指数。零售物价的调整变动直接影响到城乡居民的生活支出和国家的财政收入,影响居民购买力和市场供需平衡,影响消费与积累的比例。

工业生产者价格指数 是反映工业产品价格变化趋势和变动幅度的统计指标,是工业企业的产品价格在不同时间和空间条件下平均变动的相对数。工业生产者价格包括工业生产者出厂价格和工业生产者购进价格。工业生产者价格指数是进行国民经济核算和经济管理的重要依据。

Explanatory Notes on Main Statistical Indicators

Consumer Price Indices are relative figures reflecting the trend and degree of changes in price of consumer goods and services purchased of urban and rural households during a given period and the results of the comprehensive summary calculation of the consumer price index of urban households and the consumer price index of rural households. Using the consumer price index, the degree of in fluence of retail prices and service price changes of consumer goods on the actual living expenses of urban and rural households can be observed and analyzed.

Retail Price Indices are an economic index that reflects the trend of retail prices of urban and rural commodities. The adjustment and changes of retail prices directly affects the living expenses of urban and rural residents and the state's financial revenue, affects the purchasing power of residents and the balance of marpet supply and demand, and affects the ratio of consumption to accumulation.

Producer Price Indices for Industrial Products reflect the trend and manitude of changes in the prices of industrial prouducts. They are the relative numbers of average changes in the price of products of industrial enterprises under different corditions of time and space. Producer price for industrial products contains producer price for industrial products and purchasing price for industrial producers. Producer price indices for industrial products is an important basis for national accounts and economic management.

5

人民生活
People's Livelihoods

简 要 说 明

一、本篇资料的主要内容

本篇资料反映江苏人民生活现状及变化情况。

居民生活状况的数据来源于住户调查，是对居民家庭抽样调查汇总的结果。主要内容包括居民现金和实物收支情况、住户成员及劳动力从业情况、居民家庭食品和能源消费情况、住房和耐用消费品拥有情况、家庭经营和生产投资情况、社区基本情况以及其他民生状况等。

二、住户样本抽选方法

住户调查的样本抽选包括抽样方法设计、调查网点代表性评估、调查小区抽选以及摸底调查、调查住宅抽选、调查户落实等现场抽样工作。

住户调查的样本量按满足以下代表性需求的标准确定：在95%的置信度下，居民及分城乡居民人均可支配收入、消费支出以及主要收入项和消费项的抽样误差控制在3%以内。

三、住户调查方法

住户调查采用日记账和问卷调查相结合的方式采集基础数据。其中，居民现金收入与支出、实物收入与支出等内容主要使用记账方式采集。住户成员及劳动力从业情况、住房和耐用消费品拥有情况、家庭经营和生产投资情况、社区基本情况及其他民生状况等资料使用问卷调查方式采集。

四、城乡一体化住户调查

从2013年开始，经国务院同意，国家统计局对长期分开进行的城镇住户调查和农村住户调查实施了一体化改革。按照城乡常住人口现状，统一调查指标、统一抽样方法、统一调查过程、统一数据处理和统一数据发布，建立了城乡一体化住户收支调查制度，并在全国统一实施。指标名称、城乡划分范围和指标口径同时发生了变化。

Brief Introduction

Ⅰ. Main Contents

Data in this chapter show the people's living conditions and changes in Jiangsu.

Data on residents' living conditions come from Household Survey, which are the results of the sample survey of households. They consist of income and expenditure of cash and real objects, household members, employed persons, food and energy consumption, housing conditions, the quantity of durable consumer goods owned, household business and production investment, basic situation of community and so on.

Ⅱ. Method for Household Sampling

The selection of household sampling consists of the design of the sampling method, representative evaluation of surevey sites, survey area selection, suvey for basic conditon, investigated residence selection, investigated household verification.

The selection of household sampling should meet the following standards: under the confidence level of 95%, the sampling errors of income of residents, income of urban and rural residents, consumption expenditure, main income and consumption are controlled within 3%.

Ⅲ. Methodology of Household Survey

Basic data are collected by journals and questionnaires, and among this, cash income and expenditure, real objects income and expenditure are mainly collected by account. Data on people's livelihood consist of household members, employed persons, housing conditions and the quantity of durable consumer goods owned, household business and production investment, basic situation of community are collected by questionnaires.

Ⅳ. Urban and Rural Household Survey

From 2013, the State Council agreed that the National Bureau of Statistics can carry out the integration of rural household and urban household surveys. According to the current situation of urban and rural resident population, investigation index, sampling methods, investigation process, data processing and data release were all unified. The unified urban and rural household income and expenditure survey system has been established and carried out nationwidely. Name of index names, rage of urban and rural areas and standards of some indicators were changed at the same time.

5－1 人民生活水平情况
Basic Conditions of People's Living Standard

指　　标	Item	2015	2016	2017	2018	2019	2020	2021
就业	**Employment**							
农村平均每户家庭从业人口（人）	Number of Employed Persons per Rural Household (person)	1.92	1.95	1.93	1.77	1.75	1.68	1.75
每一农村就业人口负担人数（人）	Number of Dependents per Labor of Rural (person)	1.54	1.53	1.53	1.66	1.65	1.72	1.63
城镇平均每户家庭从业人口（人）	Number of Employed Persons per Urban Household (person)	1.65	1.66	1.65	1.60	1.60	1.55	1.55
每一城镇就业人口负担人数（人）	Number of Dependents per Labor of Urban (person)	1.80	1.79	1.79	1.85	1.86	1.91	1.90
城镇登记失业率（%）	Registered Unemployment Rate in Urban Areas (%)	3.00	3.00	2.98	2.97	3.03	3.20	2.54
收入与支出（元）	**Income and Expenditure (yuan)**							
居民人均可支配收入	Per Capita Disposable Income of Households	29539	32070	35024	38096	41400	43390	47498
居民人均生活消费支出	Per Capita Consumption Expenditure of Households	20556	22130	23469	25007	26697	26225	31451
城镇常住居民人均可支配收入	Per Capita Disposable Income of Urban Permanent Residents	37173	40152	43622	47200	51056	53102	57743
城镇常住居民人均生活消费支出	Per Capita Consumption Expenditure of Urban Permanent Residents	24966	26433	27726	29462	31329	30882	36558
农村常住居民人均可支配收入	Per Capita Disposable Income of Rural Permanent Residents	16257	17606	19158	20845	22675	24198	26791
农村常住居民人均生活消费支出	Per Capita Consumption Expenditure of Rural Permanent Residents	12883	14428	15612	16567	17716	17022	21130
职工年平均工资	Annual Average Wage of Workers and Staff	67200	72684	79741	86590	98669	106034	117868
生活质量	**Life Quality**							
居民家庭恩格尔系数（%）	Household's Engle Coefficient (%)	28.9	28.3	27.8	26.1	25.6	27.7	27.5
城镇居民	Urban Residents	28.1	28.0	27.5	26.1	25.5	26.8	26.2
农村居民	Rural Residents	31.7	29.5	28.9	26.2	26.2	30.6	32.1
人均住房面积(平方米)	Per Capita Floor Space of Residential Building (sq. m)	45.2	46.3	46.5	50.2	52.4	53.1	54.3
城镇人均现住房建筑面积	Per Capita Existing Residential Building Space in Urban Areas	39.6	40.3	40.6	46.9	47.5	48.3	48.7
农村人均现住房建筑面积	Per Capita Existing Residential Building Space in Rural Areas	55.0	56.9	57.3	56.4	61.7	62.5	65.6
交通	**Traffic**							
城市每万人拥有公共汽(电)车（辆）	Number of Public Transportation Vehicles per 10 000 persons (unit)	15.1	15.5	16.0	16.6	17.1	17.6	17.4
城市人均拥有道路面积（平方米）	Per Capita Area of Road in Urban Areas (sq. m)	24.4	25.4	25.6	25.2	25.4	25.6	25.6
城镇每百户拥有家用汽车（辆）	Number of Automabiles per 100 Households in Urban Areas (unit)	39.1	45.8	47.5	52.2	55.2	49.6	54.5
农村每百户拥有摩托车（辆）	Number of Motor cycles per 100 Households in Rural Areas (unit)	43.7	42.1	39.7	27.2	22.6	23.6	15.1

5－1　续表1　Continued

指　　标	Item	2015	2016	2017	2018	2019	2020	2021
邮电通信	**Postal and Telecommunication**							
每一邮政局所服务面积　（平方公里）	Average Area Served by Every Post Office (sq. km)	44.95	45.02	45.12	45.21	45.16	45.14	45.17
固定电话普及率（部/百人）	Popularization Rate of Fixed Telephones (unit/100 persons)	25.10	21.42	18.83	16.94	16.51	14.93	14.22
移动电话普及率（部/百人）	Popularization Rate of Mobile Telephones (unit/100 persons)	103.40	102.79	109.69	121.70	126.27	116.75	120.08
城市公用事业	**Urban Public Utilities**							
用水普及率　（%）	Percentage of Population with Access to Tap Water (%)	99.8	99.9	100.0	100.0	100.0	100.0	100.0
燃气普及率　（%）	Percentage of Population with Access to LPG (%)	99.6	99.5	99.7	99.8	99.8	99.9	99.9
人均公园绿地面积（平方米）	Per Capita Public Green Areas (sq. m)	14.6	14.8	15.0	14.70	14.98	15.34	15.60
文化、教育和医疗保健	**Culture, Education and Health Care**							
文化	Culture							
广播综合人口覆盖率（%）	Listener Rating (%)	100.0	100.0	100.0	100.0	100.0	100.0	100.0
电视综合人口覆盖率（%）	Viewer Rating (%)	100.0	100.0	100.0	100.0	100.0	100.0	100.0
城镇每百户拥有彩色电视机　（台）	Number of Color TV Sets per 100 Households in Urban Areas (unit)	170.6	173.9	176.5	171.3	174.2	174.5	165.2
农村每百户拥有彩色电视机　（台）	Number of Color TV Sets per 100 Households in Rural Areas (unit)	146.8	154.5	158.7	149.9	149.9	152.8	150.9
每百户家用电脑拥有量　（台）	Number of Computers per 100 Households (unit)	73.4	76.6	78.7	62.6	62.2	62.7	53.0
城镇	Urban	91.4	94.2	96.8	77.6	78.3	78.0	64.8
农村	Rural	42.3	45.0	45.4	34.5	31.9	33.2	29.8
居民家庭文教娱乐支出比重　（%）	Percentage of Household Expenditure on Culture, Recreation and Education (%)	11.8	11.4	11.7	10.3	11.0	8.8	9.5
城镇	Urban	12.3	12.0	12.4	10.6	11.5	8.8	9.7
农村	Rural	10.2	9.4	9.3	9.3	9.4	8.5	8.6
教育	Education							
每万人口在校学生数（人）	Number of Students per 10 000 Population (person)							
大学生数	University (or college) Students	234.6	238.5	242.2	248.5	258.8	266.5	280.1

5－1 续表2 Continued

指　　标	Item	2015	2016	2017	2018	2019	2020	2021
中学生数	Secondary School Students	356.7	362.7	377.4	402.3	430.6	436.4	457.4
小学生数	Primary School Students	626.4	652.9	672.8	696.1	709.6	685.4	688.6
医疗保健	Heath Care							
每万人拥有病床（张）	Number of Hospital Beds per 10 000 persons (unit)	48.3	51.9	54.6	59.7	59.7	58.9	59.7
每万人拥有医生数（人）	Number of Doctors per 10 000 persons (person)	23.7	25.6	27.1	29.0	31.6	31.6	32.1
居民家庭医疗保健支出比重(%)	Percentage of Household Expenditure on Medicine and Healthcare (%)	6.9	6.6	6.4	8.1	8.1	7.7	7.8
城镇	Urban	6.4	6.2	5.7	7.7	7.7	7.0	7.7
农村	Rural	8.4	8.0	8.9	9.2	9.5	10.1	8.4
社会保障、社区服务和治安	**Social Security, Community Service and Public Security**							
社会保障	Social Security							
参加企业职工基本养老保险人数（万人）	Basic Endowment Insurance Participants (10 000 persons)	2653.6	2725.9	2818.2	2957.6	3144.9	3272.3	3313.5
参加基本医疗保险人数（万人）	Basic Medical Insurance Participants (10 000 persons)	2429.0	2490.5	2601.1	2752.6	2954.1	3102.3	2403.9
参加失业保险人数（万人）	Unemployment Insurance Participants (10 000 persons)	1490.9	1538.2	1583.0	1671.3	1794.2	1890.9	1989.4
参加工伤保险人数（万人）	Work Injury Insurance Participants			1777.5	2016.3	2130.9	2342.5	
城镇居民最低生活保障人数（万人）	Number of Persons Receiving Subsistence Allowance in Urban Areas (10 000 persons)	28.0	24.8	20.5	14.5	12.3	11.0	10.0
农村居民最低生活保障人数（万人）	Number of Rural Residents Receiving Subsistence Allowance (10 000 persons)	114.8	109.9	97.2	74.8	68.9	66.6	62.4
社区服务	Community Service							
城镇社区服务设施数（个）	Number of Urban Welfare Facilities (unit)	38975	39767	41826	43458	44552	51745	47947
社会治安	Social Public Security							
公安机关刑事案件立案数（起）	Number of Criminal Cases Registered in Public Security Organs (case)	364437	401507	383644	369646	358039	358672	394784
公安机关治安案件受理数（起）	Cases of Offence Against Public Order Handled by Public Security Organs (case)	674236	696432	764971	804239	866616	950640	1087262
火灾事故发生数（起）	Number of Traffic Accidents (case)	28600	25012	18587	14621	12866	54062	66557

5-2 全体居民人均可支配收入

Per Capital Disposable Income of Urban and Rural Households

单位:元 (yuan)

年 份 Year	人均可支配收入 Per Capita Disposable Income	工资性收入 Income from Wages and Salaries	经营净收入 Net Business Income	财产净收入 Net Income from Properties	转移净收入 Net Income from Transfer
2005	8712	5311	1627	314	1460
2006	9947	6022	1813	379	1734
2007	11574	6759	2068	635	2112
2008	13237	7794	2463	561	2420
2009	14653	8504	2583	772	2795
2010	17006	9575	2902	1324	3205
2011	19820	11319	3246	1795	3460
2012	22432	12974	3651	1896	3912
2013	24776	14353	3994	2134	4295
2014	27173	15707	4421	2300	4745
2015	29539	17188	4467	2537	5348
2016	32070	18664	4724	2880	5802
2017	35024	20399	4994	3239	6392
2018	38096	21948	5386	3746	7016
2019	41400	23836	5636	4372	7556
2020	43390	24657	5703	4737	8294
2021	47498	26721	6215	5316	9247

5－3　城镇常住居民人均可支配收入
Per Capita Disposable Income of Urban Households

单位:元　　　　(yuan)

年　份 Year	人均可支配收入 Per Capita Disposable Income	工资性收入 Income from Wages and Salaries	经营净收入 Net Business Income	财产净收入 Net Income from Properties	转移净收入 Net Income from Transfer
1978	288				
1979					
1980	433				
1981	448				
1982	484				
1983	498				
1984	626				
1985	766				
1986	910				
1987	1005				
1988	1218				
1989	1372				
1990	1464				
1991	1623				
1992	2138				
1993	2774				
1994	3779				
1995	4634				
1996	5186				
1997	5765				
1998	6005	4214	79	150	1561
1999	6510	4433	117	120	1840
2000	6756	4536	320	101	1800
2001	7311	4785	364	115	2047
2002	8088	5372	301	139	2276
2003	9140	5895	644	242	2359
2004	10319	6579	757	363	2620
2005	12098	7974	1036	481	2607
2006	13799	8954	1271	572	3003
2007	16009	9956	1497	1005	3550
2008	18215	11418	2020	832	3946
2009	19996	12313	2149	1148	4386
2010	22273	13187	2533	1964	4589
2011	25570	15339	2953	2698	4580
2012	28808	17517	3369	2816	5106
2013	31585	19127	3671	3159	5629
2014	34346	20720	4063	3373	6189
2015	37173	22460	4134	3682	6897
2016	40152	24214	4411	4151	7376
2017	43622	26298	4656	4625	8043
2018	47200	28136	5053	5318	8693
2019	51056	30416	5298	6202	9141
2020	53102	31168	5328	6680	9925
2021	57743	33456	5815	7476	10997

注:自 2013 年开始,经国务院同意,国家统计局对长期分开进行的城镇住户调查和农村住户调查实施了一体化改革。在发布全体居民可支配收入的同时,城乡居民收入口径也发生了变化。2018 年国家统计局对历史数据进行了重新测算和反馈。

a) Since 2013, with the approval of the State Council, the National Bureau of Statistics launched a reform to develop an integrated survey of the long-term separate urban household survey and rural household survey. At meantime the disposable income of all residents was released, the income of urban and rural residents also changed. In 2018, the National Bureau of Statistics recalulated the historical data and gave feedback.

5－4 农村常住居民人均可支配收入
Per Capita Disposable Income of Rural Permanent Residents

单位:元 （yuan）

年 份 Year	人均可支配收入 Per Capita Disposable Income	工资性收入 Income from Wages and Salaries	经营净收入 Net Business Income	财产净收入 Net Income from Properties	转移净收入 Net Income from Transfer
1978	155				
1979	200				
1980	218				
1981	258				
1982	309				
1983	357				
1984	448				
1985	493				
1986	561				
1987	627				
1988	797				
1989	876				
1990	884				
1991	921				
1992	1061				
1993	1267				
1994	1832				
1995	2457				
1996	3029				
1997	3270				
1998	3375	1463	1754	42	116
1999	3492	1602	1702	47	141
2000	3592	1629	1793	48	122
2001	3778	1764	1817	51	146
2002	3972	1914	1829	60	169
2003	4229	2082	1856	92	199
2004	4740	2298	2102	107	233
2005	5259	2595	2230	145	289
2006	5792	2859	2398	171	364
2007	6533	3124	2717	215	477
2008	7321	3487	2989	238	607
2009	7962	3733	3126	302	801
2010	9067	4130	3458	361	1118
2011	10744	4973	3709	370	1692
2012	12134	5634	4108	409	1983
2013	13521	6463	4528	440	2090
2014	14959	7170	5031	472	2286
2015	16257	8015	5046	545	2651
2016	17606	8732	5283	606	2985
2017	19158	9513	5620	680	3345
2018	20845	10222	6017	767	3839
2019	22675	11077	6291	825	4482
2020	24199	11789	6445	895	5070
2021	26791	13109	7022	950	5710

5-5 全体居民家庭基本情况
Basic Conditions of Urban and Rural Households

指	标 Item	2015	2016	2017	2018	2019	2020	2021
基本情况	**Basic Conditions**							
调查户数 （户）	Number of Households Surveyed (household)	6600	6600	6600	6600	6600	6600	6600
平均每户家庭常住人口数（人）	Number of Permanent Residents per Households (person)	2.97	2.97	2.96	3.00	2.90	2.94	2.92
平均每户就业人口数 （人）	Average Employed Persons per Households (person)	1.75	1.76	1.75	1.70	1.60	1.59	1.62
平均每一就业人口负担人数 （人）	Number of Persons Supported by Each Employed Person (person)	1.70	1.69	1.69	1.80	1.80	1.84	1.80
平均每户就业面 （%）	Percentage of Employed Persons per Households (%)	59.0	59.3	59.1	56.2	56.1	74.8	55.6
人均住房建筑面积 （平方米）	Per Capita Living Space (sq. m)	45.2	46.3	46.5	50.2	52.4	53.1	54.3
人均可支配收入（元）	**Per Capita Disposable Income (yuan)**	**29539**	**32070**	**35024**	**38096**	**41400**	**43390**	**47498**
#工资性收入	Income from Wages and Salaries	17188	18664	20399	21948	23836	24657	26721
经营净收入	Net Business Income	4467	4724	4994	5386	5636	5703	6215
财产净收入	Net Income from Properties	2537	2880	3239	3746	4372	4737	5316
转移净收入	Net Income from Transfer	5348	5802	6392	7016	7556	8294	9247
人均生活消费支出 （元）	**Per Capita Consumption Expandi-ture (yuan)**	**20556**	**22130**	**23469**	**25007**	**26697**	**26225**	**31451**
食品烟酒	Foods, Tobacco and Liquor	5936	6266	6525	6530	6847	7258	8661
衣着	Clothing	1415	1453	1506	1541	1573	1450	1784
居住	Housing	4552	5107	5586	6731	7247	7506	8434
生活用品及服务	Household Equipments, Furnishings and Services	1238	1363	1444	1493	1496	1523	1912
交通通信	Transport and Communications	2985	3372	3496	3523	3732	3589	4336
教育文化娱乐	Education, Culture and Recreation	2424	2515	2748	2583	2946	2298	2985
医疗保健	Health Care and Medical Services	1410	1454	1511	2016	2166	2019	2463
其他用品及服务	Miscellaneous Goods and Services	597	600	653	590	688	582	878

5-6 城镇居民家庭基本情况
Basic Conditions of Urban Households

指标	Item	2015	2016	2017	2018	2019	2020	2021
基本情况	**Basic Conditions**							
调查户数（户）	Number of Households Surveyed (household)	4200	4200	4200	4630	4630	4630	4630
平均每户家庭常住人口数（人）	Number of Permanent Residents per Households (person)	2.98	2.97	2.96	3.00	3.00	2.97	2.94
平均每户就业人口数（人）	Average Employed Persons per Households (person)	1.65	1.66	1.65	1.60	1.60	1.55	1.55
平均每一就业人口负担人数（人）	Number of Persons Supported by Each Employed Person (person)	1.80	1.79	1.79	1.90	1.90	1.91	1.90
平均每户就业面（%）	Percentage of Employed Persons per Households (%)	55.6	55.8	55.8	54.0	53.7	52.3	52.7
人均住房建筑面积（平方米）	Per Capita Living Space (sq. m)	39.6	40.3	40.6	46.9	47.5	48.3	48.7
人均可支配收入（元）	**Per Capita Disposable Income (yuan)**	**37173**	**40152**	**43622**	**47200**	**51056**	**53102**	**57743**
#工资性收入	Income from Wages and Salaries	22460	24214	26298	28136	30416	31168	33456
经营净收入	Net Business Income	4134	4411	4656	5053	5298	5328	5815
财产净收入	Net Income from Properties	3682	4151	4625	5317	6202	6680	7476
转移净收入	Net Income from Transfer	6897	7376	8043	8693	9141	9925	10997
人均生活消费支出（元）	**Per Capita Consumption Expenditure (yuan)**	**24966**	**26433**	**27726**	**29462**	**31329**	**30882**	**36558**
食品烟酒	Foods, Tobacco and Liquor	7004	7389	7616	7687	7981	8292	9590
衣着	Clothing	1781	1810	1838	1926	1931	1768	2075
居住	Housing	5645	6141	6773	8104	8787	9388	10321
生活用品及服务	Household Equipments, Furnishings and Services	1517	1616	1709	1786	1711	1809	2176
交通通信	Transport and Communications	3620	3952	3972	3820	4052	3995	4927
教育文化娱乐	Education, Culture and Recreation	3058	3164	3450	3129	3606	2728	3564
医疗保健	Health Care and Medical Services	1594	1624	1574	2273	2420	2174	2801
其他用品及服务	Miscellaneous Goods and Services	747	737	794	738	842	729	1104

5-7 农村居民家庭基本情况
Basic Conditions of Rural Households

指标	Item	2015	2016	2017	2018	2019	2020	2021
基本情况	**Basic Conditions**							
调查户数 (户)	Number of Households Surveyed (household)	2400	2400	2400	1970	1970	1970	1970
平均每户家庭常住人口数（人）	Number of Permanent Residents per Households (person)	2.96	2.98	2.97	2.90	2.90	2.89	2.86
平均每户就业人口数 (人)	Average Employed Persons per Households (person)	1.92	1.95	1.93	1.80	1.70	1.68	1.75
平均每一就业人口负担人数 (人)	Number of Persons Supported by Each Employed Person (person)	1.54	1.53	1.53	1.70	1.60	1.72	1.63
平均每户就业面 (%)	Percentage of Employed Persons per Households (%)	65.0	65.4	65.2	60.2	60.8	72.7	61.3
人均住房建筑面积 (平方米)	Per Capita Living Space (sq. m)	55.0	56.9	57.3	56.4	61.7	62.5	65.6
人均可支配收入（元）	**Per Capita Disposable Income (yuan)**	**16257**	**17606**	**19158**	**20845**	**22675**	**24198**	**26791**
#工资性收入	Income from Wages and Salaries	8015	8732	9513	10222	11077	11789	13109
经营净收入	Net Business Income	5046	5283	5620	6017	6291	6445	7022
财产净收入	Net Income from Properties	545	606	680	768	825	895	950
转移净收入	Net Income from Transfer	2651	2985	3345	3839	4482	5070	5710
人均生活消费支出 (元)	**Per Capita Consumption Expanditure (yuan)**	**12883**	**14428**	**15612**	**16567**	**17716**	**17022**	**21130**
食品烟酒	Foods, Tobacco and Liquor	4078	4255	4511	4338	4647	5216	6781
衣着	Clothing	778	816	892	812	881	823	1195
居住	Housing	2650	3258	3395	4130	4261	3786	4618
生活用品及服务	Household Equipments, Furnishings and Services	754	910	954	939	1080	958	1377
交通通信	Transport and Communications	1880	2334	2620	2960	3113	2787	3141
教育文化娱乐	Education, Culture and Recreation	1320	1352	1450	1547	1668	1448	1815
医疗保健	Health Care and Medical Services	1088	1148	1395	1530	1675	1712	1782
其他用品及服务	Miscellaneous Goods and Services	334	356	394	311	390	292	421

5-8 全体居民家庭人均主要消费品消费量
Per Capita Consumption of Major Consumer Goods of Households

单位:千克 (kg)

指标	Item	2015	2016	2017	2018	2019	2020	2021
粮食	Grain	122.0	116.9	114.8	121.9	120.3	122.1	126.8
#小麦	Wheat	29.3	29.8	30.2	35.1	36.1	36.9	38.7
稻谷	Rice	75.8	69.5	67.3	66.4	63.6	64.6	65.7
油脂类	Oil and Fats	12.5	12.1	12.2	9.1	9.3	10.2	10.1
蔬菜及菜制品	Vegetable and Products	104.1	104.8	108.2	100.1	101.4	104.5	121.6
肉类	Meat and Products	26.1	25.9	26.6	28.6	25.3	25.0	33.9
#猪肉	Pork	19.6	19.1	19.5	21.2	17.8	18.1	25.1
牛肉	Beef	1.7	1.8	1.9	2.1	2.3	2.2	2.6
羊肉	Mutton	0.8	1.0	0.8	0.9	0.8	0.8	1.1
禽类	Poultry	9.9	11.1	10.3	10.7	12.4	13.2	14.0
水产品	Aquatic Products	17.4	17.9	18.1	17.8	19.6	19.5	22.1
蛋类及蛋制品	Eggs and Products	10.2	10.3	10.7	10.5	11.3	13.2	14.1
奶和奶制品	Milk and Dairy Products	16.4	15.8	15.6	15.1	14.7	15.4	15.0
干鲜瓜果类	Dried and Fresh Melons and Fruits	40.4	43.7	46.2	45.1	45.7	44.2	53.3
糖果糕点类	Sugars and Cakes	6.4	6.2	6.0	7.0	6.4	6.2	7.0
茶叶	Tea	0.2	0.2	0.2	0.2	0.2	0.2	0.2
酒	Liquor	8.0	8.4	8.2	8.2	7.9	8.2	8.8

5-9 城镇居民人均主要消费品消费量
Per Capita Consumption of Major Consumer Goods of Urban Households

单位:千克 (kg)

指标	Item	2015	2016	2017	2018	2019	2020	2021
粮食	Grain	107.6	107.4	103.9	111.6	108.4	109.9	116.0
#小麦	Wheat	27.3	29.4	29.1	32.1	32.4	33.3	36.0
稻谷	Rice	63.4	60.5	57.5	61.2	57.5	58.2	59.3
油脂类	Oil and Fats	12.3	12.3	12.2	8.5	8.5	9.4	9.2
蔬菜及菜制品	Vegetable and Products	110.2	111.9	113.8	107.1	105.7	106.7	122.4
肉类	Meat and Products	28.0	28.0	28.4	30.5	27.3	27.1	34.5
#猪肉	Pork	20.6	20.1	20.5	22.2	18.8	19.4	24.9
牛肉	Beef	2.0	2.2	2.3	2.5	2.6	2.6	2.9
羊肉	Mutton	0.9	1.1	0.9	1.1	0.9	0.9	1.1
禽类	Poultry	11.0	12.3	11.3	11.9	13.2	13.7	14.3
水产品	Aquatic Products	19.6	20.2	20.3	20.1	21.8	21.4	23.2
蛋类及蛋制品	Eggs and Products	10.6	10.9	11.3	11.2	11.5	13.2	14.0
奶和奶制品	Milk and Dairy Products	19.3	18.6	18.1	17.3	16.8	17.6	16.6
干鲜瓜果类	Dried and Fresh Melons and Fruits	47.1	49.5	51.6	52.0	51.8	49.0	56.7
糖果糕点类	Sugars and Cakes	7.0	6.7	6.4	7.7	7.0	6.5	7.5
茶叶	Tea	0.2	0.2	0.2	0.2	0.2	0.2	0.2
酒	Liquor	6.5	7.0	6.8	7.0	6.9	7.2	7.5

5-10 农村居民人均主要消费品消费量
Per Capita Consumption of Major Consumer Goods of Rural Households

单位:千克 (kg)

指标	Item	2015	2016	2017	2018	2019	2020	2021
粮食	Grain	147.2	133.9	134.9	141.4	143.3	146.1	148.4
#小麦	Wheat	32.7	30.6	32.2	40.9	43.4	44.1	44.2
稻谷	Rice	97.3	85.5	85.3	76.3	75.4	77.2	78.5
油脂类	Oil and Fats	13.0	11.8	12.1	10.4	10.6	11.8	11.8
蔬菜及菜制品	Vegetable and Products	93.4	92.0	97.8	86.9	93.2	100.1	119.8
肉类	Meat and Products	22.7	22.3	23.1	25.0	21.5	20.7	32.8
#猪肉	Pork	17.9	17.2	17.7	19.5	16.0	15.5	25.3
牛肉	Beef	1.0	1.1	1.1	1.4	1.5	1.4	2.0
羊肉	Mutton	0.7	0.8	0.7	0.7	0.6	0.6	1.0
禽类	Poultry	8.1	9.1	8.5	8.5	10.8	12.2	13.3
水产品	Aquatic Products	13.7	14.0	14.2	13.5	15.2	15.8	19.8
蛋类及蛋制品	Eggs and Products	9.5	9.2	9.6	9.2	10.9	13.1	14.5
奶和奶制品	Milk and Dairy Products	11.5	10.8	11.1	11.0	10.6	11.0	12.0
干鲜瓜果类	Dried and Fresh Melons and Fruits	28.9	33.2	36.2	31.9	33.8	34.8	46.4
糖果糕点类	Sugars and Cakes	5.5	5.4	5.2	5.5	5.3	5.5	5.9
茶叶	Tea	0.2	0.1	0.2	0.1	0.1	0.1	0.2
酒	Liquor	10.6	10.8	10.8	10.4	10.0	9.9	11.5

5-11 全体居民家庭平均购买商品数量
Average Purchases of Commodities of Households

指标		Item		2015	2016	2017	2018	2019	2020	2021
平均每人购买		**Per Capita Purchases**								
粮食	（千克）	Grain	(kg)	73.3	75.2	74.7	81.5	64.9	67.2	79.0
食用植物油	（千克）	Edible Vegetable Oil	(kg)	10.9	10.9	11.0	7.7	7.9	8.9	8.8
动物油	（千克）	Animal Oil	(kg)	0.2	0.2	0.1	0.3	0.2	0.3	0.2
鲜菜	（千克）	Fresh Vegetables	(kg)	76.5	79.3	81.6	76.3	76.0	81.7	98.2
猪肉	（千克）	Pork	(kg)	19.5	19.0	19.4	21.1	17.7	18.0	25.9
牛羊肉	（千克）	Beef, Mutton	(kg)	2.5	2.7	2.7	3.0	3.1	3.0	3.6
禽类	（千克）	Poultry	(kg)	9.4	10.7	9.8	10.3	11.9	12.4	13.1
水产品	（千克）	Aquatic Products	(kg)	17.1	17.6	17.8	17.7	19.4	19.3	21.8
蛋类	（千克）	Eggs	(kg)	9.2	9.3	9.6	9.5	10.1	11.8	12.5
奶类	（千克）	Milk	(kg)	16.4	15.8	15.6	15.1	14.7	15.3	15.0
干鲜瓜果类	（千克）	Dried and Fresh Melons and Fruits	(kg)	40.1	43.4	45.8	45.0	45.5	44.1	53.0
糖果糕点类	（千克）	Sugars and Cakes	(kg)	6.4	6.2	6.0	7.0	6.4	6.1	7.0
平均每百户购买		**Per 100 Households Purchases**								
洗衣机	（台）	Washing Machine	(set)	5.7	6.4	6.0	5.9	5.7	6.3	7.6
电冰箱(柜)	（台）	Refrigerator	(set)	5.5	5.8	6.2	6.2	5.3	6.7	8.9
空调器	（台）	Air Conditioner	(set)	6.4	9.0	10.9	10.6	9.4	10.0	11.2
吸尘器	（台）	Cleaner	(set)	0.9	1.1	1.3	1.5	1.9	1.8	2.4
抽油烟机	（台）	Kitchen Ventilator	(set)	2.5	2.9	3.1	3.4	2.9	3.2	3.7
微波炉	（台）	Microwave Oven	(set)	2.7	3.0	2.2	2.8	2.8	2.6	3.2
非太阳能热水器	（台）	Non-Solar Water Heater	(set)	3.1	3.8	3.4	3.5	3.9	3.9	5.1
太阳能热水器	（台）	Solar Water Heater	(set)	1.3	1.1	1.3	1.5	1.6	1.2	2.5
燃气炉具	（台）	Gas Stove	(set)	4.0	4.0	3.3	4.6	5.4	5.8	8.6
汽车	（辆）	Automobile	(unit)	2.3	2.7	2.7	2.8	2.7	2.3	3.1
摩托车	（辆）	Motorcycle	(unit)	0.6	0.3	0.3	0.3	0.3	0.3	0.3
自行车	（辆）	Bicycle	(unit)	3.5	2.6	2.7	2.5	2.5	2.6	2.7
电动自行车	（辆）	Electric Bicycle	(unit)	11.2	12.0	12.6	13.4	12.3	13.4	16.0
移动电话机	（部）	Mobile Phone	(set)	41.1	42.4	36.6	46.5	38.6	37.1	41.7

5－12 城镇家庭平均购买商品数量
Average Purchases of Commodities of Urban Households

指标 Item		2015	2016	2017	2018	2019	2020	2021
平均每人购买	**Per Capita Purchases**							
粮食（千克）	Grain (kg)	78.4	79.9	78.2	84.6	66.9	67.6	78.1
食用植物油（千克）	Edible Vegetable Oil (kg)	11.7	11.8	11.7	7.8	7.9	8.6	8.6
动物油（千克）	Animal Oil (kg)	0.2	0.1	0.1	0.4	0.2	0.3	0.2
鲜菜（千克）	Fresh Vegetables (kg)	97.2	99.6	101.3	92.7	90.9	95.4	110.3
猪肉（千克）	Pork (kg)	20.5	20.1	20.5	22.1	18.8	19.3	25.8
牛羊肉（千克）	Beef, Mutton (kg)	3.0	3.2	3.2	3.5	3.5	3.5	4.0
禽类（千克）	Poultry (kg)	10.9	12.2	11.2	11.7	13.0	13.3	13.8
水产品（千克）	Aquatic Products (kg)	19.5	20.0	20.1	20.1	21.7	21.3	23.0
蛋类（千克）	Eggs (kg)	10.3	10.6	10.9	10.7	11.0	12.5	13.1
奶类（千克）	Milk (kg)	19.2	18.6	18.1	17.3	16.8	17.6	16.5
干鲜瓜果类（千克）	Dried and Fresh Melons and Fruits (kg)	47.0	49.5	51.5	51.9	51.7	48.9	56.5
糖果糕点类（千克）	Sugars and Cakes (kg)	7.0	6.7	6.4	7.7	7.0	6.5	7.5
平均每百户购买	**Per 100 Households Purchases**							
洗衣机（台）	Washing Machine (set)	5.8	6.7	6.3	5.9	5.8	6.3	7.8
电冰箱(柜)（台）	Refrigerator (set)	5.7	5.0	6.1	6.2	5.4	7.4	8.7
空调器（台）	Air Conditioner (set)	6.6	8.7	10.4	11.1	10.3	10.8	10.8
吸尘器（台）	Cleaner (set)	1.3	1.5	1.4	1.8	2.6	2.5	3.1
抽油烟机（台）	Kitchen Ventilator (set)	3.1	3.5	3.5	3.6	3.5	3.6	4.0
微波炉（台）	Microwave Oven (set)	3.2	3.5	2.4	3.1	3.3	3.0	3.6
非太阳能热水器（台）	Non-Solar Water Heater (set)	4.0	4.2	4.3	4.6	4.7	4.5	5.4
太阳能热水器（台）	Solar Water Heater (set)	1.0	0.8	1.0	1.1	1.2	1.1	2.0
燃气炉具（台）	Gas Stove (set)	3.7	4.3	3.6	5.0	5.4	6.2	8.8
汽车（辆）	Automobile (unit)	2.5	2.8	2.6	2.3	2.5	2.4	3.6
摩托车（辆）	Motorcycle (unit)	0.5	0.3	0.2	0.2	0.3	0.2	0.3
自行车（辆）	Bicycle (unit)	3.6	3.1	3.1	3.0	2.7	2.9	2.9
电动自行车（辆）	Electric Bicycle (unit)	10.2	10.5	10.4	13.1	11.5	13.2	14.8
移动电话机（部）	Mobile Phone (set)	41.6	43.3	36.2	47.1	39.5	37.8	41.4

5-13 农村家庭平均购买商品数量
Average Purchases of Commodities of Rural Households

指标	Item	2015	2016	2017	2018	2019	2020	2021
平均每人购买	**Per Capita Purchases**							
粮食（千克）	Grain (kg)	64.4	66.7	68.1	75.7	61.0	66.4	80.7
食用植物油（千克）	Edible Vegetable Oil (kg)	9.5	9.3	9.7	7.7	8.1	9.4	9.2
动物油（千克）	Animal Oil (kg)	0.2	0.2	0.2	0.2	0.2	0.2	0.3
鲜菜（千克）	Fresh Vegetables (kg)	40.4	43.0	45.4	45.1	47.3	54.5	74.0
猪肉（千克）	Pork (kg)	17.7	17.0	17.5	19.1	15.6	15.5	26.1
牛羊肉（千克）	Beef, Mutton (kg)	1.6	1.8	1.8	2.1	2.1	2.0	2.9
禽类（千克）	Poultry (kg)	6.9	8.0	7.4	7.6	9.6	10.7	11.6
水产品（千克）	Aquatic Products (kg)	13.1	13.3	13.3	13.2	15.0	15.5	19.4
蛋类（千克）	Eggs (kg)	7.4	7.0	7.3	7.1	8.4	10.3	11.2
奶类（千克）	Milk (kg)	11.5	10.8	11.1	11.0	10.6	11.0	11.9
干鲜瓜果类（千克）	Dried and Fresh Melons and Fruits (kg)	28.2	32.6	35.4	31.7	33.4	34.7	46.0
糖果糕点类（千克）	Sugars and Cakes (kg)	5.5	5.4	5.2	5.5	5.3	5.5	5.9
平均每百户购买	**Per 100 Households Purchases**							
洗衣机（台）	Washing Machine (set)	5.6	5.9	5.6	5.9	5.4	6.4	7.1
电冰箱(柜)（台）	Refrigerator (set)	5.2	7.1	6.5	6.3	5.3	5.5	9.1
空调器（台）	Air Conditioner (set)	6.0	9.4	11.8	9.8	7.7	8.3	11.9
吸尘器（台）	Cleaner (set)	0.3	0.5	1.0	0.8	0.7	0.5	0.9
抽油烟机（台）	Kitchen Ventilator (set)	1.3	1.8	2.2	2.9	1.8	2.4	3.1
微波炉（台）	Microwave Oven (set)	1.9	2.1	1.8	2.3	2.0	1.7	2.5
非太阳能热水器（台）	Non-Solar Water Heater (set)	1.7	3.0	1.8	1.4	2.4	2.7	4.4
太阳能热水器（台）	Solar Water Heater (set)	2.0	1.7	1.9	2.4	2.3	1.3	3.4
燃气炉具（台）	Gas Stove (set)	4.4	3.5	2.7	3.9	5.3	5.0	8.1
汽车（辆）	Automobile (unit)	2.1	2.5	2.8	3.6	3.0	2.1	2.2
摩托车（辆）	Motorcycle (unit)	0.8	0.5	0.6	0.4	0.4	0.4	0.1
自行车（辆）	Bicycle (unit)	3.2	1.6	2.1	1.4	2.1	2.0	2.3
电动自行车（辆）	Electric Bicycle (unit)	13.1	14.7	16.7	14.1	13.7	13.7	18.5
移动电话机（部）	Mobile Phone (set)	40.2	40.8	37.3	45.2	36.9	35.7	42.3

5－14 全体居民家庭平均每百户年末耐用品拥有量
Durable Goods Owned per 100 Households at Year-end

指标	Item	2015	2016	2017	2018	2019	2020	2021
家用汽车（辆）	Automobile (unit)	29.5	36.1	40.2	43.8	45.9	41.0	47.3
摩托车（辆）	Motorcycle (unit)	27.7	24.4	23.1	17.6	14.9	14.6	9.4
电动助力车（辆）	Electric Bicycle (unit)	111.9	118.3	123.3	122.2	131.3	134.8	139.8
洗衣机（台）	Washing Machine (set)	96.7	98.9	100.1	100.4	101.9	102.6	104.1
电冰箱(柜)（台）	Refrigerator (set)	99.0	102.5	104.1	108.4	109.0	110.0	111.8
微波炉（台）	Microwave Oven (set)	78.7	81.9	84.0	78.5	80.7	82.4	85.4
彩色电视机（台）	Color TV Set (set)	161.9	166.9	170.3	163.9	165.8	167.1	160.4
空调（台）	Air Conditioner (set)	162.6	177.1	184.2	193.0	199.3	201.4	217.6
热水器（台）	Water Heater (set)	98.4	101.2	103.2	106.1	105.9	107.6	100.3
抽油烟机（台）	Kitchen Ventilator (set)	63.2	66.2	69.2	68.9	70.4	72.5	75.1
固定电话（线）	Fixed-line Telephone (line)	63.5	56.3	53.1	30.7	25.0	22.8	13.4
移动电话机（部）	Mobile Phone (set)	228.6	239.3	242.9	247.3	251.1	252.3	252.8
#接入互联网	Connected to the Internet	124.4	144.2	154.1	181.9	191.2	206.0	206.4
计算机（台）	Computer (set)	73.4	76.6	78.7	62.6	62.2	62.7	53.0
#接入互联网	Connected to the Internet	65.8	68.8	68.8	55.8	56.2	56.8	48.8
照相机（台）	Camera (set)	27.7	25.4	28.6	14.4	13.7	13.3	10.1
中高档乐器（架）	Medium-to-High Grade Instrument (set)	4.1	4.2	4.8	6.5	6.5	6.4	6.6
健身器材（台）	Fitness Equipment (set)	5.5	5.5	6.2	6.2	6.9	7.5	6.8

5-15 城镇家庭平均每百户年末耐用品拥有量
Durable Goods Owned per 100 of Urban Households at Year-end

指　　标 Item		2015	2016	2017	2018	2019	2020	2021
家用汽车　（辆）	Automobile　(unit)	39.1	45.8	47.5	52.2	55.2	49.6	54.5
摩托车　（辆）	Motorcycle　(unit)	18.4	14.7	14.1	12.5	10.7	9.9	6.4
电动助力车（辆）	Electric Bicycle　(unit)	107.5	110.7	115.3	116.4	124.0	127.6	132.8
洗衣机　（台）	Washing Machine　(set)	99.4	100.4	101.2	102.3	104.0	104.3	104.4
电冰箱(柜)（台）	Refrigerator　(set)	101.1	103	104.1	107.3	108.8	109.3	109.6
微波炉　（台）	Microwave Oven　(set)	88.7	89.8	91.5	87.0	88.6	89.3	89.6
彩色电视机（台）	Color TV Set　(set)	170.6	173.9	176.5	171.3	174.2	174.5	165.2
空调　（台）	Air Conditioner　(set)	194.3	206	211.1	219.7	226.3	227.6	237.6
热水器　（台）	Water Heater　(set)	104.5	106	107.8	111.6	112.1	112.8	102.8
抽油烟机　（台）	Kitchen Ventilator　(set)	81.5	82.8	85.5	85.0	86.7	87.3	86.3
固定电话　（线）	Fixed-line Telephone　(line)	64.4	57.1	54.4	32.9	27.2	24.3	14.9
移动电话机（部）	Mobile Phone　(set)	234.9	241	243.5	248.9	254.5	254.2	254.0
#接入互联网	Connected to the Internet	140.6	158.9	167.5	199.2	210.3	220.3	214.8
计算机　（台）	Computer　(set)	91.4	94.2	96.8	77.6	78.3	78.0	64.8
#接入互联网	Connected to the Internet	83.2	86.1	86.7	70.0	71.4	71.5	59.7
照相机　（台）	Camera　(set)	38.2	34.9	38.3	19.9	19.2	18.6	13.9
中高档乐器（架）	Medium-to-High Grade Instrument　(set)	5.9	5.9	6.7	8.8	9.3	9.3	9.1
健身器材　（台）	Fitness Equipment　(set)	7.3	7.3	8.4	8.3	9.1	9.9	8.6

5-16 农村家庭平均每百户年末耐用品拥有量
Durable Goods Owned per 100 of Rural Households at Year-end

指　标		Item		2015	2016	2017	2018	2019	2020	2021
家用汽车	（辆）	Automobile	（unit）	13	18.7	26.6	27.8	28.5	24.7	33.3
摩托车	（辆）	Motorcycle	（unit）	43.7	42.1	39.7	27.2	22.7	23.6	15.1
电动助力车	（辆）	Electric Bicycle	（unit）	119.5	131.8	138	133.0	144.9	148.6	153.5
洗衣机	（台）	Washing Machine	（set）	91.9	96.2	97.9	96.9	97.9	99.5	103.7
电冰箱(柜)	（台）	Refrigerator	（set）	95.2	101.5	104.1	110.4	109.4	111.3	116.1
微波炉	（台）	Microwave Oven	（set）	61.5	67.7	70.1	62.5	65.9	69.2	77.3
彩色电视机	（台）	Color TV Set	（set）	146.8	154.5	158.7	149.9	149.9	152.8	150.9
空调	（台）	Air Conditioner	（set）	107.7	125.2	134.7	142.8	148.7	151.2	178.2
热水器	（台）	Water Heater	（set）	87.7	92.7	94.7	95.7	94.3	97.5	95.5
抽油烟机	（台）	Kitchen Ventilator	（set）	31.6	36.2	39	38.6	39.9	44.1	53.1
固定电话	（线）	Fixed-line Telephone	（line）	61.8	54.8	50.8	26.7	20.7	19.8	10.6
移动电话机	（部）	Mobile Phone	（set）	217.6	236.2	241.8	244.3	244.7	248.6	250.3
#接入互联网		Connected to the Internet		96.2	117.8	129.4	149.3	155.3	178.6	189.9
计算机	（台）	Computer	（set）	42.3	45	45.4	34.5	31.9	33.2	29.8
#接入互联网		Connected to the Internet		35.8	37.8	35.8	29.2	27.7	28.5	27.5
照相机	（台）	Camera	（set）	9.5	8.3	10.7	4.2	3.4	3.1	2.7
中高档乐器	（架）	Medium-to-High Grade Instrument	（set）	1	1.1	1.3	2.0	1.2	1.0	1.6
健身器材	（台）	Fitness Equipment	（set）	2.4	2.1	2.2	2.1	2.6	2.8	3.1

5－17 分地区城镇常住居民家庭基本情况（2021 年）

指　　标	Item	苏　南 Southern Jiangsu	苏　中 Mid Jiangsu	苏　北 Northern Jiangsu
基本情况	**Basic Conditions**			
调查户数　（户）	Number of Households Surveyed (household)	4980	2400	3850
平均每户家庭人口　（人）	Average Household Size (person)	3.04	3.02	3.20
平均每户就业人口　（人）	Number of Employed Persons per Household (person)	1.67	1.72	1.83
平均每一就业人口负担人数　（人）	Number of Dependents per Employee (person)	1.77	1.76	1.76
平均每户就业面　（%）	Proportion of Employment per Household (%)	54.8	56.8	57.2
平均每人现住房建筑面积　（平方米）	Current Floor Space of Buildings Completed per Capita (sq. m)	47.2	51.5	49.7
人均可支配收入　（元）	**Per Capita Disposable Income (yuan)**	**71643**	**54484**	**41107**
工资性收入	Income from Wages and Salaries	44885	32113	23183
经营净收入	Net Business Income	6972	8032	7308
财产净收入	Net Income from Properties	9415	5732	3310
转移净收入	Net Income from Transfers	10371	8607	7306
人均生活消费支出　（元）	**Per Capita Consumption Expenditure (yuan)**	**42696**	**32841**	**23974**
食品烟酒	Foods, Tobacco and Liquor	11118	9365	7069
衣着	Clothing and Footwear	2723	2403	1874
居住	Housing	9925	7724	5025
生活用品及服务	Household Equipments, Furnishings and Services	2449	1918	1648
交通通信	Transport and Communications	6390	4204	2982
教育文化娱乐	Education, Culture and Recreation	6390	4163	3167
医疗保健	Health Care and Medical Services	2450	2103	1621
其他用品和服务	Miscellaneous Goods and Services	1252	959	587

Basic Conditions of Urban Permanet Households by Region (2021)

南京 Nanjing	无锡 Wuxi	徐州 Xuzhou	常州 Changzhou	苏州 Suzhou	南通 Nantong	连云港 Lianyungang	淮安 Huai'an	盐城 Yancheng	扬州 Yangzhou	镇江 Zhenjiang	泰州 Taizhou	宿迁 Suqian
1540	800	1030	680	1370	1100	560	780	970	660	590	640	510
2.90	2.91	3.06	2.82	3.28	2.90	3.21	3.56	2.87	3.06	3.13	3.20	3.59
1.50	1.60	1.88	1.41	1.72	1.70	1.67	2.28	1.57	1.69	2.53	1.80	1.82
1.94	1.39	1.63	2.00	1.90	1.70	1.93	1.56	1.83	1.81	1.24	1.80	1.97
51.5	55.0	61.4	50.0	52.6	57.6	51.9	64.2	54.7	55.2	81.6	56.9	50.8
40.7	51.7	51.3	51.4	47.0	52.5	52.1	50.0	48.6	48.6	51.1	52.7	45.6
73593	**70483**	**40842**	**65822**	**76888**	**57289**	**39862**	**43954**	**43787**	**50947**	**59204**	**53818**	**35056**
45670	45038	24059	40517	48401	32741	21656	25129	23919	30721	36547	32806	19297
7422	7260	5777	8949	5713	9281	7032	8388	7986	6980	7136	7013	8300
8031	7612	3135	5848	13784	5872	3791	4506	3343	4942	6422	6378	1908
12470	10573	7871	10507	8989	9395	7383	5930	8539	8304	9099	7621	5551
42487	**43873**	**24146**	**38021**	**46566**	**35281**	**25278**	**23920**	**24303**	**29586**	**33992**	**32295**	**21328**
10864	11539	7018	10028	11934	10037	7914	7103	6866	8550	9785	9132	6433
2888	3027	1841	2538	2567	2449	1873	1812	1986	2396	2514	2355	1785
9690	9959	5228	8093	11559	8492	5264	5370	5005	6982	7256	7229	3964
2620	2632	1823	2210	2404	2166	1619	1564	1472	1746	2133	1681	1616
5657	6669	3185	5905	7485	4851	2527	3136	3371	3195	4618	4166	2232
6852	6098	2689	5582	6969	3980	3982	2923	3132	4527	4832	4149	3530
2632	2501	1764	2566	2425	2350	1514	1409	1843	1450	1768	2376	1294
1284	1448	598	1101	1222	956	585	605	627	740	1086	1207	474

5－18 分地区农村常住居民家庭基本情况（2021 年）

指 标	Item	苏 南 Southern Jiangsu	苏 中 Mid Jiangsu	苏 北 Northern Jiangsu
基本情况	**Basic Conditions**			
调查户数 （户）	Number of Households Surveyed (household)	1760	1390	2980
平均每户家庭人口 （人）	Average Household Size (person)	3.16	2.99	3.12
平均每户就业人口 （人）	Number of Employed Persons per Household (person)	2.03	2.02	1.93
平均每一就业人口负担人数 （人）	Number of Dependents per Employee (person)	1.51	1.47	1.62
平均每户就业面 （%）	Proportion of Employment per Household (%)	64.3	68.7	62.7
平均每人现住房建筑面积 （平方米）	Current Floor Space of Buildings Completed per Capita (sq. m)	69.4	68.1	58.2
人均可支配收入 （元）	**Per Capita Disposable Income (yuan)**	**37204**	**28092**	**23235**
工资性收入	Income from Wages and Salaries	22919	16461	11116
经营净收入	Net Business Income	6646	6218	7369
财产净收入	Net Income from Properties	2700	908	556
转移净收入	Net Income from Transfers	4939	4505	4193
人均生活消费支出 （元）	**Per Capita Consumption Expenditure (yuan)**	**25643**	**20110**	**15962**
食品烟酒	Foods, Tobacco and Liquor	7473	6168	5001
衣着	Clothing and Footwear	1607	1179	1107
居住	Housing	5613	3972	3079
生活用品及服务	Household Equipments, Furnishings and Services	1565	1277	1046
交通通信	Transport and Communications	3863	3217	2115
教育文化娱乐	Education, Culture and Recreation	3056	2314	2072
医疗保健	Health Care and Medical Services	1765	1344	1239
其他用品和服务	Miscellaneous Goods and Services	701	640	303

Basic Conditions of Rural Permanent Households by Region (2021)

南京 Nanjing	无锡 Wuxi	徐州 Xuzhou	常州 Changzhou	苏州 Suzhou	南通 Nantong	连云港 Lianyun gang	淮安 Huai'an	盐城 Yancheng	扬州 Yangzhou	镇江 Zhenjiang	泰州 Taizhou	宿迁 Suqian
460	200	670	320	420	500	540	640	730	490	360	400	400
3.09	3.00	3.07	2.83	3.47	2.90	3.18	4.11	2.52	3.12	3.12	3.00	3.12
2.00	1.82	2.10	1.76	2.14	2.10	1.81	2.23	1.71	2.00	2.63	1.90	1.79
1.55	1.34	1.46	1.61	1.62	1.40	1.76	1.84	1.47	1.56	1.19	1.50	1.74
64.6	60.6	68.4	62.2	61.7	73.1	58.5	54.2	67.9	64.1	84.3	65.9	57.5
66.5	64.5	63.7	77.7	72.0	70.4	59.4	55.0	57.2	62.4	60.4	69.8	52.1
32701	**39623**	**23694**	**35822**	**41487**	**29134**	**21373**	**21884**	**26049**	**27354**	**31354**	**27401**	**21577**
22320	24447	11359	21860	24339	16869	10172	11576	11479	16303	19869	16127	10672
4852	6538	8726	7711	7423	6187	6557	5106	8174	6373	6051	6189	6680
1630	3645	381	764	4223	921	356	431	1012	657	1249	1125	553
3899	4993	3227	5488	5503	5157	4288	4770	5384	4021	4185	3960	3672
24006	**27127**	**16723**	**24768**	**27240**	**20197**	**14917**	**14197**	**18443**	**20042**	**23876**	**20239**	**13862**
7150	8383	5035	7783	7284	6097	5467	4358	5517	5833	7018	6650	4345
1313	2116	1255	1955	1341	1054	944	712	1449	1303	1598	1276	899
4677	5995	3072	4899	6411	4019	2806	2996	3717	4429	5563	3519	2577
1623	1465	1287	1602	1647	1303	903	902	975	1202	1422	1316	983
3816	3635	2570	2737	4856	3666	1299	1863	2641	2625	3269	3080	1650
3233	3092	1800	2869	3091	2105	2459	1836	2166	2806	3125	2218	2218
1413	1600	1389	2118	2002	1323	815	1260	1579	1323	1398	1410	927
781	841	314	805	607	630	224	270	399	521	483	771	263

5-19 农村常住居民家庭房屋情况
Housing Conditions of Rural Permanent Households

指　　标 Item		2015	2016	2017	2018	2019	2020	2021
平均每人住房	**Per Capita Housing Conditons**							
现住房建筑面积（平方米）	Current Floor Space of Buildings Completed (sq. m)	55.0	56.9	57.3	56.4	61.7	62.5	65.6
按居住空间样式（%）	**by Spatial Style (%)**							
单栋楼房	Detached House	30.1	59.1	58.9	55.6	56.0	56.5	63.4
单栋平房	Single Bungalow	22.3	37.2	36.8	41.5	41.6	40.8	33.0
主要建筑材料（%）	**Main Building Materials (%)**							
#钢筋混凝土	Reinforced Concrete	11.8	13.6	14.4	14.6	14.0	16.2	29.4
砖混材料	Brick-mixed	58.3	60.2	59.8	62.8	63.8	62.5	55.4
砖瓦砖木	Brick-Tile or Brick-Wood	29.9	26.0	25.6	22.2	21.8	20.9	15.2

主要统计指标解释

可支配收入　指调查户在调查期内获得的、可用于最终消费支出和储蓄的总和，即调查户可以用来自由支配的收入。可支配收入既包括现金，也包括实物收入。按照收入的来源，可支配收入包含四项：工资性收入、经营净收入、财产净收入和转移净收入。计算公式为：

可支配收入＝工资性收入＋经营净收入＋财产净收入＋转移净收入

工资性收入　指就业人员通过各种途径得到的全部劳动报酬和各种福利，包括受雇于单位或个人、从事各种自由职业、兼职和零星劳动得到的全部劳动报酬和福利。

经营净收入　指住户或住户成员从事生产经营活动所获得的净收入，是全部经营收入中扣除经营费用、生产性固定资产折旧和生产税之后得到的净收入。计算公式为：

经营净收入＝经营收入－经营费用－生产性固定资产折旧－生产税

财产净收入　指住户或住户成员将其所拥有的金融资产、住房等非金融资产和自然资源交由其他机构单位、住户或个人支配而获得的回报并扣除相关的费用之后得到的净收入。财产净收入包括利息净收入、红利收入、储蓄性保险净收益、转让承包土地经营权租金净收入、出租房屋净收入、出租其他资产净收入和自有住房折算净租金等。

转移净收入　计算公式为：转移净收入＝转移性收入－转移性支出

转移性收入是指国家、单位、社会团体对住户的各种经常性转移支付和住户之间的经常性收入转移。包括政府、非行政事业单位、社会团体对居民转移的养老金或退休金、社会救济和补助、惠农补贴、政策性生活补贴、救灾款、经常性捐赠和赔偿以及报销医疗费等；住户之间的赡养收入、经常性捐赠和赔偿以及农村地区（村委会）在外（含国外）工作的本住户非常住成员寄回带回的收入等。转移性支出是指调查户对国家、单位、住户或个人的经常性或义务性转移支付。包括缴纳的税款、各项社会保障支出、赡养支出、经常性捐赠和赔偿支出以及其他经常转移

消费支出　指住户用于满足家庭日常生活消费需要的全部支出，包括用于消费品的支出和用于服务性消费的支出。根据用途不同，消费支出可划分为食品烟酒、衣着、居住、生活用品及服务、交通通信、教育文化娱乐、医疗保健、其他用品及服务八大类。根据来源不同，消费支出可划分为现金消费支出、实物消费支出（含自产自用、来自单位、来自政府和其他社会组织）。

Explanatory Notes on Main Statistical Indicators

Disposable Income refers to the income for purpose of final expenditure and savings which is gotten during the survey period. It's the income which can be freely allocated by sample households. It includes income both in cash and in kind. By sources of income, disposable income includes four categories: income from wages and salaries, net business income, net income from properties and net income from transfers. The following formula is used:

Disposable Income = Income from Wages and Salaries + Net Business Income + Net Income from Properties + Net Income from Transfers.

Income from Wages and Salaries refers to remuneration and benefits of all kinds of employed persons, including those employed by other units or individuals, freelance workers, part-time jobs and sporadic workers.

Net Business Income refers to the net income earned by households or their members engaged in production and business activities. It refers to the net operating revenue minus operating costs, depreciation of productive fixed assets, and production tax. The following formula is used:

Net Business Income = Operating Revenue-Operating Costs-Depreciation of Productive Fixed Assets-Production Tax

Net Income from Properties refers to the net income received as returns by households or members through lending of their financial assets, not-financial assets such as housing, to other institutions, households or individuals, minus relevant costs. Net income from properties includes net income of interest, bonus income, net income of saving insurance, net income from transferring management right of contract land, income from lending of housing, income from lending other assets, net converted rents of self owned housing.

Net Income from Transfers The following formula is used:

Net Income from Transfers = Income from Transfers – Expenditure from Transfer

Income from Transfer refers to the regular transfer received from governments, institutions, social organizations to households and between households. It includes old-age and retirement pension, regular donation and compensation, reimbursement of medical fees, supporting income between households, income from noo-resident members of households, etc. Transfer Expenditure refers to regular or obligatory transfer paid to government, institutions, households or individuals. It includes tax payment, expenditure on all kinds of social security, supporting expenditure, regular donation, compensation payment and other regular transfer expenditure.

Consumption Expenditure refers to all expenditure of residents for living expenditure to satisfy family daily living, including expenditure for consumer goods and services. It includes expenditure in cash and in kind. It includes eight categories by use: foods tobacco and liquor; clothing and foot wear; housing; household equipments, furnishings and sevices; transport and communications; education, cultural and recreation; health care and medical services, and miscellaneous goods and services. It includes expenditure in cash and in kind(including self-produced and self-used expenditure and expenditure of units, governments and other social organizations) by source.

6

固定资产投资

Investment in Fixed Assets

简 要 说 明

一、本篇资料的主要内容

本篇资料通过对一定时期全社会建造和购置固定资产活动的数量方面的描述，反映报告期内固定资产投资的规模和速度、固定资产投资的结构和比例关系、固定资产投资的资金来源及固定资产投资的效果等。

二、本篇资料的统计范围

固定资产投资统计的范围包括：城乡建设项目投资，房地产开发投资。

三、本篇的资料来源

固定资产投资统计调查。

四、本篇的统计调查方法

全面统计报表。

Brief Introduction

Ⅰ. Main Contents

Statistics in this chapter describe activities on the construction and purchase of fixed assets of the whole country during a given period of time, and reflect the size, growth, structure, ratio, financing and results of the investment in fixed assets during the reference period.

Ⅱ. Scope of Statistics

The scope of statistics on the investment in fixed assets cover investments in capital construction projects in urban and rural areas, investments in real estate development.

Ⅲ. Sources of Data

Data are from statistical survey of the investment in fixed assets.

Ⅳ. Methodology of Data Collection

Data on the investment in fixed assets are collected by the system of reporting form with complete enumeration.

6－1　固定资产投资主要指标

Major Indicators of Investment in Fixed Assets

指　　标	Item	2013	2014	2015	2016	2017
投资总额　（亿元）	**Total Investment　(100 million yuan)**	**35982.52**	**41552.75**	**45905.17**	**49370.85**	**53000.21**
按经济类型分	Grouped by Ownership					
国有经济	State-owned Economy	6865.27	8308.13	8901.58	8236.65	8811.26
集体经济	Collective-owned Economy	1639.37	1835.30	1872.50	806.51	742.24
私营个体经济	Private and Individual Economy	14955.56	18185.36	21252.12	23417.12	26992.16
联营经济	Joint-ownership Economy	82.69	66.04	52.32	42.52	22.64
股份制经济	Cooperative Economy	1567.00	1376.93	1210.16	1176.19	1144.20
有限责任公司	Limited Liability Corporations	5924.45	6792.92	7752.74	10481.14	10079.59
港澳台投资经济	Funds from Hong Kong, Macao and Taiwan	1597.74	1679.36	1648.71	2306.36	2250.40
外商投资经济	Foreign Funded	2315.26	2476.57	2253.73	2386.47	2234.05
其他经济	Others	1035.18	832.16	961.31	517.88	723.67
按资金来源分	Grouped by Sources of Funds					
国家预算内资金	State Budget	529.19	627.26	806.89	990.43	1044.76
国内贷款	Domestic Loans	5091.04	5360.60	4810.95	5778.54	6386.98
利用外资	Foreign Investment	1127.55	1152.05	926.17	599.88	376.11
自筹资金	Self-raising Funds	29444.25	33325.52	36305.15	36257.99	37667.86
其他资金来源	Others	6822.96	6232.21	7206.37	10830.18	11518.51
按构成分	Grouped by Composition of Funds					
建筑安装工程	Constructions and Installations	20821.56	24686.18	27570.90	28989.35	30261.05
设备工器具购置	Purchase of Equipments and Instruments	10903.11	12327.57	14225.16	15368.57	16915.28
其他费用	Others	4257.84	4539.00	4109.11	5012.94	5823.89
按产业分	Grouped by Industry					
#住宅	Residential Buildings	5646.33	6367.41	6527.16	6971.13	7611.69
第一产业	Primary Industry	195.71	206.97	232.24	293.11	343.42
第二产业	Secondary Industry	18412.48	20298.45	22890.96	24673.81	26412.41
#工业	Industry	18369.54	20259.05	22757.45	24544.40	26180.81
第三产业	Tertiary Industry	17374.32	21047.33	22781.97	24403.93	26244.38
新增固定资产　（亿元）	**Newly Increased Fixed Assets (100 million yuan)**	**26434.29**	**32156.36**	**36648.83**	**33963.72**	**38353.72**
房屋建筑面积（万平方米）	**Floor Space of Buildings (10 000 sq. m)**					
施工面积	Floor Space Under Construction	100944.93	109353.56	98850.04	93782.52	90333.85
#住宅	Residential Buildings	42305.79	44641.13	45370.63	45254.99	45487.43
竣工面积	Floor Space Completed	33342.59	34562.35	36541.38	24665.24	22989.74
#住宅	Residential Buildings	9251.55	8426.35	9349.36	8335.47	8062.50
商品房销售面积（万平方米）	**Floor Space of Commercializ Buildings Sold (10 000 sq. m)**	**11454.77**	**9846.84**	**11414.05**	**13962.09**	**14211.12**

注：1. 自筹投资中含发行债券部分。（下同）
2. 从2003年开始，资金来源为可用于投资的资金到位数。（下同）
3. 从2004年开始，水利业投资从第一产业调到第三产业。（下同）
4. 从2010年开始，投资总额中不含农户投资。（下同）

a) Self-raising funds included bond publishing. (The same below)
b) Since 2003, the sources of finance was available for investment. (The same below)
c) Since 2004, the investment for water conservancy was transferred from primary industry to tertiary industry. (The same below)
d) Since 2010, the investment of farm households was not included in the total investment. (The same below)

6-2 固定资产投资额
Investment in Fixed Assets

单位:亿元　　(100 million yuan)

年份 Year	投资额 Investment	#工业投资 Industrial Investment	#房地产开发 Real Estate Development	#国有经济 State-owned	#集体经济 Collective-owned	#私营个体 Privates and Individuals	#外商及港澳台商投资 Hong Kong, Macao, Taiwan and Foreign Funds
1978	21.75			20.70	1.05		
1980	34.73			31.65	3.08		
"六五"时期 The Period of the Sixth Five-year plan	**564.89**			**242.73**	**156.57**		
"七五"时期 The Period of the Seventh Five-year plan	**1606.75**			**642.46**	**377.21**		
"八五"时期 The Period of the Eighth Five-year plan	**5307.18**		**554.92**	**1944.32**	**1788.50**		
1991	439.98		17.22	172.09	109.87		
1992	711.70		30.42	288.00	276.16		
1993	1144.20		114.01	403.67	493.12		
1994	1331.13		152.42	477.86	418.27		
1995	1680.17		240.85	602.70	491.08		300.22
"九五"时期 The Period of the Ninth Five-year plan	**12426.20**		**1463.68**	**4912.01**	**2288.90**		**2124.97**
1996	1949.53		232.62	708.60	465.21		399.99
1997	2203.09		241.55	826.60	447.94		437.25
1998	2535.50		300.24	1031.96	457.36		514.23
1999	2742.65		330.55	1144.84	462.53	148.23	410.28
2000	2995.43		358.72	1200.01	455.86	326.08	363.22
"十五"时期 The Period of the Tenth Five-year plan	**28055.30**	**10495.83**	**4583.38**	**8790.13**	**2018.49**	**6453.90**	**4719.01**
2001	3302.96	684.83	414.36	1285.71	400.36	528.38	378.17
2002	3849.24	905.69	544.13	1422.06	297.56	769.90	568.77
2003	5335.80	1667.65	809.96	1998.19	456.98	932.11	972.88
2004	6827.59	2104.28	1269.78	2006.20	418.43	1599.91	1230.56
2005	8739.71	5133.38	1545.15	2077.97	445.16	2623.60	1568.63
"十一五"时期 The Period of the Eleventh Five-year plan	**79534.10**	**42558.47**	**15124.96**	**14898.12**	**3136.70**	**27735.48**	**12592.54**
2006	10071.42	5347.13	1906.71	2144.93	441.57	3049.30	1756.83
2007	12268.07	6599.08	2515.91	2092.57	453.28	4125.86	2301.12
2008	15060.45	8246.27	3064.46	2494.77	539.99	5268.79	2838.43
2009	18949.88	10167.44	3338.50	3677.11	753.73	6872.67	2681.77
2010	23184.28	12342.54	4299.38	4488.74	948.13	8418.86	3014.39
2010(新口径)(New Statistical Scale)	21643.02	11442.06	4299.38	4348.46	902.95	7778.03	2969.94
"十二五"时期 The Period of the Twelfth Five-year plan	**181461.67**	**91701.18**	**35409.39**	**35102.31**	**7873.25**	**76164.81**	**19093.01**
2011	26314.66	13771.12	5567.94	5004.82	1132.95	9696.87	3303.41
2012	31706.58	16544.02	6206.10	6022.51	1393.13	12074.90	3818.24
2013	35982.52	18369.54	7241.45	6865.27	1639.37	14955.56	3913.00
2014	41552.75	20259.05	8240.22	8308.13	1835.30	18185.36	4155.92
2015	45905.17	22757.45	8153.68	8901.58	1872.50	21252.12	3902.44
"十三五"时期 The Period of the Thirteenth Five-year plan							
2016	49370.85	24544.40	8956.37	8236.65	806.51	23417.12	4692.83
2017	53000.21	26180.81	9629.11	8811.26	742.24	26992.16	4484.45

注:房地产开发投资统计制度从1990年开始建立,城乡私营个体投资统计制度从1999年开始建立。

a) The statitistical system of real estate development and investment was established in 1990, while that of the urban and rural private and individual investment was established in 1999.

6-3 按资金来源和构成分固定资产投资
Investment in Fixed Assets by Sources and Composition of Funds

年份 Year	按资金来源分 Grouped by Sources of Funds				
	国家预算内资金 State Budget	国内贷款 Domestic Loans	利用外资 Foreign Investment	自筹资金 Self-raising Funds	其他资金来源 Others
投资额(亿元) **Investment (100 million yuan)**					
1985	17.25	36.79	3.98	64.45	69.46
1986	18.74	43.52	12.71	73.27	92.99
1987	21.46	63.15	19.15	85.66	127.71
1988	17.23	69.94	27.77	106.30	150.63
1989	16.80	41.74	19.91	91.66	150.12
1990	15.02	45.47	15.92	106.47	173.42
1991	16.38	84.77	20.41	290.13	28.29
1992	24.73	189.49	40.56	378.30	78.62
1993	17.85	253.80	89.48	649.95	133.12
1994	17.54	242.93	151.96	744.20	174.50
1995	25.83	270.16	228.89	880.02	275.27
1996	24.01	282.88	335.16	1001.29	306.19
1997	29.63	293.66	390.59	1199.29	289.92
1998	49.46	331.83	413.66	1406.39	334.16
1999	62.91	399.36	309.02	1639.01	332.35
2000	73.42	489.04	281.17	1827.79	324.01
2001	69.97	524.51	326.22	1977.97	404.29
2002	54.48	735.30	421.21	2237.73	400.52
2003	92.61	1141.99	579.51	2999.19	587.42
2004	81.30	1233.07	641.66	4201.29	928.38
2005	67.60	1264.49	836.19	5826.89	1205.90
2006	66.59	1445.16	874.82	6800.90	1590.15
2007	135.20	1561.06	1255.85	8522.18	2398.08
2008	153.86	1818.06	1394.98	10624.51	2210.27
2009	278.79	2774.45	1114.78	14064.93	4350.16
2010	282.11	3343.47	1154.87	17553.37	4912.63
2010(新口径)(New Statistical Scale)	273.00	3231.05	1135.69	16186.61	4839.81
2011	344.87	3751.24	1241.65	20652.57	4394.19
2012	448.05	4658.42	1216.78	25824.05	5262.67
2013	529.19	5091.04	1127.55	29444.25	6822.96
2014	627.26	5360.60	1152.05	33325.52	6232.21
2015	806.89	4810.95	926.17	36305.15	7206.37
2016	990.43	5778.54	599.88	36257.99	10830.18
2017	1044.76	6386.98	376.11	37667.86	11518.51
构成(%) **Composition(%)**					
1985	9.0	19.1	2.1	33.6	36.2
1990	4.2	12.8	4.5	29.9	48.6
1995	1.5	16.1	13.6	52.4	16.4
2000	2.5	16.3	9.4	61.0	10.8
2005	0.7	13.8	9.1	63.3	13.1
2006	0.6	13.4	8.1	63.1	14.8
2007	1.0	11.3	9.0	61.4	17.3
2008	0.9	11.2	8.6	65.6	13.6
2009	1.2	12.3	4.9	62.3	19.3
2010	1.0	12.3	4.2	64.4	18.0
2010(新口径)(New Statistical Scale)	1.1	12.6	4.4	63.1	18.9
2011	0.9	10.6	3.7	53.3	15.9
2012	1.1	12.3	4.1	68.0	14.5
2013	1.2	11.8	2.6	68.5	15.9
2014	1.3	11.5	2.5	71.4	13.3
2015	1.6	9.6	1.9	72.5	14.4
2016	1.8	10.6	1.1	66.6	19.9
2017	1.8	11.2	0.7	66.1	20.2

6-3 续表 Continued

年 份 Year	按构成分 Grouped by Composition of Funds		
	建筑安装工程 Constructions and Installations	设备工器具购置 Purchase of Equipments and Instruments	其他费用 Others
投资额(亿元) Investment (100 million yuan)			
1985	149.40	34.41	8.12
1986	187.33	43.82	10.08
1987	240.92	60.61	15.60
1988	281.34	73.71	16.82
1989	256.23	52.25	11.75
1990	284.24	53.70	18.36
1991	347.72	71.33	20.93
1992	408.59	257.45	45.66
1993	651.17	395.34	97.69
1994	775.84	437.87	117.42
1995	983.24	536.48	160.45
1996	1151.16	600.59	197.78
1997	1307.24	688.66	207.19
1998	1503.62	755.02	276.86
1999	1682.72	746.75	313.18
2000	1817.08	867.74	310.61
2001	1901.68	967.21	434.07
2002	2091.15	1160.08	598.01
2003	2906.59	1510.59	918.62
2004	3886.52	1928.66	1012.41
2005	4879.72	2544.36	1315.63
2006	5624.16	2944.50	1502.76
2007	6804.65	3558.53	1904.89
2008	8310.70	4587.89	2161.86
2009	10454.05	5901.61	2594.22
2010	12601.51	7054.33	3528.44
2010(新口径)(New Statistical Scale)	11804.76	6436.57	3401.70
2011	14569.44	8112.05	3633.17
2012	17913.03	9756.39	4037.16
2013	20821.56	10903.11	4257.84
2014	24686.18	12327.57	4539.00
2015	27570.90	14225.16	4109.11
2016	28989.35	15368.57	5012.94
2017	30261.05	16915.28	5823.89
构成(%) Composition(%)			
1985	77.9	17.9	4.2
1990	80.0	15.1	4.9
1995	58.5	31.9	9.6
2000	60.6	29.0	10.4
2005	55.8	29.1	15.1
2006	55.9	29.2	14.9
2007	55.5	29.0	15.5
2008	55.2	30.5	14.3
2009	55.2	31.1	13.7
2010	54.4	30.4	15.2
2010(新口径)(New Statistical Scale)	54.5	29.7	15.7
2011	44.9	24.5	12.9
2012	55.4	30.8	13.8
2013	57.9	30.3	11.8
2014	59.4	29.7	10.9
2015	60.1	31.0	9.0
2016	58.7	31.1	10.2
2017	57.1	31.9	11.0

6-4 按登记注册类型分固定资产投资比上年增长情况
Growth Rate of Total Investment in Fixed Assets over Preceding Year by Registration Status

单位:% (%)

类别	Item	投资额 Investment 2020	投资额 Investment 2021	#工业投资 Industrial Investment 2020	#工业投资 Industrial Investment 2021
总计	**Total**	-4.0	7.6	-5.2	12.1
内资企业	Domestic Funded Enterprises	-5.7	8.6	-8.0	14.3
国有企业	State-owned Enterprises	-1.4	2.1	12.8	-26.3
集体企业	Collective-owned Enterprises	-25.0	-23.6	21.5	-26.6
股份合作企业	Cooperative Enterprises	-3.7	-4.0	6.0	-39.5
联营企业	Joint-ownreship Enterprises	27.4	-7.0	-17.8	-29.2
国有联营	State Joint-owned Enterprises	-51.5	-15.0	-100.0	
集体联营	Collective Joint-owned Enterprises	658.7	255.1	416.5	-76.6
国有与集体联营	Joint State-collective Enterprises	1182.4	-87.9	64.5	17.4
其他联营企业	Other Joint-owned Enterprises	-14.7	-35.0	-21.3	-27.3
有限责任公司	Limited Liability Corporations.	-2.6	8.1	-10.4	5.1
国有独资公司	State Sole-proprietorship Corporations	5.4	26.2	46.4	11.3
其他有限责任公司	Other Limited Corporations Ltd.	-6.0	-0.6	-16.7	3.9
股份有限公司	Share-holding Corporations Ltd.	27.2	-0.3	28.3	2.9
私营企业	Private Enterprises	-9.6	14.0	-9.5	18.5
其他企业	Other Enterprises	0.2	-44.4	-24.4	48.9
港、澳、台商投资企业	Enterprises with Funds from Hong Kong, Macao and Taiwan	21.8	9.8	26.9	11.1
合资经营企业	Joint-venture Enterprises	42.8	-11.8	63.9	-11.5
合作经营企业	Cooperative Enterprises	-24.9	197.0	-41.1	194.2
独资企业	Enterprises with Sole Fund	7.8	23.9	4.0	28.2
股份有限公司	Share-holding Corporations Ltd.	0.1	82.3	-5.2	86.9
其他港澳台商投资	Others	98.6	174.1	86.3	176.4
外商投资企业	Foreign Funded Enterprises	5.8	-9.0	5.5	-7.9
合资经营企业	Joint-venture Enterprises	18.7	-51.6	17.7	-52.7
合作经营企业	Cooperative Enterprises	273.2	-10.3	188.6	-37.6
独资企业	Enterprises with Sole Fund	-7.0	32.0	-6.0	35.4
股份有限公司	Share-holding Corporations Ltd.	-16.8	261.7	-34.0	384.4
其他外商投资	Others	168.7	68.0	163.8	42.0
个体经营	Individuals	6.2	-48.9	-90.4	787.7
个体户	Self-employed Individuals	5.9	-52.2	-90.4	756.7
个人合伙	Partnership Individuals	3633.3	1114.3		
按地区分	**by Region**				
南京	Nanjing	6.0	8.0	11.0	13.5
无锡	Wuxi	10.2	-1.9	13.3	-9.9
徐州	Xuzhou	-0.2	11.3	13.4	17.4
常州	Changzhou	-8.5	9.5	-19.8	21.1
苏州	Suzhou	13.5	9.4	27.4	5.0
南通	Nantong	-4.3	10.4	6.9	16.2
连云港	Lianyungang	-3.0	12.0	3.0	11.6
淮安	Huai'an	-41.2	3.6	-46.2	12.8
盐城	Yancheng	-11.8	0.7	-22.5	5.1
扬州	Yangzhou	-8.5	1.3	-31.4	16.4
镇江	Zhenjiang	5.5	12.1	11.0	22.2
泰州	Taizhou	-7.0	17.9	-5.5	24.8
宿迁	Suqian	-3.6	7.7	-7.4	20.7

注:本表不含房地产开发投资。

a) The investment in real estate development was not included in this table.

6-5 按构成分固定资产投资比上年增长情况(2021年)
Growth Rate of Total Investment in Fixed Assets over Preceding Year by Composition of Funds (2021)

单位:% (%)

行业	Sector	投资额 Investment	建筑安装工程 Constructions and Installations	设备工器具购置 Purchase of Equipments and Instruments	其他 Others
总计	**Total**	**5.8**	**13.4**	**-4.1**	**-7.4**
农、林、牧、渔业	Agriculture, Forestry, Animal Husbandry and Fishery	-8.2	-1.0	-29.1	-58.9
农业	Farming	-29.4	-21.7	-53.5	-72.1
林业	Forestry	-49.8	-49.8	499.8	-98.1
畜牧业	Animal Husbandry	7.4	17.9	-17.0	-58.5
渔业	Fishery	-15.5	-10.3	-32.8	-63.7
农、林、牧、渔专业及辅助性活动	Professional and Support Activities for Agriculture, Forestry, Animal Husbandry and Fishery	12.5	13.2	-8.0	48.5
采矿业	Mining	69.7	309.7	-77.7	239.0
煤炭开采和洗选业	Mining and Washing of Coal	-100.0	-100.0	-100.0	
石油和天然气开采业	Extraction of Petroleum and Natural Gas	232.2	226.2	298.4	
黑色金属矿采选业	Mining and Processing of Ferrous Metal Ores	57.9	105.0	25.6	-10.2
有色金属矿采选业	Mining and Processing of Non-ferracs Metal Ores				
非金属矿采选业	Mining and Processing of Non-metal Ores	184.4	804.3	-69.6	261.7
开采辅助活动	Professional and Support Activities for Mining				
其他采矿业	Mining of Other Ores	41.0	73.0	-100.0	
制造业	Manufacturing	16.1	33.1	0.9	-16.8
农副食品加工业	Processing of Food from Agricultural Products	36.7	63.5	0.4	-29.8
食品制造业	Manufacturing of Foods	4.5	31.7	-31.5	-14.8
酒、饮料和精制茶制造业	Manufacture of Liquor, Beverages and Refined Tea	14.5	31.8	-10.5	-15.3
烟草制品业	Manufacture of Tobacco	-52.7	-32.4	-57.8	-13.4
纺织业	Manufacture of Textile	8.0	37.7	-20.3	1.7
纺织服装、服饰业	Manufacture of Textile, Wearing Apparel and Accessories	12.3	25.3	-5.5	-48.4
皮革、毛皮、羽毛及其制品和制鞋业	Manufacture of Leather, Fur, Feather and Related Products and Footwear	26.2	53.7	-19.9	77.9
木材加工和木、竹、藤、棕、草制品业	Processing of Timber, Manufacture of Wood, Bamboo, Rattan, Palm and Straw Products	0.5	14.1	-15.5	-61.4
家具制造业	Manufacture of Furniture	3.4	22.7	-23.5	-40.6
造纸和纸制品业	Manufacture of Paper and Paper Products	8.6	14.2	21.7	-79.3
印刷和记录媒介复制业	Printing and Reproduction of Recording Media	30.9	23.9	58.1	-52.9
文教、工美、体育和娱乐用品制造业	Manufacture of Articles for Culture, Education, Arts and Crafts, Sport and Entertainment Activities	53.1	73.6	32.7	-37.0
石油加工、炼焦和核燃料加工业	Processing of Petroleum, Coking, Processing of Nuclear Fuels	98.1	335.1	-15.1	-22.1

6-5 续表1 Continued

单位:% (%)

行业	Sector	投资额 Investment	建筑安装工程 Constructions and Installations	设备工器具购置 Purchase of Equipments and Instruments	其他 Others
化学原料和化学制品制造业	Manufacture of Raw Chemical Materials and Chemical Products	-9.0	0.4	-22.9	17.9
医药制造业	Manufacture of Medicines	14.6	25.1	2.0	4.5
化学纤维制造业	Manufacture of Chemical Fibers	45.5	94.6	9.9	60.5
橡胶和塑料制品业	Manufacture of Rubber and Plastic Products	13.1	17.5	10.9	-16.1
非金属矿物制品业	Manufacture of Non-metallic Mineral Products	16.0	30.1	-3.8	-6.7
黑色金属冶炼和压延加工业	Smelting and Pressing of Ferrous Metals	1.1	17.7	-10.6	
有色金属冶炼和压延加工业	Smelting and Pressing of Non-ferrous Metals	-1.9	4.9	-8.3	-12.0
金属制品业	Manufacture of Metal Products	13.9	22.3	5.6	-21.2
通用设备制造业	Manufacture of General Purpose Machinery	13.1	27.6	-0.8	-24.3
专用设备制造业	Manufacture of Special Purpose Machinery	35.7	55.7	16.0	-22.0
汽车制造业	Manufacture of Automobiles	-9.1	1.7	-12.9	-44.1
铁路、船舶、航空航天和其他运输设备制造业	Manufacture of Railway, Ship, Aerospace and Other Transport Equipments	16.7	33.0	-11.3	29.9
电气机械和器材制造业	Manufacture of Electrical Machinery and Apparatus	25.7	43.4	13.8	-14.6
计算机、通信和其他电子设备制造业	Manufacture of Computers, Communication and Other Electronic Equipment	15.8	28.0	8.2	-3.8
仪器仪表制造业	Manufacture of Measuring Instruments and Machinery	19.6	34.3	-0.3	8.7
其他制造业	Other Manufacture	8.3	17.4	-7.8	-26.6
废弃资源综合利用业	Utilization of Waste Resources	18.0	53.2	-11.6	-60.2
金属制品、机械和设备修理业	Repair Service of Metal Products, Machinery and Equipment	9.3	-7.1	74.4	70.7
电力、热力、燃气及水的生产和供应业	Production and Supply of Electricity, Heat, Gas and Water	-29.5	-19.9	-46.4	-3.8
电力、热力生产和供应业	Production and Supply of Electric Power and Heat Power	-34.8	-26.9	-46.5	-10.4
燃气生产和供应业	Production and Supply of Gas	-26.0	3.3	-63.5	-57.4
水的生产和供应业	Production and Supply of Water	-6.9	-4.7	-39.7	69.9
建筑业	Construction	8.1	-8.2	83.2	161.9
房屋建筑业	Construction of Buildings	31.0	15.1	-100.0	212.5
土木工程建筑业	Civil Engineering	-33.6	-33.4	-16.3	-100.0
建筑安装业	Building Installation				
建筑装饰和其他建筑业	Building Decoration and Other Construction				

6-5 续表2 Continued

单位:%　　　　(%)

行业	Sector	投资额 Investment	建筑安装工程 Constructions and Installations	设备工器具购置 Purchase of Equipments and Instruments	其他 Others
批发和零售业	Wholesale and Retail Trades	-12.2	-1.5	-38.5	-54.9
批发业	Wholesale Trade	-13.1	-2.3	-18.7	-77.5
零售业	Retail Trade	-11.5	-0.8	-56.7	-40.7
交通运输、仓储和邮政业	Transport, Storage and Post	-7.4	-8.0	-23.3	4.0
铁路运输业	Railway Transport	-41.9	-40.4	-99.5	-38.4
道路运输业	Road Transport	4.9	0.9	-2.8	23.5
水上运输业	Water Transport	19.7	62.6	-26.2	-63.1
航空运输业	Air Transport	-40.7	-30.4	237.1	-92.9
管道运输业	Transport Via Pipelines	-79.2	-73.6	-87.8	-98.6
多式联运和运输代理业	Intermodality and Forwarding Agency	-15.4	-11.4	1189.0	-70.0
装卸搬运和仓储业	Loading, Unloading and Storage	-17.4	-14.6	-36.9	-10.5
邮政业	Post	-53.4	-52.5	-47.7	-74.9
住宿和餐饮业	Hotels and Catering Services	-13.1	-12.2	-52.3	0.7
住宿业	Hotels	-13.2	-11.7	-75.5	5.1
餐饮业	Catering Services	-12.8	-15.1	34.7	-30.2
信息传输、软件和信息技术服务业	Information Transmission, Software and IT Services	27.8	30.1	42.7	-19.1
电信、广播电视和卫星传输服务	Telecommunication, Radio, Television and Satellite Transmission Services	-23.9	-45.1	8.4	88.8
互联网和相关服务	Internet and Related Services	104.2	100.9	96.3	194.7
软件和信息技术服务业	Software and IT Services	29.7	62.3	46.0	-54.5
金融业	Financial Intermediation	9.6	10.2	116.2	-41.2
货币金融服务	Monetary and Financial Service	100.4	89.0	192.2	103.7
资本市场服务	Capital Market Service	-66.7	-60.4	-54.8	-85.4
保险业	Insurance	-47.2	-43.0	-100.0	-100.0
其他金融业	Other Financial Activities	34.9	22.3		
房地产业	Real Estate	2.3	8.7	-32.9	-5.0
租赁和商务服务业	Leasing and Business Services	-4.5	0.0	-10.2	-33.6
租赁业	Leasing	39.4	160.5	35.4	-92.9
商务服务业	Business Services	-5.7	-0.5	-33.0	-32.7
科学研究和技术服务业	Scientific Research and Technical Services	24.9	18.8	20.3	77.9

6-5 续表3 Continued

单位:% (%)

行业	Sector	投资额 Investment	建筑安装工程 Constructions and Installations	设备工器具购置 Purchase of Equipments and Instruments	其他 Others
研究和试验发展	Research and Experimental Development	21.4	13.4	66.0	24.1
专业技术服务业	Professional Technical Services	22.1	30.2	7.1	-3.4
科技推广和应用服务业	Science and Technology Popularization and Application of Services	29.3	18.6	-15.5	153.7
水利、环境和公共设施管理业	Management of Water Conservancy, Environment and Public Facilities	3.4	6.4	-33.1	-12.1
水利管理业	Management of Water Conservancy	-3.3	7.9	14.2	-68.8
生态保护和环境治理业	Ecological Protection and Enviromental Treatment	12.3	5.3	6.4	61.9
公共设施管理业	Management of Public Facilities	3.6	7.2	-53.8	-15.5
土地管理业	Management of Land	-59.5	-61.6	-95.9	100.8
居民服务、修理和其他服务业	Services to Households, Repair and Other Services	-33.5	-31.3	-34.7	-65.7
居民服务业	Services to Households	-30.5	-25.9	-38.6	-84.8
机动车、电子产品和日用产品修理业	Repair of motor Vehicles, Electronics and Household Products	-75.6	-72.7	-89.5	-87.9
其他服务业	Other Services	11.9	-10.5	108.1	522.7
教育	Education	5.6	6.6	-54.1	12.4
卫生和社会工作	Health and Social Service	18.0	20.3	6.5	6.9
卫生	Health	23.2	26.2	14.4	6.4
社会工作	Social Service	-9.3	-7.5	-69.1	16.6
文化、体育和娱乐业	Culture, Sports and Entertainment	-16.0	-12.6	-46.2	-22.6
新闻和出版业	Journalism and Publishing Activities	-100.0	-100.0		
广播、电视、电影和影视录音制作业	Radio, Television, Motion Picture and Audio-visual Programme Production Services	-75.9	-78.7	-10.7	-83.7
文化艺术业	Cultural and Art Activities	-7.9	-2.3	-42.5	-22.8
体育	Sports Activities	-7.3	-4.2	-76.4	-14.9
娱乐业	Entertainment	-12.4	-8.7	-47.9	-7.7
公共管理、社会保障和社会组织	Public Management, Social Security and Social Organization	-17.1	-10.5	-62.1	-46.0
中国共产党机关	Organs of Communist Party of China	-4.9	-24.5	689.5	-100.0
国家机构	Government Agencies	-0.8	5.9	-49.7	-28.8
人民政协、民主党派	People's Political Cousultative Conference and Democratic Parties				
社会保障	Social Security	-45.0	-41.2		-100.0
群众团体、社会团体和其他成员组织	Mass Organizations, Social Organizations and Other Membership Organizations	-21.7	-7.3	-97.9	-84.0
基层群众自治组织	Grass Roots Self-governing Organizations	-70.9	-65.7	-95.3	-95.9

6-6 按建设性质分固定资产投资比上年增长情况（2021 年）
Growth Rate of Total Investment in Fixed Assets over Preceding Year by Type of Construction (2021)

单位:%　　(%)

行业	Sector	投资额 Investment	#新建 New Construction	#扩建 Expansion	#改建 Reconstruction
总计	**Total**	**7.6**	**8.1**	**-6.5**	**17.4**
农、林、牧、渔业	Agriculture, Forestry, Animal Husbandry and Fishery	-8.2	-6.3	-19.2	-28.3
农业	Farming	-29.4	-22.9	-72.0	-88.5
林业	Forestry	-49.8	-50.1		50.7
畜牧业	Animal Husbandry	7.4	6.7	82.2	-20.9
渔业	Fishery	-15.5	-10.3	-73.2	-22.5
农、林、牧、渔专业及辅助性活动	Professional and Support Activities for Agriculture, Forestry, Animal Husbandry and Fishery	12.5	8.0	128.0	64.0
采矿业	Mining	69.7	206.6	217.4	-69.2
煤炭开采和洗选业	Mining and Washing of Coal	-100.0			-100.0
石油和天然气开采业	Extraction of Petroleum and Natural Gas	232.2	232.2		
黑色金属矿采选业	Mining and Processing of Ferrous Metul Ores	57.9	102.5		-100.0
有色金属矿采选业	Mining and Processing of Non-ferrous Metal Ores				
非金属矿采选业	Mining and Processing of Non-metal Ores	184.4	183.5	234.0	67.6
开采辅助活动	Professional and Support Activities for Mining				
其他采矿业	Mining of Other Ores	41.0		-100.0	-100.0
制造业	Manufacturing	16.1	19.1	2.1	20.0
农副食品加工业	Processing of Food from Agricultural Products	36.7	41.1	-34.6	55.5
食品制造业	Manufacturing of Foods	4.5	-9.6	27.8	33.8
酒、饮料和精制茶制造业	Manufacture of Liquor, Beverages and Refined Tea	14.5	37.9	-48.3	31.8
烟草制品业	Manufacture of Tobacco	-52.7		60.9	-68.2
纺织业	Manufacture of Textile	8.0	8.9	-16.3	21.8
纺织服装、服饰业	Manufacture of Textile, Wearing Apparel and Accessories	12.3	7.5	32.6	9.3
皮革、毛皮、羽毛及其制品和制鞋业	Manufacture of Leather, Fur, Feather and Related Products and Footwear	26.2	2.1	66.9	57.3
木材加工和木、竹、藤、棕、草制品业	Processing of Timber, Manufacture of Wood, Bamboo, Rattan, Palm and Straw Products	0.5	-12.9	50.5	15.2
家具制造业	Manufacture of Furniture	3.4	-3.7	-10.5	24.8
造纸和纸制品业	Manufacture of Paper and Paper Products	8.6	24.5	-33.0	-10.2
印刷和记录媒介复制业	Printing and Reproduction of Recording Media	30.9	-25.8	11.0	93.8
文教、工美、体育和娱乐用品制造业	Manufacture of Articles for Culture, Education, Arts and Crafts, Sport and Entertainment Activities	53.1	52.2	1.3	101.9
石油加工、炼焦和核燃料加工业	Processing of Petroleum, Coking, Processing of Nuclear Fuels	98.1	106.4	130.8	41.8
化学原料和化学制品制造业	Manufacture of Raw Chemical Materials and Chemical Products	-9.0	-29.9	6.8	25.3

6-6 续表1 Continued

单位:% (%)

行业	Sector	投资额 Investment	#新建 New Construction	#扩建 Expansion	#改建 Reconstruction
医药制造业	Manufacture of Medicines	14.6	14.6	15.8	16.9
化学纤维制造业	Manufacture of Chemical Fibers	45.5	231.2	-35.3	-15.9
橡胶和塑料制品业	Manufacture of Rubber and Plastic Products	13.1	17.3	3.8	9.3
非金属矿物制品业	Manufacture of Non-metallic Mineral Products	16.0	16.0	-2.5	37.1
黑色金属冶炼和压延加工业	Smelting and Pressing of Ferrous Metals	1.1	43.1	42.0	-35.4
有色金属冶炼和压延加工业	Smelting and Pressing of Non-ferrous Metals	-1.9	22.0	-45.2	-11.0
金属制品业	Manufacture of Metal Products	13.9	12.1	-0.3	22.2
通用设备制造业	Manufacture of General Purpose Machinery	13.1	9.1	18.6	18.3
专用设备制造业	Manufacture of Special Purpose Machinery	35.7	36.6	43.0	34.1
汽车制造业	Manufacture of Automobiles	-9.1	-0.2	-42.9	13.3
铁路、船舶、航空航天和其他运输设备制造业	Manufacture of Railway, Ship, Aerospace and Other Transport Equipments	16.7	21.1	-19.6	42.8
电气机械和器材制造业	Manufacture of Electrical Machinery and Apparatus	25.7	31.5	14.2	18.7
计算机、通信和其他电子设备制造业	Manufacture of Computers, Communication and Other Electronic Equipment	15.8	16.6	3.1	21.7
仪器仪表制造业	Manufacture of Measuring Instruments and Machinery	19.6	22.1	18.2	18.1
其他制造业	Other Manufacture	8.3	7.9	64.3	-2.3
废弃资源综合利用业	Utilization of Waste Resources	18.0	34.6	-8.1	8.0
金属制品、机械和设备修理业	Repair Service of Metal Products, Machinery and Equipment	9.3	10.0	-55.6	513.2
电力、热力、燃气及水的生产和供应业	Production and Supply of Electricity, Heat, Gas and Water	-29.5	-29.6	-31.3	-20.4
电力、热力生产和供应业	Production and Supply of Electric Power and Heat Power	-34.8	-34.3	-39.2	-28.1
燃气生产和供应业	Production and Supply of Gas	-26.0	-27.8	43.1	-57.9
水的生产和供应业	Production and Supply of Water	-6.9	-6.9	-9.7	10.7
建筑业	Construction	8.1	16.0	-100.0	
房屋建筑业	Construction of Buildings	31.0	45.0		
土木工程建筑业	Civil Engineering	-33.6	-32.6	-100.0	
建筑安装业	Building Installation				
建筑装饰和其他建筑业	Building Decoration and Other Construction				
批发和零售业	Wholesale and Retail Trades	-12.2	-13.8	-54.5	102.2
批发业	Wholesale Trade	-13.1	-17.8	-28.9	154.6

6-6 续表2 Continued

单位:% (%)

行业	Sector	投资额 Investment	#新建 New Construction	#扩建 Expansion	#改建 Reconstruction
零售业	Retail Trade	-11.5	-10.7	-79.7	71.8
交通运输、仓储和邮政业	Transport, Storage and Post	-7.4	-2.1	-34.6	-32.0
铁路运输业	Railway Transport	-41.9	-39.9		
道路运输业	Road Transport	4.9	10.8	-34.3	-25.6
水上运输业	Water Transport	19.7	57.4	-23.7	-20.5
航空运输业	Air Transport	-40.7	-20.6	-92.5	-52.7
管道运输业	Transport Via Pipeline	-79.2	-77.6	-81.2	-95.8
多式联运和运输代理业	Intermodality and Forwarding Agency	-15.4	11.1	-100.0	-47.5
装卸搬运和仓储业	Loading, Unloading and Storage	-17.4	-14.7	-27.1	-30.0
邮政业	Post	-53.4	-47.3	-100.0	-100.0
住宿和餐饮业	Hotels and Catering Services	-13.1	2.0	-61.3	-60.7
住宿业	Hotels	-13.2	-0.3	-53.0	-59.3
餐饮业	Catering Services	-12.8	15.3	-85.7	-68.9
信息传输、软件和信息技术服务业	Information Transmission, Software and IT Services	27.8	22.5	108.3	-26.6
电信、广播电视和卫星传输服务	Telecommunication, Radio, Television and Satellite Transmission Services	-23.9	-37.1	105.5	-56.7
互联网和相关服务	Internet and Related Services	104.2	83.6	1259.9	5.7
软件和信息技术服务业	Software and IT Services	29.7	30.6	-27.9	61.8
金融业	Financial Intermediation	9.6	9.9	-55.1	-16.0
货币金融服务	Nonetary and Financial	100.4	122.1	-96.0	-12.0
资本市场服务	Capital Market Service	-66.7	-69.3		-2.1
保险业	Insurance	-47.2	-46.1	-42.9	-100.0
其他金融业	Other Financial Activities	34.9	34.9		
房地产业	Real Estate	-6.7	-0.9	-75.9	25.4
租赁和商务服务业	Leasing and Business Services	-4.5	-3.0	-41.2	-21.5
租赁业	Leasing	39.4	-50.5	815.4	-43.6
商务服务业	Business Services	-5.7	-1.8	-43.2	-21.2
科学研究和技术服务业	Scientific Research and Technical Services	24.9	30.8	-13.0	2.3
研究和试验发展	Research and Experimental Development	21.4	26.3	-34.6	11.6
专业技术服务业	Professional Technical Services	22.1	21.2	35.3	32.2
科技推广和应用服务业	Science and Technology Popularization and Application of Services	29.3	39.2	-18.2	-20.8
水利、环境和公共设施管理业	Management of Water Conservancy, Environment and Public Facilities	3.4	1.8	-5.7	26.1

6－6 续表3 Continued

单位:% (%)

行 业	Sector	投资额 Investment	#新 建 New Construction	#扩 建 Expansion	#改 建 Recons-truction
水利管理业	Management of Water Conservancy	-3.3	1.8	-26.4	-30.6
生态保护和环境治理业	Ecological Protection and Enviromental Treatment	12.3	12.9	-39.6	48.8
公共设施管理业	Management of Public Facilities	3.6	1.2	-1.0	28.3
土地管理业	Management of Land	-59.5	-53.9	-97.6	-60.2
居民服务、修理和其他服务业	Services to Households, Repair and Other Services	-33.5	-42.7	97.7	0.3
居民服务业	Services to Households	-30.5	-39.0	54.0	26.1
机动车、电子产品和日用产品修理业	Repair of Motor Vehicles, Electronics and Household Products	-75.6	-80.5	715.3	-79.7
其他服务业	Other Services	11.9	-8.9		-100.0
教育	Education	5.6	8.2	-28.8	131.0
卫生和社会工作	Health and Social Service	18.0	25.9	4.9	-41.5
卫生	Health	23.2	32.8	8.3	-39.0
社会工作	Social Service	-9.3	-5.0	-47.2	-53.9
文化、体育和娱乐业	Culture, Sports and Entertainment	-16.0	-13.1	-61.0	55.9
新闻和出版业	Journalism and Publishing Activities	-100.0	-100.0	-100.0	
广播、电视、电影和影视录音制作业	Radio, Television, Motion Picture and Audio-visual Programme Production Services	-75.9	-85.2	-84.0	-34.6
文化艺术业	Cultural and Art Activities	-7.9	-8.6	-39.9	74.2
体育	Sports Activities	-7.3	29.0	-79.9	18.2
娱乐业	Entertainment	-12.4	-13.7	-50.8	153.9
公共管理、社会保障和社会组织	Public Management, Social Security and Social Organization	-17.1	-21.9	32.8	4.8
中国共产党机关	Organs of Communist Party of China	-4.9	44.6	-100.0	
国家机构	Government Agencies	-0.8	-4.4	52.4	-1.5
人民政协、民主党派	People's Political Consultative Conference and Democratic Parties				
社会保障	Social Security	-45.0	-63.7	-100.0	264.4
群众团体、社会团体和其他成员组织	Mass Organizations, Social Organizations and Other Membership Organizations	-21.7	-25.2	-49.7	
基层群众自治组织	Grass Roots Self-governing Organizations	-70.9	-72.3	1.2	-29.0

注:本表不含房地产开发投资。
a) The investment in real estate development was not included in this table.

6-7 按隶属关系和注册类型分固定资产投资比上年增长情况（2021年）

单位：%

行业	Sector	投资额 Investment	中央 Central Government
总计	**Total**	**5.8**	**-4.5**
农、林、牧、渔业	Agriculture, Forestry, Animal Husbandry and Fishery	-8.2	-74.1
农业	Farming	-29.4	-78.9
林业	Forestry	-49.8	
畜牧业	Animal Husbandry	7.4	
渔业	Fishery	-15.5	
农林牧渔专业及辅助性活动	Professional and Support Activities for Agriculture, Forestry, Animal Husbandry and Fishery	12.5	-32.1
采矿业	Mining	69.7	225.5
煤炭开采和洗选业	Mining and Washing of Coal	-100.0	
石油和天然气开采业	Extraction of Petroleum and Natural Gas	232.2	222.4
黑色金属矿采选业	Mining and Processing of Ferrous Metul Ores	57.9	
有色金属矿采选业	Mining and Processing of Non-ferrous Metal Ores		
非金属矿采选业	Mining and Processing of Non-metal Ores	184.4	
开采辅助活动	Professional and Support Activities for Mining		
其他采矿业	Mining of Other Ores	41.0	
制造业	Manufacturing	16.1	49.4
农副食品加工业	Processing of Food from Agricultural Products	36.7	55.7
食品制造业	Manufacturing of Foods	4.5	
酒、饮料和精制茶制造业	Manufacture of Liquor, Beverages and Refined Tea	14.5	
烟草制品业	Manufacture of Tobacco	-52.7	-15.7
纺织业	Manufacture of Textile	8.0	
纺织服装、服饰业	Manufacture of Textile, Wearing Apparel and Accessories	12.3	
皮革、毛皮、羽毛及其制品和制鞋业	Manufacture of Leather, Fur, Feather and Related Products and Footwear	26.2	
木材加工和木、竹、藤、棕、草制品业	Processing of Timber, Manufacture of Wood, Bamboo, Rattan, Palm and Straw Products	0.5	
家具制造业	Manufacture of Furniture	3.4	
造纸和纸制品业	Manufacture of Paper and Paper Products	8.6	
印刷和记录媒介复制业	Printing and Reproduction of Recording Media	30.9	
文教、工美、体育和娱乐用品制造业	Manufacture of Articles for Culture, Education, Arts and Crafts, Sport and Entertainment Activities	53.1	
石油加工、炼焦和核燃料加工业	Processing of Petroleum, Coking, Processing of Nuclear Fuels	98.1	60.1
化学原料和化学制品制造业	Manufacture of Raw Chemical Materials and Chemical Products	-9.0	328.3
医药制造业	Manufacture of Medicines	14.6	-98.0
化学纤维制造业	Manufacture of Chemical Fibers	45.5	44.6
橡胶和塑料制品业	Manufacture of Rubber and Plastic Products	13.1	-31.7

Growth Rate of Total Investment in Fixed Assets over Preceding Year by Jurisdiction of Management and Registration Status (2021)

(%)

地方 Local	内资 Domestic Funded	港澳台商投资 Funds from Hong Kong, Macao and Taiwan	外商投资 Foreign Funded	国有控股 State-holding	集体控股 Collective-holding	私人控股 Private-holding
6.0	**5.6**	**18.6**	**-6.1**	**5.2**	**-4.4**	**8.6**
-7.4	-6.5	-41.9	-65.4	-24.4	-18.6	-1.5
-28.1	-30.0	-76.4	962.2	-41.4	-8.0	-27.3
-49.8	-56.0	-39.7		-84.9	153.3	-32.6
7.8	15.3	-33.9	-78.0	-23.0	-10.8	17.0
-15.5	-16.6			-77.8	7.2	-9.3
13.0	12.5			7.8	-31.6	25.2
32.5	67.2		25.3	133.8		20.2
	-100.0					
	232.2			222.4		
57.9	72.2		50.5	133.8		-37.1
194.7	177.3			16.6		400.9
41.0	41.0					41.0
15.9	17.9	14.7	-0.5	24.8	-17.9	17.9
36.7	35.6	33.5	50.8	125.9	-36.1	34.2
5.4	2.6	4.1	38.7	532.5	-23.5	-3.8
14.5	24.6	-57.0	-33.9	98.6		13.3
-75.8	-52.7			-52.7		
7.9	6.1	47.5	44.7	55.4	57.4	6.1
12.7	12.6	7.0	13.1	-3.3		12.0
26.2	10.9	395.9	-29.8			8.5
0.6	1.1	-4.9	-92.2	36.8		0.9
3.4	5.1	65.4	-54.7			5.3
8.4	28.6	-28.4	-16.2	-85.9		64.6
30.9	37.9	-11.6	-45.2	-62.2	47.6	43.0
53.1	45.5	133.9	121.6	880.4	22.1	45.9
101.1	101.7	53.7	-48.4	65.0		106.4
-15.4	-13.5	31.8	0.8	108.7	41.7	-23.2
15.4	15.4	-8.2	50.7	-10.2	52.3	15.0
45.6	54.6	-48.4	60.9	25.8	13.0	56.6
13.2	14.8	24.0	-12.3	-5.9	83.1	8.2

6-7 续表1

单位:%

行业	Sector	投资额 Investment	中央 Central Government
非金属矿物制品业	Manufacture of Non-metallic Mineral Products	16.0	-55.6
黑色金属冶炼和压延加工业	Smelting and Pressing of Ferrous Metals	1.1	-61.2
有色金属冶炼和压延加工业	Smelting and Pressing of Non-ferrous Metals	-1.9	22.4
金属制品业	Manufacture of Metal Products	13.9	-15.8
通用设备制造业	Manufacture of General Purpose Machinery	13.1	-78.1
专用设备制造业	Manufacture of Special Purpose Machinery	35.7	40.6
汽车制造业	Manufacture of Automobiles	-9.1	74.9
铁路、船舶、航空航天和其他运输设备制造业	Manufacture of Railway, Ship, Aerospace and Other Transport Equipments	16.7	20.2
电气机械和器材制造业	Manufacture of Electrical Machinery and Apparatus	25.7	203.7
计算机、通信和其他电子设备制造业	Manufacture of Computers, Communication and Other Electronic Equipment	15.8	-35.8
仪器仪表制造业	Manufacture of Measuring Instruments and Machinery	19.6	-61.9
其他制造业	Other Manufacture	8.3	
废弃资源综合利用业	Utilization of Waste Resources	18.0	
金属制品、机械和设备修理业	Re pair Service of Metal Products, Machinery and Equipment	9.3	-51.3
电力、热力、燃气及水的生产和供应业	Production and Supply of Electricity, Heat, Gas and Water	-29.5	-22.8
电力、热力生产和供应业	Production and Supply of Electric Power and Heat Power	-34.8	-23.2
燃气生产和供应业	Production and Supply of Gas	-26.0	-44.6
水的生产和供应业	Production and Supply of Water	-6.9	109.3
建筑业	Construction	8.1	
房屋建筑业	Construction of Buildings	31.0	
土木工程建筑业	Civil Engineering	-33.6	
建筑安装业	Building Installation		
建筑装饰和其他建筑业	Building Decoration and Other Construction		
批发和零售业	Wholesale and Retail Trades	-12.2	-25.3
批发业	Wholesale Trade	-13.1	25.0
零售业	Retail Trade	-11.5	-29.2
交通运输、仓储和邮政业	Transport, Storage and Post	-7.4	-35.4
铁路运输业	Railway Transport	-41.9	-97.6
道路运输业	Road Transport	4.9	-32.6
水上运输业	Water Transport	19.7	121.5
航空运输业	Air Transport	-40.7	
管道运输业	Transport Via Pipelines	-79.2	-49.6
多式联运和运输代理业	Intermodality and Forwarding Agency	-15.4	
装卸搬运和仓储业	Loading, Unloading and Storage	-17.4	1.6
邮政业	Post	-53.4	-73.5
住宿和餐饮业	Hotels and Catering Services	-13.1	-8.4
住宿业	Hotels	-13.2	-8.4
餐饮业	Catering Services	-12.8	
信息传输、软件和信息技术服务业	Information Transmission, Software and IT Services	27.8	-15.1
电信、广播电视和卫星传输服务	Telecommunication, Radio, Television and Satellite Transmission Services	-23.9	-49.6

6-7 续表1 Continued

(%)

地方 Local	内资 Domestic Funded	港澳台商投资 Funds from Hong Kong, Macao and Taiwan	外商投资 Foreign Funded	国有控股 State-holding	集体控股 Collective-holding	私人控股 Private-holding
16.2	13.1	137.0	-21.8	51.1	-36.5	16.7
1.7	3.3	-44.4	23.0	25.6	82.6	6.6
-2.0	-3.9	39.1	82.0	32.7	228.3	-1.4
14.1	10.5	85.5	30.6	69.6	-52.4	9.2
13.7	17.5	-4.3	-20.6	41.1	-76.9	14.1
35.7	38.8	26.4	4.4	87.0	25.0	35.0
-9.7	-5.6	12.3	-30.2	-38.0	-99.5	3.4
16.6	14.0	144.0	-10.6	20.1		15.1
24.7	25.5	114.6	-7.3	80.0	205.7	18.8
16.1	24.3	-11.0	6.5	-3.7	-29.0	30.6
19.9	19.4	183.6	-30.1	45.6	312.0	16.2
8.3	0.9	357.4	-35.0	208.5	-83.9	-15.1
18.0	15.4	45.0	179.5	-53.0		23.4
13.3	10.4	-49.3		4.3		9.5
-31.3	-24.2	-24.4	-72.7	-25.6	-78.6	-34.9
-39.0	-28.8	-22.7	-78.9	-28.1	-73.8	-44.2
-21.6	-32.5	-56.8	81.4	-26.9		-35.2
-7.7	-4.8	-23.3	-15.6	-16.6	-82.3	46.5
8.1	8.1			-71.4		284.9
31.0	31.0					394.2
-33.6	-33.6			-54.1		57.8
-12.0	-18.6	82.8	94.4	85.3	-31.0	-27.0
-13.3	-17.6	57.2	-28.2	259.0	-96.3	-19.2
-10.9	-19.4	323.8	121.2	34.1	80.9	-32.4
-7.1	-7.0	-15.8	-18.6	-0.7	-49.9	-26.7
-40.7	-41.9			-42.7		155.4
5.0	4.8	198.0		10.0	-55.1	-28.0
18.9	22.9	-86.2	-27.9	27.8	-88.5	-5.7
-39.1	-40.7			-40.0		-50.8
-81.4	-81.1			-86.9		-42.4
-15.4	-11.7		-100.0	-41.2		-33.1
-18.0	-17.1	-18.6	-19.0	44.8	25.5	-27.1
-52.2	-60.0			-62.0		-50.9
-13.2	-3.8	6.8	-49.8	18.9	81.0	-24.8
-13.3	-2.0	8.7	-54.4	13.3	128.9	-26.1
-12.8	-12.3					-19.4
43.2	31.0	42.6	-71.1	14.7	-54.0	45.1
18.7	-33.3	104.6	-93.8	-33.2	-33.7	-90.9

6-7 续表2

单位:%

行 业	Sector	投资额 Investment	中央 Central Government
互联网和相关服务	Internet and Related Services	104.2	1088.6
软件和信息技术服务业	Software and IT Services	29.7	-50.1
金融业	Financial Intermediation	9.6	-15.2
货币金融服务	Monetary and Financial	100.4	92.1
资本市场服务	Capital Market Service	-66.7	
保险业	Insurance	-47.2	-41.6
其他金融业	Other Financial Activities	34.9	
房地产业	Real Estate	2.3	-0.4
租赁和商务服务业	Leasing and Business Services	-4.5	-87.3
租赁业	Leasing	39.4	
商务服务业	Business Services	-5.7	-87.3
科学研究和技术服务业	Scientific Research and Technical Services	24.9	106.0
研究和试验发展	Research and Experimental Developmant	21.4	65.5
专业技术服务业	Professional Technical Services	22.1	91.4
科技推广和应用服务业	Science and Technology Popularization and Application of services	29.3	439.1
水利、环境和公共设施管理业	Management of Water Conservancy, Environment and Public Facilities	3.4	-21.0
水利管理业	Management of Water Conservancy	-3.3	-83.0
生态保护和环境治理业	Ecological Protection and Enviromental Treatment	12.3	-71.4
公共设施管理业	Management of Public Facilities	3.6	-7.2
土地管理业	Management of Land	-59.5	
居民服务、修理和其他服务业	Services to Households, Repair and Other Services	-33.5	
居民服务业	Services to Households	-30.5	
机动车、电子产品和日用产品修理业	Repair of Motor Vehicles, Electronics and Household Products	-75.6	
其他服务业	Other Services	11.9	
教育	Education	5.6	64.7
卫生和社会工作	Health and Social Service	18.0	74.2
卫生	Health	23.2	3.9
社会工作	Social Service	-9.3	126.6
文化、体育和娱乐业	Culture, Sports and Entertainment	-16.0	181.1
新闻和出版业	Journalism and Publishing Activities	-100.0	
广播、电视、电影和影视录音制作业	Radio, Television, Motion Picture and Audio-visual Programme Production Services	-75.9	
文化艺术业	Cultural and Art Activities	-7.9	224.1
体育	Sports Activities	-7.3	237.6
娱乐业	Entertainment	-12.4	147.4
公共管理、社会保障和社会组织	Public Administration, Social Security and Social Organization	-17.1	232.6
中国共产党机关	Organs of Communist Party of China	-4.9	290.6
国家机构	Government Agencies	-0.8	200.9
人民政协、民主党派	People's Political Cousultative Conference and Remocratic Parlies		
社会保障	Social Security	-45.0	
群众团体、社会团体和其他成员组织	Mass Organizations, Social Organizations and Other Membership Organizations	-21.7	
基层群众自治组织	Grass Roots Self-governing Organizations	-70.9	

6-7 续表2 Continued

(%)

地方 Local	内资 Domestic Funded	港澳台商投资 Funds from Hong Kong, Macao and Taiwan	外商投资 Foreign Funded	国有控股 State-holding	集体控股 Collective-holding	私人控股 Private-holding
71.6	153.3	20.5		374.3	-54.7	70.1
33.6	42.5	53.8	-77.1	56.0	-78.2	34.2
13.8	9.2			9.2	-62.8	1.9
101.1	100.4			115.6	-16.0	56.3
-65.9	-66.7			-59.7		-85.9
-58.8	-45.3			-37.7		
34.9	-13.8					34.0
2.4	-0.1	29.2	6.4	5.2	44.2	4.2
-4.4	-4.8	2.0	16.9	4.0	25.6	-6.3
39.4	38.7		55.8	134.5		-38.4
-5.5	-5.9	2.0	9.8	0.8	23.7	-5.2
22.6	26.3	-37.1	130.7	41.0	-45.6	14.2
19.2	19.1	18.1	218.3	24.2	-73.5	16.5
19.3	21.8	-36.9	111.3	31.6	-52.3	13.9
26.9	35.3	-45.0	10.6	63.6	11.3	12.7
3.9	3.6	-39.0	-2.7	10.0	5.0	-14.7
-0.7	-3.3			-1.5	-29.2	28.4
13.9	15.6	-55.1	24.8	2.2	2.7	38.8
3.8	3.6	72.3	-70.6	12.5	8.3	-26.0
-58.8	-59.7			-58.6		42.4
-33.5	-27.4		-99.5	6.9	38.4	-54.7
-30.5	-22.1		-99.5	-5.7	70.7	-43.6
-75.6	-75.6					-78.8
11.9	17.0		-98.4	145.1	-85.1	-30.0
5.2	6.6	-56.8	54.3	15.2	0.6	-22.5
17.8	18.9	92.4	-81.9	31.7	-28.9	12.7
23.2	24.1	92.4	-79.4	33.4	-34.6	28.6
-11.7	-8.3			12.3	17.7	-26.5
-16.4	-14.2	-89.0	-74.4	-5.7	-77.6	-15.7
-100.0	-100.0			-100.0		
-75.9	-75.9			-13.2		-89.5
-8.3	-7.9			3.7	13.0	-5.9
-7.6	-6.7			-41.9	-14.4	15.8
-12.8	-7.8		-74.4	12.2	-96.3	-6.9
-18.5	-17.1			-1.9	-47.1	-64.0
	-4.9			16.3		
-1.8	-0.8			9.2	-37.1	-51.1
-45.0	-45.0			-27.6	-66.9	
-21.7	-21.7			44.7		
-70.9	-70.9			-79.3	-52.9	-72.0

6－8 房地产开发投资主要指标
Major Indicators of Investment in Real Estate Development

指　　标 Item		2005	2010	2015	2020	2021
投资完成额(亿元)	**Investment Completed This Year (100 million yuan)**	**1545.15**	**4299.38**	**8153.68**	**13171.27**	**13477.45**
按构成分	Grouped by Composition of Funds					
#建筑安装工程	Constructions and Installations	1091.29	2897.21	6186.30	7345.99	7987.25
设备工器具购置	Purchase of Equipments and Instruments	12.53	41.09	118.93	158.02	106.00
按工程用途分	Grouped by Use of Project					
住宅	Residential Buidlings	1133.06	3158.46	6080.21	10416.03	10786.21
#90平方米以下	Below 90 Square Meters		733.15	1773.41	1203.69	1301.07
#144平方米以上	Above 144 Square Meters		744.76	1248.38	2088.26	1860.79
办公楼	Office Buildings	54.27	154.61	344.07	379.08	410.83
商业营业用房	Buildings for Business Use	217.02	611.08	1130.91	1019.74	975.62
其他	Others	140.81	375.23	598.50	1356.42	1304.80
按资金来源分	Grouped by Sources of Funds					
国内贷款	Domesitc Loans	392.73	1515.66	1877.93	3842.96	3506.86
利用外资	Foreign Investment	33.16	92.76	44.91	41.09	30.38
自筹投资	Self-raised Fund	614.76	2031.38	3416.80	5217.37	5676.96

6-8 续表1 Continued

指 标 Item		2005	2010	2015	2020	2021
其他到位资金	Others	998.18	4382.54	6700.36	970.97	663.00
定金及预收款	Deposit and Prepayment				9253.34	10254.42
个人按揭贷款	Individual Mortgage Loans				4072.50	4396.01
房屋建筑面积（万平方米）	**Floor Space of Buildings Construction (10 000 sq. m)**					
施工面积	Floor Space of Buildings under Construction	15619.26	35106.90	58118.44	67889.46	68479.63
#住宅	Residential Buidlings	12385.98	26347.13	42315.98	51020.11	51068.75
竣工面积	Floor Space of Buildings Completed	5500.12	8696.28	10296.96	11151.04	9140.70
#住宅	Residential Buidlings	4497.68	6553.53	7930.21	8272.63	6693.68
商品房销售情况（万平方米）	**Sale of Commercial Buildings (10 000 sq. m)**					
房屋销售面积	Floor Space of Commercial Buildings Sold	5135.55	9485.47	11414.05	15426.99	16551.82
#住宅	Residential Buidlings	4523.14	8112.37	10275.95	13855.72	14361.50
#90平方米以下	Below 90 Square Meters		1583.11	1896.76	1134.20	1214.28
#144平方米以上	Above 144 Square Meters		1816.86	1533.98	2286.30	2122.62

注:1. 本表资金来源为资金到位数。

2. 从2011年开始,高档住宅小区标准已改为144平方米及以上。

a) The funds sources of this table were all available for investment.

b) The standard of the high-grade residential area standard has been changed to 144 square meters and above since 2011.

6-9 按登记注册类型分房地产开发投资（2021年）

项　目 Iteam		总计 Total	内资 Domestic Fund	国有 State-owned	集体 Collective-owned
企业个数　（个）	**Number of Enterprises (unit)**	**7315**	**6714**	**147**	**12**
本年完成投资　（亿元）	**Investment Completed This Year (100 million yuan)**	**13477.45**	**11781.93**	**233.01**	**12.08**
按构成分	Grouped by Composition of Funds				
建筑工程	Constructions	7561.59	6662.47	129.95	11.50
安装工程	Installations	425.66	371.12	2.93	0.14
设备工器具购置	Pruchase of Equipments and Instruments	106.00	90.47	0.60	0.15
其他费用	Other Expenses	5384.20	4657.88	99.53	0.28
按构成用途分	Grouped by Use of Project	13477.45	11781.93	233.01	12.08
住宅	Residential Buildings	10786.21	9448.93	181.61	9.46
#90平方米以下	Below 90 Square Meters	1301.07	1143.17	56.64	0.38
#144平方米以上住房	Above 144 Square Meters	1860.79	1584.10	18.81	0.53
办公楼	Office Buidings	410.83	352.47	10.65	0.03
商业营业用房	Buidings for Business Use	975.62	834.68	10.22	0.23
其他	Others	1304.80	1145.85	30.52	2.36
本年新增固定资产　（亿元）	**Newly Increased Fixed Assets This Year (100 million yuan)**	**6313.74**	**5309.06**	**22.34**	
资金来源	**Sources of Funds**				
本年资金来源合计	Total of Funds This Year	32311.48	28331.72	536.53	9.89
上年末结余资金	Balance of Founds Preceding Year	7783.87	6745.40	75.83	1.98
本年资金来源小计	Subtotal Funds This Year	24527.62	21586.31	460.70	7.91
国内贷款	Domestic Loans	3506.86	3115.46	128.87	
利用外资	Foreign Investment	30.38	6.22		
自筹资金	Self-raised Fund	5676.96	5002.17	136.79	7.65
其他资金来源	Others	663.00	635.18	7.32	0.10
定金及预收款	Deposit and Prepayment	10254.42	8979.98	134.93	0.10
个人按揭贷款	Individual Mortgage Loans	4396.01	3847.31	52.79	0.05

Investment in Real Estate Development by Registration Status (2021)

股份合作 Cooperative	联营 Joint Ownership	国有独资公司 State Sole Funded	其他有限责任公司 Other Limited Liability Corporations	股份有限公司 Share-holding Co., Ltd.	私营 Private	其他 Others
8	**12**	**188**	**1831**	**126**	**4383**	**7**
51.14	**43.58**	**494.57**	**4189.89**	**205.65**	**6521.02**	**30.99**
12.81	18.96	363.28	2254.29	140.84	3715.97	14.86
1.56	0.45	19.31	118.64	8.36	219.43	0.30
0.30	0.03	3.57	23.17	3.19	59.45	0.00
36.47	24.15	108.40	1793.79	53.26	2526.17	15.83
51.14	43.58	494.57	4189.89	205.65	6521.02	30.99
41.60	32.68	378.94	3305.64	164.45	5308.83	25.71
2.46	3.11	77.04	415.23	16.42	571.15	0.75
15.87	8.36	50.65	634.85	31.81	819.31	3.90
		14.26	164.39	6.43	156.61	0.10
1.16	5.27	48.46	274.48	22.17	471.30	1.39
8.38	5.63	52.91	445.38	12.60	584.28	3.80
0.00	**12.08**	**313.61**	**2430.39**	**168.65**	**2362.00**	
72.41	56.47	1112.01	10324.84	557.08	15567.96	94.52
5.21	2.82	258.90	2935.32	162.61	3292.46	10.27
67.20	53.66	853.11	7389.52	394.47	12275.50	84.25
4.40	25.05	207.29	939.96	34.70	1764.68	10.50
					6.22	
12.58	12.73	168.57	1727.96	76.62	2811.46	47.81
0.36	0.25	82.71	220.76	19.82	303.66	0.21
41.26	11.43	291.10	3049.30	192.92	5248.28	10.66
8.60	4.20	103.44	1451.54	70.41	2141.20	15.07

6-9 续表

指标	Iteam	港澳台商投资 Funds from Hong Kong, Macao and Taiwan	合资经营 Joint-venture Enterprises	合作经营 Cooperative Enterprises
企业个数（个）	**Number of Enterprises (unit)**	**448**	**234**	**9**
本年完成投资（亿元）	**Investment Completed This Year (100 million yuan)**	**1313.75**	**883.60**	**7.74**
按构成分	Grouped by Composition of Funds			
建筑工程	Constructions	685.96	456.63	5.32
安装工程	Installations	36.53	26.29	0.15
设备工器具购置	Pruchase of Equipments and Instruments	12.13	8.32	0.05
其他费用	Other Expenses	579.13	392.36	2.22
按构成用途分	Grouped by Use of Project	1313.75	883.60	7.74
住宅	Residential Buildings	1026.62	684.72	7.41
#90平方米以下	Below 90 Square Meters	134.33	70.80	2.81
#144平方米以上住房	Above 144 Square Meters	191.63	116.71	1.24
办公楼	Office Buidings	46.42	27.38	
商业营业用房	Buidings for Business Use	116.72	74.41	0.33
其他	Others	123.98	97.09	
本年新增固定资产（亿元）	**Newly Increased Fixed Assets This Year (100 million yuan)**	**722.88**	**409.45**	**0.00**
资金来源	**Sources of Funds**			
本年资金来源合计	Total of Funds This Year	2922.61	1967.36	50.93
上年末结余资金	Balance of Founds Preceding Year	716.58	450.27	6.87
本年资金来源小计	Subtotal Funds This Year	2206.03	1517.10	44.06
国内贷款	Domestic Loans	307.31	212.58	7.28
利用外资	Foreign Investment	13.70	7.23	
自筹资金	Self-raised Fund	501.01	364.39	15.45
其他资金来源	Others	18.20	8.25	
定金及预收款	Deposit and Prepayment	948.37	654.49	14.69
个人按揭贷款	Individual Mortgage Loans	417.44	270.16	6.65

6-9 续表 Continued

独资公司 Enterprises with Sole Fund	股份有限公司 Share-holding Co., Ltd.	其他港澳台商投资 Other Funds from Hong Kong, Macao and Taiwan	外商投资 Foreign Funded	合资经营 Joint-venture Enterprises	合作经营 Cooperative Enterprises	独资公司 Enterprises with Sole Fund	股份有限公司 Share-holding Co., Ltd.	其他外商投资 Other Foreign Funded
184	**9**	**12**	**153**	**79**	**5**	**62**	**3**	**4**
350.84	**32.32**	**39.25**	**381.77**	**205.43**	**24.08**	**150.04**	**0.55**	**1.67**
196.77	13.93	13.30	213.16	120.26	5.28	85.85	0.29	1.47
9.57	0.07	0.45	18.02	12.25		5.52	0.16	0.10
3.71	0.04	0.01	3.40	2.42		0.88	0.10	
140.78	18.29	25.49	147.19	70.50	18.80	57.79		0.10
350.84	32.32	39.25	381.77	205.43	24.08	150.04	0.55	1.67
274.76	24.40	35.34	310.66	160.56	23.86	124.30	0.49	1.45
25.28	13.13	22.32	23.57	12.32	0.01	11.21	0.03	
67.63	2.90	3.14	85.07	26.69	0.53	57.71	0.02	0.12
12.22	3.80	3.03	11.93	5.44	0.10	6.27		0.12
38.71	2.92	0.35	24.22	16.19	0.06	7.91	0.06	
25.15	1.21	0.53	34.96	23.25	0.06	11.55		0.10
312.12		**1.30**	**281.80**	**127.23**	**41.90**	**112.66**		
742.34	56.40	105.58	1057.16	624.06	36.95	383.88	1.67	10.60
236.84	16.97	5.64	321.88	157.32	33.61	129.09		1.86
505.49	39.43	99.94	735.27	466.74	3.34	254.78	1.67	8.74
40.40	19.38	27.67	84.09	58.22		25.87		
2.09	3.10	1.29	10.46	9.80		0.66		
96.17	1.00	24.00	173.79	129.94		42.35	1.27	0.24
5.00	4.95	0.00	9.61	5.78		3.83		
230.50	11.00	37.69	326.06	175.19	2.98	144.00		3.90
131.34		9.29	131.26	87.82	0.36	38.08	0.40	4.60

6-10 分市房地产开发投资（2021年）

指　　标	Item	南京 Nanjing	无锡 Wuxi	徐州 Xuzhou	常州 Changzhou
企业个数　（个）	**Number of Enterprises　(unit)**	**710**	**753**	**564**	**452**
平均从业人数　（万人）	**Average Number of Employed Persons (10 000 persons)**	**2.30**	**1.57**	**1.49**	**0.94**
本年购置土地面积（万平方米）	**Land Space Purchased This Year (10 000 sq. m)**	**209.16**	**146.17**	**188.76**	**84.62**
投资完成额　（亿元）	**Investment Completed This Year (100 million yuan)**	**2719.80**	**1568.06**	**853.88**	**959.12**
按构成分	Grouped by Composition of Funds				
#建筑安装工程	Constructions and Installations	1199.50	1004.33	639.73	542.84
设备工器具购置	Purchase of Equipments and Instruments	9.14	15.24	9.82	8.38
按工程用途分	Grouped by Use of Project				
住宅	Residential Buidlings	1932.13	1327.41	714.02	805.30
办公楼	Office Buildings	163.84	26.79	25.88	24.48
商业营业用房	Houses for Business Use	240.46	103.80	70.46	40.27
其他	Others	383.37	110.06	43.53	89.06
按资金来源分	Grouped by Sources of Funds	5392.54	2607.53	1485.25	1570.56
国内贷款	Domesitc Loans	860.98	385.00	117.58	200.17
利用外资	Foreign Investment	3.24	2.13	2.99	9.16
自筹投资	Self-raised Fund	1475.23	548.08	318.13	366.38
其他投资	Others	75.95	52.11	36.28	17.43
定金及预收款	Deposit and Prepayment	2138.15	1263.51	632.99	663.89
个人按揭贷款	Individual Mortage Loans	838.99	356.70	377.27	313.54
本年新增固定资产　（亿元）	**Newly Increased Fixed Assets This Year (100 million yuan)**	**1365.74**	**994.29**	**353.87**	**430.59**
房屋建筑面积（万平方米）	Floor Space of Buildings　(10 000 sq. m)				
施工面积	Floor Space of Buildings under Construction	8597.29	6076.26	7736.98	4135.76
#住宅	Residential Buidlings	5398.41	4503.88	6123.62	3011.73
竣工面积	Floor Space of Buildings Completed	1171.18	1037.35	838.68	707.28
#住宅	Residential Buildings	706.24	752.93	653.79	517.25
商品房销售情况（万平方米）	**Sale of Commercial Buildings (10 000 sq. m)**				
房屋销售面积	Floor Space of Commercial Buildings Sold	1510.95	1550.86	1658.59	1011.43
#住宅	Residential Buildings	1371.39	1344.94	1534.39	764.91

Investment in Real Estate Development by City (2021)

苏州 Suzhou	南通 Nantong	连云港 Lianyungang	淮安 Huai'an	盐城 Yancheng	扬州 Yangzhou	镇江 Zhenjiang	泰州 Taizhou	宿迁 Suqian
1322	**733**	**294**	**364**	**623**	**484**	**365**	**337**	**314**
2.81	**1.70**	**0.67**	**1.14**	**1.53**	**0.99**	**0.87**	**0.76**	**0.78**
359.34	**253.72**	**85.03**	**138.09**	**228.37**	**118.87**	**20.05**	**76.26**	**75.91**
2869.78	**1171.94**	**341.43**	**405.17**	**607.87**	**841.68**	**413.97**	**346.15**	**378.59**
1289.55	776.66	269.78	346.24	452.35	645.42	278.05	256.86	285.94
11.29	11.24	6.01	4.24	10.62	10.66	2.96	2.52	3.88
2379.89	953.27	294.95	338.21	469.30	624.38	342.58	281.40	323.36
64.90	24.75	3.59	11.37	19.56	35.59	2.16	5.96	1.96
146.45	68.30	21.34	32.72	53.32	107.02	36.70	26.59	28.19
278.53	125.62	21.55	22.89	65.69	74.69	32.53	32.20	25.08
5783.72	1986.30	643.23	830.93	1173.38	1028.44	585.68	703.21	736.84
994.06	280.19	63.26	125.15	156.95	155.19	36.21	82.72	49.40
4.54	0.07	0.00	3.22	2.00	0.00	0.00	2.64	0.39
1131.59	521.12	121.24	217.66	322.72	277.04	130.87	93.00	153.90
198.15	133.80	16.04	25.40	27.80	43.13	12.74	6.84	17.33
2597.75	713.92	245.86	279.73	468.75	359.29	256.87	352.79	280.92
857.62	337.21	196.83	179.78	195.16	193.79	148.99	165.22	234.89
1123.48	**647.62**	**184.02**	**245.31**	**276.77**	**217.33**	**216.41**	**148.53**	**109.78**
11921.28	7327.36	2926.64	3777.28	3995.98	3360.09	2913.79	2180.58	3530.35
8585.91	5678.42	2336.67	2977.79	3068.92	2364.35	2395.58	1750.88	2872.60
1238.95	1117.85	377.97	787.71	554.36	411.74	377.55	208.30	311.77
904.86	839.01	277.56	587.60	456.49	281.02	325.49	167.95	223.48
2275.42	2186.78	708.40	1200.03	1120.37	829.03	695.05	973.17	831.75
2088.27	1793.52	661.81	1049.26	963.31	629.57	661.36	744.73	754.04

6－11 房地产开发企业经营情况
Operating Statistics on Enterprises for Real Estate Development

指　标	Item	2005	2010	2015	2020	2021
企业个数　（个）	**Number of Enterprises (unit)**	**3810**	**6070**	**6642**	**7003**	**7315**
内资	Domestic Fund	3384	5450	6056	6411	6714
#国有	State-owned Enterprises	248	252	201	293	147
集体	Collective-owned Enterprises	192	124	35	21	12
港澳台商投资	Enterprises with Funds from Hong Kong, Macao and Taiwan	277	352	396	437	448
外商投资	Foreign Funded	149	268	190	155	153
平均从业人数　（万人）	**Average Number of Employed Persons (10 000 persons)**	**8.47**	**13.17**	**17.96**	**17.51**	**17.55**
内资	Domestic Fund	7.54	11.61	15.85	15.43	15.67
#国有	State-owned Enterprises	0.63	0.59	0.70	0.80	0.30
集体	Collective-owned Enterprises	0.33	0.19	0.09	0.04	0.02
港澳台商投资	Enterprises with Funds from Hong Kong, Macao and Taiwan	0.59	0.87	1.41	1.51	1.40
外商投资	Foreign Funded	0.34	0.69	0.70	0.57	0.49
土地开发及购置（万平方米）	**Land Development and Purchase (10 000 sq. m)**					
本年土地成交价款（亿元）	Transaction Value of Land in the Year (100 million yuan)	319.02	613.85	530.42	2245.59	2831.21
待开发土地面积	Land Space Pending for Development	3981.34	3798.79	4044.91	3764.66	4087.52
本年购置土地面积	Land Space Purchased in the Year	2848.80	2055.71	1693.35	2388.17	1984.35
资产负债　（亿元）	**Assets and Liabilities (100 million yuan)**					
实收资本	Paid-in Capital	953.90	4061.51	8815.06	16579.61	17333.46
资产总计	Total Assets	5679.81	19791.32	46749.11	93701.00	105055
累计折旧	Total Depreciation	34.48	128.74	264.16	362.59	413.89
#本年折旧	Depreciation in the Year	8.45	33.70	52.22	69.60	82.51
负债总计	Total Liabilities	4343.07	14233.81	35200.59	72511.83	81482.40
所有者权益	Owners' Equity	1336.74	5557.51	11548.52	21189.18	23572.60

主要统计指标解释

全社会固定资产投资　是以货币表现的建造和购置固定资产活动的工作量，它是反映固定资产投资规模、速度、比例关系和使用方向的综合性指标。全社会固定资产投资按登记注册类型可分为国有、集体、个体、联营、股份制、外商、港澳台商、其他等。全社会固定资产投资总额分为城镇项目投资、农村建设项目投资和房地产开发投资三个部分。

房地产开发投资　指房地产开发公司、商品房建设公司及其他房地产开发法人单位和附属于其他法人单位实际从事房地产开发或经营的活动单位统一开发的包括统代建、拆迁还建的住宅、厂房、仓库、饭店、宾馆、度假村、写字楼、办公楼等房屋建筑物和配套的服务设施，土地开发工程(如道路、给水、排水、供电、供热、通讯、平整场地等基础设施工程)的投资；不包括单纯的土地交易活动。

固定资产投资的资金来源　根据固定资产投资的资金来源不同，分为国家预算内资金、国内贷款、利用外资、自筹资金和其他资金来源。

(1) 国家预算内资金：分为财政拨款和财政安排的贷款两部分。包括中央财政的基本建设基金、专项支出、收回再贷、贴息资金，财政安排的挖潜改造和新产品试制支出、城建支出、商业部门简易建筑支出、不发达地区发展基金等资金中用于固定资产投资的资金；地方财政中由国家统筹安排的资金等。

(2) 国内贷款：指报告期内企、事业单位向银行及非银行金融机构借入的用于固定资产投资的各种国内借款。包括银行利用自有资金及吸收的存款发放的贷款、上级主管部门拨入的国内贷款、国家专项贷款(包括煤代油贷款、劳改煤矿专项贷款等)、地方财政专项资金安排的贷款、国内储备贷款、周转贷款等。

(3) 利用外资：指报告期收到的用于固定资产建造和购置投资的境外资金(包括设备、材料、技术在内)。计算利用外资时，需要折算成人民币，折算中所使用的外汇汇率按现汇计算，即按使用外汇时的汇率计算。包括外商直接投资、对外借款及外商其他投资。不包括我国自有外汇资金。

(4) 自筹资金：指固定资产投资单位报告期收到的，由各地区、各部门及企业、事业单位筹集用于固定资产投资的预算外资金，包括中央各部门、各级地方和企业、事业单位的自有资金。

(5) 其他资金：指在报告期收到的除以上各种资金之外其他用于固定资产投资的资金。包括社会集资、个人资金、无偿捐赠的资金及其他单位拨入的资金等。

固定资产投资按国民经济行业分　按建设项目建成投产后的主要产品或主要用途及社会经济活动性质来确定。一般情况下，一个建设项目或一个企业、事业单位只能属于一种国民经济行业。

固定资产投资按建设性质分　建设项目的性质一般分为新建、扩建、改建、迁建、恢复。

(1) 新建：一般是指从无到有、"平地起家"新开始建设的单位。有的单位原有的基础很小，经过建设后其新增加的固定资产价值超过原有固定资产价值(原值)三倍以上的也算新建。

(2) 扩建：一般是指为扩大原有产品的生产能力，在厂内或其他地点增建主要生产车间(或主要工程)、独立的生产线或分厂的企业；事业单位和行政单位在原单位增建业务用房(如学校增建教学用房、医院增建门诊部或病床用房、行政机关增建办公楼等)也作为扩建。

(3) 改建：一般是指现有企业、事业单位为了技术进步，提高产品质量，增加花色品种，促进产品升级换代，降低消耗和成本，加强资源综合利用和三废治理、劳保安全等，采用新技术、新工艺、新设备、新材料等对现有设施、工艺条件进行技术改造或更新(包括相应配套的辅助性生产、生活福利设施)。有的企业为充分发挥现有生产能力，进行填平补齐而增建不增加本单位主要产品生产能力的车间等，也属于改建。

固定资产投资按构成分　固定资产投资活动按其工作内容和实现方式分为建筑安装工程，设备、工具、器具购置，其他费用三个部分。

(1) 建筑安装工程(建筑安装工作量)：指各种房屋、建筑物的建造工程和各种设备、装置的安装工程。包括各种房屋建造工程，各种用途设备基础和各种工业窑炉的砌筑工程；为施工而进行的各种准备工作和临时工程以及完工后的清理工作等；铁路、道路的铺设，矿井的开凿及石油管道的架设等；水利工程；防空地下建筑等特殊工程；以及各种机械设备的安装工程；为测定安装工程质量，对设备进行的试运工作。在安装工程中，不包括被安装设备本身的价值。

(2) 设备、工具、器具购置：指购置或自制达到固定资产标准的设备、工具、器具的价值，固定资产的标准按财务部门规定。新建单位、扩建单位的新建车间按照设计和计划要求购置或自制的全部设备、工具、器具，不论是否达到固定资产标准均计入"设备、工具、器具购置"中。

(3) 其他费用：指在固定资产建造和购置过程中发生的，除建筑安装工程和设备、工具、器具购置以外的各种应摊入固定资产的费用。

施工项目　指报告期内曾进行建筑或安装工程施工活动的建设项目，包括报告期内新开工项目、报告期以前开工跨入报告期继续施工的项目以及报告期施过工并在报告期内全部建成投产或停缓建的项目。

全部建成投产项目　工业项目是指设计文件规定形成生产能力的主体工程及其相应配套的辅助设施全部建成，经负荷试运转，证明具备生产设计规定合格产品的条件，并经过验收鉴定合格或达到竣工验收标准，与生产性工程配套的生活福利设施可以满足近期正常生产的需要，正式移交生产的建设项目。非工业项目是指设计文件规定的主体工程和相应的配套工程全部建成，能够发挥设计规定的全部效益，经验收鉴定合格或达到竣工验收标准，正式移交使用的建设项目。

房屋建筑面积　指从房屋外墙线算起的各层平面面积的总和，包括可供使用的有效面积和房屋结构（如柱、墙）占用的面积。多层建筑按各层（包括地下室）面积总和计算。

住宅建筑面积　指施工和竣工房屋建筑面积中供居住用的施工和竣工房屋建筑面积。

施工面积　指报告期内施工的全部房屋建筑面积。包括本期新开工的面积、上期跨入本期继续施工的房屋面积、上期停缓建在本期恢复施工的房屋面积、本期竣工的房屋面积及本期施工后又停缓建的房屋面积。

竣工面积　指在报告期内房屋建筑按照设计要求已全部完工，达到住人和使用条件，经验收鉴定合格，正式移交使用单位的建筑面积。

Explanatory Notes on Main Statistical Indicators

Total Investment in Fixed Assets in the Whole Country　refers to the volume of activities in construction and purchases of fixed assets of the whole country expressed in monetary terms. It is a comprehensive indicator which shows the size, pace, proportional relations and use direction of the investment in fixed assets. Total investment in fixed assets in the whole country includes, by registration status, the investment by State-owned units, collective-owned units, individuals, joint ownership units, share-holding units, as well as investments by entrepreneurs from Hong Kong, Macao and Taiwan, foreign investors and others. Total investment in fixed assets in the whole country is classified into the following three parts: investment in urban projects, rural construction projects and real estate development.

Investment in Real Estate Development　It includes the investment by the real estate development companies, commercial buildings construction companies and other real estate development units of various types of ownership in the construction of house buildings, such as residential buildings after removing, factory buildings, warehouses, restaurants, hotels, holiday villages, office buildings, and the matched service facilities and land development projects, such as roads, water supply, water drainage, power supply, heat-supply, telecommunications, land leveling and other projects of infrastructure. It excludes the activities in simple land transactions.

Sources of Funds for Investment in Fixed Assets　It includes funds of the State budget, domestic loans, foreign investment, self-raised funds, and other funds.

(1) Funds from the State budget: consist of fiscal allotments and loans from the State budget. It includes capital construction funds from the central government, special expenditures, loans from repayment, discount funds, expenses on innovation and trial-produce of new products, expenses on urban construction, expenses on temporary construction from business departments, development funds for less developed areas, as well as local budgetary funds overall arranged by the central budget.

(2) Domestic loans: refer to various funds borrowed by enterprises and institutions from banks and non-bank financial institutions during the reference period for the purpose of investment in fixed assets, including loans issued by banks from their self-owned funds and deposit, loans appropriated by upstream authorities, special loans by government (including loan for replacing petroleum with coal, special loan for reform through labor coal mines), loans arranged by local government from special funds, domestic reserve loan, and revoling loan, etc.

(3) Foreign investment: refers to foreign funds received during the reference period for the construction and purchase of investment in fixed assets (covering equipment, materials and technology). In calculating the utilization of foreign capital, foreign currencies are converted into Chinese RMB applying the current exchange rate when the foreign capitals are actually used. It includes foreign direct investment, foreign loans and other foreign investments. It excludes self-owned foreigh exchange funds from China.

(4) Self-raised funds: refer to extra-budgetary funds for investment in fixed assets received during the reference period by investing units from central government ministries, local governments, enterprises and institutions, including their self-raised funds.

(5) Other funds: refer to funds for investment in fixed assets received from sources other than those listed above, including funds raised from society and individuals, donations, and funds transferred from other units.

Investment in Fixed Assets by Sector　The classification of construction projects by sector is determined by the major products or the purpose of the projects when they are put into production or use, and by the nature of their social economic activities instead of being determined by industrial classification of the project enterprises. In general, one project can only be classified into one sector.

Investment in Fixed Assets by Types of Construction The construction projects in general can be classified by the type of construction into new construction, expansion, reconstruction, moving and restoration.

(1) New construction in general refers to newly constructed units. In case the size of the existing unit is quite small, and the value of newly added fixed is more than three times of the original value, the investment will is considered as new construction.

(2) Expansion refers to the construction of new major production workshop, independent production line or construction of a branch factory so as to increase the production capacity of the original products. Newly constructed business houses in institutions and administrative organizations (such as the newly constructed teaching buildings in schools, buildings for clinics or wards in hospitals, and office buildings in administrative agencies, etc.) are also classified as expansion.

(3) Reconstruction refers to technical transformand and innovation of the existing equipment and technical conditions undertaken by enterprises and institutions for the purposes of technological advancement, improvement in product quality, enlarging variety of products, promoting new generation of products, reducing production consumption and cost, ennancing comprehensive utilization of resources, strengthening treatment of waste gas, waste water and waste solid, and safety in production and soon through application of new technologies and techniques, use of new equipment and new materials (including accessory facilities for production or for living and welfare purposes). Construction of new workshops for improving existing production capacity rather than increasing production capacity is also considered as reconstruction.

Investment in Fixed Assets by Composition of Funds refers to the three major parts of investment activities: construction and installation, purchase of equipment and instruments, and other expenses.

(1) Construction and installation (work volume of construction and installation) refer to the construction of various houses and buildings and installation of various kinds of equipment and instruments, including construction of various houses, equipment foundations and industrial kilns and stoves, preparatory and temporary works for project construction, and clean-up works post project construction, pavement of railways and roads, drilling of mines and putting up of oil pipes, construction of projects of water conservancy, construction of underground air defence shelters and construction of other special projects, installation of various machinery equipment, testing operation for pre-testing the quality of installation projects. The value of equipment installed is not included in the value of installation projects.

(2) Purchase of equipment and instruments refers to the total value of equipment, instruments and implements purchased or self-produced which come up to standards for fixed assets in accordance with regulation of financial department. Equipment, instruments and implements purchased or self produced for new workshops by newly established or expanded units are categorized as "purchase of equipment and instruments" no matter whether they come up to the standards for fixed assets or not.

(3) Other expenses refer to expenses occurring during the construction or purchase of fixed assets expect for construction and installation of equipment, instruments and implements.

Projects under Construction refer to projects having construction and installation activities undertaken in the reference period, including projects started in the reference period, or continued from the previous pound, or completed and put into production or suspended in the reference period.

Projects Completed and Put into Use Industrial projects refer to the major projects and accessory facilities completed which result in forming production capacity and have been checked and accepted while the living and welfare facilities have been completed and can ensure normal production and formally put into production. Non-industrial projects refer to the major projects and accessory facilities completed which possess the designed capacity and have been checked, accepted and formally put into production.

Floor Space of Buildings Construction refers to total floor space in each story of buildings calculated from the outside line of building walls, including both usable space and the space occupied by constructions like pillars or walls. The floor space of multi-story buildings includes the total floor space of each story (including basement).

Floor Space of Residential Buildings refers to the floor space of the residential buildings among the total space of buildings under construction or completed.

Floor Space of Buildings under Construction refers to total floor space of all buildings under construction during the reference period, including floor space of newly started buildings during the reference period, floor space of construction extended from the previous period to the current period, floor space of construction suspended during the previous period and resumed in the current period, floor space of construction completed in the current period, and floor space of construction started and then suspended in the current period.

Floor Space of Buildings Completed refers to the floor space of buildings completed in the reference period, which meet the requirements as designed, up to the standard for being resided in and put into use, be checked and accepted by departments concerned as qualified and can be handed over for putting into use.

7

财政、金融

Government Finance, Financial Intermediation

简 要 说 明

本篇主要反映财政收支的基本情况及金融、证券和保险业的发展情况。

一、财政部分的主要内容、资料来源和口径说明

财政统计资料主要内容：一是财政收支历年统计数据；二是财政收支的主要构成项目。

资料来源：财政相关统计资料由江苏省财政厅提供，资料基础为财政决算表。其中，有关财政收支方面的资料根据财政决算收支总表、财政决算收入明细表、财政决算支出明细表的数据加工整理编制。

财政统计资料口径变动说明：财政预算外资金从 1982 年开始建立统计制度，1993 年实施新的财务通则和会计准则，国营企业更新改造资金、大修理基金等不再作为预算外资金。从 1997 年起，财政部将政府预算收支科目分为两部分，即：将纳入预算管理的政府性基金收支及原属预算外的地方税费附加收支称为财政基金预算收支，原来的财政预算收支改称为财政一般预算收支。2007 年财政收支科目实施了较大改革，特别是财政支出项目口径变化很大。2015 年起，非税收入中的国有资本经营收入不再列入一般公共预算收入。

二、金融部分的主要内容和资料来源

金融统计资料主要内容：反映我省金融、证券和保险业发展情况。由四个部分构成：一是金融机构金融活动情况，二是金融机构、人员情况，三是保险业务情况，四是证券市场基本情况。

资料来源：金融机构金融活动情况和金融机构、人员情况由人民银行南京分行提供；保险业务情况由中国银行保险监督管理委员会江苏监管局提供；直接融资情况由中国证券监督管理委员会江苏监管局提供。

Brief Introduction

The data in this chapter present the government revenue and expenditure situation, the development of financial, securities and insurance industries.

Ⅰ. Main Contents, Sources of Data and Diameter Description of Government Revenue

Financial Statistics mainly include the revenue and expenditure statistics over the years, the main component of revenue and expenditure project.

The data are provided by the Department of Finance of Jiangsu Province. The base data are from the financial statement sheets. Among them, information about revenue and expenditure of the total balance sheet is based on final accounts, final accounts of income schedule, schedule of expenditures of final accounts data processing order preparation.

Data on the extra-budgetary funds have been collected in accordance with the statistical reporting scheme since 1982. In 1993, new general financial rules and accounting standards were implemented. As a result, the innovation fund and the major repair fund in the state-owned enterprises were no longer listed as extra-budgetary funds. Starting from 1997, government funds have been reclassified into budget management and have not been included in the extra-budgetary revenue and expenditure. In 2007, financial renvenve and expenditure subjects had a large reform especially the caliber charges of financial support for projects. Since 2015, the income of state-owned capital in non-tax income were no longer listed in general public budget revenue.

Ⅱ. Main Contents and Sources of Data of Finance

Data in this chapter show the development of

Jiangsu Province's financial, securities and insurance industries. It consists of four parts: (1) the financial activities of the financial institutions; (2) the situation of financial institutions and employed persons; (3) the situation of the insurance business ;(4) the situation of the stock market.

The data are from the financial activities of financial institutions and situation of financial institutions, employed persons which are provided by the People's Bank of China, Nanjing Branch. Major situation of Insurance Business is provided by China Insurance Regulatory Commission, Jiangsu Branch. Basic information of direct finacing is provided by the China Securities Regulatory Commission, Jiangsu Province.

7-1 历年财政收支

Financial Revenue and Expenditure over the Years

单位:亿元 (100 million yuan)

年 份 Year	财政总收入 Government Revenue	#一般公共预算收入 General Public Budget Revenue	#税收收入 Taxes	一般公共预算支出 General Public Budget Expenditure	财政总收入占地区生产总值的比重(%) Percentage of Government Revenue to Regional GDP(%)	一般公共预算收入占地区生产总值的比重(%) Percentage of Budget Revenue to Regional GDP(%)
1978	61.09	61.09	35.93	28.38	24.5	24.5
1979	59.28	59.28	38.33	32.06	19.9	19.9
1980	62.45	62.45	41.36	28.95	19.5	19.5
1981	63.04	63.04	44.64	23.79	18.0	18.0
1982	66.61	66.61	49.84	24.63	17.1	17.1
1983	73.63	73.63	54.57	32.29	16.8	16.8
1984	76.28	76.28	61.79	39.15	14.7	14.7
1985	89.00	89.00	80.32	50.53	13.7	13.7
1986	98.73	98.73	87.29	66.16	13.3	13.3
1987	107.17	107.17	94.96	68.00	11.6	11.6
1988	117.96	117.96	107.74	81.45	9.8	9.8
1989	126.39	126.39	122.82	92.25	9.6	9.6
1990	136.20	136.20	130.96	100.97	9.6	9.6
1991	143.29	143.29	125.91	128.18	8.9	8.9
1992	152.31	152.31	145.49	125.86	7.1	7.1
1993	221.30	221.30	220.05	163.87	7.4	7.4
1994	293.41	136.62	121.05	200.17	7.2	3.4
1995	350.08	172.64	146.39	253.49	6.8	3.3
1996	427.99	223.17	184.65	310.94	7.1	3.7
1997	512.93	255.59	210.56	364.36	7.7	3.8
1998	579.90	296.58	244.20	424.90	8.1	4.1
1999	680.23	343.36	314.26	484.65	8.8	4.5
2000	865.00	448.31	409.14	591.28	10.1	5.2
2001	1064.99	572.15	523.84	729.64	11.3	6.1
2002	1483.68	643.70	565.30	860.25	14.0	6.1
2003	1968.92	798.11	690.53	1047.68	15.8	6.4
2004	2216.41	980.43	833.64	1312.04	14.6	6.5
2005	3124.83	1322.68	1107.27	1673.40	16.6	7.0
2006	3935.87	1656.68	1389.13	2013.25	17.9	7.5
2007	5591.29	2237.73	1894.77	2553.72	21.3	8.5
2008	7109.72	2731.41	2278.71	3247.49	22.7	8.7
2009	8404.99	3228.78	2654.75	4017.36	24.1	9.2
2010	11743.22	4079.86	3312.61	4914.06	28.0	9.7
2011	14119.85	5148.92	4124.62	6221.72	28.4	10.3
2012	14843.89	5860.69	4782.59	7027.67	27.0	10.7
2013	17328.80	6568.46	5419.49	7798.47	28.5	10.8
2014	18201.33	7233.14	6006.05	8472.45	27.5	10.9
2015	17841.60	8028.59	6610.12	9687.58	25.0	11.3
2016	19586.03	8121.23	6531.83	9981.96	25.2	10.5
2017	21125.77	8171.53	6484.32	10621.03	24.6	9.5
2018	23394.22	8630.16	7263.65	11657.35	25.3	9.3
2019	24716.11	8802.36	7339.59	12573.55	24.8	8.8
2020	26983.70	9058.99	7413.86	13681.55	26.3	8.8
2021	31149.07	10015.16	8171.30	14585.26	26.8	8.6

注:财政总收入为一般公共预算收入、政府性基金收入、国有资本经营收入、上划中央四税之和。

a) Provincial revenue is the sum of general public budget revenue, fund revenue, state-owned capital operating income and turn over revenue to the central government.

7-2 财政收支
Financial Revenue and Expenditure

单位:亿元　　　　(100 million yuan)

指　　标	Item	2015	2016	2017	2018	2019	2020	2021
一般公共预算收入	**General Public Budget Revenue**	**8028.59**	**8121.23**	**8171.53**	**8630.16**	**8802.36**	**9058.99**	**10015.16**
税收收入	Tax Revenue	6610.12	6531.83	6484.33	7263.65	7339.59	7413.86	8171.30
增值税	Value-added Tax	1046.92	1974.58	2864.23	3113.45	3146.71	2944.76	3319.63
营业税	Business Tax	2442.82	1325.14					
企业所得税	Corporate Income Tax	917.58	978.81	1145.19	1312.65	1316.81	1348.57	1566.00
个人所得税	Individual Income Tax	360.89	382.37	386.82	468.41	349.34	393.94	456.35
城市维护建设税	Urban Maintenance and Development Tax	421.46	433.98	431.82	478.54	474.36	458.78	498.80
房产税	Tax on Real Estates	248.01	256.60	291.19	310.82	322.91	321.75	373.39
土地增值税	Value-added Tax on Land	437.01	480.58	458.93	494.48	558.86	584.00	655.95
耕地占用税	Farmland Occupation Tax	31.76	26.63	53.00	54.17	72.53	61.90	41.18
契税	Deed Tax	370.11	335.40	488.20	635.10	717.13	918.64	848.29
其他各项税收	Others	333.56	337.74	364.95	396.02	380.95	381.52	411.72
非税收入	Non-tax Revenue	1418.47	1589.40	1687.21	1366.51	1462.77	1645.13	1843.86
专项收入	Special Project Income	463.64	484.42	493.05	478.74	421.02	412.02	448.90
行政事业性收费收入	Charge of Administrative and Institutional Units	390.01	410.47	420.51	299.85	312.85	312.48	345.80
罚没收入	Penalty and Confiscatory Income	131.66	132.52	136.46	141.53	162.37	173.00	241.77
国有资源有偿使用收入	Income from Use of State-owned Resources	365.17	440.71	465.90	328.78	423.45	553.50	624.22
其他各项收入	Others	67.99	121.28	171.29	117.61	143.09	194.14	183.17
上划中央收入	**Turn Over Revenue to the Central Government**	**5005.17**	**5295.43**	**5779.80**	**6412.58**	**6481.77**	**6329.94**	**7153.37**
消费税	Consumption Tax	676.98	709.15	693.38	709.32	859.44	760.68	886.26
增值税	Value-added Tax	2484.31	2622.23	2864.85	3113.97	3149.06	2996.81	3270.13
企业所得税	Corporate Income Tax	1302.55	1390.49	1641.34	1886.67	1949.29	1981.54	2312.45
个人所得税	Individual Income Tax	541.33	573.56	580.24	702.62	523.99	590.91	684.53
一般公共预算支出	**General Public Budget Expenditure**	**9687.58**	**9981.96**	**10621.03**	**11657.35**	**12573.55**	**13681.55**	**14585.26**
一般公共服务	General Public Service	845.68	920.93	1022.75	1124.06	1210.99	1233.45	1304.63
公共安全	Public Security	519.92	634.76	717.07	826.08	853.13	884.45	908.30
教育	Education	1746.22	1842.94	1979.57	2055.56	2213.84	2406.53	2563.41
科学技术	Science and Technology	371.96	381.02	428.01	507.31	572.04	584.39	671.59
文化旅游体育与传媒	Culture, Tourism, Sports and Media	196.06	193.28	194.37	197.22	264.53	311.68	271.01
社会保障和就业	Social Security and Employment	838.06	897.93	1043.40	1316.55	1416.00	1779.31	1891.50
卫生健康	Medical Treatment and Healthcare	649.31	712.77	789.52	845.32	906.01	1007.47	1183.71
节能环保	Envionment Protection	308.45	285.11	292.10	317.99	372.77	336.90	336.80
城乡社区	Operating Expenses of Urban and Rural Communities	1535.59	1440.12	1500.54	1599.60	1697.55	1818.13	1757.05
农林水	Operating Expenses of Agriculture, Forestry and Water	1008.60	985.62	918.22	996.67	1032.37	1091.25	1106.20
交通运输	Transport	547.81	511.81	482.13	497.95	574.95	550.83	598.39
资源勘探信息等	Operating Expenses of Industry, Commerce and Financial Intermediation	448.45	437.26	347.58	322.91	306.08	308.11	441.36
其他各项支出	Others	671.47	738.41	905.77	1050.13	1153.29	1369.05	1551.31

7－3　分市财政收支（2021 年）

单位：亿元

指　　标	Item	南京 Nanjing	无锡 Wuxi	徐州 Xuzhou	常州 Changzhou
一般公共预算收入	**General Public Budget Revenue**	**1729.52**	**1200.50**	**537.31**	**688.11**
税收收入	Tax Revenue	1473.31	983.87	429.20	569.67
增值税	Value-added Tax	514.65	416.71	188.89	234.26
企业所得税	Corporate Income Tax	339.71	186.40	54.05	104.23
个人所得税	Individual Income Tax	109.11	62.73	21.49	32.59
城市维护建设税	Urban Maintenance and Development Tax	96.80	62.13	38.02	33.92
房产税	Tax on Real Estates	58.86	48.70	13.24	27.97
土地增值税	Value-added Tax on Land	141.76	59.43	36.28	31.95
耕地占用税	Farmland Occupation Tax	4.29	1.74	2.61	2.24
契税	Deed Tax	152.09	100.29	46.42	65.27
其他各项税收	Others	56.06	45.73	28.21	37.23
非税收收入	Non-tax Revenue	256.20	216.63	108.11	118.43
专项收入	Special Project Income	86.05	50.59	33.25	28.27
行政事业性收费收入	Charge of Administrative and Institutional Units	50.46	31.77	23.48	24.03
罚没收入	Penalty and Confiscatory Income	21.58	17.59	25.13	16.25
国有资源有偿使用收入	Income from use of state-owned resources	74.78	98.82	20.60	44.10
其他各项收入	Others	23.34	17.87	5.66	5.79
上划中央收入	**Turn Over Revenue to the Central Government**	**1609.49**	**817.54**	**460.36**	**455.27**
增值税	Consumption Tax	508.34	416.77	190.58	234.29
消费税	Value-added Tax	397.12	19.27	154.80	13.70
企业所得税	Corporate Income Tax	540.36	287.40	82.74	158.39
个人所得税	Individual Income Tax	163.67	94.10	32.24	48.89
一般公共预算支出	**General Public Budget Expenditure**	**1817.88**	**1357.79**	**1004.40**	**771.89**
一般公共服务	General Public Service	151.20	114.86	89.85	73.60
公共安全	Public Security	123.16	83.80	63.03	47.33
教育	Education	322.68	216.89	210.62	136.06
科学技术	Science and Technology	108.26	64.55	25.12	33.86
文化体育与传媒	Culture, Sports and Media	35.36	17.11	18.49	10.33
社会保障和就业	Social Security and Employment	223.88	149.45	131.05	111.38
医疗卫生	Medical Treatment and Healthcare	150.29	96.63	91.48	65.21
节能环保	Envionment Protection	51.47	45.65	17.10	21.00
城乡社区事务	Operating Expenses of Urban and Rural Communities	220.76	265.91	126.79	95.80
农林水事务	Operating Expenses of Agriculture, Forestry and Water	95.35	51.50	104.81	40.59
交通运输	Transport	69.23	38.71	29.59	24.14
资源勘探电力信息等事务	Operating Expenses of Industry, Commerce and Financial Intermediation	49.06	72.10	21.84	21.87
其他各项支出	Others	217.20	140.64	74.62	90.73

Financial Revenue and Expenditure by City (2021)

(100 million yuan)

苏州 Suzhou	南通 Nantong	连云港 Lianyungang	淮安 Huai'an	盐城 Yancheng	扬州 Yangzhou	镇江 Zhenjiang	泰州 Taizhou	宿迁 Suqian
2510.00	**710.18**	**274.81**	**297.02**	**451.01**	**344.07**	**327.59**	**420.29**	**267.82**
2166.66	572.90	218.02	238.38	339.21	274.57	256.05	316.96	232.36
929.53	223.97	83.89	99.75	137.30	117.70	113.92	137.61	95.92
406.96	103.65	40.11	29.50	45.21	43.99	39.21	55.20	43.18
125.17	24.77	10.87	10.81	14.10	10.84	12.18	12.74	8.94
115.26	30.34	12.35	21.86	18.89	17.87	16.04	20.15	15.18
115.98	29.67	7.22	9.35	17.94	11.98	12.55	12.59	7.35
205.07	41.35	18.67	17.79	28.61	20.82	16.00	20.47	17.75
6.87	3.23	1.24	3.26	5.40	2.62	2.97	2.91	1.80
179.61	77.53	25.00	31.00	45.01	32.57	27.24	35.72	30.55
82.21	38.38	18.68	15.06	26.76	16.18	15.95	19.57	11.70
343.34	137.28	56.78	58.64	111.79	69.50	71.54	103.33	35.46
97.73	29.99	11.59	18.23	17.67	15.55	14.89	21.64	13.90
42.16	25.11	13.55	15.45	14.32	13.18	14.27	15.34	6.75
29.28	21.62	8.01	11.21	37.27	11.88	15.56	15.37	8.18
143.92	49.00	15.86	10.11	33.53	16.60	16.91	35.55	6.09
30.26	11.56	7.77	3.63	9.00	12.29	9.90	15.43	0.54
1782.18	**435.48**	**184.84**	**277.11**	**243.30**	**217.36**	**199.51**	**277.39**	**218.63**
929.74	224.66	85.61	100.58	138.35	118.12	114.06	137.61	96.50
33.78	14.14	21.97	115.07	14.11	15.54	7.20	36.38	43.19
630.90	159.52	60.96	45.25	69.68	67.45	59.97	84.30	65.53
187.75	37.16	16.30	16.21	21.15	16.26	18.28	19.10	13.42
2583.70	**1122.22**	**534.18**	**612.91**	**1053.17**	**684.83**	**542.95**	**667.90**	**584.48**
221.19	121.91	54.83	64.65	95.61	79.97	48.74	69.96	47.79
176.33	63.30	28.40	33.95	58.97	44.03	32.24	36.34	28.89
419.19	189.74	99.06	94.86	151.80	116.21	84.34	86.16	103.78
236.87	50.33	8.54	12.13	27.25	14.73	14.33	15.87	17.58
48.86	18.82	10.50	12.41	20.22	14.77	9.91	12.22	12.41
259.97	184.02	73.52	92.00	172.50	87.24	65.41	104.65	73.96
173.11	120.76	48.78	60.39	113.95	56.18	37.92	64.32	56.28
76.37	17.49	11.90	9.03	13.51	17.14	13.93	9.55	13.68
444.81	92.21	54.34	50.76	90.24	75.03	98.42	91.73	47.94
131.96	84.45	54.99	58.61	121.56	58.48	36.65	57.37	75.06
89.37	29.42	23.99	21.26	39.99	32.52	21.28	20.03	24.99
76.92	30.64	7.67	29.72	42.76	18.81	10.72	16.40	28.95
228.77	119.14	57.67	73.12	104.81	69.72	69.07	83.31	53.18

7-4 历年金融机构存贷款

Balance of Deposits and Loans of Financial Institutions over the Years

单位:亿元 (100 million yuan)

年 份 Year	金融机构各项存款余额(本外币) Balance of Deposits of Financial Institutions(RMB and Foreign Currency)	#储蓄存款 Saving Deposits	金融机构各项贷款余额(本外币) Balance of Loans of Financial Institutions (RMB and Foreign Currency)	金融机构各项存款余额(人民币) Balance of Deposits of Financial Institutions (RMB)	#储蓄存款 Saving Deposits	金融机构各项贷款余额(人民币) Balance of Loans of Financial Institutions (RMB)
1978				60.72	12.40	115.29
1979				78.31	16.68	129.70
1980				95.55	23.72	159.11
1981				124.54	30.42	195.33
1982				146.21	40.60	217.87
1983				171.12	56.93	242.28
1984				221.68	74.76	333.40
1985				247.12	99.35	387.06
1986				372.62	139.59	528.83
1987				443.44	193.68	659.29
1988				517.81	231.85	742.10
1989				640.84	331.86	835.56
1990				860.33	471.18	1013.45
1991				1136.51	617.61	1230.49
1992				1422.61	766.11	1480.80
1993				1797.33	964.22	1777.80
1994				2481.10	1352.57	2218.15
1995				3500.49	1922.33	2875.39
1996				4706.36	2581.06	3840.74
1997				5674.94	3101.89	4452.46
1998				6578.80	3656.46	5063.57
1999				7470.43	4131.98	5535.15
2000				8400.75	4456.83	5967.66
2001				9700.68	5172.83	6671.74
2002				11881.19	6276.20	8234.58
2003				15378.49	7638.18	11299.55
2004				18211.02	8863.10	13480.98
2005	22821.57	10860.60	16282.60	22001.44	10581.27	15396.59
2006	26722.83	12454.90	19383.65	25860.47	12183.47	18485.02
2007	31337.99	13213.11	23265.83	30450.54	13014.92	22092.10
2008	38063.38	16916.74	27081.06	37017.48	16721.18	26160.72
2009	50061.85	20303.67	36846.34	48850.29	20080.63	35296.73
2010	60583.07	23533.13	44180.21	58984.14	23334.48	42121.04
2011	67638.75	26111.82	50283.52	65723.56	25914.74	47868.30
2012	78109.00	30285.44	57652.84	75481.51	30057.19	54412.30
2013	88302.07	34072.84	64908.22	85604.08	33823.90	61836.53
2014	96939.01	36847.53	72490.02	93735.61	36580.59	69572.67
2015	111329.86	40951.02	81169.72	107873.03	40562.97	78866.34
2016	125576.94	44544.05	92957.02	121106.58	43900.50	91107.60
2017	134776.17	46686.69	104007.34	129942.89	46088.01	102113.27
2018	144227.38	51373.47	117807.90	139717.98	50768.61	115719.00
2019	157139.72	58354.32	135139.67	152837.34	57759.21	133329.87
2020	177978.00	66983.86	156577.38	172580.27	66373.06	154523.28
2021	196016.31	74952.05	180538.69	189433.13	74361.95	177970.10

注:2015 年中国人民银行调整金融报表项目及归属,取消储蓄存款。本表 2015 年之后数据为住户存款。

a) Since 2015, the People's Bank of China has revised financial statement items and attribution and cancelled saving deposits. The data of "Saving Deposit" in this table after 2015 refer to "Deposits of Households".

7－5 金融机构存贷款年末余额（2021）

Balance of Deposits and Loans of Financial Institutions at Year-end（2021）

		本外币（亿元） RMB and Foreign Currency（100 million yuan）	人民币（亿元） RMB（100 million yuan）	外汇（亿美元） Foreign Currency（USD 100 million）
各项存款	**Total Deposits**	**196016.31**	**189433.13**	**1032.54**
境内存款	Domestic Deposits	194246.96	188911.21	836.89
住户存款	Deposits of Households	74952.05	74361.95	92.55
活期存款	Demand Deposits	22594.25	22282.30	48.93
定期及其他存款	Regular and Other Deposits	52357.79	52079.65	43.63
非金融企业存款	Deposits of Non-financial Enterprise	73377.54	68703.93	733.03
活期存款	Demand Deposits	26227.09	23795.36	381.41
定期及其他存款	Regular and Other Deposits	47150.45	44908.57	351.63
机关团体存款	Deposits of Government Deparments & Organizations	30352.10	30341.38	1.68
财政性存款	Fiscal Deposits	3447.08	3447.08	0.00
非银行业金融机构存款	Deposits of Non-banking Financial Institutions	12118.19	12056.87	9.62
境外存款	Overseas Deposits	1769.36	521.92	195.65
各项贷款	**Total Loans**	**180538.69**	**177970.10**	**402.87**
境内贷款	Domestic Loans	180292.56	177910.71	373.58
住户贷款	Loans to Households	64992.27	64990.30	0.31
短期贷款	Short-term Loans	14105.85	14103.91	0.30
消费贷款	Consumer Loans	6014.79	6012.85	0.30
经营贷款	Business Loans	8091.06	8091.06	0.00
中长期贷款	Medium and Long-term Loans	50886.42	50886.39	0.00
消费贷款	Consumer Loans	45539.83	45539.80	0.00
经营贷款	Business Loans	5346.59	5346.59	0.00
企（事）业单位贷款	Loans to Non-financial Enterprise and Institution	115222.28	112844.45	372.95
短期贷款	Short-term Loans	37573.08	35790.47	279.59
中长期贷款	Medium Long-term Loans	66163.19	65575.81	92.13
票据融资	Bill Financing	9151.48	9151.46	0.00
融资租赁	Finance Leases	2138.38	2131.22	1.12
各项垫款	The Advances	196.16	195.50	0.10
非银行业金融机构贷款	Loans to Non-banking Financial Institutions	78.00	75.96	0.32
境外贷款	Overseas Loans	246.13	59.39	29.29

7－6　按市分金融机构本外币存贷款年末余额（2021 年）

单位:亿元

指　　标	Item	南京 Nanjing	无锡 Wuxi	徐州 Xuzhou	常州 Changzhou
各项存款	**Total Deposits**	**44708.68**	**21345.48**	**9969.16**	**13929.62**
境内存款	Domestic Deposits	44262.79	21203.87	9961.08	13865.65
住户存款	Deposits of Households	10830.65	8218.36	5004.85	5652.39
活期存款	Demand Deposits	3639.25	2332.39	1752.34	1595.00
定期及其他存款	Regular and Other Deposits	7191.39	5885.98	3252.51	4057.39
非金融企业存款	Deposits of Non-financial Enterprise	15716.78	8984.61	3180.67	5485.73
活期存款	Demand Deposits	5901.49	2965.43	1146.46	1687.15
定期及其他存款	Regular and Other Deposits	9815.29	6019.18	2034.21	3798.57
机关团体存款	Deposits of Government Deparments & Organizations	7880.49	3280.30	1640.67	2048.83
财政性存款	Fiscal Deposits	1773.29	229.42	79.57	136.58
非银行业金融机构存款	Deposits of Non-banking Financial Institutions	8061.59	491.17	55.32	542.11
境外存款	Overseas Deposits	445.89	141.61	8.08	63.97
各项贷款	**Total Loans**	**43305.40**	**17459.50**	**8144.23**	**11792.20**
境内贷款	Domestic Loans	43201.48	17433.30	8139.92	11790.76
住户贷款	Loans to Households	15469.76	5229.72	3823.83	3946.73
短期贷款	Short-term Loans	4251.69	972.61	767.14	670.66
消费贷款	Consumer Loans	3129.58	512.51	206.05	155.25
经营贷款	Business Loans	1122.11	460.10	561.10	515.41
中长期贷款	Medium and Long-term Loans	11218.07	4257.10	3056.69	3276.07
消费贷款	Consumer Loans	9916.33	3742.94	2731.21	2995.16
经营贷款	Business Loans	1301.74	514.16	325.48	280.91
企事业单位贷款	Loans to Non-financial Enterprise and Institution	27670.55	12203.59	4312.79	7844.04
短期贷款	Short-term Loans	6223.23	4590.03	1264.86	3042.68
中长期贷款	Medium and Long-term Loans	17865.46	6483.66	2480.23	3965.84
票据融资	Bill Financing	1906.93	1122.38	537.54	550.55
融资租赁	Finance Leases	1596.71		30.05	258.17
各项垫款	The Advances	78.21	7.51	0.11	26.80
非银行业金融机构贷款	Loans to Non-banking Financial Institutions	61.17		3.30	
境外贷款	Overseas Loans	103.92	26.20	4.31	1.44

Balance of Deposits and Loans of Financial Institutions at Year-end by City (RMB and Foreign Currency) (2021)

(100 million yuan)

苏州 Suzhou	南通 Nantong	连云港 Liangyungang	淮安 Huai'an	盐城 Yancheng	扬州 Yangzhou	镇江 Zhenjiang	泰州 Taizhou	宿迁 Suqian
41637.29	**16374.94**	**4786.94**	**5404.92**	**9137.99**	**8299.73**	**6801.48**	**8730.36**	**4889.71**
41053.52	16349.47	4785.13	5401.81	9134.78	8288.74	6786.51	8724.46	4429.15
13696.47	8936.66	2073.47	2365.95	4751.56	4171.54	3112.10	4153.37	1984.67
4932.98	1661.40	837.68	855.19	1158.44	1086.46	761.34	1052.66	929.13
8763.49	7275.27	1235.80	1510.76	3593.11	3085.08	2350.77	3100.71	1055.54
17796.65	4911.58	1829.35	1963.28	2985.89	2929.78	2696.16	3272.75	1624.33
6353.53	1988.31	721.64	874.16	1104.59	1013.98	688.98	1071.84	709.53
11443.12	2923.27	1107.71	1089.12	1881.30	1915.80	2007.17	2200.91	914.80
6833.18	2000.13	810.29	963.08	1267.00	1030.36	790.53	1068.73	738.50
572.70	172.18	41.10	68.83	77.84	74.85	37.87	137.53	45.32
2154.52	328.91	30.92	40.66	52.50	82.22	149.85	92.08	36.33
583.77	25.47	1.81	3.11	3.21	10.99	14.97	5.90	460.56
40810.97	**14141.06**	**5197.05**	**5537.38**	**8083.98**	**7141.87**	**6989.32**	**7488.52**	**4447.20**
40709.26	14138.65	5197.01	5537.20	8083.65	7141.42	6987.66	7485.15	4447.09
14997.34	4564.98	2192.86	2390.80	2938.41	2518.59	2051.01	2339.76	2528.50
2272.77	942.03	545.97	622.76	779.87	536.62	301.56	647.88	794.29
762.13	171.66	156.84	186.62	233.82	115.17	74.17	139.61	171.37
1510.64	770.36	389.14	436.13	546.05	421.45	227.39	508.27	622.91
12724.56	3622.95	1646.89	1768.04	2158.55	1981.97	1749.45	1691.88	1734.21
11411.34	3148.71	1534.90	1623.14	1946.05	1808.60	1601.92	1493.87	1585.66
1313.22	474.24	111.99	144.91	212.50	173.36	147.53	198.01	148.54
25700.59	9573.67	3004.16	3146.40	5145.04	4622.83	4934.66	5145.39	1918.59
9124.12	3283.29	991.62	1026.40	2077.00	1713.31	1670.59	1902.45	663.48
14255.52	5592.05	1801.40	1994.72	2531.82	2473.07	2899.35	2766.37	1053.71
1993.16	692.84	210.74	125.19	535.68	434.53	364.40	476.17	201.38
253.45								
74.33	5.48	0.41	0.10	0.54	1.92	0.33	0.40	0.03
11.33				0.20		2.00		
101.72	2.41	0.04	0.18	0.33	0.46	1.66	3.36	0.11

7－7　按市分金融机构人民币存贷款年末余额（2021 年）

单位:亿元

指标	Item	南京 Nanjing	无锡 Wuxi	徐州 Xuzhou	常州 Changzhou
各项存款	**Total Deposits**	**43524.28**	**20705.29**	**9914.81**	**13482.08**
境内存款	Domestic Deposits	43465.82	20599.30	9909.78	13469.09
住户存款	Deposits of Households	10636.78	8134.69	4988.57	5609.72
活期存款	Demand Deposits	3545.71	2293.70	1742.13	1573.85
定期及其他存款	Regular and Other Deposits	7091.07	5840.99	3246.45	4035.86
非金融企业存款	Deposits of Non-financial Enterprise	15131.01	8464.31	3146.22	5132.12
活期存款	Demand Deposits	5490.99	2620.60	1120.41	1439.31
定期及其他存款	Regular and Other Deposits	9640.02	5843.72	2025.81	3692.81
机关团体存款	Deposits of Government Departments & Organizations	7877.25	3280.17	1640.11	2048.80
财政性存款	Fiscal Deposits	1773.29	229.42	79.57	136.58
非银行业金融机构存款	Deposits of Non-banking Financial Institutions	8047.50	490.70	55.31	541.87
境外存款	Overseas Deposits	58.46	105.99	5.03	12.99
各项贷款	**Total Loans**	**42718.95**	**17189.42**	**8128.51**	**11717.36**
境内贷款	Domestic Loans	42703.34	17180.75	8124.19	11715.92
住户贷款	Loans to Households	15469.30	5229.48	3823.75	3946.55
短期贷款	Short-term Loans	4251.24	972.38	767.06	670.48
消费贷款	Consumer Loans	3129.14	512.27	205.96	155.07
经营贷款	Business Loans	1122.11	460.10	561.10	515.41
中长期贷款	Medium and Long-term Loans	11218.05	4257.10	3056.69	3276.07
消费贷款	Consumer Loans	9916.31	3742.94	2731.21	2995.16
经营贷款	Business Loans	1301.74	514.16	325.48	280.91
企(事)业单位贷款	Loans to Non-financial Enterprise and Institution	27172.87	11951.27	4297.15	7769.38
短期贷款	Short-term Loans	6010.66	4478.73	1255.11	2976.06
中长期贷款	Medium and Long-term Loans	17587.97	6342.65	2474.34	3957.80
票据融资	Bill Financing	1906.93	1122.38	537.54	550.55
融资租赁	Finance Leases	1589.55		30.05	258.17
各项垫款	The Advances	77.76	7.51	0.11	26.80
非银行业金融机构贷款	Loans to Non-banking Financial Institutions	61.17		3.30	
境外贷款	Overseas Loans	15.61	8.67	4.31	1.44

Balance of Deposits and Loans of Financial Institutions at Year-end by City(RMB)(2021)

(100 million yuan)

苏州 Suzhou	南通 Nantong	连云港 Lianyungang	淮安 Huai'an	盐城 Yancheng	扬州 Yangzhou	镇江 Zhenjiang	泰州 Taizhou	宿迁 Suqian
38627.01	**16092.91**	**4732.60**	**5372.85**	**9092.42**	**8198.32**	**6692.67**	**8602.87**	**4395.01**
38337.14	16081.25	4731.10	5369.85	9089.45	8192.30	6679.38	8597.67	4389.06
13555.75	8899.48	2064.21	2361.16	4743.19	4150.69	3093.96	4141.63	1982.12
4852.17	1640.22	831.11	851.93	1152.82	1075.15	751.16	1045.36	926.99
8703.58	7259.26	1233.10	1509.23	3590.37	3075.54	2342.79	3096.27	1055.13
15273.00	4680.58	1784.60	1936.24	2948.93	2854.28	2608.17	3157.69	1586.79
5461.64	1812.24	684.47	853.13	1074.24	951.51	620.59	983.66	682.59
9811.36	2868.34	1100.13	1083.11	1874.69	1902.77	1987.58	2174.04	904.20
6827.56	2000.12	810.28	962.97	1267.00	1030.27	789.61	1068.73	738.50
572.70	172.18	41.10	68.83	77.84	74.85	37.87	137.53	45.32
2108.13	328.90	30.91	40.66	52.50	82.21	149.77	92.07	36.33
289.87	11.66	1.50	2.99	2.97	6.02	13.29	5.20	5.95
39502.81	**14085.81**	**5140.66**	**5517.41**	**8038.58**	**7124.63**	**6958.27**	**7402.57**	**4445.13**
39476.44	14084.84	5140.62	5517.23	8038.25	7124.17	6957.67	7402.27	4445.02
14996.78	4564.85	2192.83	2390.77	2938.37	2518.51	2050.94	2339.71	2528.47
2272.23	941.90	545.94	622.73	779.83	536.54	301.49	647.83	794.27
761.59	171.54	156.80	186.59	233.78	115.10	74.10	139.56	171.35
1510.64	770.36	389.14	436.13	546.05	421.45	227.39	508.27	622.91
12724.56	3622.95	1646.89	1768.04	2158.55	1981.96	1749.45	1691.88	1734.21
11411.34	3148.71	1534.90	1623.14	1946.05	1808.60	1601.92	1493.87	1585.66
1313.22	474.24	111.99	144.91	212.50	173.36	147.53	198.01	148.54
24470.36	9519.98	2947.80	3126.46	5099.68	4605.66	4904.74	5062.56	1916.54
7961.62	3237.32	973.71	1006.54	2038.57	1696.43	1644.09	1850.19	661.43
14187.85	5584.35	1762.94	1994.64	2524.88	2472.78	2895.93	2735.97	1053.71
1993.15	692.84	210.74	125.19	535.68	434.53	364.40	476.17	201.38
253.45								
74.29	5.48	0.41	0.10	0.54	1.92	0.33	0.23	0.03
9.29				0.20		2.00		
26.37	0.97	0.04	0.18	0.33	0.46	0.60	0.31	0.11

7-8 按市分金融机构外汇存贷款年末余额(2021年)

单位:亿元

指标	Item	南京 Nanjing	无锡 Wuxi	徐州 Xuzhou	常州 Changzhou
各项存款	**Total Deposits**	**185.77**	**100.41**	**8.52**	**70.19**
境内存款	Domestic Deposits	125.00	94.82	8.05	62.20
住户存款	Deposits of Households	30.41	13.12	2.55	6.69
活期存款	Demand Deposits	14.67	6.07	1.60	3.32
定期及其他存款	Regular and Other Deposits	15.74	7.06	0.95	3.38
非金融企业存款	Deposits of Non-financial Enterprise	91.87	81.61	5.40	55.46
活期存款	Demand Deposits	64.38	54.09	4.09	38.87
定期及其他存款	Regular and Other Deposits	27.49	27.52	1.32	16.59
机关团体存款	Deposits of Government Departments & Organizations	0.51	0.02	0.09	0.00
财政性存款	Fiscal Deposits				
非银行业金融机构存款	Deposits of Non-banking Financial Institutions	2.21	0.07	0.00	0.04
境外存款	Overseas Deposits	60.77	5.59	0.48	8.00
各项贷款	**Total Loans**	**91.98**	**42.36**	**2.47**	**11.74**
境内贷款	Domestic Loans	78.13	39.61	2.47	11.74
住户贷款	Loans to Households	0.07	0.04	0.01	0.03
短期贷款	Short-term Loans	0.07	0.04	0.01	0.03
消费贷款	Consumer Loans	0.07	0.04	0.01	0.03
经营贷款	Business Loans				
中长期贷款	Medium and Long-term Loans	0.00	0.00	0.00	0.00
消费贷款	Consumer Loans	0.00	0.00	0.00	0.00
经营贷款	Business Loans				
企(事)业单位贷款	Loans to Non-financial Enterprise and Institution	78.06	39.57	2.45	11.71
短期贷款	Short-term Loans	33.34	17.46	1.53	10.45
中长期贷款	Medium and Long-term Loans	43.52	22.12	0.92	1.26
票据融资	Bill Financing				
融资租赁	Finance Leases	1.12			
各项垫款	The Advances	0.07			
非银行业金融机构贷款	Loans to Non-banking Financial Institutions				
境外贷款	Overseas Loans	13.85	2.75	0.00	0.00

Balance of Deposits and Loans of Financial Institutions at Year-end by City(Foreign Currency)(2021)

(100 million yuan)

苏州 Suzhou	南通 Nantong	连云港 Lianyungang	淮安 Huai'an	盐城 Yancheng	扬州 Yangzhou	镇江 Zhenjiang	泰州 Taizhou	宿迁 Suqian
472.15	**44.24**	**8.52**	**5.03**	**7.15**	**15.91**	**17.07**	**20.00**	**77.59**
426.05	42.07	8.47	5.01	7.11	15.13	16.80	19.89	6.29
22.07	5.83	1.45	0.75	1.31	3.27	2.85	1.84	0.40
12.67	3.32	1.03	0.51	0.88	1.77	1.60	1.14	0.34
9.40	2.51	0.42	0.24	0.43	1.50	1.25	0.70	0.06
395.82	36.23	7.02	4.24	5.80	11.84	13.80	18.05	5.89
139.89	27.62	5.83	3.30	4.76	9.80	10.73	13.83	4.22
255.93	8.62	1.19	0.94	1.04	2.04	3.07	4.21	1.66
0.88	0.00	0.00	0.02	0.00	0.01	0.15	0.00	
7.28	0.00	0.00	0.00	0.00	0.00	0.01	0.00	
46.10	2.17	0.05	0.02	0.04	0.78	0.26	0.11	71.30
205.18	**8.67**	**8.85**	**3.13**	**7.12**	**2.70**	**4.87**	**13.48**	**0.33**
193.36	8.44	8.85	3.13	7.12	2.70	4.70	13.00	0.33
0.09	0.02	0.01	0.00	0.01	0.01	0.01	0.01	0.00
0.09	0.02	0.00	0.00	0.01	0.01	0.01	0.01	0.00
0.09	0.02	0.00	0.00	0.01	0.01	0.01	0.01	0.00
0.00	0.00	0.00	0.00	0.00	0.00	0.00	0.00	0.00
0.00	0.00	0.00	0.00	0.00	0.00	0.00	0.00	0.00
192.96	8.42	8.84	3.13	7.12	2.69	4.69	12.99	0.32
182.33	7.21	2.81	3.12	6.03	2.65	4.16	8.20	0.32
10.61	1.21	6.03	0.01	1.09	0.05	0.54	4.77	
0.00	0.00							
0.01							0.03	
0.32								
11.82	0.23	0.00	0.00	0.00	0.00	0.17	0.48	0.00

7-9 按行业分金融机构贷款年末余额

行业	Sector	本外币(亿元) RMB and Foreign Currency (100 million yuan) 2017	2018	2019	2020	2021
总计	**Total**	**100400.48**	**112748.81**	**128627.06**	**149709.55**	**172420.73**
农、林、牧、渔业	Agriculture, Forestry, Animal Husbandry and Fishery	1487.68	1674.23	1841.87	2229.39	2582.92
采矿业	Mining	107.66	82.29	98.05	91.09	86.59
制造业	Manufacturing	15857.57	16495.32	16957.80	18699.68	21481.86
电力、热力、燃气及水的生产和供应业	Production and Supply of Electricity, Heat, Gas and Water	2768.60	3075.22	3420.07	3875.95	4383.90
建筑业	Construction	3676.27	4179.05	4729.11	5242.30	5845.27
批发和零售业	Wholesale and Retail Trades	6303.20	6553.52	7260.99	7952.28	8752.30
交通运输、仓储和邮政业	Transport, Storage and Post	4468.39	4820.51	5666.01	6630.18	7376.95
住宿和餐饮业	Hotels and Catering Services	442.01	455.51	455.35	505.81	556.90
信息传输、软件和信息技术服务业	Information Transmission, Software and IT Services	328.44	386.94	461.93	570.14	659.99
金融业	Financial Intermediation	661.81	1241.83	1781.61	1930.68	2331.15
房地产业	Real Estate	6613.47	7580.48	8594.22	9806.07	10598.69
租赁和商务服务业	Leasing and Commercial Services	12240.27	13220.69	15264.41	18883.19	22754.95
科学研究和技术服务业	Scientific Research and Technical Services	291.34	377.72	431.29	552.67	800.31
水利、环境和公共设施管理业	Management of Water Conservancy, Environment and Public Facilities	10341.17	11645.95	12909.25	14918.19	17089.57
居民服务、修理和其他服务业	Services of Households, Repair and Other Services	175.35	165.60	184.28	204.07	238.99
教育	Education	342.74	328.86	326.05	309.93	298.63
卫生和社会工作	Health and Social Service	555.47	587.32	574.61	614.23	641.36
文化、体育和娱乐业	Culture, Sports and Entertainment	425.36	472.75	485.73	503.44	541.99
公共管理、社会保障和社会组织	Public Management, Social Security and Social Organization	217.06	125.96	152.21	147.94	27.26

注:本表不含对境外贷款、个人贷款及透支、票据融资、非银行金融机构的委托贷款以及外资银行的数据。

Balance of Loans to Financial Institutions at Year-end by Sector

人民币(亿元) RMB (100 million yuan)					外汇(亿美元) Foreign Currency (USD 100 million)				
2017	2018	2019	2020	2021	2017	2018	2019	2020	2021
98476.34	**110636.65**	**126798.68**	**147642.44**	**169813.89**	**294.47**	**307.75**	**262.09**	**316.80**	**408.87**
1487.66	1674.20	1841.80	2229.39	2582.67	0.00	0.00	0.01		0.04
107.27	82.05	97.89	91.00	86.56	0.06	0.04	0.02	0.01	0.00
14495.18	14952.87	15656.75	17143.36	19453.09	208.50	224.74	186.50	238.52	318.20
2682.75	2990.14	3338.23	3798.88	4320.18	13.14	12.40	11.73	11.81	9.99
3666.37	4171.76	4708.49	5222.40	5841.25	1.51	1.06	2.96	3.05	0.63
6056.16	6346.57	7110.66	7820.09	8543.23	37.81	30.15	21.55	20.26	32.79
4451.02	4802.61	5658.05	6618.17	7368.04	2.66	2.61	1.14	1.84	1.40
442.01	455.51	455.35	505.81	556.90					
325.53	386.37	461.26	569.45	657.28	0.45	0.08	0.10	0.10	0.43
627.49	1213.95	1722.82	1890.69	2285.36	5.25	4.06	8.43	6.13	7.18
6613.47	7580.48	8594.22	9806.07	10598.69			0.00		0.00
12222.55	13202.70	15247.64	18864.69	22727.94	2.71	2.62	2.40	2.84	4.24
289.01	376.77	428.89	550.33	797.66	0.36	0.14	0.34	0.36	0.42
10340.86	11645.61	12909.08	14918.04	17088.48	0.05	0.05	0.02	0.02	0.17
172.37	164.36	178.54	193.31	222.35	0.46	0.18	0.82	1.65	2.61
342.74	328.86	326.05	309.93	298.63					
554.56	586.67	574.15	613.87	641.07	0.14	0.09	0.07	0.06	0.04
425.30	472.58	485.65	503.44	541.99	0.01	0.03	0.01		
217.06	125.96	152.21	147.94	27.26					

a) This table does not include the data of overseas loans, individual loans and overdrafts, bill financing, entrusted loans of non-banking financial institutions and foreign banks.

7-10 按市和行业分金融机构本外币贷款年末余额(2021年)

行　　业	Sector	南京 Nanjing	无锡 Wuxi	徐州 Xuzhou	常州 Changzhou
总　　计	**Total**	**42133.08**	**16338.61**	**7608.79**	**11254.65**
农、林、牧、渔业	Agriculture, Forestry, Animal Husbandry and Fishery	281.44	513.45	116.18	254.93
采矿业	Mining	17.94	4.81	55.63	
制造业	Manufacturing	2922.98	3265.66	602.25	1762.76
电力、热力、燃气及水的生产和供应业	Production and Supply of Electricity, Heat, Gas and Water	1390.53	280.21	170.92	150.33
建筑业	Construction	1128.91	365.14	453.14	391.81
批发和零售业	Wholesale and Retail Trades	2031.85	874.48	373.83	623.67
交通运输、仓储和邮政业	Transport, Storage and Post	3626.39	539.91	267.74	263.43
住宿和餐饮业	Hotels and Catering Services	110.80	39.62	14.60	29.37
信息传输、软件和信息技术服务业	Information Transmission, Software and IT Services	287.02	69.56	11.75	22.68
金融业	Financial Intermediation	1244.72	161.76	24.19	79.18
房地产业	Real Estate	3992.92	654.10	334.52	486.78
租赁和商务服务业	Leasing and Commercial Services	4681.93	2627.80	709.01	1899.89
科学研究和技术服务业	Scientific Research and Technical Services	187.89	85.70	18.12	60.26
水利、环境和公共设施管理业	Management of Water Conservancy, Environment and Public Facilities	4034.81	1519.02	528.25	1111.23
居民服务、修理和其他服务业	Services of Households, Repair and Other Services	30.66	8.64	4.53	16.61
教育	Education	84.67	15.77	19.64	19.04
卫生和社会工作	Health and Social Service	181.20	28.86	70.11	63.13
文化、体育和娱乐业	Culture, Sports and Entertainment	185.68	27.81	5.94	63.32
公共管理、社会保障和社会组织	Public Management, Social Security and Social Organization	5.98	0.40	0.20	6.73
国际组织	International Organizations				
对境外贷款	Overseas Loans	118.79	26.20	4.31	1.44
个人贷款及透支	Individual Loans and Overdrafts	15585.97	5229.72	3823.93	3948.06

注:本表不含票据融资、非银行金融机构的委托贷款数据,含外资银行数据。

Balance of Loans to Financial Institutions at Year-end by City and Sector (2021)

苏州 Suzhou	南通 Nantong	连云港 Lianyungang	淮安 Huai'an	盐城 Yancheng	扬州 Yangzhou	镇江 Zhenjiang	泰州 Taizhou	宿迁 Suqian
39077.73	**13449.88**	**4986.32**	**5412.19**	**7560.43**	**6707.35**	**6633.53**	**7012.35**	**4245.82**
711.14	131.47	48.71	69.47	190.62	78.63	80.71	50.64	55.52
1.35		2.65	2.04	1.04		1.12	0.01	
6633.66	1596.52	507.83	353.56	730.84	757.13	1026.28	966.34	356.07
717.33	475.91	334.75	100.62	352.42	125.32	78.58	129.18	77.80
851.52	855.80	159.93	244.35	292.82	420.20	283.42	291.85	106.39
1684.50	870.66	194.47	266.91	528.18	288.30	421.59	458.53	135.32
1267.70	389.40	377.68	106.96	175.96	106.19	66.25	141.46	47.87
195.40	41.39	6.56	21.43	23.09	20.57	16.14	30.94	6.99
204.67	16.61	3.56	7.87	5.83	9.70	10.60	6.80	3.35
580.07	34.33	2.80	5.15	76.43	7.84	26.86	46.11	41.71
2676.19	1033.67	127.11	246.73	218.77	322.58	169.99	172.55	162.78
4938.05	1804.52	457.97	690.35	1275.97	913.12	983.47	1340.04	432.84
339.84	15.88	6.87	6.07	21.57	15.77	11.01	19.40	11.94
2858.06	1548.56	497.53	837.13	628.27	1058.57	1317.42	916.22	234.50
93.52	12.83	5.15	8.96	17.70	14.22	11.30	9.92	4.96
65.27	14.98	19.58	12.36	8.25	12.49	5.65	12.02	8.90
54.38	12.99	29.41	28.51	52.92	19.22	43.51	37.46	19.65
105.02	21.31	10.22	11.41	19.76	17.85	23.36	39.76	10.54
0.80	5.66	0.63	1.33	1.25	0.60	3.60	0.00	0.07
101.72	2.41	0.04	0.18	0.33	0.46	1.66	3.36	0.11
14997.55	4564.98	2192.86	2390.80	2938.41	2518.59	2051.01	2339.76	2528.50

a) This table contains the data of foreign banks, but does not contain the data of bill financing and entrusted loans of non-banking institutions.

7－11　金融机构人员情况表

Number of Institutions and Employees in Financial Organizations

项　　　目	Item	2015	2016	2017	2018	2019	2020	2021
机构数　　　（家）	**Number of Institutions (unit)**	**13024**	**13227**	**13318**	**13366**	**13396**	**13398**	**13416**
#国有商业银行	State-owned Commercial Banks	4822	4774	4726	4700	4668	4646	4623
政策性银行	Banks of Budgetary Subsidies	93	93	93	93	93	93	93
股份制商业银行	Joint-stock Commercial Banks	1183	1325	1369	1397	1405	1428	1464
农村商业银行	Rural Commercial Banks	3132	3287	3330	3355	3378	3361	3354
农村信用社	Rural Credit Cooperatives	109	1	1	1	1	1	1
财务公司	Financial Companies	13	14	16	16	16	16	16
信托投资公司	Trusted Investment Agencies	4	4	4	4	4	4	4
租赁公司	Rent Companies	3	5	5	5	5	5	5
职工人数　　　（人）	**Number of Employees (person)**	**236576**	**241768**	**243125**	**244169**	**247918**	**253089**	**256652**
#国有商业银行	State-owned Commercial Banks	103548	102764	100510	98918	98525	98611	98572
政策性银行	Banks of Budgetary Subsidies	2331	2393	2446	2458	2456	2526	2534
股份制商业银行	Joint-stock Commercial Banks	39932	41533	42177	43046	43587	45648	46925
农村商业银行	Rural Commercial Banks	46054	48774	49727	50152	50973	51282	51533
农村信用社	Rural Credit Cooperatives	1682	542	604	615	581	639	663
财务公司	Financial Companies	360	381	437	466	483	485	506
信托投资公司	Trusted Investment Agencies	428	461	538	599	674	698	689
租赁公司	Rent Companies	228	388	470	553	620	685	785

注：机构数为营业网点数。

a) The number of institutions refers to the number of business departments.

7－12 保险业务主要指标
Major Indicators of Insurance Business

指　标	Item	2015	2016	2017	2018	2019	2020	2021
原保险保费收入（亿元）	**Premium（100 million yuan）**	**1989.91**	**2690.25**	**3449.51**	**3317.28**	**3750.21**	**4015.10**	**4051.10**
财产险	Property Insurance	672.19	733.43	814.00	858.81	940.88	993.34	1002.17
#企业财产保险	Enterprise Property Insurance	41.85	41.10	41.85	44.66	48.67	50.54	53.47
家庭财产保险	Family Property Insurance	4.33	4.99	4.83	5.62	6.40	6.74	7.82
机动车辆保险	Motor Vehicle Insurance	531.15	587.92	639.44	653.34	685.04	714.31	700.14
人身意外伤害险	Personal Accident Insurance	54.22	61.32	69.65	78.11	85.23	87.34	94.38
健康险	Health Insurance	179.58	388.53	354.60	395.04	508.77	586.00	609.55
寿险	Life Insurance	1083.92	1506.96	2211.26	1985.32	2215.32	2348.41	2345.00
各项赔款和给付（亿元）	**Claim and Payment（100 million yuan）**	**732.59**	**915.13**	**983.62**	**996.72**	**998.60**	**1081.41**	**1254.78**
财产险	Property Insurance	403.04	437.66	455.61	512.53	534.45	563.33	625.77
#企业财产保险	Enterprise Property Insurance	35.33	22.84	23.69	23.21	19.46	20.35	23.91
家庭财产保险	Family Property Insurance	1.92	2.39	1.76	2.13	1.92	1.94	2.74
机动车辆保险	Motor Vehicle Insurance	315.95	356.70	375.88	410.85	416.43	424.76	474.94
人身意外伤害险	Personal Accident Insurance	15.26	17.64	21.25	23.89	25.02	24.78	26.34
健康险	Health Insurance	46.09	55.89	73.54	104.40	144.77	203.10	345.41
寿险	Life Insurance	268.21	403.95	433.21	355.90	294.36	290.20	257.26
保险公司主体数（家）	**Number of Insurance Co.（unit）**	**95**	**99**	**102**	**106**	**111**	**113**	**114**
#财产保险公司	Property Insurance Co.	40	41	41	43	45	45	46
人寿保险公司	Life Insurance Co.	55	58	61	63	66	68	68
#中资保险公司	Chinese-Funded Co.	64	67	67	70	75	76	77
外资保险公司	Foreign-Funded Co.	31	32	35	36	36	37	37
保险公司机构数（家）	**Branches of Insurance Co.（unit）**	**5894**	**6253**	**6073**	**5739**	**5722**	**5735**	**5635**
从业人员数（万人）	**Number of Employees（10 000 persons）**	**39.64**	**53.83**	**62.28**	**61.91**	**63.47**	**60.27**	**47.04**

7-13 江苏辖区证券市场基本情况
Basic Conditons of Securities Markets within Jiangsu

项目	Item	2015	2016	2017	2018	2019	2020	2021
上市公司数（家）	Number of Listed Companies (unit)	276	317	382	401	428	482	571
#A 股	A Shares	275	316	381	397	424	478	567
#B 股	B Shares	4	4	4	4	4	4	4
辅导企业数（家）	Number of Guidance Enterprises (unit)	193	197	238	206	223	383	380
证券公司数（家）	Number of Securities Companies (unit)	6	6	6	6	6	6	6
证券营业部数（家）	Number of Securities Business Departments (unit)	683	805	887	928	947	921	1035
期货经纪公司数（家）	Number of Futures Brokerage Companies (unit)	10	10	9	9	9	9	9
期货经纪公司营业部数（个）	Number of Trading Offices of Futures Brokerage Companies (unit)	135	140	159	174	177	186	193
证券投资咨询机构数（家）	Number of Securities Investment Consulting Institutions (unit)	3	3	3	3	3	3	3
证券从业人员数（人）	Number of Securities Practitioners (person)	10908	11201	12089	11701	11833	14959	16150
期货从业人员数（人）	Number of Futures Practitioners (person)	2279	2225	2176	2153	2084	2076	2131
证券投资者开户数（万户）	Number of Accounts of Securities Investors (10 000 accounts)	1075	1325	1537	1659	1583	1896	2196
期货投资者开户数（户）	Number of Accounts of Futures Investors (account)	242964	178432	197688	327406	395600	469000	469505
资本市场直接融资额（亿元）	Amount of Direct Financing by Capital Market (100 million yuan)	1214.0	2254.6	2115.8	2249.8	3385.2	6997.7	7578.2
发行	Issue	108.0	250.41	302.2	188.7	248.7	524.5	597.8
配股	Allotment	9.9					66.4	229.1
增发	Additional Issue	1061.3	1452.7	1200.4	1262.1	271.6	766.6	693.9
公司债	Corporate Bonds	35.1	551.5	613.1	1423.9	2864.8	5640.2	6057.4
上市公司总资产（亿元）	Total Assets of Listed Companies (100 million yuan)	30964.6	57063.3	67281.7	76026.2	92159.8	105968.1	119613.3
上市公司净资产（亿元）	Net Assets of Listed Companies (101 million yuan)	8768.5	12855.8	16006.8	18267.5	20783.1	24470.2	27598.6
上市公司总股本（亿股）	Total Share Capital of Listed Companies (100 million shares)	2153.5	2838.5	3258.1	3639.3	3857.9	4219.5	4474.4
上市公司总市值（亿元）	Total Market Value (100 million yuan)	36720.5	37171.1	40676.0	31986.1	42987.7	62810.5	75537.5
上市公司净利润（亿元）	Net Profit of Listed Companies (100 million yuan)	738.7	1097.3	1456.4	1458.2	1514.5	2036.8	1931.3
上市公司每股收益（元）	Per Share Income of Listed Companies (yuan)	0.33	0.37	0.47	0.43	0.42	0.46	0.41
证券经营机构证券交易额（亿元）	Bonds Trading Turnover of Securities Institutions (100 million yuan)	351317.6	196825.9	172892.3	134294.5	186571.3	277610.8	341420.7
期货经营机构代理交易额（亿元）	Agency Trading Volume of Futures Business Institutions (100 million yuan)	305574.8	148889.9	126659.7	152905.1	134652.5	200183.5	327068.9

主要统计指标解释

财政收入 指国家财政参与社会产品分配所取得的收入，是实现国家职能的财力保证。按我省口径，财政总收入为公共财政预算收入、基金收入和上划中央四税之和。

财政支出 国家财政将筹集起来的资金进行分配使用，以满足经济建设和各项事业的需要。

存款 指企业、机关、团体或居民根据资金必须收回的原则，把货币资金存入银行或其他信用机构保管并取得一定利息的一种信用活动形式。根据存款对象的不同可划分为企业存款、财政存款、机关团体存款、基本建设存款、城镇储蓄存款、农村存款等科目。它是银行信贷资金的主要来源。

贷款 指银行或其他信用机构根据资金必须归还的原则，按一定利率，为企业、个人等提供资金的一种信用活动形式。我国银行贷款分为流动资金贷款、固定资产贷款、城乡个体工商户贷款以及农业贷款等科目。

保险公司 经保险监管机构批准设立，并依法登记注册经营保险业务的公司。

保险金额 保险人承担赔偿或者给付保险金责任的最高限额。

保费 投保人为取得保险保障，按保险合同约定向保险人支付的费用。

赔款 保险人对保险事故造成的损失，根据合同约定向被保险人或受益人给予的经济补偿。

给付 人身保险合同中，保险人向被保险人或受益人给付保险金的行为。包括死伤医疗给付、满期给付和年金给付。死伤医疗给付指因人寿保险及长期健康保险业务的被保险人在保险期内发生保险责任范围内的保险事故，保险公司按保险合同约定支付给被保险人（或受益人）的保险金。满期给付指因人寿保险业务的被保险人生存至保险期满，保险公司按保险合同约定支付给被保险人的满期保险金。年金给付指保险公司因年金保险业务的被保险人生存至规定的年龄，按保险合同约定支付给被保险人的给付金额。

Explanatory Notes on Main Statistical Indicators

Government Revenue refers to income for the government finance through participating in the distribution of social products. It is the financial guarantee to ensure the function of the govemment. In our province, total financial revenue is the sum of public budget revenue, fund revenue and four taxes turned over to central government.

Government Expenditure refers to the distribution and usage of the funds which the government finance has raised, so as to meet the needs of economic construction and various causes.

Deposit is a form of credit by which enterprises, institutions, organizations or households can put money into banks and other credit institutions for safekeeping and interest earning under the principle of freedrawal. It can be divided into enterprise deposits, fiscal doposits, deposits of government agencies and organizations, deposits of capital construction, urban savings deposits, rural deposits and soon by different deposit objects. Deposits are major sources of credit funds of banks.

Loan is a form of credit by which banks and other credit institutions provide funds at certain interest rate to enterprises and in dividual under the principle of unconditional repayment. Loans from Chinese banks include working capital loans, fixed assets loans, loans to urban and rural individuals engaged in industrial and commercial business and agricultural loans.

Insurance Companies refer to commercial insurance companies of various forms registered by law and established in china with the approval of insurance regulatory agencies.

Amount Insured refers to the maximum that the insurant will get for the claim of the case insured.

Premium is the fee paid by the insurant to the insurer to obtain the obligation of compensation from the insurance within the agreed terms.

Settled Claim is the compensation paid by the insurer to the insurant or beneficiary for the loss of the insurance accident in accordance with the insurance contract.

Payment is the behavior that the insurer pays insured amount to the insurant or the beneficiary according to the personal insurance contract. It includes payment for death, injury or medical treatment, payment at maturity and annuity payment. Payment for death, injury or medical treatment refer to the money paid to the insurant (or the beneficiary) in accordance with the life or health insurance contract when the insurant encounters accidents within the insured period covered in the contract. Payment at maturity refers to the payment to the insurant in accordance with the life insurance contract at the end of the insured period. Annuity payment refer to the payment to the insurant in accordance with the life insurance contract when the insurant under the annuity insurance lives to the specified age.

8

对外经济贸易

International Trade and Economic Cooperation

简 要 说 明

本篇资料综合反映江苏的对外贸易、利用外资、对外直接投资、对外经济合作的历年概况，重点反映对外经济贸易的近期发展状况。

一、对外贸易部分

对外贸易统计的主要内容包括：进出口货物的品种、数（重）量、金额、国别（地区）、经营单位、境内目的地、境内货源地、贸易方式、关别等项目。

对外贸易统计的资料来源于海关总署，调查方法是全面调查。

历年出口商品分类金额和历年进口商品分类金额按照联合国《国际贸易标准分类》（SITC）进行统计。

对各国（地区）进出口总额表中，出口货物按中华人民共和国关境外最终目的国（地区），进口货物按中华人民共和国关境外原产国（地区）统计。进出口总额分别按境内经营单位所在地和目的地、货源地列示。经营单位所在地是指江苏省境内进出口企业报关注册的登记地；境内货源地是指出口货物在江苏省境内的产地或原始发货地。

二、利用外资统计部分

利用外资统计的主要内容包括：外商直接投资、外商投资企业登记注册情况。

统计范围是外商投资，包括境外投资者通过在江苏省境内设立外商投资企业，取得江苏省境内企业的股份、股权、财产份额或其他类似权益，设立境外银行分行、境外保险公司分公司，开发油气等方式进行的投资。外商投资可分为外商直接投资和外商其他投资，其中，外商直接投资限于境外投资者在非上市公司、合伙企业中的全部投资，在单个境外投资者所占股权比例不低于10%的上市公司中该单个境外投资者的投资，以及对境外银行分行、境外保险公司分公司、油气开发项目的投资。

利用外资统计的资料来源于商务部门，其中，外商投资企业的登记注册情况资料来源于工商行政管理部门，调查方法是全面调查。

三、对外经济合作部分

对外经济合作统计的主要内容包括：对外承包工程、对外劳务合作的合同数、合同金额、完成营业额等。

统计范围是对外承包工程、对外劳务合作。

该制度统计单位是经各级商务主管部门批准的从事对外承包和劳务合作业务并具有法人地位的对外承包劳务企业。

资料来源是商务部门，调查方法是全面调查。

四、对外直接投资部分

对外直接投资统计的内容主要包括：境内投资主体的基本情况、境外企业的基本情况等。

统计范围主要包括境内投资主体通过直接投资在境外设立的各类公司型企业和非公司型企业。

资料来源是商务部门，调查方法是全面调查。

五、其他

历年人民币对美元、日元、港币的年平均汇价，资料来源于国家外汇管理局，各年的年平均汇价是根据当年国家外汇管理局公布的每日汇价进行加权平均计算而得出的。

Brief Introduction

Data in this chapter provide summary data of Jiangsu's international trade, utilization of foreign capital, outward direct investment, contracted projects and labour cooperation with foreign countries or territories over the years, focusing on the recent situation of international trade and economic cooperation.

Ⅰ. International Trade

Data on international trade include: varieties of imports and exports, quantity (weight), value, countries (regions), imports and exports corporations, destination within territory, origin of goods within territory, mode of trade, types of tariffs and so on.

Sources of data on trade in goods are from the General Administration of Customs of the People's Republic of China through a comprehensive reporting system.

Customs statistics in value terms for both imports and exports are compiled according to the classifications of *UN Standard International Trade Classification* (*SITC*).

In the table on total imports and exports with related countries and regions, the exported commodities are compiled by the countries(regions) of destination outside China's customs, and the imported commodities are compiled by the Customs of the countries(regions) of origin outside China's customs. The total values of the imports and exports by region are compiled respectively at the provinces where the import or export corporations are located and at the provinces of destination or provinces of origin within the border of Jiangsu. The province where the import or export corporations are located refers to the province where the import or export corporations have applied to and have been registered at the Customs. The province of origin within the border of Jiangsu refers to the province where the export commodities are produced or originally delivered.

Ⅱ. Statistics on Utilization of Foreign Capitals

Utilization of foreign capitals includes: foreign direct investments and the basic condition of registration of foreign invested enterprises.

The scope of statistic is foreign investments, including investments through establishing foreign-invested enterprises within Jiangsu to aquire stock, stock rights, property shares or other similar rights of enterprises, establishing branch banks and branch insurance companies without Jiangsu and the development of oil by foreigh investors. Foreigh investments include foreigh direct investments and other foreigh investments. Foreigndirect investments are limited to all investments in unlisted companies and cooperative enterprises by foreign investors. It also includes investments of branch banks, branch insurance companies without Jiangsu and the development of oil by foreign investors whose percentage of shares in listed companies are more than 10%.

Data on utilization of foreign capitals are from departments of commerce, of which, data on the basic condition of registration of foreign invested enterprises are from the departments of administration for industry and commerce through comprehensive reporting system.

Ⅲ. Foreign Economic Cooperation

Data on foreign economic cooperation include: number of contracts for overseas contracted projects, contracted volume, complete business turnover and so on.

The statistics cover overseas contracted projects and dispatched workers for overseas labour services.

The statistical unit in the scheme is enterprises engaged in contracted projects and labour services cooperation with foreign countries and has been approved by the department of commerce at various levels.

Data on foreign economic cooperation are from the Ministry of Commerce through a comprehensive reporting system.

Ⅳ. Outward Direct Investment

Outward direct investment includes basic situation of domestic investors and overseas enterprises.

The statistics cover overseas corporations and non-corporations enterprises of various forms which established by domestic investors through their investment operation.

Data are from the Ministry of Commerce through a comprehensive reporting system.

Ⅴ. Others

The average exchange rates of RMB yuan to US dollar, Japanese yen and Hong Kong dollar over the years come from the State Administration of Exchange Control. The annual average exchange rate is calculated as the weighted mean of the daily exchange rates provided by the State Administration of Exchange Control in the year.

8－1 对外经济贸易主要指标

Major Indicators of International Trade and Economic Coöperation

单位:亿美元 (USD 100 million)

指标	Item	2015	2016	2017	2018	2019	2020	2021
进出口总额	**Total Value of Imports and Exports**	**5456.14**	**5096.12**	**5911.39**	**6640.43**	**6294.70**	**6427.75**	**8068.73**
进口总额	Imports	2069.45	1902.68	2278.40	2599.99	2346.85	2464.91	3033.29
初级产品	Primary Goods	253.40	233.26	299.86	334.24	328.38		
工业制成品	Manufactured Goods	1749.47	1591.87	1849.92	2118.86	1888.62		
出口总额	Exports	3386.68	3193.44	3632.98	4040.44	3947.84	3962.83	5035.44
初级产品	Primary Goods	50.99	51.38	55.26	58.58	53.48		
工业制成品	Manufactured Goods	3285.58	3077.73	3411.89	3786.02	3693.36		
新设外商投资企业数（个）	**Number of Newly Established Foreign-Invested Enterprises (unit)**	**2580**	**2859**	**3254**	**3348**	**3410**	**3573**	**4237**
外商投资企业基本情况	**Foreign-Invested Enterprises**							
年底登记户数（户）	Number of Registered Enterprises (unit)	53551	55938	58577	59308	62360	63031	64643
投资总额(亿美元)	Total Investment (USD 100million)	7821.54	8798.68	9658.19	10560.42	11735.15	13697.29	14308.60
注册资本(亿美元)	Registered Capital (USD 100million)	4229.01	4718.23	5226.16	5639.86	6372.81	7344.93	8057.90
对外经济合作	**Economic Cooperation with Foreign Countries & Regions**							
对外承包工程	Contracted Projects							
合同金额	Contracted Value	78.0	72.9	108.21	65.90	68.04	54.56	55.90
完成营业额	Value of Turnover Fulfilled	87.6	91.1	95.29	83.27	77.84	62.44	59.50
对外劳务合作	Labour Services							
新签劳务人员合同工资总额	Total Contract Wages of New Signed Labour	5.19	4.53	4.40	5.42	3.98	2.05	1.88
劳务人员实际收入总额	Total Real Income of Signed Labour	7.46	6.96	7.22	7.97	8.69	5.70	4.32
境外投资情况	**Overseas Investment**							
新批项目数（个）	Number of Newly Approved Projects (unit)	880	1067	631	786	827	696	724
贸易型项目	Trade	315	286	213	233	221	126	111
非贸易型项目	Non-trade	565	781	418	533	606	570	613
中方协议金额（万美元）	Protocol Fund from China (USD 10 000)	1030460	1422365	927072	948424	894503	573636	667484
贸易型项目	Trade	225716	242426	106254	187761	185328	48643	55026
非贸易型项目	Non-trade	804744	1179940	820818	760663	709175	524993	612458

注:1. 本表进出口额按 HS 统计,初级产品、工业制成品按 SITC 统计。
2. 2020 年《外商投资法》正式实施以后,全面取消了外资审批、备案,改为外商投资信息报告,商务部门不再审批或者备案。
3.《外商投资统计调查制度(2022)》规定,省级商务主管部门发布和使用外商投资统计数据,或向同级统计部门提供外商投资统计数据用于编制国民经济和社会发展统计公报、统计年鉴等资料,应以商务部反馈的本地数据为准。商务部 2018 年起公布各省利用外资数据。

a) Data of imports and exports are counted by HS, and data of primary products and manufactured products are counted by SITC.

b) The approval and filing of foreign investment have been cancelled comprehensively since *Foreign Investement Law* was carried out in 2020. The information reports of foreign investment should be submitted and the Department of Commerce won't approve or file.

c) *Statistical Investigation System of Foreign Investment* (*2022*) stipulates that the foreign investment statistics which are released and used by provincial-level commerce authorities, or provided for statistical departments at the same level to compile the statistical bulletins, yearbooks and other materials should be in accordance with the local data fedback by the Ministry of Commerce. Since 2018, the Ministry of Commerce has released data on the utilization of foreign capital by province.

8-2 人民币(元)对主要外币年平均汇价(中间价)

Average Exchange Rate of RMB Yuan against Main Convertible Currencies (Middle Price)

单位:人民币元 (RMB yuan)

年份 Year	100 美元 100 US Dollars	100 日元 100 Japanese Yen	100 港元 100 Hong Kong Dollars	100 欧元 100 Euroes
1981	170.50	0.7735	30.41	
1982	189.25	0.7607	31.15	
1983	197.57	0.8318	27.36	
1984	232.70	0.9780	29.71	
1985	293.67	1.2457	37.57	
1986	345.28	2.0694	44.22	
1987	372.21	2.5799	47.74	
1988	372.21	2.9082	47.70	
1989	376.51	2.7360	48.28	
1990	478.32	3.3233	61.39	
1991	532.33	3.9602	68.45	
1992	551.46	4.3608	71.24	
1993	576.20	5.2020	74.41	
1994	861.87	8.4370	111.53	
1995	835.10	8.9225	107.96	
1996	831.42	7.6352	107.51	
1997	828.98	6.8600	107.09	
1998	827.91	6.3488	106.88	
1999	827.83	7.2932	106.66	
2000	827.84	7.6864	106.18	
2001	827.70	6.8075	106.08	
2002	827.70	6.6237	106.07	800.58
2003	827.70	7.1466	106.24	936.13
2004	827.68	7.6552	106.23	1029.00
2005	819.17	7.4484	105.30	1019.53
2006	797.18	6.8570	102.62	1001.90
2007	760.40	6.4632	97.46	1041.75
2008	694.51	6.7427	89.19	1022.27
2009	683.10	7.2986	88.12	952.70
2010	676.95	7.7279	87.13	897.25
2011	645.88	8.1050	82.97	900.11
2012	631.25	7.9037	81.38	810.67
2013	619.32	6.3323	79.85	822.19
2014	614.28	5.8196	79.22	816.51
2015	622.84	5.1543	80.34	691.41
2016	664.23	6.1243	85.58	734.26
2017	675.18	6.0244	86.64	763.03
2018	661.74	5.9890	84.43	780.16
2019	689.85	6.3347	88.05	772.55
2020	689.76	6.4626	88.93	787.55
2021	645.15	5.8735	83.00	762.93

8-3 对外贸易进出口总额
Total Imports and Exports

单位:亿美元 (USD 100 million)

年份 Year	海关进出口总额(经营单位) Total Import and Export Value by Customs (Operating Unit)			海关进出口总额(目源地) Total Import and Export Value by Customs (Goods Destination or Origin)		
	合计 Total	进口 Imports	出口 Exports	合计 Total	进口 Imports	出口 Exports
1985	19.87	4.01	15.86			
1986	24.12	5.42	18.70			
1987	28.73	7.56	21.17			
1988	34.58	10.41	24.17			
1989	38.43	13.07	25.36			
1990	41.39	11.95	29.44			
1991	53.10	18.85	34.25			
1992	69.62	29.60	40.02			
1993	91.29	44.77	46.52	107.75	59.81	47.94
1994	117.59	50.73	66.86	122.47	52.86	69.61
1995	162.78	64.96	97.82	180.05	79.42	100.63
1996	206.88	90.87	116.01	222.17	102.92	119.25
1997	236.21	95.32	140.89	252.93	108.82	144.11
1998	264.26	107.75	156.51	281.66	122.09	159.57
1999	312.61	129.52	183.09	328.62	142.80	185.82
2000	456.38	198.68	257.70	491.98	228.17	263.81
2001	513.55	224.77	288.78	544.84	250.91	293.93
2002	703.05	318.25	384.80	745.09	354.80	390.29
2003	1136.70	545.30	591.40	1213.37	617.26	596.11
2004	1708.57	833.60	874.97	1794.72	913.67	881.05
2005	2279.41	1049.59	1229.82	2384.86	1138.75	1246.11
2006	2839.95	1235.77	1604.19	2990.58	1360.67	1629.91
2007	3496.71	1459.38	2037.33	3723.93	1646.19	2077.74
2008	3922.68	1542.32	2380.36	4304.81	1852.62	2452.19
2009	3388.32	1395.89	1992.43	3659.94	1585.99	2073.95
2010	4657.93	1952.42	2705.50	4987.59	2173.02	2814.58
2011	5397.59	2271.36	3126.23	5813.74	2568.98	3244.77
2012	5480.93	2195.55	3285.38	5887.95	2545.48	3342.47
2013	5508.44	2219.88	3288.57	5932.74	2594.53	3338.21
2014	5637.62	2218.93	3418.69	6093.14	2587.38	3505.75
2015	5456.14	2069.45	3386.68	5810.72	2321.73	3488.99
2016	5096.12	1902.68	3193.44	5475.16	2162.05	3313.11
2017	5911.39	2278.40	3632.98	6367.80	2615.57	3752.23
2018	6640.43	2599.99	4040.44	7172.38	3000.26	4172.13
2019	6294.70	2346.85	3947.84	6784.51	2755.21	4029.30
2020	6427.75	2464.91	3962.83	6840.45	2864.75	3975.70
2021	8068.73	3033.29	5035.44	8663.83	3610.25	5053.57

8－4 按贸易方式和经济类型分的进口额

Total Value of Imports by Type of Trade and Economy

单位:亿美元　　　　(USD 100 million)

项　　目	Item	2015	2016	2017	2018	2019	2020	2021
总值	**Total**	**2069.45**	**1902.68**	**2278.40**	**2599.99**	**2346.85**	**2464.91**	**3033.29**
按贸易方式分	**Grouped by Type of Trade**							
#一般贸易	Ordinary Trade	835.77	885.19	1086.04	1206.13	1150.38	1244.58	1618.21
来料加工装配贸易	Processing and Assembling Trade with Provided Raw Material	226.95	204.37	151.87	116.15	95.11	87.59	100.36
进料加工贸易	Processing Trade with Imported Material	590.19	566.34	768.40	939.24	774.57	764.12	898.68
加工贸易进口设备	Imported Equipment for Processing Trade	1.01	0.54	1.02	4.57	0.44	0.24	0.09
外商投资企业作为投资进口的设备、物品	Imported Equipment as Investment	27.97	11.11	16.57	10.31	12.24	8.29	5.71
出料加工贸易	Processing Trade with Providing Raw Material	0.73	0.26	0.21	0.89	0.24	0.07	0.04
易货贸易	Barter Trade				0.0025			
保税监管场所进出境货物	Bonded Inbound and Outbound Goods	96.57	75.02	101.98	111.24	97.32		
海关特殊监管区域物流货物	Logistics Goods under Special Customs Supervision Areas	266.74	140.65	125.68	169.22	170.51		
按经济类型分	**Grouped by Type of Economy**							
#国有企业	State-owned Enterprises	142.21	125.68	160.78	202.73	215.67	249.67	331.49
集体企业	Collective-owned Enterprises	35.98	27.47	33.99	34.50	34.00	40.69	55.80
私营企业	Private Enterprise	455.88	355.29	429.40	523.50	498.33	586.02	820.56
外商投资企业	Foreign Invested Enterprises	1434.33	1393.66	1653.78	1838.79	1597.25	1587.42	1824.62
#中外合作	Cooperative Eaterprises	16.60	16.15	17.49	19.53	20.29	24.66	18.95
中外合资	Joint-Venture Enterprises	326.12	312.55	353.53	404.76	381.65	327.88	367.67
外商独资	Sole-proprietorship Enterprises	1091.61	1064.95	1282.75	1414.50	1195.31	1234.88	1438.00

注:1. 2020 年起,海关不公布保税监管场所进出境货物、海关特殊监管区域物流货物数据。
2. 因数据较大,本表改为亿美元单位。(表 8－6 同)

a) The data of bonded inbound and outbound goods and logistics goods under special customs supervision areas have stopped publishing since 2020.

b) Due to the big data, the unit of data in this table is changed into USD 100 millon units. (The unit in Table 8－6 is the same)

8-5 按贸易方式和经济类型分的进口额(人民币计价)

Total Value of Imports by Type of Trade and Economy(RMB)

单位:亿元 (100 million yuan)

项目	Item	2015	2016	2017	2018	2019	2020	2021
总值	**Total**	**12848.50**	**12571.64**	**15414.89**	**17144.68**	**16171.10**	**17056.21**	**19598.26**
按贸易方式分	**Grouped by Type of Trade**							
#一般贸易	Ordinary Trade	5188.39	5849.87	7348.10	7941.77	7929.34	8620.24	10458.83
来料加工装配贸易	Processing and Assembling Trade with Provided Raw Material	1409.07	1350.22	1032.07	765.82	655.24	605.65	648.26
进料加工贸易	Processing Trade with Imported Material	3663.92	3743.28	5194.81	6201.31	5337.80	5284.68	5804.63
加工贸易进口设备	Imported Equipment For Processing Trade	6.24	3.49	6.86	29.41	3.02	1.67	0.58
外商投资企业作为投资进口的设备、物品	Imported Equipment as Investment	173.65	73.06	111.39	67.49	84.17	57.34	369.52
出料加工贸易	Processing Trade with Providing Raw Material	4.52	1.69	1.41	5.87	1.67	0.47	0.23
易货贸易	Barter Trade							
保税监管场所进出境货物	Bonded Inbound and Outbound Goods	599.93	495.32	690.04	732.98	670.23		
海关特殊监管区域物流货物	Logistics Goods under Special Customs Supervision Areas	1657.10	928.17	849.61	1120.33	1173.80		
按经济类型分	**Grouped by Ownership**							
#国有企业	State-owned Enterprises		830.01	1087.29	1336.49	1484.41	1729.67	2141.26
集体企业	Collective-owned Enterprises		181.60	230.77	227.09	234.23	282.22	360.55
私营企业	Private Enterprise		2346.01	2904.44	3452.97	3436.63	4048.50	5299.88
外商投资企业	Foreign Invested Enterprises		9210.16	11189.33	12125.10	11004.56	10988.10	11791.23
#中外合作	Cooperative Enterprises		106.76	118.68	128.62	139.58	172.01	122.27
中外合资	Joint-venture Enterprises		2065.29	2393.20	2669.66	2626.53	2268.36	2376.51
外商独资	Sole-proprietorship Enterprises		7038.12	8677.45	9326.82	8238.44	8547.74	9292.45

注:因数据较大,本表改为亿元单位。(表8-7同)

a) Due to the big data, the unit of data in this table is changed into 100 million units.(The unit in Table 8-7 is the same)

8－6 按贸易方式和经济类型分的出口额
Total Value of Exports by Type of Trade and Economy

单位:亿美元 (USD 100 million)

项目	Item	2015	2016	2017	2018	2019	2020	2021
总值	**Total**	**3386.68**	**3193.44**	**3632.98**	**4040.44**	**3947.84**	**3962.83**	**5035.44**
按贸易方式分	**Grouped by Type of Trade**							
#一般贸易	Ordinary Trade	1552.49	1554.37	1756.40	2032.17	2098.76	2187.13	2920.39
来料加工装配贸易	Processing and Assembling Trade with Provided Raw Material	164.36	136.60	134.25	117.53	116.17	106.45	127.41
进料加工贸易	Processing Trade with Imported Material	1315.19	1252.70	1379.00	1432.16	1378.85	1311.75	1421.39
出料加工贸易	Processing Trade with Providing Raw Material	0.41	0.17	0.11	0.62	0.13	0.04	0.02
易货贸易	Barter Trade							…
保税监管场所进出境货物	Bonded Inbound and Outbound Goods	42.98	6.83	8.48	7.58	9.49		
海关特殊监管区域物流货物	Logistics Goods under Special Customs Supervision Areas	302.97	207.65	301.39	426.55	314.63		
按经济类型分	**Grouped by Type of Economy**							
#国有企业	State-owned Enterprises	307.40	287.06	374.92	453.85	338.66	298.25	392.06
集体企业	Collective-owned Enterprises	69.52	56.73	56.81	58.58	49.90	41.57	44.96
私营企业	Private Enterprise	1068.18	981.49	1084.09	1281.80	1394.45	1593.64	2180.23
外商投资企业	Foreign Invested Enterprises	1938.86	1865.44	2114.43	2243.57	2157.29	2023.55	2414.90
#中外合作	Cooperative Enterprises	10.09	11.90	16.52	17.34	15.79	13.67	15.16
中外合资	Joint-venture Enterprises	401.09	377.57	418.79	455.39	442.06	391.62	507.12
外商独资	So le-proprietorship Enterprises	1527.68	1475.97	1679.12	1770.84	1699.44	1618.27	1892.62

8－7 按贸易方式和经济类型分的出口额(人民币计价)
Total Value of Exports by Type of Trade and Economy(RMB)

单位:亿元 (100 million yuan)

项目	Item	2015	2016	2017	2018	2019	2020	2021
总值	**Total**	**21022.13**	**21063.18**	**24607.18**	**26657.68**	**27208.63**	**27444.25**	**32532.33**
按贸易方式分	**Grouped by Type of Trade**							
#一般贸易	Ordinary Trade	9635.11	10253.36	11900.61	13400.78	14464.26	15153.72	18869.49
来料加工装配贸易	Processing and Assembling Trade with Provided Raw Material	1019.78	901.24	910.33	775.03	800.03	737.87	822.94
进料加工贸易	Processing Trade with Imported Material	8162.96	8263.89	9338.53	9459.75	9506.80	9088.77	9182.60
出料加工贸易	Processing Trade with Providing Raw Material	2.54	1.14	0.76	4.04	0.88	0.26	0.13
易货贸易	Barter Trade							…
保税监管场所进出境货物	Bonded Inbound and Outbound Goods	267.25	44.58	57.71	49.79	65.10		
海关特殊监管区域物流货物	Logistics Goods under Special Customs Supervision Areas	1883.10	1367.84	2036.33	2811.75	2163.67		
按经济类型分	**Grouped by Type of Economy**							
#国有企业	State-owned Enterprises		1892.67	2539.13	2989.22	2330.60	2069.97	2532.85
集体企业	Collective-owned Enterprises		373.70	385.60	384.90	343.09	288.51	290.76
私营企业	Private Enterprise		6473.15	7345.39	8456.00	9618.57	11032.08	14085.02
外商投资企业	Foreign Invested Enterprises		12305.73	14318.49	14810.18	14863.17	14012.84	15602.33
#中外合作	Cooperative Enterprises		78.83	111.87	114.34	108.70	95.07	97.94
中外合资	Joint-venture Enterprises		2488.75	2839.05	2999.47	3042.79	2712.97	3276.55
外商独资	Sole-proprietorship Enterprises		9738.15	11367.57	11696.36	11711.67	11204.81	12227.84

8－8　进出口商品主要国家和地区
Imports and Exports Goods by Country and Region

单位:万美元　　(USD 10 000)

国　家（地　区）	Country (Region)	2020 进出口 Imports and Exports	2020 进　口 Imports	2020 出　口 Exports	2021 进出口 Imports and Exports	2021 进　口 Imports	2021 出　口 Exports
亚　洲	**Asia**	**34957203**	**16547938**	**18409265**	**43426074**	**20304386**	**23121687**
#巴林	Bahrain	14523	159	14364	16687	2413	14274
孟加拉国	Bangladesh	302956	8208	294748	464376	10690	453685
缅甸	Myanmar	152404	9835	142569	149382	6554	142829
柬埔寨	Cambodia	196357	27456	168901	231712	25656	206056
塞浦路斯	Cyprus	12408	96	12312	6921	194	6727
中国香港	Hong Kong, China	2670544	21447	2649097	3540492	23052	3517440
印度	India	1257276	210145	1047131	1877922	329855	1548067
印度尼西亚	Indonesia	1037495	473409	564085	1658806	851090	807716
伊朗	Iran	133923	62449	71474	179546	96531	83015
以色列	Israel	200552	51828	148724	260661	70483	190178
日本	Japan	5914006	2975252	2938754	6747484	3405720	3341764
科威特	Kuwait	85731	42888	42844	70733	30673	40060
中国澳门	Macao, China	7760	69	7691	19885	108	19777
马来西亚	Malaysia	1522030	827474	694556	1837358	929869	907489
巴基斯坦	Pakistan	166398	10270	156128	240590	18373	222216
菲律宾	Philippines	821436	347834	473602	902764	359318	543446
卡塔尔	Qatar	199341	162432	36909	294707	237490	57216
沙特阿拉伯	Saudi Arabia	528660	223943	304717	572694	275794	296901
新加坡	Singapore	1426865	524940	901925	1560384	707290	853095
韩国	Korea, Rep.	6916026	4259696	2656330	8408534	5179416	3229117
斯里兰卡	Sri Lanka	52299	6548	45751	72351	6610	65740
叙利亚	Syria	6882	28	6854	4994	1	4993
泰国	Thailand	1423631	594423	829208	1852045	758832	1093213
土耳其	Turkey	337837	24701	313136	506213	47547	458666
阿拉伯联合酋长国	United Arab Emirates	456564	45391	411173	527885	45182	482703
越南	Viet Nam	2383967	661928	1722039	3221584	962126	2259457
中国台湾	Taiwan, China	5055569	3652019	1403551	6180947	4344699	1836248
非　洲	**Africa**	**1359154**	**317269**	**1041885**	**2055302**	**512781**	**1542520**
#喀麦隆	Cameroon	19281	6209	13072	46267	24166	22101
埃及	Egypt	134985	1528	133457	200507	16257	184250
加蓬	Gabon	17504	13372	4132	26020	21182	4838
摩洛哥	Morocco	51174	4251	46922	67147	4972	62174
尼日利亚	Nigeria	129904	11551	118353	212028	13046	198983
南非	South Africa	306894	122138	184756	443747	176424	267323
欧　洲	**Europe**	**12014999**	**3539695**	**8475304**	**15129068**	**4141386**	**10987682**
#比利时	Belgium	461293	117410	343883	626018	129651	496367
丹麦	Denmark	164524	45314	119210	220110	51107	169003
英国	United Kindom	1237542	146401	1091141	1416178	160272	1255906

8－8 续表 Continued

单位:万美元 (USD 10 000)

国别（地区） Country (Region)		2020 进出口 Imports and Exports	2020 进口 Imports	2020 出口 Exports	2021 进出口 Imports and Exports	2021 进口 Imports	2021 出口 Exports
德国	Germany	2660556	1276337	1384219	3330815	1511089	1819726
法国	France	809914	222630	587284	992200	259364	732836
爱尔兰	Ireland	68989	24342	44646	89591	27012	62579
意大利	Italy	644637	214546	430091	869508	281885	587623
荷兰	Netherlands	1827816	190090	1637726	2177040	180042	1996998
希腊	Greece	91596	3339	88258	128938	3624	125314
葡萄牙	Portugal	83624	14580	69044	99230	15076	84154
西班牙	Spain	471484	90529	380955	626426	118626	507800
奥地利	Austria	138378	86977	51401	180049	107766	72283
芬兰	Finland	154200	84554	69646	213707	122681	91026
匈牙利	Hungary	177755	41833	135922	231184	47299	183884
挪威	Norway	69407	22052	47355	85397	29978	55419
波兰	Poland	451947	49715	402232	642820	74980	567841
罗马尼亚	Romania	129963	19096	110867	177049	24343	152706
瑞典	Sweden	408018	253719	154299	453969	214550	239419
瑞士	Switzerland	233837	139899	93938	294413	177379	117034
俄罗斯	Russia	753464	210962	542502	1083933	279945	803988
乌克兰	Ukraine	213835	129770	84066	259392	150844	108548
捷克	Czech Rep.	320995	77477	243518	364831	82423	282408
拉丁美洲	**Latin America**	**3612464**	**1363800**	**2248664**	**4938299**	**1721197**	**3217103**
#阿根廷	Argentina	192331	81357	110974	225658	66881	158777
巴西	Brazil	1460150	877385	582765	2040940	1106622	934318
智利	Chile	272511	66254	206257	439387	105872	333515
哥伦比亚	Colombia	110241	1542	108699	172775	5584	167191
危地马拉	Guatemala	28800	5822	22978	55421	14411	41009
墨西哥	Mexico	872655	168541	704115	1157335	186489	970845
巴拿马	Panama	173506	32	173474	105398	119	105279
秘鲁	Peru	154950	29935	125015	225511	47258	178253
乌拉圭	Uruguay	46037	27476	18561	67825	34099	33726
委内瑞拉	Venezuela	41175	30921	10255	78428	63011	15417
北美洲	**North America**	**10054992**	**1747020**	**8307972**	**12111659**	**1963833**	**10147826**
#加拿大	Canada	871464	212626	658838	1059142	288807	770335
美国	United States	9182868	1534394	7648474	11051025	1674835	9376190
大洋洲	**Oceanic**	**2270961**	**1125720**	**1145241**	**3020995**	**1683367**	**1337628**
#澳大利亚	Australia	1933765	1011681	922085	2655386	1554620	1100766
新西兰	New Zealand	161383	67213	94170	225246	85038	140208
巴布亚新几内亚	Papua New Guinea	33631	26386	7245	28121	18707	9414
东南亚国家联盟	Association of South-east Asia Nations	8996721	3479915	5516806	11466833	4627266	6839567
欧洲联盟	European Union	10658429	3014620	7643809	11886666	3323428	8563238

8-9 进出口商品主要国家和地区(人民币计价)
Imports and Exports Goods by Country and Region(RMB)

单位:万元 (10 000 yuan)

国家(地区)	Country (Region)	2020 进出口 Imports and Exports	2020 进口 Imports	2020 出口 Exports	2021 进出口 Imports and Exports	2021 进口 Imports	2021 出口 Exports
亚洲	**Asia**	**241909844**	**114481210**	**127428634**	**280562953**	**131181398**	**149381555**
#巴林	Bahrain	100749	1106	99643	107770	15548	92222
孟加拉国	Bangladesh	2099422	56964	2042458	3000554	69024	2931530
缅甸	Myanmar	1058592	68409	990183	965149	42351	922799
柬埔寨	Cambodia	1362810	191221	1171589	1497512	165933	1331579
塞浦路斯	Cyprus	86762	659	86103	44780	1258	43522
中国香港	Hong Kong, China	18454112	145487	18308625	22868161	149072	22719090
印度	India	8700139	1455426	7244713	12132209	2131031	10001178
印度尼西亚	Indonesia	7187195	3276579	3910616	10715886	5497608	5218278
伊朗	Iran	926654	430704	495950	1160095	623812	536283
以色列	Israel	1388761	359002	1029759	1684006	455261	1228745
日本	Japan	40902778	20556334	20346444	43639668	22035979	21603689
科威特	Kuwait	594556	297453	297103	457089	198207	258882
中国澳门	Macao, China	53327	484	52843	128162	698	127464
马来西亚	Malaysia	10515727	5713251	4802476	11867616	6006199	5861417
巴基斯坦	Pakistan	1152944	70959	1081985	1554315	118770	1435545
菲律宾	Philippines	5695055	2405066	3289989	5831443	2321873	3509570
卡塔尔	Qatar	1377957	1121861	256096	1901918	1532413	369504
沙特阿拉伯	Saudi Arabia	3662603	1550107	2112496	3698372	1780863	1917509
新加坡	Singapore	9872437	3629874	6242563	10082290	4569390	5512900
韩国	Korea, Rep.	47876637	29496403	18380234	54306383	33452657	20853726
斯里兰卡	Sri Lanka	361460	45249	316211	467516	42734	424781
叙利亚	Syria	47797	191	47606	32275	8	32267
泰国	Thailand	9861226	4114288	5746938	11968258	4903102	7065157
土耳其	Turkey	2338184	170098	2168086	3268897	307142	2961755
阿拉伯联合酋长国	United Arab Emirates	3160672	313329	2847343	3410343	292374	3117968
越南	Viet Nam	16489174	4579111	11910063	20813727	6213303	14600423
中国台湾	Taiwan, China	34990287	25272043	9718244	39921753	28058116	11863638
非洲	**Africa**	**9407677**	**2187595**	**7220082**	**13279378**	**3313884**	**9965494**
#喀麦隆	Cameroon	133637	43047	90590	297960	155453	142507
埃及	Egypt	935764	10545	925219	1295641	105224	1190418
加蓬	Gabon	120926	92298	28628	168364	137142	31222
摩洛哥	Morocco	354088	29395	324693	433848	32165	401683
尼日利亚	Nigeria	897545	79471	818074	1369006	83822	1285184
南非	South Africa	2123565	843188	1280377	2869877	1142645	1727233
欧洲	**Europe**	**83188786**	**24479907**	**58708879**	**97741055**	**26763503**	**70977553**
#比利时	Belgium	3191753	808980	2382773	4046801	839095	3207706
丹麦	Denmark	1140194	313530	826664	1421413	330289	1091124
英国	United Kindom	8572625	1014163	7558462	9148424	1035791	8112633

8－9 续表 Continued

单位:万元 (10 000 yuan)

国 别 (地 区)	Country (Region)	2021 进出口 Imports and Exports	2021 进 口 Imports	2021 出 口 Exports	2022 进出口 Imports and Exports	2022 进 口 Imports	2022 出 口 Exports
德国	Germany	18394661	8814361	9580300	21519900	9766782	11753118
法国	France	5610785	1538484	4072301	6411850	1676552	4735297
爱尔兰	Ireland	476813	167781	309032	578802	174486	404316
意大利	Italy	4459721	1481055	2978666	5617257	1821384	3795873
荷兰	Netherlands	12649095	1317223	11331872	14061022	1163037	12897985
希腊	Greece	635790	22924	612866	832425	23401	809024
葡萄牙	Portugal	579853	100803	479050	640999	97448	543551
西班牙	Spain	3266491	624804	2641687	4048118	766729	3281389
奥地利	Austria	956974	600405	356569	1163250	696369	466881
芬兰	Finland	1069712	585564	484148	1380118	792552	587566
匈牙利	Hungary	1231810	289322	942488	1493849	305836	1188013
挪威	Norway	482198	153089	329109	551923	193786	358137
波兰	Poland	3129195	343424	2785771	4154112	484799	3669313
罗马尼亚	Romania	900130	131992	768138	1144209	157476	986733
瑞典	Sweden	2836661	1765763	1070898	2930487	1384205	1546283
瑞士	Switzerland	1617872	965661	652211	1902219	1146099	756120
俄罗斯	Russia	5229581	1467646	3761935	7000458	1808160	5192297
乌克兰	Ukraine	1478362	895473	582889	1676425	975216	701208
捷克	Czech Rep.	2219721	535899	1683822	2357450	532977	1824473
拉丁美洲	**Latin America**	**25062657**	**9482669**	**15579988**	**31903156**	**11118241**	**20784915**
#阿根廷	Argentina	1333812	564858	768954	1456426	430860	1025566
巴西	Brazil	10153600	6117754	4035846	13185201	7148998	6036203
智利	Chile	1891169	459922	1431247	2838190	683400	2154790
哥伦比亚	Colombia	764043	10728	753315	1116053	36211	1079842
危地马拉	Guatemala	199210	39877	159333	357997	93009	264988
墨西哥	Mexico	6043033	1162919	4880114	7476427	1204809	6271618
巴拿马	Panama	1198885	223	1198662	681789	768	681022
秘鲁	Peru	1072253	206684	865569	1457735	305920	1151815
乌拉圭	Uruguay	317654	188905	128749	438151	220385	217766
委内瑞拉	Venezuela	284671	213951	70720	506959	407373	99586
北美洲	**North America**	**69636448**	**12073370**	**57563078**	**78257424**	**12689274**	**65568150**
#加拿大	Canada	6045548	1475161	4570387	6845555	1866863	4978692
美国	United States	63586333	10598208	52988125	71402206	10821185	60581022
大洋洲	**Oceanic**	**15745488**	**7803605**	**7941883**	**19523080**	**10877449**	**8645631**
#澳大利亚	Australia	13399839	7011563	6388276	17159634	10045834	7113800
新西兰	New Zealand	1118966	466013	652953	1455608	549393	906216
巴布亚新几内亚	Papua New Guinea	234393	184265	50128	181519	120681	60838
东南亚国家联盟	Association of South-east Asia Nations	62268578	24065736	38202842	74083088	29891287	44191801
欧洲联盟	European Union	73782450	20841733	52940717	76795730	21478227	55317503

8-10 按行业分外商直接投资（2021 年）
Foreign Direct Investment by Sector（2021）

行业	Sector	新设外商投资企业数（家）Number of New Establishment of Enterprises（unit）	实际使用外资金额（亿美元）Realized FDI Value（USD 10 000）
总　计	**Total**	**4237**	**288.53**
农、林、牧、渔业	Agriculture, Forestry, Animal Husbandry and Fishery	18	1.36
采矿业	Mining	0	0.06
制造业	Manufacturing	852	90.93
农副食品加工业	Processing of Food from Agricultural Products	6	0.98
食品制造业	Manufacturing of Foods	16	1.31
酒、饮料和精制茶制造业	Manufacture of Liquor, Beverages and Refined Tea	3	0.21
纺织业	Manufacture of Textile	22	0.49
纺织服装、服饰业	Manufacture of Textile, Wearing Apparel and Accessories	21	0.90
皮革、毛皮、羽毛（绒）及其制品业	Manufacture of Leather, Fur, Feather and Related Products	5	0.61
木材加工及木、竹、藤、棕、草制品业	Processing of Timber, Manufacture of Wood, Bamboo, Rattan, Palm and Straw Products	3	0.10
家具制造业	Manufacture of Furniture	8	0.47
造纸及纸制品业	Manufacture of Paper and Paper Products	0	1.13
印刷业和记录媒介的复制	Printing and Reproduction of Recording Media	4	0.04
文教、工美、体育和娱乐用品制造业	Manufacture of Articles for Culture, Education, Arts and Crafts, Sport and Entertainment Activities	12	1.07
石油、煤炭及其他燃料加工业	Processing of Petroleum, Coal and Other fuels	0	0.29
化学原料和化学制品制造业	Manufacture of Raw Chemical Materials and Chemical Products	16	4.67
医药制造业	Manufacture of Medicines	43	4.01
化学纤维制造业	Manufacture of Chemical Fibers	2	1.21
橡胶和塑料制品业	Manufacture of Rubber and Plastic Products	24	1.44
非金属矿物制品业	Manufacture of Non-metallic Mineral Products	31	5.61
黑色金属冶炼和压延加工业	Smelting and Pressing of Ferrous Metals	0	0.00
有色金属冶炼和压延加工业	Smelting and Pressing of Non-ferrous Metals	1	1.53
金属制品业	Manufacture of Metal Products	48	5.96

8-10 续表 Continued

行业	Sector	新设外商投资企业数(家) Number of New Establishment of Enterprises(unit)	实际使用外资金额(万美元) Realized FDI Value (USD 10 000)
通用设备制造业	Manufacture of General Purpose Machinery	105	4.66
专用设备制造业	Manufacture of Special Purpose Machinery	161	13.46
汽车制造业	Manufacture of Automobiles	46	5.81
铁路、船舶、航空航天和其他运输设备制造业	Manufacture of Railway, Ship, Aerospace and Other Transport Equipments	16	2.23
电气机械和器材制造业	Manufacture of Electrical Machinery and Apparatus	99	11.88
计算机、通信和其他电子设备制造业	Manufacture of Computers, Communication and Other Electronic Equipment	108	19.42
仪器仪表制造业	Manufacture of Measuring Instruments and Machinery	26	0.65
其他制造业	Other Manufacture	12	0.74
废弃资源综合利用业	Utilization of Waste Resources	1	0.04
金属制品、机械和设备修理业	Repair Service of Metal Products, Machinery and Equipment	13	0.02
电力、热力、燃气及水生产和供应业	Production and Supply of Electricity, Heat, Gas and Water	61	4.48
建筑业	Construction	90	9.69
批发和零售业	Wholesale and Retail Trades	722	26.21
交通运输、仓储和邮政业	Transport, Storage and Post	41	7.04
住宿和餐饮业	Hotels and Catering Services	48	0.99
信息传输、软件和信息技术服务业	Information Transmission, Software and IT Services	297	10.55
金融业	Financial Intermediation	43	5.15
房地产业	Real Estate	174	57.20
租赁和商务服务业	Leasing and Business Services	597	30.57
科学研究、技术服务和地质勘查业	Scientific Research, Technical Services and Geologic Prospecting	1160	41.67
水利、环境和公共设施管理业	Management of Water Conservancy, Environment and Public Facilities	7	1.90
居民服务和其他服务业	Services to Households and Other Services	23	0.54
教育	Education	18	0.02
卫生和社会工作	Health and Social Service	7	0.16
文化、体育和娱乐业	Culture, Sports and Entertainment	72	0.0216
公共管理、社会保障和社会组织	Public Management, Social Security and Social Organizations	1	0.00

8-11 按国家或地区分外商直接投资（2021 年）
Foreign Direct Investment by Country or Region（2021）

国家（地区）	Country（Region）	新设外商投资企业数（家） Number of New Establishment of Enterprises（unit）	实际使用外资金额（万美元） Pealized FDI Value（USD 10 000）
合　计	**Total**	**4237**	**288.53**
亚　洲	**Asia**	**3108**	**258.39**
#中国香港	Hong Kong, China	1689	217.45
中国澳门	Macao, China	21	1.70
中国台湾	Taiwan, China	755	3.11
印度尼西亚	Indonesia	6	0.06
日本	Japan	111	8.95
马来西亚	Malaysia	37	0.15
菲律宾	Philippines	2	0.03
新加坡	Singapore	195	13.99
韩国	Korea, Rep.	195	12.49
泰国	Thailand	5	0.00
非　洲	**Africa**	**133**	**0.68**
欧　洲	**Europe**	**362**	**8.41**
#比利时	Belgium	13	0.17
丹麦	Dermark	10	0.09
英国	United Kindom	53	1.62
德国	Germany	116	2.38
法国	France	26	0.85
爱尔兰	Ireland	3	0.26
意大利	Italy	22	0.37
卢森堡	Luxembourg	1	0.19
荷兰	Netherlands	16	0.37
希腊	Greece	1	0.00
葡萄牙	Portugal	2	0.00
西班牙	Spain	7	0.33
芬兰	Finland	10	0.05
瑞士	Switzerland	16	0.48
北美洲	**North America**	**455**	**3.81**
#加拿大	Canada	119	0.17
美国	United States	334	3.64
大洋洲	**Oceanic**	**107**	**2.60**
#澳大利亚	Australia	71	0.84
南美洲	**South America**	**96**	**14.50**

8－12　年末登记外商投资企业行业分布情况（2021 年）

Sector Distribution of Registered Foreign Invested Enterprises at Year-end（2021）

行业	Sector	企业数（个）Number of Registered Enterprises（unit）	投资总额（万美元）Total Investment（USD 10 000）	注册资本（万美元）Registered Capital（USD 10 000）	#外方 Foreign Capital
总　计	**Total**	**64643**	**143085978.31**	**80578961.60**	**64541006.77**
农、林、牧、渔业	Agriculture，Forestry，Animal Husbandry and Fishery	616	1229336.02	890072.90	826727.69
采矿业	Mining	46	158318.19	71272.86	62056.08
制造业	Manufacturing	22698	63422557.02	30857601.90	25425496.96
电力、热力、燃气及水的生产和供应业	Production and Supply of Electricity，Heat，Gas and Water	669	3473374.39	1507877.13	1058074.30
建筑业	Construction	977	3000591.17	1882533.57	1502960.25
批发和零售业	Wholesale and Retail Trades	13882	6613419.24	4323616.39	3949968.54
交通运输、仓储和邮政业	Transport，Storage and Post	1055	2654128.70	1408016.45	1161097.01
住宿和餐饮业	Hotels and Catering Services	4397	513118.94	331641.27	238908.13
信息传输、软件和信息技术服务业	Information Transmission，Software and IT Services	2200	5415489.87	4580260.82	3965711.45
金融业	Financial Intermediation	1271	1974401.89	1648001.03	1176614.12
房地产业	Real Estate	2113	18134567.07	10627716.05	7023860.90
租赁和商务服务业	Leasing and Business Services	4872	10193878.60	7529224.15	6290665.53
科学研究和技术服务业	Scientific Research and Technical Services	8582	23877104.67	13743622.23	11011615.77
水利、环境和公共设施管理业	Management of Water Conservancy，Environment and Public Facilities	151	794717.55	419574.44	297681.61
居民服务、修理和其他服务业	Services to Households，Repair and Other Services	449	350449.82	199665.53	181118.49
教育	Education	94	18283.67	10749.39	9160.56
卫生和社会工作	Health and Social Service	58	425407.19	169272.66	139114.53
文化、体育和娱乐业	Culture，Sports and Entertainment	503	817812.79	368496.85	210552.71
其他	Others	10	19021.52	9745.98	9622.14

8－13 对外承包工程
Overseas Contracted Projects

年 份 Year	合同数(份) Number of Contracts (unit)	合同金额 (万美元) Contracted Value (USD 10 000)	实际完成营业额 (万美元) Value of Turnover Fulfilled (USD 10 000)	年末在外人数(人) Persons Abroad at Year-end(person)
1985	13	262		
1990	32	3571	3521	881
1995	101	19495	19774	2946
1996	148	24040	22725	3298
1997	239	34599	31011	5997
1998	224	38224	34878	5784
1999	273	52110	34636	7403
2000	306	58544	49722	8616
2001	513	71200	62747	8320
2002	587	133743	105403	10992
2003	642	174201	142671	13449
2004	3317	213267	188958	21073
2005	1853	290079	251095	30211
2006	4975	426788	376509	38432
2007	922	400569	344919	41268
2008	791	432043	388434	34945
2009	727	449596	433249	36739
2010	968	544726	519838	35987
2011	891	594909	599171	35484
2012	1009	719844	646755	35615
2013	1021	865653	726299	36266
2014	1067	966108	795426	36552
2015	875	779596	876128	37907
2016	1543	728708	911122	32403
2017	548	1082087	952857	31944
2018	645	659004	832664	37784
2019	1737	680364	778352	34053
2020		545570	624428	19241
2021	1244	559451	595277	16669

注:合同数口径自 2007 年起调整,在国内承包的外资项目不再作为对外承包工程。

a) The caliber of contracted projects were adjusted from 2007, and foreign founded projects contracted in domestic were no longer contracted projects with foreign countries.

8－14 对外劳务合作

Overseas Labor Services

年 份 Year	新签劳务人员合同工资总额（万美元） Total Contract Wages of New Signed Labor（USD 10 000）	劳务人员实际收入总额（万美元） Tatal Real Income of Signed Labor（USD 10 000）	年末在外人数（人） Persons Abroad at Year-end（person）
1985	2704		
1990	475	525	390
1995	8591	6120	5260
1996	12253	6287	9068
1997	13022	7454	9049
1998	24250	17271	17439
1999	29286	26538	25012
2000	39394	30293	34426
2001	48689	45316	56852
2002	37401	49989	62670
2003	33444	53984	65576
2004	31322	56974	69984
2005	40451	68056	70049
2006	41243	58843	73984
2007	51874	71087	75924
2008	56072	71304	66240
2009	53793	74555	63045
2010	76040	76864	59778
2011	64883	73590	53864
2012	62021	77438	51234
2013	75680	88826	51748
2014	120789	85351	59850
2015	51941	74550	63911
2016	45319	69634	55371
2017	44034	72179	59506
2018	54217	79653	69755
2019	39769	86889	64860
2020	20496	56979	30325
2021	18831	43220	25346

8-15 境外投资情况
Overseas Investment

指标	Item	2015	2016	2017	2018	2019	2020	2021
新批项目数 （个）	**Number of Newly Approved Projects (unit)**	**849**	**1034**	**631**	**786**	**827**	**696**	**724**
按项目类型	By Project Type							
企业	Enterprise	820	1016	584	735	750	658	704
子公司	Subsidiary	776	954	570	723	722	650	691
独资子公司	Sole-proprietorship Subsidiary	602	739	429	546	542	502	515
合资子公司	Joint-venture Subsidiary	174	215	141	177	180	148	176
联营公司	Joint Ownership Subsidiary	44	62	14	12	28	8	13
机构	Institution	29	18	47	51	77	38	20
按主体类型	By Subject Type							
国有及国有控股企业	State-owned Enterprise	48	89	83	72	58	61	38
集体企业	Collective-owned Enterprise	3	6	6	6	3	0	2
民营企业	Private Enterprise	675	790	432	587	671	546	559
外资企业	Foreign Invested Enterprise	123	149	110	121	95	89	125
按业务类型	By Business Type							
#参股并购类项目	Share Participating, Merger and Acquisition Projects	166	216	137	156	134	129	168
风险投资类项目	Venture Investment Projects	7	1	1	1	3	0	5
贸易型项目	Trade Projects	303	272	213	233	221	126	111
非贸易型项目	Non-trade Projects	546	762	418	553	606	570	613
#境外加工贸易项目	Projects of Overseas Processing Trade	64	73	44	53	47	50	26
境外资源开发项目	Projects of Overseas Resource Development	14	5	2	1	1	2	0
中方协议金额 （万美元）	**Protocol Fund from China (USD 10 000)**	**1001313**	**1409360**	**927073**	**948424**	**894503**	**573636**	**667484**
按项目类型	By Project Type							
企业	Enterprise	1000976	1409189	904664	936117	873815	562704	665199
子公司	Subsidiary	967807	1355856	885165	908721	843796	566743	658115
独资子公司	Sole-proprietorship Subsidiary	780056	1124430	689252	697944	653206	301071	358536
合资子公司	Joint-venture Subsidiary	187751	231427	195913	210777	190590	265671	299579
联营公司	Joint Ownership Subsidiary	33169	53333	19499	27395	30020	-4039	7084
机构	Institution	337	171	22409	12307	20688	10932	2285
按主体类型	By Subject Type							
国有及国有控股企业	State-owned Enterprise	50653	174130	138680	86905	47627	54708	95532
集体企业	Collective-owned Enterprise	38164	4641	27705	4673	12858	0	5581
民营企业	Private Enterprise	806461	1003469	631619	766479	762359	427805	474560
外资企业	Foreign Invested Enterprise	106035	227120	129070	90366	71659	91123	91812
按业务类型	By Business Type							
#参股并购类项目	Share Participating, Merger and Acquisition Projects	182640	305926	493901	399939	271062	188944	301971
风险投资类项目	Venture Investment Projects	7753	147	2655	500	2310	0	-6255
贸易型项目	Trade Projects	217691	239786	106254	187761	185328	48643	55026
非贸易型项目	Non-trade Projects	783621	1169574	820819	760663	709175	524993	612458
#境外加工贸易项目	Projects of Overseas Processing Trade	105933	149431	157283	152956	85751	58868	49646
境外资源开发项目	Projects of Overseas Resource Development	73734	30808	10000	-527	2000	-4995	0

8－16 境外投资主要国别(地区)情况
Overseas Investment by Country(Region)

国家(地区)	Country(Region)	2020		2021	
		新批项目数(个) Number of Newly Approved Projects (unit)	中方协议投资(万美元) Protocol Fund from China (USD 10 000)	新批项目数(个) Number of Newly Approved Projects (unit)	中方协议投资(万美元) Protocol Fund from China (USD 10 000)
全　部	**Total**	**696**	**573636**	**724**	**667484**
亚洲	**Asia**	**424**	**361265**	**401**	**223924**
巴林	Bahrain			1	200
孟加拉国	Bangladesh	1	12	8	2305
文莱	Brunei Darussalam			1	350
缅甸	Myanmar	10	25199	1	2000
柬埔寨	Cambodia	13	11707	10	6946
塞浦路斯	Cyprus				
朝鲜	North Korea				
中国香港	Hong Kong, China	148	122344	164	62802
印度	India	16	7567	8	8020
印度尼西亚	Indonesia	19	52782	8	10848
伊朗	Iran				
以色列	Israel	3	11481	2	9928
日本	Japan	31	24369	31	6453
老挝	Laos			3	380
中国澳门	Macao, China			1	750
马来西亚	Malaysia	16	7620	14	5586
马尔代夫	Maldives				
蒙古	Mongolia				
尼泊尔	Nepal				
巴基斯坦	Pakistan	3	630	1	73
菲律宾	Philippines	2	378	1	1200
卡塔尔	Qatar			1	7
沙特阿拉伯	Saudi Arabia	4	240		
新加坡	Singapore	50	31987	49	28106
韩国	Korea, Rep.	14	834	30	5551
斯里兰卡	Sri Lanka				
泰国	Thailand	26	38952	11	37309
土耳其	Turkey	3	－4490	3	1495
阿拉伯联合酋长国	United Arab Emirates	10	1497	4	995
越南	Viet Nam	43	23400	37	31019
中国台湾	Taiwan, China	4	911	5	130
东帝汶	East Timor				
哈萨克斯坦	Kazakhstan			2	100
吉尔吉斯斯坦	Kyrgyzstan	2	786		
土库曼斯坦	Turkmenistan				
乌兹别克斯坦	Uzbekistan	4	1365	4	1370
其他	Others				

8-16 续表1 Contiued

国家(地区)	Country(Region)	2020 新批项目数(个) Number of Newly Approved Projects (unit)	2020 中方协议投资(万美元) Protocol Fund from China (USD 10 000)	2021 新批项目数(个) Number of Newly Approved Projects (unit)	2021 中方协议投资(万美元) Protocol Fund from China (USD 10 000)
非洲	**Africa**	**23**	**4395**	**21**	**62788**
阿尔及利亚	Algeria	1			
安哥拉	Angola				
喀麦隆	Cameroon				
乍得	Chad				
刚果(布)	Congo				
埃及	Egypt			1	2129
赤道几内亚	Guinea				
埃塞俄比亚	Ethiopia	4	-233	9	20695
加蓬	Gabon				
冈比亚	Gambia			1	20
几内亚	Guinea			1	1000
肯尼亚	Kenya	2	250		
毛里塔尼亚	Mauritania				
毛里求斯	Mauritius				
莫桑比克	Mozambique				
纳米比亚	Namibia				
尼日利亚	Nigeria	2	318	2	258
塞内加尔	Senegal				
塞舌尔	Seychelles				
南非	South Africa	1	990	3	4676
苏丹	Sudan				
坦桑尼亚	Tanzania	1		1	11
多哥	Togo			1	300
乌干达	Uganda	2	70		
民主刚果	Democratic Congo			1	24000
赞比亚	Zambia				
津巴布韦	Zimbabwe			1	9700
欧洲	**Europe**	**88**	**102612**	**93**	**51893**
比利时	Belgium	1	5124	7	3125
丹麦	Denmark	5	809	4	6355
英国	United Kingdom	6	16443	7	1694
德国	Germany	37	33920	25	16140
法国	France	1	1000	1	565
爱尔兰	Ireland			1	300
意大利	Italy	2	84	5	2279
卢森堡	Luxembourg	1	8441	2	46

8－16 续表2 Contiued

国家(地区)	Country(Region)	2020 新批项目数(个) Number of Newly Approved Projects (unit)	2020 中方协议投资(万美元) Protocol Fund from China (USD 10 000)	2021 新批项目数(个) Number of Newly Approved Projects (unit)	2021 中方协议投资(万美元) Protocol Fund from China (USD 10 000)
荷兰	Netherlands	8	8152	10	2874
西班牙	Spain	5	5097	5	2141
阿尔巴尼亚	Albania				
奥地利	Austria				
保加利亚	Bulgaria				
芬兰	Finland	2	1249	1	348
匈牙利	Hungary	2	1191	3	5720
挪威	Norway			1	7
波兰	Poland	6	19183	5	－655
罗马尼亚	Romania	1	119		
瑞典	Sweden			2	5119
瑞士	Switzerland	1	925	2	998
拉脱维亚	Latvia			1	50
立陶宛	Lithuania			1	244
格鲁吉亚	Georgia			1	1
俄罗斯	Russia	5	315	3	253
乌克兰	Ukraine			1	500
斯洛文尼亚	Slovenia			1	446
克罗地亚	Croatia				
捷克	Czech Rep.	1	88	3	3118
塞尔维亚	Serbia			1	225
拉丁美洲	**Latin America**	**40**	**32164**	**68**	**264395**
阿根廷	Argentina				
巴西	Brazil	2	567	5	2249
开曼群岛	Cayman Islands	20	22194	39	123979
智利	Chile	1	480	2	1
古巴	Cuba				
厄瓜多尔	Ecuador				
墨西哥	Mexico	10	5578	8	30667
秘鲁	Peru				
英属维尔京群岛	British Virgin Islands	7	3345	14	107498
北美洲	**North America**	**104**	**67121**	**121**	**57922**
加拿大	Canada	15	3388	13	8774
美国	United States	86	61761	106	46047
其他	Others	3	1971	2	3100
大洋洲	**Oceanic**	**17**	**6079**	**20**	**6563**
澳大利亚	Australia	15	5927	17	6393
斐济	Fiji				
瓦努阿图	Vanuatu	1	20		
新西兰	New Zealand	1	132	3	170
萨摩亚	Samoa				

8-17 分行业境外投资情况

Overseas Investment by Sector

行业 Sector		2020 新批项目数（个）Number of Newly Approved Projects (unit)	2020 中方协议投资（万美元）Protocol Fund from China (USD 10 000)	2021 新批项目数（个）Number of Newly Approved Projects (unit)	2021 中方协议投资（万美元）Protocol Fund from China (USD 10 000)
全　部	**Total**	**696**	**573636**	**724**	**667484**
第一产业	Primary Industry	5	808	11	5689
第二产业	Secondary Industry	308	342449	262	299741
第三产业	Tertiary Industry	383	230379	451	362054
按国民经济行业分	**By Sector**				
农、林、牧、渔业	Agriculture, Forestry, Animal Husbandry and Fishery	5	808	11	5689
农业	Farming	4	803	3	1056
林业	Forestry	1	5	1	390
畜牧业	Animal Husbandry			1	2129
渔业	Fishery			1	11
农、林、牧、渔专业及辅助性活动	Agriculture, Forestry, Animal Husbandry, Fishery and Support Activities			5	2104
采矿业	Mining	2	-4980	5	5
煤炭开采和洗选业	Mining and Washing of Coal				
石油和天然气开采业	Extraction of Petroleum and Natural Gas				
黑色金属矿采选业	Mining and Processing of Ferrous Metal Ores				
有色金属矿采选业	Mining and Processing of Non-ferrous Metal Ores	2	-4980	4	36602
非金属矿采选业	Mining and Processing of Non-metal Ores				
开采专业及辅助性活动	Professional and Support Activities for Mining				
其他采矿业	Mining of Other Ores	1	123		
制造业	Manufacturing	270	331293	236	234868
农副食品加工业	Processing of Food from Agricultural Products	2	475	2	218
食品制造业	Manufacturing of Foods	5	3124	1	4400
酒、饮料和精制茶制造业	Manufacture of Liquor, Beverages and Refined Tea				
烟草制品业	Manufacture of Tobacco	1	686		
纺织业	Manufacture of Textile	14	33618	12	23690
纺织服装、服饰业	Manufacture of Textile, Wearing Apparel and Accessories	9	1853	10	1950
皮革、毛皮、羽毛（绒）及其制品业	Manufacture of Leather, Fur, Feather and Related Products			1	200
木材加工及木、竹、藤、棕、草制品业	Processing of Timber, Manufacture of Wood, Bamboo, Rattan, Palm and Straw Products	4	7310	5	4800
家具制造业	Manufacture of Furniture	8	11553	6	2835
造纸及纸制品业	Manufacture of Paper and Paper Products	1	700	1	893
印刷业和记录媒介的复制	Printing and Reproduction of Recording Media			1	400
文教、工美、体育和娱乐用品制造业	Manufacture of Articles for Culture, Education, Arts and Crafts, Sport and Entertainment Activities	2	3265	2	776
石油、煤炭及其他燃料加工业	Processing of Petroleum, Coal and Other Fuels	1	100		

8－17　续 表 1　Continued

行　　业	Sector	2020 新批项目数（个）Number of Newly Approved Projects（unit）	2020 中方协议投资（万美元）Protocol Fund from China（USD 10 000）	2021 新批项目数（个）Number of Newly Approved Projects（unit）	2021 中方协议投资（万美元）Protocol Fund from China（USD 10 000）
化学原料和化学制品制造业	Manufacture of Raw Chemical Materials and Chemical Products	9	7965	11	7090
医药制造业	Manufacture of Medicines	15	6853	33	32027
化学纤维制造业	Manufacture of Chemical Fibers			3	3868
橡胶和塑料制品业	Ma nufacture of Rubber and Plastic Products	15	30495	8	5188
非金属矿物制品业	Manufacture of Non-metallic Mineral Products	5	1115	3	2822
黑色金属冶炼及压延加工业	Smelting and Pressing of Ferrous Metals				
有色金属冶炼及压延加工业	Smelting and Pressing of Non-ferrous Metals	4	29166		
金属制品业	Manufacture of Metal Products	22	27468	6	3426
通用设备制造业	Manufacture of General Purpose Machinery	27	38010	20	31346
专用设备制造业	Manufacture of Special Purpose Machinery	33	24117	27	24460
汽车制造业	Manufacture of Automobiles				
铁路、船舶、航空航天和其他运输设备制造业	Manufacture of Railway, Ship, Aerospace and Other Transport Equipments	19	19663	17	20003
电气机械及器材制造业	Manufacture of Electrical Machinery and Apparatus	22	17942	14	20482
通信设备、计算机及其他电子设备制造业	Manufacture of Computers, Communication and Other Electronic Equipment	30	70750	39	28977
仪器仪表制造业	Manufacture of Measuring Instruments and Machinery			4	350
其他制造业	Other Manufacture			8	13667
废弃资源综合利用业	Utilization of Waste Resources	4	1296	2	1001
金属制品、机械和设备修理业	Repair Service of Metal Products, Machinery and Equipment				
电力、热力、燃气及水的生产和供应业	Production and Supply of Electricity, Heat, Gas and Water	7	3300	4	18783
电力、热力的生产和供应业	Production and Supply of Electric Power and Heat Power	6	2300	4	18783
燃气生产和供应业	Production and Supply of Gas				
水的生产和供应业	Production and Supply of Water	1	1000		
建筑业	Construction	29	12836	17	8210
房屋建筑业	Construction of Buildings	17	3035	6	1828
土木工程建筑业	Civil Engineering	8	8781		
建筑安装业	Building Installation	2	251	7	1356
建筑装饰、装修和其他建筑业	Building Decoration, Decoration and Other Construction Industries	2	770	4	5027
批发和零售业	Wholesale and Retail Trades	184	81209	196	72849
批发业	Wholesale	152	56292	141	58433
零售业	Retail Trades	32	24917	55	14416
交通运输、仓储和邮政业	Transport, Storage and Post	7	385	11	1338

行 业	Sector	2020		2021	
		新批项目数（个）Number of Newly Approved Projects (unit)	中方协议投资（万美元）Protocol Fund from China (USD 10 000)	新批项目数（个）Number of Newly Approved Projects (unit)	中方协议投资（万美元）Protocol Fund from China (USD 10 000)
铁路运输业	Railway Transport				
道路运输业	Road Transport	1	50		
水上运输业	Water Transport				
航空运输业	Air Transport				
管道运输业	Pipeline Transport				
多式联运和运输代理业	Multimodal and Forwarding Agencies				
装卸搬运和仓储业	Loading, Unloading and Storage			8	868
邮政业	Post			3	470
住宿和餐饮业	Hotels and Catering Services	3	430		
住宿业	Hotels				
餐饮业	Catering Services	3	430		
信息传输、软件和信息技术服务业	Information Transmission, Software and IT Services	35	61656	34	85369
电信、广播电视和卫星传输服务	Telecommunication, Satellites Radio and Television Services	4	29489	1	600
互联网和相关服务	Internet and Related Services			21	11771
软件和信息技术服务业	Software and IT Services			12	72998
金融业	Financial Intermediation	2	－4895	1	4
货币金融服务业	Nonetary and Financial				
资本市场服务业	Capital Market Service				
保险业	Insurance			1	4
其他金融业	Other Financial Activities	2	－4895		
房地产业	Real Estate				
租赁和商务服务业	Leasing and Business Services	54	54027	80	92688
租赁业	Leasing	1	－983	2	3010
商务服务业	Business Services	53	55010	78	89678
科学研究和技术服务业	Scientific Research and Technical Services	79	40035	111	87108
研究与试验发展	Research and Experimental Development	56	34437	81	61748
专业技术服务业	Professional Technical Services	14	1753	19	14546
科技推广和应用服务业	Science and Technology Popularization and Application of Science	9	3844	11	10814
水利、环境和公共设施管理业	Management of Water Conservancy, Environment and Public Facilities	2	181	1	350
水利管理业	Management of Water Conservancy	1	100	1	350
生态保护和环境治理业	Ecological Protection and Enviromental Governance				
公共设施管理业	Management of Public Facilities				
土地管理业	Management of Land				
居民服务和其他服务业	Services to Households and Other Services	14	－4193	10	5523
居民服务业	Services to Households				
机动车、电子产品和日用产品修理业	Repair of Vehicle, Electronics and Daily Maintenance				
其他服务业	Other Services	14	－4193	10	5523
教育	Education	1	44	3	13480
卫生和社会工作	Public Health and Social Services	1	1500	4	3345
卫生	Public Health	1	1500	2	1600
社会工作	Social Services			2	1745
文化、体育和娱乐业	Culture, Sports and Entertainment	1			
新闻和出版业	Journalism and Publishing				
广播、电视、电影和录音制作业	Radio, TV, Movie and Video Recording				
文化艺术业	Cultural and Art				
体育	Sports				
娱乐业	Entertainment			1	

8－18　分地区境外投资情况
Overseas Investment by Region

地　　区　　Region		2020		2021	
		新批项目数（个）Number of Newly Approved Projects (unit)	中方协议投资（万美元）Protocol Fund from China (USD 10 000)	新批项目数（个）Number of Newly Approved Projects (unit)	中方协议投资（万美元）Protocol Fund from China (USD 10 000)
全　省	**Total**	**696**	**573636**	**724**	**667484**
苏　南	Southern Jiangsu	502	394597	597	558218
苏　中	Mid Jiangsu	117	86402	76	44000
苏　北	Northern Jiangsu	77	92638	51	65267
南　京	Nanjing	88	42834	91	44723
无　锡	Wuxi	89	123720	97	125674
徐　州	Xuzhou	32	46394	22	22115
常　州	Changzhou	69	35794	47	54185
苏　州	Suzhou	233	160361	347	324285
南　通	Nantong	77	46403	43	18517
连云港	Lianyungang	17	9573	16	21255
淮　安	Huai'an	8	1070	1	100
盐　城	Yancheng	9	32173	6	21220
扬　州	Yangzhou	16	9568	16	4961
镇　江	Zhenjiang	23	31888	15	9352
泰　州	Taizhou	24	30430	17	20521
宿　迁	Suqian	11	3427	6	577

主要统计指标解释

进出口总额 海关进出口总额指实际进出我国国境的货物总金额。包括对外贸易实际进出口货物，来料加工装配进出口货物，国家间、联合国及国际组织无偿援助物资和赠送品，华侨、港澳台同胞和外籍华人捐赠品，租赁期满归承租人所有的租赁货物，进料加工进出口货物，边境地方贸易及边境地区小额贸易进出口货物(边民互市贸易除外)，中外合资企业、中外合作经营企业、外商独资经营企业进出口货物和公用物品，到、离岸价格在规定限额以上的进出口货样和广告品(无商业价值、无使用价值和免费提供出口的除外)，从保税仓库提取在中国境内销售的进口货物，以及其他进出口货物。进出口总额用以观察一个国家在对外贸易方面的总规模。我国规定出口货物按离岸价格统计，进口货物按到岸价格统计。

商品经营单位所在地进、出口额 指所在地海关注册登记的有进出口经营权的企业实际进、出口额。

商品目的地进口额和商品货源地出口额 目的地进口额指进口货物的消费、使用或最终抵运地的实际进口额，货源地出口额是指出口货物的产地或原始发货地的实际出口额。

对外承包工程 指各对外承包公司以招标议标承包方式承揽的下列业务：(1)承包国外工程建设项目，(2)承包我国对外经援项目，(3)承包我国驻外机构的工程建设项目，(4)承包我国境内利用外资进行建设的工程项目，(5)与外国承包公司合营或联合承包工程项目时我国公司分包部分，(6)对外承包兼营的房屋开发业务。对外承包工程的营业额是以货币表现的本期内完成的对外承包工程的工作量，包括以前年度签订的合同和本年度新签订的合同在报告期内完成的工作量。

对外劳务合作 指以收取工资的形式向业主或承包商提供技术和劳动服务的活动。我国对外承包公司在境外开办的合营企业，中国公司同时又提供劳务的，其劳务部分也纳入劳务合作统计。劳务合作营业额按报告期内向雇主提交的结算数(包括工资、加班费和奖金等)统计。

Explanatory Notes on Main Statistical Indicators

Total Imports and Exports Value refer to the value of commodities actually imported and exported across the border of China. They include the actual imports and exports through foreign trade, imported and exported goods under the processing and assembling trades and materials, supplies and gifts as aid given gratis between governments and by the United Nations and other international organizations, and contributions donated by overseas Chinese, compatriots in Hong Kong and Macao and Chinese with foreign citizenship, leasing commodities owned by tenant at the expiration of leasing period, the imported and exported commodities processed with imported materials, commodities trading in border areas (excluding mutual exchange goods), the imported and exported commodities and articles for public use of the Sino-foreign joint ventures, cooperative enterprises and ventures exclusively with sole foreign investment. Also included are import or export of samples and advertising goods for whose CIF or FOB value are beyond the permitted ceiling (excluding goods of no trading or use value and free commodities for export), imported goods sold in China from bonded warehouses and other imported or exported goods. The indicator of the total imports and exports at customs can be used to observe the total size of external trade in a country. In accordance with the stipulation of the Chinese government, imports are calculated at CIF, while exports are calculated at FOB.

Imports or Exports Value by Location of China's Foreign Trade Operating Units refers to actual value of imports and exports carried out by corporations which have been registered by the local customhouse and are vested with fight to run import or export business.

Import Value of Commodities by Destination and Export Value of Commodities by Origin The former indicator refers to the value of import commodities of consumption, utilization or the final destination. The latter indicator refers to the value of export commodities of their origin or the places of the commodities dispatched.

Overseas Contracted Projects refer to projects undertaken by Chinese contractors (project contracting companies) through bidding process. They include: (1) overseas engineering construction projects financed by foreign investors; (2) overseas projects financed by the Chinese government through its foreign aid programs; (3) construction projects of Chinese diplomatic missions, trade offices and other institutions stationed abroad; (4) construction projects in China financed by foreign investment; (5) sub-contracted projects to be taken by Chinese contractors through a joint umbrella project with foreign contractors; (6) housing development projects. The business income from international contracted projects is the work volume of contracted projects completed during the reference period, expressed in monetary terms, including completed work on projects signed in previous years.

Overseas Labour Services refer to the activities of providing technology and labor services to employers or contractors in the forms of receiving salaries and wages. Labor services providing by contractual joint ventures of Chinese international contracting corporations should be included in the statistics of service co-operation with foreign countries. The business income of labor service co-operation is the income in the form of wages and salaries, overtime pay, bonuses and other remuneration received from the employers during the reference period.

9

能源、资源、环境

Energy, Resources and Environment

简 要 说 明

一、本篇资料的主要内容

本篇主要反映江苏自然资源、能源消费、电力运行、环境保护事业发展情况。

自然资源包括水资源、气象等。

能源消费包括综合能源平衡表、规模以上工业企业主要能源品种消费量等。

电力运行包括电网生产经营情况、用电量、主要电厂发电量等。

环境保护事业发展情况主要包括污染排放与处理情况、生态环境保护情况等。

二、本篇资料的统计范围

本篇资料的统计范围为全社会。

三、本篇资料的来源

气象、水资源、环境保护事业发展情况分别由气象、水利、环保等部门提供。

电力运行数据来源于省电力公司。

能源消费数据来自历年能源平衡表及相关能源统计年报。

Brief Introduction

I. Main Contents

This chapter contains information that reflects natural resource conditions, energy consumption, power operation and the development of environment protection.

Natural resource includes water resource and meteorological phenomena, etc.

Energy consumption includes overall energy balance sheet and major energy consumption of industrial enterprises above designated size, etc.

Electric power operation includes power grid production and operation, use of electricity, the electricity generation of the main power plants, etc.

The development of environmental protection mainly includes discharge and treatment of pollution, ecological and environmental protection, etc.

II. Scope of Data

The scope of data in this chapter is the whole province.

III. Sources of Data

Data on meteorological phenomena, water resource, development of environmental protection are provided respectively by department of meteorology, water conservancy, environmental protection.

Power operation data are from the Jiangsu Electric Power Company.

Data on energy consumption are from the energy balance sheets over the years and relevant energy statistics annals.

9－1　主要城市月平均气温（2021 年）
Monthly Average Temperature of Major Cities（2021）

单位:摄氏度 （℃）

城　　市 City	1 月 Jan.	2 月 Feb.	3 月 Mar.	4 月 Apr.	5 月 May	6 月 Jun.	7 月 Jul.	8 月 Aug.	9 月 Sept.	10 月 Oct.	11 月 Nov.	12 月 Dec.	年平均气温 Yearly Average
南 京 Nanjing	4.5	9.8	11.9	16.2	22.1	26.0	28.1	27.5	26.3	19.2	12.6	6.7	17.6
无 锡 Wuxi	5.0	9.8	12.0	16.6	22.4	26.2	29.2	28.1	26.7	20.0	12.8	6.8	18.0
徐 州 Xuzhou	2.0	8.5	11.0	14.8	21.5	27.3	27.7	26.6	24.1	16.6	9.7	4.1	16.2
常 州 Changzhou	4.6	9.7	11.9	16.4	22.3	26.5	28.9	28.0	26.5	19.8	12.8	6.7	17.8
苏 州 Suzhou	5.4	10.1	12.2	16.8	22.4	26.0	29.2	28.3	26.8	20.6	13.7	7.8	18.3
南 通 Nantong	4.3	9.0	11.0	15.4	21.6	25.4	28.5	27.8	25.9	19.6	12.6	6.3	17.3
连云港 Lianyungang	1.1	6.5	9.4	13.7	19.2	25.4	26.9	26.1	23.8	16.9	10.0	4.0	15.3
淮 安 Huai'an	2.1	7.4	10.1	14.1	20.2	26.4	27.2	26.5	24.2	17.1	10.7	4.1	15.8
盐 城 Yancheng	2.6	7.9	10.3	14.5	20.4	26.0	27.6	27.3	24.9	18.3	11.1	4.5	16.3
扬 州 Yangzhou	3.7	9.3	11.3	15.7	21.7	26.8	28.3	27.6	25.9	18.8	11.6	5.0	17.1
镇 江 Zhenjiang	3.7	9.1	11.4	15.7	21.7	26.2	28.1	27.4	26.0	19.1	11.7	5.4	17.1
泰 州 Taizhou	3.5	8.8	10.9	15.2	21.1	26.0	27.8	27.4	25.5	19.1	11.5	5.1	16.8
宿 迁 Suqian	2.0	8.2	10.6	14.6	20.9	27.0	27.4	26.6	24.4	17.4	10.8	4.8	16.2

9－2　主要城市月降水量（2021 年）
Monthly Precipitation of Major Cities（2021）

单位:毫米 （mm）

城　　市 City	1 月 Jan.	2 月 Feb.	3 月 Mar.	4 月 Apr.	5 月 May	6 月 Jun.	7 月 Jul.	8 月 Aug.	9 月 Sept.	10 月 Oct.	11 月 Nov.	12 月 Dec.	全年累计 Yearly Total
南 京 Nanjing	28.1	38.2	57.1	69.8	224.9	77.8	385.6	200.0	38.6	120.2	22.9	3.7	1266.9
无 锡 Wuxi	23.3	51.6	49.8	55.5	120.4	124.6	291.8	181.1	75.5	110.6	52.5	5.3	1142.0
徐 州 Xuzhou	8.3	34.8	41.4	23.4	81.9	75.9	465.6	256.2	162.5	29.7	24.9	0.2	1204.8
常 州 Changzhou	31.2	51.4	54.5	61.2	93.4	55.8	339.9	257.6	66.5	68.7	59.0	3.4	1142.6
苏 州 Suzhou	18.7	57.1	81.8	53.0	170.5	101.5	343.7	214.1	43.3	176.4	52.7	5.8	1318.6
南 通 Nantong	35.0	40.1	46.2	60.2	68.2	88.8	347.1	148.3	200.9	178.7	69.4	1.5	1284.4
连云港 Lianyungang	5.8	18.0	36.6	47.0	66.5	52.0	456.0	356.6	134.8	105.5	31.2	0.6	1310.6
淮 安 Huai'an	17.1	24.7	54.1	42.1	91.3	91.3	501.1	120.7	184.2	126.1	22.9	2.4	1278.0
盐 城 Yancheng	19.7	28.6	53.7	56.4	53.8	54.5	452.6	55.9	117.3	98.2	30.4	3.0	1024.1
扬 州 Yangzhou	25.7	34.1	65.0	29.5	144.3	57.4	429.1	90.6	36.0	98.0	36.5	5.3	1051.5
镇 江 Zhenjiang	26.1	38.4	68.3	50.1	177.9	41.6	432.1	189.0	45.2	69.2	23.5	2.7	1164.1
泰 州 Taizhou	22.9	31.3	60.6	26.4	147.7	113.5	476.9	89.1	61.2	54.8	23.3	3.0	1110.7
宿 迁 Suqian	9.2	31.4	51.4	46.9	51.5	118.8	551.3	111.2	124.7	64.3	18.8	1.4	1180.9

9-3 水资源总量(2021年)
Water Resources (2021)

单位:亿立方米 (100 million cu. m)

项目	Item Water Resources	水资源总量 Total	地表水资源量 Surface Water Volume	地下水资源量 Groundwater Resources	地下水与地表水重复计算量 Overlapped Measurement Between Groundwater and Surface Water	年降水量 Annual Precipitation
合计	**Total**	**500.8**	**442.5**	**135.3**	**77.0**	**1221.9**
按流域区域分	**By Drainage Area**					
淮河流域	Huaihe River Basin	321.8	277.8	94.8	50.7	759.4
王家坝至中渡区	From Wangjiaba to Zhongdu	40.7	35.4	11.1	5.7	101.7
中渡以下	Below Zhongdu	126.7	113.0	39.4	25.7	182.4
沂沭泗河区	Yishusi River District	154.4	129.4	44.3	19.3	475.3
长江流域	Yangtze River Basin	179.0	164.7	40.6	26.3	462.5
湖口以下干流	Trunk Stream below Hukou	73.0	64.8	23.2	15.0	220.3
太湖流域	Taihu Basin	106.0	99.9	17.4	11.3	242.2
按市分	**By City**					
南京	Nanjing	27.9	26.8	6.5	5.5	77.0
无锡	Wuxi	26.8	25.3	4.2	2.7	59.5
徐州	Xuzhou	64.4	52.6	20.6	8.8	140.6
常州	Changzhou	28.6	27.6	4.6	3.5	59.0
苏州	Suzhou	41.0	38.0	6.6	3.6	103.9
南通	Nantong	35.4	28.8	14.3	7.6	109.6
连云港	Lianyungang	46.9	41.0	11.7	5.8	93.8
淮安	Huai'an	44.7	39.7	13.4	8.4	111.5
盐城	Yancheng	67.7	59.1	19.9	11.3	176.6
扬州	Yangzhou	26.6	24.1	8.3	5.8	73.5
镇江	Zhenjiang	17.3	16.6	3.6	2.9	44.5
泰州	Taizhou	22.9	20.3	8.5	5.9	66.2
宿迁	Suqian	50.6	42.7	13.1	5.2	106.2

9-4 农村自然灾害情况
Basic Conditions of Rural Natural Disasters

单位:千公顷 (1 000 hectares)

指标	Item	2015	2016	2017	2018	2019	2020	2021
受灾面积	Disaster Area	615.46	332.10	62.29	353.73	210.81	131.00	88.25
#旱灾	Drought		31.53	8.62	5.83			
水灾	Flood	224.77	87.79	13.79	8.71	6.77	115.99	

9－5　规模以上工业企业主要能源消费量
Major Energy Consumption of Industrial Enterprises above Designated Size

单位:万吨　　　　(10 000 tons)

能源品种 Type of Energy		2015	2016	2017	2018	2019	2020	2021
原　煤	Coal	24601.86	25775.42	24364.76	24215.30	23297.55	22716.88	24949.03
焦　炭	Coke	3588.63	3840.22	4070.63	4298.16	4967.15	4485.53	4403.65
原　油	Crude Oil	3810.32	4078.99	3866.06	4067.87	4120.20	4017.88	4019.99
汽　油	Gasoline	38.31	37.12	36.55	26.35	21.14	12.91	11.01
煤　油	Kerasene	1.20	1.79	0.79	0.61	0.52	0.43	0.52
柴　油	Diesel Oil	79.61	73.61	94.80	68.76	57.65	48.40	50.04
燃料油	Fuel Oil	38.74	47.76	227.56	134.91	58.79	58.15	27.29
液化石油气	LPG	33.85	47.51	35.40	35.97	45.25	40.46	45.79

9－6　规模以上工业企业平均每天主要能源消费量
Average Daily Energy Consumption of Industrial Enterprises above Designated Size

单位:吨　　　　(ton)

能源品种 Type of Energy		2015	2016	2017	2018	2019	2020	2021
原　煤	Coal	674024	704247	667528	663433	638289	620680	683535
焦　炭	Coke	98319	104924	111524	117758	136086	122555	120648
原　油	Crude Oil	104392	111448	105920	111449	112882	109778	110137
汽　油	Gasoline	1049	1014	1001	722	579	353	302
煤　油	Kerasene	33	49	22	17	14	12	14
柴　油	Diesel Oil	2181	2011	2597	1884	1579	1322	1371
燃料油	Fuel Oil	1061	1305	6234	3696	1611	1589	748
液化石油气	LPG	927	1298	970	986	1240	1105	1254

9-7 综合能源平衡表
Overall Energy Balance Sheet

单位:万吨标准煤 (10 000 tce)

项	目 Item	2015	2016	2017	2018	2019	2020
可供消费的能源总量	**Total Energy Available for Consumption**						
一次能源生产量	Primary Energy Production	2893.58	2471.58	2708.05	3245.63	3489.29	3620.89
回收能	Recovery of Energy	1590.94	1693.32	1842.56	2088.68	2502.49	2461.99
进口量	Imports	4302.06	4695.56	5028.44	5737.03	5682.72	6034.55
出口量	Exports	352.39	412.89	104.76	201.16	362.19	199.05
年初年末库存差额	Stock Changes in the Year	158.19	737.76	20.56	-318.80	-454.63	943.19
能源消费总量	**Total Energy Consumption**	**30374.14**	**31209.71**	**31602.09**	**31635.20**	**32525.97**	**32672.49**
在总量中:	Consumption by Sector:						
农、林、牧、渔、水利业	Agriculture, Forestry, Animal Husbandry, Fishery and Water Conservancy	518.11	535.70	546.02	564.25	550.24	542.54
工业	Industry	23255.88	23587.77	23472.50	22915.16	23498.52	23459.56
建筑业	Construction	377.92	349.75	357.56	379.56	402.41	443.03
交通运输、仓储及邮电通讯业	Transport, Storage, Post and Telecommunication	2125.54	2201.07	2319.58	2442.05	2594.32	2607.25
批发和零售贸易餐饮业	Wholesale and Retail Trades and Catering Services	531.92	571.62	609.94	669.83	701.08	679.60
其他	Others	1102.01	1196.87	1323.09	1492.48	1585.52	1597.95
生活消费	Household Consumption	2462.76	2766.93	2973.40	3171.87	3193.88	3342.56
在总量中:	Consumption by Usage:						
终端消费	Final Consumption	30386.22	31549.40	32029.43	32335.19	33607.57	33755.68
#工业	Industry	23267.96	23927.46	23899.86	23615.15	24982.52	24542.75
损失量	Losses	809.79	673.95	719.54	648.93	661.51	658.00

9－8　江苏电网生产经营综合情况
General Production and Operating of Jiangsu Power Grid

指　　标	Item	2015	2016	2017	2018	2019	2020	2021
发电装机　（万千瓦）	Power Generation Capacity (10 000 kW)	9529	10148	11457	12657	13288	14146	15420
发电量　（亿千瓦时）	Generating Capacity (100 million kW · h)	4425.96	4753.67	4884.58	5030.87	5062.28	5073.67	5867.26
统调发电最高负荷　（万千瓦）	Maximum Load of Controlled Power Generation (10 000 kW)	6870.3	7360.1	7621.4	7901.1	8175.8	8689.3	8963.7
全社会用电量　（亿千瓦时）	Total Electricity Consumption (100 million kW · h)	5114.70	5458.95	5807.89	6128.27	6264.36	6373.71	7101.2
#第一产业	Primary Industry (100 million kW · h)	52.51	61.87	66.78	46.46	48.41	53.76	64.46
第二产业	Secondary Industry (100 million kW · h)	3952.57	4126.55	4318.22	4448.23	4512.42	4580.85	5047.02
#工业	Industry (100 million kW · h)	3903.61	4081.42	4271.45	4396.06	4453.35	4523.11	4979.99
第三产业	Tertiary Industry (100 million kW · h)	580.42	650.98	738.57	875.31	936.05	941.39	1118.23
统调用电最高负荷　（万千瓦）	Maximum Load of Controlled Electricity Consumption (10 000 kW)	8118.3	8886.2	10218.6	10287.9	11014.5	10828.4	11444.20
统调用电平均负荷率　（%）	Average Load Rate of Controlled Electricity Consumption (%)	91.78	91.60	91.15	89.81	89.69	88.65	89.33
电源固定资产投资　（亿元）	Investment in Fixed Assets in Power Supply (100 million yuan)	76.15	89.12	58.93	32.34	59.01	37.43	
新投发电装机　（万千瓦）	Newly Increased Power Generation Capacity (10 000 kW)	961.43	667.76	1453.32	1239.40	760.98	991.69	1354.90

9-9 全社会用电情况
Total Electricity Consumption

单位:亿千瓦时　　　　　　　　(100 million kW·h)

项　　目	Item	2015	2016	2017	2018	2019	2020	2021
全社会用电量	**Total**	**5114.70**	**5458.95**	**5807.89**	**6128.27**	**6264.36**	**6373.71**	**7101.16**
按产业分	Grouped by Type of Industry							
第一产业	Primary Industry	52.51	61.87	66.78	46.46	48.41	53.76	64.46
第二产业	Secondary Industry	3952.57	4126.55	4318.22	4448.23	4512.42	4580.85	5047.02
第三产业	Tertiary Industry	580.42	650.98	738.57	875.31	936.05	941.39	1118.23
按行业分	Grouped by Sector							
农林牧渔业	Agriculture, Forestry, Animal Husbandry and Fishery	52.51	61.87	66.78	71.98	76.62	80.31	93.28
#排灌	Irrigation	12.53	14.39	13.54	13.76	15.74	13.53	12.59
工业	Industry	3903.61	4081.42	4271.45	4396.06	4453.35	4523.11	4979.99
#制造业	Manufacturing	3331.02	3426.38	3578.41	3702.43	3743.03	3792.89	4167.09
#纺织业	Manufacture of Textile	434.64	443.12	466.59	463.55	458.78	410.04	453.08
化学原料及化学制品制造业	Chemical Raw Materials and Chemical Products	430.41	443.94	458.97	424.94	399.53	398.36	419.99

9-9 续表1 Continued

项目	Item	2015	2016	2017	2018	2019	2020	2021
非金属矿物制品业	Manufacture of Non-metallic Mineral Products	188.47	192.52	195.11	201.05	210.30	213.03	224.63
黑色金属冶炼及压延加工业	Smelting and Pressing of Ferrous Metals	488.21	452.63	429.78	449.29	477.44	490.64	502.95
通用及专用设备制造业	Manufacture of General and Special Purpose Machinery	278.60	301.70	322.91	306.70	224.74	333.27	275.47
建筑业	Construction	48.96	45.13	46.77	54.69	61.60	59.95	69.60
交通运输、仓储和邮政业	Transport, Storage and Post	62.72	70.12	83.20	90.76	97.63	99.13	118.25
信息传输、计算机服务和软件业	Information Transmission, Computer Services and Software	43.34	48.02	52.99	60.29	65.28	82.72	105.48
批发和零售、住宿和餐饮业	Wholesale and Retail Trades, Hotels and Catering Services	161.94	180.55	201.94	231.18	244.48	238.50	288.04
金融、房地产、商务及居民服务业	Finance, Real Estate, Commercial and Resident Service	141.82	161.54	189.55	195.48	211.09	210.15	251.04
公共事业及管理组织	Public Services and Management Organizations	170.60	190.74	210.89	269.56	286.84	282.14	324.03
城乡居民生活用电	Electricity Consumption by Urban and Rural Residents	529.20	619.54	684.32	758.27	767.48	797.70	871.45
城镇居民	Urban Residents	257.46	303.95	340.23	380.87	387.05	398.40	444.51
乡村居民	Rural Residents	271.74	315.59	344.08	377.40	380.44	399.30	426.94

9-10 分地区全社会用电量
Total Electricity Consumption by Region

单位:亿千瓦时 (100 million kW·h)

地区	Region	2015	2016	2017	2018	2019	2020	2021
全 省	**Total**	**5114.70**	**5458.95**	**5807.89**	**6128.27**	**6264.36**	**6373.71**	**7101.16**
苏 南	**Southern Jiangsu**	**3031.71**	**3208.38**	**3446.05**	**3646.66**	**3687.06**	**3705.48**	**4090.92**
南 京	Nanjing	495.18	524.79	556.96	606.40	621.53	632.94	683.57
无 锡	Wuxi	600.50	638.67	686.67	732.81	750.82	759.53	838.64
常 州	Changzhou	408.04	429.93	455.03	489.72	505.85	522.62	588.38
苏 州	Suzhou	1311.72	1382.58	1503.53	1562.49	1544.48	1523.34	1685.28
镇 江	Zhenjiang	216.27	232.41	243.86	255.24	264.39	267.05	295.06
苏 中	**Mid Jiangsu**	**788.16**	**839.70**	**911.50**	**968.43**	**1006.95**	**1048.83**	**1169.27**
南 通	Nantong	349.19	374.79	400.55	433.31	451.55	477.29	541.70
扬 州	Yangzhou	211.50	225.37	237.05	248.99	259.40	264.66	289.77
泰 州	Taizhou	227.46	239.55	273.90	286.14	296.00	306.88	337.80
苏 北	**Northern Jiangsu**	**1099.23**	**1141.38**	**1175.75**	**1230.12**	**1282.97**	**1333.60**	**1508.76**
徐 州	Xuzhou	344.19	353.91	361.23	352.05	371.13	364.96	393.55
连云港	Lianyungang	166.68	166.15	182.79	178.51	183.67	194.10	218.19
淮 安	Huai'an	156.54	163.20	172.92	186.59	191.26	193.81	228.72
盐 城	Yancheng	280.58	289.29	287.26	320.93	327.69	358.22	410.12
宿 迁	Suqian	151.24	168.83	171.55	192.05	209.22	222.51	258.17

注:各市用电量中未包括网损、大厂厂用电量和沙河抽水电量。(下同)

a) The network loss, the electricity consumption of larger factories and pumping didn't include in the total electricity consumption of cities. (The same below)

9－11　分地区工业用电量
Industrial Electricity Consumption by Region

单位:亿千瓦时　　　　(100 million kW · h)

地　区	Region	2015	2016	2017	2018	2019	2020	2021
全　省	**Total**	**3903.61**	**4081.42**	**4271.45**	**4396.06**	**4453.35**	**4523.11**	**4979.99**
苏　南	**Southern Jiangsu**	**2337.80**	**2429.39**	**2576.07**	**2667.00**	**2665.69**	**2671.24**	**2903.32**
南京	Nanjing	300.54	310.81	318.14	331.27	327.26	338.88	350.33
无锡	Wuxi	472.24	493.73	524.68	551.49	563.31	569.39	620.25
常州	Changzhou	325.49	334.78	351.21	373.05	385.20	400.18	449.65
苏州	Suzhou	1074.20	1116.30	1202.04	1227.77	1199.82	1170.57	1271.45
镇江	Zhenjiang	165.33	173.77	180.02	183.42	190.10	192.23	211.64
苏　中	**Mid Jiangsu**	**578.06**	**598.45**	**639.72**	**667.23**	**691.75**	**719.20**	**792.26**
南通	Nantong	253.05	265.65	275.76	295.86	307.45	323.52	362.50
扬州	Yangzhou	152.49	156.60	162.21	165.64	171.95	174.54	189.62
泰州	Taizhou	172.53	176.20	201.75	205.74	212.36	221.14	240.15
苏　北	**Northern Jiangsu**	**792.14**	**784.10**	**781.07**	**778.78**	**808.53**	**846.86**	**952.21**
徐州	Xuzhou	254.36	250.22	245.35	219.91	229.54	219.17	229.40
连云港	Lianyungang	116.57	110.00	120.59	106.52	108.89	118.81	131.68
淮安	Huai'an	108.89	106.70	111.02	115.97	117.37	117.62	142.02
盐城	Yancheng	206.28	201.37	190.18	212.54	215.22	242.02	274.61
宿迁	Suqian	106.04	115.81	113.93	123.84	137.51	149.24	174.50

9－12　主要发电厂发电情况
Electricity Generation of Major Power Plants

厂　　名 Power Plant		2020		2021	
		装机容量（万千瓦）Installed Capacity（10 000 kW）	发电量（亿千瓦时）Electricity Generation（100 million kW·h）	装机容量（万千瓦）Installed Capacity（10 000 kW）	发电量（亿千瓦时）Electricity Generation（100 million kW·h）
全省总计	**Total**	**14146**	**5073.67**	**15420**	**5867.26**
统调发电厂	Unified Dispatching Power Plant	12006	4576.89	13067	5362.32
非统调发电厂	Non-unified Dispatching Power Plant	2140	496.78	2353	504.94
按管理关系分	**By Management Relationship**				
中国华能集团	**China Huaneng Group Co.**				
华能南京金陵发电有限公司	Nanjing Jinling Power Co., Ltd of Huaneng Group	200	100.14	200	108.53
华能南通发电厂	Nantong Power Plant of Huaneng Group	70	33.36	70	31.53
华能淮阴第二发电有限责任公司	Huaiyin Second Power Co., Ltd of Huaneng Group	132	41.36	132	54.91
华能太仓发电有限责任公司	Taicang Power LLC of Huaneng Group	126	62.32	126	79.95
华能南京燃机发电有限公司	Nanjing Combustion Generating Power Co., Ltd of Huaneng Group	78	8.76	78	5.47
华能南京发电厂	Nanjing Power Plant of Huaneng Group	64	27.86	64	20.95
华能（苏州工业园区）发电有限责任公司	Suzhou Industrial Park Power LLC of Huaneng Group	64	30.74	64	36.20
华能金陵燃机热电有限公司	Jinling Combustion Generating Power Co., Ltd of Huaneng Group	36	13.29	36	11.45
华能苏州热电有限公司	Suzhou Thermal Power Co., Ltd of Huaneng	12	7.88	12	6.65
华能苏州燃机热电有限公司	Suzhou Combustion Generating Power Co., Ltd of Huaneng	45	17.68	45	17.65
中国大唐集团	**China Datang Group Co.**				
江苏大唐国际吕四港发电有限责任公司	Jiangsu Datang Lvsi Power LLC	264	121.50	264	115.11
大唐南京发电厂	Datang Nanjing Power Plant	132	67.25	132	65.29
江苏徐塘发电有限公司	Jiangsu Xutang Power Co., Ltd	130	30.65	130	46.23
大唐苏州热电有限责任公司	Datang Suzhou Thermal Power LLC	36	14.96	36	13.98
江苏大唐国际金坛热电	Jiangsu Datang Jintan Thermal Power Co., Ltd	87	33.66	87	30.80
大唐姜堰燃机热电有限责任公司	Datang Jiangyan Thermal Power LLC	36	14.95	36	13.40
中国华电集团	**China Huadian Group Co.**				
江苏华电句容发电有限公司	Jiangsu Huadian Jurong Power Co., Ltd	400	181.77	400	207.95
江苏华电戚墅堰发电有限公司	Jiangsu Huadian Qishuyan Power Co., Ltd	173	22.27	173	13.74

9-12 续表1 Continued

厂名	Power Plant	2020 装机容量（万千瓦）Installed Capacity (10 000 kW)	2020 发电量（亿千瓦时）Electricity Generation (100 million kW·h)	2021 装机容量（万千瓦）Installed Capacity (10 000 kW)	2021 发电量（亿千瓦时）Electricity Generation (100 million kW·h)
中国华电集团公司望亭发电厂	China Huadian Wangting Power Plant	132	59.98	132	76.00
江苏华电集团望亭天然气发电有限公司	Jiangsu Huadian Wangting Natural Gaspower Co., Ltd	161	35.23	161	36.38
江苏华电扬州发电有限公司	Jiangsu Huandian Yangzhou Power Co., Ltd	95	12.09	66	29.36
江苏华电仪征热电有限公司	Jiangsu Huadian Yizheng Thermal Power Co., Ltd	66	28.61	66	22.97
上海华电电力发展有限公司	Shanghai Huadian Power Co., Ltd	31	15.87	31	15.75
江苏华电戚墅堰热电有限公司	Jiangsu Huadian Qishuyan Thermal Power Co., Ltd	40	18.47	40	14.66
江苏华电吴江热电有限公司	Jiangsu Huadian Wujiang Thermal Power Co., Ltd	36	14.61	36	13.56
江苏华电通州热电有限公司	Jiangsu Huadian Tongzhou Thermal Power Co., Ltd	44	18.79	44	17.67
江苏华电昆山热电有限公司	Jiangsu Huadian Kunshan Thermal Power Co., Ltd	85	32.93	85	30.02
国电能源集团	**China Guodian Energy Group Co.**				
国电泰州发电有限公司	China Guodian Taizhou Power Co., Ltd	400	199.33	400	221.88
中国国电集团谏壁发电厂	China Guodian Group Jianbi Power Plant	200	109.91	200	119.69
国电常州发电有限公司	China Guodian Changzhou Power Co., Ltd	126	66.35	126	77.53
国电江苏谏壁发电有限公司	China Guodian Jiangsu Jianbi Power Co., Ltd	66	22.94	66	37.00
天生港发电有限公司	Tianshenggang Power Co., Ltd	66	29.60	66	37.33
江阴苏龙热电有限公司	Jiangyin Sulong Thermal Power Co., Ltd	122	60.74	122	70.43
国电宿迁热电有限公司	China Guodian Suqian Thermal Power Co., Ltd	132	65.49	132	74.89
国家电投集团	**China Power Investment Group Co.**				
江苏常熟发电有限公司	Jiangsu Changshu Power Co., Ltd	332	152.15	332	194.40
江苏阚山发电有限公司	Jiangsu Kanshan Power Co., Ltd	120	40.95	120	53.37
国家电投集团鑫滨海发电有限公司	China Power Investment Group Xinbinhai Power Co., Ltd	200	99.10	200	106.41
华润电力控股有限公司	**China Resources Power Holdings Co., Ltd.**				
铜山华润电力有限公司	Tongshan Huarun Power Co., Ltd	200	104.90	200	100.65
华润电力（常熟）有限公司	Huarun(Changshu) Power Co., Ltd	195	99.66	195	114.15

厂名	Power Plant	2020 装机容量（万千瓦）Installed Capacity（10 000 kW）	2020 发电量（亿千瓦时）Electricity Generation（100 million kW·h）	2021 装机容量（万千瓦）Installed Capacity（10 000 kW）	2021 发电量（亿千瓦时）Electricity Generation（100 million kW·h）
徐州华润电力有限公司	Xuzhou Huarun Power Co. ,Ltd	128	35.87	128	61.55
江苏镇江发电有限公司	Jiangsu Zhenjiang Power Co. ,Ltd	153	69.91	153	77.94
江苏南热发电有限责任公司	Jiangsu Nanre Power LLC	120	58.10	120	62.23
南京华润热电有限公司	Na njing Huarun Thermal Power Co.,Ltd	66	23.58	66	30.43
徐州华鑫发电有限公司	Xuzhou Huaxin Power Co. ,Ltd	66	17.65	66	30.62
南京化学工业园热电有限公司	Nanjing Chemical Industry Park Thermal Power Co. ,Ltd	67	37.23	67	38.94
神华国华电力公司	**Shenhua Guohua Power Co.**				
国华徐州发电有限公司	Guohua Xuzhou Power Co. ,Ltd	200	62.27	200	79.79
江苏国华陈家港发电有限公司	Jiangsu Guohua Chenjiagang Power Co. ,Ltd	132	61.72	132	71.73
国华太仓发电有限公司	Guohua Taicang Power Co. ,Ltd	126	64.35	126	72.69
江苏省国信集团公司	**Jiangsu Guoxin Group Co.**				
江苏新海发电有限公司	Jiangsu Xinhai Power Co. ,Ltd	266	102.00	266	115.40
江苏国信靖江发电有限公司	Ji angsu Guoxin Jingjiang Power Co. ,Ltd	132	63.43	132	71.07
江苏射阳港发电有限责任公司	Jiangsu Sheyanggang Power LLC	132	60.08	132	63.62
扬州第二发电有限责任公司	Yangzhou No. 2 Power LLC	126	51.03	126	61.16
江苏国信扬州发电有限责任公司	Jiangsu Guoxin Yangzhou Power LLC	128	59.18	130	72.15
国信宜兴燃机	Guoxin Yixing Power Co. ,Ltd	84	35.69	84	30.70
江苏淮阴发电有限责任公司	Jiangsu Huaiyin Power LLC	66	21.78	66	26.67
江苏国信淮安燃气发电有限责任公司	Jiangsu Guoxin Huai'an Natural Gas Power LLC	36	10.19	36	11.18
盐城发电有限公司	Yancheng Power Co. ,Ltd	27	5.77	0	0.24
江苏国信协联能源有限公司	Ji angsu Guoxin Xielian Energy Co., Ltd	27	18.96	27	18.19

9－12 续表3 Continued

厂 名	Power Plant	2020		2021	
		装机容量（万千瓦）Installed Capacity（10 000 kW）	发电量（亿千瓦时）Electricity Generation（100 million kW·h）	装机容量（万千瓦）Installed Capacity（10 000 kW）	发电量（亿千瓦时）Electricity Generation（100 million kW·h）
江苏国信溧阳抽水蓄能发电有限公司	Jiangsu Guoxin Liyang Pumped storage Power Generation Co., Ltd	150	17.80	150	18.33
江苏国信淮安第二燃气发电有限公司	Jiangsu Guoxin Huai'an Second Gas Power Generation Co., Ltd	92	34.80	92	29.16
江苏国信高邮热电有限责任公司	Jiangsu Guoxin Gaoyou Thermal Power LLC	24	8.52	24	8.49
江苏国信仪征热电	Jiangsu Guoxin Yizheng Thermal Power	24	3.02	24	1.34
国网新能源公司	**State Grid New Energy Corporation**				
华东宜兴抽水蓄能有限公司	East China Yixing Pumped Storage Power Co.,Ltd	100	11.95	100	10.34
省内其他电厂	**Others**				
江阴利港发电股份有限公司	Ji angyin Ligang Power holdings Co.,Ltd	398	185.36	404	227.99
江苏南通发电有限公司	Jiangsu Nantong Power Co.,Ltd	200	92.40	200	101.76
江苏核电有限公司	Jiangsu Nuclear Power Co.,Ltd	549	355.39	661	485.16
太仓港协鑫发电有限公司	Taicanggang Xiexin Power Co.,Ltd	130	59.83	130	54.03
张家港沙洲电力有限公司	Zhangjiagang Shazhou Power Co.,Ltd	326	154.11	326	152.62
张家港华兴电力有限公司	Zhangjiagang Huaxing Power Co.,Ltd	78	7.78	78	6.01
苏州工业园区蓝天燃气热电有限公司	Suzhou Industry Park Lantian Interna-combustion Thermal Power Co.,Ltd	36	14.20	36	12.02
苏州北部燃机热电有限公司	Suzhou North Gasturbine Co., Ltd.	36	14.07	36	13.34
江苏华美热电有限公司	Ji angsu Huamei Thermal Power Co.,Ltd	70	23.54	70	29.52
江苏徐矿综合利用发电有限公司	Jiangsu Xukuang Comprehensive Utilization Power Co.,Ltd	60	21.25	60	26.95
徐州坨城电力有限责任公司	Xuzhou Tuocheng Power LLC	27	0.07		
无锡蓝天燃机热电有限公司	Wuxi Lantian Thermal Power Co.,Ltd	36	15.23	36	14.05
无锡西区燃气热电有限公司	Wuxi Western Gas Thermal Power Co.,Ltd	42	20.32	42	16.81
江苏协鑫燃机热电有限公司	Jiangju GCL Gas Turbine Cogeneration Co.,Ltd	36	13.68	36	12.62
东亚电力有限公司	East Asia Power Co.,Ltd	93	9.47	93	7.07
上能大屯热电	Shanghai Energy Datun Thermal Power Co.,Ltd	70	23.96	70	28.22

9－13 环境保护基本情况
Basic Conditions of Environmental Protection

项	目 Item	2015	2016	2017	2018	2019	2020	2021
污染排放与处理利用情况	**Discharge and Treatment of Pollution**							
废水	**Waster Water**							
工业废水排放量 （亿吨）	Industrial Waste Water Discharge (100 million tons)	20.64	17.94	15.19	14.36	13.75	11.47	12.17
城镇生活污水排放量 （亿吨）	Urban Living Waste Water Discharge (100 million tons)	41.45	43.68	42.28	44.03	46.03	36.88	36.37
集中式治理设施污水排放量 （亿吨）	Volume of Centralized Sewage Treatment Facilities (100 million tons)	0.04	0.04	0.05	0.04	0.05	0.05	0.06
化学需氧量排放量 （万吨）	Volume of COD Emission (10 000 tons)	105.46	74.65	74.42	68.45	66.56	120.78	119.49
#工业源	Industry	20.13	13.48	11.16	9.29	8.78	5.93	6.29
农业源	Agriculture	35.07	4.61	1.87	1.25	0.93	69.58	73.37
城镇生活源	Urban Living	49.96	56.37	61.26	57.77	56.78	45.24	39.81
集中式治理设施	Centralized Sewage Treatment Facilities	0.29	0.19	0.13	0.13	0.08	0.02	0.03
氨氮排放量 （万吨）	Ammonia Nitiogen Emissions (10 000 tons)	13.77	10.28	10.12	9.61	9.10	5.19	4.33
#工业源	Industry	1.35	1.12	0.81	0.68	0.58	0.25	0.22
农业源	Agriculture	3.62	0.11	0.07	0.05	0.04	1.49	1.60
城镇生活源	Urban Living	8.76	9.03	9.23	8.88	8.46	3.45	2.52
集中式治理设施	Centralized Sewage Treatment Facilities	0.03	0.02	0.01	0.01	0.02	0.00	0.00
废气	**Waste Gas**							
二氧化硫排放量 （万吨）	Volume of Sulfur Dioxide Emissions (10 000 tons)	83.51	57.01	41.07	30.66	22.55	11.26	8.86
#工业源	Industry	79.47	52.51	36.47	26.41	19.15	10.83	8.41
城镇生活源	Urban Living	4.03	4.48	4.57	4.19	3.35	0.41	0.41
集中式治理设施	Centralized Sewage Treatment Facilities	0.01	0.02	0.03	0.05	0.05	0.02	0.04

9-13 续表 Continued

项　　　目	Item	2015	2016	2017	2018	2019	2020	2021
氮氧化物排放量　（万吨）	Nitrogen Oxide Emissions (10 000 tons)	106.76	93.03	90.72	78.85	75.54	48.50	44.34
#工业源	Industry	75.36	62.19	50.23	40.93	32.50	19.05	17.28
城镇生活源	Urban Living	0.86	0.70	0.68	0.67	0.64	0.86	0.84
机动车	Motor	30.50	30.11	39.68	37.06	42.20	28.40	25.99
集中式治理设施	Centralized Sewage Treatment Facilities	0.05	0.04	0.12	0.18	0.20	0.19	0.24
烟（粉）尘排放量　（万吨）	Volume of Smoke and Dust Emissions (10 000 tons)	65.45	47.17	39.08	33.28	24.70		
#工业源	Industry	61.22	42.97	33.85	28.97	23.21		
城镇生活源	Urban Living	1.94	2.09	1.78	1.45	1.05		
机动车	Motor	2.27	2.10	3.42	2.83	0.41		
集中式治理设施	Centralized Sewage Treatment Facilities		0.01	0.03	0.03	0.03		
工业固体废物	**Industrial Solid Wastes**							
一般工业固体废物产生量（万吨）	General Industrial Solid Wastes Produced (10 000 tons)	10278	11649	12002	11810	11516	11870	13051
一般工业固体废物综合利用量（万吨）	Comprehensive Utilization of General Industrial Solid Wastes (10 000 tons)	9842	10662	11298	11110	10948	10866	12350
#综合利用往年贮存量	Stock of Comprehensive Utilization in Previous Years	11	38	39	56	44	78	69
一般工业固体废物综合利用率（%）	Comprehensive Utilization Rate of General Industrial Solid Wastes (%)	95.66	91.23	93.83	93.63	94.70	90.95	94.13
一般工业固体废物处置量（万吨）	General Industrial Solido Wastes Disposed (10 000 tons)	399	742	591	620	495	970	699
#处置往年贮存量	Disposal Stock of Previous Years	0	1	17	21	6	9	34
一般工业固体废物贮存量（万吨）	Stock of General Industrial Solide Wastes (10 000 tons)	47	283	167	157	124	121	105

注：因生态环境统计调查制度改革，烟（粉）尘排放量自2020年起不再统计。

a) The volume of smoke and dust emissions wasn't calculated since 2020 due to the reform of Ecological Environment Statistical Investigation System.

主要统计指标解释

气温 指空气的温度,我国一般以摄氏度(℃)为单位表示。气象观测的温度表是放在离地面约1.5米处通风良好的百叶箱里测量的,因此,通常说的气温指的是离地面1.5米处百叶箱中的温度。其统计计算方法为:

月平均气温是将全月各日的平均气温相加,除以该月的天数而得。

年平均气温是将12个月的月平均气温累加后除以12而得。

降水量 指从天空降落到地面的液态或固态(经融化后)水,未经蒸发、渗透、流失而在地面上积聚的深度。其统计计算方法为:

月降水量是将全月各日的降水量累加而得。

年降水量是将12个月的月降水量累加而得。

水资源 水在自然界中以固体、液体和气态三种聚集状态存在,分布于海洋、陆地(包括土壤)以及大气之中,通过水循环形成水资源。水资源包括经人类控制并直接可供灌溉、发电、给水、航运、养殖等用途的地表水和地下水,以及江河、湖泊、井、泉、潮汐、港湾和养殖水域等。水资源是发展国民经济不可缺少的重要自然资源。

地表水和地下水 陆地上的水因空间分布不同,分为地表水和地下水。地表水指分别存在于河流、湖泊、沼泽、冰川和冰盖等水体中水分的总称,又称陆地水。地下水指储存在地面以下饱和岩土孔隙、裂隙及溶洞中的水。

能源消费总量 指一定时期内,全国各行业和居民生活消费的各种能源的总和。该指标是观察能源消费水平构成和增长速度的总量指标。能源消费总量包括原煤和原油及其制品、天然气、电力,不包括低热值燃料生产量、生物质能、太阳能等的利用。能源消费总量分为终端能源消费量、能源加工转换损失量和能源损失量三部分。

(1)终端能源消费量:指一定时期内,全国生产和生活消费的各种能源在扣除了用于加工转换二次能源消费量和损失量以后的数量。

(2)能源加工转换损失量:指一定时期内,全国投入加工转换的各种能源数量之和与产出各种能源产品之和的差额。它是观察能源在加工转换过程中损失量变化的指标。

(3)能源损失量:指一定时期内,能源在输送、分配、储存过程中发生的损失和由客观原因造成的各种损失量,不包括各种气体能源放空、放散量。

工业废水排放量 指报告期内经过企业厂区所有排放口排到企业外部的工业废水量。包括生产废水、外排的直接冷却水、超标排放的矿井地下水和与工业废水混排的厂区生活污水,不包括外排的间接冷却水(清污不分流的间接冷却水应计算在废水排放量内)。

城镇生活污水排放量 指报告期内城镇居民排放生活污水的量。城镇生活包括"住宿业与餐饮业、居民服务和其他服务业、医院和独立燃烧设施以及城镇生活污染源"。

集中式治理设施污水排放量 指报告期内集中式治理设施的渗滤液排放量。集中式治理设施包括垃圾处理场(厂)和危险废物(医疗废物)集中处置厂。

化学需氧量排放量 指报告期内工业、农业、城镇生活和集中式治理设施排放的废水中COD排放量之和。

氨氮排放量 指报告期内工业、农业、城镇生活和集中式治理设施排放的废水中氨氮排放量之和。

二氧化硫排放量 指报告期内工业、城镇生活和集中式治理设施SO2排放量之和。

氮氧化物排放量 指报告期内工业、城镇生活、机动车和集中式治理设施氮氧化物排放量之和。

烟(粉)尘排放量 指报告期内工业、城镇生活、机动车和集中式治理设施烟(粉)尘排放量之和。

一般工业固体废物产生量 指未被列入《国家危险废物名录》或者根据国家规定的危险废物鉴别标准(GB5085)、固体废物浸出毒性浸出方法(GB5086)及固体废物浸出毒性测定方法(GB/T 15555)鉴别方法判定不具有危险特性的工业固体废物。

一般工业固体废物综合利用量 指报告期内企业通过回收、加工、循环、交换等方式,从固体废物中提取或者使其转化为可以利用的资源、能源和其他原材料的固体废物量(包括当年利用的往年工业固体废物累计贮存量)。如用作农业肥料、生产建筑材料、筑路等。

综合利用往年贮存量 指企业在报告期内对往年贮存的工业固体废物进行综合利用的量。

Explanatory Notes on Main Statistical Indicators

Temperature refers to the air temperature. China uses centigrade as the unit. The thermometer used for weather observation is put in a breezy shutter, which is 1.5 meters high from the ground. Therefore, the commonly referred temperature refers to the temperature in the breezy shutter 1.5 meters away from the ground. The calculation method is as following:

Monthly average temperature is the summation of average daily temperature of one month divided by the actual days of that particular month.

Annual average temperature is the summation of monthly average of a year divided by 12 months.

Volume of Precipitation refers to the deepness of liquid state or solid state (thawed) water falling from the sky to the ground that has not been evaporated, infiltrated or run off. The calculation method is as following:

Monthly precipitation is the summation of daily precipitation of a month.

Annual precipitation is the summation of 12 months precipitation of a year.

Water Resource Water exists in nature in the form of solid, liquid and gase, which is distributed in the ocean, land (including earth) and air, and constitutes the water resource through the circulation of water. Water resource includes the surface water and groundwater that is controlled by the human beings for irrigation, power generation, water supply, navigation and cultivation. It also includes rivers, lakes, wells, springs, tides, gulf and water area for cultivation. Water resource is an important natural resource, which is indispensable for the development of the national economy.

Surface Water and Groundwater Water on earth can be divided into surface water and groundwater according to its space distribution. Surface water refers to moisture exists in rivers, lakes, swamps, glaciers, icecaps and so on. It is also called land water. The groundwater refers to water deposited underground in the cranny and the hole of saturated rock soil and in the water-eroded cave.

Total Energy Consumption refers to the total consumption of energy of various kinds by sectors and households in a given period of time. This indicator is a total indicator that observes the composition and growth rate of energy consumption levels. Total energy consumption includes coal, crude oil and their products, natural gas, electricity, but doesn't include the production of low calorific value fuels, biomass energy, solar energy, etc. Total energy consumption can be divided into three parts: end-use energy consumption, loss during the process of energy conversion, and energy loss.

(1) End-use Energy Consumption: It refers to the total energy consumption by sectors and households in the country (region) in a given period of time. It does not include the consumption during the conversion of primary energy into secondary energy and the loss in the process of energy conversion.

(2) Loss during the Process of Energy Conversion: It refers to the total input of various kinds of energy for conversion, minus the total output of various kinds of energy in the country (region) in a given period of time. It is an indicator to show the loss that occurs during the process of energy conversion.

(3) Energy Loss: It refers to the total of the loss of energy during the course of energy transport, distribution and storage and the loss caused by any objective reason in a given period of time. The loss of various kinds of gas due to gas discharges and stocktaking is not included.

Industrial Waste Water Discharged refers to the volume of waste water discharged by industrial enterprises through all their outlets during the period, including waste water from production process, directly cooled water, groundwater from mining wells which does not meet discharge standards and sewage from households mixed with waste water produced by industrial activities, but excluding indirectly cooled water discharged (It should be included if the discharge is not separated with waste water).

Urban Living Waste Water Discharged refers to the volume of waste water discharged by urban residents during the period. Urban living contains hotels and catering services, residential services and others, hospitals, independent burning facilities and so on.

Waste Water Discharged of Centralized Sewage Treatment Facilities refers to the volume of leachate discharged by centralized treatment facilities during the period, such as waste treatment plants, hazardous waste treatment plants and medical waste plants.

Volume of COD Emissions refers to the sum of COD emissions by industry, agriculture, urban living and centralized sewage treatment facilities during the period.

Ammonia Nitragen Emissions refers to the sum of ammonia nitrogen emissions in waste water discharged by industry, agriculture, urban living and centralized sewage treatment facilities during the period.

Sulphur Dioxide Emissions refers to the sum of sulphur dioxide emissions by industry, urban living and centralized treatment facilities during the period.

Nitrogen Oxides Emissions refers to the sum of nitrogen oxides emissions by industry, urban living, motor vehicles and centralized treatment facilities during the period.

Smoke and Dust Emissions refers to the sum of smoke and dust emissions by industry, urban living, motor vehicles and centralized treatment facilities during the period.

General Industrial Solid Wastes Produced refers to the industrial solid wastes that are not listed in the *National Catalogue of Hazardous Wastes*, or not regarded as hazardous according to the national hazardous waste identification standards (GB5085), solid waste-extraction procedure for leaching toxicity (GB5086) and solid waste-extraction procedure for leaching toxicity (GB/T 15555).

Comprehensive Utilization of General Industrial Solid Wastes refers to volume of solid wastes from which useful materials can be extracted or which can be converted into usable resources, energy or other materials by means of reclamation, processing recycling and exchange(including utilizing in the year and the stocks of industrial solid wastes of the previous year) during the report period, e. g. Examples of such utilizations include agricultural fertilizers, building materials and road materials.

Stock of Comprehensive Utilization in Previous Years refers to the volume of comprehensive utilization of industrial solid wastes stored in previous.

10

农　业

Agriculture

简 要 说 明

一、本篇资料的主要内容及统计范围

本篇资料反映我省农业生产和农村经济的基本情况，内容主要包括农业机械拥有量、农林牧渔业产值、主要农产品产量、国营农场基本情况等方面的统计资料。

农业统计范围包括全社会除军马生产及农业科研机构进行的农业生产以外的所有农业生产活动。包括：农村各种经济组织和农户经营的农林牧渔业生产活动；各种专业性农、林、牧、渔场的农业生产活动；国家各级机关、团体、学校、部队进行的农业生产活动；集体所有制的乡、镇、村办农场的农业生产活动；以及工矿企业经营的农、林、牧、渔业生产活动。

1．农业：指对各种农作物的种植活动。包括谷物、豆类、薯类、棉花、油料、糖料、麻类、烟叶、蔬菜、园艺作物、水果、坚果、饮料和香料作物、中草药及其他作物的种植。

2．林业：包括林木的栽培（不包括茶园、桑园和果园的栽培、管理和收获等活动），木材和竹材的采运，林产品的采集。

3．畜牧业：包括牲畜饲养和放牧，家禽饲养以及野生动物的捕猎和饲养。

4．渔业：包括水生动物和海藻类植物的养殖和捕捞。

5．农、林、牧、渔服务业：指对农、林、牧、渔业生产活动进行的各种支持性服务，但不包括各种科学技术和专业性技术服务活动。

二、本篇资料来源及统计调查方法

1．农业生产基本情况：根据《农林牧渔业统计报表制度》、《农业产值与增加值核算统计报表制度》、《县域社会经济基本情况统计报表制度》的有关资料整理提供。

《农林牧渔业统计报表制度》为全面报表，由各级统计部门根据当地实际情况，采取抽样调查、重点调查或全面调查的办法搜集资料并逐层上报，或利用同级业务部门统计资料上报。如林业生产情况、渔业生产情况等指标取自同级业务部门的统计资料。

《县域社会经济基本情况统计报表制度》主要对县、乡、村基本情况每年进行一次全面调查。

2．国营农场基本情况资料主要取材于农垦系统汇总的统计报表，统计方法为逐级上报、全面汇总。

Brief Introduction

Ⅰ. Main Contents and Statistical Scopes

The data in this chapter show the basic conditions of agricultural production and rural economy, including mainly quantity of agricultural machinery, output value of agriculture, forestry, animal husbandry and fishery, output of major products, basic conditions of state-owned farms.

Statistics on agriculture cover all agricultural production activities except horse raising for military purpose and agricultural production activities undertaken by agriculture research institutions. It includes agriculture, forestry, animal husbandry and fishery production activities undertaken by rural economic units of various types and rural households; production activities of farms specializing in agriculture, forestry, animal husbandry and fishery; production activities in agriculture undertaken by government agencies, institutions, schools and military units; production activities in agriculture undertaken by collective farms run by townships and villages; and production activities in agriculture, forestry, animal husbandry and fishery undertaken by manufacturing and mining enterprises.

1. Agriculture: refers to cultivation of farm crops, including cereals, beans, tuber crops, cotton, oil-bearing crops, sugar crops, hemp, tobacco leaves, vegetables, gardening plants, fruits, nuts, crops for beverages and spices, medicinal herbs and other farm crops.

2. Forestry: includes the planting of trees

(excluding the operations of planting, management and harvesting on tea plantations, mulberry fields and orchards), cutting and transport of timber and bamboo and collection of forest products.

3. Animal husbandry: includes the raising and grazing of domestic animals and poultry, and the hunting and raising of wild animals.

4. Fishery: includes cultivation and catching of aquatic animals and seaweed.

5. Services of agriculture, forestry, animal husbandry and fishery: include supporting services to production activities in agriculture, forestry, animal husbandry and fishery, but do not include activities of science and technology and professional services.

Ⅱ. Data Sources and Survey Methods

1. Data on agricultural production come from the *Statistical Reporting System on Agriculture, Forestry, Animal Husbandry and Fishery*; the *Statistical Reporting System on Agricultural Output and Value-added Accounting*; the *Statistical Reporting System on Basical Social Economy of Country*.

Statistical Reporting System on Agriculture, Forestry, Animal Husbandry and Fishery is a comprehensive reporting program. Data required in this reporting program are collected by statistical offices at all levels by means of sample surveys, surveys of key units or complete enumeration depending on the local circumstances, or estimated by using information from other government agencies at the same level. For instance, some data on forestry and fishery are obtained from statistics data collected by other government agencies at the same level.

Statistical Reporting System on Basical Social Economy of Country is conducted every year to collect information on the basic conditions of all towns, townships and villages, and is a complete enumeration in administratively designated towns.

2. Data on the basic conditions of the state-owned farms come from the statistical reports tabulated by the Bureau of Reclamation. Data are collected from the grassroots units in accordance with the statistical reporting scheme whereby reporting is done level by level for aggregation.

10－1 农业基本情况
Basic Conditions of Agriculture

指标	Item	2015	2016	2017	2018	2019	2020	2021
乡村户数（万户）	Rural Households (10 000 units)	1428.78	1419.44	1410.71	1410.63	1405.58	1398.07	1384.06
乡村从业人员（万人）	Rural Employees (10 000 persons)	2600.75	2594.78	2589.17	2583.34	2567.05	2547.80	2523.52
按性别分	Grouped by Gender							
男	Male	1364.55	1359.60	1359.22	1357.45	1349.92	1339.93	1328.65
女	Female	1236.20	1235.18	1229.95	1225.89	1217.13	1207.87	1194.87
按行业分	Grouped by Sector							
农、林、牧、渔业	Agriculture, Forestry, Animal Husbandry, Fishery	747.41	736.12	722.67	708.03	687.59	658.13	631.46
#农业	Farming	598.87	592.17	582.18	569.17	553.64	534.99	514.82
工业	Industry	829.56	832.27	837.70	846.64	847.27	853.64	861.37
建筑业	Construction	383.60	383.10	383.56	382.14	382.63	384.61	382.95
交通运输、仓储和邮政业	Transport, Storage and Post	114.50	113.94	113.82	113.20	113.13	113.46	112.23
信息传输、软件和信息技术服务业	Informaiton Transimissions, Software and IT Services	15.98	17.08	18.04	18.92	20.11	21.36	22.60
批发和零售业	Wholesale and Retail Sales	158.69	158.52	157.59	157.32	157.92	159.54	157.23
住宿和餐饮业	Hotels and Catering Services	60.78	62.43	63.40	65.01	66.32	68.44	69.97
金融、保险业	Financial Intermediation and Insurance	11.22	11.75	12.47	12.99	13.59	14.42	15.16
房地产、社会服务业	Real Estate and Social Services	36.41	36.67	36.28	36.36	36.38	37.00	36.26
卫生、体育、社会福利业	Health, Sports and Social Welfare	14.69	15.12	15.38	15.82	16.20	16.33	16.75
教育、文化、艺术和广播电视事业	Education, Culture, Arts, Broadcasting and Television	17.58	17.76	18.33	18.56	18.78	18.91	19.46
科学研究和综合技术服务事业	Scientific Research and Integrated Technology Services	4.31	4.60	4.76	5.11	5.17	5.37	5.46
乡经济组织管理	Rural Economic Management	12.76	13.00	12.89	13.32	13.45	13.63	13.79
其他	Others	193.26	192.42	192.28	189.92	188.51	182.97	178.85
农作物总播种面积（千公顷）	Total Sown Area (1 000 hectares)	7737.75	7639.92	7556.40	7520.23	7442.63	7478.39	7514.45
#粮食	Grain Crops	5572.54	5583.28	5527.31	5475.93	5381.48	5405.64	5427.54
主要农产品产量（万吨）	Output of Major Farm Products (10 000 tons)							
粮食	Grain	3594.71	3542.44	3610.80	3660.28	3706.20	3729.06	3746.10
棉花	Cotton	11.69	3.69	2.57	2.06	1.57	1.06	0.79
油料	Oil-bearing Crops	98.04	88.67	85.36	86.04	94.32	93.01	97.81
肉类产量	Output of Meat	369.89	356.23	342.32	328.48	274.53	268.21	306.44
水产品产量	Aquatic Products	522.11	508.22	507.59	494.84	484.12	490.18	493.81

注:2016 年—2018 年粮食、棉花、油料已根据第三次全国农业普查核定数据进行了修订。

a) 2016—2018, the data of grain, cotton and oil-bearing crops have been revised according to the approved data of the Third National Agricultural Census.

10－2 农业现代化情况
Conditions of Agricultural Modernization

指标	Item	2015	2016	2017	2018	2019	2020	2021
农业机械化情况	**Conditions of Agricultural Machinery**							
农业机械总动力（万千瓦）	Total Power of Agricultural Machinery (10 000 kW)	4825.49	4906.55	4991.41	5042.27	5111.95	5214.83	5148.24
机耕面积（千公顷）	Ploughed Area by Tractors (1 000 hectares)	6066.15	5939.63	5828.96	6194.34	5874.01	7630.59	6804.38
机播面积（千公顷）	Sown Area by Tractors (1 000 hectares)	4576.06	4663.12	4640.00	4576.13	4635.46	6059.12	5490.66
#机播小麦面积	Sown Area of Wheat by Tractors	2148.19	2158.20	2132.46	2083.58	2128.39	2193.01	2243.36
机械植保面积（千公顷）	Planting Protection Area by Tractors (1 000 hectares)	5649.06	5699.61	5588.41	5445.15	5315.81	6619.70	6212.05
机械收获面积（千公顷）	Harvest Area by Tractors (1 000 hectares)	5142.77	5199.94	5107.99	5087.14	5026.81	6239.14	5673.65
农村电气化情况	**Electrification of Rural Areas**							
农村用电量（亿千瓦时）	Electricity Consumed in Rural Areas (100 million kW·h)	1836.19	1869.27	1887.99	1933.14	1949.11	2010.96	2043.95
农田水利情况	**Irrigation and Water Conservancy**							
有效灌溉面积（千公顷）	Effective Irrigated Area (1 000 hectares)	3952.50	4054.07	4131.88	4179.83	4205.44	4224.73	4232.00
节水灌溉面积（千公顷）	Water-saving Irrigated Area (1 000 hectares)	2336.09	2422.57	2637.47	2767.23	2847.75	2885.25	
除涝面积（千公顷）	Area with Flood Prevention Measures (1 000 hectares)	3017.69	3125.61	4014.38	4315.00	4451.07	4483.01	4526.31
水土流失治理面积（千公顷）	Area with Soil Erosion under Control (1 000 hectares)	893.82	907.89	918.81	930.20	940.39	950.69	959.90
堤防长度（千米）	Total Length of Dikes (km)	55654	55797	56232	56090	56372	56399	56405
堤防保护面积（千公顷）	Area of Land Protected by Dikes (1 000 hectares)	2826.85	2885.60	2945.35	2975.97	3017.36	3002.06	2995.72

注:2021 年末统计节水灌溉面积。

a) The water-saving irrigated areas were counted at the end of 2021.

10-3 主要年份农林牧渔业总产值
Gross Output Value of Agriculture, Forestry, Animal Husbandry and Fishery in Major Years

当年价格,单位:亿元　　(at current prices,100 million yuan)

年 份 Year	农林牧渔业总产值 Total	农 业 Farming	林 业 Foresty	牧 业 Animal Husbandry	渔 业 Fishery	农林牧渔服务业 Agriculture, Forestry, Animal Husbandry and Fishery Services
1949	22.59	19.41	…	3.02	0.16	
1952	31.87	26.14	0.03	5.00	0.70	
1957	36.81	30.10	0.22	5.25	1.24	
1962	40.15	34.19	0.32	4.48	1.16	
1965	57.27	47.02	0.63	8.25	1.37	
1970	71.33	57.08	0.85	11.76	1.64	
1975	91.66	72.17	1.47	15.55	2.47	
1976	100.71	82.53	1.31	14.86	2.01	
1977	89.16	73.05	1.25	12.90	1.96	
1978	105.87	85.17	1.48	16.78	2.44	
1979	145.25	114.26	2.03	25.77	3.19	
1980	138.45	105.98	1.94	26.65	3.88	
1981	153.62	119.90	2.00	27.11	4.61	
1982	188.11	145.69	1.96	35.80	4.66	
1983	206.86	160.38	3.30	36.66	6.52	
1984	253.82	193.28	4.33	47.17	9.04	
1985	288.55	201.85	4.63	66.54	15.53	
1986	332.66	235.07	5.15	69.83	22.61	
1987	380.25	257.90	6.02	87.95	28.38	
1988	497.95	310.20	7.29	140.49	39.97	
1989	522.25	325.02	7.02	148.13	42.08	
1990	580.53	362.46	7.94	160.78	49.35	
1991	580.93	354.42	7.55	168.30	50.66	
1992	673.82	411.33	9.93	188.64	63.92	
1993	875.37	518.55	14.61	236.81	105.40	
1994	1335.23	777.94	18.38	390.70	148.21	
1995	1686.78	986.15	21.42	475.67	203.54	
1996	1693.76	1062.39	23.48	368.54	239.35	
1997	1816.37	1085.26	22.56	430.57	277.98	
1998	1849.20	1096.88	24.16	435.51	292.65	
1999	1837.43	1095.13	26.13	413.95	302.22	
2000	1869.73	1096.02	30.17	430.53	313.01	
2001	1956.10	1142.66	30.76	448.51	334.17	
2002	2011.48	1165.49	36.29	456.02	353.68	
2003	1952.20	981.25	31.49	458.87	371.56	109.03
2004	2417.63	1242.41	40.16	563.44	449.47	122.15
2005	2576.98	1291.06	45.27	599.14	511.86	129.65
2006	2718.61	1416.91	54.26	544.48	543.39	159.57
2007	3062.32	1540.39	58.88	704.12	579.00	179.94
2008	3585.12	1741.99	64.92	915.78	665.75	196.69
2009	3806.96	1940.10	70.79	873.01	719.25	203.81
2010	4283.21	2256.99	78.12	921.90	805.25	220.95
2011	5216.99	2622.67	92.81	1188.32	1060.44	252.74
2012	5781.50	2942.11	99.75	1223.48	1235.40	280.77
2013	6124.25	3137.14	107.30	1219.09	1351.11	309.60
2014	6402.75	3325.67	118.18	1179.22	1426.74	352.95
2015	6980.37	3675.87	129.09	1257.92	1517.51	399.97
2016	7178.96	3663.42	129.33	1326.67	1621.88	437.67
2017	7161.21	3764.73	136.73	1157.98	1623.43	478.33
2018	7192.46	3735.02	147.25	1091.31	1707.87	511.01
2019	7503.15	3828.60	162.00	1213.02	1740.99	558.55
2020	7952.59	4102.16	172.85	1315.84	1774.00	587.75
2021	8279.72	4426.06	178.15	1215.87	1833.51	626.13

注:2007 年—2018 年农林牧渔业产值及其中项农业与牧业已根据第三次全国农业普查核定数据进行了修订。

a) The gross output value of agriculture, forestry, animal husbandry and fishery with its intermediate farming and animal husbandry from 2007 to 2018 have been revised according to the approved data of the Third National Agriculture Census.

10-4 主要年份农林牧渔业总产值指数
Indices of Gross Output Value of Agriculture, Forestry, Animal Husbandry and Fishery in Major Years

按可比价格计算，上年=100 (at constant prices, preceding year=100)

年份 Year	农林牧渔业总产值指数 Total	农业 Farming	林业 Forestry	牧业 Animal Husbandry	渔业 Fishery	农林牧渔服务业 Agriculture, Forestry, Animal Husbandry and Fishery Services
1949						
1952	117.4	110.0		141.9	306.1	
1957	103.4	99.2	553.8	128.4	106.9	
1962	101.1	97.5	98.2	135.2	94.9	
1965	105.7	100.5	168.0	141.7	95.6	
1970	107.2	107.1	67.2	109.4	124.2	
1975	100.9	99.5	98.0	107.1	104.0	
1976	103.9	105.1	121.1	93.4	94.4	
1977	89.9	89.5	99.2	93.0	101.9	
1978	121.5	123.4	84.5	115.6	98.8	
1979	110.9	108.5	105.0	131.8	110.3	
1980	94.5	91.9	99.5	102.1	118.2	
1981	107.9	109.7	95.3	99.3	115.4	
1982	114.9	113.0	106.0	123.8	105.2	
1983	105.9	107.2	110.8	98.2	99.6	
1984	116.4	106.3	117.8	118.2	124.1	
1985	103.1	99.0	107.9	117.1	126.3	
1986	106.3	106.6	97.3	100.6	134.9	
1987	103.1	103.3	104.8	101.2	108.1	
1988	106.6	104.8	93.8	114.4	108.9	
1989	100.3	100.6	94.4	99.5	101.7	
1990	102.5	101.1	97.4	106.7	107.9	
1991	98.9	95.9	90.0	105.2	101.2	
1992	113.0	113.7	119.1	110.5	115.6	
1993	111.3	106.2	124.1	114.0	134.8	
1994	112.1	108.0	112.4	117.5	119.0	
1995	113.6	112.9	117.0	110.8	124.0	
1996	107.4	108.7	107.4	103.1	111.8	
1997	107.7	106.4	92.6	110.9	109.5	
1998	104.0	103.0	109.9	104.2	107.2	
1999	105.2	105.9	100.0	103.5	106.5	
2000	105.0	103.1	119.9	107.5	107.4	
2001	104.5	105.0	99.1	102.4	106.7	
2002	103.8	102.3	115.8	103.9	108.0	
2003	101.0	94.3	120.0	102.8	106.6	130.0
2004	107.8	113.8	109.4	97.7	109.7	107.0
2005	103.7	101.1	107.5	103.6	110.7	104.0
2006	104.9	105.4	115.7	101.2	106.8	106.0
2007	103.1	102.6	109.9	100.7	104.4	108.3
2008	104.5	103.2	104.7	107.1	105.4	102.6
2009	104.6	103.3	105.2	106.6	105.2	104.0
2010	104.4	103.8	105.6	105.3	104.5	105.1
2011	104.2	104.3	104.0	102.7	104.4	107.6
2012	104.8	104.5	102.8	105.3	104.4	107.8
2013	102.6	103.3	103.9	96.9	105.3	107.1
2014	103.1	104.0	105.8	98.9	102.5	111.9
2015	102.6	103.3	106.1	97.7	102.5	111.6
2016	100.8	100.5	104.2	98.9	101.2	107.5
2017	102.3	103.1	106.1	99.8	100.6	107.3
2018	100.9	100.8	105.5	97.2	102.4	104.7
2019	100.7	102.8	105.2	92.3	99.3	106.0
2020	102.0	102.8	104.3	100.7	100.6	103.4
2021	104.3	103.2	101.5	112.5	101.1	104.8

10-5 主要年份农林牧渔业总产值定基指数
Fixed-base Indices of Gross Output Value of Agriculture, Forestry, Animal Husbandry and Fishery in Major Years

按可比价格计算,1949 年 = 100 (at constant prices, year of 1949 = 100)

年 份 Year	农林牧渔业总产值指数 Total	农 业 Farming	林 业 Forestry	牧 业 Animal Husbandry	渔 业 Fishery	农林牧渔服务业 Agriculture, Forestry, Animal Husbandry and Fishery Services
1949	100.0	100.0		100.0	100.0	
1952	144.2	135.7	100.0	166.5	612.2	
1957	157.4	151.4	900.0	159.0	563.4	
1962	134.7	134.1	1387.5	106.8	407.3	
1965	201.4	190.7	2162.5	224.6	534.1	
1970	239.7	232.5	1487.5	255.0	575.6	
1975	294.7	281.6	2487.5	322.3	819.5	
1976	306.2	296.1	3012.5	301.1	773.2	
1977	275.4	264.9	2987.0	280.1	787.8	
1978	334.6	326.8	2525.0	323.9	778.0	
1979	371.1	354.7	2650.0	426.8	858.5	
1980	350.7	326.0	2637.5	435.8	1014.6	
1981	378.4	357.7	2512.5	432.6	1170.7	
1982	434.8	404.2	2662.5	535.6	1231.7	
1983	460.6	433.3	2950.0	525.9	1226.8	
1984	536.3	460.6	3475.0	621.5	1522.0	
1985	553.1	456.1	3750.0	727.9	1922.0	
1986	587.7	486.4	3650.0	732.5	2592.7	
1987	605.9	502.4	3825.0	741.1	2802.4	
1988	646.1	526.3	3587.5	847.5	3051.2	
1989	648.3	529.4	3387.5	843.1	3102.4	
1990	664.6	535.2	3300.5	899.3	3346.3	
1991	657.1	513.3	2971.7	946.3	3385.3	
1992	742.5	583.6	3538.2	1045.7	3913.7	
1993	826.4	619.6	4391.5	1191.6	5275.3	
1994	926.3	668.9	4936.8	1400.2	6278.5	
1995	1052.7	755.4	5774.3	1551.0	7785.4	
1996	1130.6	821.0	6204.0	1599.2	8707.8	
1997	1217.1	873.5	5746.0	1773.5	9532.8	
1998	1265.6	899.4	6313.9	1847.5	10219.7	
1999	1331.1	952.4	6312.3	1911.5	10883.6	
2000	1397.9	981.6	7566.8	2055.1	11688.1	
2001	1461.5	1030.6	7500.2	2103.9	12474.9	
2002	1516.9	1053.8	8681.6	2186.3	13475.4	100.0
2003	1532.8	994.0	10415.4	2248.1	14369.5	130.0
2004	1653.0	1131.5	11389.9	2196.7	15768.3	139.1
2005	1714.2	1143.9	12245.5	2275.4	17448.0	144.6
2006	1798.2	1205.6	14168.0	2302.7	18634.5	153.3
2007	1853.2	1236.7	15569.2	2319.0	19458.1	166.1
2008	1936.8	1276.4	16294.7	2483.0	20510.8	170.5
2009	2024.9	1318.4	17144.7	2646.0	21573.2	177.4
2010	2113.6	1368.5	18104.8	2786.9	22552.0	186.5
2011	2201.6	1427.5	18836.2	2863.4	23554.6	200.8
2012	2307.0	1491.7	19371.5	3015.0	24591.8	216.5
2013	2365.9	1540.6	20123.0	2922.6	25885.6	231.7
2014	2438.9	1602.8	21282.6	2889.3	26521.5	259.2
2015	2502.5	1656.0	22578.0	2821.7	27184.4	289.3
2016	2522.6	1664.0	23520.3	2789.3	27497.6	310.9
2017	2579.8	1716.0	24946.4	2784.5	27672.6	333.8
2018	2604.2	1730.5	26324.9	2706.7	28325.7	349.4
2019	2621.4	1779.1	27684.6	2497.7	28133.6	370.5
2020	2673.8	1828.9	28875.1	2515.2	28302.4	383.1
2021	2789.5	1886.9	29294.1	2828.7	28611.8	401.4

10-6 农林牧渔业分项产值

Gross Output Value of Agriculture, Forestry, Animal Husbandry and Fishery by Branch

按当年价格计算,单位:亿元 (at current prices,100 million yuan)

指标	Item	2015	2016	2017	2018	2019	2020	2021
农林牧渔业总产值	**Total**	**6980.37**	**7178.96**	**7161.21**	**7192.46**	**7503.15**	**7952.59**	**8279.72**
农业产值	**Farming**	**3675.87**	**3663.42**	**3764.73**	**3735.02**	**3828.60**	**4102.16**	**4426.06**
谷物及其他作物	Cereals and Others	1400.96	1244.12	1338.37	1295.78	1295.11	1402.93	1519.72
#谷物	Cereals	1116.71	1051.44	1134.31	1096.19	1075.88	1170.17	1271.82
薯类	Tubers	38.36	18.13	17.98	26.62	32.93	35.41	37.45
豆类	Beans	42.55	31.31	31.46	33.96	37.02	44.37	48.27
棉花	Cotton	50.47	18.83	19.67	3.49	3.00	2.35	48.27
油料	Oil-bearing Crops	86.80	55.40	60.48	60.16	70.19	70.56	75.33
蔬菜园艺作物	Vegetables and Gardening Crops	1930.70	2021.12	1993.25	1999.61	2051.09	2216.04	2407.27
#蔬菜(含菜用瓜、食用菌)	Vegetables (include Melons, Edible Mushroom)	1781.42	1852.89	1802.58	1841.62	1876.19	2036.11	2203.25
水果、坚果、饮料和香料作物	Fruits, Nuts, Beverage and Perfume Crops	377.50	382.48	416.14	426.48	468.97	451.23	463.07
#水果、坚果(含果用瓜)	Fruits, Nuts (include Melons)	327.97	328.54	366.05	376.16	417.60	411.53	424.83
中药材	Chinese Herbal Medicine	12.94	15.70	16.98	13.15	13.42	31.96	36.00
林业产值	**Forestry**	**129.09**	**129.33**	**136.73**	**147.25**	**162.00**	**172.85**	**178.15**
林木的培育和种植	Forest Cultivation and Planting	91.44	92.38	97.76	107.10	119.11	123.37	115.76
竹木采运	Cutting and Transportation of Bamboo and Timber	25.61	23.73	25.17	26.40	28.66	34.74	47.45
林产品	Forest Products	12.05	13.21	13.80	13.75	14.23	14.74	14.94
牧业产值	**Animal Husbandry**	**1257.92**	**1326.67**	**1157.98**	**1091.31**	**1213.02**	**1315.84**	**1215.87**
牲畜饲养	Livestock Raising	94.53	94.98	95.24	94.53	102.70	102.89	108.13
#牛	Cattle and Buffaloes	13.36	12.66	12.52	12.53	14.79	14.13	14.80
羊	Sheep and Goats	50.68	55.45	56.33	59.73	59.97	60.50	63.05
猪的饲养	Hogs Raising	517.33	593.15	508.92	417.12	434.03	626.93	484.23
家禽饲养	Poultry Raising	484.28	480.30	417.43	459.53	565.82	503.69	569.03
#肉禽	Meat and Poultry	270.16	266.38	234.49	241.98	285.71	253.09	266.52
禽蛋	Poultry Eggs	211.03	210.88	180.18	215.03	276.35	245.21	296.75
狩猎和捕捉动物	Hunting and Catching Animals	2.00	1.60	1.22	1.04	1.15	1.20	1.08
其他畜牧业	Other Animal Husbandry	163.94	156.64	135.18	119.08	109.34	81.13	53.40
渔业产值	**Fishery**	**1517.51**	**1621.88**	**1623.43**	**1707.87**	**1740.99**	**1774.00**	**1833.51**
海水产品	Seawater Aquatic Products	416.91	453.47	478.39	522.66	534.61	552.35	494.56
淡水产品	Freshwater Aquatic Products	1100.59	1168.40	1145.04	1185.21	1206.38	1221.65	1338.96
农林牧渔服务业产值	**Output Value of Agriculture, Forestry, Animal Husbandry and Fishery Services**	**399.97**	**437.67**	**478.33**	**511.01**	**558.55**	**587.75**	**626.13**

注:2016 年—2018 年农林牧渔业产值及其中项农业与牧业已根据第三次全国农业普查核定数据进行了修订。

a) The gross output value of agriculture, forestry, animal husbandry and fishery with its intermediate farming and animal husbandry from 2016 to 2018 have been revised according to the approved data of the Third National Agriculture Census.

10－7　农作物播种面积

单位:千公顷

年　份 Year	总播种面　积 Total Sown Area	粮食作物 Grain Crops	#小　麦 Wheat	#稻　谷 Rice	#薯　类 Tubers	#玉　米 Corn	#大　豆 Soybeans
1978	8582.74	6310.93	1412.82	2661.18	478.29	445.01	345.36
1980	8248.93	6090.25	1519.47	2676.15	332.02	386.21	236.47
1985	8557.84	6432.44	2170.39	2431.11	282.45	659.62	317.93
1989	8384.33	6454.51	2353.54	2419.67	248.16	501.15	309.39
1990	8259.18	6363.02	2399.19	2454.44	221.65	461.01	244.67
1991	8091.70	6202.77	2364.93	2351.40	214.51	426.44	177.81
1992	8234.63	6180.77	2366.23	2447.27	192.59	421.14	192.28
1993	8032.29	6029.66	2281.66	2278.44	201.00	472.37	270.67
1994	7861.76	5748.78	2114.26	2168.36	179.46	458.95	255.41
1995	7909.01	5755.15	2150.35	2250.31	166.71	461.98	201.32
1996	7914.10	5877.42	2216.26	2335.91	180.59	467.83	179.49
1997	7966.78	5994.43	2341.37	2377.62	169.61	439.00	217.44
1998	8058.28	5946.26	2314.95	2369.70	162.67	473.49	220.83
1999	8023.43	5828.52	2251.70	2398.45	156.89	454.31	210.41
2000	7944.87	5304.31	1954.60	2203.46	158.26	423.16	249.19
2001	7777.42	4886.66	1712.81	2010.25	146.01	429.81	244.37
2002	7797.40	4882.58	1715.85	1982.05	143.75	436.53	243.44
2003	7681.49	4659.47	1620.45	1840.93	134.20	451.90	241.68
2004	7668.98	4774.59	1601.17	2112.90	114.17	389.11	216.42
2005	7641.20	4909.48	1684.44	2209.33	100.16	370.24	214.80
2006	7385.16	5110.80	1912.67	2216.00	76.27	378.17	213.00
2007	7362.79	5193.83	2039.30	2220.84	68.72	393.13	220.73
2008	7494.85	5299.32	2116.99	2222.62	67.21	432.72	230.10
2009	7542.63	5329.72	2145.15	2223.75	68.02	433.83	230.91
2010	7616.96	5372.17	2200.20	2224.86	62.31	439.57	224.23
2011	7646.43	5411.17	2245.83	2227.73	60.55	448.24	223.04
2012	7651.38	5458.52	2304.38	2228.94	60.74	453.93	216.64
2013	7661.00	5475.22	2344.30	2229.87	58.31	467.52	206.69
2014	7672.27	5517.55	2374.13	2236.70	40.53	519.70	201.70
2015	7737.75	5572.54	2410.66	2250.32	34.50	540.98	195.82
2016	7639.92	5583.28	2436.81	2256.26	26.73	540.17	196.89
2017	7556.40	5527.31	2412.75	2237.72	25.80	543.21	194.40
2018	7520.23	5475.93	2403.96	2214.72	35.66	515.77	193.75
2019	7442.63	5381.48	2346.93	2184.29	35.98	504.24	191.79
2020	7478.39	5405.64	2338.89	2202.84	39.07	509.76	196.39
2021	7514.45	5427.54	2357.87	2219.20	39.80	500.60	192.79

注:2007 年—2018 年粮食及其中小麦、稻谷、薯类、玉米、大豆,经济作物及其中棉花、油菜籽、花生、芝麻、甘蔗、甜菜、烤烟已根据第三次全国农业普查核定数据进行了修订。

Sown Areas of Farm Crops

(1 000 hectares)

经济作物 Economic Crops	#棉花 Cotton	#油菜籽 Rape-seeds	#花生 Peanuts	#芝麻 Sesame	#黄红麻 Jute and Ambary Hemp	#甘蔗 Sugar-cane	#甜菜 Beet-roots	#烤烟 Flue-cured Tobacco	其他作物 Others
905.84	589.99	156.46	65.49	10.60	20.71	0.75	6.91	7.05	1365.97
957.04	631.00	169.58	83.79	4.61	11.51	0.35	5.78	2.17	1201.64
1302.77	592.24	442.64	134.11	12.85	24.78	4.11	4.39	3.47	822.63
1194.62	535.19	459.12	116.39	6.29	5.14	3.92	2.09	9.47	735.20
1188.41	572.13	440.81	108.71	5.85	5.16	3.35	2.23	5.63	707.75
1202.48	550.61	482.80	102.95	4.79	4.57	3.18	0.73	5.16	686.45
1350.29	673.43	483.78	107.36	7.14	3.99	3.83	0.70	7.39	703.57
1143.39	517.65	458.30	125.42	8.65	5.20	5.50	1.31	2.02	859.24
1225.86	534.57	516.59	146.52	6.65	2.15	4.57	0.70	0.87	887.12
1268.75	564.90	530.66	148.66	7.54	1.31	3.95	0.17	1.17	885.11
1132.24	485.91	498.00	123.55	9.19	0.89	3.66	0.87	1.44	904.44
1063.10	438.74	473.93	117.25	13.66	0.79	3.46	1.51	2.61	909.25
1063.32	416.16	468.94	141.39	16.23	0.54	3.25	0.52	0.09	1048.70
1006.41	261.99	518.83	177.25	20.62	0.41	4.20	0.15	0.01	1188.50
1227.97	295.27	650.50	227.90	18.20	0.20	5.16	0.07	0.02	1412.59
1347.53	383.99	681.04	230.21	15.53	0.36	5.75	0.40	…	1543.23
1255.19	311.35	668.08	223.63	15.00	0.32	6.08	0.38	…	1659.63
1315.37	369.50	683.03	214.52	12.70	0.31	5.98	0.29	…	1706.65
1356.65	409.62	689.86	218.59	11.91	0.16	4.89	0.12	…	1537.74
1237.36	368.27	660.50	174.29	11.92	0.18	4.10	0.02		1494.36
1007.48	330.40	525.47	130.60	11.38	0.04	1.39	0.01		1266.88
853.07	326.90	410.03	95.32	9.89	0.02	1.11			1315.89
836.22	300.47	405.01	100.76	9.80	0.02	1.41		0.02	1359.31
788.87	252.34	400.65	104.23	9.29	0.05	1.67	0.02	0.04	1424.04
732.34	235.68	365.35	101.73	8.18		1.33	0.09	0.04	1512.45
698.14	239.25	330.80	98.20	7.57	0.02	1.20		0.04	1537.12
590.44	170.63	298.14	93.60	6.85		1.12	0.04	0.03	1602.42
553.71	155.22	276.47	91.57	6.19		1.03	0.03	0.02	1632.07
502.10	131.81	251.03	88.72	5.39		1.00	0.01	0.02	1652.62
433.24	94.29	223.62	87.35	4.89		0.89	0.04	0.02	1731.97
331.24	31.70	188.84	90.14	4.33		0.80	0.01		1725.40
303.95	21.00	175.27	88.15	4.00		0.80	0.02		1725.19
294.65	16.60	159.08	98.38	5.14		0.85	0.02		1749.65
315.61	11.60	173.54	103.53	5.77		0.87	2.73		1745.54
308.79	8.35	172.91	99.70	5.86	0.01	0.81	2.61		1763.96
323.18	5.78	193.12	97.20	5.94		0.72	2.50	…	1763.73

a) The grain crops with its wheat, rice, tubers, corn and soybeans, and the economic crops with its cotton, rapeseeds, peanuts, sugarcane, beetroots and fluecured tobacco from 2007 to 2018 have been revised according to the approved data of the Third National Agricultural Census.

10－8 主要农作物种植结构
Planting Structure of Major Farm Crops

单位:%　　(%)

项　目	Item	2015	2016	2017	2018	2019	2020	2021
农作物总播种面积	**Total Sown Area of Farm Crops**	**100.00**	**100.00**	**100.00**	**100.00**	**100.00**	**100.00**	**100.00**
粮食作物	**Grain Crops**	**72.02**	**73.08**	**73.15**	**72.82**	**72.31**	**72.28**	**72.23**
谷物	Cereals	68.33	69.44	69.50	68.92	68.25	68.13	68.13
稻谷	Rice	29.08	29.53	29.61	29.45	29.35	29.46	29.53
小麦	Wheat	31.15	31.90	31.93	31.97	31.53	31.28	31.38
玉米	Corn	6.99	7.07	7.19	6.86	6.78	6.82	6.66
其他谷物	Other Cereals	1.11	0.94	0.77	0.65	0.59	0.59	0.56
豆类	Beans	3.24	3.29	3.30	3.42	3.57	3.63	3.56
#大豆	Soybeans	2.53	2.58	2.57	2.58	2.58	2.63	2.57
杂豆	Miscellaneous Beans	0.71	0.71	0.73	0.84	1.00	1.00	1.00
薯类	Tubers	0.45	0.35	0.34	0.47	0.48	0.52	0.53
油料作物	**Oil-bearing Crops**	**4.15**	**3.71**	**3.54**	**3.49**	**3.80**	**3.73**	**3.94**
#花生	Peanuts	1.13	1.18	1.17	1.31	1.39	1.33	1.29
油菜籽	Rapeseeds	2.89	2.47	2.32	2.12	2.33	2.31	2.57
芝麻	Sesame	0.06	0.06	0.05	0.07	0.08	0.08	0.08
棉花	**Cotton**	**1.22**	**0.41**	**0.28**	**0.22**	**0.16**	**0.11**	**0.08**
麻类	**Fiber Crops**	…	…	…	…	…	…	…
糖料	**Sugar Crops**	**0.01**	**0.01**	**0.01**	**0.01**	**0.05**	**0.05**	**0.04**
#甘蔗	Sugarcane	0.01	0.01	0.01	0.01	0.01	0.01	0.01
药材	**Medicinal Materials**	**0.21**	**0.19**	**0.18**	**0.19**	**0.23**	**0.24**	**0.23**
蔬菜、瓜类	**Vegetables and Melons**	**20.60**	**20.78**	**20.77**	**21.13**	**21.33**	**21.40**	**21.42**
#蔬菜	Vegetables	18.50	18.72	18.63	18.95	19.14	19.31	19.34
其他农作物	**Other Farm Crops**	**1.78**	**1.81**	**2.07**	**2.14**	**2.12**	**2.19**	**2.05**
#青饲料	Succulence	0.38	0.37	0.40	0.36	0.36	0.35	0.36

10－9 主要农作物播种面积和产量（2021 年）
Total Sown Area of Farm Crops and Output (2021)

指标	Item	播种面积（千公顷）Sown Area (1 000 hectares)	单位面积产量（千克/公顷）Per Hectare Output (kg/hectare)	总产量（吨）Total Output (ton)
农作物总播种面积	**Total Sown Area of Farm Crops**	**7514.45**		
粮食作物	**Grain Crops**	**5427.54**	**6902**	**37460996**
夏粮	Summer Grain	2461.62	5609	13807405
小麦	Wheat	2357.87	5692	13422156
元麦	Hull-less Barley	1.34	3930	5266
大麦	Barley	38.33	5525	211773
蚕豌豆	Horsebean and Pea	64.08	2625	168210
秋粮	Autumn Grain	2965.92	7975	23653591
稻谷	Rice	2219.20	8943	19846306
#中稻和一季晚稻	Rice and Late Season Rice	2219.20	8943	19846306
#籼稻	Long-grained Nonglutinous Rice	332.54	8549	2842868
玉米	Corn	500.60	5994	3000596
高粱	Sorghum	0.65	5625	3675
谷子	Millet	0.09	1211	109
薯类	Tubers	39.80	6635	264053
大豆	Soybean	192.79	2630	507004
其他秋粮	Others	12.79	2490	31848
经济作物	**Economic Crops**	**323.18**		
棉花	Cotton	5.78	1362	7879
油料	Oil-bearing Crops	296.39	3300	978074
#花生	Peanuts	97.20	4142	402623
油菜籽	Rapeseeds	193.12	2920	563844
芝麻	Sesame	5.94	1900	11284
麻类	Fiber Crops	0.20	2427	484
#黄红麻	Jute and Ambary Hemp			
苎　麻	Ramee	0.20	2427	484
糖类	Sugar Crops	3.22	20338	65560
#甘蔗	Sugarcane	0.72	65115	47152
药材	Medicinal Materials	17.50		
其他经济作物	Others	0.09	140	12
#薄荷	Mint	0.09	140	12
其他农作物	**Others**	**1763.73**		
#蔬菜	Vegetables	1453.00	40307	58565679
瓜果类	Melons and Fruits Crops	156.88	41303	6479474
绿肥	Organic Fertilizer	16.01		

10－10 主要农产品产量
Output of Major Farm Products

单位:万吨 (10 000 tons)

年 份 Year	粮 食 Grain	夏 粮 Summer Grain	秋 粮 Autumn Grain	棉 花 Cotton	油 料 Oil-bearing Crops	#花 生 Peanuts	#油菜籽 Rape-seeds
1949	748.50	217.00	531.50	2.81	15.94	11.82	3.60
1952	997.55	277.85	719.70	9.28	21.68	14.38	6.00
1957	1063.60	274.85	788.75	15.01	25.07	19.81	4.93
1962	965.35	280.65	684.70	8.21	10.27	6.38	3.52
1965	1442.75	379.85	1062.90	26.44	21.68	13.87	7.41
1970	1705.15	415.50	1289.65	32.82	21.67	10.31	10.87
1975	2056.85	524.40	1532.45	45.48	29.64	11.73	17.63
1978	2400.65	677.30	1723.35	47.54	37.44	13.60	23.06
1980	2417.95	873.60	1544.35	41.81	38.64	14.50	23.93
1985	3126.52	1064.46	2062.06	47.91	108.78	34.13	73.11
1989	3282.80	1033.00	2249.80	48.47	99.91	31.25	67.72
1990	3264.15	1143.46	2120.69	46.42	112.39	30.12	81.41
1991	3035.51	1032.43	2003.08	55.71	114.06	28.12	85.32
1992	3320.55	1251.19	2069.36	52.74	127.33	30.51	95.88
1993	3279.70	1152.60	2127.10	42.90	125.71	37.66	87.04
1994	3124.05	1105.29	2018.76	45.71	133.59	44.80	87.77
1995	3286.30	1073.46	2212.84	56.16	159.46	48.43	109.54
1996	3476.35	1200.95	2275.40	53.75	147.50	39.65	106.34
1997	3563.79	1226.91	2336.88	50.75	141.93	39.53	100.53
1998	3415.12	864.22	2550.90	46.19	115.63	48.90	64.26
1999	3559.03	1195.96	2363.07	24.60	184.04	63.25	117.89
2000	3106.63	899.75	2206.88	31.45	225.65	79.75	142.99
2001	2942.05	821.44	2120.61	46.05	232.53	84.09	145.81
2002	2907.05	758.18	2148.87	36.28	217.03	83.71	130.81
2003	2471.85	729.29	1742.56	29.10	199.45	51.57	145.74
2004	2829.06	807.24	2021.82	50.28	238.38	69.12	167.32
2005	2834.59	844.42	1990.17	32.27	215.99	55.46	158.67
2006	3096.03	1017.12	2078.91	35.52	176.47	45.51	129.00
2007	3122.27	1065.36	2056.91	34.75	138.87	33.70	103.33
2008	3192.23	1102.26	2089.96	32.60	137.72	35.29	100.52
2009	3260.87	1123.45	2137.42	25.55	142.31	38.20	102.37
2010	3284.99	1143.53	2141.47	26.08	127.78	37.09	89.29
2011	3357.10	1164.00	2193.09	24.68	116.44	36.26	78.89
2012	3431.55	1203.05	2228.51	22.04	113.58	35.15	77.22
2013	3440.82	1224.64	2216.18	20.93	111.10	34.29	75.66
2014	3523.04	1281.03	2242.01	15.95	104.12	33.71	69.40
2015	3594.71	1304.03	2290.68	11.69	98.04	33.81	63.30
2016	3542.44	1293.20	2249.24	3.69	88.67	35.24	52.60
2017	3610.80	1335.82	2274.98	2.57	85.36	34.78	49.77
2018	3660.28	1326.42	2333.86	2.06	86.04	39.33	45.70
2019	3706.20	1356.64	2349.56	1.57	94.32	42.71	50.45
2020	3729.06	1373.79	2355.27	1.06	93.01	40.63	51.21
2021	3746.10	1380.74	2365.36	0.79	97.81	40.26	56.38

注:2007 年—2018 年粮食及其中夏粮、秋粮,棉花、油料及其中花生、油菜籽根据第三次全国农业普查核定数据修订。

a) The grain crops with its summer grain, autumn grain, cotton, oil-bearing crops with its peanuts, rapeseeds from 2007 to 2018 have been revised according to the approved data of the Third National Agriculture Census.

10 - 11 人均占有主要农产品产量

Per Capita Output of Major Farm Products

单位:千克/人 (kg/person)

年 份 Year	粮食产量 Output of Grain	棉花产量 Output of Cotton	油料产量 Output of Oil-bearing Grops	生猪饲养量(头/人) Output of Raising Hogs (head/person)	猪、牛、羊肉产量 Output of Pork, Beef and Mutton	水产品产量 Output of Aquatic Products
1952	270.0	2.5	5.9	0.24		4.6
1957	257.0	3.7	6.1	0.34		6.9
1962	225.0	1.9	2.4	0.22		4.5
1965	316.0	5.8	4.8	0.46		5.5
1970	329.0	6.4	4.2	0.50		5.2
1975	367.0	8.1	5.3	0.60		6.5
1978	414.0	8.2	6.5	0.60		6.9
1980	408.5	7.1	6.6	0.70	18.1	7.2
1985	505.0	7.8	17.6	0.64	22.4	10.9
1989	506.1	7.5	15.4	0.60	23.3	17.0
1990	486.0	6.9	16.7	0.59	23.6	17.6
1991	446.1	8.2	16.8	0.59	24.0	17.3
1992	482.8	7.7	18.5	0.61	25.1	19.6
1993	472.6	6.2	18.1	0.62	25.8	22.7
1994	446.7	6.5	19.1	0.65	28.5	25.8
1995	466.6	8.0	22.6	0.69	30.9	31.2
1996	490.4	7.6	20.8	0.51	24.7	34.7
1997	499.9	7.1	19.9	0.57	26.2	37.3
1998	476.6	6.4	16.1	0.63	29.2	39.4
1999	494.5	3.4	25.6	0.63	29.9	41.2
2000	427.3	4.3	31.0	0.66	31.3	42.5
2001	400.8	6.3	31.7	0.67	32.2	43.7
2002	394.6	4.9	29.5	0.67	32.6	45.4
2003	334.4	3.9	27.0	0.68	33.1	46.4
2004	381.3	6.8	32.1	0.66	32.7	49.3
2005	380.3	4.3	29.0	0.66	32.5	52.1
2006	412.1	4.7	23.5	0.63	28.4	53.0
2007	411.5	4.6	18.3	0.53	25.4	53.9
2008	417.3	4.3	18.0	0.56	26.7	55.6
2009	423.5	3.3	18.5	0.58	27.8	57.6
2010	421.3	3.3	16.4	0.58	28.4	59.1
2011	422.5	3.1	14.7	0.58	28.2	59.9
2012	425.1	2.7	14.1	0.59	29.3	61.2
2013	421.9	2.6	13.6	0.58	29.0	62.5
2014	427.7	1.9	12.6	0.58	29.0	63.0
2015	433.2	1.4	11.8	0.56	28.0	62.9
2016	424.3	0.4	10.6	0.53	26.6	60.9
2017	429.7	0.3	10.2	0.53	26.8	60.4
2018	433.9	0.2	10.2	0.50	25.6	58.7
2019	438.2	0.2	11.2	0.30	18.4	57.2
2020	440.1	0.1	11.0	0.38	17.6	57.9
2021	441.2	0.1	11.5	0.43	21.7	58.2

注:2011 年—2019 年人均占有主要农产品产量已根据第七次全国人口普查数据进行了修订。

a) From 2011 to 2019 the data of per capita output of major farm products have been revised according to the approved data of the Seventh National Population Census.

10－12　蚕、茶、果生产情况
Output of Silkworm Cocoons, Tea and Fruits

指　　标	Item	2015	2016	2017	2018	2019	2020	2021
蚕茧产量　（万吨）	Output of Silkworm Cocoons (10 000 tons)	4.97	3.95	3.93	3.86	3.85	3.64	3.06
茶叶产量　（万吨）	Output of Tea (10 000 tons)	1.45	1.40	1.39	1.40	1.43	1.12	1.09
红毛茶	Black Tea	0.24	0.25	0.30	0.33	0.36	0.23	0.25
绿毛茶	Green Tea	1.20	1.13	1.08	1.07	1.07	0.89	0.84
其他茶	Others	…	0.02	0.01	…	…	…	…
水果产量　（万吨）	Output of Fruits (10 000 tons)	300.03	296.31	309.79	287.38	322.24	322.83	321.18
#苹果	Apples	59.95	56.41	58.00	40.48	53.97	56.60	55.05
柑桔	Citrus	4.32	3.27	3.17	3.01	2.87	3.37	2.90
梨	Pears	77.98	75.83	77.98	70.36	77.81	78.35	74.79
葡萄	Grapes	63.24	61.00	64.90	67.06	65.22	61.06	62.14
桃子	Peaches	61.75	63.47	69.31	74.90	87.81	88.96	94.44
红枣	Red Dates	1.10	0.90	0.67	0.40	0.34	0.31	0.42
柿子	Persimmons	13.88	11.56	10.89	9.29	7.78	7.51	6.85
茶园面积（千公顷）	Area of Tea Plantations (1 000 hectares)	33.77	33.78	33.71	33.74	33.79	34.24	34.21
#当年采摘面积	Picked Area in the Year	30.30	30.57	30.46	31.33	30.26	30.72	30.82
果园面积（千公顷）	Area of Orchards (1 000 hectares)	209.42	209.97	209.15	204.54	199.52	198.83	190.65
#苹果园	Apples	32.10	30.89	31.33	29.43	28.55	28.56	28.09
柑桔园	Citrus	2.67	2.54	2.33	2.31	2.22	2.12	2.12
梨园	Pears	39.92	39.04	38.41	39.94	36.21	35.15	31.80
葡萄园	Grapes	37.98	34.91	35.91	39.89	34.79	33.84	33.25

10－13 林业生产情况
Output of Forestry

指标	Item	2015	2016	2017	2018	2019	2020	2021
造林面积（千公顷）	Area of Forestation (1 000 hectares)	42.58	27.21	33.97	41.32	32.37	46.34	11.52
用材林	Timber Forests	6.73	4.56	4.14	6.52	7.37	9.72	2.85
经济林	Economic Forests	7.86	6.81	7.28	9.46	8.94	11.35	1.93
防护林	Protection Forests	27.34	15.37	21.80	24.67	15.58	24.68	6.54
其他林	Others	0.65	0.47	0.75	0.67	0.48	0.58	0.19
木材采伐（万立方米）	Wood Cutting (10 000 m^3)	148.86	178.47	138.21	130.70	232.51	213.92	233.00
竹材采伐量（万根）	Bamboo Cutting (10 000 units)	408.00	387.83	213.82	418.98	406.10	591.79	448.00
人造板（万立方米）	Man-made Boards (10 000 m^3)	5685.59	5609.77	5433.37	5743.47	5734.06	5866.45	6083.42
食用坚果（吨）	Edible Nuts (ton)	49722	65070	110828	47851	60677	62874	67982
核桃	Walnuts	8236	2601	2076	1981	2438	2252	3416
板栗	Chinese Chestnuts	19790	18586	19149	13420	13737	12687	15142
松子	Pine Nuts		4673		6472	8495	8253	
其他	Others	21696	39209	89603	25978	36007	39682	49424

10－14　畜牧业生产情况
Output of Livestock

指　　标	Item	2015	2016	2017	2018	2019	2020	2021
牲畜年末头数　（万头）	**Livestock（Year-end）（10 000 heads）**							
大牲畜	Large Animals	35.96	35.59	32.91	31.72	29.00	27.83	27.45
牛	Cattle and Buffaloes	33.08	32.92	30.50	29.23	27.74	27.12	27.23
#奶牛	Cows	12.96	12.66	13.92	13.39	12.55	12.90	13.10
马	Horses	0.21	0.17	0.16	0.18	0.09	0.09	0.08
驴	Donkeys	2.04	1.93	1.72	1.69	0.73	0.36	0.14
骡	Mules	0.63	0.57	0.53	0.62	0.43	0.26	0.01
猪	Hogs	1746.55	1654.99	1640.30	1551.97	577.43	1374.85	1482.59
羊	Sheep and Goats	381.43	353.68	398.50	390.21	356.23	352.86	376.10
山羊	Goats	372.77	345.41	389.25	380.70	338.29	330.79	351.82
绵羊	Sheep	8.66	8.28	9.25	9.51	17.94	22.07	24.28
畜禽产品产量	**Output of Livestock and Poultry Products**							
猪牛羊出栏头数（万头）	Slaughtered Fattened Hogs, Sheep and Goats（10 000 heads）							
猪	Hogs	2921.86	2787.37	2805.50	2680.90	1921.79	1825.70	2210.11
牛	Cattle and Buffaloes	17.40	16.97	16.36	15.49	16.05	13.94	14.36
羊	Sheep and Goats	647.42	646.71	707.70	690.48	639.38	584.40	583.81
肉类产量　（万吨）	Output of Meat（10 000 tons）	369.89	356.23	342.32	328.48	274.53	268.21	306.44
猪肉	Pork	221.56	211.81	214.30	205.50	146.21	140.66	175.16
牛肉	Beef	3.22	3.11	2.93	2.82	2.93	2.64	2.79
羊肉	Mutton	7.22	7.23	7.99	7.79	6.49	6.25	6.57
禽肉	Poultry	128.92	125.57	110.20	105.75	115.24	115.78	119.58
其他畜禽产品产量（吨）	Others（ton）							
牛奶	Milk	487661	482914	490443	500290	623597	629545	648825
绵羊毛	Sheep Wool	306	287	289	344	300	309	255
山羊毛	Goat Wool	8	9	8	9	7	1	7
蜂蜜	Honey	4046	3647	3479	4663	3684	6129	5335
禽蛋　（万吨）	Poultry Eggs（10 000 tons）	209.91	213.67	186.05	180.60	214.44	234.43	235.24

10－15 渔业生产情况
Output of Fishery

指 标	Item	2015	2016	2017	2018	2019	2020	2021
水产品产量 （万吨）	**Output of Aquatic Products （10 000 tons）**	**522.11**	**508.22**	**507.59**	**494.84**	**484.12**	**490.18**	**493.81**
海水产品	Seawater Aquatic Products	149.24	149.72	149.51	140.83	137.02	134.99	130.63
按生产性质分	Grouped by Nature							
天然生产	Naturally Grown	59.89	59.30	56.43	49.00	45.49	42.71	42.52
人工养殖	Artificially Cultured	89.35	90.42	93.08	91.83	91.53	92.28	88.11
按类别分	Grouped by Category							
鱼类	Fish	38.87	38.39	37.65	34.20	32.43	30.44	29.82
甲壳类	Crustaceans	27.53	27.38	27.04	25.38	24.52	23.20	21.61
贝类	Shellfish	70.43	71.58	72.18	70.83	70.64	71.64	69.38
藻类	Algae	2.93	3.01	4.35	4.34	4.22	4.80	4.80
按主要品种分	Grouped by Variety							
大黄鱼	Big Yellow Croaker	0.05	0.05	0.04	0.01	0.02	0.05	0.04
小黄鱼	Little Yellow Croaker	2.96	2.96	2.88	2.62	2.44	2.47	2.47
带鱼	Hairtail	5.53	5.59	5.41	4.96	4.63	4.45	4.49
鱿鱼	Sleeve-fish	3.18	3.24	2.67	2.12	1.62	1.36	0.70
淡水产品	Freshwater Aquatic Products	372.86	358.50	358.08	354.01	347.10	355.20	363.18
按生产性质分	Grouped by Nature							
天然生产	Naturally Grown	32.54	31.71	30.76	28.72	29.21	25.94	17.80
人工养殖	Artificially Cultured	340.32	326.79	327.32	325.29	317.89	329.26	345.38
按类别分	Grouped by Category							
鱼类	Fish	272.47	261.86	259.70	252.48	244.02	250.31	254.21
甲壳类	Crustaceans	85.63	83.01	85.04	89.39	90.89	92.95	97.24
贝类	Shellfish	11.15	10.12	9.86	8.99	9.29	8.96	8.90
水产养殖面积 （千公顷）	**Aquatic Raise Areas （1 000 hectares）**	**753.44**	**625.04**	**632.15**	**649.01**	**603.09**	**598.54**	**585.33**
淡水养殖面积	Breeding Area of Freshwater	571.61	439.76	439.76	462.37	423.14	420.91	414.22
海水养殖面积	Breeding Area of Seawater	181.83	185.28	192.39	186.64	179.95	177.63	171.11

注:2016 年—2017 年渔业数据根据第三次全国农业普查核定数据进行了修订。

a）Form 2016 to 2017, the data of fishery was revised according to the approved data of the Third National Agricultural Census.

10-16 主要农业机械年底拥有量

年　份 Year	农业机械总动力（万千瓦） Total Power of Agricultural Machinery (10 000 kW)	农用水泵（万台） Agricultural Water Pumps (10 000 units)	谷物联合收割机（台） Combine Harvesters (unit)	机动脱粒机（万台） Motorized Threshers (10 000 units)	拖拉机（万台） Tractors (10 000 units)
1978	855.16	29.20	295	32.96	20.43
1980	1113.05	36.18	478	40.99	27.23
1985	1675.06	37.75	687	68.51	51.05
1989	2212.37	40.29	1821	86.36	71.90
1990	2004.77	39.63	2411	89.42	73.60
1991	1966.61	40.73	3583	92.29	74.64
1992	2016.07	41.55	5964	93.37	74.48
1993	2081.75	41.59	7279	94.80	75.65
1994	2161.40	42.63	8604	98.32	77.13
1995	2226.95	43.36	12063	105.22	77.36
1996	2297.43	44.84	20074	105.01	79.58
1997	2499.69	50.63	27656	121.42	86.91
1998	2594.83	52.20	33343	123.80	87.85
1999	2767.89	54.07	42266	124.52	91.12
2000	2925.29	65.62	48821	129.69	94.19
2001	2957.93	58.09	52025	120.16	95.58
2002	2983.89	59.74	56151	111.45	97.21
2003	3029.10	58.81	58645	93.56	95.76
2004	3052.51	56.88	61115	91.45	96.22
2005	3135.33	61.93	69569	73.95	100.08
2006	3278.53	62.00	77100	75.00	102.95
2007	3392.44	59.09	78498	59.00	94.91
2008	3630.86	59.80	85327	43.62	127.61
2009	3810.57	60.42	90979	38.00	131.83
2010	3937.34	59.29	98511	33.19	132.52
2011	4106.11	63.49	103500	20.92	134.09
2012	4214.64	66.29	118078	18.39	110.30
2013	4405.78	66.53	136619	16.44	105.67
2014	4649.98	65.99	149503	14.95	103.27
2015	4825.49	65.92	159115	10.50	98.62
2016	4906.55	67.61	169641	8.93	94.04
2017	4991.41	67.45	174954	8.33	89.24
2018	5042.27	67.51	176851	7.71	83.98
2019	5111.95	67.72	180345	6.09	78.99
2020	5214.83	68.48	184788	5.45	75.91
2021	5148.24	68.27	168884	6.88	68.99

Possession of Major Agricultural Machinery at Year-end

拖拉机配套农具（万部）Tractor Towing Farm Machinery (10 000 units)	水稻插秧机（万台）Rice Transplanters (10 000 units)	机动植保机械（万台）Mobile Plant Protection Machinery (10 000 units)	植保无人驾驶航空器（万架）Plant Protection Unmanned Aerial Vehicle (10 000 units)	谷物烘干机（万台）Grain dryers (10 000 units)	保鲜储藏设备（万台）Fresh Storage Equipment (10 000 units)
36.44	1.32				
56.81	1.35				
114.53	0.06				
115.78	0.10				
121.68	0.15				
126.31	0.21				
126.49	0.24				
128.96	0.25				
129.87	0.25				
132.43	0.24				
134.90	0.22				
145.63	0.21				
150.77	0.19				
156.92	0.19				
161.07	0.17				
159.87	0.19				
153.19	0.27				
153.54	0.50				
151.97	0.76				
151.72	1.42				
153.05	2.36				
152.19	3.38				
174.44	4.34			0.07	
184.20	5.32			0.08	
185.24	6.53			0.14	0.37
192.76	8.27			0.24	0.66
175.47	9.89			0.42	0.97
172.26	12.15			0.54	1.07
173.57	13.88			0.74	1.15
170.84	14.67			1.12	1.26
165.57	14.84			1.76	1.29
160.13	14.65			2.53	1.27
152.66	14.14	60.57	0.28	2.71	1.29
147.77	14.04	61.97	0.49	2.87	1.30
148.22	14.32	61.50	0.90	3.12	1.39
140.75	13.66	59.29	1.47	3.16	2.05

10－17 国有农场基本情况
Basic Conditions on State Farms

指　标	Item	2015	2016	2017	2018	2019	2020	2021
农场数　（个）	Number of Farms (unit)	18	18	17	17	17	17	17
职工人数　（万人）	Number of Staff and Workers (10 000 persons)	5.33	5.03	4.73	4.49	4.34	4.07	3.93
耕地面积　（千公顷）	Area of Cultivated Land (1 000 hectares)	70.82	65.53	64.83	64.58	64.34	64.05	63.78
农业机械总动力（万千瓦）	Total Power of Agricultural Machinery (10 000 kW)	49.06	51.78	53.16	65.14	73.47	83.81	98.51
农业机械拥有量（台、辆）	Possession of Agricultural Machinery (unit)							
大中型农用拖拉机	Large and Medium-sized Agricultural Tractors	3796	3538	3882	4156	5155	5601	6428
小型及手扶拖拉机	Small and Walking Agricultural Tractors	989	847	786	409	342	338	227
农用排灌动力机械	Machinery for Agricultural Drainage and Irrigation	663	793	1035	1065	1827	2117	2041
联合收割机	Combine Harvesters	1795	1571	1630	1809	2088	1820	1798
农用运输汽车	Trucks for Agricultural Use	71	41	33	36	98	97	94
农用化肥施用量（万吨）	Consumption of Chemical Fertilizers (10 000 tons)	15.94	14.10	18.85	19.25	17.26	16.58	15.54
农业总产值　（亿元）	Gross Agricultural Output Value (100 million yuan)	60.98	59.91	41.16	41.77	41.57	65.02	67.48
农作物总播种面积（千公顷）	Sown Area of Farm Crops (1 000 hectares)	155.24	155.46	154.26	153.90	152.66	149.15	150.29
粮食作物	Grain	149.65	151.52	149.98	150.03	147.31	143.59	143.88
棉　花	Cotton	0.04						
油　料	Oil-bearing Crops	0.09	0.06				0.06	19.00
年底实有桑园面积（公顷）	Area of Mulberry Plantations (year-end) (hectare)	213	202	60	60	73	46	47

10－17 续表 Continued

指 标	Item	2015	2016	2017	2018	2019	2020	2021
年底实有果园面积（公顷）	Area of Orchards（year-end）（hectare）	134	257	138	140	151	179	159
主要农产品产量（万吨）	Output of Major Farm Products（10 000 tons）							
粮食作物	Grain	116.61	120.65	116.77	121.06	133.67	124.07	123.86
棉 花	Cotton	0.06						
油 料	Oil-bearing Crops	0.05	0.01				0.01	0.58
水 果	Fruits	0.23	0.25	0.24	0.32	0.29	0.31	0.46
畜牧业、渔业生产	Production of Animal Husbandry and Fishery							
大牲畜年底头数（万头）	Number of Large Animals（year-end）（10 000 heads）	0.75	0.79	0.69	0.72	0.66	0.99	1.25
猪年底头数（万头）	Number of Hogs（10 000 heads）	6.75	9.29	13.93	10.27	13.94	7.56	6.74
羊年底只数（万只）	Number of Sheep and Goats（10 000 heads）	1.09	1.31	0.66	0.87	0.96	1.11	1.35
畜产品产量（万吨）	Output of Livestock Products（10 000 tons）							
猪牛羊肉	Pork, Beef and Mutton	5.51	4.53	4.57	4.40	3.67	4.04	4.70
#猪 肉	Pork	1.54	1.56	1.81	1.84	1.13	0.70	0.79
牛 奶	Milk	2.62	3.15	2.19	2.47	3.02	2.80	3.48
禽 蛋	Poultry Eggs	1.77	1.79	1.62	1.47	1.92	2.15	2.19
羊 毛	Sheep Wool							
水产品总产量（万吨）	Total Output of Aquatic Products（10 000 tons）	4.81	5.35	6.04	5.38	5.79	5.78	6.66

注:本表为农垦系统数据。

a）Data in this table are from farming system.

10－18　分市农业基本情况（2021 年）

指　　标	Item	南京 Nanjing	无锡 Wuxi	徐州 Xuzhou
乡村户数（万户）	Number of Rural Households (10 000 units)	64.37	59.79	169.16
乡村从业人员（万人）	Rural Labour Force (10 000 persons)	112.01	112.29	348.62
#农、林、牧、渔业	Agriculture, Forestry, Animal Husbandry, Fishery	21.08	14.22	114.51
工业	Industry	35.10	69.16	106.45
建筑业	Construction	23.25	6.33	51.74
交通运输、仓储和邮政业	Transport, Storage, Post and Telecommunication	6.68	3.19	16.38
批发和零售业	Wholesale and Retail Trades	7.92	5.12	23.78
住宿和餐饮业	Hotels and Catering Services	4.65	2.49	11.04
农业机械总动力（万千瓦）	Total Power of Agricultural Machinery (10 000 kW)	236.85	89.39	778.75
农村用电量（亿千瓦时）	Electricity Consumed in Rural Areas (100 million kW·h)	32.28	434.54	70.96
农作物总播种面积（千公顷）	Sown Area of Farm Crops (1 000 hectares)	260.02	135.44	1181.95
#粮食	Grain Crops	136.59	80.05	767.50
主要农产品产量（万吨）	Output of Major Farm Products (10 000 tons)			
粮食	Grain	98.48	55.07	501.79
棉花	Cotton	0.04		0.59
油料	Oil-bearing Crops	4.88	0.76	11.68
肉类	Meat	3.44	0.94	65.24
#猪牛羊肉	Pork, Beef and Mutton	1.43	0.54	36.01
水产品产量	Output of Aquatic Products	16.37	10.21	16.17
农林牧渔业总产值（亿元）	Gross Output Value of Agriculture, Forestry, Animal Husbandry and Fishery (100 million yuan)	504.01	214.49	1297.36
农业	Farming	271.53	131.85	816.80
林业	Forestry	22.44	12.81	21.64
牧业	Animal Husbandry	21.02	5.38	280.30
渔业	Fishery	150.19	34.33	105.10
农林牧渔服务业	Agriculture, Forestry, Animal Husbandry and Fishery Services	38.84	30.13	73.52

Basic Conditions of Agriculture by City (2021)

常州 Changzhou	苏州 Suzhou	南通 Nantong	连云港 Lianyun gang	淮安 Huai'an	盐城 Yancheng	扬州 Yangzhou	镇江 Zhenjiang	泰州 Taizhou	宿迁 Suqian
73.89	82.74	194.57	92.01	101.16	175.52	95.73	56.17	116.35	102.58
130.11	167.99	295.21	172.14	204.72	290.75	172.16	98.64	202.22	216.65
21.21	14.05	56.12	66.70	73.03	98.61	29.16	17.75	31.77	73.23
63.35	103.85	92.41	32.29	47.12	60.94	63.43	51.17	69.92	66.18
17.08	10.30	62.54	32.90	32.87	37.43	31.79	11.59	35.09	30.04
4.98	5.34	15.02	9.06	7.29	14.17	7.45	3.32	11.27	8.08
6.95	10.78	25.35	9.17	10.32	14.46	11.17	3.05	15.70	13.46
2.72	5.19	6.70	4.92	7.29	5.37	4.78	2.18	6.11	6.53
138.72	140.27	430.97	542.97	652.25	756.77	295.68	151.99	293.46	640.16
181.18	656.31	181.29	31.44	18.44	87.83	64.89	78.68	149.35	56.77
172.20	208.01	787.24	632.96	814.70	1390.49	480.43	184.58	518.52	747.90
95.04	124.04	536.12	511.73	682.69	991.75	388.70	134.52	375.67	603.14
69.48	90.36	340.09	368.80	491.73	714.78	286.97	96.02	281.00	409.61
0.01	0.01	0.13	…	…	0.02	…	…	…	0.01
3.15	0.74	22.68	10.22	6.15	13.66	5.21	4.30	9.77	4.59
5.30	1.14	38.19	30.54	32.66	60.50	16.36	7.99	15.21	34.03
1.66	0.87	24.13	21.45	20.35	40.37	9.16	2.22	11.10	20.25
15.36	14.30	80.33	74.35	30.25	118.61	40.38	9.68	38.98	28.81
283.74	346.44	897.60	728.03	727.04	1311.61	561.44	270.70	526.31	610.92
156.42	172.45	392.52	324.25	452.70	620.83	258.79	155.79	296.20	361.43
2.03	19.72	4.29	10.70	15.40	23.78	12.22	10.78	3.25	16.03
18.64	11.49	153.78	112.93	122.20	253.30	59.87	33.52	59.33	99.79
80.54	91.18	242.76	222.01	106.10	320.43	196.43	39.31	140.39	106.63
26.12	51.60	104.25	58.15	30.64	93.26	34.13	31.30	27.14	27.05

主要统计指标解释

农林牧渔业总产值　指以货币表现的农、林、牧、渔业全部产品和对农业生产进行各种支持性服务活动的总量，它反映一定时期内农业生产总规模和总成果。从2003年开始农林牧渔业总产值执行新的国民经济行业分类标准，包括农业、林业、牧业、渔业、农林牧渔服务业，不再包括农民兼营商品性工业。农林牧渔业总产值中的农、林、牧、渔四业的计算方法通常是按农、林、牧、渔业产品及其副产品的产量分别乘以各自单位产品价格求得，现行价格从2003年开始使用生产价格调查的价格；少数生产周期较长，当年没有产品或产品产量不易统计的，则采用间接方法匡算其产值；然后将四业产品产值与农林牧渔服务业相加即为农林牧渔业总产值。

粮食产量　指全社会的产量。包括国有经济经营的、集体统一经营的和农民家庭经营的粮食产量，还包括工矿企业办的农场和其他生产单位的产量。粮食除包括稻谷、小麦、玉米、高粱、谷子及其他杂粮外，还包括薯类和豆类。其产量计算方法，豆类按去豆荚后的干豆计算（作为蔬菜食用的青豆列入蔬菜统计）；薯类（包括甘薯和马铃薯，不包括芋头和木薯）1963年以前按每4千克鲜薯折1千克粮食计算，从1964年开始改为按5千克鲜薯折1千克粮食计算。经请示国家统计局同意，目前江苏的马铃薯已全部列入蔬菜统计，不再作为粮食统计，产量按鲜品计算。其他粮食一律按脱粒后的原粮计算。

棉花产量　指全社会的产量。包括春播棉和夏播棉。产量按皮棉计算。

油料产量　指全部油料作物的生产量。包括花生、油菜籽、芝麻、向日葵籽、胡麻籽（亚麻籽）和其他油料。不包括大豆、木本油料和野生油料。花生以带壳干花生计算。

水产品产量　指人工养殖的水产品和天然生长的水产品的捕捞量。包括海水的鱼类、虾蟹类、贝类和藻类以及内陆水域的鱼类、虾蟹类和贝类，不包括淡水水生植物。

猪、牛、羊肉产量　指当年出栏并已屠宰、除去头蹄下水后带骨肉（即胴体重）的重量。

期初（末）畜禽存栏头（只）数　指报告期初（末）农村各种合作经济组织和国营农场、农民个人、机关、团体、学校、工矿企业、部队等单位以及城镇居民饲养的大牲畜、猪、羊、家禽等畜禽的存栏数。

农作物播种面积　指实际播种或移植有农作物的面积。凡是实际种植有农作物的面积，不论种植在耕地上还是种植在非耕地上，均包括在农作物播种面积中。在播种季节基本结束后，因遭灾而重新改种和补种的农作物面积，也包括在内。

有效灌溉面积　指具有一定的水源，地块比较平整，灌溉工程或设备已经配套，在一般年景下当年能够进行正常灌溉的耕地面积。在一般情况下，有效灌溉面积应等于灌溉工程或设备已经配备，能够进行正常灌溉的水田和水浇地面积之和。

农业机械总动力　指主要用于农、林、牧、渔业的各种动力机械的动力总和。包括耕作机械、排灌机械、收获机械、农用运输机械、植物保护机械、牧业机械、林业机械、渔业机械和其他农业机械[内燃机按引擎马力折成瓦（特）计算、电动机按功率折成瓦（特）计算]。不包括专门用于乡、镇、村、组办工业、基本建设、非农业运输、科学试验和教学等非农业生产方面用的动力机械与作业机械。

农、林、牧、渔业从业人员　指直接参加农、林、牧、渔业生产的从业人员以及直接从事采集、捕猎、捕捞劳动的从业人员。

Explanatory Notes on Main Statistical Indicators

Gross Output Value of Agriculture, Forestry, Animal Husbandry and Fishery　refers to the total value of products of agriculture, forestry, animal husbandry and fishery and total value of various supporting services activities for agriculture, forestry, animal husbandry and fishery, which reflects the total scale and results of agricultural production during a given period. Since 2003, the total output value of agriculture, forestry, animal husbandry and fishery is counted with new classified standard of the national economy, including value of services to agricultural, forestry, animal husbandry and fishery, while excluding the value of industrial output by rural households. Gross output value of agriculture, forestry, animal husbandry, fishery and the value of service industry is obtained by multiplying the output of each product with its price, resulting in the output value of each single item. Since 2003, the current price is used by the investigated production price. For a small number of products, annual output of which is not available or difficult to get due to the long production growing process involved, the output value is estimated through an indirect approach. The sum of output value of all products of agriculture, forestry, animal husbandry, fishery and professional and support activities for them is then equal to the gross output value of agriculture.

Grain Output　refers to the grain production in the whole country including grains produced by state farms, collective units, rural families, as well as the output of farms and other production units run by industrial and mining enterprises. Grain includes rice, wheat, corn, sorghum, millet and other miscellaneous grains as well as tubers and beans. Output of beans refer to dry beans without pods. The output of tubers (sweet potatoes and potatoes, not including taros and cassava) was converted with the ratio of 4 : 1, i. e. 4 kilograms of fresh tubers were equivalent to 1 kilogram of grain before 1963. Since 1964 the ratio has been changed to 5 : 1. Tubers consumed as vegetables (such as potatoes) in cities and suburbs are calculated as fresh vegetables and their output is not included in the output of grain. Output of all other grains refer to husked grain.

Cotton Output refers to the cotton production in the whole country including cotton planted in spring and in autumn. Output is measured as the weight of ginned cotton.

Output of Oil-bearing Crops refers to the total production of oil-bearing crops of various kinds, including peanuts, (dry, in shell), rapeseeds, sesame, sunflower seeds, flax seeds, and other oil-bearing crops. Soybeans, oil-bearing woody plants, and wild oil-bearing crops are not included.

Output of Aquatic Products refers to catches of both artificially cultured and naturally grown aquatic products, including fish, shrimps, crabs and shellfish in sea and inland water as well as seaweed. Freshwater plants are not included.

Output of Pork, Beef, and Mutton refers to the meat of slaughtered hogs, cattle, sheep and goats with head, feet, and offal taken away.

Number of Livestock or Poultry in Stock at Beginning/End of Period refers to the total number of large animals, pigs, sheep, fowls, etc. raised by rural cooperative organizations, state farms, rural individuals, government agencies, schools, industrial and mining enterprises, army, and urban residents at the beginning/end of the reference period.

Sown Area of farm Crops refers to area of all land sown or transplanted with crops regardless of being in cultivated area or non-cultivated area. Area of land re-sown due to natural disasters is also included.

Effective Irrigated Area refers to area of land that are effectively irrigated, i. e. relatively level land where there are water source or complete sets of irrigation facilities to lift and move adequate water for irrigation purpose under normal conditions. Under normal conditions, irrigated area of cultivated land is the sum of watered fields and irrigated fields where irrigation systems or equipment have been installed for regular irrigation purpose.

Total Power of Agricultural Machinery refers to total mechanical power of machinery used in agriculture, forestry, animal husbandry and fishery, including ploughing, irrigation and drainage, harvesting, transport, plant protection, stock breeding, forestry and fishery. The power of internal combustion engines is required to convert horsepower into watts and the power of electric motors is required to beconverted into watts. Machinery employed for non-agricultural purposes, such as the machines used in township-run and village-run industry, construction, non-agricultural transport, scientific experiments and teaching, is excluded.

Labour Force Engaged in agriculture, Forestry, Animal Husbandry and Fishery refers to the total labour force who are directly engaged in production of agriculture, forestry, animal husbandry and fishery.

11

工 业

Industry

简 要 说 明

一、本篇资料的主要内容

本篇资料反映我省工业经济方面的基本情况,包括:

1. 全省规模以上工业生产、效益主要指标增速,以及按企业登记注册类型、企业规模、工业行业大类和按地区分组的生产、效益主要指标增速;

2. 全省规模以上工业企业主要经济指标,以及按企业登记注册类型、轻重工业、企业规模、工业行业大类和按地区分组的主要经济指标;

3. 国有控股、私营、外商投资和港澳台商投资工业企业按工业行业大类和按地区分组的主要经济指标;

4. 大中型工业企业按工业行业大类和按地区分组的主要经济指标;

5. 规模以上工业中高技术制造业主要经济指标;

6. 主要工业产品产量和生产能力等。

二、本篇资料的统计范围

本篇资料中规模以上工业企业的统计范围:1998 年至 2006 年为全部国有和年主营业务收入 500 万元及以上的非国有工业法人单位,2007 年至 2010 年为年主营业务收入 500 万元及以上的工业法人单位,2011 年至 2020 年为年主营业务收入 2000 万元及以上工业法人单位,2021 年起为年主营业务收入 2000 万元及以上工业法人单位和个体经营户。本篇资料中工业行业分类按《国民经济行业分类》(GB/T 4754 –2017)标准划分;企业规模划分按《统计上大中小微型企业划分办法(2017)》标准执行。

三、本篇资料的来源和统计调查方法

本篇工业企业统计数据主要根据工业统计报表有关资料整理汇总。

四、数据使用注意事项

2017 年以来全国规模以上工业企业主要经济指标数据与上年数据之间存在不可比因素,其主要原因是:(1) 根据统计制度,每年定期对规模以上工业企业调查范围进行调整。每年有部分企业达到规模标准纳入调查范围,也有部分企业因规模变小而退出调查范围,还有新建投产企业、破产、注(吊)销企业等变化。(2) 加强统计执法,对统计执法检查中发现的不符合规模以上工业统计要求的企业进行了清理,对相关基数依规进行了修正。(3) 加强数据质量管理,剔除跨地区、跨行业重复统计数据。

Brief Introduction

I. Main Contents

Data in this chapter reflect the basic conditions of the industrial sector in Jiangsu. It includes:

1. Main growth rate of industrial production and efficiency indicators of industrial enterprises above designated size; as well as their main growth rate of economic indicators classified by type of registration, by size of enterprise, by industrial sector and by region.

2. Main economic indicators of industrial en-

terprises above designated size, as well as their main economic indicators, classified by type of registration, by light and heavy industries, by size of enterprise, by industrial sector and by region.

3. Main economic indicators and efficiency indicators of state-holding industrial enterprises, private industrial enterprises, foreign-funded industrial enterprises and industrial enterprises with funds from Hong Kong, Macao and Taiwan classified by industrial sector and by region.

4. Main economic indicators and efficiency indicators of large and medium-sized industrial enterprises classified by industrial sector and by region.

5. Main economic indicators and efficiency indicators of medium and high technology manufacturing above designated size classified by industrial sector and by region.

6. Output and production capacity of key industrial products.

II. Scopes of Statistics

The scopes of industrial enterprices above designated size were: all state-owned industrial enterprises and non-state-owned industrial enterprises with revenue from principal business over 5 million yuan from 1998 to 2006. From 2007 to 2010, the scopes of industrial enterprises with revenue from principal business Were over 5 million yuan. Since 2011, the scopes of all industrial enterprises with revenue from principal business were adjusted to above 20 million. Data by branch of industry in this chapter are based on the *National Industrial Classification of all Economic Activities* (GB/T 4754 - 2017), and data by size of enterprise are based on the 2017's *Satandards of Enterprises by Size.*

III. Sources of Data and Methods of Survey

The data on industrial enterprises in this Chapter are compiled mainly based on the annual industrial statistics reporting forms.

Ⅳ. Data Usage Notes

Since 2017, data of main indicators of industrial enterprises above designated size nationwide are not comparable with previous years, the reasons are as following: (1) According to the statistic system, the investigation scope of industrial enterprises above designated size should be adjusted regularly every year. Every year, some enterprises meet the scale criteria to be included in the scope of investigation, some enterprises with draw from the scope of investigation because of the smaller scale, and there are other changes: new enterprises, bankruptcy, annotation (cancellation) enterprises, etc. (2) Strengthening of Statistical law enforcement, cleaning up enterprises found in the inspection of statistical law enforcement that don't meet the standard of industrial statistics above designated size, and amending the relevant cardinality in accordance with regulations. (3) Strengthening data quality management and eliminating duplicated statistical data across regions and across industries.

11－1 历年规模以上工业增加值增长速度

The Growth Rate of Industrial Value Added of Industrial Enterprises above Designated Size

单位：%　　　　　　　　　　　　　　　　　　　　　　　　　　　　　　　　　(%)

年 份 Year	规模以上工业 Industry above Designated Size	#轻工业 Light Industry	重工业 Heavy Industry	#股份制工业 Share-holding Industry	外商港澳台商投资工业 Foreign Invested and Investment from Hong Kong, Macao and Taiwan Industry	#国控工业 State-owned Industry	私营工业 Private Industry	#大中型工业 Large and Medium-sized Industry
1999	11.7	11.1	12.9	8.0	21.4	8.2		7.7
2000	14.8	12.1	17.0	18.0	23.5	11.6		12.4
2001	12.0	11.6	12.3	11.0	12.8	10.7		7.6
2002	15.7	14.5	16.6	16.6	17.1	11.5	21.6	13.5
2003	22.7	17.2	27.2	20.8	31.0	16.5	25.4	18.0
2004	23.4	20.5	24.9	18.7	31.2	16.2	22.0	22.1
2005	22.5	20.8	23.6	21.9	25.3	13.7	25.6	19.6
2006	21.4	18.4	22.9	20.6	22.8	14.5	24.2	16.5
2007	18.9	15.3	20.6	18.6	20.6	12.7	20.6	14.9
2008	14.2	10.9	15.6	14.1	15.7	7.9	16.8	10.1
2009	14.6	11.8	15.7	17.4	12.7	6.1	19.7	9.7
2010	16.0	14.6	16.6	15.9	16.5	13.6	17.9	13.1
2011	13.8	11.1	14.8	13.9	13.8	9.5	16.7	11.6
2012	12.6	12.8	12.5	16.7	7.9	8.3	18.6	9.8
2013	11.5	10.5	11.9	13.7	8.8	9.0	15.1	8.8
2014	9.9	9.8	9.9	11.2	8.3	5.0	11.7	7.3
2015	8.3	7.6	8.6	10.0	6.0	2.1	11.0	6.4
2016	7.7	7.6	7.7	9.3	5.3	4.0	10.6	5.6
2017	7.5	8.6	6.9	8.0	6.6	6.7	8.0	6.4
2018	5.1	3.5	5.5	5.0	5.3	8.1	3.5	4.8
2019	6.2	6.4	6.1	8.5	2.2	4.3	10.1	4.8
2020	6.1	4.2	6.8	6.7	4.3	3.2	8.1	5.4
2021	12.8	12.4	12.9	14.4	10.7	7.9	15.5	12.1

注：本表根据工业月度报表资料整理汇总，按本同期可比口径计算。

a) This table is collated and summarized on the basis of the industrial monthly report data, and calculated according to the comparable caliber of the current period.

11-2 历年规模以上工业营业收入增长速度
The Growth Rate of Business Revenue of Industrial Enterprises above Designated Size

单位:%　　(%)

年 份 Year	规模以上工业 Industry above Designated Size	#股份制工业 Share-holding Industry	外商港澳台商投资工业 Foreign Invested and Investment from Hong Kong, Macao and Taiwan Industry	#国控工业 State-owned Industry	私营工业 Private Industry	#大中型工业 Large and Medium-sized Industry
1999	13.9	12.3	27.4	11.0	–	8.8
2000	21.4	24.7	32.3	18.8	–	18.6
2001	13.0	10.9	14.5	8.7	–	8.1
2002	19.7	19.2	23.2	10.7	26.7	16.7
2003	33.0	31.5	44.1	23.9	35.9	26.6
2004	34.1	31.8	41.4	24.1	33.7	32.1
2005	28.8	27.9	31.2	19.9	30.4	29.1
2006	26.1	26.0	26.0	19.1	30.7	22.9
2007	25.9	27.1	26.0	18.0	28.9	23.5
2008	19.6	21.6	18.7	13.8	23.8	15.2
2009	11.4	13.5	9.6	2.1	17.1	6.1
2010	27.3	28.9	25.8	27.3	30.9	22.5
2011	24.1	26.6	20.6	21.0	30.0	19.9
2012	11.0	15.4	5.0	8.2	18.2	7.6
2013	10.8	13.6	7.0	9.6	14.8	8.7
2014	7.5	8.7	6.1	3.3	9.4	5.5
2015	4.8	6.2	2.5	-4.3	8.4	3.1
2016	7.5	9.0	5.1	2.1	11.1	5.7
2017	10.9	11.6	10.8	11.1	9.9	11.7
2018	7.3	8.8	5.5	11.3	7.5	8.0
2019	2.7	4.5	-0.3	2.7	4.9	3.1
2020	4.0	4.2	3.3	0.7	5.2	3.8
2021	20.9	23.7	15.7	16.3	25.2	20.6

注:本表根据工业月度报表资料整理汇总,按本同期可比口径计算。2019 年及以前为主营业务收入增速,2020 年调整为营业收入增速。

a) This table is collated and summarized on the basis of the industrial monthly report data, and calculated according to the comparable caliber of the current period. The growth rate of revenue in 2019 and before was from principal business, and has been revised to business revenue since 2020.

11-3 历年规模以上工业利润增长速度
The Growth Rate of Profits of Industrial Enterprises above Designated Size

单位:%　　　　(%)

年 份 Year	规模以上工业 Industry above Designated Size	#股份制工业 Share-holding Industry	外商港澳台商投资工业 Foreign Invested and Investment from Hong Kong, Macao and Taiwan Industry	#国控工业 State-owned Industry	私营工业 Private Industry	#大中型工业 Large and Medium-sized Industry
1999	53.3	21.5	119.2	87.2		40.9
2000	42.9	29.1	65.4	27.5		24.2
2001	10.4	-0.1	9.1	-8.6		-3.0
2002	31.1	37.2	31.6	20.3	42.1	25.7
2003	44.1	45.3	51.0	42.6	44.0	40.3
2004	39.3	44.1	35.1	56.2	30.6	38.2
2005	24.9	23.0	23.2	8.7	47.7	19.3
2006	36.5	31.2	46.4	21.3	44.5	29.5
2007	43.3	56.8	38.9	40.2	45.0	41.1
2008	3.8	6.3	6.8	-56.2	30.5	-7.1
2009	24.3	29.3	18.0	133.0	28.6	19.3

11－3 续表1 Continued

单位:% (%)

年 份 Year	规模以上工业 Industry above Designated Size	#股份制工业 Share-holding Industry	外商港澳台商投资工业 Foreign Invested and Investment from Hong Kong, Macao and Taiwan Industry	#国控工业 State-owned Industry	私营工业 Private Industry	#大中型工业 Large and Medium-sized Industry
2010	43.6	42.9	43.6	36.9	47.3	35.6
2011	24.3	31.7	15.5	10.5	41.5	17.4
2012	5.8	13.9	-5.8	-2.6	24.9	-4.2
2013	14.5	15.0	12.6	24.2	14.5	10.9
2014	12.8	11.2	16.4	-0.5	12.2	12.0
2015	9.1	12.9	3.3	8.4	13.1	7.9
2016	10.0	8.7	13.2	4.7	9.0	9.2
2017	12.4	15.2	10.3	1.4	10.6	14.4
2018	9.4	11.9	4.3	19.4	11.5	10.0
2019	-5.4	-5.4	-5.4	-22.0	-0.2	-7.5
2020	10.1	6.8	15.0	4.9	7.5	6.5
2021	25.7	30.4	19.9	37.7	30.5	27.4

注:本表根据工业月度报表资料整理汇总,按本同期可比口径计算。

a) This table is collated and summarized on the basis of the industrial monthly report data, and calculated according to the comparable caliber of the current period.

11－4　规模以上工业主要经济指标增长速度

The Growth Rate of Main Economic Indicators of Industrial Enterprises above Designated Size

单位:%　　　　　　　　　　　　　　　　　　　　　　　　　　　　　　　　(%)

项　目	Item	2020 增加值 Value Added	2020 营业收入 Business Revenue	2020 利润 Profrts	2021 增加值 Value Added	2021 营业收入 Business Revenue	2021 利润 Profrts
规模以上工业	**Industry above Designated Size**	**6.1**	**4.0**	**10.1**	**12.8**	**20.9**	**25.7**
#高技术制造业	Manufacture of High Technology	10.3	10.8	27.6	17.1	16.8	24.3
#装备制造业	Manufacture of Equipment	8.9	8.6	14.8	17.0	20.4	23.7
按行业分	**Grouped by Sector**						
采矿业	**Mining**	**14.6**	**20.0**	**208.6**	**2.1**	**16.4**	**3.2**
煤炭开采和洗选业	Mining and Washing of Coal	26.7	2.6	160.6	-26.3	3.3	-71.4
石油和天然气开采业	Extraction of Petroleum and Natural Gas	2.9	-3.3	-0.3	-4.8	35.2	120.2
黑色金属矿采选业	Mining and Processing of Ferrous Metal Ores	98.7	167.0	-111.1	39.8	30.6	421.1
有色金属矿采选业	Mining and Processing of Non-ferrous Metal Ores	-45.2	8.9	-25.6	56.8	84.9	162.8
非金属矿采选业	Mining and Processing of Non-metal Ores	18.5	2.3	0.5	2.8	6.7	4.9
开采专业及辅助性活动	Professional Support Activities for Mining						
其他采矿业	Mining of Other Ores				64.7	79.6	44.4
制造业	**Manufacturing**	**6.5**	**4.3**	**10.1**	**12.8**	**21.1**	**30.5**
农副食品加工业	Processing of Food from Agricultural Products	3.9	5.3	52.3	5.9	17.7	3.0
食品制造业	Manufacturing of Foods	5.8	7.6	12.2	7.0	9.7	-7.8
酒、饮料和精制茶制造业	Manufacture of Liquor, Beverages and Refined Tea	-5.9	-3.0	-1.1	19.4	16.0	5.0
烟草制品业	Manufacture of Tobacco	2.0	2.0	9.7	1.0	6.8	16.3
纺织业	Manufacture of Textile	-3.6	-9.1	-7.1	7.9	11.3	32.1
纺织服装、服饰业	Manufacture of Textile, Wearing Apparel and Accessories	-8.0	-11.6	-22.9	7.9	6.5	9.7
皮革、毛皮、羽毛及其制品和制鞋业	Manufacture of Leather, Fur, Feather and Related Products and Footwear	-28.6	-24.2	-47.8	12.1	13.5	4.7
木材加工和木、竹、藤、棕、草制品业	Processing of Timber, Manufacture of Wood, Bamboo, Rattan, Palm and Straw Products	1.0	1.2	-9.1	16.3	21.4	10.2
家具制造业	Manufacture of Furniture	-5.8	-4.9	-10.3	26.4	19.9	-8.8
造纸和纸制品业	Manufacture of Paper and Paper Products	1.3	-0.7	17.3	6.6	15.8	6.5
印刷和记录媒介复制业	Printing and Reproduction of Recording Media	0.8	-2.1	2.9	22.4	14.7	-0.6
文教、工美、体育和娱乐用品制造业	Manufacture of Articles for Culture, Education, Arts and Crafts, Sport and Entertainment Activities	2.1	-2.4	-11.8	22.1	21.4	46.0
石油、煤炭及其他燃料加工业	Processing of Petroleum, Coal and Other Fuels	-3.2	-20.4	-53.9	-4.8	26.6	214.1
化学原料和化学制品制造业	Manufacture of Raw Chemical Materials and Chemical Products	1.3	-5.3	5.1	8.0	30.9	101.4
医药制造业	Manufacture of Medicines	12.2	9.8	15.3	11.0	6.1	-2.7
化学纤维制造业	Manufacture of Chemical Fibers	5.1	-14.1	-27.1	3.8	19.7	67.8
橡胶和塑料制品业	Manufacture of Rubber and Plastics Products	8.2	36.1	56.8	9.8	16.7	8.5

11－4 续表1 Continued

单位:% (%)

项　目	Item	2020 增加值 Value Added	2020 营业收入 Business Revenue	2020 利润 Profits	2021 增加值 Value Added	2021 营业收入 Business Revenue	2021 利润 Profits
非金属矿物制品业	Ma nufacture of Non-metallic Mineral Products	2.9	3.5	8.1	13.1	16.9	9.6
黑色金属冶炼和压延加工业	Smelting and Pressing of Ferrous Metals	8.4	5.8	0.6	1.5	31.4	64.1
有色金属冶炼和压延加工业	Smelting and Pressing of Non-ferrous Metals	8.9	10.2	－11.2	5.6	31.1	73.4
金属制品业	Manufacture of Metal Products	8.1	6.4	3.2	15.8	26.9	28.7
通用设备制造业	Manufacture of General Purpose Machinery	7.4	7.5	21.6	19.2	19.5	14.4
专用设备制造业	Manufacture of Special Purpose Machinery	9.8	10.0	15.1	15.9	19.5	23.8
汽车制造业	Manufacture of Automobiles	4.5	3.5	－9.6	14.7	13.4	22.2
铁路、船舶、航空航天和其他运输设备制造业	Manufacture of Railway, Ship, Aerospace and Other Transport Equipments	1.9	4.6	－0.2	15.2	16.7	－5.7
电气机械和器材制造业	Manufacture of Electrical Machinery and Apparatus	14.3	10.0	10.2	18.5	28.9	21.6
计算机、通信和其他电子设备制造业	Manufacture of Computers, Communication and Other Electronic Equipment	9.4	11.1	36.0	17.3	15.8	40.9
仪器仪表制造业	Manufacture of Measuring Instruments and Machinery	6.3	10.4	35.7	15.0	20.7	13.2
其他制造业	Other Manufacture	7.5	7.4	25.1	16.2	18.4	－24.4
废弃资源综合利用业	Utilization of Waste Resources	17.3	25.8	－10.4	9.2	49.2	83.4
金属制品、机械和设备修理业	Repair Service of Metal Products, Machinery and Equipment	－8.4	0.6	－24.1	－12.4	－6.9	－31.2
电力、热力、燃气及水的生产和供应业	**Production and Supply of Electricity, Heat, Gas and Water**	**0.8**	**－1.2**	**8.0**	**12.8**	**17.3**	**－43.6**
电力、热力生产和供应业	Production and Supply of Electricity and Heat	0.6	－1.2	5.1	12.8	16.7	－64.9
燃气生产和供应	Production and Supply of Gas	10.2	－4.4	5.3	17.4	26.4	13.9
水的生产和供应业	Production and Supply of Water	4.4	7.6	42.0	7.5	7.9	－7.4
按市分	**By City**						
南　京	Nanjing	6.5	2.8	9.5	10.0	19.6	51.1
无　锡	Wuxi	6.6	4.1	7.2	12.9	18.1	10.3
徐　州	Xuzhou	6.3	7.9	16.9	13.0	22.6	13.6
常　州	Changzhou	6.6	5.6	7.8	13.6	24.0	22.6
苏　州	Suzhou	6.0	3.1	11.0	12.8	18.8	21.9
南　通	Nantong	7.1	5.1	21.3	13.4	23.5	30.7
连云港	Lianyungang	4.5	3.7	－2.7	13.4	28.9	39.6
淮　安	Huai'an	4.7	4.4	0.3	14.6	23.4	24.5
盐　城	Yancheng	5.0	9.8	2.4	11.9	25.8	65.3
扬　州	Yangzhou	6.3	2.9	15.7	13.0	19.0	53.1
镇　江	Zhenjiang	6.3	－0.4	16.3	15.1	26.2	23.1
泰　州	Taizhou	6.4	4.3	8.5	13.4	27.9	24.9
宿　迁	Suqian	7.8	7.3	21.7	16.7	22.5	6.3

注:本表根据工业月度报表资料整理汇总,按本同期可比口径计算;增加值增速为可比价增速。

a) This table is collated and summarized on the basis of the industrial monthly report data, and calculated according to the comparable caliber of the current period. The growth rate of value added is comparable price.

11－5 历年规模以上工业企业主要经济指标

Main Economic Indicators of Industrial Enterprises above Designated Size

单位:亿元　　(100 million yuan)

年份 Year	企业单位数 (个) Number of Enterprises (unit)	营业收入 Business Revenue	利润总额 Total Profits	应收账款净额 Net Accounts Receivalble	产成品 Finished Goods
1998	17957	7375.45	151.51	1238.11	584.21
1999	18001	8256.12	234.07	1360.48	617.49
2000	18309	9971.01	370.03	1496.80	666.81
2001	19684	11247.52	419.85	1583.56	707.66
2002	21476	13534.77	554.21	1848.48	734.00
2003	23862	18019.97	793.98	2420.45	845.99
2004	27123	24492.28	1111.42	3025.34	1164.41
2005	32224	32098.48	1384.64	4056.66	1298.38
2006	36319	41015.28	1906.91	4954.52	1527.95
2007	41841	52594.30	2765.77	6287.46	1916.52
2008	45818	66481.84	3972.93	7239.07	2484.95
2009	60817	71724.90	4099.58	8316.41	2676.61
2010	64136	91077.41	5970.56	10261.18	3042.05
2011	43368	107030.09	7074.44	11885.97	3655.22
2012	45859	119286.78	7250.20	13577.65	3986.09
2013	48787	133605.91	8379.50	15212.05	4214.89
2014	48708	141955.99	9057.17	16341.30	4525.64

11－5 续表 Continued

单位:亿元 (100 million yuan)

年份 Year 地区 Region	企业单位数（个）Number of Enterprises（unit）	营业收入 Business Revenue	利润总额 Total Profits	应收账款净额 Net Accounts Receivalble	产成品 Finished Goods
2015	48488	147074.45	9686.84	17500.33	4596.18
2016	47900	156591.04	10574.40	19022.03	4787.06
2017	45414	148996.61	10052.54	20704.09	5154.21
2018	46290	127777.89	8974.94	22408.93	5658.48
2019	46090	114089.17	6855.03	22807.99	5684.82
2020	50168	120699.39	7622.80	26244.56	6298.52
2021	56281	153888.58	9586.47	30413.98	7983.48
南京 Nanjing	3972	15531.73	1098.91	2984.64	583.67
无锡 Wuxi	7721	22772.78	1452.45	4539.43	1385.27
徐州 Xuzhou	2557	5946.73	357.31	1183.90	363.05
常州 Changzhou	5662	14266.99	855.24	2948.02	807.96
苏州 Suzhou	12493	44524.10	2727.66	9783.07	2308.19
南通 Nantong	6174	11171.99	760.20	2207.72	665.49
连云港 Lianyungang	1116	3754.47	350.87	468.28	171.04
淮安 Huai'an	1756	3153.37	192.21	444.77	159.14
盐城 Yancheng	3494	6783.49	247.55	1404.30	328.20
扬州 Yangzhou	3486	6295.88	414.46	1229.58	254.17
镇江 Zhenjiang	2288	4998.27	308.72	1050.68	282.93
泰州 Taizhou	3251	7043.87	446.93	1441.42	442.64
宿迁 Suqian	2308	3755.98	304.63	580.15	221.80

注:本表根据工业年度报表资料整理汇总,下同。2020 年及以前为主营业务收入,2021 年调整为营业收入。

a) This table is collated and summarized on the basis of the industrial annual report data. The same below. The economic indicators were revenue from principal business in 2020 and before, and have been revised to business revenue since 2021.

11-6 规模以上工业企业主要经济指标（2021 年）

单位：亿元

项　目	Item	企业单位数（个）Number of Enterprises (unit)	资产总计 Total Assets	流动资产合计 Current Assets	应收账款 Accounts Receivalble
总　计	**Total**	**56281**	**153768.02**	**93022.58**	**30413.98**
按登记注册类型分	**Grouped by Status of Registration**				
内资企业	Domestic Invested Enterprises	47566	106976.74	63547.43	19896.25
国有企业	State-owned Enterprises	138	2322.63	1451.39	211.85
集体企业	Collective-owned Enterprises	82	142.92	123.69	39.62
股份合作企业	Cooperative Enterprises	52	90.73	54.54	19.65
联营企业	Joint Ownership Enterprises	17	170.72	93.83	16.33
有限责任公司	Limited Liability Corporations	2989	29820.90	14475.01	4453.06
#国有独资	State Sole-proprietorship Corporatios	302	7699.73	2572.35	579.31
股份有限公司	Share-holding Corporations Ltd.	901	14589.37	8338.25	1732.35
私营企业	Private Enterprises	43364	59801.07	38993.05	13416.12
其他企业	Other Enterprises	23	38.41	17.68	7.28
港、澳、台商投资企业	Enterprises with Investment from Hong Kong, Macao and Taiwan	2915	17709.47	11098.53	3928.97
外商投资企业	Foreign Invested Enterprises	5800	29081.81	18376.62	6588.76
按轻重工业分	**Grouped by Light & Heavy Industry**				
轻工业	Light Industry	19419	34597.66	21631.18	5916.62
重工业	Heavy Industry	36862	119170.36	71391.40	24497.37
按企业规模分	**Grouped by Size of Enterprises**				
大型企业	Large Enterprises	1019	57566.42	32928.30	9676.57
中型企业	Medium-sized Enterprises	4445	39373.61	23886.84	7551.54
小微型企业	Small and Micro Enterprises	50817	56827.99	36207.44	13185.87
按行业分	**Grouped by Sector**				
采矿业	**Mining**	**48**	**635.44**	**221.93**	**-49.59**
煤炭开采和洗选业	Mining and Washing of Coal				
石油和天然气开采业	Extraction of Petroleum and Natural Gas				
黑色金属矿采选业	Mining and Processing of Ferrous Metal Ores	7	29.73	16.54	3.21
有色金属矿采选业	Mining and Processing of Non-ferrous Metals Ores	5	8.02	3.19	0.18
非金属矿采选业	Mining and Processing of Non-metal Ores	30	88.28	36.73	7.14
开采专业及辅助性活动	Professional Support Activities for Mining				
其他采矿业	Mining of Other Ores				
制造业	**Manufacturing**	**55262**	**139196.69**	**89382.56**	**29655.00**
农副食品加工业	Processing of Food from Agricultural Products	1318	1807.46	1161.96	252.09
食品制造业	Manufacturing of Foods	539	1099.43	579.47	144.02

Main Economic Indicators of Industrial Enterprises above Designated Size (2021)

(100 million yuan)

存货 Inventories	#产成品 Finished Goods	负债合计 Total Liabilities	营业收入 Business Revenue	营业成本 Business Cost	销售费用 Selling Expenses	管理费用 Management Expenses	财务费用 Financial Expenses	利润总额 Total Profits	年均用工人数(万人) Annual Average Employees (10 000 persons)
19912.88	**7983.48**	**82670.07**	**153888.58**	**130149.96**	**4017.45**	**4859.81**	**891.46**	**9586.47**	**906.48**
13339.14	5551.83	59895.52	105205.52	89292.05	2577.07	3212.26	761.17	5967.82	612.73
381.87	53.64	1039.26	1858.08	1171.28	24.56	49.10	-0.23	157.64	4.18
32.95	25.58	69.30	199.92	186.71	0.90	2.72	1.25	6.68	0.78
10.15	3.22	38.86	66.04	54.63	2.52	3.64	0.91	3.22	0.61
27.43	15.22	143.10	51.75	51.75	0.94	2.47	0.43	-5.38	0.47
2901.95	1216.57	17688.56	26176.63	22605.10	698.45	613.48	187.58	1392.36	91.37
447.08	188.33	4650.51	6283.67	5768.23	60.99	112.64	28.30	202.24	14.92
1419.25	482.47	6327.81	9430.57	7358.95	368.50	300.62	67.00	914.23	42.58
8562.46	3753.42	34562.04	67403.00	57848.68	1480.49	2239.23	504.20	3496.70	472.51
3.08	1.71	26.59	19.54	14.96	0.71	1.00	0.01	2.38	0.23
2133.40	838.07	8574.32	16627.05	13922.12	456.34	534.51	56.68	1273.46	113.78
4440.35	1593.58	14200.24	32056.01	26935.78	984.04	1113.04	73.61	2345.19	179.97
5316.81	2299.27	17451.29	34795.36	27737.22	1754.09	1365.21	196.82	2445.75	289.03
14596.07	5684.21	65218.78	119093.22	102412.74	2263.36	3494.60	694.63	7140.72	617.45
6871.51	2524.75	30519.60	58495.53	49208.15	1528.26	1256.21	181.75	4175.95	267.89
5351.48	2179.09	20218.31	35642.21	29860.15	1046.87	1188.66	220.21	2527.16	225.60
7689.90	3279.64	31932.16	59750.84	51081.65	1442.31	2414.94	489.50	2883.37	412.99
17.36	**6.73**	**311.35**	**413.25**	**340.47**	**6.51**	**27.21**	**3.38**	**20.68**	**3.87**
2.90	1.26	17.15	116.45	107.54	2.76	1.48	0.35	1.25	0.20
0.63	0.43	5.59	8.71	4.73	0.28	0.79	0.03	2.47	0.07
6.60	2.57	38.13	55.23	39.33	2.26	3.84	0.33	7.34	0.43
19671.51	**7962.65**	**73858.20**	**145626.21**	**122573.69**	**3945.84**	**4707.13**	**754.62**	**9290.46**	**887.02**
354.52	151.98	1109.46	3409.12	3153.86	51.12	52.70	15.36	102.14	12.09
126.88	53.95	534.17	979.97	757.13	77.30	51.52	4.88	69.95	8.99

11-6 续表1

单位:亿元

项目	Item	企业单位数(个) Number of Enterprises (unit)	资产总计 Total Assets	流动资产合计 Current Assets	应收账款 Accounts Receivalble
酒、饮料和精制茶制造业	Manufacture of Liquor, Beverages and Refined Tea	134	1159.43	749.83	55.93
烟草制品业	Manufacture of Tobacco	4	795.64	668.67	19.26
纺织业	Manufacture of Textile	4456	4274.18	2768.35	810.62
纺织服装、服饰业	Manufacture of Textile, Wearing Apparel and Accessories	1569	1642.78	1143.48	350.04
皮革、毛皮、羽毛及其制品和制鞋业	Manufacture of Leather, Fur, Feather and Related Products and Footwear	348	228.26	167.68	65.81
木材加工和木、竹、藤、棕、草制品业	Processing of Timber, Manufacture of Wood, Bamboo, Rattan, Palm and Straw Products	1113	624.20	407.19	141.73
家具制造业	Manufacture of Furniture	385	448.23	260.73	77.17
造纸和纸制品业	Manufacture of Paper and Paper Products	584	1904.92	1074.47	230.92
印刷和记录媒介复制业	Printing and Reproduction of Recording Media	911	898.63	560.56	211.93
文教、工美、体育和娱乐用品制造业	Manufacture of Articles for Culture, Education, Arts and Crafts, Sport and Entertainment Activities	1606	1175.81	750.81	226.63
石油、煤炭及其他燃料加工业	Processing of Petroleum, Coal and Other Fuels	124	921.11	502.08	77.48
化学原料和化学制品制造业	Manufacture of Raw Chemical Materials and Chemical Products	2187	10419.44	5575.38	1389.19
医药制造业	Manufacture of Medicines	817	4794.89	3139.08	798.33
化学纤维制造业	Manufacture of Chemical Fibers	776	2544.99	1218.97	176.70
橡胶和塑料制品业	Manufacture of Rubber and Plastics Products	3223	4259.10	2619.80	989.82
非金属矿物制品业	Manufacture of Non-metallic Mineral Products	3703	5805.68	3978.60	1882.86
黑色金属冶炼和压延加工业	Smelting and Pressing of Ferrous Metals	932	8232.03	4346.20	386.15
有色金属冶炼和压延加工业	Smelting and Pressing of Non-ferrous Metals	1257	2176.30	1471.59	506.66
金属制品业	Manufacture of Metal Products	4770	6531.45	4478.09	1674.55
通用设备制造业	Manufacture of General Purpose Machinery	6121	10989.84	7843.57	2728.06
专用设备制造业	Manufacture of Special Purpose Machinery	4737	9298.51	6877.22	2295.26
汽车制造业	Manufacture of Automobiles	2536	8783.18	5571.44	2172.82
铁路、船舶、航空航天和其他运输设备制造业	Manufacture of Railway, Ship, Aerospace and Other Transport Equipments	1039	4287.32	2855.98	698.65
电气机械和器材制造业	Manufacture of Electrical Machinery and Apparatus	4929	18249.56	12295.56	4693.61
计算机、通信和其他电子设备制造业	Manufacture of Computers, Communication and Other Electronic Equipment	3563	21687.81	13597.34	5783.50
仪器仪表制造业	Manufacture of Measuring Instruments and Machinery	1194	3653.40	2424.70	743.75
其他制造业	Other Manufacture	132	120.82	66.63	23.79
废弃资源综合利用业	Utilization of Waste Resources	230	362.91	214.10	42.92

11－6　续 表1　Continued

(100 million yuan)

存货 Inventories	#产成品 Finished Goods	负债合计 Total Liabilities	营业收入 Business Revenue	营业成本 Business Cost	销售费用 Selling Expenses	管理费用 Management Expenses	财务费用 Financial Expenses	利润总额 Total Profits	年均用工人数(万人) Annual Average Employees (10 000 persons)
301.31	60.98	398.03	755.07	418.90	63.70	38.27	-2.72	189.90	4.48
268.37	19.98	62.43	919.66	343.24	9.25	22.27	-9.29	122.38	0.62
823.08	430.68	2536.01	4969.09	4415.57	85.39	152.51	45.26	189.47	51.66
303.63	177.29	906.98	1887.87	1638.41	46.54	99.92	14.56	75.70	32.64
47.69	19.62	137.24	259.77	227.24	6.20	11.70	2.04	7.87	4.84
121.40	62.15	386.75	947.24	830.99	20.61	22.39	7.14	35.80	8.05
70.58	31.16	247.40	431.15	356.92	19.40	24.31	3.61	15.47	6.92
181.37	73.88	1023.53	1480.99	1241.21	59.83	46.99	13.90	109.21	7.66
101.53	40.32	475.85	922.36	766.09	29.05	48.53	8.25	55.12	10.70
239.21	108.50	676.81	1633.19	1388.83	46.12	64.86	10.55	80.73	20.88
153.63	43.68	483.10	1940.90	1545.04	14.49	25.88	5.92	111.88	2.04
1159.79	531.31	4475.70	11040.12	8877.48	249.59	356.73	54.37	1307.55	32.39
657.01	294.00	1834.85	3345.43	1507.49	831.18	240.35	3.06	522.31	22.09
307.11	149.17	1506.39	2534.73	2236.57	26.07	55.99	29.85	120.01	13.62
554.76	268.06	1989.73	4145.85	3410.52	123.90	190.89	31.61	277.54	37.40
527.72	230.24	3504.42	5401.16	4545.68	174.14	189.68	37.51	340.38	32.91
1049.83	444.12	4750.20	12855.16	11626.11	75.51	132.89	55.92	648.81	21.06
375.10	145.44	1298.92	5344.99	5038.31	32.55	65.63	26.42	118.58	10.74
1006.74	441.34	3524.10	8340.27	7278.76	145.52	257.23	55.00	430.54	51.49
1863.74	714.09	5838.89	10177.67	8255.97	323.88	480.36	53.42	778.30	81.00
1682.12	649.26	4943.49	7395.01	5717.88	337.43	373.80	47.63	663.84	60.93
1124.93	491.36	5399.31	8414.28	7087.36	199.04	378.52	40.95	460.39	51.28
644.91	179.21	2549.80	3194.90	2722.14	74.26	127.44	12.37	157.37	25.43
2131.10	948.96	10083.14	17522.52	15089.60	450.74	487.16	101.62	865.56	92.15
2861.29	990.09	11151.80	22158.70	19526.62	255.30	568.37	65.58	1147.58	160.37
555.05	177.14	1740.99	2482.31	1916.57	105.17	120.30	13.40	253.40	18.67
20.54	9.66	62.92	149.58	127.55	6.04	6.08	1.14	5.28	1.85
54.02	24.56	214.47	564.86	507.05	5.63	12.34	5.02	26.56	1.75

11-6 续表2

单位:亿元

项 目	Item	企业单位数(个) Number of Enterprises (unit)	资产总计 Total Assets	流动资产合计 Current Assets	应收账款 Accounts Receivalble
金属制品、机械和设备修理业	Repair Service of Metal Products, Machinery and Equipment	25	19.38	13.03	4.75
电力、热力、燃气及水的生产和供应业	**Production and Supply of Electricity, Heat, Gas and Water**	**971**	**13935.90**	**3418.07**	**808.59**
电力、热力生产和供应业	Production and Supply of Electricity and Heat	564	10324.27	1860.21	682.43
燃气生产和供应	Production and Supply of Gas	168	960.70	389.95	69.85
水的生产和供应业	Production and Supply of Water	239	2650.93	1167.91	56.31
按市分	**By City**				
南 京	Nanjing	3972	16601.04	10382.76	2984.64
无 锡	Wuxi	7721	21380.25	13664.75	4539.43
徐 州	Xuzhou	2557	6478.04	3843.65	1183.90
常 州	Changzhou	5662	14172.02	9114.31	2948.02
苏 州	Suzhou	12493	41881.84	27347.24	9783.07
南 通	Nantong	6174	12076.84	6800.67	2207.72
连云港	Lianyungang	1116	4786.89	2175.80	468.28
淮 安	Huai'an	1756	3042.63	1692.30	444.77
盐 城	Yancheng	3494	7158.33	3740.15	1404.30
扬 州	Yangzhou	3486	5857.57	3502.97	1229.58
镇 江	Zhenjiang	2288	6019.71	3757.40	1050.68
泰 州	Taizhou	3251	6846.76	4214.69	1441.42
宿 迁	Suqian	2308	3664.15	2120.59	580.15

11－6 续表2 Continued

(100 million yuan)

存货 Inventories	#产成品 Finished Goods	负债合计 Total Liabilities	营业收入 Business Revenue	营业成本 Business Cost	销售费用 Selling Expenses	管理费用 Management Expenses	财务费用 Financial Expenses	利润总额 Total Profits	年均用工人数(万人) Annual Average Employees (10 000 persons)
2.55	0.47	11.32	22.29	18.60	0.89	1.52	0.29	0.84	0.32
224.01	**14.09**	**8500.51**	**7849.15**	**7235.81**	**65.15**	**125.47**	**133.42**	**275.34**	**15.59**
163.60	1.87	6241.05	6422.77	6064.08	5.17	73.84	121.13	120.85	9.86
28.73	10.41	487.65	1088.08	935.04	25.47	22.50	2.24	109.72	1.82
31.68	1.81	1771.81	338.30	236.69	34.51	29.13	10.05	44.77	3.91
1835.70	583.67	8994.81	15531.73	12767.96	428.81	477.58	60.34	1098.91	62.28
3083.52	1385.27	10968.29	22772.78	19533.63	527.71	725.18	120.91	1452.45	122.03
863.70	363.05	3805.73	5946.73	4902.74	182.70	148.68	42.14	357.31	36.19
1916.17	807.96	7591.85	14266.99	12188.57	321.26	458.96	90.69	855.24	86.55
5959.34	2308.19	21851.41	44524.10	37905.17	1122.25	1490.94	207.12	2727.66	273.85
1605.81	665.49	6391.27	11171.99	9385.00	246.85	363.79	93.20	760.20	78.97
453.79	171.04	2721.19	3754.47	2833.60	247.96	123.37	35.37	350.87	17.10
455.68	159.14	1564.92	3153.37	2573.55	79.40	103.55	19.07	192.21	24.24
742.67	328.20	4588.51	6783.49	5956.97	123.14	197.04	71.70	247.55	40.68
658.22	254.17	3196.16	6295.88	5351.94	140.47	203.60	40.87	414.46	44.96
667.69	282.93	3301.54	4998.27	4229.87	135.37	167.85	38.24	308.72	33.93
963.93	442.64	3635.33	7043.87	5681.65	366.70	249.47	45.95	446.93	46.10
613.06	221.80	1876.67	3755.98	3130.94	91.94	107.84	23.80	304.63	33.99

11－7 规模以上工业企业主要经济效益指标（2021 年）
Main Economic Benefit Indicators of Industrial Enterprises above Designated Size (2021)

单位:%　　(%)

项　目	Item	企业亏损面 Percentage of Business Suffering Loss	资产负债率 Assets Liability Ratio	流动资产周转次数（次/年） Times of Turnover of current Assets (times/year)	成本费用利润率 Ratio of Profits to Cost Expense	总资产贡献率 Ratio of Total Assets to Industrial Output Value
总　计	**Total**	**15.81**	**53.76**	**1.65**	**6.66**	**9.15**
按登记注册类型分	**Grouped by Status of Registration**					
内资企业	Domestic Invested Enterprises	14.85	55.99	1.66	6.05	8.93
国有企业	State-owned Enterprises	21.74	44.74	1.28	12.37	28.89
集体企业	Collective-owned Enterprises	12.20	48.49	1.62	3.47	6.22
股份合作企业	Cooperative Enterprises	9.62	42.83	1.21	5.09	6.23
联营企业	Joint Ownership Enterprises	23.53	83.82	0.55	-9.20	-4.13
有限责任公司	Limited Liability Corporations	21.04	59.32	1.81	5.63	7.35
#国有独资	State Sole-proprietorship Corporatios	20.20	60.40	2.44	3.34	4.74
股份有限公司	Share-holding Corporations Ltd.	15.76	43.37	1.13	10.83	9.79
私营企业	Private Enterprises	14.38	57.80	1.73	5.47	8.79
其他企业	Other Enterprises	26.09	69.23	1.11	13.46	7.73
港、澳、台商投资企业	Enterprises with Investment from Hong Kong, Macao and Taiwan	20.96	48.42	1.50	8.26	8.82
外商投资企业	Foreign Invested Enterprises	21.12	48.83	1.74	7.89	10.14
按轻重工业分	**Grouped by Light & Heavy Industry**					
轻工业	Light Industry	17.25	50.44	1.61	7.64	11.24
重工业	Heavy Industry	15.05	54.73	1.67	6.38	8.54
按企业规模分	**Grouped by Size of Enterprises**					
大型企业	Large Enterprises	10.79	53.02	1.78	7.78	10.74
中型企业	Medium-sized Enterprises	15.32	51.35	1.49	7.58	8.64

11－7 续表1 Continued

单位:% (%)

项 目 Item		企业亏损面 Percentage of Business Suffering Loss	资产负债率 Assets Liability Ratio	流动资产周转次数(次/年) Times of Turnover of Current Assets (times/year)	成本费用利润率 Ratio of Profits to Cost Expense	总资产贡献率 Ratio of Total Assets to Industrial Output Value
小微型企业	Small and Micro Enterprises	15.95	56.19	1.65	5.07	7.88
按行业分	**Grouped by Sector**					
采矿业	**Mining**	**10.42**	**49.00**	**1.86**	**5.38**	**7.79**
煤炭开采和洗选业	Mining and Washing of Coal					
石油和天然气开采业	Extraction of Petroleum and Natural Gas					
黑色金属矿采选业	Mining and Processing of Ferrous Metal Ores	14.29	57.69	7.04	1.11	9.28
有色金属矿采选业	Mining and Processing of Non-ferrous Metals Ores	0.00	69.70	2.73	40.16	41.27
非金属矿采选业	Mining and Processing of Non-metal Ores	10.00	43.19	1.50	15.78	13.81
开采专业及辅助性活动	Professional Support Activities for Mining					
其他采矿业	Mining of Other Ores					
制造业	**Manufacturing**	**15.74**	**53.06**	**1.63**	**6.84**	**9.67**
农副食品加工业	Processing of Food from Agricultural Products	19.88	61.38	2.93	3.09	7.50
食品制造业	Manufacture of Foods	25.60	48.59	1.69	7.68	9.49
酒、饮料和精制茶制造业	Manufacture of Liquor, Beverages and Refined Tea	13.43	34.33	1.01	36.06	25.30
烟草制品业	Manufacture of Tobacco	0.00	7.85	1.38	33.23	77.30
纺织业	Manufacture of Textile	15.01	59.33	1.79	3.96	7.29
纺织服装、服饰业	Manufacture of Textile, Wearing Apparel and Accessories	22.94	55.21	1.65	4.16	7.90
皮革、毛皮、羽毛及其制品和制鞋业	Manufacture of Leather, Fur, Feather and Related Products and Footwear	18.68	60.12	1.55	3.12	7.15

11－7　续 表 2　Continued

单位:%　　　　　　　　　　　　　　　　　　　　　　　　　　　　　　　　　(%)

项　目	Item	企业亏损面 Percentage of Business Suffering Loss	资产负债率 Assets Liability Ratio	流动资产周转次数(次/年) Times of Turnover of Current Assets (times/year)	成本费用利润率 Ratio of Profits to Cost Expense	总资产贡献率 Ratio of Total Assets to Industrial Output Value
木材加工和木、竹、藤、棕、草制品业	Processing of Timber, Manufacture of Wood, Bamboo, Rattan, Palm and Straw Products	11.86	61.96	2.33	3.97	11.19
家具制造业	Manufacture of Furniture	26.75	55.19	1.65	3.73	4.03
造纸和纸制品业	Manufacture of Paper and Paper Products	15.24	53.73	1.38	7.82	8.48
印刷和记录媒介复制业	Printing and Reproduction of Recording Media	17.34	52.95	1.65	6.31	9.26
文教、工美、体育和娱乐用品制造业	Manufacture of Articles for Culture, Education, Arts and Crafts, Sport and Entertainment Activities	13.20	57.56	2.18	5.21	10.77
石油、煤炭及其他燃料加工业	Processing of Petroleum, Coal and Other Fuels	16.13	52.45	3.87	6.96	43.55
化学原料和化学制品制造业	Manufacture of Raw Chemical Materials and Chemical Products	14.54	42.96	1.98	13.43	16.17
医药制造业	Manufacture of Medicines	19.83	38.27	1.07	18.21	14.43
化学纤维制造业	Manufacture of Chemical Fibers	20.75	59.19	2.08	4.99	7.16
橡胶和塑料制品业	Manufacture of Rubber and Plastics Products	14.77	46.72	1.58	7.16	8.91
非金属矿物制品业	Manufacture of Non-metallic Mineral Products	16.72	60.36	1.36	6.73	9.42
黑色金属冶炼和压延加工业	Smelting and Pressing of Ferrous Metals	13.73	57.70	2.96	5.33	10.49
有色金属冶炼和压延加工业	Smelting and Pressing of Non-ferrous Metals	16.23	59.68	3.63	2.26	8.55
金属制品业	Manufacture of Metal Products	12.35	53.96	1.86	5.44	9.47
通用设备制造业	Manufacture of General Purpose Machinery	12.24	53.13	1.30	8.25	9.42
专用设备制造业	Manufacture of Special Purpose Machinery	13.09	53.16	1.08	9.79	9.28
汽车制造业	Manufacture of Automobiles	21.81	61.47	1.51	5.80	8.17
铁路、船舶、航空航天和其他运输设备制造业	Manufacture of Railway, Ship, Aerospace and Other Transport Equipments	19.06	59.47	1.12	5.16	5.41
电气机械和器材制造业	Manufacture of Electrical Machinery and Apparatus	16.27	55.25	1.43	5.19	6.61

11－7 续表3 Continued

单位:% (%)

项目 Item		企业亏损面 Percentage of Business Suffering Loss	资产负债率 Assets Liability Ratio	流动资产周转次数(次/年) Times of Turnover of Current Assets (times/year)	成本费用利润率 Ratio of Profits to Cost Expense	总资产贡献率 Ratio of Total Assets to Industrial Output Value
计算机、通信和其他电子设备制造业	Manufacture of Computers, Communication and Other Electronic Equipment	19.42	51.42	1.63	5.46	6.39
仪器仪表制造业	Manufacture of Measuring Instruments and Machinery	12.14	47.65	1.02	11.14	8.99
其他制造业	Other Manufacture	15.15	52.08	2.24	3.67	7.52
废弃资源综合利用业	Utilization of Waste Resources	15.22	59.10	2.64	4.90	18.53
金属制品、机械和设备修理业	Repair Service of Metal Products, Machinery and Equipment	8.00	58.41	1.71	3.89	8.82
电力、热力、燃气及水的生产和供应业	**Production and Supply of Electricity, Heat, Gas and Water**	**19.98**	**61.00**	**2.30**	**3.62**	**3.93**
电力、热力生产和供应业	Production and Supply of Electricity and Heat	21.99	60.45	3.45	1.92	3.46
燃气生产和供应	Production and Supply of Gas	11.31	50.76	2.79	11.11	13.07
水的生产和供应业	Production and Supply of Water	21.34	66.84	0.29	14.26	2.47
按市分	**By City**					
南京	Nanjing	19.23	54.18	1.50	7.80	11.67
无锡	Wuxi	14.54	51.30	1.67	6.78	9.00
徐州	Xuzhou	13.38	58.75	1.55	6.58	10.83
常州	Changzhou	13.35	53.57	1.57	6.38	8.57
苏州	Suzhou	17.31	52.17	1.63	6.51	8.43
南通	Nantong	14.61	52.92	1.64	7.30	8.92
连云港	Lianyungang	19.80	56.85	1.73	10.38	10.51
淮安	Huai'an	18.51	51.43	1.86	6.75	13.35
盐城	Yancheng	19.78	64.10	1.81	3.79	5.99
扬州	Yangzhou	11.70	54.56	1.80	6.98	10.40
镇江	Zhenjiang	20.59	54.85	1.33	6.56	7.50
泰州	Taizhou	11.23	53.10	1.67	6.80	9.84
宿迁	Suqian	16.16	51.22	1.77	8.85	12.86

11-8 国有控股工业企业主要经济指标（2021年）

单位：亿元

项　目	Item	企业单位数（个）Number of Enterprises (unit)	资产总计 Total Assets	流动资产合计 Current Assets	应收账款 Accounts Receivalble
总　计	**Total**	**1497**	**27542.49**	**12630.46**	**3104.30**
按登记注册类型分	**Grouped by Status of Registration**				
内资企业	Domestic Invested Enterprises	1399	25785.94	11767.00	2861.22
国有企业	State-owned Enterprises	138	2322.63	1451.39	211.85
集体企业	Collective-owned Enterprises				
股份合作企业	Cooperative Enterprises				
联营企业	Joint Ownership Enterprises	10	26.66	22.22	8.68
有限责任公司	Limited Liability Corporations	1121	18965.07	7974.87	2205.38
#国有独资	State Sole-proprietorship Corporatios	302	7699.73	2572.35	579.31
股份有限公司	Share-holding Corporations Ltd.	125	4425.48	2297.22	428.45
私营企业	Private Enterprises				
其他企业	Other Enterprises				
港、澳、台商投资企业	Enterprises with Investment from Hong Kong, Macao and Taiwan	43	497.71	273.50	85.64
外商投资企业	Foreign Invested Enterprises	55	1258.84	589.95	157.44
按轻重工业分	**Grouped by Light & Heavy Industry**				
轻工业	Light Industry	240	2904.90	1852.39	173.98
重工业	Heavy Industry	1257	24637.59	10778.07	2930.32
按企业规模分	**Grouped by Size of Enterprises**				
大型企业	Large Enterprises	110	14512.10	6376.82	1389.63
中型企业	Medium-sized Enterprises	323	6401.27	3278.20	871.95
小微型企业	Small and Micro Enterprises	1064	6629.12	2975.43	842.72
按行业分	**Grouped by Sector**				
采矿业	**Mining**	**19**	**570.56**	**194.09**	**9.79**
煤炭开采和洗选业	Mining and Washing of Coal				
石油和天然气开采业	Extraction of Petroleum and Natural Gas				
黑色金属矿采选业	Mining and Processing of Ferrous Metal Ores				
有色金属矿采选业	Mining and Processing of Non-ferrous Metals Ores				
非金属矿采选业	Mining and Processing of Non-metal Ores	11	37.23	14.57	2.24
开采专业及辅助性活动	Professional Support Activities for Mining				
其他采矿业	Mining of Other Ores				
制造业	**Manufacturing**	**1053**	**16441.06**	**10182.28**	**2595.57**
农副食品加工业	Processing of Food from Agricultural Products	35	100.42	69.76	5.58
食品制造业	Manufacte of Foods	21	182.26	76.53	11.02

Main Economic Indicators of State-holding Industrial Enterprises (2021)

(100 million yuan)

存货 Inventories	#产成品 Finished Goods	负债合计 Total Liabilities	营业收入 Business Revenue	营业成本 Business Cost	销售费用 Selling Expenses	管理费用 Management Expenses	财务费用 Financial Expenses	利润总额 Total Profits	年均用工人数(万人) Annual Average Employees (10 000 persons)
2684.06	**852.77**	**15603.94**	**22060.55**	**18495.35**	**421.58**	**493.08**	**143.32**	**1459.65**	**61.09**
2521.77	796.30	14677.24	20620.78	17359.00	386.55	457.54	132.97	1266.86	57.19
381.87	53.64	1039.26	1858.08	1171.28	24.56	49.10	-0.23	157.64	4.18
6.32	1.53	19.11	32.28	30.07	0.35	0.56	-0.10	2.34	0.15
1594.35	615.95	11606.44	15289.54	13498.23	277.65	312.64	119.18	742.19	41.96
447.08	188.33	4650.51	6283.67	5768.23	60.99	112.64	28.30	202.24	14.92
534.43	124.77	1984.11	3413.56	2635.91	83.84	94.22	14.05	361.77	10.80
56.94	18.71	282.18	411.67	351.77	4.12	12.27	3.19	38.42	1.31
105.35	37.76	644.53	1028.10	784.58	30.91	23.28	7.15	154.37	2.58
663.03	128.91	920.02	2447.26	1395.63	113.08	93.51	-7.33	340.09	10.36
2021.03	723.86	14683.92	19613.29	17099.72	308.50	399.57	150.65	1119.56	50.73
1561.61	443.15	7751.72	13095.71	10648.01	251.70	250.82	38.75	944.53	31.49
680.82	251.92	3690.85	4653.19	4063.67	112.19	132.02	28.14	299.44	17.71
441.62	157.69	4161.37	4311.65	3783.67	57.68	110.25	76.42	215.68	11.89
15.46	**5.50**	**285.92**	**255.73**	**200.29**	**3.04**	**24.05**	**3.24**	**13.67**	**3.59**
5.29	1.59	16.86	19.62	13.67	1.70	1.53	0.29	1.80	0.21
2503.56	**843.26**	**8915.99**	**15574.26**	**12459.80**	**371.64**	**386.61**	**54.23**	**1282.90**	**46.37**
25.48	9.97	78.03	194.56	183.97	2.59	2.63	1.09	2.06	0.27
10.61	5.63	94.79	103.81	79.14	6.95	4.47	1.40	9.45	0.81

11-8 续表1

单位:亿元

项　　目 Item		企业单位数（个）Number of Enterprises (unit)	资产总计 Total Assets	流动资产合计 Current Assets	应收账款 Accounts Receivalble
酒、饮料和精制茶制造业	Manufacture of Liquor, Beverages and Refined Tea	16	832.86	571.99	16.30
烟草制品业	Manufacture of Tobacco	4	795.64	668.67	19.26
纺织业	Manufacture of Textile	20	65.48	28.08	3.64
纺织服装、服饰业	Manufacture of Textile, Wearing Apparel and Accessories	33	64.11	45.48	3.81
皮革、毛皮、羽毛及其制品和制鞋业	Manufacture of Leather, Fur, Feather and Related Products and Footwear				
木材加工和木、竹、藤、棕、草制品业	Processing of Timber, Manufacture of Wood, Bamboo, Rattan, Palm and Straw Products				
家具制造业	Manufacture of Furniture				
造纸和纸制品业	Manufacture of Paper and Paper Products	5	35.59	12.86	0.73
印刷和记录媒介复制业	Printing and Reproduction of Recording Media	19	35.27	16.65	3.42
文教、工美、体育和娱乐用品制造业	Manufacture of Articles for Culture, Education, Arts and Crafts, Sport and Entertainment Activities	9	22.17	14.34	2.01
石油、煤炭及其他燃料加工业	Processing of Petroleum, Coal and Other Fuels	12	358.27	179.10	26.54
化学原料和化学制品制造业	Manufacture of Raw Chemical Materials and Chemical Products	75	1694.63	800.14	84.46
医药制造业	Manufacture of Medicines	26	232.08	124.71	47.25
化学纤维制造业	Manufacture of Chemical Fibers	14	255.24	96.58	2.24
橡胶和塑料制品业	Manufacture of Rubber and Plastics Products	12	49.91	27.17	10.19
非金属矿物制品业	Manufacture of Non-metallic Mineral Products	118	665.84	398.97	186.61
黑色金属冶炼和压延加工业	Smelting and Pressing of Ferrous Metals	16	972.35	350.32	25.03
有色金属冶炼和压延加工业	Smelting and Pressing of Non-ferrous Metals	24	176.38	125.72	27.57
金属制品业	Manufacture of Metal Products	46	438.46	299.83	101.08
通用设备制造业	Manufacture of General Purpose Machinery	85	1352.56	921.75	304.24
专用设备制造业	Manufacture of Special Purpose Machinery	82	1170.22	888.92	348.95
汽车制造业	Manufacture of Automobiles	78	1490.18	1037.80	324.90

11－8 续表1 Continued

(100 million yuan)

存货 Inventories	#产成品 Finished Goods	负债合计 Total Liabilities	营业收入 Business Revenue	营业成本 Business Cost	销售费用 Selling Expenses	管理费用 Management Expenses	财务费用 Financial Expenses	利润总额 Total Profits	年均用工人数(万人) Annual Average Employees (10 000 persons)
236.78	40.12	250.24	402.12	151.24	40.22	24.82	-3.62	149.68	2.30
268.37	19.98	62.43	919.66	343.24	9.25	22.27	-9.29	122.38	0.62
11.12	6.59	28.78	105.32	96.94	0.87	2.20	0.28	1.83	0.74
6.46	2.68	19.34	34.89	25.34	0.46	7.30	-0.46	1.93	1.04
4.39	1.70	17.46	32.54	26.81	0.20	2.51	0.59	1.53	0.22
2.73	0.99	12.18	14.71	12.13	0.46	1.91	0.03	-0.29	0.29
4.67	1.05	11.91	17.75	15.42	0.32	0.76	0.08	0.12	0.20
58.76	7.46	162.73	1055.30	802.34	1.70	11.36	-0.49	65.28	0.71
145.20	46.15	611.51	1939.26	1516.74	16.59	51.57	-1.29	338.59	3.55
27.31	11.35	84.96	149.75	68.91	45.26	6.65	0.86	21.75	0.96
25.90	13.40	102.53	304.13	248.33	1.76	12.60	0.62	22.98	1.09
10.90	6.72	26.79	60.82	53.72	1.43	1.99	0.67	0.19	0.63
39.17	16.83	424.93	580.89	470.27	23.34	17.40	5.91	50.34	2.00
82.66	31.77	531.55	1261.01	1132.11	4.10	8.79	2.57	76.40	1.84
50.08	15.58	115.43	1125.54	1097.73	2.14	3.04	2.61	9.83	0.50
92.53	39.52	273.98	405.27	345.12	3.42	12.56	3.53	30.06	1.80
211.45	92.86	690.74	959.87	793.30	27.08	29.28	1.02	94.71	4.36
240.26	119.18	873.18	1035.32	851.15	68.78	17.27	7.38	54.43	3.22
225.62	130.86	1048.61	1619.77	1400.42	37.58	44.22	3.72	97.11	5.05

11-8 续表2

单位:亿元

项目	Item	企业单位数(个) Number of Enterprises (unit)	资产总计 Total Assets	流动资产合计 Current Assets	应收账款 Accounts Receivalble
铁路、船舶、航空航天和其他运输设备制造业	Manufacture of Railway, Ship, Aerospace and Other Transport Equipments	65	1220.26	829.42	164.89
电气机械和器材制造业	Manufacture of Electrical Machinery and Apparatus	79	1398.41	954.30	414.74
计算机、通信和其他电子设备制造业	Manufacture of Computers, Communication and Other Electronic Equipment	106	1766.09	1020.90	281.99
仪器仪表制造业	Manufacture of Measuring Instruments and Machinery	33	1000.04	574.93	172.04
其他制造业	Other Manufacture				
废弃资源综合利用业	Utilization of Waste Resources	11	26.46	16.73	3.36
金属制品、机械和设备修理业	Repair Service of Metal Products, Machinery and Equipment	5	3.70	2.99	1.40
电力、热力、燃气及水的生产和供应业	**Production and Supply of Electricity, Heat, Gas and Water**	**425**	**10530.86**	**2254.08**	**498.94**
电力、热力生产和供应业	Production and Supply of Electricity and Heat	251	8001.18	1158.46	440.34
燃气生产和供应	Production and Supply of Gas	45	324.06	146.94	19.67
水的生产和供应业	Production and Supply of Water	129	2205.62	948.68	38.93
按市分	**By City**				
南 京	Nanjing	293	6065.14	3276.25	792.89
无 锡	Wuxi	135	2340.03	1096.29	222.43
徐 州	Xuzhou	114	2521.92	1675.16	595.06
常 州	Changzhou	100	1144.76	600.77	190.47
苏 州	Suzhou	179	1779.31	921.47	286.09
南 通	Nantong	120	1785.94	905.33	183.18
连云港	Lianyungang	66	1616.06	426.45	75.99
淮 安	Huai'an	78	809.97	434.30	39.92
盐 城	Yancheng	128	1574.94	518.45	209.19
扬 州	Yangzhou	112	1492.78	748.34	182.80
镇 江	Zhenjiang	64	742.66	332.11	46.65
泰 州	Taizhou	53	475.92	228.02	52.86
宿 迁	Suqian	31	852.01	500.20	19.83

11－8 续表2 Continued

(100 million yuan)

存货 Inventories	#产成品 Finished Goods	负债合计 Total Liabilities	营业收入 Business Revenue	营业成本 Business Cost	销售费用 Selling Expenses	管理费用 Management Expenses	财务费用 Financial Expenses	利润总额 Total Profits	年均用工人数(万人) Annual Average Employees (10 000 persons)
208.12	63.31	910.06	741.47	632.77	11.25	33.27	5.74	1.78	4.44
175.96	66.47	870.15	1032.53	881.65	35.26	20.28	7.30	44.17	3.73
250.27	72.66	1068.79	989.25	808.04	19.36	36.27	19.02	36.35	4.84
72.21	12.97	500.51	404.66	348.15	10.55	9.75	3.15	47.37	0.99
5.02	1.31	12.23	19.85	16.08	0.26	0.81	0.19	1.94	0.11
0.87	0.03	3.36	6.00	5.57	0.02	0.21	-0.01	0.15	0.03
165.04	**4.01**	**6402.03**	**6230.56**	**5835.26**	**46.89**	**82.43**	**85.84**	**163.09**	**11.14**
131.54	1.11	4755.35	5542.12	5268.09	3.84	51.46	78.40	106.46	7.52
7.23	1.62	162.03	434.31	386.38	12.85	9.21	-0.05	29.06	0.68
26.27	1.28	1484.66	254.13	180.79	30.21	21.77	7.50	27.57	2.93
645.26	145.33	3058.91	5802.21	4642.37	87.40	138.51	16.89	434.30	11.84
240.54	127.73	1255.12	2189.06	1869.57	60.37	45.58	9.99	187.31	6.38
356.69	155.27	1597.14	2047.06	1577.27	96.38	40.87	11.46	108.21	7.43
153.31	80.56	668.67	839.86	726.01	23.43	23.69	9.95	34.83	4.08
196.28	61.09	1036.68	1582.74	1403.64	33.14	40.04	11.41	53.11	4.69
237.04	102.95	1133.80	1284.33	1064.73	18.54	33.09	17.28	113.05	4.43
102.22	17.92	1142.68	455.22	343.90	6.26	16.91	20.53	59.44	1.77
120.75	21.74	363.69	554.66	330.33	15.86	18.34	3.21	58.73	1.68
65.46	27.45	1054.31	589.43	459.65	13.50	12.05	25.72	64.12	1.82
124.13	37.10	828.48	1435.94	1276.90	16.85	36.76	6.61	108.00	5.43
36.13	9.81	501.27	466.32	441.28	9.16	10.76	1.89	-4.71	1.80
34.22	11.99	310.40	324.07	284.18	4.12	7.96	5.45	12.92	1.12
209.63	35.01	305.47	407.31	197.01	32.07	22.69	0.06	128.32	2.14

11-9 国有控股工业企业主要经济效益指标(2021年)
Main Economic Benefit Indicators of State-holding Industrial Enterprises (2021)

单位:% (%)

项目	Item	企业亏损面 Percentage of Business Suffering Loss	资产负债率 Assets Liability Ratio	流动资产周转次数(次/年) Times of Turnover of Current Assets (times/year)	成本费用利润率 Ratio of Profits to Cost Expense	总资产贡献率 Ratio of Total Assets to Industrial Output Value
总计	**Total**	**18.64**	**56.65**	**1.75**	**7.31**	**10.56**
按登记注册类型分	**Grouped by Status of Registration**					
内资企业	Domestic Invested Enterprises	19.01	56.92	1.75	6.76	10.31
国有企业	State-owned Enterprises	21.74	44.74	1.28	12.37	28.89
集体企业	Collective-owned Enterprises					
股份合作企业	Cooperative Enterprises					
联营企业	Joint Ownership Enterprises	30.00	71.68	1.45	7.34	9.42
有限责任公司	Limited Liability Corporations	18.55	61.20	1.92	5.12	6.75
#国有独资	State Sole-proprietorship Corporatios	20.20	60.40	2.44	3.34	4.74
股份有限公司	Share-holding Corporations Ltd.	19.20	44.83	1.49	12.49	15.85
私营企业	Private Enterprises					
其他企业	Other Enterprises					
港、澳、台商投资企业	Enterprises with Investment from Hong Kong, Macao and Taiwan	16.28	56.69	1.51	10.13	9.77
外商投资企业	Foreign Invested Enterprises	10.91	51.20	1.74	17.98	15.86
按轻重工业分	**Grouped by Light & Heavy Industry**					
轻工业	Light Industry	21.25	31.67	1.32	20.81	32.93
重工业	Heavy Industry	18.14	59.60	1.82	6.11	7.92
按企业规模分	**Grouped by Size of Enterprises**					
大型企业	Large Enterprises	14.55	53.42	2.05	8.28	14.47
中型企业	Medium-sized Enterprises	19.81	57.66	1.42	6.72	7.04
小微型企业	Small and Micro Enterprises	18.70	62.77	1.45	5.26	5.39
按行业分	**Grouped by Sector**					
采矿业	**Mining**	**10.53**	**50.11**	**1.32**	**5.82**	**6.76**

11－9 续表1 Continued

单位:% (%)

项目 Item		企业亏损面 Percentage of Business Suffering Loss	资产负债率 Assets Liability Ratio	流动资产周转次数(次/年) Times of Turnover of Current Assets (times/year)	成本费用利润率 Ratio of Profits to Cost Expense	总资产贡献率 Ratio of Total Assets to Industrial Output Value
煤炭开采和洗选业	Mining and Washing of Coal					
石油和天然气开采业	Extraction of Petroleum and Natural Gas					
黑色金属矿采选业	Mining and Processing of Ferrous Metal Ores					
有色金属矿采选业	Mining and Processing of Non-ferrous Metals Ores					
非金属矿采选业	Mining and Processing of Non-metal Ores	9.09	45.30	1.35	10.28	9.85
开采专业及辅助性活动	Professional Support Activities for Mining					
其他采矿业	Mining of Other Ores					
制造业	**Manufacturing**	**18.61**	**54.23**	**1.53**	**9.40**	**15.14**
农副食品加工业	Processing of Food from Agricultural Products	14.29	77.70	2.79	1.08	3.68
食品制造业	Manufacturing of Foods	42.86	52.01	1.36	10.01	8.13
酒、饮料和精制茶制造业	Manufacture of Liquor, Beverages and Refined Tea	18.75	30.05	0.70	68.52	28.17
烟草制品业	Manufacture of Tobacco	0.00	7.85	1.38	33.23	77.29
纺织业	Manufacture of Textile	10.00	43.96	3.75	1.77	4.78
纺织服装、服饰业	Manufacture of Textile, Wearing Apparel and Accessories	27.27	30.17	0.77	5.79	5.48
皮革、毛皮、羽毛及其制品和制鞋业	Manufacture of Leather, Fur, Feather and Related Products and Footwear					
木材加工和木、竹、藤、棕、草制品业	Processing of Timber, Manufacture of Wood, Bamboo, Rattan, Palm and Straw Products					
家具制造业	Manufacture of Furniture					
造纸和纸制品业	Manufacture of Paper and Paper Products	40.00	49.05	2.53	4.89	11.37
印刷和记录媒介复制业	Printing and Reproduction of Recording Media	42.11	34.53	0.88	-1.93	0.75

11－9 续表2 Continued

单位:% (%)

项 目 Item		企业亏损面 Percentage of Business Suffering Loss	资产负债率 Assets Liability Ratio	流动资产周转次数（次/年） Times of Turnover of Current Assets (times/year)	成本费用利润率 Ratio of Profits to Cost Expenses	总资产贡献率 Ratio of Total Assets to Industrial Output Value
文教、工美、体育和娱乐用品制造业	Manufacture of Articles for Culture, Education, Arts and Crafts, Sport and Entertainment Activities	11.11	53.73	1.24	0.69	2.85
石油、煤炭及其他燃料加工业	Processing of Petroleum, Coal and Other Fuels	25.00	45.42	5.89	7.98	77.88
化学原料和化学制品制造业	Manufacture of Raw Chemical Materials and Chemical Products	17.33	36.09	2.42	21.11	28.67
医药制造业	Manufacture of Medicines	15.38	36.61	1.20	16.86	14.08
化学纤维制造业	Manufacture of Chemical Fibers	21.43	40.17	3.15	8.44	12.99
橡胶和塑料制品业	Manufacture of Rubber and Plastics Products	25.00	53.67	2.24	0.31	4.57
非金属矿物制品业	Manufacture of Non-metallic Mineral Products	27.97	63.82	1.46	9.53	11.59
黑色金属冶炼和压延加工业	Smelting and Pressing of Ferrous Metals	18.75	54.67	3.60	6.46	10.04
有色金属冶炼和压延加工业	Smelting and Pressing of Non-ferrous Metals	12.50	65.44	8.95	0.88	7.85
金属制品业	Manufacture of Metal Products	10.87	62.49	1.35	8.01	9.27
通用设备制造业	Manufacture of General Purpose Machinery	17.65	51.07	1.04	10.67	8.38
专用设备制造业	Manufacture of Special Purpose Machinery	12.20	74.62	1.16	5.56	6.32
汽车制造业	Manufacture of Automobiles	15.38	70.37	1.56	6.39	9.84
铁路、船舶、航空航天和其他运输设备制造业	Manufacture of Railway, Ship, Aerospace and Other Transport Equipments	13.85	74.58	0.89	0.25	1.60
电气机械和器材制造业	Manufacture of Electrical Machinery and Apparatus	20.25	62.22	1.08	4.50	5.07
计算机、通信和其他电子设备制造业	Manufacture of Computers, Communication and Other Electronic Equipment	16.98	60.52	0.97	3.89	3.59
仪器仪表制造业	Manufacture of Measuring Instruments and Machinery	12.12	50.05	0.70	12.14	5.54
其他制造业	Other Manufacture					
废弃资源综合利用业	Utilization of Waste Resources	27.27	46.21	1.19	10.77	9.65

11-9 续表3 Continued

单位:% (%)

项目 Item		企业亏损面 Percentage of Business Suffering Loss	资产负债率 Assets Liability Ratio	流动资产周转次数(次/年) Times of Turnover of Current Assets (times/year)	成本费用利润率 Ratio of Profits to Cost Expense	总资产贡献率 Ratio of Total Assets to Industrial Output Value
金属制品、机械和设备修理业	Repair Service of Metal Products, Machinery and Equipment	0.00	90.77	2.01	2.56	6.36
电力、热力、燃气及水的生产和供应业	**Production and Supply of Electricity, Heat, Gas and Water**	**19.06**	**60.79**	**2.76**	**2.68**	**3.60**
电力、热力生产和供应业	Production and Supply of Electricity and Heat	18.73	59.43	4.78	1.96	3.76
燃气生产和供应	Production and Supply of Gas	8.89	50.00	2.96	7.11	10.33
水的生产和供应业	Production and Supply of Water	23.26	67.31	0.27	11.36	2.00
按市分	**By City**					
南京	Nanjing	18.43	50.43	1.77	8.73	17.33
无锡	Wuxi	15.56	53.64	2.00	9.19	10.53
徐州	Xuzhou	20.18	63.33	1.22	6.10	13.40
常州	Changzhou	20.00	58.41	1.40	4.32	5.28
苏州	Suzhou	15.64	58.26	1.72	3.49	4.80
南通	Nantong	17.50	63.49	1.42	9.68	8.56
连云港	Lianyungang	22.73	70.71	1.07	15.00	6.11
淮安	Huai'an	25.64	44.90	1.28	15.66	26.51
盐城	Yancheng	20.31	66.94	1.14	12.24	6.27
扬州	Yangzhou	14.29	55.50	1.92	7.82	10.03
镇江	Zhenjiang	32.81	67.50	1.40	-1.00	2.00
泰州	Taizhou	18.87	65.22	1.42	4.20	5.78
宿迁	Suqian	12.90	35.85	0.81	50.11	23.47

11－10 私营工业企业主要经济指标（2021 年）

单位:亿元

项 目	Item	企业单位数（个） Number of Enterprises (unit)	资产总计 Total Assets	流动资产合计 Current Assets	应收账款 Accounts Receivalble
总 计	**Total**	**43364**	**59801.07**	**38993.05**	**13416.12**
按登记注册类型分	**Grouped by Status of Registration**				
私营独资企业	Private Sole-proprietorship Enterprises	1472	890.85	571.53	231.68
私营合伙企业	Private Partnership Enterprises	118	48.54	33.49	15.99
私营有限责任公司	Private Limited Liability Corporations	40450	51087.39	33607.28	11822.83
私营股份有限公司	Private Share-holding Co., Ltd.	1324	7774.29	4780.76	1345.62
按轻重工业分	**Grouped by Light & Heavy Industry**				
轻工业	Light Industry	15530	15362.23	9682.71	2895.81
重工业	Heavy Industry	27834	44438.84	29310.34	10520.31
按企业规模分	**Grouped by Size of Enterprise**				
大型企业	Large Enterprises	285	13308.04	7951.46	1933.94
中型企业	Medium-sized Enterprises	2183	14121.96	9049.96	2921.97
小微型企业	Small and Micro Enterprises	40896	32371.07	21991.63	8560.21
按行业分	**Grouped by Sector**				
采矿业	**Mining**	**19**	**14.44**	**5.16**	**－64.13**
煤炭开采和洗选业	Mining and Washing of Coal				
石油和天然气开采业	Extraction of Petroleum and Natural Gas				
黑色金属矿采选业	Mining and Processing of Ferrous Metal Ores				
有色金属矿采选业	Mining and Processing of Non-ferrous Metals Ores				
非金属矿采选业	Mining and Processing of Non-metal Ores	12	13.88	6.45	2.82
开采专业及辅助性活动	Professional Support Activities for Mining				
其他采矿业	Mining of Other Ores				
制造业	**Manufacturing**	**43079**	**58653.00**	**38619.55**	**13372.25**
农副食品加工业	Processing of Food from Agricultural Products	1098	989.68	642.60	133.21
食品制造业	Manufacturing of Foods	369	441.82	240.63	65.48
酒、饮料和精制茶制造业	Manufacture of Liquor, Beverages and Refined Tea	64	114.25	65.12	10.24
烟草制品业	Manufacture of Tobacco				
纺织业	Manufacture of Textile	3910	2533.90	1622.89	509.29
纺织服装、服饰业	Manufacture of Textile, Wearing Apparel and Accessories	1174	810.65	534.55	171.73
皮革、毛皮、羽毛及其制品和制鞋业	Manufacture of Leather, Fur, Feather and Related Products and Footwear	280	128.32	86.51	32.13
木材加工和木、竹、藤、棕、草制品业	Processing of Timber, Manufacture of Wood, Bamboo, Rattan, Palm and Straw Products	1052	498.06	310.30	106.07
家具制造业	Manufacture of Furniture	312	313.45	183.78	49.62

Main Economic Indicators of Private Industrial Enterprises (2021)

(100 million yuan)

存货 Inventories	#产成品 Finished Goods	负债合计 Total Liabilities	营业收入 Business Revenue	营业成本 Business Cost	销售费用 Selling Expenses	管理费用 Management Expenses	财务费用 Financial Expenses	利润总额 Total Profits	年均用工人数(万人) Annual Average Employees (10 000 persons)
8562.46	**3753.42**	**34562.04**	**67403.00**	**57848.68**	**1480.49**	**2239.23**	**504.20**	**3496.70**	**472.51**
105.21	52.15	563.70	1389.43	1225.33	18.04	33.26	6.41	75.13	9.86
6.25	2.43	28.64	66.34	56.75	1.15	3.15	0.39	3.01	0.78
7370.21	3245.23	30682.71	61123.31	52797.53	1269.17	1995.51	450.70	2959.50	424.21
1080.79	453.61	3287.00	4823.92	3769.07	192.14	207.31	46.70	459.05	37.65
2466.57	1155.40	9003.86	17666.27	15057.68	520.25	649.79	138.28	894.72	174.79
6095.89	2598.02	25558.18	49736.73	42791.00	960.24	1589.44	365.93	2601.98	297.72
1670.51	704.21	7596.08	14435.38	12490.96	223.95	241.26	79.65	985.81	61.76
2088.44	876.75	7859.27	14080.42	11869.23	364.35	437.91	105.78	891.54	105.33
4803.51	2172.45	19106.69	38887.21	33488.49	892.20	1560.06	318.77	1619.35	305.42
1.29	**1.11**	**5.12**	**74.35**	**65.51**	**1.43**	**1.29**	**-0.06**	**3.47**	**0.10**
0.94	0.92	6.80	21.23	15.86	0.21	0.94	0.01	3.00	0.06
8546.40	**3751.28**	**33805.64**	**66910.91**	**57442.93**	**1474.10**	**2222.82**	**483.03**	**3457.37**	**470.88**
197.68	91.10	626.06	1774.42	1620.63	27.71	30.49	10.96	60.05	8.49
69.32	27.25	249.96	467.77	376.97	27.63	21.64	2.93	24.33	4.97
28.31	8.29	54.71	101.31	80.46	5.40	4.13	0.64	9.42	0.83
519.99	272.50	1668.25	3202.83	2860.27	49.52	106.85	31.12	99.43	37.28
148.08	84.68	515.69	1014.07	892.07	22.88	49.50	9.20	34.70	20.73
26.99	11.51	80.91	175.91	154.68	3.70	6.65	1.29	5.62	2.92
94.81	49.34	299.03	804.34	703.88	17.10	19.07	4.82	39.14	7.24
50.69	22.03	183.07	317.72	265.59	12.84	16.29	2.84	12.27	5.10

11－10　续表1

单位:亿元

项　　目 Item		企业单位数(个) Number of Enterprises (unit)	资产总计 Total Assets	流动资产合计 Current Assets	应收账款 Accounts Receivalble
造纸和纸制品业	Manufacture of Paper and Paper Products	459	368.01	217.02	80.63
印刷和记录媒介复制业	Printing and Reproduction of Recording Media	757	545.32	345.65	136.74
文教、工美、体育和娱乐用品制造业	Manufacture of Articles for Culture, Education, Arts and Crafts, Sport and Entertainment Activities	1331	743.60	458.20	153.14
石油、煤炭及其他燃料加工业	Processing of Petroleum, Coal and Other Fuels	87	314.24	192.46	26.30
化学原料和化学制品制造业	Manufacture of Raw Chemical Materials and Chemical Products	1366	3351.74	1797.87	520.21
医药制造业	Manufacture of Medicines	545	1277.62	805.35	208.06
化学纤维制造业	Manufacture of Chemical Fibers	677	1228.15	676.86	99.20
橡胶和塑料制品业	Manufacture of Rubber and Plastics Products	2497	2080.56	1356.08	556.56
非金属矿物制品业	Manufacture of Non-metallic Mineral Products	3177	3684.33	2636.05	1371.65
黑色金属冶炼和压延加工业	Smelting and Pressing of Ferrous Metals	789	4952.28	2720.72	272.01
有色金属冶炼和压延加工业	Smelting and Pressing of Non-ferrous Metals	1072	1293.17	874.20	336.77
金属制品业	Manufacture of Metal Products	4035	4166.96	2884.36	1118.07
通用设备制造业	Manufacture of General Purpose Machinery	4790	4726.64	3343.39	1236.62
专用设备制造业	Manufacture of Special Purpose Machinery	3758	4585.02	3325.21	1144.60
汽车制造业	Manufacture of Automobiles	1617	2672.39	1770.01	802.77
铁路、船舶、航空航天和其他运输设备制造业	Manufacture of Railway, Ship, Aerospace and Other Transport Equipments	754	1324.54	890.92	226.74
电气机械和器材制造业	Manufacture of Electrical Machinery and Apparatus	3870	8685.50	6159.70	2409.28
计算机、通信和其他电子设备制造业	Manufacture of Computers, Communication and Other Electronic Equipment	2065	5088.73	3264.85	1213.17
仪器仪表制造业	Manufacture of Measuring Instruments and Machinery	878	1423.87	1011.73	329.62
其他制造业	Other Manufacture	100	64.50	40.09	16.61
废弃资源综合利用业	Utilization of Waste Resources	178	234.63	154.72	32.72

11－10 续 表 1 Continued

(100 million yuan)

存货 Inventories	#产成品 Finished Goods	负债合计 Total Liabilities	营业收入 Business Revenue	营业成本 Business Cost	销售费用 Selling Expenses	管理费用 Management Expenses	财务费用 Financial Expenses	利润总额 Total Profits	年均用工人数(万人) Annual Average Employees (10 000 persons)
57.20	23.65	232.27	529.37	467.96	13.21	18.30	4.65	18.52	4.00
64.80	26.50	320.55	618.20	520.50	15.59	31.43	6.26	34.53	7.07
139.54	61.45	436.67	1102.42	932.12	28.15	42.45	7.95	61.42	14.26
51.19	23.03	182.60	531.93	450.06	5.97	7.05	2.64	32.77	0.95
401.35	200.94	1638.25	3735.33	3091.76	82.44	131.19	30.54	306.79	15.46
207.99	81.43	572.71	849.08	509.95	96.60	58.00	5.30	133.12	7.79
182.71	89.87	743.38	1482.80	1343.93	11.90	26.82	17.81	58.56	8.28
262.88	135.27	1157.65	2329.11	1958.17	60.58	100.27	21.50	118.11	21.26
373.31	163.69	2376.96	3837.00	3275.67	116.43	134.08	29.33	200.59	24.31
668.94	286.89	2924.67	7596.40	6880.38	40.13	79.64	40.77	382.16	13.78
196.27	85.60	823.78	3262.12	3081.71	19.91	40.46	16.94	65.52	7.28
595.06	275.84	2401.94	6201.55	5516.77	91.83	167.88	40.84	257.13	36.76
857.39	338.85	2616.54	4595.27	3761.55	138.85	231.38	35.12	262.86	46.21
754.51	289.28	2491.76	3658.17	2783.92	154.22	216.41	33.51	318.32	37.74
337.59	145.94	1755.45	2142.80	1796.09	50.60	107.98	21.43	89.19	21.57
177.40	56.76	842.44	1239.43	1075.62	30.20	52.83	2.88	53.86	11.74
1114.40	503.13	5021.93	9392.49	8127.99	225.05	267.01	57.41	402.59	53.71
646.62	270.51	2684.95	4357.62	3652.48	66.44	174.19	32.65	266.83	37.43
268.44	100.89	724.16	1069.26	796.11	51.54	67.93	7.31	89.08	11.06
10.13	4.45	37.66	90.61	77.95	2.97	3.87	0.87	2.07	1.17
41.53	20.28	135.10	418.24	376.44	4.31	7.94	3.23	18.33	1.22

单位:亿元

项目 Item		企业单位数（个）Number of Enterprises (unit)	资产总计 Total Assets	流动资产合计 Current Assets	应收账款 Accounts Receivalble
金属制品、机械和设备修理业	Repair Service of Metal Products, Machinery and Equipment	18	11.08	7.74	2.99
电力、热力、燃气及水的生产和供应业	**Production and Supply of Electricity, Heat, Gas and Water**	**266**	**1133.62**	**368.34**	**107.99**
电力、热力生产和供应业	Production and Supply of Electricity and Heat	169	942.43	272.54	95.67
燃气生产和供应	Production and Supply of Gas	45	63.31	33.76	5.94
水的生产和供应业	Production and Supply of Water	52	127.89	62.04	6.38
按市分	**By City**				
南京	Nanjing	2753	4349.17	3164.53	999.98
无锡	Wuxi	6205	8531.51	6073.80	2251.97
徐州	Xuzhou	2172	2496.20	1434.38	354.84
常州	Changzhou	4727	7961.07	5245.63	1768.55
苏州	Suzhou	7786	14019.39	9155.14	3043.29
南通	Nantong	5026	5413.71	3336.16	1223.42
连云港	Lianyungang	852	1412.87	709.80	177.40
淮安	Huai'an	1391	1192.49	706.62	263.44
盐城	Yancheng	2879	3684.28	2176.85	784.78
扬州	Yangzhou	2959	3156.72	2030.41	778.45
镇江	Zhenjiang	1827	2803.92	1915.06	650.79
泰州	Taizhou	2773	2903.78	1916.72	735.97
宿迁	Suqian	2027	1901.27	1145.31	389.37

11－10 续表2 Continued

(100 million yuan)

存货 Inventories	#产成品 Finished Goods	负债合计 Total Liabilities	营业收入 Business Revenue	营业成本 Business Cost	销售费用 Selling Expenses	管理费用 Management Expenses	财务费用 Financial Expenses	利润总额 Total Profits	年均用工人数(万人) Annual Average Employees (10 000 persons)
1.29	0.34	6.55	13.34	11.25	0.40	1.11	0.31	0.05	0.27
14.77	**1.03**	**751.28**	**417.75**	**340.24**	**4.97**	**15.12**	**21.23**	**35.86**	**1.53**
9.73	0.27	631.58	244.43	190.07	0.85	9.95	19.37	24.35	0.96
2.34	0.57	40.24	139.20	126.30	2.54	2.60	0.65	6.05	0.18
2.70	0.19	79.46	34.11	23.87	1.58	2.57	1.22	5.46	0.39
513.42	196.32	2639.41	3783.77	3185.67	128.74	159.75	23.05	195.89	24.72
1332.64	603.21	4860.40	10941.20	9486.03	235.73	389.47	77.88	521.81	67.62
333.06	157.04	1512.92	2863.96	2489.53	54.23	71.07	21.45	149.90	22.09
1167.03	473.07	4520.38	9523.93	8236.49	179.84	287.23	58.98	517.81	57.20
2036.82	874.38	7813.88	13844.28	11687.40	318.80	508.88	116.26	818.27	101.72
817.52	359.02	3034.71	6207.52	5263.19	137.93	203.88	50.24	367.39	48.23
197.27	75.96	823.37	1774.41	1529.82	24.21	39.02	13.54	110.75	8.14
198.03	85.18	720.69	1599.85	1398.79	39.38	53.57	12.20	59.42	13.25
485.67	218.76	2396.49	4556.96	4040.02	64.58	129.54	36.14	153.35	27.97
390.90	165.96	1737.06	3585.67	3013.13	89.80	124.72	28.73	206.38	30.46
353.44	160.37	1677.80	2678.08	2284.34	72.85	97.15	23.99	134.14	21.64
447.38	241.97	1702.19	3478.05	2955.46	84.54	115.56	24.92	158.17	26.82
294.13	145.74	1140.79	2577.56	2289.20	50.14	60.10	17.27	103.49	22.77

11－11　私营工业企业主要经济效益指标（2021 年）
Main Economic Benefit Indicators of Private Industrial Enterprises（2021）

单位：%　　　　（%）

项　目	Item	企业亏损面 Percentage of Business Suffering Loss	资产负债率 Assets Liability Ratio	流动资产周转次数（次/年）Times of Turnover of Current Assets（times/year）	成本费用利润率 Ratio of Profits to Cost Expense	总资产贡献率 Ratio of Total Assets to Industrial Output Value
总　计	**Total**	**14.38**	**57.80**	**1.73**	**5.47**	**8.79**
按登记注册类型分	**Grouped by Status of Registration**					
私营独资企业	Private Sole-proprietorship Enterprises	7.47	63.28	2.43	5.73	12.25
私营合伙企业	Private Partnership Enterprises	6.78	59.01	1.98	4.78	10.19
私营有限责任公司	Private Limited Liability Corporations	14.64	60.06	1.82	5.09	8.89
私营股份有限公司	Private Share-holding Co.，Ltd.	14.95	42.28	1.01	10.37	7.69
按轻重工业分	**Grouped by Light & Heavy Industry**					
轻工业	Light Industry	15.86	58.61	1.82	5.32	8.80
重工业	Heavy Industry	13.56	57.51	1.70	5.52	8.78
按企业规模分	**Grouped by Size of Enterprises**					
大型企业	Large Enterprises	9.47	57.08	1.82	7.34	9.78
中型企业	Medium-sized Enterprises	14.15	55.65	1.56	6.74	8.96
小微型企业	Small and Micro Enterprises	14.43	59.02	1.77	4.34	8.30
按行业分	**Grouped by Sector**					
采矿业	**Mining**	**5.26**	**35.49**	**14.41**	**4.98**	**38.71**
煤炭开采和洗选业	Mining and Washing of Coal					
石油和天然气开采业	Extraction of Petroleum and Natural Gas					
黑色金属矿采选业	Mining and Processing of Ferrous Metal Ores					
有色金属矿采选业	Mining and Processing of Non-ferrous Metals Ores					
非金属矿采选业	Mining and Processing of Non-metal Ores	8.33	48.97	3.29	17.38	33.04
开采专业及辅助性活动	Professional Support Activities for Mining					

11－11　续表1　Continued

单位:%　(%)

项目	Item	企业亏损面 Percentage of Business Suffering Loss	资产负债率 Assets Liability Ratio	流动资产周转次数(次/年) Times of Turnover of Current Assets (times/year)	成本费用利润率 Ratio of Profits to Cost Expense	总资产贡献率 Ratio of Total Assets to Industrial Output Value
其他采矿业	Mining of Other Ores					
制造业	**Manufacturing**	**14.33**	**57.64**	**1.73**	**5.45**	**8.85**
农副食品加工业	Processing of Food from Agricultural Products	18.58	63.26	2.76	3.50	8.39
食品制造业	Manufacturing of Foods	25.75	56.58	1.94	5.52	8.70
酒、饮料和精制茶制造业	Manufacture of Liquor, Beverages and Refined Tea	17.19	47.88	1.56	10.25	11.08
烟草制品业	Manufacture of Tobacco					
纺织业	Manufacture of Textile	14.37	65.84	1.97	3.21	7.32
纺织服装、服饰业	Manufacture of Textile, Wearing Apparel and Accessories	19.51	63.61	1.90	3.53	8.20
皮革、毛皮、羽毛及其制品和制鞋业	Manufacture of Leather, Fur, Feather and Related Products and Footwear	13.93	63.05	2.03	3.31	8.67
木材加工和木、竹、藤、棕、草制品业	Processing of Timber, Manufacture of Wood, Bamboo, Rattan, Palm and Straw Products	10.65	60.04	2.59	5.13	13.89
家具制造业	Manufacture of Furniture	25.96	58.40	1.73	4.01	6.72
造纸和纸制品业	Manufacture of Paper and Paper Products	13.29	63.12	2.44	3.60	10.19
印刷和记录媒介复制业	Printing and Reproduction of Recording Media	16.12	58.78	1.79	5.88	9.87
文教、工美、体育和娱乐用品制造业	Manufacture of Articles for Culture, Education, Arts and Crafts, Sport and Entertainment Activities	12.25	58.72	2.41	5.92	13.13
石油、煤炭及其他燃料加工业	Processing of Petroleum, Coal and Other Fuels	12.64	58.11	2.76	6.89	21.96
化学原料和化学制品制造业	Manufacture of Raw Chemical Materials and Chemical Products	13.54	48.88	2.08	8.92	11.99
医药制造业	Manufacture of Medicines	17.98	44.83	1.05	18.41	13.46

11－11 续表2 Continued

单位:% (%)

项目 Item		企业亏损面 Percentage of Business Suffering Loss	资产负债率 Assets Liability Ratio	流动资产周转次数(次/年) Times of Turnover of Current Assets (times/year)	成本费用利润率 Ratio of Profits to Cost Expense	总资产贡献率 Ratio of Total Assets to Industrial Output Value
化学纤维制造业	Manufacture of Chemical Fibers	20.53	60.53	2.19	4.10	7.38
橡胶和塑料制品业	Manufacture of Rubber and Plastics Products	13.14	55.64	1.72	5.34	8.73
非金属矿物制品业	Manufacture of Non-metallic Mineral Products	15.64	64.52	1.46	5.52	9.42
黑色金属冶炼和压延加工业	Smelting and Pressing of Ferrous Metals	14.07	59.06	2.79	5.32	10.60
有色金属冶炼和压延加工业	Smelting and Pressing of Non-ferrous Metals	15.30	63.70	3.73	2.04	8.67
金属制品业	Manufacture of Metal Products	11.47	57.64	2.15	4.33	9.46
通用设备制造业	Manufacture of General Purpose Machinery	11.38	55.36	1.37	6.06	8.54
专用设备制造业	Manufacture of Special Purpose Machinery	11.47	54.35	1.10	9.50	9.85
汽车制造业	Manufacture of Automobiles	18.12	65.69	1.21	4.32	5.66
铁路、船舶、航空航天和其他运输设备制造业	Manufacture of Railway, Ship, Aerospace and Other Transport Equipments	18.44	63.60	1.39	4.49	6.18
电气机械和器材制造业	Manufacture of Electrical Machinery and Apparatus	14.88	57.82	1.52	4.48	6.88
计算机、通信和其他电子设备制造业	Manufacture of Computers, Communication and Other Electronic Equipment	18.35	52.76	1.33	6.50	7.01
仪器仪表制造业	Manufacture of Measuring Instruments and Machinery	11.39	50.86	1.06	9.04	9.07
其他制造业	Other Manufacture	12.00	58.39	2.26	2.36	6.90
废弃资源综合利用业	Utilization of Waste Resources	12.92	57.58	2.70	4.58	19.83
金属制品、机械和设备修理业	Repair Service of Metal Products, Machinery and Equipment	11.11	59.11	1.72	0.40	5.37

11－11 续表3 Continued

单位:% (%)

项 目 Item		企业亏损面 Percentage of Business Suffering Loss	资产负债率 Assets Liability Ratio	流动资产周转次数(次/年) Times of Turnover of Current Assets (times/year)	成本费用利润率 Ratio of Profits to Cost Expense	总资产贡献率 Ratio of Total Assets to Industrial Output Value
电力、热力、燃气及水的生产和供应业	**Production and Supply of Electricity, Heat, Gas and Water**	**22.56**	**66.27**	**1.13**	**9.30**	**4.87**
电力、热力生产和供应业	Production and Supply of Electricity and Heat	22.49	67.02	0.90	10.93	4.36
燃气生产和供应	Production and Supply of Gas	28.89	63.56	4.12	4.55	11.31
水的生产和供应业	Production and Supply of Water	17.31	62.14	0.55	18.36	5.38
按市分	**By City**					
南 京	Nanjing	18.05	60.69	1.20	5.42	6.61
无 锡	Wuxi	13.70	56.97	1.80	5.00	9.12
徐 州	Xuzhou	12.62	60.61	2.00	5.52	9.35
常 州	Changzhou	12.40	56.78	1.82	5.77	9.46
苏 州	Suzhou	15.34	55.74	1.51	6.26	8.23
南 通	Nantong	13.71	56.06	1.86	6.30	10.15
连云港	Lianyungang	18.19	58.28	2.50	6.75	12.75
淮 安	Huai'an	17.76	60.44	2.26	3.85	8.86
盐 城	Yancheng	17.33	65.05	2.09	3.49	6.94
扬 州	Yangzhou	10.61	55.03	1.77	6.10	10.12
镇 江	Zhenjiang	19.38	59.84	1.40	5.25	7.44
泰 州	Taizhou	9.70	58.62	1.81	4.78	8.69
宿 迁	Suqin	15.44	60.00	2.25	4.18	9.33

11－12　外商投资和港澳台商投资工业企业主要经济指标（2021 年）

单位：亿元

项　目	Item	企业单位数（个）Number of Enterprises (unit)	资产总计 Total Assets	流动资产合计 Current Assets	应收账款 Accounts Receivalble
总　计	**Total**	**8715**	**46791.28**	**29475.15**	**10517.73**
按登记注册类型分	**Grouped by Status of Registration**				
与港澳台商合资经营	Joint-venture Enterprises with Hong Kong, Macao and Taiwan	957	6027.53	3611.05	1053.81
与港澳台商合作经营	Cooperative Enterprises with Hong Kong, Macao and Taiwan	22	149.49	77.69	18.62
港澳台商独资	Sole-proprietorship Enterprises with Hong Kong, Macao and Taiwan	1820	9930.59	6517.72	2578.09
港澳台商投资股份有限公司	Share-holding Corporations Ltd. with Hong Kong, Macao and Taiwan	85	1417.83	784.56	240.09
其他港澳台投资	Other Enterprizes with Investment from Hong Kong, Macao and Taiwan	31	184.04	107.51	38.36
中外合资经营	Joint-venture Enterprises	1369	7585.92	4500.60	1317.80
中外合作经营	Cooperative Enterprises	30	227.41	152.33	54.61
外资企业	Sole-proprietorship Enterprise	4295	19813.24	12923.36	5031.74
外商投资股份有限公司	Share-holding Corporations Ltd.	86	1352.59	730.07	167.93
其他外商投资	Other Foreign Invested Enterprises	20	102.65	70.26	16.68
按轻重工业分	**Grouped by Light & Heavy Industry**				
轻工业	Light Industry	2812	10718.77	6666.69	1939.45
重工业	Heavy Industry	5903	36072.51	22808.46	8578.28
按企业规模分	**Grouped by Size of Enterprises**				
大型企业	Large Enterprises	501	20775.09	13213.44	5005.55
中型企业	Medium-sized Enterprises	1485	12812.51	7966.86	2687.36
小微型企业	Small and Micro Enterprises	6729	13203.68	8294.85	2824.82
按行业分	**Grouped by Sector**				
采矿业	**Mining**	**5**	**23.76**	**9.11**	**3.59**
煤炭开采和洗选业	Mining and Washing of Coal				
石油和天然气开采业	Extraction of Petroleum and Natural Gas				
黑色金属矿采选业	Mining and Processing of Ferrous Metal Ores				
有色金属矿采选业	Mining and Processing of Non-ferrous Metals Ores				
非金属矿采选业	Mining and Processing of Non-metal Ores				
开采专业及辅助性活动	Professional Support Activities for Mining				
其他采矿业	Mining of Other Ores				
制造业	**Manufacturing**	**8506**	**44639.56**	**28799.09**	**10343.89**
农副食品加工业	Processing of Food from Agricultural Products	128	629.09	406.52	96.97
食品制造业	Manufacture of Foods	111	408.92	225.97	57.66
酒、饮料和精制茶制造业	Manufacture of Liquor, Beverages and Refined Tea	46	193.79	101.52	27.34

Main Economic Indicators of Industrial Enterprises with Hong Kong, Macao, Taiwan and Foreign Funds (2021)

(100 million yuan)

存货 Inventories	#产成品 Finished Goods	负债合计 Total Liabilities	营业收入 Business Revenue	营业成本 Business Cost	销售费用 Selling Expenses	管理费用 Management Expenses	财务费用 Financial Expenses	利润总额 Total Profits	年均用工人数(万人) Annual Average Employees (10 000 persons)
6573.74	**2431.65**	**22774.55**	**48683.06**	**40857.90**	**1440.38**	**1647.55**	**130.29**	**3618.65**	**293.75**
600.30	264.50	3083.71	4730.22	3808.41	216.51	165.11	21.09	385.01	28.48
12.74	5.18	65.66	134.87	118.34	1.38	2.54	0.75	10.63	0.49
1347.19	503.63	4835.36	10751.59	9165.10	215.14	328.79	29.11	788.48	79.36
154.95	60.11	517.99	913.69	750.03	21.56	32.53	4.74	84.55	4.88
18.21	4.65	71.59	96.68	80.24	1.74	5.54	0.99	4.79	0.58
988.27	367.65	4009.52	7257.84	6014.47	218.82	237.07	36.36	571.22	35.58
68.12	44.27	97.52	258.79	199.05	38.22	-0.28	0.86	15.13	0.84
3216.69	1126.95	9459.32	23511.46	19868.03	698.54	851.74	27.98	1663.79	138.65
140.13	49.96	560.38	873.14	710.69	24.46	21.94	8.25	92.68	4.60
27.14	4.75	73.50	154.78	143.56	4.00	2.57	0.16	2.37	0.30
1555.82	686.39	5037.10	10238.78	8100.93	644.32	443.17	41.52	815.06	77.00
5017.92	1745.27	17737.45	38444.29	32756.98	796.06	1204.39	88.77	2803.59	216.75
2729.84	965.28	10584.32	23382.17	19931.25	653.90	561.75	20.37	1735.19	140.38
1915.74	728.76	5948.55	12805.57	10567.73	402.12	481.45	45.67	1047.74	78.89
1928.16	737.61	6241.69	12495.32	10358.93	384.36	604.35	64.25	835.72	74.48
0.13	**0.02**	**10.92**	**59.27**	**56.99**	**1.49**	**0.44**	**0.22**	**0.00**	**0.04**
6523.66	**2422.94**	**21590.01**	**47540.80**	**39870.31**	**1419.70**	**1618.92**	**112.17**	**3529.68**	**290.85**
120.72	45.60	346.53	1264.71	1185.91	17.30	16.49	3.15	37.44	2.62
39.34	17.90	157.27	346.53	252.19	38.88	22.28	0.24	31.63	2.69
29.81	11.85	88.41	234.39	177.81	17.05	8.36	0.16	27.19	1.15

11－12 续表1

单位:亿元

项目	Item	企业单位数（个）Number of Enterprises (unit)	资产总计 Total Assets	流动资产合计 Current Assets	应收账款 Accounts Receivalble
烟草制品业	Manufacture of Tobacco				
纺织业	Manufacture of Textile	399	1025.46	646.86	195.25
纺织服装、服饰业	Manufacture of Textile, Wearing Apparel and Accessories	309	461.69	329.14	103.27
皮革、毛皮、羽毛及其制品和制鞋业	Manufacture of Leather, Fur, Feather and Related Products and Footwear	57	88.69	73.08	31.12
木材加工和木、竹、藤、棕、草制品业	Processing of Timber, Manufacture of Wood, Bamboo, Rattan, Palm and Straw Products	36	64.15	47.04	21.56
家具制造业	Manufacture of Furniture	54	83.59	52.32	20.17
造纸和纸制品业	Manufacture of Paper and Paper Products	92	1310.99	751.34	130.64
印刷和记录媒介复制业	Printing and Reproduction of Recording Media	94	227.43	136.25	45.80
文教、工美、体育和娱乐用品制造业	Manufacture of Articles for Culture, Education, Arts and Crafts, Sport and Entertainment Activities	214	321.80	226.25	63.82
石油、煤炭及其他燃料加工业	Processing of Petroleum, Coal and Other Fuels				
化学原料和化学制品制造业	Manufacture of Raw Chemical Materials and Chemical Products	560	3964.59	2319.50	624.45
医药制造业	Manufacture of Medicines	132	1604.91	1081.70	243.04
化学纤维制造业	Manufacture of Chemical Fibers	61	477.03	207.49	27.81
橡胶和塑料制品业	Manufacture of Rubber and Plastics Products	598	1474.94	899.61	330.07
非金属矿物制品业	Manufacture of Non-metallic Mineral Products	258	957.81	593.96	166.10
黑色金属冶炼和压延加工业	Smelting and Pressing of Ferrous Metals	82	607.08	387.57	61.24
有色金属冶炼和压延加工业	Smelting and Pressing of Non-ferrous Metals	114	414.61	292.03	102.94
金属制品业	Manufacture of Metal Products	536	1395.10	928.04	325.29
通用设备制造业	Manufacture of General Purpose Machinery	989	3371.44	2504.36	941.85
专用设备制造业	Manufacture of Special Purpose Machinery	695	2810.10	2064.81	664.01
汽车制造业	Manufacture of Automobiles	712	4119.97	2503.40	940.06
铁路、船舶、航空航天和其他运输设备制造业	Manufacture of Railway, Ship, Aerospace and Other Transport Equipments	172	1486.85	952.17	256.51

(100 million yuan)

存货 Inventories	#产成品 Finished Goods	负债合计 Total Liabilities	营业收入 Business Revenue	营业成本 Business Cost	销售费用 Selling Expenses	管理费用 Management Expenses	财务费用 Financial Expenses	利润总额 Total Profits	年均用工人数(万人) Annual Average Employees (10 000 persons)
186.94	79.96	491.52	944.74	803.86	29.14	31.26	6.31	56.52	9.34
84.58	42.83	259.42	502.78	414.23	18.55	37.90	2.93	20.31	8.88
18.16	6.48	48.81	71.93	62.49	2.30	4.39	0.61	1.57	1.64
11.68	5.03	40.57	55.73	48.77	2.22	2.31	0.44	-5.55	0.51
12.23	5.12	38.29	82.45	68.21	3.94	6.10	0.58	1.80	1.30
102.43	41.38	675.50	748.74	616.71	39.44	23.12	6.73	66.22	2.82
22.16	8.45	103.86	199.14	157.70	10.48	11.74	1.32	13.61	2.16
76.57	37.35	168.94	356.35	298.17	13.76	18.78	2.14	14.32	5.47
502.60	230.84	1493.19	4339.55	3420.11	131.48	123.16	11.32	590.30	9.25
235.48	111.02	669.30	1162.06	548.94	294.84	83.80	-0.32	160.03	7.85
59.59	29.30	239.98	390.39	313.10	8.19	12.04	3.98	45.12	1.76
219.78	100.87	549.81	1389.25	1107.13	53.83	73.25	5.59	117.22	12.70
81.55	35.95	438.66	621.56	499.87	20.56	27.90	-0.41	63.28	4.53
126.76	46.58	295.30	1218.19	1119.98	6.79	11.79	5.15	50.96	2.13
75.26	25.45	213.28	546.53	483.36	6.41	14.94	2.99	31.47	1.92
234.49	96.01	603.17	1400.53	1137.59	42.08	66.74	7.48	122.30	10.64
602.75	201.13	1642.17	3836.87	3074.22	132.15	186.78	7.95	356.51	24.12
518.33	176.80	1272.72	2313.30	1822.64	91.00	113.39	5.96	238.72	15.85
511.51	196.91	2359.86	4444.83	3712.30	106.33	213.75	10.54	271.21	22.06
233.63	46.07	634.85	924.63	770.31	20.49	29.96	2.49	85.42	7.67

单位:亿元

项目	Item	企业单位数(个) Number of Enterprises (unit)	资产总计 Total Assets	流动资产合计 Current Assets	应收账款 Accounts Receivalble
电气机械和器材制造业	Manufacture of Electrical Machinery and Apparatus	667	4291.57	2912.65	1172.02
计算机、通信和其他电子设备制造业	Manufacture of Computers, Communication and Other Electronic Equipment	1131	12109.32	7638.38	3532.49
仪器仪表制造业	Manufacture of Measuring Instruments and Machinery	192	548.97	407.59	130.73
其他制造业	Other Manufacture	28	43.33	22.76	5.27
废弃资源综合利用业	Utilization of Waste Resources	23	43.54	19.18	3.73
金属制品、机械和设备修理业	Repair Service of Metal Products, Machinery and Equipment				
电力、热力、燃气及水的生产和供应业	**Production and Supply of Electricity, Heat, Gas and Water**	**204**	**2127.96**	**666.95**	**170.26**
电力、热力生产和供应业	Production and Supply of Electricity and Heat	91	1173.54	303.80	114.49
燃气生产和供应	Production and Supply of Gas	70	640.95	228.32	47.42
水的生产和供应业	Production and Supply of Water	43	313.48	134.83	8.35
按市分	**By City**				
南京	Nanjing	580	4330.31	2619.48	861.54
无锡	Wuxi	1134	8125.87	4909.35	1660.71
徐州	Xuzhou	138	911.92	447.46	144.13
常州	Changzhou	662	3202.23	2035.67	708.17
苏州	Suzhou	3922	20215.81	13724.24	5317.21
南通	Nantong	757	2820.48	1499.64	453.74
连云港	Lianyungang	134	770.82	542.09	147.77
淮安	Huai'an	170	737.45	375.61	108.64
盐城	Yancheng	311	1138.60	619.46	253.99
扬州	Yangzhou	275	955.11	558.44	212.88
镇江	Zhenjiang	293	1754.36	1076.03	273.46
泰州	Taizhou	236	1921.36	1139.90	340.84
宿迁	Suqian	109	429.93	219.44	90.18

11－12 续表2 Continued

(100 million yuan)

存货 Inventories	#产成品 Finished Goods	负债合计 Total Liabilities	营业收入 Business Revenue	营业成本 Business Cost	销售费用 Selling Expenses	管理费用 Management Expenses	财务费用 Financial Expenses	利润总额 Total Profits	年均用工人数(万人) Annual Average Employees (10 000 persons)
543.39	239.07	2362.20	4607.11	3916.75	134.54	136.32	15.88	293.72	24.02
1710.56	540.03	6073.99	14613.52	13129.03	143.28	307.36	7.67	739.86	102.78
130.17	31.59	242.58	694.16	541.19	25.71	26.64	0.53	81.98	4.04
9.68	4.91	22.61	52.60	44.44	2.44	1.74	0.24	2.67	0.52
2.97	0.69	17.46	30.98	25.05	0.44	1.84	0.32	2.74	0.20
49.95	**8.69**	**1173.62**	**1082.99**	**930.61**	**19.18**	**28.20**	**17.90**	**88.96**	**2.85**
17.90	0.16	662.91	492.67	467.71	0.40	9.37	15.64	-4.92	1.08
22.38	8.41	315.25	535.21	426.82	15.75	13.83	1.67	81.12	1.25
9.67	0.12	195.45	55.12	36.08	3.04	5.00	0.59	12.77	0.52
499.48	169.42	2206.58	4768.93	3911.60	146.03	137.86	12.95	471.35	20.12
1141.61	443.17	3819.59	7437.41	6239.63	197.59	240.37	13.98	603.18	38.67
130.73	34.46	446.83	742.46	609.49	13.55	22.66	5.98	77.14	4.07
472.98	203.45	1477.82	2868.18	2339.59	90.08	115.30	13.15	242.41	19.93
3105.35	1101.96	9910.44	23888.56	20374.45	639.26	812.43	39.35	1549.48	142.49
382.69	144.35	1334.14	2410.14	1986.24	68.92	93.96	11.09	181.24	17.82
89.90	45.72	363.48	759.91	497.64	108.02	31.42	1.41	102.57	4.71
89.37	30.28	325.95	566.04	474.68	15.89	21.83	2.36	40.06	7.20
121.49	47.73	712.42	944.37	853.39	34.27	33.56	7.67	-5.49	6.29
114.02	39.94	470.30	1132.14	954.24	28.73	34.29	3.96	85.63	7.01
175.59	65.60	765.62	1307.68	1058.45	38.71	45.31	7.66	134.80	7.79
274.09	92.00	893.44	1726.69	1464.58	54.74	48.80	7.20	135.99	12.50
43.77	19.55	201.20	313.77	255.16	5.39	13.03	3.75	33.96	6.03

11－13 外商投资和港澳台商投资工业企业主要经济效益指标（2021 年）
Main Economic Benefit Indicators of Industrial Enterprises with Hong Kong, Macao, Taiwan and Foreign Funds (2021)

单位:%　　(%)

项　　目	Item	企业亏损面 Percentage of Business Suffering Loss	资产负债率 Assets Liability Ratio	流动资产周转次数（次/年） Times of Turnover of Current Assets (times/year)	成本费用利润率 Ratio of Profits to Cost Expense	总资产贡献率 Ratio of Total Assets to Industrial Output Value
总　计	**Total**	**21.07**	**48.67**	**1.65**	**8.02**	**9.64**
按登记注册类型分	**Grouped by Status of Registration**					
与港澳台商合资经营	Joint-venture Enterprises with Hong Kong, Macao and Taiwan	21.00	51.16	1.31	8.78	8.41
与港澳台商合作经营	Cooperative Enterprises with Hong Kong, Macao and Taiwan	22.73	43.92	1.74	8.56	8.26
港澳台商独资	Sole-proprietorship Enterprises with Hong Kong, Macao and Taiwan	20.88	48.69	1.65	7.91	9.43
港澳台商投资股份有限公司	Share-holding Corporations Ltd. with Hong Kong, Macao and Taiwan	22.35	36.53	1.16	10.04	6.95
其他港澳台投资	Other Enterprises with Investment from Hong Kong, Macao and Taiwan	19.35	38.90	0.90	5.09	3.75
中外合资经营	Joint-venture Enterprises	21.62	52.85	1.61	8.56	10.21
中外合作经营	Cooperative Enterprises	10.00	42.88	1.70	6.33	9.63
外资企业	Sole-proprietorship Enterprise	21.09	47.74	1.82	7.61	10.25
外商投资股份有限公司	Share-holding Corporations Ltd.	16.28	41.43	1.20	11.58	8.42
其他外商投资	Other Foreign Invested Enterprises	30.00	71.61	2.20	1.54	5.72
按轻重工业分	**Grouped by Light & Heavy Industry**					
轻工业	Light Industry	23.44	46.99	1.54	8.58	9.76
重工业	Heavy Industry	19.94	49.17	1.69	7.87	9.60
按企业规模分	**Grouped by Size of Enterprises**					
大型企业	Large Enterprises	10.58	50.95	1.77	7.99	10.15
中型企业	Medium-sized Enterprises	16.03	46.43	1.61	8.90	10.01
小微型企业	Small and Micro Enterprises	22.96	47.27	1.51	7.18	8.47
按行业分	**Grouped by Sector**					
采矿业	**Mining**	**40.00**	**45.97**	**6.51**	**0.00**	**2.98**

11－13 续表1 Continued

单位:%　　　　　　　　　　　　　　　　　　　　　　　　　　　　　　　　　　　　(%)

项　　目 Item		企业亏损面 Percentage of Business Suffering Loss	资产负债率 Assets Liability Ratio	流动资产周转次数(次/年) Times of Turnover of Current Assets (times/year)	成本费用利润率 Ratio of Profits to Cost Expense	总资产贡献率 Ratio of Total Assets to Industrial Output Value
煤炭开采和洗选业	Mining and Washing of Coal					
石油和天然气开采业	Extraction of Petroleum and Natural Gas					
黑色金属矿采选业	Mining and Processing of Ferrous Metal Ores					
有色金属矿采选业	Mining and Processing of Non-ferrous Metals Ores					
非金属矿采选业	Mining and Processing of Non-metal Ores					
开采专业及辅助性活动	Professional Support Activities for Mining					
其他采矿业	Mining of Other Ores					
制造业	**Manufacturing**	**21.20**	**48.37**	**1.65**	**8.01**	**9.83**
农副食品加工业	Processing of Food from Agricultural Products	28.13	55.08	3.11	3.05	7.18
食品制造业	Manufacture of Foods	26.13	38.46	1.53	9.95	11.05
酒、饮料和精制茶制造业	Manufacture of Liquor, Beverages and Refined Tea	8.70	45.62	2.31	13.30	20.18
烟草制品业	Manufacture of Tobacco					
纺织业	Manufacture of Textile	20.80	47.93	1.46	6.37	7.48
纺织服装、服饰业	Manufacture of Textile, Wearing Apparel and Accessories	35.28	56.19	1.53	4.23	7.58
皮革、毛皮、羽毛及其制品和制鞋业	Manufacture of Leather, Fur, Feather and Related Products and Footwear	40.35	55.03	0.98	2.21	4.41
木材加工和木、竹、藤、棕、草制品业	Processing of Timber, Manufacture of Wood, Bamboo, Rattan, Palm and Straw Products	38.89	63.25	1.18	-10.20	-5.94
家具制造业	Manufacture of Furniture	29.63	45.81	1.58	2.26	-6.91
造纸和纸制品业	Manufacture of Paper and Paper Products	21.74	51.53	1.00	9.40	6.80
印刷和记录媒介复制业	Printing and Reproduction of Recording Media	23.40	45.66	1.46	7.33	8.47

11－13 续表2 Continued

单位:% (%)

项 目 Item		企业亏损面 Percentage of Business Suffering Loss	资产负债率 Assets Liability Ratio	流动资产周转次数（次/年） Times of Turnover of Current Assets (times/year)	成本费用利润率 Ratio of Profits to Cost Expense	总资产贡献率 Ratio of Total Assets to Industrial Output Value
文教、工美、体育和娱乐用品制造业	Manufacture of Articles for Culture, Education, Arts and Crafts, Sport and Entertainment Activities	19.16	52.50	1.58	4.18	6.72
石油、煤炭及其他燃料加工业	Processing of Petroleum, Coal and Other Fuels					
化学原料和化学制品制造业	Manufacture of Raw Chemical Materials and Chemical Products	16.25	37.66	1.87	15.82	17.82
医药制造业	Manufacture of Medicines	23.48	41.70	1.07	15.50	13.25
化学纤维制造业	Manufacture of Chemical Fibers	18.03	50.31	1.88	13.06	12.18
橡胶和塑料制品业	Manufacture of Rubber and Plastics Products	21.24	37.28	1.54	9.22	9.91
非金属矿物制品业	Manufacture of Non-metallic Mineral Products	21.32	45.80	1.05	11.30	8.83
黑色金属冶炼和压延加工业	Smelting and Pressing of Ferrous Metals	14.63	48.64	3.14	4.37	11.39
有色金属冶炼和压延加工业	Smelting and Pressing of Non-ferrous Metals	22.81	51.44	1.87	6.10	9.88
金属制品业	Manufacture of Metal Products	18.28	43.23	1.51	9.54	10.84
通用设备制造业	Manufacture of General Purpose Machinery	14.05	48.71	1.53	10.25	12.74
专用设备制造业	Manufacture of Special Purpose Machinery	19.42	45.29	1.12	11.34	9.72
汽车制造业	Manufacture of Automobiles	29.63	57.28	1.78	6.55	10.18
铁路、船舶、航空航天和其他运输设备制造业	Manufacture of Railway, Ship, Aerospace and Other Transport Equipments	24.42	42.70	0.97	10.00	7.32
电气机械和器材制造业	Manufacture of Electrical Machinery and Apparatus	21.14	55.04	1.58	6.80	8.33
计算机、通信和其他电子设备制造业	Manufacture of Computers, Communication and Other Electronic Equipment	21.40	50.16	1.91	5.33	6.93
仪器仪表制造业	Manufacture of Measuring Instruments and Machinery	14.06	44.19	1.70	13.40	17.58
其他制造业	Other Manufacture	28.57	52.19	2.31	5.40	9.19
废弃资源综合利用业	Utilization of Waste Resources	21.74	40.09	1.62	9.73	7.60

11－9 续表3 Continued

单位：% (%)

项 目 Item		企业亏损面 Percentage of Business Suffering Loss	资产负债率 Assets Liability Ratio	流动资产周转次数（次/年） Times of Turnover of Current Assets (times/year)	成本费用利润率 Ratio of Profits to Cost Expense	总资产贡献率 Ratio of Total Assets to Industrial Output Value
金属制品、机械和设备修理业	Repair Service of Metal Products, Machinery and Equipment					
电力、热力、燃气及水的生产和供应业	**Production and Supply of Electricity, Heat, Gas and Water**	**15.20**	**55.15**	**1.62**	**8.90**	**5.70**
电力、热力生产和供应业	Production and Supply of Electricity and Heat	24.18	56.49	1.62	-1.00	1.18
燃气生产和供应	Production and Supply of Gas	2.86	49.18	2.34	17.65	14.42
水的生产和供应业	Production and Supply of Water	16.28	62.35	0.41	27.93	4.77
按市分	**By City**					
南 京	Nanjing	24.48	50.96	1.82	11.01	13.84
无 锡	Wuxi	18.43	47.01	1.51	8.81	8.90
徐 州	Xuzhou	13.04	49.00	1.66	11.54	10.42
常 州	Changhzou	16.62	46.15	1.41	9.22	9.76
苏 州	Suzhou	20.60	49.02	1.74	6.92	9.26
南 通	Nantong	20.21	47.30	1.61	8.17	8.68
连云港	Lianyungang	26.12	47.15	1.40	15.11	16.17
淮 安	Huai'an	21.18	44.20	1.51	7.55	5.62
盐 城	Yancheng	39.87	62.57	1.52	-0.58	2.04
扬 州	Yangzhou	21.45	49.24	2.03	8.23	12.54
镇 江	Zhenjiang	25.94	43.64	1.22	11.43	9.83
泰 州	Taizhou	19.07	46.50	1.51	8.44	9.01
宿 迁	Suqian	20.18	46.80	1.43	11.89	10.07

11－14 大中型工业企业主要经济指标（2021 年）

单位：亿元

项 目	Item	企业单位数（个）Number of Enterprises (unit)	资产总计 Total Assets	流动资产合计 Current Assets	应收账款 Accounts Receivalble
总 计	**Total**	**5464**	**96940.03**	**56815.14**	**17228.11**
按登记注册类型分	**Grouped by Status of Registration**				
内资企业	Domestic Invested Enterprises	3478	63352.43	35634.84	9535.20
国有企业	State-owned Enterprises	29	1613.65	1148.14	147.63
集体企业	Collective-owned Enterprises				
股份合作企业	Cooperative Enterprises				
联营企业	Joint Ownership Enterprises				
有限责任公司	Limited Liability Corporations	639	21748.90	10271.92	3137.99
#国有独资	State Sole-proprietorship Corporatios	99	6282.16	1884.62	432.55
股份有限公司	Share-holding Corporations Ltd.	333	12308.71	7052.80	1358.06
私营企业	Private Enterprises	2468	27430.00	17001.42	4855.90
其他企业	Other Enterprises				
港、澳、台商投资企业	Enterprises with Investment from Hong Kong, Macao and Taiwan	697	12938.17	8270.37	2956.92
外商投资企业	Foreign Invested Enterprises	1289	20649.43	12909.93	4735.99
按轻重工业分	**Grouped by Light & Heavy Industry**				
轻工业	Light Industry	1820	20726.68	12749.60	3075.22
重工业	Heavy Industry	3644	76213.36	44065.55	14152.88
按行业分	**Grouped by Sector**				
采矿业	**Mining**	**11**	**555.84**	**192.82**	**9.43**
煤炭开采和洗选业	Mining and Washing of Coal				
石油和天然气开采业	Extraction of Petroleum and Natural Gas				
黑色金属矿采选业	Mining and Processing of Ferrous Metal Ores				
有色金属矿采选业	Mining and Processing of Non-ferrous Metals Ores				
非金属矿采选业	Mining and Processing of Non-metal Ores	5	29.19	15.84	1.89
开采专业及辅助性活动	Professional Support Activities for Mining				
其他采矿业	Mining of Other Ores				
制造业	**Manufacturing**	**5357**	**88675.47**	**55268.42**	**16955.66**
农副食品加工业	Processing of Food from Agricultural Products	68	568.51	334.47	66.05
食品制造业	Manufacture of Foods	68	559.02	288.03	64.20
酒、饮料和精制茶制造业	Manufacture of Liquor, Beverages and Refined Tea	24	921.17	617.32	26.89
烟草制品业	Manufacture of Tobacco				
纺织业	Manufacture of Textile	295	1744.36	1119.58	295.22

Main Economic Indicators of Large and Medium-size Industrial Enterprises (2021)

(100 million yuan)

存货 Inventories	#产成品 Finished Goods	负债合计 Total Liabilities	营业收入 Business Revenue	营业成本 Business Cost	销售费用 Selling Expenses	管理费用 Management Expenses	财务费用 Financial Expenses	利润总额 Total Profits	年均用工人数(万人) Annual Average Employees (10 000 persons)
12222.99	**4703.84**	**50737.91**	**94137.74**	**79068.31**	**2575.13**	**2444.87**	**401.96**	**6703.10**	**493.49**
7577.40	3009.80	34205.05	57950.00	48569.33	1519.11	1401.67	335.91	3920.18	274.22
363.79	50.04	599.85	1532.13	884.43	20.32	39.79	-7.63	141.30	3.28
2196.25	938.02	12642.23	19884.72	17130.54	580.96	435.47	105.03	1091.38	67.35
348.13	137.74	3710.49	5606.97	5190.42	51.07	89.04	13.09	165.50	12.67
1200.90	402.75	5344.82	7843.04	6026.97	328.27	244.23	51.56	811.98	35.75
3758.95	1580.97	15455.36	28515.80	24360.19	588.29	679.17	185.44	1877.34	167.09
1580.88	609.57	6293.06	12758.09	10708.13	346.84	363.91	27.22	1021.56	88.96
3064.70	1084.46	10239.80	23429.65	19790.85	709.18	679.30	38.82	1761.36	130.31
3083.59	1270.52	9532.31	18564.23	13813.83	1281.24	672.21	71.32	1798.50	138.72
9139.40	3433.33	41205.60	75573.51	65254.47	1293.90	1772.66	330.64	4904.61	354.76
11.00	**3.64**	**274.67**	**237.52**	**184.49**	**2.33**	**24.04**	**2.67**	**13.17**	**3.60**
2.73	0.61	11.77	17.14	12.14	1.03	1.75		1.75	0.25
12065.04	**4697.80**	**45836.05**	**88493.56**	**73686.33**	**2530.09**	**2352.54**	**358.05**	**6648.96**	**480.25**
113.78	49.20	303.70	1166.70	1078.65	17.47	16.42	3.08	40.70	4.44
45.44	18.37	251.10	499.50	379.66	46.80	21.68	1.50	44.96	4.47
253.88	47.30	290.86	551.22	252.41	57.60	28.20	-3.63	177.62	3.28
344.98	179.56	906.69	1911.32	1677.09	36.53	46.48	17.29	100.12	18.73

11-14 续表1

单位:亿元

项　目 Item		企业单位数(个) Number of Enterprises (unit)	资产总计 Total Assets	流动资产合计 Current Assets	应收账款 Accounts Receivalble
纺织服装、服饰业	Manufacture of Textile, Wearing Apparel and Accessories	261	1036.92	704.02	219.20
皮革、毛皮、羽毛及其制品和制鞋业	Manufacture of Leather, Fur, Feather and Related Products and Footwear	29	78.83	60.96	30.39
木材加工和木、竹、藤、棕、草制品业	Processing of Timber, Manufacture of Wood, Bamboo, Rattan, Palm and Straw Products	25	160.79	105.22	34.24
家具制造业	Manufacture of Furniture	51	242.60	137.54	42.04
造纸和纸制品业	Manufacture of Paper and Paper Products	39	1490.97	805.77	129.30
印刷和记录媒介复制业	Printing and Reproduction of Recording Media	59	304.49	186.06	65.10
文教、工美、体育和娱乐用品制造业	Manufacture of Articles for Culture, Education, Arts and Crafts, Sport and Entertainment Activities	119	484.72	307.08	79.21
石油、煤炭及其他燃料加工业	Processing of Petroleum, Coal and Other Fuels	13	689.27	348.94	39.06
化学原料和化学制品制造业	Manufacture of Raw Chemical Materials and Chemical Products	231	5939.73	2933.86	621.20
医药制造业	Manufacture of Medicines	148	3623.34	2481.85	632.79
化学纤维制造业	Manufacture of Chemical Fibers	77	1810.85	766.67	62.78
橡胶和塑料制品业	Manufacture of Rubber and Plastics Products	206	1717.90	982.87	335.44
非金属矿物制品业	Manufacture of Non-metallic Mineral Products	141	1782.31	1144.46	347.10
黑色金属冶炼和压延加工业	Smelting and Pressing of Ferrous Metals	92	7192.60	3650.93	213.09
有色金属冶炼和压延加工业	Smelting and Pressing of Non-ferrous Metals	58	924.65	541.71	187.86
金属制品业	Manufacture of Metal Products	285	2962.54	1976.99	680.16
通用设备制造业	Manufacture of General Purpose Machinery	474	6238.64	4444.90	1440.15
专用设备制造业	Manufacture of Special Purpose Machinery	359	4895.37	3650.35	1144.60
汽车制造业	Manufacture of Automobiles	415	6289.24	3991.41	1546.86
铁路、船舶、航空航天和其他运输设备制造业	Manufacture of Railway, Ship, Aerospace and Other Transport Equipments	147	3309.03	2185.08	472.84
电气机械和器材制造业	Manufacture of Electrical Machinery and Apparatus	640	12873.18	8407.18	2942.13
计算机、通信和其他电子设备制造业	Manufacture of Computers, Communication and Other Electronic Equipment	873	17695.89	10864.12	4784.06
仪器仪表制造业	Manufacture of Measuring Instruments and Machinery	138	2219.60	1498.39	411.52
其他制造业	Other Manufacture	13	51.36	22.95	9.45
废弃资源综合利用业	Utilization of Waste Resources	5	89.06	50.88	12.40
金属制品、机械和设备修理业	Repair Service of Metal Products, Machinery and Equipment				

11－14 续表1 Continued

(100 million yuan)

存货 Inventories	#产成品 Finished Goods	负债合计 Total Liabilities	营业收入 Business Revenue	营业成本 Business Cost	销售费用 Selling Expenses	管理费用 Management Expenses	财务费用 Financial Expenses	利润总额 Total Profits	年均用工人数(万人) Annual Average Employees (10 000 persons)
184.88	116.37	541.60	1086.62	930.13	29.10	54.75	8.98	55.45	17.16
13.39	3.90	43.02	75.39	63.26	2.05	3.96	0.69	4.10	1.67
34.20	18.82	88.65	172.12	140.01	6.97	4.55	2.92	11.40	1.34
33.29	14.89	130.23	227.83	187.44	11.89	9.78	1.35	10.76	3.61
118.69	48.99	765.71	892.73	722.31	42.82	26.42	8.86	89.09	3.32
36.51	15.39	149.01	271.08	217.91	11.28	12.37	2.14	21.87	3.52
113.22	48.64	277.32	571.81	472.19	19.42	22.33	3.36	37.86	7.71
111.67	28.40	370.84	1578.32	1222.95	9.34	17.88	4.53	95.45	1.38
599.25	261.30	2496.01	5898.66	4638.11	115.17	160.99	26.02	874.89	15.72
504.67	225.58	1264.48	2555.08	990.59	741.68	175.37	-2.59	455.06	14.96
194.92	94.90	1009.04	1600.75	1382.74	16.45	32.64	18.35	120.85	8.58
237.37	115.19	702.29	1444.71	1162.13	47.18	59.34	10.88	115.65	14.52
126.54	53.85	921.97	1338.42	1068.03	42.80	42.72	6.81	154.04	8.78
870.57	360.60	4093.74	10888.48	9799.24	54.93	98.46	45.93	611.35	15.66
136.15	43.04	534.81	1688.24	1559.10	11.11	19.55	10.36	61.78	3.29
456.36	191.17	1496.13	3424.89	2945.13	60.30	81.65	18.44	248.20	17.14
998.66	381.75	3281.59	5414.95	4385.52	181.07	206.82	19.83	495.26	36.29
934.20	376.78	2594.57	3850.01	2982.64	192.66	132.54	20.01	408.96	25.58
776.32	339.89	3937.89	6228.98	5250.52	144.43	252.20	23.94	379.37	30.68
477.20	118.36	1975.07	2226.52	1890.69	53.97	78.96	5.45	120.41	17.23
1396.05	642.21	7021.97	11733.70	10079.14	323.26	272.71	62.06	641.89	56.11
2310.91	764.21	9206.51	18703.90	16645.39	178.34	393.16	42.69	973.13	133.54
355.49	111.58	1037.29	1430.31	1096.67	63.59	55.44	5.55	170.32	9.57
5.56	2.29	20.38	58.42	51.12	1.98	1.79	0.45	1.85	0.87
13.75	6.15	60.14	83.05	70.28	0.66	2.17	2.00	4.61	0.41

11－14 续表2

单位:亿元

项　目 Item		企业单位数(个) Number of Enterprises (unit)	资产总计 Total Assets	流动资产合计 Current Assets	应收账款 Accounts Receivalble
电力、热力、燃气及水的生产和供应业	**Production and Supply of Electricity, Heat, Gas and Water**	**96**	**7708.73**	**1353.90**	**263.02**
电力、热力生产和供应业	Production and Supply of Electricity and Heat	46	6039.26	776.21	226.42
燃气生产和供应	Production and Supply of Gas	14	306.98	111.65	26.28
水的生产和供应业	Production and Supply of Water	36	1362.48	466.04	10.32
按市分	**By City**				
南京	Nanjing	404	11666.34	7096.51	1842.76
无锡	Wuxi	708	13312.47	8043.53	2336.63
徐州	Xuzhou	211	4322.98	2639.64	829.56
常州	Changzhou	515	8938.56	5714.13	1732.94
苏州	Suzhou	1751	27610.76	17520.76	6216.79
南通	Nantong	469	6106.55	3314.74	958.16
连云港	Lianyungang	91	3387.83	1393.90	257.08
淮安	Huai'an	139	1540.05	896.78	173.17
盐城	Yancheng	225	3388.27	1812.40	643.42
扬州	Yangzhou	280	3094.50	1853.43	549.92
镇江	Zhenjiang	246	3716.96	2237.71	480.27
泰州	Taizhou	213	3950.59	2349.79	759.98
宿迁	Suqian	196	2092.37	1273.88	294.85

11－14 续表2 Continued

(100 million yuan)

存货 Inventories	#产成品 Finished Goods	负债合计 Total Liabilities	营业收入 Business Revenue	营业成本 Business Cost	销售费用 Selling Expenses	管理费用 Management Expenses	财务费用 Financial Expenses	利润总额 Total Profits	年均用工人数(万人) Annual Average Employees (10 000 persons)
146.95	**2.40**	**4627.19**	**5406.66**	**5197.48**	**42.72**	**68.29**	**41.24**	**40.98**	**9.63**
119.90	0.18	3577.10	4966.12	4863.52	2.75	44.66	38.29	－12.57	6.71
9.25	1.89	156.68	270.90	216.91	11.70	8.65	0.49	35.94	0.77
17.79	0.33	893.41	169.63	117.05	28.26	14.98	2.46	17.61	2.16
1259.53	361.01	6381.50	10933.52	8882.39	291.61	268.24	31.58	866.97	36.34
1881.93	844.49	6530.22	12561.37	10628.80	324.10	334.72	49.16	1014.26	61.37
600.61	244.92	2524.90	3883.27	3091.66	143.03	86.65	23.79	275.03	19.05
1156.14	473.69	4666.89	8629.72	7405.88	186.62	197.94	46.21	557.14	44.32
3823.30	1455.26	14170.64	29518.14	25285.34	715.07	794.07	110.60	1920.77	171.71
805.04	333.58	3070.97	5274.63	4376.04	111.07	144.87	38.22	430.52	35.40
298.43	106.57	1836.33	2563.72	1788.25	222.11	85.39	22.61	304.66	10.23
276.93	80.44	673.38	1476.11	1115.23	40.77	46.48	1.95	118.46	12.34
347.35	155.90	2215.88	3806.07	3419.02	63.29	89.47	22.63	110.72	17.29
345.42	120.23	1636.12	3294.44	2781.61	68.36	93.45	12.75	287.37	20.65
412.24	176.44	1943.31	2818.62	2358.48	72.64	71.88	15.74	241.82	17.39
518.99	215.62	1942.50	3620.26	2765.44	275.05	131.82	17.33	287.29	23.12
398.58	120.85	955.40	1853.97	1447.72	58.77	57.21	6.43	218.98	18.57

11－15 大中型工业企业主要经济效益指标（2021 年）

Main Economic Benefit Indicators of Large and Medium-size Industrial Enterprises (2021)

单位:%　　　　(%)

项　目	Item	企业亏损面 Percentage of Business Suffering Loss	资产负债率 Assets Liability Ratio	流动资产周转次数（次/年） Times of Turnover of Current Assets (times/year)	成本费用利润率 Ratio of Profits to Cost Expense	总资产贡献率 Ratio of Total Assets to Industrial Output Value
总　计	**Total**	**14.48**	**52.34**	**1.66**	**7.71**	**9.89**
按登记注册类型分	**Grouped by Status of Registration**					
内资企业	Domestic Invested Enterprises	14.38	53.99	1.63	7.33	9.78
国有企业	State-owned Enterprises	24.14	37.17	1.33	14.68	39.96
集体企业	Collective-owned Enterprises					
股份合作企业	Cooperative Enterprises					
联营企业	Joint Ownership Enterprises					
有限责任公司	Limited Liability Corporations	18.31	58.13	1.94	5.83	7.81
#国有独资	State Sole-proprietorship Corporatios	19.19	59.06	2.98	3.06	4.77
股份有限公司	Share-holding Corporations Ltd.	11.41	43.42	1.11	11.68	10.43
私营企业	Private Enterprises	13.61	56.34	1.68	7.04	9.36
其他企业	Other Enterprises					
港、澳、台商投资企业	Enterprises with Investment from Hong Kong, Macao and Taiwan	15.93	48.64	1.54	8.66	9.41
外商投资企业	Foreign Invested Enterprises	13.96	49.59	1.81	8.12	10.52
按轻重工业分	**Grouped by Light & Heavy Industry**					
轻工业	Light Industry	16.59	45.99	1.46	10.94	13.69
重工业	Heavy Industry	13.42	54.07	1.72	6.95	8.85
按行业分	**Grouped by Sector**					
采矿业	**Mining**	**18.18**	**49.42**	**1.23**	**6.06**	**6.74**
煤炭开采和洗选业	Mining and Washing of Coal					

11－15 续 表 1 Continued

单位:% (%)

项 目 Item		企业亏损面 Percentage of Business Suffering Loss	资产负债率 Assets Liability Ratio	流动资产周转次数(次/年) Times of Turnover of Current Assets (times/year)	成本费用利润率 Ratio of Profits to Cost Expense	总资产贡献率 Ratio of Total Assets to Industrial Output Value
石油和天然气开采业	Extraction of Petroleum and Natural Gas					
黑色金属矿采选业	Mining and Processing of Ferrous Metal Ores					
有色金属矿采选业	Mining and Processing of Non-ferrous Metals Ores					
非金属矿采选业	Mining and Processing of Non-metal Ores	20.00	40.34	1.08	11.45	10.60
开采专业及辅助性活动	Professional Support Activities for Mining					
其他采矿业	Mining of Other Ores					
制造业	**Manufacturing**	**14.02**	**51.69**	**1.60**	**8.17**	**10.55**
农副食品加工业	Processing of Food from Agricultural Products	29.41	53.42	3.49	3.62	8.77
食品制造业	Manufacture of Foods	17.65	44.92	1.73	9.81	11.71
酒、饮料和精制茶制造业	Manufacture of Liquor, Beverages and Refined Tea	4.17	31.57	0.89	52.09	29.20
烟草制品业	Manufacture of Tobacco					
纺织业	Manufacture of Textile	11.19	51.98	1.71	5.51	8.55
纺织服装、服饰业	Manufacture of Textile, Wearing Apparel and Accessories	19.16	52.23	1.54	5.36	8.40
皮革、毛皮、羽毛及其制品和制鞋业	Manufacture of Leather, Fur, Feather and Related Products and Footwear	27.59	54.57	1.24	5.74	8.66
木材加工和木、竹、藤、棕、草制品业	Processing of Timber, Manufacture of Wood, Bamboo, Rattan, Palm and Straw Products	16.00	55.13	1.64	7.12	11.55
家具制造业	Manufacture of Furniture	23.53	53.68	1.66	4.96	3.14
造纸和纸制品业	Manufacture of Paper and Paper Products	15.38	51.36	1.11	10.79	8.34

11－15　续 表 2　Continued

单位：%　　　　　　　　　　　　　　　　　　　　　　　　　　　　　　　　（%）

项　目 Item		企业亏损面 Percentage of Business Suffering Loss	资产负债率 Assets Liability Ratio	流动资产周转次数（次/年） Times of Turnover of Current Assets (times/year)	成本费用利润率 Ratio of Profits to Cost Expense	总资产贡献率 Ratio of Total Assets to Industrial Output Value
印刷和记录媒介复制业	Printing and Reproduction of Recording Media	11.86	48.94	1.46	8.70	10.02
文教、工美、体育和娱乐用品制造业	Manufacture of Articles for Culture, Education, Arts and Crafts, Sport and Entertainment Activities	13.45	57.21	1.86	7.09	10.90
石油、煤炭及其他燃料加工业	Processing of Petroleum, Coal and Other Fuels	7.69	53.80	4.52	7.54	54.04
化学原料和化学制品制造业	Manufacture of Raw Chemical Materials and Chemical Products	11.26	42.02	2.01	17.36	18.91
医药制造业	Manufacture of Medicines	13.51	34.90	1.03	21.30	16.32
化学纤维制造业	Manufacture of Chemical Fibers	16.88	55.72	2.09	8.13	9.02
橡胶和塑料制品业	Manufacture of Rubber and Plastics Products	16.99	40.88	1.47	8.71	8.74
非金属矿物制品业	Manufacture of Non-metallic Mineral Products	9.22	51.73	1.17	12.92	11.92
黑色金属冶炼和压延加工业	Smelting and Pressing of Ferrous Metals	4.35	56.92	2.98	5.97	10.98
有色金属冶炼和压延加工业	Smelting and Pressing of Non-ferrous Metals	17.24	57.84	3.12	3.79	8.90
金属制品业	Manufacture of Metal Products	9.82	50.50	1.73	7.80	10.77
通用设备制造业	Manufacture of General Purpose Machinery	8.86	52.60	1.22	10.00	9.80
专用设备制造业	Manufacture of Special Purpose Machinery	10.86	53.00	1.05	11.75	9.95
汽车制造业	Manufacture of Automobiles	20.00	62.61	1.56	6.51	9.22
铁路、船舶、航空航天和其他运输设备制造业	Ma nufacture of Railway, Ship, Aerospace and Other Transport Equipments	17.69	59.69	1.02	5.68	5.19
电气机械和器材制造业	Manufacture of Electrical Machinery and Apparatus	15.78	54.55	1.40	5.78	6.65

11-15 续表3 Continued

单位:% (%)

项目 Item		企业亏损面 Percentage of Business Suffering Loss	资产负债率 Assets Liability Ratio	流动资产周转次数(次/年) Times of Turnover of Current Assets (times/year)	成本费用利润率 Ratio of Profits to Cost Expense	总资产贡献率 Ratio of Total Assets to Industrial Output Value
计算机、通信和其他电子设备制造业	Manufacture of Computers, Communication and Other Electronic Equipment	14.55	52.03	1.72	5.48	6.42
仪器仪表制造业	Manufacture of Measuring Instruments and Machinery	7.97	46.73	0.95	13.22	9.64
其他制造业	Other Manufacture	15.38	39.68	2.55	3.27	6.23
废弃资源综合利用业	Utilization of Waste Resources	20.00	67.53	1.63	5.91	12.03
金属制品、机械和设备修理业	Repair Service of Metal Products, Machinery and Equipment					
电力、热力、燃气及水的生产和供应业	**Production and Supply of Electricity, Heat, Gas and Water**	**39.58**	**60.03**	**3.99**	**0.76**	**2.52**
电力、热力生产和供应业	Production and Supply of Electricity and Heat	69.57	59.23	6.40	-0.25	2.10
燃气生产和供应	Production and Supply of Gas	0.00	51.04	2.43	15.08	13.35
水的生产和供应业	Production and Supply of Water	16.67	65.57	0.36	10.72	1.95
按市分	**By City**					
南京	Nanjing	13.61	54.70	1.54	8.94	13.63
无锡	Wuxi	10.03	49.05	1.56	8.71	9.39
徐州	Xuzhou	19.43	58.41	1.47	7.97	12.91
常州	Changzhou	11.26	52.21	1.51	6.91	8.46
苏州	Suzhou	15.02	51.32	1.68	6.93	8.62
南通	Nantong	12.79	50.29	1.59	8.90	9.31
连云港	Lianyungang	14.29	54.20	1.84	13.62	12.47
淮安	Huai'an	19.42	43.72	1.65	9.56	18.15
盐城	Yancheng	27.11	65.40	2.10	3.00	5.48
扬州	Yangzhou	13.57	52.87	1.78	9.39	12.51
镇江	Zhenjiang	18.29	52.28	1.26	9.30	8.65
泰州	Taizhou	9.39	49.17	1.54	8.67	10.70
宿迁	Suqian	19.90	45.66	1.46	13.52	15.66

11－16 规模以上高技术制造业主要经济指标（2021 年）
Main Economic Indicators of High Technology Manufacturing above Designated Size（2021）

单位:亿元

项目	Item	企业单位数（个）Number of Enterprises（unit）	资产总计 Total Assets	流动资产合计 Current Assets	应收账款 Accounts Receivalble
高技术制造业合计	**Total**	**6893**	**37068.1**	**23263.48**	**8505.72**
#医药制造业	**Manufacture of Medicines**	817	4794.89	3139.08	798.33
电子及通信设备制造业	Manufacture of Electronic and Communication Equipment	3835	23890.83	14295.96	5436.53
计算机及办公设备制造	Manufacture of Computer and Office Equipment	378	2898.11	2253.48	1240.87
医疗仪器设备及仪器仪表制造	Medical Instruments and Equiment and Instrument Manufacturing	1762	4908.06	3205.34	942.81
按市分	**By City**				
南 京	Nanjing	966	5151.00	3264.56	1094.14
无 锡	Wuxi	724	5311.42	2912.87	995.01
徐 州	Xuzhou	200	868.46	357.48	98.42
常 州	Changzhou	719	3392.52	2029.67	582.54
苏 州	Suzhou	2227	13551.23	9302.07	4001.23
南 通	Nantong	558	2437.50	1365.22	426.73
连云港	Lianyungang	70	908.64	670.74	155.58
淮 安	Huai'an	156	377.41	194.91	71.48
盐 城	Yancheng	300	954.81	504.48	233.18
扬 州	Yangzhou	335	815.58	533.39	183.75
镇 江	Zhenjiang	219	848.69	484.41	111.45
泰 州	Taizhou	280	1369.74	892.68	349.85
宿 迁	Suqian	123	360.73	217.22	94.64

存货 Inventories	#产成品 Finished Goods	负债合计 Total Liabilities	营业收入 Business Revenue	营业成本 Business Cost	销售费用 Selling Expenses	管理费用 Management Expenses	财务费用 Financial Expenses	利润总额 Total Profits	年均用工人数(万人) Annual Average Employees (10 000 persons)
4924.36	1825.64	18035.54	32196.18	26304.48	1331.34	1111.43	111.55	2294.24	232.13
657.01	294.00	1834.85	3345.43	1507.49	831.18	240.35	3.06	522.31	22.09
2965.83	1107.88	11996.49	20150.77	17350.26	277.41	591.43	87.31	1235.05	145.61
516.48	161.08	1734.39	4997.07	4716.21	36.16	75.36	1.10	100.12	34.28
703.40	236.73	2199.91	3390.39	2492.66	181.69	188.81	18.27	400.22	28.24
557.81	167.28	2565.38	3910.65	3178.90	172.47	127.04	24.95	307.49	19.58
786.97	309.67	2354.10	4375.18	3609.26	148.92	131.97	5.09	348.78	27.72
63.93	26.92	359.68	440.97	309.48	27.30	18.62	3.97	64.99	3.46
417.21	193.47	1521.53	2224.84	1770.34	72.29	87.90	9.44	199.18	19.11
2041.63	693.02	7056.22	14931.61	12949.55	346.72	432.79	33.73	751.93	104.71
276.41	106.11	1094.94	1661.99	1321.00	42.75	61.68	15.76	161.78	11.74
58.87	28.19	224.68	630.54	179.38	200.49	42.01	-3.98	146.02	4.49
53.26	19.89	179.19	347.82	291.33	14.69	12.94	1.18	14.01	4.53
108.4	48.60	593.22	687.45	597.05	20.39	25.54	5.42	19.53	6.96
120.90	46.57	390.42	776.36	625.92	27.36	33.60	3.14	59.64	6.55
95.48	44.72	459.32	438.12	348.96	19.35	24.53	4.74	24.52	4.87
199.01	111.70	636.95	1222.49	685.19	231.88	87.16	5.81	142.87	11.11
36.15	14.70	145.44	264.20	211.86	4.23	11.67	2.04	30.22	5.54

11－17 主要年份工业主要产品产量
Output of Main Industrial Products in Major Years

年份 Year	原煤（万吨） Coal (10 000 tons)	发电量（亿千瓦时） Elec tricity Generation (100 million kW·h)	钢材（万吨） Rolled Steel (10 000 tons)	水泥（万吨） Cement (10 000 tons)	农用化肥（万吨） Chemical Fertilizer (10 000 tons)	布（亿米） Cloth (100 million m)	化学纤维（万吨） Chemical Fiber (10 000 tons)	汽车（辆） Motor Vehicles (unit)
1949	81.49	1.98	0.03	3.10	0.38	2.32		
1952	113.21	4.10	0.19	36.90	1.32	6.10		
1957	193.11	7.08	0.27	80.70	3.63	6.97		
1962	462.70	15.43	6.19	58.60	10.09	3.20		452
1965	485.66	25.78	18.48	103.00	20.25	6.76	0.54	2350
1970	699.17	49.96	18.36	163.12	28.21	9.60	0.52	7472
1975	1143.75	81.80	44.09	274.16	41.82	11.68	0.88	13932
1978	1707.02	126.42	60.31	444.10	72.18	14.06	2.11	15079
1980	1690.00	156.32	104.87	629.00	111.61	17.97	3.26	19624
1985	2193.85	234.48	145.18	1116.90	121.71	21.05	12.52	24474
1990	2407.79	404.47	203.01	1532.89	145.90	28.91	40.76	46291
1991	2470.55	441.20	247.76	1823.18	147.33	27.01	48.15	64045
1992	2457.76	481.15	387.51	2275.59	144.63	29.04	55.09	101009
1993	2505.53	536.84	466.02	2660.50	133.69	30.19	66.18	124334
1994	2503.44	631.90	674.19	3087.38	153.09	32.71	78.09	129957
1995	2650.72	700.41	787.89	3966.42	191.85	48.90	102.20	125197
1996	2606.52	756.87	795.58	4040.28	184.30	34.55	105.94	110157
1997	2506.01	777.00	856.79	4031.73	187.98	40.46	139.11	104801
1998	2378.53	754.27	933.63	3856.30	170.12	31.72	140.94	89828
1999	2291.97	787.06	1170.25	4378.32	171.27	31.76	170.06	91300
2000	2479.02	909.69	1401.83	4599.52	192.38	33.74	190.99	90636
2001	2451.14	986.64	1754.13	5135.59	187.62	32.91	219.75	97682
2002	2593.58	1116.56	2274.56	6035.29	205.02	37.28	261.22	168248
2003	2760.40	1277.88	2876.80	7225.14	190.90	37.61	303.76	212566
2004	2747.03	1539.49	3749.91	7993.22	227.22	42.74	377.81	243750
2005	2817.56	1789.53	4328.32	9579.15	284.63	53.97	458.49	305726
2006	3047.53	2216.40	5816.26	10880.77	254.66	64.95	665.14	274820
2007	2480.20	2674.43	7276.33	11787.42	259.93	64.20	803.35	269387
2008	2428.09	2776.85	7364.13	12683.21	255.83	74.55	790.67	330257
2009	2397.44	2928.21	7859.69	14434.14	317.34	78.97	894.50	506188
2010	2122.48	3358.98	9122.95	15647.46	241.96	88.46	1027.19	728700
2011	2100.27	3755.63	9994.01	14899.69	243.70	67.73	1123.80	803758
2012	2104.16	3928.35	10989.18	16777.87	267.15	80.34	1274.95	886959
2013	2011.18	4288.91	13038.96	18646.40	260.21	101.28	1372.89	1117137
2014	2019.20	4347.07	13255.21	19439.06	230.70	91.26	1312.17	1257161
2015	1918.90	4351.78	13560.81	18013.66	203.76	95.68	1430.62	1217487
2016	1367.91	4667.73	13469.72	17989.78	207.17	91.46	1458.19	1448947
2017	1278.47	4812.50	12295.44	17330.20	159.76	76.99	1425.33	1255244
2018	1245.78	4933.54	12904.26	14567.11	169.71	90.54	1503.38	1189585
2019	1102.74	5015.41	14211.41	15743.27	199.06	66.05	1525.19	838187
2020	1022.28	5049.54	15004.02	15246.45	199.41	52.54	1534.12	753275
2021	934.34	5782.40	15701.90	15374.24	178.29	53.29	1625.34	775700

11－18 规模以上工业主要产品生产能力
Production Capacity of Main Industrial Products of Industrial Enterprises above Designated Size

单位：万吨 (10 000 tons)

产品名称	Item	生产能力 Production Capacity 2020	2021
天然原油	Natural Crude Oil	46.39	153.12
卷烟 (亿支)	Cigarettes (100 million pieces)	1408.63	1089.06
原油加工能力	Crude Oil Processing Capacity	4586.78	4459.61
焦炭	Coke	1717.00	1637.00
烧碱(折100%)	Caustic Soda(100%)	304.50	323.30
农用氮、磷、钾化学肥料总计(折纯)	Chemical Fertilizers	229.86	203.90
初级形态塑料	Primary Plastics	1347.55	1486.66
化学纤维	Chemical Fibre	1896.11	2102.74
水泥	Cement	20005.04	20187.90
平板玻璃 (万重量箱)	Plain Glass (10 000 weight cases)	3034.69	2978.24
粗钢	Crude Steel	11673.43	12008.00
钢材	Rolled Steel	17772.90	18856.31
金属切削机床 (万台)	Metal-cutting Machine Tools (10 000 sets)	15.71	10.41
汽车 (万辆)	Moter Vehicles (10 000 units)	229.34	243.73
家用电冰箱 (万台)	Household Refrigerators (10 000 sets)	1689.16	1838.76
房间空气调节器 (万台)	Air Conditioners (10 000 sets)	708.00	718.89
微型计算机设备 (万台)	Micro Computer Equipment (10 000 sets)	7042.76	6654.87
移动通信手持机(手机) (万台)	Mobile Phones (10 000 sets)	10996.54	10722.73
彩色电视机 (万台)	Color TV Set (10 000 sets)	1963.89	2027.26
发电设备容量总计 (万千瓦)	Installed Capacity of Power Generation (10 000 kW)	12036.50	12636.04
#火电设备容量	Thermal Power	9895.55	10088.54
水电设备容量	Hydro Power	260.00	262.50
核电设备容量	Nuclear Power	549.00	660.80
风电设备容量	Wind Power	928.57	1216.70

主要统计指标解释

工业　指从事自然资源的开采，对采掘品和农产品进行加工和再加工的物质生产部门。具体包括：(1)对自然资源的开采，如采矿、晒盐、森林采伐等(但不包括禽兽捕猎和水产捕捞)；(2)对农副产品的加工、再加工，如粮油加工、食品加工、缫丝、纺织、制革等；(3)对采掘品的加工、再加工，如炼铁、炼钢、化工生产、石油加工、机器制造、木材加工等，以及电力、燃气及水的生产和供应等；(4)对工业品的修理、翻新，如机器设备的修理等。

轻工业　指主要提供生活消费品和制作手工工具的工业。按其所使用的原料不同，可分为两大类：(1)以农产品为原料的轻工业，是指直接或间接以农产品为基本原料的轻工业。主要包括食品制造、饮料制造、烟草加工、纺织、缝纫、皮革和毛皮制作、造纸以及印刷等工业；(2)以非农产品为原料的轻工业，是指以工业品为原料的轻工业。主要包括文教体育用品、化学药品制造、合成纤维制造、日用化学制品、日用玻璃制品、日用金属制品、手工工具制造、医疗器械制造、文化和办公用机械制造等工业。

重工业　是指为国民经济各部门提供物质技术基础的主要生产资料的工业。按其生产性质和产品用途，可以分为下列三类：(1)采掘(伐)工业，是指对自然资源的开采，包括石油开采、煤炭开采、金属矿开采、非金属矿开采和木材采伐等工业；(2)原材料工业，指向国民经济各部门提供基本材料、动力和燃料的工业。包括金属冶炼及加工、炼焦及焦炭、化学、化工原料、水泥、人造板以及电力、石油和煤炭加工等工业；(3)加工工业，是指对工业原材料进行再加工制造的工业。包括装备国民经济各部门的机械设备制造工业、金属结构、水泥制品等工业，以及为农业提供的生产资料如化肥、农药等工业。

根据上述划分原则，修理业中以重工业产品为修理作业对象的划为重工业，反之划为轻工业。

国有控股企业　即原来的国有及国有控股企业，根据企业实收资本中国有经济成分的出资人的实际投资情况，或国有经济成分的出资人对企业资产的实际控制、支配程度进行分类。以下情况为国有控股：(1)在企业的全部实收资本中，国有经济成分的出资人拥有的实收资本(股本)所占企业全部实收资本(股本)的比例大于50%的国有绝对控股。(2)在企业的全部实收资本中，国有经济成分的出资人拥有的实收资本(股本)所占比例虽未大于50%，但相对大于其他任何一方经济成分的出资人所占比例的国有相对控股；或者虽不大于其他经济成分，但根据协议规定拥有企业实际控制权的国有协议控股。(3)投资双方各占50%，且未明确由谁绝对控股的企业，若其中一方为国有经济成分的，一律按国有控股处理。

本篇涉及的企业登记注册类型的解释详见综合篇。

资产总计　指企业过去的交易或者事项形成的、由企业拥有或者控制的、预期会给企业带来经济利益的资源。包括企业拥有的土地、办公楼、厂房、机器、运输工具、存货等实物资产和现金、存款、应收账款和预付账款等金融资产。资产一般按流动性分为流动资产和非流动资产。其中流动资产可分为货币资金、交易性金融资产、应收票据、应收账款、预付款项、其他应收款、存货等；非流动资产可分为长期股权投资、固定资产、无形资产及其他非流动资产等。来源于会计“资产负债表”中“资产总计”项目的期末余额数。

流动资产合计　资产满足以下条件之一应归为流动资产：(1)预计在一个正常营业周期中变现、出售或耗用，主要包括存货、应收账款等；(2)主要为交易目的而持有；(3)预计在资产负债表日起一年内(含一年)变现；(4)自资产负债日起一年内，交换其他资产或清偿负债的能力不受限制的现金或现金等价物。包括货币资金、应收票据、应收账款、存货等项目。来源于会计“资产负债表”中“流动资产合计”项目的期末余额数。

负债合计　指企业过去的交易或者事项形成的，预期会导致经济利益流出企业的现时义务。包括银行贷款、借款、应付账款、应付职工工资、应付职工福利费、应交税金等企业负有偿还责任的债务。负债一般按偿还期长短分为流动负债和非流动负债。来源于会计“资产负债表”中“负债合计”项目的期末余额数。

应收账款　指资产负债表日以摊余成本计量的、企业因销售商品、提供服务等经营活动应收取的款项。来源于会计“资产负债表”中“应收账款”项目的期末余额数。

存货　指企业在日常活动中持有以备出售的产成品或商品、处在生产过程中的在产品、在生产过程或提供劳务过程中耗用的材料或物料等，通常包括原材料、在产品、半成品、产成品、商品以及周转材料等。来源于会计“资产负债表”中“存货”项目的期末余额数。

产成品　指企业已经完成全部生产过程并验收入库，可以按照合同规定的条件送交订货单位，或者可以作为商品对外销售的产品。如果会计“资产负债表”列示“产成品”或“库存商品”项目，则为其期末余额；或者，根据会计“产成品”或“库存商品”科目的借方余额，减去为“产成品”或“库存商品”计提的存货跌价准备等计算得出。

营业收入　指企业从事销售商品、提供劳务和让渡资产使用权等生产经营活动形成的经济利益流入。营业收入包括“主营业务收入”和“其他业务收入”。来源于会计“利润表”中“营业收入”项目的本年累计数。

营业成本　指企业从事销售商品、提供劳务和让渡资产使用权等生产经营活动发生的实际成本。包括企业(单位)在报告期内从事销售商品、提供劳务等日常活动发生的各种耗费。包括“主营业务成本”和“其他业务成本”。来源于会计“利润表”中“营业成本”项目的本年累计数。

销售费用 指企业在销售商品和材料、提供劳务的过程中发生的各种费用，包括保险费、包装费、展览费和广告费、商品维修费、预计产品质量保证损失、运输费、装卸费等以及为销售本企业商品而专设的销售机构（含销售网点、售后服务网点等）的职工薪酬、业务费、折旧费等经营费用。

管理费用 指企业为组织和管理企业生产经营所发生的费用，包括企业在筹建期间内发生的开办费、董事会和行政管理部门在企业经营管理中发生的，或者应当由企业统一负担的公司经费等。来源于会计"利润表"中"管理费用"项目的本年累计数。

财务费用 指企业为筹集生产经营所需资金等而发生的筹资费用，包括企业生产经营期间发生的利息支出（减利息收入）、汇兑损失（减汇兑收益）以及相关的手续费等。来源于会计"利润表"中"财务费用"项目的本年累计数。

利润总额 指企业在一定会计期间的经营成果，是生产经营过程中各种收入扣除各种耗费后的盈余，反映企业在报告期内实现的盈亏总额。来源于会计"利润表"中"利润总额"项目的本年累计数。

平均用工人数 指报告期企业平均实际拥有的、参与本企业生产经营活动的人员数。

企业亏损面 指报告期末的亏损企业单位数占全部企业单位数的比重，用百分数表示。计算公式为：企业亏损面＝亏损企业单位数/全部企业单位数×100%。

资产负债率 该指标既反映企业经营风险的大小，也反映企业利用债权人提供的资金从事经营活动的能力。计算公式为：资产负债率（%）＝负债总额/资产总额×100%。资产与负债均为报告期期末数。

流动资产周转次数 指一定时期内流动资产完成的周转次数，反映投入工业企业流动资金的周转速度。计算公式为：流动资产周转次数＝营业收入/流动资产平均余额。公式中全部流动资产平均余额为期初和期末的流动资产之和的算术平均值，年鉴指标"流动资产周转次数"计算时流动资产平均余额直接取流动资产报告期期末数。

成本费用利润率 反映企业投入的生产成本及费用的经济效益，同时也反映企业降低成本所取得的经济效益。计算公式为：成本费用利润（%）＝利润总额/成本费用总额×100%。

总资产贡献率 反映企业全部资产的获利能力，是企业经营业绩和管理水平的集中体现，是评价和考核企业盈利能力的核心指标。计算公式为：总资产贡献率（%）＝（利润总额＋税金总额＋利息支出）/平均资产总额×100%。公式中平均资产总额为期初期末资产之和的算术平均值，年鉴指标"总资产贡献率"计算时平均资产总额直接取资产报告期期末数。

Explanatory Notes on Main Statistical Indicators

Industry refers to the material production sector which is engaged in extraction of natural resources and processing and reprocessing of minerals and agricultural products, including (1) extraction of natural resources, such as mining, salt production, deforestation and so on (but not including hunting and fishing); (2) processing and reprocessing of farm and sideline produces, such as grain and oil processing, food processing, silk reeling, spinning and weaving, and leather making; (3) processing and reprocessing of mineral products, such as steel making, iron smelting, chemicals manufacturing, petroleum processing, machine building, timber processing, and production and supply of electricity, gas and water; (4) repairing and renovating of industrial products such as the machinery.

Light Industry refers to the industry that produces consumer goods and hand tools. It consists of two categories according to the raw materials used: (1) Light industries using farm products as raw materials. These are branches of light industry which directly or indirectly use farm products as basic raw materials, including the manufacture of foods and beverages, tobacco processing, textile, clothing, leather and fur manufacturing, paper making, printing, etc. (2) Light industries using non-farm products as raw materials. These are branches of light industry which use manufactured goods as raw materials, including the manufacture of cultural, stationery and sporting goods, chemicals, synthetic fibre, chemical products for daily use, glass products for daily use, metal products for daily use, hand tools, medical apparatus and instruments, and the manufacture of cultural and machinery for office use.

Heavy Industry refers to the industry which produces capital goods, and provides various sectors of the national economy with necessary material and technical basis. It consists of the following three branches according to the purpose of production or the usage of products: (1) Extractive industry refers to the industry that extracts natural resources, including extraction of petroleum, coal, metal and non-metal ores and logging. (2) Raw materials industry refers to the industry that provides various sectors of the national economy with raw materials, fuels and power. It includes smelting and processing of metals, coking and carbon coke, chemistry, chemical materials and building materials such as cement, artificial board, power, petroleum refining and coal dressing. (3) Processing industry refers to the industry that processes raw materials. It includes machinery manufacturing industry which equips sectors of the national economy, industries of metal structure and cement products, industries producing means of agricultural production, such as chemical fertilizers and pesticides.

According to the above principle of classification, the repairing trades which are engaged primarily in repairing products of heavy industry are classified into heavy industry while these engaged in repairing products of light industry are classified into light industry.

State-holding Enterprises cover the original state-owned enterprises and state-holding enterprises. They are classified according to the actual investment made by the contributors of state-owned part in the paid-in capital of the enterprises, or the degree of control or dominance of the contributor on the assets of the enterprises. The following cases are regarded as state-holding: (1) Absolute state-holding in which the contributors of state-owned parts possess more than 50% of all the paid-in capital(stocks) of the enterprises; (2) Relative state-holding in which the contributors of state-owned parts possess no more than 50% of the paid-in capital(stocks) of the enterprises, but more than that of any other contributors; or agreed state-holding in which the contributors of state-owned parts possess no more than other contributors but have actual control over the enterprises according to agreements; (3) In case both contributors possess 50% and it is not clear which one is in absolute holding position, the enterprise is regarded as state-holding enterprise if one of the contributor has state-owned elements.

For explanation of types of registration covered in this chapter, please refer to Chapter 1 on General Survey.

Total Assets refer to all resources, owned or controlled by enterprises, that could bring prospective economic benefits by past trades and items, including land owned by enterprises, office buildings, factory buildings, machines, transportation, physical assets such as stocks, financial assets such as cash, deposit, receivables and prepayment. Assets can be classified into current assets and non-current assets through mobility. Current assets can divide into monetary capital, trading financial assets, account receivables, prepayment and other receivables and stocks. Non-current assets can divide into long-term equity investment, fixed assets, intangible assets and other non-current assets. Data on this indictor can be obtained from the year-end figures of total assets in the *Balance Sheet* of accounting records.

Current Assets refer to the assets that meet one of the following requirements: (1) expected to be cashed, sold or used in a normal operation cycle, mainly including inventory and accounts receivable; (2) owned for transaction purpose mainly; (3) expected to be cashed within one year(including one year) from the day of the *Balance Sheet*; (4) unlimited cash or cash equivalents that can be exchanged with other assets or capable of settling debts during one year since the day of the *Balance Sheet.* Included are monetary capital, notes receivable, accounts receivable and inventories. Data on this indicator can be obtained from the year-end figures of total current assets in the *Balance Sheet* of accounting records.

Total Liabilities refer to the current obligations that could result in prospective outflow of economic benefits by past trades and items. They include bank loans, accounts of payable, staff salaries of payable, staff welfare expenses of payable, taxes payable and liabilities which should be paid back by enterprises. Classified by terms of repayment, liabilities include liquid liabilities and long-term liabilities. Data on this indictor can be obtained from the year-end figures of total liabilities in the *Balance Sheet* of accounting records.

Accounts Receivable refers to creditor's rights through business activities such as selling goods and providing services. It comes from the ending balance of accounts receivable in balance sheet.

Inventories refers to finished goods or commodities held in preparation for sale in enterprises' daily activities, goods in the production process, material or the physical materials consumed in the production process or in the process of providing services, usually include raw materials, goods in the production process, semi-finished products, finished products, goods and materials in flow. It comes from the ending balance of inventory in balance sheet.

Finished Goods refers to the products that the enterprises have completed all of the production process and accepted and put in storage, and can be sent to the ordering units in accordance with the contract stipulations, or canbe on sale. If "finsihed goods" or "goods in stock" are listed in the *Balcence Sheet*, it is the ending balance; or, it is calculated according to the debit balance of the accounting "finished goods" or "goods in stock" account, minus the inventory falling price reserves for "finished products" or "goods in stock".

Business Revenue refers to the inflow of economic benefits through production and operation activities of enterprises, such as selling commodities, providing labor services and transferring the right to use of assets. Business revenue includes "revenue from principal business" and "revenue from other business". It comes from current year's cumulative report of "business revenue" items from the "income statement".

Business Cost refers to the actual costs incurred by the enterprises in such production and operation activities as selling commodities, providing labor services and transferring the right to use of assets. It includes various expenditures incurred by enterprises (units) in their daily activities of selling goods and providing labour services during the reporting period. It includes "cost of principal business" and "cost of other business". It comes from current year's cumulative report of "operating cost" items from the "income statement".

Selling Expenses refer to the cost during the sale of goods and materials, providing labour services, including insurance, packing, exhibition fees and advertising fees, merchandise maintenance costs, expected product quality guarantee loss, transportation fees, handling fees, and operating expenses for the sales of the company's products, such as employee compensation, business expenses, depreciation costs for dedicated sales offices(including sales outlets, after-sales service outlets, etc.).

Management Expenses refer to the expenses for the organization and management of enterprise operation, including the start-up costs during the construction of enterprises, funds occurred during enterprises operation by board of directors and executive management in the enterprise management, and other costs to be paid by enterprises. It comes from current year's cumulative amount of management cost in income statement.

Financial Expenses refer to cost of fund-raising for enterprises to raise funds for production and operation, including interest payments(a reduction in interest income), exchange loss(less exchange gains) and related fees during the period of production. It comes from current year's cumulative amount of financial expenses in income statement.

Total Profits refer to the operational results in a certain accounting period, and it is the balance of various incomes minus various spendings in the course of operation, reflecting the total profits and losses of enterprises in reference period. Data are obtained from current year's cumulative amount of total profits in the profit statement of the accounting record of enterprise.

Annual Average Employees refer to the number of persons engaged in the production and operation activities of enterprises in the reporting period, which are actually employed by the enterprises.

Percentage of Business Suffering Loss refers to the proportion of the number of loss-making enterprise units in the total number of enterprise units at the end of the reporting period, expressed in percentages. The formula for computation is:

Percentage of Business Suffering Loss = Number of Loss-making Enterprise Units/Total Number of Enterprise Units × 100%.

Assets Liability Ratio This indicator reflects both the size of the business risk and the ability of the enterprise to use the funds provided by creditors to engage in business activities. The formula for computation is:

Assets Liability Ratio(%) = Total Liabilities/Total Assets × 100%

Assets and liabilities are data at the end of the reporting period.

Times of Turnover of Current Assets refers to the times of turnover of current assets completed in a certain period of time, reflecting the turnover speed of the working capital invested in industrial enterprises. The formula for computation is:

Times of Turnover of Current Assets =

Business Revenue/Average Balance of Current Assets. The average balance of all current assets in the formula is the arithmetic average of the sum of the current assets at the beginning and end of the period. When calculates "Times of turnover of current assets" in the yearbook, the average balance of current assets is directly taken from the end of the current assets reporting period.

Ratio of Profits to Cost Expense It reflects the economic benefits of the production costs and expenses invested by the enterprises, and also reflects the economic benefits achieved by the enterprise in reducing costs. The formula for computation is:

Ratio of Profits of Cost Expense(%) = Total Profits/Total Cost Expenses × 100%

Contribution Ratio of Total Assets It reflects the profitability of all assets of the enterprise. It is the concentrated embodiment of the business performance and management level of the enterprise and is the core indicator for evaluating and assessing the profitability of the enterprise. The formula for computation is:

$$\text{Contribution Ratio of Total Assets} = \frac{\text{Total Profits} + \text{Total Tax} + \text{Interest Expenses}}{\text{Average Total Assets}} \times 100\%$$

The average total assets in the formula is the arithmetic average of the sum of the assets at the beginning and end of the period. When calculates "Contribution ratio of total assets" in the yearbook, the average total assets is directly taken from the assets reporting period.

12

建筑业

Construction

简 要 说 明

一、本篇资料的主要内容

本篇资料反映我省建筑业概况和发展情况。包括建筑业企业基本情况和生产经营情况。主要指标有企业个数、从业人员数、建筑业总产值、房屋建筑面积、劳动生产率等。

二、本篇资料的统计范围

根据建筑业发展的实际情况，建筑业统计范围从 2002 年年报起由原具有建筑业资质等级四级及四级以上的独立核算的建筑业企业调整为具有建筑业资质的独立核算建筑业企业。

三、本篇资料的来源及统计调查方法

本篇建筑业企业统计数据是根据国家统计局制定的《建筑业统计报表制度》整理汇总的。建筑业统计报表是各级统计部门根据当地实际情况采取全面调查的方法布置、收集，由辖区内各资质内建筑业企业通过联网直报上报统计数据。

Brief Introduction

I. Main Contents

Data in this chapter show the general situation and the development of the construction industry in Jiangsu. They cover the situation of production and management of the construction enterprises, including the number of enterprises; number of employed persons; gross output value of the construction industry; floor space of buildings and labour productivity etc.

II. Scope of Statistics

In view of the development of the construction industry, starting from 2002 the scope of construction statistics has been adjusted to include all the construction enterprises of various types of ownership with qualification certificates and independent accounting systems, replacing the previous criteria that required general contract and specilized construction enterprises of various types of ownership to have qualification certificates at or above Grade 4 with independent accounting systems.

III. Sources of Data and Methods of Survey

Data on construction enterprises are collected in accordance with the *Statistical Reporting System of Construction* stipulated by the National Bureau of Statistics. The construction statistical reports are distributed and collected through comprehensive survey by each Bureau of statistics in accordance with real conditions of the enterprises, and they are directly reported by qualified construction enterprises through internet.

12－1 建筑施工企业概况
Main Indicators of Construction Enterprises

指标 Item 年份 Year	总计 Total	国有经济 State-owned	地方 Local-owned	部属 Central-owned	集体及其他经济 Collective-owned and Others
企业单位个数 (个) Number of Enterprises (unit)					
1985	2360	114	86	28	2246
1989	2408	175	144	31	2233
1990	2284	162	138	24	2122
1991	2316	173	147	26	2143
1992	2417	203	176	27	2214
1993	2810	308	273	35	2502
1994	3348	389	353	36	2959
1995	3426	406	370	36	3020
1996	3528	589	554	35	2939
1997	3546	564	525	39	2982
1998	3587	573	535	38	3014
1999	3994	550	514	36	3444
2000	3948	529	485	44	3419
2001	3872	469	424	45	3403
2002	4084	489	438	51	3595
2003	4267	358	322	36	3909
2004	5241	318	279	39	4923
2005	5909	556	524	32	5353
2006	6371	444	439	5	5927
2007	7017	453	449	4	6564
2008	8389	413	380	33	7976
2009	8664	391	362	29	8273
2010	8949	375	347	28	8574
2011	9164	392	359	33	8772
2012	9254	383	350	33	8871
2013	9560	383	348	35	9177
2014	9220	368	332	36	8852
2015	9149	361	327	34	8788
2016	9023	355	322	33	8668
2017	8920	355	322	33	8565
2018	9787	373	327	46	9414
2019	9906	381	333	48	9525
2020	11535	390	344	46	11145
2021	12893	450	405	45	12443
从事主营业务活动的从业人员平均人数 (万人) The Average Number of Employees Engaged in Principal Business (10 000 persons)					
1985	124.09	17.60	13.82	3.78	106.49
1989	128.55	22.08	15.10	6.98	106.47
1990	124.31	21.53	15.24	6.29	102.38
1991	126.44	22.06	15.83	6.23	104.38
1992	143.44	24.67	17.66	7.01	118.77
1993	175.06	34.58	27.50	7.08	140.48
1994	212.17	44.60	31.60	13.00	167.57
1995	232.94	45.42	38.58	6.84	187.52
1996	220.71	59.55	52.14	7.41	161.16
1997	215.69	51.20	44.57	6.63	164.48
1998	232.32	50.52	42.22	8.30	181.80
1999	222.80	46.30	38.85	7.45	176.50

12－1 续表1 Continued

指标 Item 年份 Year	总计 Total	国有经济 State-owned	地方 Local-owned	部属 Central-owned	集体及其他经济 Collective-owned and Others
2000	221.48	43.85	36.41	7.44	177.63
2001	239.52	41.74	35.33	6.41	197.78
2002	251.36	45.96	39.26	6.70	205.40
2003	277.91	30.37	23.85	6.52	247.54
2004	305.64	30.06	23.31	6.75	275.58
2005	342.24	60.77	53.98	6.79	281.47
2006	379.77	50.24	48.44	1.80	329.53
2007	437.10	54.50	52.81	1.69	382.60
2008	488.67	44.49	34.90	9.60	444.18
2009	540.52	40.43	28.30	12.13	500.09
2010	598.98	40.23	31.09	9.14	558.75
2011	607.55	38.41	29.09	9.33	569.14
2012	700.96	40.23	29.74	10.49	660.73
2013	782.36	62.79	47.54	15.25	719.57
2014	828.27	51.71	34.17	17.54	776.56
2015	833.31	51.82	34.67	17.15	781.49
2016	845.84	51.18	35.88	15.30	794.66
2017	894.95	63.30	46.94	16.36	831.65
2018	885.17	64.69	50.80	13.89	820.48
2019	911.79	71.45	58.38	13.07	840.34
2020	973.96	88.99	68.08	20.91	884.97
2021	1035.33	105.92	76.38	29.55	929.41
建筑业总产值（亿元） **Gross Output Value of Construction Enterprises (100 million yuan)**					
1985	82.63	14.32	10.92	3.39	68.32
1989	142.05	30.94	9.52	11.42	111.11
1990	147.23	32.00	21.49	10.51	115.23
1991	176.21	37.84	26.04	11.80	138.37
1992	265.80	58.20	40.07	18.12	207.61
1993	449.99	104.73	82.40	22.33	345.27
1994	738.60	171.60	131.04	40.56	566.99
1995	998.11	257.36	207.39	49.97	740.74
1996	1049.42	377.92	318.79	59.13	671.51
1997	1102.12	352.86	294.21	58.65	749.26
1998	1224.42	335.16	272.55	62.61	889.26
1999	1338.46	343.12	282.03	61.09	995.34
2000	1546.17	376.59	308.30	68.29	1169.58
2001	1859.41	414.58	339.70	74.88	1444.83
2002	2199.52	492.90	414.84	78.06	1706.62
2003	2794.94	345.39	258.10	87.29	2449.55
2004	3656.66	436.40	299.08	137.32	3220.26
2005	4368.95	865.07	727.50	137.57	3503.88
2006	5424.85	812.35	770.02	42.33	4612.50
2007	7010.57	1075.79	1038.81	36.98	5934.78
2008	8547.94	917.82	620.31	297.51	7630.12
2009	10264.92	981.35	618.32	363.03	9283.57
2010	12405.90	1206.68	703.69	502.99	11199.22
2011	15122.74	1411.67	799.54	612.13	13711.06
2012	18423.55	1595.37	951.82	643.55	16828.18
2013	21990.84	1867.61	1036.00	831.61	20123.23
2014	24592.93	2070.42	1129.97	940.45	22522.51
2015	24785.81	2143.55	1186.93	956.62	22642.26
2016	25791.76	2238.45	1256.88	981.57	23553.31

12－1 续表2 Continued

指标 Item 年份 Year	总计 Total	国有经济 State-owned	地方 Local-owned	部属 Central-owned	集体及其他经济 Collective-owned and Others
2017	27956.71	2768.64	1610.18	1158.46	25188.07
2018	30954.69	3343.47	2085.21	1258.26	27611.22
2019	33099.18	4050.87	2570.30	1480.57	29048.31
2020	35251.64	4737.60	3014.97	1722.63	30514.04
2021	38244.49	5408.75	3422.02	1986.72	32835.75
房屋建筑施工面积 （万平方米） Floor Space of Buildings under Construction （10 000 sq. m）					
1985	5570.32	619.94	536.58	83.36	4950.38
1989	5447.40	672.60	547.40	125.20	4774.80
1990	5240.98	699.10	580.30	118.80	4541.88
1991	5711.13	778.71	660.44	118.27	4932.42
1992	7780.32	1049.90	901.00	148.90	6730.42
1993	10229.96	1801.32	1573.13	228.19	8428.64
1994	13201.21	2356.00	2062.20	293.90	10845.21
1995	16646.14	3470.96	3135.28	335.68	13175.18
1996	15672.95	5032.00	4663.09	368.91	10640.95
1997	16191.85	4407.38	4031.04	376.34	11784.47
1998	17803.33	3831.67	3593.61	238.06	13971.66
1999	18748.25	3830.22	3633.96	196.26	14918.03
2000	21287.10	4096.75	3871.42	225.33	17190.35
2001	24319.01	3706.55	3380.84	325.71	20612.46
2002	27753.39	3669.91	3301.01	368.90	24083.48
2003	33949.95	1893.32	1503.56	389.76	32056.63
2004	43170.57	2815.09	2273.46	541.63	40355.48
2005	52242.23	7706.17	7383.99	322.18	44536.06
2006	63140.49	6553.90	6329.13	224.77	56586.59
2007	79901.63	9386.76	9092.19	294.57	70514.87
2008	90144.64	5437.75	4655.54	782.21	84706.89
2009	99659.92	3580.73	2684.79	895.94	96079.19
2010	119035.52	4465.90	3273.48	1192.42	114569.62
2011	145451.48	6273.08	4486.17	1786.91	139178.40
2012	166779.12	7006.79	5281.84	1724.95	159772.33
2013	196739.85	9070.57	6661.60	2408.97	187669.28
2014	213038.78	11454.23	8453.47	3100.76	201584.55
2015	215591.97	11763.27	8034.19	3729.08	203828.70
2016	221493.57	13235.38	8963.95	4271.43	208258.19
2017	232034.24	16918.65	12132.73	4785.92	215115.59
2018	249419.75	19144.84	13601.27	5543.57	230274.91
2019	255156.66	23294.50	16834.78	6459.72	231862.16
2020	267407.73	27461.08	20340.16	7120.91	239946.66
2021	273427.96	30251.55	22704.45	7547.10	243176.41
房屋建筑竣工面积 （万平方米） Floor Space of Buildings Completed （10 000 sq. m）					
1985	3527.20	272.55	245.03	27.52	3254.65
1989	3446.50	284.50	246.40	38.10	3162.00
1990	3307.93	354.40	302.20	52.20	2953.53
1991	3422.75	361.35	322.27	39.08	3061.40
1992	4387.99	446.60	395.90	50.70	3941.39
1993	5767.78	772.59	705.11	67.48	4995.19
1994	9336.28	903.20	838.60	64.60	8433.08
1995	8739.38	1304.03	1243.04	60.99	7435.35
1996	8252.13	1946.38	1872.36	74.02	6305.75
1997	8787.36	1678.84	1601.39	77.46	7108.52
1998	9958.90	1748.46	1686.40	62.05	8210.45
1999	10558.22	1692.42	1636.92	55.50	8865.80
2000	12329.65	1961.86	1896.93	64.93	10367.79

12－1 续表3 Continued

指标 Item 年份 Year	总 计 Total	国有经济 State-owned	地 方 Local-owned	部 属 Central-owned	集体及其他经济 Collective-owned and Others
2001	14268.89	1822.02	1718.15	103.87	12446.87
2002	15478.58	1877.94	1773.00	104.94	13600.64
2003	17730.02	879.14	786.81	92.33	16850.88
2004	21756.82	1246.57	1084.82	161.75	20510.25
2005	25391.86	3696.89	3526.71	170.18	21694.97
2006	28715.39	2517.69	2448.11	69.58	26197.70
2007	34992.20	3610.75	3505.88	104.87	31381.45
2008	40272.98	2182.40	1948.24	234.16	38090.58
2009	43307.52	1294.73	1063.59	231.15	42012.79
2010	48560.07	1388.19	1034.71	353.48	47171.88
2011	54650.20	1505.31	1291.08	214.23	53144.89
2012	61241.69	1788.25	1539.63	248.62	59453.44
2013	69010.15	2675.97	2238.06	437.91	66334.18
2014	76795.04	2962.05	2350.28	611.77	73832.99
2015	76823.92	3119.41	2580.11	539.30	73704.51
2016	74990.29	3816.67	3094.29	722.38	71173.62
2017	75454.29	4516.60	3891.85	624.75	70937.69
2018	75895.21	4737.03	4119.86	617.17	71158.18
2019	77823.40	6633.38	6039.07	594.31	71190.02
2020	77802.87	6807.86	6144.05	663.81	70995.01
2021	74993.32	8370.57	7392.80	977.77	66622.75
房屋建筑面积竣工率 (%) **Rate of Floor Space of Buildings Completed (%)**					
1985	66.2	44.0	45.7	33.0	65.7
1989	63.3	42.3	45.0	30.4	66.2
1990	63.1	50.7	52.1	43.9	65.0
1991	59.9	46.4	48.8	33.0	62.1
1992	56.4	42.5	43.9	34.0	58.6
1993	56.4	42.9	44.8	29.6	59.3
1994	70.7	38.3	40.7	22.0	77.8
1995	52.5	34.9	39.6	18.2	56.4
1996	52.7	38.7	40.2	20.1	59.3
1997	54.3	38.1	39.7	20.6	60.3
1998	55.9	45.6	46.9	26.1	58.8
1999	56.3	44.2	45.0	28.3	59.4
2000	57.9	47.9	49.0	28.8	60.3
2001	58.7	49.2	50.8	31.9	60.4
2002	55.8	51.2	53.7	28.4	56.5
2003	52.2	46.4	52.3	23.7	52.6
2004	50.4	44.3	47.7	29.9	50.8
2005	48.6	48.0	47.8	52.8	48.7
2006	45.5	38.4	38.7	31.0	46.3
2007	43.8	38.5	38.6	35.6	44.5
2008	44.7	40.1	41.8	29.9	45.0
2009	43.5	36.2	39.6	25.8	43.7
2010	40.8	31.1	31.6	29.6	41.2
2011	37.6	24.0	28.8	12.0	38.2
2012	36.7	25.5	29.1	14.4	37.2
2013	35.1	29.5	33.6	18.2	35.3
2014	36.0	25.9	27.8	19.7	36.6
2015	35.6	26.5	32.1	14.5	36.2
2016	33.9	28.8	34.5	16.9	34.2
2017	32.5	26.7	32.1	13.1	33.0
2018	30.4	24.7	30.3	11.1	30.9
2019	30.5	28.5	35.9	9.2	30.7
2020	29.1	24.8	30.2	9.3	29.6
2021	27.4	27.7	32.6	13.0	27.4

12－2 建筑业企业主要经济指标
Main Economic Indicators of Construction Enterprises

指 标	Item	2017	2018	2019	2020	2021
施工企业个数（个）	Number of Construction Enterprises (unit)	8920	9787	9906	11535	12893
建筑业总产值（亿元）	Gross Output Value of Construction Industry (100 million yuan)	27956.71	30954.69	33099.18	35251.64	38244.49
#建筑工程	Construction	26227.46	28894.08	30798.99	32678.89	35586.60
安装工程	Installation	1522.97	1812.29	1963.04	2180.77	2364.57
竣工产值(亿元)	Output Value of Completion (100 million yuan)	21542.54	22856.34	24455.92	25483.01	27063.73
房屋建筑施工面积（万平方米）	Floor Space of Buildings under Construction (10 000 sq. m)	232034.24	249419.75	255156.66	267407.73	273427.96
#本年新开工	Newly Started Projects in This Year	91223.35	94270.39	85894.22	93079.78	83533.60
房屋建筑竣工面积（万平方米）	Floor Space of Buildings Completed (10 000 sq. m)	75454.29	75895.21	77823.40	77802.87	74993.32
从事主营业务活动的从业人员平均人数（万人）	The Average Number of Employees Engaged in Principal Business (10 000 persons)	894.95	885.17	911.79	973.96	1035.33
全员劳动生产率（元/人）	Overall Labor Productivity (yuan/person)	312383	349703	363015	361942	369394
固定资产折旧（亿元）	Depreciation of Fixed Assets (100 million yuan)	120.16	143.47	135.84	162.65	162.28
营业税金及附加（亿元）	Sales Tax and Extra Charges (100 million yuan)	389.09	341.57	279.54	244.31	208.48
利润总额（亿元）	Total Profits (100 million yuan)	1060.26	1161.77	1229.95	1325.58	1388.99
利税总额（亿元）	Total Pre-tax Profits (100 million yuan)	1983.59	2284.22	2281.60	2356.26	2414.39
本年应付职工薪酬（亿元）	Payment of Workers in This Year (100 million yuan)	4484.40	5630.30	5138.03	5390.51	5498.30
应交增值税（亿元）	Value-added Tax Payable (100 million yuan)	544.61	786.70	788.69	816.86	826.41

12－3　按登记注册类型分建筑业企业主要经济指标（2021年）

指　标	Item	合　计 Total	内资企业 Domestic Funded	国有 State-owned	集体 Collective-owned	股份合作 Cooperative
施工企业个数　（个）	Number of Construction Enterprises (unit)	12893	12824	133	57	13
#亏损企业	Number of Loss-making Enterprises	1353	1342	11	9	
年末从业人员数　（万人）	Number of Employees at Year-end (10 000 persons)	880.56	878.54	11.82	3.44	0.82
建筑业总产值　（亿元）	Gross Output Value of Construction (100 million yuan)	38244.49	37935.05	642.46	100.98	36.41
#建筑工程	Construction	35586.60	35332.13	607.90	94.47	36.33
安装工程	Installation	2364.57	2314.15	30.78	6.46	0.07
竣工产值　（亿元）	Output Value of Completed Buildings (100 million yuan)	27063.73	26760.66	522.47	73.25	34.50
房屋建筑施工面积（万平方米）	Floor Space of Buildings under Construction (10 000 sq. m)	273427.96	273160.89	2758.78	587.70	401.99
#本年新开工	Newly Started Projects in This Year	83533.60	83490.61	1156.72	274.70	92.49
房屋建筑竣工面积（万平方米）	Floor Space of Buildings Completed (10 000 sq. m)	74993.32	74927.14	1254.28	157.54	154.91
从事主营业务活动的从业人员平均人数　（万人）	The Average Number of Employees Engaged in Principal Business (10 000 persons)	1035.33	1028.51	13.57	4.50	0.82
全员劳动生产率（元/人）	Overall Labor Productivity (yuan/person)	369394	368836	473450	224347	445387

Main Economic Indicators of Construction Enterprises by Registration Status (2021)

联营 Joint Ownership Enterprises	有限责任公司 Limited Liabilit Corporations	股份有限公司 Share-holding Corporations Limited	私营 Private Enterprises	其他 Others	港澳台商投资企业 Enterprises with Funds from Hong Kong, Macao and Taiwan	外商投资企业 Foreign Funded Enterprises
2	799	127	11687	6	28	41
	68	13	1241		2	9
6.05	151.59	44.68	660.09	0.06	0.37	1.65
40.99	10094.59	2294.24	24721.97	3.43	22.99	286.45
40.76	9369.74	2196.65	22982.87	3.40	16.14	238.33
0.18	701.02	88.67	1486.99	0.00	6.80	43.62
16.16	7210.20	1739.32	17161.67	3.09	19.29	283.79
648.91	67016.22	19378.21	182319.60	49.49	50.95	216.12
105.48	16221.53	5005.45	60633.98	0.26	12.53	30.47
71.62	17370.74	4670.87	51204.84	42.36	31.72	34.46
2.36	188.43	46.37	772.39	0.07	0.51	6.32
173701	535712	494778	320072	500210	454514	453403

12－4 按登记注册类型分建筑业企业财务状况（2021 年）

单位:亿元

指　　标	Item	合　计 Total	内资企业 Domestic Funded	国有 State-owned	集体 Collective-owned	股份合作 Cooperative
资本金合计	Total Capital Assets	4054.64	4005.38	73.98	8.58	2.27
流动资产合计	Total Current Assets	21989.00	21655.20	621.22	66.23	6.07
#存货	Stock	4717.20	4696.59	75.11	9.40	3.13
固定资产原价合计	Total Original Value of Fixed Assets	2387.27	2342.83	74.72	8.01	2.09
累计折旧	Accumulated Depreciation	1114.76	1098.42	39.84	4.10	1.39
#本年折旧	Depreciation in This Year	162.28	160.07	5.38	0.25	0.05
在建工程	Projects under Construction	315.62	313.49	4.37	0.90	0.00
资产总计	Total Assets	25627.38	25196.76	694.35	74.48	7.17
流动负债合计	Current Liabilities	14402.95	14164.63	476.62	41.97	2.46
非流动负债合计	Non-current Liabilities	751.03	739.35	43.60	0.50	0.01
负债合计	Total Liabilities	15375.48	15123.93	523.14	47.28	2.47
所有者权益合计	Owners' Equity	10251.62	10072.56	171.21	27.21	4.70
主营业务收入	Revenue from Principal Business	32958.90	32671.46	550.56	85.86	16.23
主营业务成本	Cost of Principle Business	30338.02	30095.19	500.49	77.98	13.15
主营业务税金及附加	Taxes and Other Charges on Principle Business	198.99	198.05	5.08	0.81	0.22
其他业务利润	Profits from Other Businesses	25.76	25.51	0.29	0.01	0.00
销售费用	Selling Expenses	102.05	99.03	0.34	0.13	0.00
管理费用	Management Expenses	904.92	894.94	14.25	2.91	2.05
财务费用	Financial Expenses	192.94	192.76	3.34	0.05	0.10
营业利润	Business Profits	1393.49	1421.22	23.31	4.19	0.70
利润总额	Total Profits	1388.99	1416.39	22.97	4.45	0.65
所得税费用	Income Tax and Fee	273.21	277.07	5.06	1.12	0.09
本年应付职工薪酬	Payment of Workers in This Year	5498.30	5466.30	83.84	15.84	4.74
应交增值税	Value-added Tax Payable	826.41	819.87	12.06	2.70	0.31

Financial Indicators of Construction Enterprises by Registration Status (2021)

(100 million yuan)

联营 Joint Ownership Enterprises	有限责任公司 Limited Liability Corporations	股份有限公司 Share-holding Corporations Limited	私营 Private Enterprises	其他 Others	港澳台商投资企业 Enterprises with Funds from Hong Kong, Macao and Taiwan	外商投资企业 Foreign Funded Enterprises
3.07	736.72	116.13	3064.34	0.29	5.68	43.57
74.88	6992.20	1335.61	12557.53	1.48	24.80	309.00
39.96	1168.53	230.63	3169.81	0.01	3.02	17.59
0.47	527.03	112.51	1617.95	0.05	4.00	40.44
0.17	253.06	56.39	743.47	0.01	1.69	14.65
0.02	33.03	7.88	113.45	0.01	0.24	1.97
0.01	64.81	12.51	230.90	0.00	0.06	2.06
76.83	8066.88	1615.59	14659.91	1.55	28.00	402.62
70.06	5235.64	1078.38	7258.77	0.72	13.60	224.72
0.00	371.23	80.02	243.99	0.00	0.23	11.45
70.06	5659.90	1160.29	7660.05	0.75	15.38	236.17
6.77	2406.98	455.30	6999.58	0.81	12.61	166.45
37.21	9258.76	1830.18	20889.38	3.28	25.10	262.34
33.24	8693.43	1675.21	19098.76	2.92	21.40	221.44
0.00	33.29	6.65	151.97	0.03	0.12	0.81
0.00	8.76	3.75	12.69	0.00	0.00	0.25
0.01	12.43	2.65	83.42	0.05	0.20	2.83
0.45	171.52	55.61	648.05	0.10	2.10	7.88
0.85	44.26	10.47	133.68	0.01	0.09	0.09
2.47	427.80	79.83	882.75	0.16	1.42	-29.14
2.51	430.23	75.09	880.32	0.17	1.48	-28.88
0.45	81.35	15.71	173.27	0.03	0.25	-4.11
15.39	1148.11	327.65	3870.44	0.29	2.93	29.08
0.53	200.26	37.93	565.96	0.11	0.85	5.70

12－5 按行业分建筑业企业主要经济指标和财务状况（2021年）
Main Economic and Financial Indicators of Construction Enterprises by Sector（2021）

单位:亿元 （100 million yuan）

指标	Item	房屋建筑业 Construction of Buildings	土木工程建筑业 Civil Engineering	建筑安装业 Construction Installation	建筑装饰和其他建筑业 Building Decoration and Other Construction	建筑装饰业 Construction Decoration
企业个数（个）	Number of Construction Enterprises (unit)	5762	3308	1588	2235	1717
#亏损企业	Number of Loss-making Enterprises	529	344	177	303	246
建筑业总产值	Gross Output Value of Construction	27565.99	5776.21	2809.10	2093.20	1689.07
#建筑工程	Construction	26943.53	5462.16	1202.39	1978.53	1630.28
安装工程	Installation	469.32	215.50	1591.88	87.88	40.67
竣工产值	Output Value of Completed Buildings	20204.33	3428.30	1870.83	1560.27	1296.96
房屋建筑施工面积（万平方米）	Floor Space of Buildings under Construction (10 000 sq. m)	263298.65	5555.30	3375.01	1199.00	713.65
#本年新开工	Newly Started Projects in This Year	80105.49	1917.12	1089.02	421.98	309.49
房屋建筑竣工面积（万平方米）	Floor Space of Buildings Completed (10 000 sq. m)	72158.51	1608.97	922.97	302.86	178.27
从事主营业务活动的从业人员平均人数（万人）	The Average Number of Employees Engaged in Principal Business (10 000 persons)	763.76	136.00	70.75	64.81	54.10
全员劳动生产率（元/人）	Overall Labor Productivity (yuan/person)	360926	424711	397019	322950	312242
资本金合计	Total Capital Assets	2181.46	1204.07	348.19	320.92	236.17
流动资产合计	Total Current Assets	12899.46	5621.70	1851.00	1616.84	1200.29
#存货	Stock	3179.04	1043.48	257.75	236.93	193.15
固定资产原价合计	Total Original Value of Fixed Assets	1227.02	778.27	204.39	177.60	113.36
累计折旧	Accumulated Depreciation	539.74	402.32	95.10	77.60	45.94
#本年折旧	Depreciations in This Year	84.78	51.50	12.83	13.18	7.55
在建工程	Projects under Construction	183.37	94.49	16.68	21.08	14.48
资产总计	Total Assets	14785.76	6833.66	2126.26	1881.70	1406.58
流动负债合计	Current Liabilities	8110.07	3970.22	1257.69	1064.97	773.91
非流动负债合计	Non-current Liabilities	377.01	343.15	14.64	16.23	5.04
负债合计	Total Liabilities	8636.86	4360.04	1280.13	1098.45	789.88
所有者权益合计	Owners' Equity	6148.56	2473.62	846.13	783.31	616.76
主营业务收入	Revenue from Principal Business	22787.88	5480.15	2739.26	1951.61	1543.95
主营业务成本	Cost of Principle Business	21187.81	4944.00	2479.26	1726.96	1364.86
主营业务税金及附加	Taxes and Other Charges on Principle Business	144.88	32.57	11.98	9.55	7.60
其他业务利润	Profits from Other Businesses	14.69	4.90	4.75	1.42	1.25
销售费用	Selling Expenses	50.29	27.73	10.60	13.42	11.69
管理费用	Management Expenses	492.52	223.24	99.42	89.76	68.88
财务费用	Financial Expenses	122.87	50.95	8.62	10.51	7.95
营业利润	Business Profits	1016.26	232.59	126.18	18.47	4.36
利润总额	Total Profits	1012.54	230.40	127.69	18.36	4.06
所得税费用	Income Tax and Fee	191.54	51.44	21.17	9.05	6.47
本年应付职工薪酬	Payment of Workers in This Year	4271.54	604.57	341.85	280.34	233.05
应交增值税	Value-added Tax Payable	591.13	129.33	57.61	48.34	38.61

12－6 按地区分建筑业企业主要指标
Main Indicators of Construction Enterprises by Region

地 区 Region		建筑施工企业个数 Number of Construction Enterprises					年末从业人员数 Number of Employed Persons at Year-end				
		2017	2018	2019	2020	2021	2017	2018	2019	2020	2021
全 省	**Total**	**8920**	**9787**	**9906**	**11535**	**12893**	**773.63**	**795.50**	**804.47**	**855.00**	**880.56**
南 京	Nanjing	1406	1646	1717	1883	2013	75.06	84.35	85.00	74.60	71.07
无 锡	Wuxi	562	594	636	657	700	21.11	19.22	20.01	25.84	27.27
徐 州	Xuzhou	507	540	600	728	934	54.52	50.14	46.94	42.34	47.73
常 州	Changzhou	604	722	686	822	891	47.76	48.82	52.10	56.19	64.29
苏 州	Suzhou	1359	1347	1317	1398	1402	46.11	48.38	45.95	44.72	47.44
南 通	Nantong	884	1037	972	1168	1283	158.40	172.93	187.97	209.77	207.56
连云港	Lianyungang	283	306	308	373	430	25.10	26.46	19.30	18.86	18.93
淮 安	Huai'an	531	574	632	664	815	50.37	48.01	49.55	59.21	51.06
盐 城	Yancheng	747	812	846	1050	1192	47.86	51.56	52.46	55.23	53.33
扬 州	Yangzhou	657	670	647	877	1199	92.69	88.53	89.55	104.07	109.37
镇 江	Zhenjiang	380	400	387	448	517	13.38	12.62	12.13	11.70	11.54
泰 州	Taizhou	632	753	758	969	1004	113.24	114.22	114.93	123.49	141.26
宿 迁	Suqian	368	386	400	498	513	28.05	30.27	28.60	28.99	29.73
苏 南	Southern Jiangsu	4311	4709	4743	5208	5523	203.41	213.39	215.17	213.04	221.60
苏 中	Mid Jiangsu	2173	2618	2377	3014	3486	364.33	206.44	392.45	437.33	458.19
苏 北	Northern Jiangsu	2436	2460	2786	3313	3884	205.89	375.67	196.84	204.63	200.78

12-6 续表1 Continued

地区 Region		建筑业总产值 Total Output Value of Construction					房屋建筑施工面积 Floor Space of Buildings under Construction				
		2017	2018	2019	2020	2021	2017	2018	2019	2020	2021
全省	**Total**	**27956.71**	**30954.69**	**33099.18**	**35251.64**	**38244.49**	**232034.24**	**249419.75**	**255156.66**	**267407.73**	**273427.96**
南京	Nanjing	3260.70	3903.18	4235.85	4533.15	4918.04	22313.61	27080.93	27479.16	27695.33	26469.92
无锡	Wuxi	742.62	901.15	1038.20	1111.06	1213.06	3194.19	3997.25	4764.94	5314.45	4590.11
徐州	Xuzhou	1493.03	1516.81	1512.05	1559.53	1698.01	11642.81	10837.68	10029.45	9993.25	10364.27
常州	Changzhou	1390.37	1615.35	1902.65	2021.96	2193.28	9572.69	11124.01	12317.80	13048.00	13030.24
苏州	Suzhou	1954.82	2411.75	2679.54	2867.24	3119.57	9340.49	10418.56	12303.98	13689.47	16435.66
南通	Nantong	7337.15	8299.68	9061.27	9741.93	10568.67	77232.63	87582.25	92873.72	99765.35	99443.02
连云港	Lianyungang	712.18	709.47	545.54	547.19	596.69	5980.62	5911.69	4028.68	3602.26	3917.38
淮安	Huai'an	1396.61	1398.25	1394.05	1457.02	1578.32	14089.22	12658.51	11998.71	11270.67	12192.22
盐城	Yancheng	1673.01	1747.52	1804.51	1903.98	2058.99	11687.31	11752.28	11790.28	11848.03	11815.31
扬州	Yangzhou	3635.74	3901.63	4228.60	4516.04	4881.33	27495.20	28646.18	28177.64	30821.00	32531.73
镇江	Zhenjiang	495.05	537.64	561.46	597.62	645.61	2077.88	1933.35	2009.16	1988.83	2197.21
泰州	Taizhou	3173.02	3331.31	3457.94	3680.84	4005.41	31638.08	31573.34	31767.03	32426.96	33945.67
宿迁	Suqian	692.41	680.95	677.53	714.07	767.52	5769.52	5903.71	5616.12	5944.14	6495.22
苏南	Southern Jiangsu	7843.56	9369.08	10417.70	11131.03	12089.55	46498.86	54554.10	58875.05	61736.08	62723.14
苏中	Mid Jiangsu	14145.91	6053.00	16747.81	17938.81	19455.42	136365.91	47063.88	152818.39	163013.31	165920.43
苏北	Northern Jiangsu	5967.24	15532.62	5933.67	6181.80	6699.52	49169.47	147801.77	43463.23	42658.35	44784.39

12－6　续表 2　Continued

地　区 Region		房屋建筑竣工面积 Floor Space of Buildings Completed				
		2017	2018	2019	2020	2021
全　省	**Total**	**75454.29**	**75895.21**	**77823.40**	**77802.87**	**74993.32**
南　京	Nanjing	5525.07	6184.02	6639.87	5817.69	5883.39
无　锡	Wuxi	1154.70	1211.87	1327.04	1669.41	1316.06
徐　州	Xuzhou	4355.87	4038.13	3668.38	3340.21	2848.30
常　州	Changzhou	3441.80	3273.25	3678.21	4276.48	4001.99
苏　州	Suzhou	2918.66	2768.89	3230.35	3583.31	4090.28
南　通	Nantong	19901.58	21378.36	22423.13	24623.60	23798.01
连云港	Lianyungang	2380.43	2471.97	1695.22	1416.54	1077.49
淮　安	Huai'an	3680.75	3910.56	3824.66	3499.32	2941.12
盐　城	Yancheng	5143.07	4790.16	4822.52	4654.77	4530.96
扬　州	Yangzhou	10740.44	10680.60	11751.42	10523.20	11383.76
镇　江	Zhenjiang	715.81	579.57	654.21	550.34	603.23
泰　州	Taizhou	13046.67	12156.75	12293.77	12024.69	10523.71
宿　迁	Suqian	2449.44	2451.08	1814.61	1823.31	1995.02
苏　南	Southern Jiangsu	13756.04	14017.59	15529.68	15897.23	15894.95
苏　中	Mid Jiangsu	43688.69	17661.90	46468.32	47171.49	45705.48
苏　北	Northern Jiangsu	18009.56	44215.72	15825.40	14734.15	13392.89

主要统计指标解释

建筑业统计单位　指从事房屋、构筑物建造、装饰装修、设备安装活动和工程准备、提供施工设备服务等其他建筑活动的具有建筑业资质的法人企业。建筑业法人企业应同时具备的条件是:1. 依法成立,有自己的名称、组织机构和场所,能够承担民事责任;2. 独立拥有和使用资产,承担负债,有权与其他单位签订合同;3. 独立核算盈亏,能够编制资产负债表。

建筑业总产值(即自行完成施工产值)　是以货币表现的建筑业企业在一定时期内生产的建筑业产品和服务的总和。建筑业总产值包括:

1. 建筑工程产值:指列入建筑工程预算内的各种工程价值。

2. 安装工程产值:指设备安装工程价值,不包括被安装设备本身价值。

3. 其他产值:指建筑业总产值中除建筑工程、安装工程以外的产值。包括房屋、构筑物修理所完成的产值(不包括被修理的房屋、构筑物本身的价值)、非标准设备制造产值、总包企业向分包企业收取的管理费和不能明确划分的施工活动所完成的产值。

房屋建筑施工面积　指在报告期内施过工的全部房屋建筑面积,包括本期新开工的房屋面积、上期跨入本期继续施工的房屋面积、上期停缓建在本期恢复施工的房屋面积、本期竣工的房屋面积及本期施工后又停缓建的房屋面积。

房屋建筑竣工面积　指在报告期内房屋建筑按照设计要求全部完工,达到了住人和使用条件,经检查验收鉴定合格的房屋建筑面积。

营业收入　指企业经营主要业务和其他业务所确认的收入总额,包括主营业务收入和其他业务收入。计算公式为:

营业收入 = 主营业务收入 + 其他业务收入

主营业务收入　指企业确认的销售商品、提供劳务等主营业务的收入。对建筑业企业而言,主营业务收入指企业承包工程实现的工程价款结算收入,以及向发包单位收取的除工程价款以外按规定列作营业收入的各种款项,如临时设施费、劳动保险费、施工机械调迁费等以及向发包单位收取的各种索赔款。

营业利润　指企业从事生产经营活动所取得的利润。执行2006年《企业会计准则》的企业,营业利润为营业收入减去营业成本、营业税金及附加、销售费用、管理费用、财务费用、资产减值损失,再加上公允价值变动收益和投资收益。未执行2006年《企业会计准则》的企业,营业利润为主营业务收入减去主营业务成本、主营业务税金及附加,加上其他业务利润后,再减去销售费用、管理费用、财务费用后的金额。

利润总额　指企业在一定会计期间的经营成果,是生产经营过程中各种收入扣除各种耗费后的盈余,反映企业在报告期内实现的盈亏总额。执行2006年《企业会计准则》的企业,利润总额为营业利润加上营业外收入,减去营业外支出后的金额;未执行2006年《企业会计准则》的企业,利润总额为营业利润加上投资收益、补贴收入、营业外收入,再减去营业外支出后的金额。

从事主营业务活动的从业人员平均人数　指建筑业企业(或单位)报告期实际拥有的、与建筑施工活动有关的人员的平均人数,包括参加本企业(或单位)建筑施工活动的非本企业(或单位)人员,但不包括企业内部社会服务性机构的人员以及由本企业支付工资但所从事的工作与本企业生产基本无关的人员。

Explanatory Notes on Main Statistical Indicators

Statistical Units in the Construction Industry　refers to corporate enterprise engaged in the construction of buildings and structures and in the installation of equipment. A corporate constrnction enterprise should meet the following requirements: 1. being set up in line with relevant legal basis, having its full name, organization and location, and capable of taking civil liabilities; 2. independently possessing and using its assets and assuming its liabilities, and entitled to sign contracts with other institutions; 3. making independent accounts of its profits and losses, and capable of compiling its own balance sheet.

Gross Output Value of Construction (Output Value of Projects under Construction)　refers to total of construction products and services, expressed in monetary terms, completed by construction and installation enterprises during a given period of time. It includes:

1. Output value of construction projects: the value of projects covered by the project budgets.

2. Output value of installation projects: the value of the installation of equipment (excluding the value of the equipment to be installed).

3. Other output value: the total output of construction industry except the output value of constrution projects, output value of in-

stallation projects. It covered the output value of buildings and strucutres repairing (excluding the value of buildings and structures being repaired); output value of manufactured non-standard equipment; management expenses collected by general contracted enterprises from branch contracted enterprises, and the output value of construction activities which can't to be divided definitely.

Floor Space of Buildings under Construction refers to floor space of buildings under construction during the reference period, including newly started buildings, buildings started earlier and continued during the reference period, and buildings suspended earlier but restarted during the reference period, buildings completed during the reference period, and buildings under construction but suspended during the reference period.

Floor Space of Buildings Completed refers to the floor space of buildings that are completed in the reference period in accordance with the requirements of the design, up to the standard for accomondation or putting them into use, and have been checked and accepted by departments concerned as qualified ones.

Business Revenue refers to the sum of revenue from principal business and other business, including revenue from principal business and other business revenue. It is calculated as follows:

Business Revenue = Revenue from Principle Business + Revenue from Other Business

Revenue from Principal Business refers to the revenue from principal business such as sales of products, providing labor services and so on. For construction enterprises, revenue from principal business refers to the revenue received by the construction enterprise from the contracted project through settlement procedures, and other charges to the contractors as operational costs in addition to the value of the project, such as temporary facility fee, labour insurance premium, moving cost of construction equipment, as well as various types of claims to the contractors.

Business Profit refers to the profit from production and business activities of the corporation. Enterprises in accordance with Accounting Standard for Business Enterprises (2006), their business profit is: operating revenue – operating cost – business tariff and annex – selling expense – administration expense – financial cost – devaluation lost of assets + fair value change income + total investment income. Enterprises which don't follow Accounting Standard for Business Enterprises (2006), their operating profit is: revenue from principal business – principal business cost – principal business tariff and annex + profit from other businesses – selling expense – administration expense – financial cost.

Total Profit refers to the surplus after deducting various expences of various incomes in the process of production and operation by the enterprises during an accounting period. It reflects profit and loss during reporting period. Enterprises in accordance with Accounting Standard for Business Enterprises (2006), their total profit is: operating profit + non-business revenue – subtracted non-business expenditure; Enterprises which don't follow Accounting Standard for Business Enterprises (2006), their total profit is: operating profit + investment revenue + subsidize revenue + non-business revenue – subtracted nonbusiness expenditure.

The Average Number of Employees Engaged in Principal Business refers to the average personnels actually held by construction enterprises (units) and related to construction activities in the reporting period, including the personnels of other enterprises, who take part in the construction activities of these enterprises, but excluding the personnels of the inner social service institutions, and the personnels whose wages are paid by the enterprises but do not take part in the construction activities basically.

13

运输、邮电和服务业

Transport, Postal and Telecommunication Services, and Service Industry

简 要 说 明

本篇反映我省交通运输业和邮电业、规模以上服务业发展情况。

一、交通运输、邮电业和服务业的主要内容

1. 交通运输业统计资料主要包括：铁路、公路、水路、航空、管道等五种运输方式的线路里程、完成的货物运输量和旅客运输量，港口码头泊位及通过能力、港口吞吐量及民用车辆拥有量等。

2. 邮电业统计资料主要包括：邮电业务总量、业务收入情况，电信主要通信能力，邮电业务总量完成情况，邮政电信发展水平等。

3. 规模以上服务业统计资料主要包括：按企业登记注册类型、按行业门类和按省辖市分组的主要经济指标情况。

二、交通运输、邮电和服务业统计资料源及相关说明

1. 铁路统计资料：由中国铁路上海局集团有限公司提供。范围是江苏境内国家铁路（含控股合资）、地方铁路和非控股合资铁路运营情况，不含军用铁路及由厂矿企事业单位自建的铁路专用线和专用铁道。

2. 公路、水运、港口统计资料：由江苏省交通运输厅提供。(1)公路和水路线路里程为年末通车和通航里程数，不含未正式投入使用的公路和航道里程。(2)民用车辆拥有量及机动车和汽车驾驶员人数，根据江苏省公安厅交通管理局登记注册的车辆资料和驾驶员资料整理，不含军用车辆数和拖拉机数量。(3)公路营运汽车拥有量，根据各省辖市道路运输主管部门登记注册的从事公路运输的营业性运输车辆资料整理，从2010年起，不含公交出租车数量。(4)营业性运输船舶拥有量，根据各省辖市交通运输主管部门登记注册的从事水上客、货运输的营业性船舶资料整理，不包括内河渡船，以及工作船，工程船，海事、救捞船，农业、渔业等非运输船舶。(5)公路、水路客货运输量资料，由省交通运输厅负责收集整理。(6)公路、水路运输量统计包括全面调查和非全面调查两种方式，统计范围是在各省辖市交通运输主管部门登记注册的从事公路、水路客货运输的营业性车辆和船舶所完成的运输量，由交通部门组织实施。(7)港口的统计范围为所有从事港口旅客运输、货物装卸服务业务的经营业户。

3. 管道运输统计资料：由东部原油储运有限公司提供。包括输原油、输成品油、输天然气及输其他气体的运输量。

4. 民航运输统计资料：由中国民用航空江苏安全监督管理局提供。统计对象为在江苏省境内注册从事民用航空运输飞行和通用飞行的航空运输企业和民用航空机场。统计范围为民航运输企业及东航公司从事国内运输、港澳台运输、国际运输的定期航班航线条数及里程、运输量及运营情况，飞行完成情况等。

5. 邮政电信统计资料：分别由江苏省邮政管理局和江苏省通信管理局提供。包括邮政企业和年业务收入200万元以上快递企业，以及所有从事电信运营的企业（即中国电信、中国移动、中国联通三家基础电信企业），不含专用网业务资料。邮电业务量按业务种类分为邮政业务量和电信业务量；按业务范围分为国内业务量和国际及港澳业务量（对台业务量统计在港澳中）。

6. 规模以上服务业资料：根据规模以上服务业统计年度报中企业报表数据汇总整理。统计范围为：(1)辖区内年营业收入2000万元以上的服务业法人单位。包括：交通运输、仓储和邮政业，信息传输、软件和信息技术服务，水利、环境和公共设施管理业；以及卫生等行业。(2)辖区内年营业收入1000万元以上的服务业法人单位。包括：租赁和商务服务业，科学研究和技术服务业，教育；以及物业管理、房地产中介服务、房地产租赁经营和其他房地产业等行业。(3)辖区内年营业收入500万元以上的服务业法人单位。包括居民服务、修理和其他服务业，文化、体育和娱乐业；以及社会工作等行业。

Brief Introduction

Data in this chapter present the development of transportation, post and telecommunications and above designated size seruice industry in Jiangsu Province.

I . Main Contents in This Article

1. Data on transport cover mainly the length of the routes of five means of transportation, freight traffic and passenger traffic number of berths and traffic capacity in all ports, volume of freight and passenger handled at major ports, and number of civil motor vehicles.

2. Data on business volume of post and telecommunication services cover revenue from post and telecommunication services, main telecommunication capacity, volume of postal and telecommunication services achieved and the level of development of postal and telecommunication services.

3. Date of above designated size service industry include: index of enterprise registration type, industry categorg and provincial cities.

II. Scope and Sources of Statistics in This Article

1. Data on railway transportation: They were from Shanghai Railway Bureau. They include the operation and management of the national, local and joint-venture railways in Jiangsu Province but not railways for military purpose, lines built by industrial and mining enterprises and special railways.

2. Data on highways, waterways and ports: They were from Jiangsu Provincial Communications Department. (1) The length of highways and waterways refer to the length open to traffic or navigation at the end of the year, but not including the highways and waterways under construction or not officially in operation. (2) Data on the possession of civil motor vehicles and the number of drivers are provided by the offices of vehicle management under the provincial departments of public security, subordinate to the Traffic Management Bureau, Ministry of Public Security, but not including vehicles for military use. (3) Data on possession of highway vehicles are provided by the offices of vehicle management under provincial departments of public security, which are subordinate to the Traffic Management Bureau, Ministry of Public Security, including vehicles for business use and non-business use. From 2010, possession of buses and taxies are not included. (4) Data on possession of ships are provided by the offices of navigation or ports management under municipal departments of communications, which are subordinate to the Ministry of Transport. However, fishing vessel, agricultural vessel and vessel not engayed in transportation are not included. (5) Data on passenger traffic and freight traffic by highways and waterways are collected and prepared by Jiangsu Provincial Communications Department. (6) Data on highway and waterway transport are collected through both comprehensive reporting system and non-comprehensive reporting system. The statistical scope encompasses all the enterprises, institutional units and individuals (including joint-households) registered in municipal departments of communications and engaged in highway or waterway freight or passenger transport business. (7) Data on ports cover all operators with port business permits.

3. Data on pipeline transport: Data are from Eastern Petroleum Storage and Transportation Co., Ltd. The data on pipeline transport cover the volume transported of petroleum (crude oil) pipelines, petroleum products pipelines, natural gas

pipelines and other gas pipelines.

4. Data on civil aviation transport: Data are from Jiangsu Safety Supervision and Administration Bureau of Civil Aviation of China. The targets of statistical collection are enterprises registered for engagement in civil aviation transport flights and flights for general purposes and civil airports in Jiangsu Province. The scope of statistics encompasses civil aviation transport enterprises and the number of lines, mileage, transport volume, operating situations and flight completion between China mainland and Hong Kong, Macao and Taiwan, and international transport of Eastern Airlines.

5. Data on postal and telecommunications: Data are from Jiangsu Provincial Postal Administration and Jiangsu Communication Administration. Data in this category include postal enterprises, express delivery company with annual revenue more than 2 million yuan and all telecommunication enterprises (i. e. the three major enterprises of telecommunication: China Telecom, China Mobile and China Unicom), but exclude service data of dedicated networks. The business volume of post and telecommunication is classified by types of business into postal and telecommunication services, and by scopes of business into domestic service, international service, and service between the mainland and Hong Kong, Macao (business volume to Taiwan is covered in that for Hong Kong and Macao).

6. Data on service industry: above designated size it is summanized and sorted out according to statistical annual report of the service industry above designated size. (1) The service legal person units with an annual operating income of more than 20 milion yuan in the jurisdiction: Transport, Storage and Post, and Information Technology Sofeware Services, Management of Water Conservancy, Environment and Public Facilities and Health Care. (2) The service legal person units woth an annual operating income of more than 10 million yuan in the jurisdiction: Leasing and Business Services, Scientific Research and Technical Services, Education, Realty Management, Real Estate Agency Service, Real Estate Leasing Operations and Other Real Estate Industries. (3) The service legal person units with and annual operating income of more than 5 million yuan in the jurisdiction: Resident Service, Repair and other service, Cluture, Sports and Entertainment and Social Work.

13－1 交通运输基本情况
Basic Conditions of Transport

指标	Item	2015	2016	2017	2018	2019	2020	2021
运输线路长度（公里）	**Length of Transport Routes (km)**							
铁路营业里程	Railways in Operation	2679	2722	2771	3033	3539	3998	4222
#高速铁路	High-speed Railways	825	855	855	1086	1513	2021	2212
铁路正线延展长度	Extended Railways	4570	4677	4736	5259	6253	7225	7592
公路通车里程	Highways in Operation	158805	157304	158475	158729	159937	158101	158036
#等级公路里程	Expressway and Class Ⅰ to Ⅳ Highways	151459	154405	155803	156297	157954	158101	158036
#高速公路	Expressway	4539	4657	4688	4711	4865	4925	5023
一级公路	Class Ⅰ Highways	12687	12955	14234	15081	15260	15819	16038
二级公路	Class Ⅱ Highways	22945	23054	23084	23439	23878	24252	24161
内河航道里程	Navigable Inland Waterways	23559	24366	24366	24362	24354	24354	24368
输油管道里程	Petroleum Pipelines	6116	6338	6464	6319	6312	5898	6687
公路桥梁（座）	Highway Bridges (unit)	69925	69823	70679	71043	71282	71544	71356
公路桥梁长度（米）	Length of Highway Bridges (m)	3376516	3438053	3578426	3693976	3764727	3818044	3885289
客运量总计（万人）	**Total Passenger Traffic (10 000 persons)**	**153943**	**134605**	**127952**	**121884**	**120802**	**85164**	**66156**
铁路	Railways	16116	17814	19786	21204	22880	15038	19075
公路	Highways	134553	113493	104566	97025	94475	67664	43789
水运	Waterways	2392	2272	2431	2383	2083	1562	2140
民用航空	Civil Aviation	882	1025	1169	1272	1364	900	1153
旅客周转量（亿人公里）	**Total Passenger-kilometers (100 million person-km)**	**1566.40**	**1591.93**	**1659.45**	**1692.14**	**1736.98**	**1057.11**	**1142.09**
货运量总计（万吨）	**Total Freight Traffic (10 000 tons)**	**211648**	**215651**	**234092**	**247388**	**281060**	**288513**	**307176**
铁路	Railways	5066	5335	5720	5971	6170	6866	8188
公路	Highways	113351	117166	128915	139251	164577	174624	186708
水运	Waterways	80343	79314	85668	87735	95541	93467	98232
民用航空	Civil Aviation	7.00	7.61	8.19	7.67	7.40	23.45	23.51
输油管道	Petroleum Pipelines	12881	13828	13781	14423	14765	13533	14025
货物周转量（亿吨公里）	**Total Freight Ton-kilometers (100 million ton-km)**	**8887.71**	**8290.69**	**9726.51**	**9684.01**	**11114.57**	**11538.86**	**12441.71**
民用车辆拥有量（万辆）	**Possession of Civil Motor Vehicles (10 000 units)**	**1699.46**	**1733.70**	**1884.23**	**1987.16**	**2111.42**	**2230.46**	**2359.94**
#民用汽车拥有量	Civil Vehicles	1247.86	1434.52	1619.46	1783.23	1919.22	2044.40	2179.40
#载客汽车	Passenger Vehicles	1143.57	1326.73	1499.72	1652.10	1777.89	1887.90	2010.18
载货汽车	Trucks	90.39	94.17	105.65	116.24	126.02	140.00	152.00
#营运汽车（含公交出租车辆）	Motor Vehicles in Operation (Include Bus and Taxi)	85.16	88.67	99.39	101.46	94.79	91.44	93.34
#私人汽车	Private Vehicles	1076.90	1252.20	1408.20	1537.62	1646.03	1747.98	1858.83
民用运输船舶拥有量（万艘）	**Possession of Civil Transport Vessels (10 000 units)**	**4.32**	**4.14**	**3.59**	**3.27**	**3.04**	**2.91**	**2.84**
机动船	Motor Vessels	3.63	3.49	3.07	2.86	2.73	2.63	2.58
驳船	Barges	0.69	0.65	0.51	0.41	0.31	0.28	0.26
港口货物吞吐量（万吨）	**Volume of Freight Handled in Coastal Ports (10 000 tons)**	**233289**	**241487**	**256976**	**258469**	**283111**	**296553**	**320836**
#外贸	Foreign Trade	39766	44780	48654	49045	52447	55827	59498

注：1. 2020年、2021年铁路营业里程和正线延展里程不含丰沛线。
2. 公路客运量不包括公交车和出租车的运输量；公路货运量不包含农用车和拖拉机的运输量。
3. 民用车辆拥有量中不包含拖拉机数量。
4. 根据2019年道路货物运输量专项调查，对2019年公路货物运输量统计口径进行了调整，与之前年份的统计口径不可比。

a) In 2020 and 2021, the railways in operation and extended railways exclude Fengxian to Peixian.

b) Road passanger traffic volume does not include transpotation by buses and taxis. Road freight volume does not include transpotation by agricultraul vehiles and tractors.

c) The number of civil vehicles does not include trators.

d) Based on the Road Freight Volume Survey of 2019, the statistical caliber of road freight volume in 2019 is adjusted, which is not comparable with the same caliber.

13-2 客 运 量
Passenger Traffic

单位:万人　　　　　　　　　　　　　　　　　　　　　　　　　　　　　　　　　　(10 000 persons)

年　份 Year	总　计 Total	铁　路 Railways	公　路 Highways	水　运 Waterways	民用航空 Civil Aviation
1978	25621	2752	18694	4175	
1980	34002	3364	26463	4175	
1985	53935	4819	45751	3365	
1990	48339	4788	41850	1701	
1991	50264	4932	43764	1568	
1992	55400	5035	48748	1617	
1993	59666	5533	53331	797	5
1994	61104	5471	54930	677	26
1995	84803	5185	78947	623	48
1996	91870	4502	86801	499	68
1997	93684	4433	88826	341	84
1998	97033	4451	92215	273	94
1999	101000	4824	95564	504	108
2000	107244	4891	101713	514	126
2001	110713	5029	105105	430	149
2002	115889	5297	110139	284	170
2003	123462	5104	118046	147	165
2004	128516	5997	122218	91	210
2005	145204	6658	138287	37	222
2006	161425	7293	153824	27	280
2007	187241	7658	179206	27	350
2008	208237	8846	199008	32	351
2009	201262	9167	191001	686	408
2010	226627	9711	215850	590	476
2011	247405	10598	235673	579	555
2012	268371	11757	255358	594	662
2013	152172	13435	135555	2454	728
2014	156016	15374	137270	2563	809
2015	153943	16116	134553	2392	882
2016	134605	17814	113493	2272	1025
2017	127952	19786	104566	2431	1169
2018	121884	21204	97025	2383	1272
2019	120802	22880	94475	2083	1364
2020	85164	15038	67664	1562	900
2021	66156	19075	43789	2140	1153

注:2020 年、2021 年民用航空客运量包括东航江苏分公司、深航无锡分公司、邮政航空和吉祥航空江苏分公司等 4 家公司的完成数。

a) In 2020 and 2021, the passenger traffic by civil aviation include the fulfillment of China Eastern Airline Jiangsu Branch, Shenzhen Airlines Wuxi Branch, Postal Airlines and Jixiang Airlines Jiangsu Branch.

13-3 旅客周转量
Passenger-Kilometers

单位:亿人公里 (100 million person-km)

年份 Year	总计 Total	铁路 Railways	公路 Highways	水运 Waterways	民用航空 Civil Aviation
1978	105.29	46.35	49.93	9.01	
1980	140.15	61.60	68.25	10.30	
1985	273.76	107.46	156.30	10.00	
1990	324.94	124.13	195.24	5.57	
1991	342.12	132.57	204.11	5.44	
1992	515.08	147.53	361.28	6.27	
1993	520.86	161.36	355.50	3.42	0.58
1994	541.09	166.94	367.98	3.28	2.89
1995	630.56	163.69	459.08	3.42	4.37
1996	647.73	143.85	495.70	2.51	5.67
1997	657.93	144.68	504.05	1.64	7.56
1998	680.02	141.15	527.62	1.12	10.13
1999	725.66	157.65	554.04	1.40	12.57
2000	776.25	165.87	594.48	1.45	14.45
2001	874.63	173.40	682.25	1.06	17.93
2002	924.31	183.80	719.08	0.70	20.71
2003	978.03	182.88	774.11	0.50	20.53
2004	1109.19	226.73	855.41	0.27	26.78
2005	1222.03	245.37	948.10	0.11	28.45
2006	1366.95	267.99	1062.61	0.10	36.25
2007	1596.06	309.83	1241.13	0.33	44.77
2008	1766.00	319.14	1400.80	0.37	45.69
2009	1423.33	311.29	1058.01	1.29	52.74
2010	1604.00	351.00	1196.59	1.50	54.00
2011	1777.80	398.10	1307.30	1.50	70.90
2012	1949.80	446.40	1418.40	1.40	83.60
2013	1451.14	505.88	847.28	3.97	94.01
2014	1550.64	589.60	852.00	3.04	106.00
2015	1566.40	613.50	835.00	2.70	115.20
2016	1591.93	672.65	779.98	2.39	136.91
2017	1659.45	750.03	746.89	3.22	159.31
2018	1692.14	803.14	716.64	3.47	168.90
2019	1736.98	846.77	698.19	3.58	188.44
2020	1057.11	518.57	414.22	1.29	123.02
2021	1142.09	678.13	301.58	0.83	161.55

13-4 货 运 量

Freight Traffic

单位:万吨 (10 000 tons)

年 份 Year	总 计 Total	铁 路 Railways	公 路 Highways	水 运 Waterways	内 河 Inland Waterways	沿海、远洋 Seashipping	民用航空 Civil Aviation	输油管道 Petroleum Pipeline
1978	14626	3224	4488	6557	6557			357
1980	16527	3420	4427	6482	6452	30		2198
1985	46842	4037	23255	18117	18067	50		1433
1990	49399	4235	27904	15908	15809	99		1352
1991	49298	4078	27948	16064	15884	180		1208
1992	56953	4343	30730	20751	20533	218		1129
1993	66339	4344	35060	25915	25610	305		1020
1994	69470	4318	36899	27279	26920	359		974
1995	81830	4143	49578	27161	26728	433		948
1996	84666	4361	50571	28819	28429	390		915
1997	82290	4131	52441	24826	24424	402		892
1998	80429	3793	54328	21363	21059	304		945
1999	81529	3941	54803	21596	20045	1551		1188
2000	90436	4077	59056	25902	24275	1627		1395
2001	87505	4239	59058	22583	21030	1553		1622
2002	88588	4407	60299	22411	20681	1730		1468
2003	93511	4462	64321	23320	20845	2475		1405
2004	100093	4665	69058	24812	21239	3573		1554
2005	112909	5090	76301	29277	25061	4216		2236
2006	125114	5169	84319	32862	25779	7083		2759
2007	143805	5177	97473	37858	29567	8291	5.32	3292
2008	166322	5118	110302	42799	27154	15645	4.68	8098
2009	160967	6137	104002	42016	30221	11795	4.44	8807
2010	188558	6374	123500	48702	35713	12989	5.46	9977
2011	212594	7282	140803	54012	37783	16229	6.08	10491
2012	231295	7223	153696	58639	41007	17632	6.69	11730
2013	194048	6806	103709	70909	47559	23350	6.67	12617
2014	208623	6090	114449	75328	51603	23725	7.10	12749
2015	211648	5066	113351	80343	58065	22278	7.00	12881
2016	215651	5335	117166	79314	56656	22658	7.61	13828
2017	234092	5720	128915	85668	61514	24154	8.19	13781
2018	247388	5971	139251	87735	62805	24930	7.67	14423
2019	281060	6170	164577	95541	64373	31168	7.41	14765
2020	288513	6866	174624	93467	61611	31856	23.45	13533
2021	307176	8188	186708	98232	61447	36785	23.51	14025

注:1. 2020 年、2021 年民用航空货运量包括东航江苏分公司、深航无锡分公司、邮政航空和吉祥航空江苏分公司等 4 家公司的完成数。
2. 水运货物周转量数据为全社会口径数据。
3. 据 2015 年度全国公路水路运输量小样本抽样调查结果,对 2015 年公路、内河客货运输量、周转量统计值有所修正,与之前年份的统计口径不可比。根据 2019 年道路货物运输量专项调查,对 2019 年公路货物运输量统计口径进行了调整,与之前年份的统计口径不可比。

a) In 2020 and 2021, the freight traffic by civil aviation includes the fulfillment of China Eastern Airline Jiangsu Branch, Shenzhen Airlines Wuxi Branch, Postal Airlines and Jixiang Airlines Jiangsu Branch.
b) The data of water transport cargo turnover is the caliber data of the whole society.
c) Based on the small sample sampling survey results of 2015 national highway water traffic, amend some statistics, cover the volume of freight traffic and passengers between highway and waterway, the turnover volume between highway and waterway. which can't compare with the 2014 caliber. Baced on the special survey of freight traffic in 2019, the statistical caliber of freight traffic in 2019 has been adjusted, which can't compare with the 2018 caliber.

13-5 货物周转量
Freight Ton-kilometers

单位:亿吨公里 (100 million ton-km)

年份 Year	总计 Total	铁路 Railways	公路 Highways	水运 Waterways	内河 Inland Waterways	沿海、远洋 Seashipping	民用航空 Civil Aviation	输油管道 Petroleum Pipeline
1978	283.85	172.72	11.24	87.97	87.97			11.92
1980	382.77	186.31	11.45	93.56	91.51	2.05		91.45
1985	575.58	240.48	81.30	205.90	194.83	11.07		47.90
1990	730.22	297.44	154.01	233.65	209.53	24.12		45.12
1991	788.41	301.73	166.21	280.59	240.23	40.36		39.88
1992	963.94	333.85	179.92	400.78	361.87	38.91		49.39
1993	1193.87	346.49	235.07	578.01	520.51	57.50		34.30
1994	1246.12	372.13	243.33	598.02	523.21	74.81		32.64
1995	1376.88	393.51	281.04	670.75	585.84	84.91		31.58
1996	1412.56	380.09	289.44	712.33	635.20	77.13		30.70
1997	1370.63	355.73	303.40	681.42	617.18	64.24		30.08
1998	1353.23	343.41	316.14	661.85	579.51	82.34		31.71
1999	1400.55	342.65	319.75	704.01	436.89	267.12		33.91
2000	1505.57	371.32	340.72	746.39	463.17	283.22		46.84
2001	1524.96	371.97	340.73	757.58	489.01	268.57		54.37
2002	1549.12	377.17	351.95	770.03	395.05	374.98		49.63
2003	1817.44	408.69	365.01	995.34	444.98	550.36		47.97
2004	2398.64	434.72	386.91	1523.63	468.13	1055.50		52.87
2005	3068.88	480.49	459.18	2056.90	631.98	1424.92		71.73
2006	3644.79	497.42	542.09	2515.09	583.94	1931.15		89.54
2007	4099.16	424.00	638.59	2930.08	634.65	2295.43	0.74	105.75
2008	4707.74	346.50	723.60	3179.30	598.29	2581.01	0.67	457.67
2009	5154.46	323.90	971.13	3372.05	638.45	2733.60	0.64	486.74
2010	6111.57	336.86	1149.10	4095.70	694.11	3401.59	0.78	529.13
2011	7513.99	398.57	1315.27	5236.91	748.30	4488.61	0.84	562.40
2012	8474.64	391.53	1452.45	6052.95	823.60	5229.35	0.91	576.80
2013	10536.84	373.17	1790.40	7753.02	1336.55	6416.46	0.95	619.30
2014	11028.47	346.10	1978.50	8087.07	1505.20	6581.87	1.10	615.70
2015	7374.00	303.70	2072.96	5886.75	1871.18	4015.57	1.00	623.30
2016	8290.69	282.46	2140.33	5224.60	1863.70	3360.90	1.09	642.20
2017	9726.51	291.42	2377.90	6382.21	2026.43	4355.78	1.17	673.80
2018	9684.01	296.66	2544.35	6121.94	2063.13	4058.82	1.06	719.99
2019	11114.57	322.40	3234.82	6841.28	2120.82	4720.46	1.08	714.90
2020	11538.86	320.74	3524.51	7038.58	2079.69	4958.89	2.80	652.23
2021	12441.71	345.16	3687.79	7743.29	2130.83	5612.46	2.84	662.62

13－6 全社会港口码头泊位和通过能力

指标	Item	2017 合计 Total	2017 沿海港口 Coastal Ports	2017 内河港口 Inland River Ports	2018 合计 Total	2018 沿海港口 Coastal Ports	2018 内河港口 Inland River Ports
生产用码头泊位	Number of Berths of Ports						
泊位个数（个）	Number of Berths (unit)	6925	170	6755	5480	161	5319
泊位长度（米）	Length of Quay Line (m)	478043	27115	450928	435174	27847	407327
泊位年通过能力	Comprehensive Traffic Capacity						
货物（万吨）	Freight (10 000 tons)	184812	19207	165605	185896	20221	165675
非生产用码头泊位	Ports for Non-productive Use						
泊位个数（个）	Number of Berths (unit)	52			30		
泊位长度（米）	Length of Quay Line (m)	2879			3109		

13－7 主要港口吞吐量

港口名称	Ports	2017 旅客吞吐量（万人）Passenger (10 000 persons)	2017 货物吞吐量（万吨）Freight (10 000 tons)	2018 旅客吞吐量（万人）Passenger (10 000 persons)	2018 货物吞吐量（万吨）Freight (10 000 tons)
总计	**Total**	**14.18**	**256976.04**	**19.29**	**258469.15**
沿海港口	Coastal Ports	14.18	33172.93	19.29	33368.71
#连云港	Lianyungang	14.18	22840.53	19.29	23560.31
内河港口	Inland River Ports		223803.11		225100.44
#长江干流水系	Yangtze River Mainstream System		170603.60		177519.46
长江支流水系	Yangtze River Tributary System		17899.70		14498.83
京杭运河水系	Jinghang Canal System		20065.03		20183.27
淮河水系	Huaihe River System		15234.77		12898.88

Volume of Berths and Traffic Capacity in All Ports

2019			2020			2021		
合　计 Total	沿海港口 Coastal Ports	内河港口 Inland River Ports	合　计 Total	沿海港口 Coastal Ports	内河港口 Inland River Ports	合　计 Total	沿海港口 Coastal Ports	内河港口 Inland River Ports
5563	165	5398	5684	181	5503	5909	200	5709
448426	28905	419521	480368	31454	448914	503990	35651	468339
198897	23809	175088	216378	25692	190686	225532	30336	195195
28			16			16		
1172			1239			1239		

Volume of Freight and Passenger Handled in Major Ports

2019		2020		2021	
旅客吞吐量（万人）Passenger (10 000 persons)	货物吞吐量（万吨）Freight (10 000 tons)	旅客吞吐量（万人）Passenger (10 000 persons)	货物吞吐量（万吨）Freight (10 000 tons)	旅客吞吐量（万人）Passenger (10 000 persons)	货物吞吐量（万吨）Freight (10 000 tons)
20.74	**283113.15**	**0.74**	**296552.59**	**0**	**320835.47**
20.74	31574.55	0.74	33968.29	0	39973.75
20.74	23455.59	0.74	24182.24	0	26917.87
	251538.60		262584.29	0	280861.71

13-8 全省民用车辆拥有量（2021 年）
Possession of Civil Vehicles（2021）

单位：辆 （unit）

指标	Item	总计 Total	#营运 Working	#进口 Import	#个人 Individual
合计	**Total**	**23599381**	**1467661**	**1216306**	**20185314**
汽车	Civil Vehicles	21793983	1138323	1194134	18588263
载客汽车	Passenger Vehicles	20101800	196692	1190456	17817602
#大型	Large	108540	83024	448	206
中型	Medium	33293	4936	1360	5916
小型	Small	19889567	108192	1169850	17748940
#轿车	Cars	13740308	102208	625787	12509635
载货汽车	Trucks	1519982	906018	3444	677098
#重型	Heavy	615953	580135	2191	191412
中型	Medium	100766	67494	9	40284
轻型	Light	803097	258380	1244	445273
#普通载货	Ordinary Trucks	587878	237704	917	342666
其他汽车	Other Vehicles	172201	35613	234	93563
#三轮汽车	Tricycle Vehicles	47539	27392		44343
低速货车	Low-speed Trucks	12563	4831		11565
摩托车	Motors	1592818	119141	22007	1533778
#普通	Ordinary	1516013	119109	22002	1459032
轻便	Light	76805	32	5	74746
挂车	Freight Trailers	212580	210197	165	63273
拖拉机	Tractors	600122			

注：民用车辆拥有量合计数中不含拖拉机数量。

a）The total number of civil vehicles owned do not include the number of tractors.

13-9 个人车辆拥有量
Possession of Private Vehicles

指标	Item	2015	2016	2017	2018	2019	2020	2021
合计	**Total**	**15180121**	**15400764**	**16601661**	**17270788**	**18223334**	**19146995**	**20185314**
民用汽车	Civil Vehicles	10768671	12522020	14081982	15376235	16460322	17479841	18588263
载客汽车	Passenger Vehicles	10222220	11971733	13490993	14749981	15796636	16757141	17817602
#大型	Large	613	419	374	305	273	235	206
轿车	Cars	7738857	8920721	9876012	10668193	11313001	11877084	12509635
载货汽车	Trucks	455539	462165	502067	534640	573503	628933	677098
#重型	Large	142698	143165	157698	165572	173053	184442	191412
其他汽车	Others	90912	88122	88922	91614	90183	93767	93563
摩托车	Motors	4378953	2842801	2477781	1847658	1711864	1608070	1533778
挂车	Freight Trailers	32492	35941	41898	46895	51148	59084	63273

13－10　全省公路运输汽车拥有量
Possession of Vehicles for Highway Transport Business

单位:辆 (unit)

指　　标	Item	2015	2016	2017	2018	2019	2020	2021
合　　计	**Total**	**774189**	**807012**	**859247**	**908023**	**841770**	**806312**	**825552**
载客汽车	Passenger Vehicles							
辆数	Number	46685	48126	50778	52729	53233	50297	31794
客位　（万客位）	Seats　(10 000 seats)	162	164	169	168	163	152	133
载货汽车	Trucks							
辆数	Number	727504	758886	808469	855294	788537	756015	793758
#普通载货汽车	Ordinary Trucks	558814	571127	597866	623996	577222	504317	513696
吨位　（万吨）	Tonnages　(10 000 tons)	622	686	764	837	906	1037	1104
#普通载货汽车	Ordinary Trucks	461	501	564	620	768	860	896

13－11　全社会运输船舶拥有量
Possession of Transport Vessels

指　　标	Item	2020			2021		
		数量（艘） Number (unit)	载客量（客位） Passenger Capacity (seat)	净载重量（万吨位） Dead Weight Tonnage (10 000 tons)	数量（艘） Number (unit)	载客量（客位） Passenger Capacity (seat)	净载重量（万吨位） Dead Weight Tonnage (10 000 tons)
总　　计	**Total**	**29118**	**41644**	**3698.98**	**28390**	**39489**	**3942.45**
#内河船舶	Inland Waterway Vessels	27646	41532	2239.33	26725	39389	2301.12
沿海和远洋船舶	Coastal and Ocean Going Vessels	1472	112	1459.65	1665	100	1641.33
#机动船	Motor Vessels	26296	41644	3415.61	25839	39489	3654.75
客船	Passenger Ships	307	27448	0.44	329	29471	0.98
客货船	Passenger and Cargo Ships	76	14196	2.34	63	10018	1.73
货船	Cargo Ships	25196		3412.83	24713		3652.03
拖轮	Tugboats	717			734		
驳船	Barges	2822		283.37	2551		287.70

13－12　按市分交通运输基本情况（2021 年）

指　标	Item	南　京 Nanjing	无　锡 Wuxi	徐　州 Xuzhou	常　州 Changzhou
运输线路	**Transport Routes**				
公路通车里程　（公里）	Highways in Operation　（km）	9746	7803	15859	8499
#等级公路里程	Expressway and Class Ⅰ to Ⅳ Highways	9746	7803	15859	8499
#高速公路	Expressways	538	326	464	356
一级公路	Class Ⅰ Highways	1232	1160	1343	1129
二级公路	Class Ⅱ Highways	1060	1833	1593	1513
内河航道里程　（公里）	Navigable Inland Waterways　（km）	644	1578	909	1080
公路桥梁　（座）	Highway Bridges　（unit）	2101	4159	4895	3333
公路桥梁长度　（米）	Length of Highway Bridges　（m）	237477	288361	251238	260532
客运量	**Passenger Traffic**				
公路　（万人）	Highways　（10 000 persons）	5608	6393	3519	1862
水运　（万人）	Waterways　（10 000 persons）	42	199		158
民用航空　（万人）	Civil Aviation　（10 000 persons）	1761	713	261	292
货运量	**Freight Traffic　（10 000 tons）**				
公路　（万吨）	Highways　（10 000 tons）	24419	19925	31424	11558
水运　（万吨）	Waterways　（10 000 tons）	18975	3257	4317	5140
民用航空　（吨）	Civil Aviation　（tons）	359139	163395	8156	20116
机动车拥有量　（万辆）	**Number of Vehicles　（10 000 units）**	**305.10**	**245.36**	**206.75**	**165.96**
#机动汽车拥有量	Motor Vehicles	293.18	231.06	183.20	160.09
#载客汽车	Passenger Vehicles	273.08	217.51	160.97	150.00
载货汽车	Trucks	18.42	12.74	20.93	9.51
#营运汽车（含公交出租车辆）	Motor Vehicles in Operation(Include Bus and Taxi)	11.97	7.94	14.56	5.20
#私人汽车	Private Vehicles	222.64	189.46	169.08	132.91
全社会船舶拥有量（万艘）	**Number of Transport Vessels　（10 000 units）**	**0.110**	**0.121**	**0.304**	**0.144**
机动船	Motor Vessels	0.103	0.121	0.151	0.144
驳船	Barges	0.007	0.000	0.153	
港口货物吞吐量　（万吨）	**Volume of Freight Handled in Coastal Ports　（10 000 tons）**	**27101**	**41066**	**4674**	**14254**
#外贸	Foreign Trade	3211	6700		1206

注：民用航空客、货运量分市数据分别为各机场旅客、货邮吞吐量。

Basic Conditions of Transport by City (2021)

苏 州 Suzhou	南 通 Nantong	连云港 Lianyungang	淮 安 Huai'an	盐 城 Yancheng	扬 州 Yangzhou	镇 江 Zhenjiang	泰 州 Taizhou	宿 迁 Suqian
11558	17520	12203	13616	22082	9688	6874	10094	12494
11558	17520	12203	13616	22082	9688	6874	10094	12494
620	482	355	400	395	308	210	323	246
1924	2138	873	767	1830	663	985	1285	709
4226	1878	1925	1673	2834	1521	892	1335	1879
2786	3522	1103	1402	4346	2169	597	2550	870
9453	8505	3004	3729	15828	4190	1340	7235	3584
611895	414510	218708	213834	523372	216279	121693	338275	189115
14304	2044	1646	1761	2949	667	1661	1070	303
480	208		7		12	624	409	
	253	123	140	175	222			
27426	12295	13089	5893	12601	5717	6283	5533	10547
763	8771	3210	5848	9432	10856	1094	25033	1535
	53022	8416	19637	10088	10688			
478.35	227.87	105.16	83.54	145.75	103.19	80.81	105.84	106.26
470.94	204.57	88.18	76.00	123.92	92.42	72.27	94.15	89.41
445.33	191.25	74.52	68.64	111.19	84.84	67.73	87.54	77.58
23.96	12.54	12.07	6.95	11.99	7.07	4.21	6.20	11.42
12.33	6.09	8.12	4.47	6.42	3.81	2.50	3.50	6.42
390.94	182.44	80.61	69.01	111.53	80.91	62.32	83.27	83.70
0.027	0.123	0.102	0.269	0.578	0.193	0.025	0.708	0.135
0.027	0.122	0.099	0.262	0.540	0.189	0.024	0.707	0.095
0.000	0.001	0.004	0.007	0.037	0.004	0.001	0.001	0.040
74258	34116	27454	7373	15819	10572	24664	37625	1860
17162	5382	13919		3030	1269	4892	2726	1

a) Passenger and cargo traffic data of civil aviation of divide cities are passenger and cargo throughtput of airports.

13－13　邮电业务基本情况
Basic Conditions of Postal and Telecommunication Services

指　　标	Item	2015	2016	2017	2018	2019	2020	2021
邮电业务总量（亿元）	Business Volume of Postal & Telecommunication Services (100 million yuan)	2280.60	1860.33	2948.63	5861.83	8973.55	10881.16	2270.13
邮政业务总量	Business Volume of Postal Services	516.02	663.69	880.93	1050.23	1426.90	1699.50	972.66
电信业务总量	Business Volume of Telecommunicatoin Services	1764.60	1196.64	2067.70	4811.60	7546.65	9181.66	1297.47
邮电业务收入（亿元）	Revenue from Postal and Telecommunication Services (100 million yuan)	1244.30	1345.35	1475.92	1622.11	1791.76	1949.31	2136.62
邮政业务收入	Revenue from Postal Services	407.22	463.33	560.72	647.01	813.80	919.50	1001.11
电信业务收入	Revenue from Telecommunication Services	837.08	882.02	915.20	975.10	977.96	1029.81	1135.51
函件　（亿件）	Letters (100 million pcs)	4.88	3.33	2.86	2.26	2.10	1.52	1.21
包件　（万件）	Packages (10 000 pcs)	220.30	165.30	150.49	139.53	122.96	133.08	117.41
快递　（亿件）	Express Mail Services (100 million pcs)	22.90	28.38	35.96	43.89	57.41	69.77	86.07
报刊期发数　（万份）	Issue of Newspapers and Magazines (10 000 pcs)	1104.06	1062.97	1094.68	969.35	830.16	805.61	781.52
移动短信业务量（亿条）	Short Message Services (100 million messages)	512.00	619.69	771.60	1034.86	1148.90	1132.88	979.29
年末固定电话用户（万户）	Fixed Telephone Subscribers at Year-end (10 000 subscribers)	1972.99	1708.33	1512.08	1364.00	1329.11	1265.34	1205.47
年末移动电话用户（万户）	Mobile Phone Subscribers at Year-end (10 000 subscribers)	8227.33	8198.75	8807.69	9794.00	10165.91	9897.05	10179.47
固定宽带接入用户（万户）	Fixed Broadband Subscribers (10 000 subscribers)	2183.06	2685.24	3106.15	3351.87	3585.74	3756.83	4071.61

13-13 续表 Continued

指 标	Item	2015	2016	2017	2018	2019	2020	2021
邮政局所 （个）	Number of Post Offices (unit)	2385	2381	2376	2371	2374	2375	2373
邮路及农村投递路线总长度 （万公里）	Length of Postal Routes and Rural Delivery Routes (10 000 km)	35.15	37.17	40.20	48.43	49.09	51.56	57.31
#汽车邮路	Highway Routes	9.07	11.59	13.90	22.64	25.71	24.38	30.38
长途光缆线路长度 （公里）	Length of Long-distance Optical Cable Lines (km)	38841	39083	43111	40366	39107	40429	39572
每局所服务面积 （平方公里）	Average Area Served by Each Post Office (sq. km)	44.95	45.02	45.12	45.21	45.16	45.14	45.17
人均邮电业务量 （元/人）	Average Business Volume of Postal Services (yuan/person)	2859.22	2325.82	3672.34	7281.14	11119.64	12835.70	2669.04
每百人平均函件量 （件/百人）	Average Number of Letters Mailed per 100 Persons (unit/100 persons)	611.42	416.32	356.20	280.72	260.22	179.00	142.26
每百人平均订阅报刊量 （份/百人）	Average Number of Newspaper and Magazine Subscribed per 100 Persons (unit/100 persons)	13.84	13.00	14.00	12.00	10.00	10.00	9.19
人均快递发件量 （件/人）	Average Express Delivery Volume	28.69	35.48	44.79	54.52	71.14	82.32	101.19
每百人平均包件 （件/百人）	Average Number of Packages per 100 Persons (unit/100 persons)	2.76	2.00	1.87	1.73	1.52	1.57	1.38
每百人移动短信量 （条/百人）	Number of Short Messages per 100 Persons (unit/person)	5535	77692	96095	128543	142708	133637	115137
电话普及率 （部/百人）	Popularization Rate of Telephones (unit/100 persons)	128.50	124.21	128.53	139.00	142.78	131.67	134.30
固定电话普及率	Popularization Rate of Fixed Line Telephones	24.80	21.42	18.83	16.94	16.51	14.93	14.22
移动电话普及率	Popularization Rate of Mobile Phones	103.40	102.79	109.69	121.70	126.27	116.75	120.08

注：1. 邮政业务总量、业务收入及快递包含国有、民营、外资各类企业的快递业务活动。
2. 2020年邮政业务总量2010年不变单价核算；2021年邮政业务总量采用2020年不变单价核算。
3. 2020年电信业务总量采用2015年不变单价核算；2021年电信业务总量采用2020年不变单价核算。

a) Postal services, postal revenue and express which contains express services by enterprises of state-owned, private and foreign invested.

b) The total business volume of postal services in 2020 is accounted by the constant unit price of 2010. The total business volume of postal services in 2021 is accounted by the constantunit price of 2020.

c) The total business volume of telecommunication services in 2020 is accounted by the constant unit price of 2015. The total business volume of telecommunlcation services in 2021 is accounted by the constant unit price of 2020.

13－14　按市分邮电业务基本情况（2021 年）

指　　标	Item	南　京 Nanjing	无　锡 Wuxi	徐　州 Xuzhou	常　州 Changzhou
邮电业务总量（亿元）	Business Volume of Postal & Telecommunication Services (100 million yuan)	306.87	238.09	162.54	143.67
邮政业务总量	Business Volume of Postal Services	117.80	105.98	63.95	56.26
电信业务总量	Business Volume of Telecommunication Services	189.07	132.11	98.59	87.41
邮电业务收入（亿元）	Revenue from Postal and Telecommunication Services (100 million yuan)	293.27	241.12	141.18	153.34
邮政业务收入	Revenue from Postal Services	126.44	120.84	58.72	71.38
电信业务收入	Revenue from Telecommunication Services	166.83	120.28	82.46	81.96
函件（万件）	Letters (100 million pcs)	1949.67	759.01	106.82	368.74
包件（万件）	Packages (10 000 pcs)	16.03	12.58	9.42	9.70
快递（亿件）	Express Mail Services (10 000 pcs)	9.17	9.73	5.46	3.79
报刊期发数（万份）	Issue of Newspapers and Magazines (10 000 pcs)	123.87	64.27	53.93	55.34
年末固定电话用户（万户）	Fixed Telephone Subscribers at Year-end (10 000 subscribers)	163.76	109.86	76.15	77.73
年末移动电话用户（万户）	Mobile Phone Subscribers at Year-end (10 000 subscribers)	1301.72	978.48	1003.78	659.49
固定宽带接入用户（万户）	Fixed Broadband Subscribers (10 000 subscribers)	541.73	396.50	380.43	279.24
邮政局所（个）	Number of Post Offices (unit)	183.00	141.00	230.00	148.00
邮路及农村投递路线总长度（万公里）	Length of Postal Routes and Rural Delivery Routes (10 000 km)	8.15	6.05	6.20	4.18
#汽车邮路	Highway Routes	7.04	3.70	4.06	2.39
邮政通信水平	Level of Postal and Telecommunication				
每局所服务面积（平方公里）	Average Area Served by Each Post office (sq. km)	35.99	32.82	48.95	29.54
人均邮电业务量（元/人）	Average Business Volume of Postal Services (yuan/person)	3256.44	3183.26	1800.28	2685.65
每百人平均函件量（件/百人）	Average Number of Letters Mailed per 100 Persons (unit/100 persons)	206.90	101.48	11.83	68.93
每百人平均订阅报刊量（份/百人）	Average Number of Newspaper and Magazine Subscribed per 100 Persons (unit/100 persons)	13.14	8.59	5.97	10.34
每百人平均包件（件/百人）	Average Number of Packages per 100 Persons (unit/100 persons)	1.70	1.68	1.04	1.81
人均快递发件量（件/人）	Average Express Delivery Valume	97.30	130.04	60.50	70.92
电话普及率（部/百人）	Popularization Rate of Telephones (unit/100 persons)	157.25	145.81	118.88	139.63
固定电话普及率	Popularization Rate of Fixed Line Telephones	17.57	14.72	8.38	14.72
移动电话普及率	Popularization Rate of Mobile Phones	139.67	131.09	110.50	124.91

注：各设区市固定电话用户数不含中国移动江苏公司的固定电话用户。

Basic Conditions of Postal and Telecommunication Services by City (2021)

苏 州 Suzhou	南 通 Nantong	连云港 Lianyungang	淮 安 Huai'an	盐 城 Yancheng	扬 州 Yangzhou	镇 江 Zhenjiang	泰 州 Taizhou	宿 迁 Suqian
502.37	208.21	92.27	87.68	109.26	94.51	73.28	89.43	108.00
244.73	111.34	40.88	39.42	36.17	37.02	31.72	33.67	53.71
257.64	96.86	51.40	48.26	73.09	57.48	41.56	55.77	54.29
519.24	182.80	81.89	73.00	98.25	92.01	72.66	83.58	87.86
276.92	95.48	39.83	32.39	32.10	38.29	34.31	33.17	41.24
242.32	87.33	42.06	40.61	66.15	53.72	38.35	50.41	46.61
6955.51	418.81	42.71	64.18	90.12	159.79	935.26	157.38	51.09
27.24	9.07	4.81	3.04	5.90	6.90	3.82	4.81	3.84
24.72	10.13	4.11	3.07	2.29	2.76	2.75	2.42	5.66
114.82	75.73	30.68	37.85	57.21	40.24	44.66	49.29	33.63
206.35	99.23	47.33	31.39	48.29	82.09	48.07	55.63	23.98
1795.20	878.14	479.00	484.62	701.50	527.94	378.59	491.37	499.65
654.29	375.05	187.48	187.31	291.81	222.33	160.97	207.41	187.06
240.00	310.00	127.00	169.00	228.00	182.00	106.00	174.00	135.00
9.50	6.04	2.27	2.22	3.39	2.63	1.85	2.23	2.61
4.35	2.44	0.73	0.74	0.79	0.92	0.69	0.78	1.75
36.07	25.81	59.96	59.60	74.26	36.22	36.29	33.26	63.37
3910.16	2692.45	2005.11	1921.93	1627.65	2064.87	2277.82	1977.83	2160.40
541.38	54.16	9.28	14.07	13.42	34.91	290.71	34.80	10.22
8.94	9.79	6.67	8.30	8.52	8.79	13.88	10.90	6.73
2.12	1.17	1.05	0.67	0.88	1.51	1.19	1.06	0.77
192.42	131.00	89.28	67.30	34.10	60.31	85.55	53.62	113.16
156.99	126.47	114.39	113.18	111.73	133.75	132.88	121.10	104.97
16.18	12.84	10.29	6.89	7.20	18.00	14.97	12.32	4.81
140.80	113.63	104.11	106.29	104.54	115.75	117.91	108.79	100.17

a) The number of fixed telephone subscribers of each city doesn't include the fixed telephone subscribers of China Mobile Communications Corporation Jiangsu Branch.

13－15 规模以上服务业企业主要经济指标

单位:亿元

项目	Item	单位数(个) Number of Enterprises(unit) 2020	2021
总计	**Total**	**18963**	**20808**
按登记注册类型分	**Grouped by Registration Status**		
内资企业	Domestic Funded Enterprises	18171	19977
国有企业	State-owned Enterprises	574	649
集体企业	Collective-owned Enterprises	181	174
股份合作企业	Cooperative Enterprises	15	15
联营企业	Joint Ownership Enterprises	19	17
有限责任公司	Limited Liability Corporations	3602	3370
#国有独资公司	State Sole Funded Corporatios	684	739
股份有限公司	Share-holding Corporations Ltd.	413	407
私营企业	Private Enterprises	13102	15092
其他企业	Other Enterprises	265	253
港、澳、台商投资企业	Enterprises with Funds from Hong Kong, Macao and Taiwan	370	410
外商投资企业	Foreign Funded Enterprises	422	421
按行业门类分	**Grouped by Sector**		
交通运输、仓储和邮政业	Transport, Storage and Post	4309	4142
信息传输、软件和信息技术服务业	Information Transmission, Software and IT Services	2047	2198
房地产业(不含房地产开发业)	Real Estate (Exclude Real Estate Development)	1520	1689
租赁和商务服务业	Leasing and Business Services	4690	5483
科学研究和技术服务业	Scientific Research and Technical Services	3045	3504
水利、环境和公共设施管理业	Management of Water Conservancy, Environment and Public Facilities	571	574
居民服务、修理和其他服务业	Services to Households, Repair and Other Services	640	799
教育	Education	379	363
卫生和社会工作	Health and Social Service	526	567
文化、体育和娱乐业	Culture, Sports and Entertainment	1236	1489
按市分	**Grouped by City**		
南　京	Nanjing	3921	4383
无　锡	Wuxi	1914	2115
徐　州	Xuzhou	1349	1612
常　州	Changzhou	1472	1562
苏　州	Suzhou	3509	3655
南　通	Nantong	1642	1871
连云港	Lianyungang	489	537
淮　安	Huai'an	888	880
盐　城	Yancheng	1147	1191
扬　州	Yangzhou	905	1136
镇　江	Zhenjiang	468	522
泰　州	Taizhou	911	964
宿　迁	Suqian	348	380

Main Economic Indicators of Service Industrial Enterprises above Designated Size

(100 million yuan)

资产总计 Total Assets		负债合计 Total Liabilities		营业收入 Business Revenue		期末用工人数(万人) Number of Employment at Year-end(10 000 persons)	
2020	2021	2020	2021	2020	2021	2020	2021
86376.60	**97709.20**	**51917.10**	**59511.30**	**17611.70**	**21332.90**	**292.17**	**320.97**
82534.60	93490.60	49965.80	57472.10	16471.80	19995.40	279.72	307.21
8413.20	10628.20	4180.90	5527.30	719.60	906.50	14.45	16.16
560.00	689.20	390.20	520.40	98.70	98.50	3.28	3.16
9.90	9.80	2.30	2.10	5.20	5.30	0.13	0.13
16.80	16.40	9.20	8.90	39.10	7.50	0.31	0.20
56532.00	62063.20	35333.10	39301.60	6532.60	6953.50	81.60	78.06
32801.80	36586.70	19805.90	22278.90	1765.10	1832.00	18.11	19.86
5747.30	6417.30	2786.70	3052.90	1524.30	1739.20	14.57	14.63
11068.60	13489.20	7128.60	8930.60	7408.90	10147.60	160.60	190.79
186.70	177.40	134.80	128.30	143.50	137.30	4.78	4.09
2367.20	2726.90	1307.60	1391.20	556.20	742.70	5.12	6.30
1474.80	1491.70	643.70	648.00	583.70	594.80	7.33	7.45
19843.40	21249.20	11593.90	12352.80	5047.80	6230.20	55.96	54.51
5650.80	6564.90	3188.60	3745.60	4145.00	5041.80	43.65	51.51
5866.80	8004.70	3900.20	5377.40	750.00	920.00	37.35	39.84
36528.40	41373.00	21938.80	25548.50	3562.10	4390.40	82.48	95.17
5908.20	7362.90	3219.30	3954.60	2443.10	2856.40	31.07	35.82
9707.80	10118.70	6155.20	6456.40	575.90	576.70	10.32	10.54
168.70	242.70	101.70	156.20	178.50	226.90	8.01	8.90
266.10	260.80	172.20	156.30	151.40	165.90	6.03	5.57
507.40	593.20	354.50	409.80	391.40	467.10	10.45	11.81
1928.90	1939.10	1292.50	1353.80	366.40	457.50	6.84	7.30
32753.00	37901.60	19303.40	22642.90	6219.10	7526.80	81.65	89.68
5280.20	6141.20	2960.30	3252.50	1398.70	1778.70	30.50	32.57
1771.90	2228.00	1116.30	1440.70	761.50	971.50	17.32	20.06
5126.50	5823.30	3327.40	4005.40	991.00	1180.90	21.15	22.26
14129.00	16083.80	8204.60	9549.70	3616.80	4380.40	63.05	68.63
2606.50	2824.40	1757.80	1922.10	999.00	1125.30	16.93	18.26
6885.90	6701.60	4302.50	4288.70	645.50	730.00	7.33	7.59
2991.30	3825.70	1389.80	1961.30	511.20	568.40	8.26	9.47
4660.90	4971.10	2836.90	3069.20	641.30	802.20	11.43	13.39
2797.60	3284.20	1707.60	2069.30	523.60	639.80	11.26	13.04
1431.90	1474.20	1021.40	1040.50	386.40	462.40	5.77	6.26
4983.20	5414.40	3308.70	3546.00	510.80	647.90	9.96	11.92
958.60	1035.80	680.40	723.10	406.80	518.70	7.55	7.85

主要统计指标解释

铁路营业里程　又称营业长度（包括正式营业和临时营业里程），指办理客货运输业务的铁路正线总长度。凡是全线或部分建成双线及以上的线路，以第一线的实际长度计算；复线、站线、段管线、岔线和特殊用途线以及不计算运费的联络线都不计算营业里程。铁路营业里程是反映铁路运输业基础设施发展水平的重要指标，也是计算客货周转量、运输密度和机车车辆运用效率等指标的基础资料。

铁路正线延展里程　指正线第一线、第二线、第三线和其他正线建筑里程之和，不包括站线、段管线、岔线及特殊用途线的延展里程。它是作为计算铁路线上钢轨、枕木及路基砂石需要量的主要依据。

公路里程　指在一定时期内实际达到《公路工程技术标准 JTJ01－88》规定的等级公路，并经公路主管部门正式验收交付使用的公路里程数。包括大中城市的郊区公路以及通过小城镇街道部分的公路里程和桥梁、渡口的长度，不包括大中城市的街道、厂矿、林区生产用道和农业生产用道的里程。两条或多条公路共同经由同一路段，只计算一次，不得重复计算里程长度。它是反映公路建设发展规模的重要指标，也是计算运输网密度等指标的基础资料。

内河航道里程　也称内河通航里程，指在一定时期内，能通航运输船舶及排筏的天然河流、湖泊水库、运河及通航渠道的长度。包括全年季节性通航累计三个月以上的航道，不包括仅供零散流放竹、木排的河道。它是反映内河水运网规模、水平和发展情况的主要指标。

输油（气）管道长度　也称输油（气）里程，指油品（或天然气）的实际输送距离，一般按输油（气）管道的单线长度计算。若包括复线和备用线长度则称为输油（气）管道延展长度，是指管道铺设的实际长度。我们通常使用的是不包括复线的“输油（气）管道里程”，它是反映管道运输发展规模和水平的主要指标。

货（客）运量　指在一定时期内，各种运输工具实际运送的货物（旅客）数量。它是反映运输业为国民经济和人民生活服务的数量指标，也是制定和检查运输生产计划、研究运输发展规模和速度的重要指标。货运按吨计算，客运按人计算。货物不论运输距离长短、货物类别，均按实际重量统计。旅客不论行程远近或票价多少，均按一人一次客运量统计；半价票、小孩票也按一人统计。

货物（旅客）周转量　指在一定时期内，由各种运输工具运送的货物（旅客）数量与其相应运输距离的乘积之总和。它是反映运输业生产总成果的重要指标，也是编制和检查运输生产计划，计算运输效率、劳动生产率以及核算运输单位成本的主要基础资料。计算货物周转量通常按发出站与到达站之间的最短距离，也就是计费距离计算。计算公式为：

货物（旅客）周转量 = ∑货物（旅客）运输量 × 运输距离

港口货物吞吐量　指经水运进出沿海主要港区范围，并经过装卸的货物数量，包括邮件及办理托运手续的行李、包裹以及补给运输船舶的燃、物料和淡水。货物吞吐量按货物流向分为进口、出口吞吐量，按货物交流性质分为外贸货物吞吐量和国内贸易货物吞吐量。货物吞吐量的货类构成及其流向，是衡量港口生产能力大小的重要指标。

邮电业务总量　指以价值量形式表现的邮电通信企业为社会提供各类邮电通信服务的总数量。邮电业务量按专业分类包括函件、包件、汇票、报刊发行、邮政快件、特快专递、邮政储蓄、集邮、公众电报、用户电报、传真、长途电话、出租电路、无线寻呼、移动电话、分组交换数据通信、出租代维等。计算方法为各类产品乘以相应的平均单价（不变价）之和，再加上出租电路和设备、代用户维护电话交换机和线路等的服务收入。它综合反映了一定时期邮电业务发展的总成果，是研究邮电业务量构成和发展趋势的重要指标。计算公式为：

邮电业务总量 = ∑（各类邮电业务量 × 不变单价）＋ 出租代维及其他业务收入

移动电话用户　是指通过移动电话交换机进入移动电话网、占用移动电话号码的电话用户。用户数量以报告期末在移动电话营业部门实际办理登记手续进入移动电话网的户数进行计算，一部移动电话统计为一户。

固定电话用户　指接入国家公众固定电话网，并按固定电话业务进行经营管理的电话用户。

Explanatory Notes on Main Statistical Indicators

Length of Railways in Operation　refer to the total length of the trunk line for passenger and freight transportation (including both full operation and temporary operation). The calculation is based on the actual length of the first line even if this line has a full or partial double track or more tracks, excluding double tracks, station tracks, tracks under the charge of stations, branch lines, special purpose lines and connecting lines without freight. The length of railways in operation is an important indicator to show the development of the infrastructure for the railway transport, and also the essential data to calculate volume of passenger freight transport, traffic density and utilization efficiency of the locomotives and carriages.

Extended Railways refer to the sum of the first, the second, the third lines and other constructed length of the trunk railways, excluding the extenuation length of the station tracks under the charge of stations, branch lines lines for special purpose. It provides important information for the calculation of the needs for steel steel rails, sleepers, sand and stone for roadbeds.

Length of Highways refer to the length of highways which are built in conformity with the grades specified by the *Highway Engineering Standard Specifications* JTJ01 −88, and have been formally checked and accepted by the departments of highways and put into use. The length of highways includes that of the suburb highways at large and medium-sized cities, highways passing through streets at small cities and towns, and also the length of bridges and ferries. It does not include the length of streets in big and medium-sized cities and highways built for the production purpose at factories, mines, forest areas and agricultural areas. If two or more highways go the same section of the way, the length of the section is only calculated for once and double counting isn't allowed. The length of highways is an important indicator to show the development of the highway construction and to provide essential information to calculate the transport network density.

Length of Inland Waterways is also called length of navigable inland waterways, it refers to the length of the natural rivers, lakes, reservoirs, canals, and ditches open to navigation during a given period, which enables the transport by ships and rafts. It includes the channels open to navigation for over an accumulative 3 months in a year, yet this does not include the river courses which are only used to float odd logs and bamboo rafts. It's an indicator reflecting the size、level and development of inland waternetwork.

Length of Oil(Gas) Pipelines used as an indicator to show the development, scale and level of the pipeline transportation, it refers to the actual transport distance of oil (gas) products, and is in general calculated in the length of single pipe line. If the length of the double pipelines and alternate pipeline are included, it is called the extension length of the oil (gas) pipelines, which indicates the actual length of the pipelines built, excluding double pipelines.

Freight(Passenger) Traffic refers to the weight of freight (passenger) transported with various means within a specific period of time. Freight transport is calculated in tons and passenger traffic is calculated in the terms of number of persons. Despite the type of freight and travelling distance, the freight transport is calculated in the actual weight of the goods; despite the travelling distance and ticket price, the passenger traffic is calculated by the principle that one person can be counted only once in one travel. The passenger who travel with a half price ticket or a child ticket is also calculated as one person. The freight(passenger) traffic provides a quantitative measure to show how the transport industry serves the national economy and people, and is also an important indicator for planning the transport industry and for studying the development scale and speed of the transport industry.

Freight Ton-kilometers (Passenger-kilometers) refer to the sum of the products of the volume of transported cargo (passengers) multiplied by the transport distance, usually using ton-kilometer and passenger-kilometer as units for measurement. Normally, the shortest distance between the departure station and the destination station(i. e., the payable distance) is the basis to calculate the freight ton-kilometers. This is an important indicator to show the total results of the transport industry, to prepare and examine the transport plan and to measure the efficiency, the labour productivity and the unit cost of transport. The formula is as follows:

$$\text{Freight Ton-kilometers(Passenger-kilometers)} = \sum \text{Freight(Passenger) Traffic} \times \text{Distance of Transportation}$$

Volume of Freight Handled in Coastal Ports refer to the volume of cargo passing in and out of the harbor area of the major coastal ports and having been loaded and unloaded. The volume includes that of the postal matters, registered luggage and fuels, materials and fresh water as supplies of the ships. The volume of freight handled may be classified by direction of cargo flow as freight for import and freight for export, or by nature of trading as freight for domestic trade and freight for foreign trade. As an important indicator, the volume of freight handled by type of cargo and by main flow direction reflects the production capacity of ports.

Business Volume of Post and Telecommunications refer to the total amount of postal and telecommunications services, expressed in value terms, provided by the post and telecommunications departments for the society. Postal and telecommunication services can be classified as letters, packages, remittance, issue of newspapers and magazines, fast mail service, express mail service, savings deposits, stamps for collection, public and individual telegraph service, facsimiles, long-distance telephone service, leasing of telephone lines, urban paging service, mobile telephone service, data transfer and transmission, etc. The calculation method is to multiply the service products of all types with their average unit price (constant price) to get sum of business value, plus income from other services such as leasing of telephone lines and equipment, maintenance of telephone switches and lines on behalf of customers. This indicator reflects the overall results of post and telecommunications service during a given period, and is important to study the composition of business service and the development of post and telecommunications service. The formula is as follows:

Business Volume of Post and Telecommunications = $\sum$ (Transaction of Postal and Telecommunication Service × Constant Price) + Income from Leasing, Maintenance and Other Services.

Mobile Phone Subscribers refer to the persons who own mobile phone numbers and are connected with the mobile phone communication network through the mobile phone switchboards. The number of subscribers is calculated by the subscribers who have completed registration at mobile communication business centers and entered into the mobile phone network. One mobile phone is taken as a subscriber.

Fixed Telephone Subscribers refer to subscribers that are connected to the public line telephone network provided with telephone services.

14

批发零售、住宿餐饮和旅游

Wholesale and Retail Trades, Hotels, Catering Services and Tourism

简 要 说 明

一、本篇资料的主要内容

本篇资料主要反映江苏消费品市场、批发和零售业、住宿和餐饮业以及旅游业的发展状况。主要内容包括社会消费品零售总额；批发和零售业、住宿和餐饮业全行业经营情况；限额以上批发和零售业、住宿和餐饮业的基本情况、财务状况、连锁经营情况；亿元以上商品交易市场基本情况和成交情况；旅行社、星级饭店基本情况；入境旅游人数、国内居民旅游人数以及国际、国内旅游收入。

二、本篇资料的统计范围

社会消费品零售总额的统计范围为参与市场商品零售或餐饮经营活动的各行业法人企业、产业活动单位和个体经营户；批发和零售业、住宿和餐饮业全行业经营情况的统计范围为全部批发和零售业、住宿和餐饮业法人企业、产业活动单位和个体经营户；限额以上批发和零售业基本情况、财务状况和连锁经营情况的统计范围为年主营业务收入达到2000万元及以上的批发业、年主营业务收入达到500万元及以上的零售业法人企业、产业活动单位和个体经营户；限额以上住宿和餐饮业基本情况、财务状况和连锁经营情况的统计范围为年主营业务收入达到200万元及以上的住宿和餐饮业法人企业、产业活动单位和个体经营户；亿元以上商品交易市场基本情况和成交情况统计范围为年商品成交额达到亿元及以上的现货商品交易市场；旅行社和星级饭店基本情况、入境旅游人数、国内居民旅游人数以及国际、国内旅游收入的统计范围为全省范围内的旅行社、星级饭店和旅游者。

三、本篇资料的来源

本篇资料中社会消费品零售总额以及批发和零售业、住宿和餐饮业发展情况根据《批发和零售业统计报表制度》《住宿和餐饮业统计报表制度》规定的有关统计内容进行加工整理；旅游业发展情况根据旅游局提供的有关资料编制。

四、本篇资料的统计调查方法

本篇资料中社会消费品零售总额以及批发和零售业、住宿和餐饮业发展情况方面资料涉及限额以上法人企业、产业活动单位和个体经营户以及亿元及以上商品交易市场的采用全面调查方法；涉及限额以下法人企业、产业活动单位和个体经营户的采用抽样调查方法推算。旅游业发展情况数据中国际、国内旅游收入和国内居民旅游人数等指标采用抽样调查方法，其余数据均为全面调查统计取得。

Brief Introduction

Ⅰ. Main Contents

Data in this chapter reflect the development of markets of consumer goods, wholesale and retail trades, hotels and catering services and tourism. Main contents include the total sales of consumer goods, the operation of wholesale and retail trades and hotels and catering services, the basic conditions, financial status and chain operation of the wholesale and retail trades and hotels and catering services above designated size, the basic condition and turnover of large commodity transaction markets with transaction over 100 million yuan, the basic conditions of travel agencies and starred hotels, number of international tourists and Chinese residents going abroad, number of domestic tourists and income from international and domestic tourism.

Ⅱ. Scope of Statistics

The scope of statistics of the total sales of consumer goods include corporate enterprises, establishments, and self-employed individuals involved in wholesale and retail trades and hotels and catering services. The scope of statistics of the operation of wholesale and retail trades and hotels and catering services include all corporate enterprises, establishments, and self-employed individuals involved in wholesale and retail trades and hotels and catering services. The scope of statistics of the basic conditions, financial status and chain operation of the wholesale and retail trades above designated size include corporate enterprises, establishments, and self-employed individuals involved in wholesale trade with annual principal business sales over 20 million yuan, retail trade with annual principal business sales over 5 million yuan. The scope of statistics of the basic conditions, financial status and chain operation of the hotels and catering services above designated size include corporate enterprises, establishments, and self-employed individuals involved in the hotels and catering services with annual principal business sales over 2 million yuan. The scope of statistics of the basic condition and turnover of large commodity transaction markets with transaction over 100 million yuan include all transaction markets with the total sales value of commodities over 100 million yuan. The scope of statistics of the basic conditions of travel agencies and star-rated hotels, number of international tourists and Chinese residents going abroad, number of domestic tourists and income from international and domestic tourism include all travel agencies, star-rated hotels and tourists in Jiangsu Province.

Ⅲ. Sources of Data

The total sales of consumer goods and the development of wholesale and retail trades, hotels and catering services are collected and processed in accordance with *Statistical Reporting System on Wholesale and Retail Trades* and *Satistical Reporting*

System on Hotels and Catering Services. The data on tourism are from the Cultural Tourism Department.

Ⅳ. Methods of Survey

Data on corporate enterprises above designated size, establishments, self-employed individuals and commodity transaction markets with transaction over 100 million yuan are collected through comprehensive reporting system. Data on enterprises and self-employed individuals below the designated size are collected by sample surveys. Data on tourism are from the comprehensive reporting system except those on the earnings from international and domestic tourism and number of domestic tourists going abroad from sample surveys.

14－1 国内贸易基本情况
Basic Conditions of Domestic Trade

指　　　标	Item	2015	2016	2017	2018	2019	2020	2021
限额以上法人企业　（个）	**Number of Enterprises above Designated Size　（unit）**	**22165**	**22514**	**22540**	**25225**	**28172**	**34869**	**42683**
批发业	Wholesale Trade	10753	10852	11209	13717	16110	21030	25414
零售业	Retail Trade	8290	8571	8425	8585	8824	9967	12336
住宿业	Hotels	1057	1061	1047	1075	1208	1362	1633
餐饮业	Catering Services	2065	2030	1859	1848	2030	2510	3300
产业活动单位数（个）	**Industry Activity Units　（unit）**	**35633**	**36060**	**37078**	**28002**	**30106**	**31000**	**38569**
批发业	Wholesale Trade	12700	12374	12675	4514	4271	4215	4895
零售业	Retail Trade	18464	19238	20004	20814	22561	22777	27793
住宿业	Hotels	1103	1099	1086	138	175	168	269
餐饮业	Catering Services	3366	3349	3313	2536	3099	3840	5612
限额以上企业（单位）从业人数（人）	**Employed Persons above Designated Size　（person）**	**1259988**	**1232848**	**1216968**	**1273866**	**1276209**	**1387918**	**1473611**
批发业	Wholesale Trade	408535	397306	414885	459142	486470	558157	583070
零售业	Retail Trade	557938	546964	522284	514100	481297	498272	520597
住宿业	Hotels	109120	106801	102728	101285	100463	96653	97971
餐饮业	Catering Services	184395	181777	177071	199339	207979	234836	271973
限额以上批发和零售业（亿元）	**Wholesale and Retail Trades above Designated Size　（100 million yuan）**							
商品购进总额	Total Purchases Value	39521.24	42936.98	50071.87	61125.59	67564.29	79783.24	100307.50
商品销售总额	Total Sales Value	41992.87	46807.09	54534.88	67165.86	72602.88	85290.81	105760.76
商品库存总额	Total Stock	2442.28	2892.15	5159.15	3395.15	3973.07	6057.03	4447.75
社会消费品零售总额　（亿元）	**Total Retail Sales of Consumer Goods　（100 million yuan）**	**26710.13**	**29612.50**	**32818.24**	**35472.62**	**37672.51**	**37086.06**	**42702.65**
商品交易市场数（个）	**Number of Commodity Exchange Markets　（unit）**	**2861**	**2817**	**2753**	**2795**	**2202**	**3321**	**3490**
消费品市场	Markets of Consumer Goods	2466	2448	2399	2383	1864	3086	3337
生产资料市场	Markets of Production Material	395	369	354	412	338	235	153

注：因2020年统计口径调整（外省在江苏的产业活动单位不再纳入统计），本表对2015年以来的产业活动单位数等指标进行了修订。

a) Due to the adjustment of statistical caliber in 2020, industrial activity units of other provinces in Jiangsu Province are no longer included in the statistics. The number of industrial activity units since 2015 has been revised.

14－2　按行业分社会消费品零售总额
Total Retail Sales of Consumer Goods by Sector

单位:亿元　　　　　　　　　　　　　　　　　　　　　　　　(100 million yuan)

年　份 Year	社会消费品零售总额 Total Retail Sales of Consumer Goods	批发和零售业 Wholesale and Retail Trades	住宿业 Hotels	餐饮业 Catering Services	其他行业 Others
1978	84.79	79.18		3.24	2.37
1979	99.16	91.61		3.90	3.65
1980	122.56	114.35		4.72	3.49
1981	134.79	125.16		5.17	4.46
1982	150.01	138.87		5.49	5.65
1983	169.12	156.28		6.14	6.70
1984	205.05	188.80		7.61	8.64
1985	262.57	240.69		10.45	11.43
1986	304.58	279.25		12.53	12.80
1987	360.74	329.31		15.84	15.59
1988	471.83	432.06		20.33	19.44
1989	509.56	467.11		22.47	19.98
1990	515.43	472.72		24.17	18.54
1991	578.12	529.94		27.86	20.32
1992	704.52	644.61		33.64	26.27
1993	969.08	889.44		44.80	34.84
1994	1363.30	1241.66		71.63	50.01
1995	1749.02	1579.42		95.60	74.00
1996	2091.75	1911.80		136.38	43.57
1997	2316.25	2096.87		169.06	50.32
1998	2473.87	2226.26		194.10	53.51
1999	2674.82	2390.16		229.75	54.91
2000	2940.16	2611.34		272.53	56.29
2001	3273.02	2880.81		330.71	61.50
2002	3706.46	3222.60		416.43	67.43
2003	4257.49	3667.94		518.61	70.93
2004	4993.13	4422.60	42.53	506.34	21.66
2005	5863.45	5164.39	50.92	596.09	52.05
2006	6865.75	6039.14	69.29	694.98	62.34
2007	8187.58	7200.86	84.56	831.03	71.13
2008	10171.21	9129.14	102.48	848.29	91.29
2009	11807.16	10599.58	110.65	983.84	113.08
2010	13990.35	12551.70	130.74	1180.39	127.52
2011	16511.02	14724.60	166.51	1397.59	222.33
2012	18946.41	16927.08	183.61	1634.25	201.47
2013	21504.90	19256.02	178.43	1842.12	228.33
2014	24176.13	21879.40	193.41	2103.32	
2015	26710.13	24168.35	205.32	2336.46	
2016	29612.50	26715.96	223.57	2672.97	
2017	32818.24	29584.58	243.83	2989.83	
2018	35472.62	31812.29	266.67	3393.66	
2019	37672.51	34662.72	305.76	2704.03	
2020	37086.06	34313.39	254.62	2518.05	
2021	42702.65	39407.59	281.12	3013.93	

注:1. 2003 年前住宿业包括在餐饮业和其他行业中。

2. 2018 年为第四次经普数据,2019 年为按经普口径统计数据,1993 年—2018 年根据趋势离差法和 2018 年经济普查数据调整。

a) Before 2003, the hotel industry included in the catering industry and other industries.

b) The data of 2018 is from the fourth Economic Census. The data of 2019 is the statistical data of the economic census. The data from 1993 to 2018 was adjusted according to the trend deviation method and the data of 2018 Economic Census.

14-3 按地区分社会消费品零售总额(2021年)
Total Retail Sales of Consumer Goods by Region(2021)

单位:亿元　　　　(100 million yuan)

地　区	Region	社会消费品零售总额 Total Retail Sales of Consumer Goods
苏　南	Southern Jiangsu	24495.01
苏　中	Mid Jiangsu	6993.35
苏　北	Northern Jiangsu	11214.29
南　京	Nanjing	7899.41
无　锡	Wuxi	3306.09
徐　州	Xuzhou	4038.02
常　州	Changzhou	2911.36
苏　州	Suzhou	9031.32
南　通	Nantong	3935.48
连云港	Lianyungang	1203.31
淮　安	Huai'an	1828.25
盐　城	Yancheng	2684.34
扬　州	Yangzhou	1480.92
镇　江	Zhenjiang	1346.83
泰　州	Taizhou	1576.94
宿　迁	Suqian	1460.36

14－4　限额以上批发和零售业基本情况（2021 年）

Basic Conditions of Enterprises above Designated Size of Wholesale and Retail Trade（2021）

项　　目	Item	法人企业数（个）Number of Corporation Enterprises（unit）	产业活动单位数（个）Number of Industry Activity Units（unit）	从业人员（人）Employed Persons（person）
总　　计	**Total**	**37750**	**32692**	**1103667**
#国有控股	State-owned Holding	1277	4432	108558
批发业	**Wholesale Trade**	**25414**	**4895**	**583070**
#国有控股	State-owned Holding	922	1122	65680
按登记注册类型分	**Grouped by Status of Registration**			
内资企业	Domestic Funded Enterprises	24681	4208	508931
国有企业	State-owned Enterprises	300	243	18589
集体企业	Collective-owned Enterprises	26	10	400
股份合作企业	Cooperative Enterprises	9	1	271
联营企业	Joint Ownership Enterprises	3		51
国有联营企业	State Joint Ownership Enterprises	1		20
集体联营企业	Collective Joint Ownership Enterprises	1		29
国有与集体联营企业	Joint State-collective Enterprises			
其他联营企业	Other Joint Ownership Enterprises	1		2
有限责任公司	Limited Liability Corporations	1525	896	89797
国有独资公司	State Sole-proprietorship Corporations	147	50	6419
其他有限责任公司	Other Limited Liability Corporations	1378	846	83378
股份有限公司	Share-holding Corporations Ltd.	154	354	26323
私营企业	Private Enterprises	22414	2700	366632
私营独资企业	Private Sole-proprietorship Enterprises	370	18	3955
私营合伙企业	Private Partnership Enterprises	21		329
私营有限责任公司	Private Limited Liability Corporations	21883	2620	355543
私营股份有限公司	Private Share-holding Corporations Ltd.	140	62	6805
其他企业	Other Enterprises	250	4	6868
港、澳、台商投资企业	Enterprises with Investment from Hong Kong, Macao and Taiwan	319	444	27085
合资经营企业	Joint-venture Enterprises	44	4	3495
合作经营企业	Cooperative Enterprises			
独资经营企业	Sole-proprietorship Enterprises	264	406	21442
港、澳、台商投资股份有限公司	Share-holding Corporations Ltd. from Hong Kong, Macao and Taiwan	7	34	2089
其他港澳台投资	Other Enterprises with Investment from Hong Kong, Macao and Taiwan	4		59
外商投资企业	Foreign Investment Enterprises	414	243	47054
合资经营企业	Joint-venture Enterprises	78	36	3445
合作经营企业	Cooperative Enterprises	4		52
外资企业	Sole-proprietorship Enterprises	324	135	42284
外商投资股份有限公司	Foreign Investment Share-holding Corporations Ltd.	5	72	1225
其他外商投资	Other Foreign Invested Enterprises	3		48

14－4 续表1 Continued

项 目	Item	法人企业（个）Number of Corporation Enterprises (unit)	产业活动单位数（个）Number of Industry Activity Units (unit)	从业人员（人）Employed Persons (person)
按行业分	**Grouped by Sector**			
农、林、牧、渔产品批发	Wholesale of Agriculture, Forestry and Livestock Products	829	201	24376
食品、饮料及烟草制品批发	Wholesale of Food, Beverages and Tobaccos	1627	656	77934
纺织、服装及家庭用品批发	Wholesale of Textiles, Garments and Daily Consumer Articals	2985	838	124921
文化、体育用品及器材批发	Wholesale of Culture, Sports Appliances and Equipments	774	272	21333
医药及医疗器材批发	Wholesale of Medicines and Medical Appliances	962	611	73436
矿产品、建材及化工产品批发	Wholesale of Mineral Products, Building Materials and Chemical Products	13413	1469	153441
机械设备、五金交电及电子产品批发	Wholesale of Machinery, Hardware and Electronic Products	3898	738	90705
贸易经纪与代理	Trade Broker and Agency	190	9	2940
其他批发	Others	736	101	13984
零售业	**Retail Trade**	**12336**	**27797**	**520597**
#国有控股	State-owned Holding	355	3310	42878
按登记注册类型分	**Grouped by Status of Registration**			
内资企业	Domestic Funded Enterprises	12040	24920	437735
国有企业	State-owned Enterprises	67	283	3874
集体企业	Collective-owned Enterprises	82	88	1623
股份合作企业	Cooperative Enterprises	24	7	652
联营企业	Joint Ownership Enterprises	9	7	78
国有联营企业	State Joint Ownership Enterprises	4	5	35
集体联营企业	Collective Joint Ownership Enterprises	3	2	14
国有与集体联营企业	Joint State-collective Enterprises			
其他联营企业	Other Joint Ownership Enterprises	2		29
有限责任公司	Limited Liability Corporations	844	4788	79488
国有独资公司	Sole-proprietorship Corporations	34	253	2703
其他有限责任公司	Other Limited Liability Corporations	810	4535	76785
股份有限公司	Share-holding Corporations Ltd.	117	682	15640
私营企业	Private Enterprises	10665	19039	332480
私营独资企业	Private Sole-proprietorship Enterprises	646	237	8555
私营合伙企业	Private Partnership Enterprises	60	7	608
私营有限责任公司	Private Limited Liability Corporations	9894	18714	317599
私营股份有限公司	Private Share-holding Corporations Ltd.	65	81	5718
其他企业	Other Enterprises	232	26	3900

14－4 续表 2 Continued

项目	Item	法人企业（个）Number of Corporation Enterprises（unit）	产业活动单位数（个）Number of Industry Activity Units（unit）	从业人员（人）Employed Persons（person）
港、澳、台商投资企业	Enterprises with Investment from Hong Kong, Macao and Taiwan	173	610	53401
合资经营企业	Joint-venture Enterprises	35	54	4410
合作经营企业	Cooperative Enterprises			
独资经营企业	Sole-proprietorship Enterprises	129	405	43548
港、澳、台商投资股份有限公司	Share-holding Corporations Ltd. from Hong Kong, Macao and Taiwan	7	128	4670
其他港澳台投资	Other Enterprises with Investment from Hong Kong, Macao and Taiwan	2	23	773
外商投资企业	Foreign Investment Enterprises	123	2267	29461
合资经营企业	Joint-venture Enterprises	27	1144	14214
合作经营企业	Cooperative Enterprises	2		240
外资企业	Sole-proprietorship Enterprises	88	738	14460
外商投资股份有限公司	Foreign Investment Share-holding Corporations Ltd.	5	383	527
其他外商投资	Other Foreign Invested Enterprises	1	2	20
按行业分	**Grouped by Sector**			
综合零售	General Retail	810	4367	142510
食品、饮料及烟草制品专门零售	Special Retail of Food, Beverages and Tobaccos	1405	3761	38356
纺织、服装及日用品专门零售	Special Retail of Textiles, Garments and Daily Consumer Articles	827	840	31816
文化、体育用品及器材专门零售	Special Retail of Culture, Sports Appliances and Equipments	1081	596	28519
医药及医疗器材专门零售	Special Retail of Medicines and Medica Appliances	499	12725	56323
汽车、摩托车、燃料及零配件专门零售	Retail of Motor Vehicles, Motorcycles, Fuel and Parts	3504	3398	127904
家用电器及电子产品专门零售	Special Retail of Household Electric Appliances and Electronic Products	1332	1325	36587
五金、家具及室内装饰材料专门零售	Special Retail of Hardware, Furniture and Interior Decoration Materials	978	98	14785
货摊、无店铺及其他零售业	Stalls, Non-shop and Other Retail	1900	687	43797
按零售业态分	**Grouped by Business Categories**			
有店铺零售	Retail Store	10294	27475	475605
食杂店	Grocery Store	86	61	2388
便利店	Convenience Store	143	1715	9873

14－4 续表3 Continued

项 目	Item	法人企业(个) Number of Corporation Enterprises (unit)	产业活动单位数(个) Number of Industry Activity Units (unit)	从业人员(人) Employed Persons (person)
折扣店	Discount Store	21	7	380
超市	Supermarket	382	1714	34429
大型超市	Hypermarket	169	896	73692
仓储会员店	Warehouse Club	17	17	1397
百货店	Department Store	438	364	31506
专业店	Specialty Store	5477	18900	186497
专卖店	Franchised Store	3027	3656	122473
家具建材商店	Building Material Shop	195	29	4078
购物中心	Shopping Mall	53	38	3313
厂家直销中心	Factory Outlets Center	286	78	5579
无店铺零售	Non-shop Retailing	2042	322	44992
电视购物	TV Shopping	4	2	710
邮购	Mail Order Shopping	8	0	914
网上商店	Online Store	1475	248	32750
自动售货亭	Vending Machine	5	8	249
电话购物	Telephone Shopping	7	0	417
其他	Others	543	64	9952
在总计中:	**In the Total**			
南 京	Nanjing	5155	8036	245304
无 锡	Wuxi	5723	3785	151159
徐 州	Xuzhou	3321	2222	71917
常 州	Changzhou	3664	2614	84442
苏 州	Suzhou	5277	6326	215749
南 通	Nantong	3656	2001	74425
连云港	Lianyungang	1229	663	37501
淮 安	Huai'an	1155	1187	33622
盐 城	Yancheng	1816	960	40065
扬 州	Yangzhou	2460	1227	49466
镇 江	Zhenjiang	944	1051	24986
泰 州	Taizhou	2492	1778	48633
宿 迁	Suqian	858	842	26398

注:产业活动单位数包括本省限额上批零住餐法人所属的全部(包括在外省的)产业活动单位和其他行业的限额以上批零产业活动单位。营业面积、从业人数为法人在地口径。

a) The number of establishments includes the number of enterprises above designated size in wholesale and retail trades of Jiangsu and other province established of enterprises above designated size in whole sale and retail sale trade of Jiangsu. The data of persons engaged and floor space of retail business are base on the data of corporation enterprises.

14－5 批发和零售业商品购销存总额（2021年）
Total Value of Commodity Purchasing, Sales and Inventory of Enterprises of Wholesale and Retail Trade (2021)

单位:亿元 (100 million yuan)

项目	Item	商品购进总额 Total Purchase Value	商品销售总额 Total Sales Value	批发 Whole-sale Value	零售 Retail Sale Value	商品库存总额 Stock
总计	**Total**		**159333.35**	**126666.64**	**32666.71**	
限额以上企业和单位	**Enterprises and Units above Designated Size**	**100307.50**	**105760.76**	**90216.43**	**15241.08**	**4447.75**
#国有控股	State-owned Holding	18373.82	18523.82	16487.40	2025.37	1113.15
批发业	**Wholesale Trade**	**88564.80**	**92369.56**	**89321.29**	**2748.20**	**3508.92**
#国有控股	State-owned Holding	16876.60	16771.57	16202.23	559.56	980.12
按登记注册类型分	**Grouped by Status of Registration**					
内资企业	Domestic Funded Enterprises	79285.30	83175.83	80439.21	2440.38	2971.91
国有企业	State-owned Enterprises	2170.31	2606.28	2390.27	215.31	224.06
集体企业	Collective-owned Enterprises	71.11	86.20	79.31	0.86	12.28
股份合作企业	Cooperative Enterprises	238.94	240.04	240.04		2.11
联营企业	Joint Ownership Enterprises	24.60	24.49	24.49		2.03
国有联营企业	State Joint Ownership Enterprises	23.20	23.00	23.00		2.02
集体联营企业	Collective Joint Ownership Enterprises	0.42	0.50	0.50		0.00
国有与集体联营企业	Joint State-collective Enterprises					
其他联营企业	Other Joint Ownership Enterprises	0.98	0.99	0.99		0.01
有限责任公司	Limited Liability Corporations	22904.59	23929.94	23509.65	398.87	970.33
国有独资公司	State Sole-proprietorship Corporations	2563.51	2601.22	2567.33	25.29	185.53
其他有限责任公司	Other Limited Liability Corporations	20341.08	21328.73	20942.32	373.58	784.80
股份有限公司	Share-holding Corporations Ltd.	3505.26	3427.03	3190.37	236.38	198.32
私营企业	Private Enterprises	50192.98	52667.68	50831.41	1570.53	1558.47
私营独资企业	Private Sole-proprietorship Enterprises	283.42	316.94	274.73	30.39	13.76
私营合伙企业	Private Partnership Enterprises	33.71	35.01	31.15	3.86	0.86
私营有限责任公司	Private Limited Liability Corporations	49480.77	51877.52	50095.14	1528.55	1514.11
私营股份有限公司	Private Share-holding Corporations Ltd.	395.09	438.21	430.39	7.73	29.75
其他内资企业	Other Enterprises	177.53	194.17	173.66	18.43	4.32
港、澳、台商投资企业	Enterprises with Investment from Hong Kong, Macao and Taiwan	2508.01	2991.01	2928.37	60.75	181.68
合资经营企业	Joint-venture Enterprises	244.97	263.40	261.74	1.66	13.79
合作经营企业	Cooperative Enterprises					
独资经营企业	Sole-proprietorship Enterprises	1965.84	2423.65	2365.28	56.48	162.51
港、澳、台商投资股份有限公司	Share-holding Corporations Ltd. from Hong Kong, Macao and Taiwan	275.44	279.69	277.08	2.61	5.39
其他港澳台投资	Other Enterprises with Investment from Hong Kong, Macao and Taiwan	21.76	24.27	24.27	0.00	0.00
外商投资企业	Foreign Investment Enterprises	6771.48	6202.72	5953.72	247.06	355.32

14－5 续表1 Continued

单位:亿元 (100 million yuan)

项 目	Item	商品购进总额 Total Purchase Value	商品销售总额 Total Sales Value	批发 Wholesale Value	零售 Retail Sale Value	商品库存总额 Stock
合资经营企业	Joint-venture Enterprises	3113.05	2080.86	2054.35	26.26	31.73
合作经营企业	Cooperative Enterprises	2.36	2.43	2.43	0.00	0.13
外资企业	Sole-proprietorship Enterprises	3608.13	4074.94	3854.49	218.76	308.60
外商投资股份有限公司	Foreign Investment Share-holding Corporations Ltd.	46.74	43.01	41.35	1.66	14.81
其他外商投资	Other Foreign Invested Enterprises	1.20	1.48	1.09	0.39	0.06
按行业分	**Grouped by Sector**					
农、林、牧、渔产品批发	Wholesale of Agriculture, Farestry and Livestock Products	2673.26	2768.80	2681.06	64.54	245.31
食品、饮料及烟草制品批发	Wholesale of Food, Beverages and Tobaccos	3937.47	4764.51	4432.59	324.79	350.90
纺织、服装及日用品批发	Wholesale of Textiles, Garments and Daily Consumer Articals	13398.75	14079.93	13426.98	618.09	688.53
文化、体育用品及器材批发	Wholesale of Culture, Sports Appliances and Equipment	1126.07	1217.01	1142.39	72.02	87.29
医药及医疗器材批发	Wholesale of Medicines and Medical Appliances	2946.36	3474.66	3382.93	81.23	371.96
矿产品、建材及化工产品批发	Wholesale of Mineral Products, Building Materials and Chemical Products	52847.58	53669.65	52211.29	1262.26	1213.72
机械设备、五金交电及电子产品批发	Wholesale of Machinery, Hardware and Electronic Products	8952.34	9554.78	9297.91	233.85	404.34
贸易经纪与代理	Trade Broker and Agency	535.40	604.52	582.48	20.52	17.99
其他批发	Others	2147.56	2235.71	2163.66	70.90	128.88
零售业	**Retail Trade**	**11742.70**	**13391.20**	**895.13**	**12492.88**	**938.83**
#国有控股	State-owned Holding	1497.22	1752.26	285.16	1465.81	133.03
按登记注册类型分	**Grouped by Status of Registration**					
内资企业	Domestic Funded Enterprises	9647.55	10904.61	637.44	10263.97	804.11
国有企业	State-owned Enterprises	263.03	270.04	49.92	220.12	13.73
集体企业	Collective-owned Enterprises	30.28	34.44	2.32	32.12	0.84
股份合作企业	Cooperative Enterprises	8.46	9.24	0.25	8.99	0.43
联营企业	Joint Ownership Enterprises	3.87	4.29	0.22	4.07	0.02
国有联营企业	State Joint Ownership Enterprises	3.10	3.28	0.18	3.10	0.01
集体联营企业	Collective Joint Ownership Enterprises	0.57	0.65		0.65	0.00
国有与集体联营企业	Joint State-collective Enterprises					
其他联营企业	Other Joint Ownership Enterprises	0.20	0.36	0.04	0.32	0.00
有限责任公司	Limited Liability Corporations	2476.16	2779.63	158.43	2619.92	190.71
国有独资公司	Sole-proprietorship Corporations	123.72	131.66	15.52	114.86	4.04
其他有限责任公司	Other Limited Liability Corporations	2352.44	2647.97	142.91	2505.06	186.67
股份有限公司	Share-holding Corporations Ltd.	497.76	665.43	91.38	574.06	22.58

单位:亿元 (100 million yuan)

项目	Item	商品购进总额 Total Purchase Value	商品销售总额 Total Sales Value	批发 Whole-sale Value	零售 Retail Sale Value	商品库存总额 Stock
私营企业	Private Enterprises	6334.76	7096.89	332.60	6762.38	573.79
私营独资企业	Private Sole-proprietorship Enterprises	142.89	165.78	8.36	157.35	8.35
私营合伙企业	Private Partnership Enterpises	14.25	16.78	0.51	16.27	0.51
私营有限责任公司	Private Limited Liability Corporations	6082.68	6808.02	322.20	6483.97	549.22
私营股份有限公司	Private Share-holding Corporations Ltd.	94.94	106.32	1.53	104.79	15.71
其他企业	Other Enterprises	33.22	44.65	2.32	42.33	2.01
港、澳、台商投资企业	Enterprises with Investment from Hong Kong, Macao and Taiwan	1091.71	1144.54	103.56	1040.98	68.36
合资经营企业	Joint-venture Enterprises	148.95	171.87	15.81	156.05	11.20
合作经营企业	Cooperative Enterprises					
独资经营企业	Sole-proprietorship Enterprises	776.45	854.97	40.30	814.67	50.55
港、澳、台商投资股份有限公司	Share-holding Corporations Ltd. from Hong Kong, Macao and Taiwan	159.05	109.38	47.32	62.06	6.33
其他港澳台投资	Other Enterprises with Investment from Hong Kong, Macao and Taiwan	7.25	8.32	0.12	8.20	0.28
外商投资企业	Foreign Investment Enterprises	1003.44	1342.05	154.12	1187.93	66.37
合资经营企业	Joint-venture Enterprises	444.61	559.78	30.35	529.43	40.11
外资企业	Sole-proprietorship Enterprises	457.42	631.02	100.84	530.18	24.55
外商投资股份有限公司	Foreign Investment Share-holding Corporations Ltd.	88.11	136.03	22.83	113.20	1.12
其他外商投资	Other Foreign Invested Enterprises	0.11	0.18	0.10	0.08	0.06
按行业分	**Grouped by Sector**					
综合零售	General Retail	1781.46	2068.48	79.89	1988.54	144.67
食品、饮料及烟草制品专门零售	Special Retail of Food, Beverages and Tobaccos	454.93	553.88	45.82	507.24	36.29
纺织、服装及日用品专门零售	Special Retail of Textiles, Garments and Daily Consumer Articles	457.04	563.37	47.01	516.13	47.41
文化、体育用品及器材专门零售	Special Retail of Culture, Sports Appliances and Equipments	386.16	485.20	53.19	432.00	107.97
医药及医疗器材专门零售	Special Retail of Medicines and Medica Appliances	419.91	493.95	41.88	452.07	53.19
汽车、摩托车、燃料及零配件专门零售	Retail of Motor Vehicles, Motorcycles, Fuel and Parts	5502.93	6151.23	428.39	5722.85	392.71
家用电器及电子产品专门零售	Special Retail of Household Electric Appliances and Electronic Products	749.51	823.99	66.52	757.27	64.00
五金、家具及室内装修材料专门零售	Special Retail of Hardware, Furniture and Interior Decoration Materials	208.58	245.12	19.14	225.98	16.85
货摊、无店铺及其他零售业	Stalls, Non-shop and Other Retail	1782.18	2005.98	113.30	1890.82	75.76

14－5 续表3 Continued

单位:亿元 (100 million yuan)

项目	Item	商品购进总额 Total Purchase Value	商品销售总额 Total Sales Value	批发 Whole-sale Value	零售 Retail Sale Value	商品库存总额 Stock
按零售业态分	**Grouped by Business Categories**					
有店铺零售	Retail Store	9969.54	11388.20	773.93	10612.65	857.02
食杂店	Grocery Store	21.07	23.72	2.81	20.91	1.02
便利店	Convenience Store	87.65	101.30	8.80	92.46	9.61
折扣店	Discount Store	26.81	30.78	0.27	30.51	0.59
超市	Supermarket	346.92	369.83	7.99	361.84	36.94
大型超市	Hypermarket	676.86	716.41	10.73	705.68	74.50
仓储会员店	Warehouse Club	25.60	23.73	0.65	23.09	3.86
百货店	Department Store	652.24	826.24	70.64	755.37	27.50
专业店	Specialty Store	4256.23	4992.05	459.31	4532.19	354.85
专卖店	Franchised Store	3497.54	3813.09	191.73	3620.55	328.75
家具建材商店	Furniture Building Material Shop	59.60	70.75	3.98	66.77	7.15
购物中心	Shopping Mall	223.16	303.86	1.38	302.48	3.52
厂家直销中心	Factory Outlets Center	95.88	116.44	15.64	100.80	8.72
无店铺零售	Non-store Retailing	1773.15	2003.00	121.20	1880.23	81.82
电视购物	TV Shopping	10.26	12.03	7.30	4.73	0.09
邮购	Mail Order Shopping	3.11	6.02	0.98	5.03	0.17
网上商店	Online Store	1585.12	1783.01	86.53	1694.98	67.81
自动售货亭	Vending Machine	2.67	3.71	0.20	3.51	0.18
电话购物	Telephone Shopping	3.75	4.63	0.43	4.20	0.19
其他	Others	168.24	193.61	25.76	167.78	13.36
限额以下企业(单位)和个体	**Enterprises(Units) and Individuals below Designated Size**		**53572.59**	**36450.21**	**17425.64**	

14－6 限额以上批发和零售业企业财务状况（2021 年）

单位:亿元

项　　目	Item	资产总计 Total Assets	#流动资产 Current Assets	#固定资产净额 Net Value of Fixed Assets
总　计	**Total**	**43379.55**	**34384.45**	**1603.38**
#国有控股	State-owned Holding	10583.31	8237.30	390.38
批发业	**Wholesale Trade**	**36569.88**	**29809.07**	**953.58**
#国有控股	State-owned Holding	9584.17	7621.45	260.10
按登记注册类型分	**Grouped by Status of Registration**			
内资企业	Domestic Funded Enterprises	32539.91	26609.62	798.76
国有企业	State-owned Enterprises	1965.16	1726.44	67.40
集体企业	Collective-owned Enterprises	401.98	189.60	3.67
股份合作企业	Cooperative Enterprises	31.97	30.16	0.45
联营企业	Joint Ownership Enterprises	8.13	7.72	…
国有联营企业	State Joint Ownership Enterprises	7.42	7.12	…
集体联营企业	Collective Joint Ownership Enterprises	0.21	0.10	…
国有与集体联营企业	Joint State-collective Enterprises			
其他联营企业	Other Joint Ownership Enterprises	0.51	0.51	…
有限责任公司	Limited Liability Corporations	10221.59	7968.56	231.64
国有独资公司	State Sole-proprietorship Corporations	2418.34	1759.23	77.63
其他有限责任公司	Other Limited Liability Corporations	7803.25	6209.33	154.01
股份有限公司	Share-holding Corporations Ltd.	4606.19	3419.23	72.29
私营企业	Private Enterprises	15266.32	13236.37	420.50
私营独资企业	Private Sole-proprietorship Enterprises	93.28	81.24	5.93
私营合伙企业	Private Partnership Enterprises	21.97	20.27	1.33
私营有限责任公司	Private Limited Liability Corporations	14825.92	12927.65	404.78
私营股份有限公司	Private Share-holding Corporations Ltd.	325.14	207.21	8.45
其他内资	Other Enterprises	38.57	31.54	2.81
港、澳、台商投资企业	Enterprises with Investment from Hong Kong, Macao and Taiwan	1620.74	1211.92	87.13
合资经营企业	Joint-venture Enterprises	251.24	163.79	41.40
合作经营企业	Cooperative Enterprises			
独资经营企业	Sole-proprietorship Enterprises	1124.73	933.68	44.65
港、澳、台商投资股份有限公司	Share-holding Corporations Ltd. from Hong Kong, Macao and Taiwan	241.37	111.09	1.08
其他港澳台投资	Other Enterprises with Investment from Hong Kong, Macao and Taiwan	3.40	3.36	0.01
外商投资企业	Foreign Investment Enterprises	2409.23	1987.52	67.69
合资经营企业	Joint-venture Enterprises	596.55	556.34	9.55
合作经营企业	Cooperative Enterprises	9.62	9.43	0.06
独资经营企业	Sole-proprietorship Enterprises	1721.03	1382.67	56.66
外商投资企业	Foreign Investment Enterprises	81.76	38.86	1.39
其他外商投资	Other Foreign Investment Enterprises	0.27	0.23	0.04

Financial Indicators of Enterprises above Designated Size of Wholesale and Retail Trade (2021)

(100 million yuan)

负债合计 Total Liabilities	所有者权益合计 Total Owners' Equities	主营业务收 入 Revenue from Principal Business	营业成本 Business Cost	其他业务利 润 Profits from Other Business	营业利润 Business Profit	利润总额 Total Profits
32590.68	**10624.44**	**94451.77**	**89735.70**	**179.82**	**1338.54**	**1416.94**
7806.45	2769.93	16611.61	15611.52	28.48	425.97	444.78
27816.87	**8599.71**	**82522.12**	**79032.26**	**72.07**	**1111.87**	**1175.21**
7206.90	2371.52	15065.93	14184.70	11.23	398.24	412.74
25014.44	7386.74	74154.52	71654.74	58.12	792.69	839.82
1176.16	788.09	2343.07	1973.93	3.38	165.77	172.23
301.26	10.07	71.75	72.92	0.07	-0.99	-0.82
28.34	3.63	212.62	209.74	0.08	0.63	0.47
6.48	1.65	21.85	21.42		0.09	0.09
6.32	1.09	20.52	20.13		0.08	0.08
0.16	0.05	0.45	0.42		0.01	0.01
…	0.50	0.88	0.87		0.01	0.01
8012.21	2195.63	21447.15	20783.31	14.21	178.93	194.03
1877.08	539.05	2255.58	2236.40	1.40	17.45	18.97
6135.13	1656.58	19191.57	18546.91	12.81	161.47	175.06
3620.40	983.93	3041.76	3070.30	8.69	-103.08	-101.79
11847.24	3387.80	46838.06	45355.16	31.68	544.73	569.06
66.10	25.85	277.94	266.00	0.24	8.52	9.12
18.00	3.97	31.34	29.89	0.10	0.46	0.47
11600.75	3195.23	46135.09	44690.10	31.08	527.51	550.84
162.40	162.75	393.68	369.18	0.27	8.24	8.63
22.36	15.94	178.26	167.96	…	6.62	6.56
961.23	655.15	2640.01	2275.26	2.14	118.71	128.48
179.90	71.34	234.17	223.65	-0.06	4.08	4.88
720.74	399.63	2134.86	1784.10	2.19	95.07	102.91
59.64	181.72	249.51	245.94	0.02	20.33	20.22
0.95	2.45	21.47	21.58	0.00	-0.78	0.46
1841.20	557.82	5727.59	5102.26	11.80	200.47	206.90
659.74	-65.17	1851.99	1740.54	2.76	28.83	28.68
5.40	4.22	2.30	2.21	…	-0.02	…
1152.34	560.46	3833.87	3325.67	8.99	170.49	177.22
23.53	58.24	38.06	32.70	0.05	1.12	0.97
0.19	0.07	1.36	1.14		0.05	0.05

14-6 续表1

单位:亿元

项目	Item	资产总计 Total Assets	#流动资产 Current Assets	#固定资产净额 Net Value of Fixed Assets
按行业分	**Grouped by Sector**			
农、林、牧、渔产品批发	Wholesale of Agriculture, Forestry and Livestock Products	941.86	772.17	69.87
食品、饮料及烟草制品批发	Wholesale of Food, Beverages and Tobaccos	2516.65	2152.96	140.42
纺织、服装及日用品批发	Wholesale of Textiles, Garments and Daily Consumer Articals	8066.04	6045.96	192.02
文化、体育用品及器材批发	Wholesale of Culture, Sports Appliances and Equipment	882.08	599.17	32.04
医药及医疗器材批发	Wholesale of Medicines and Medical Appliances	2013.02	1809.16	45.85
矿产品、建材及化工产品批发	Wholesale of Mineral Products, Building Materials and Chemical Products	16012.73	13446.96	361.97
机械设备、五金交电及电子产品批发	Wholesale of Machinery, Hardware and Electronic Products	5079.70	4073.62	85.70
贸易经纪与代理	Trade Broker and Agency	272.52	256.86	2.73
其他批发	Others	785.29	652.20	22.99
零售业	**Retail Trade**	**6809.67**	**4575.39**	**649.80**
#国有控股	State-owned Holding	999.14	615.86	130.28
按登记注册类型分	**Grouped by Status of Registration**			
内资企业	Domestic Funded Enterprises	5297.27	3702.78	475.73
国有企业	State-owned Enterprises	173.36	116.83	16.67
集体企业	Collective-owned Enterprises	16.81	13.82	2.23
股份合作企业	Cooperative Enterprises	2.85	1.99	0.34
联营企业	Joint Ownership Enterprises	1.51	0.93	0.23
国有联营企业	State Joint Ownership Enterprises	1.31	0.76	0.21
集体联营企业	Collective Joint Ownership Enterprises	0.12	0.09	0.01
国有与集体联营企业	Joint State-collective Enterprises			
其他联营企业	Other Joint Ownership Enterprises	0.08	0.08	…
有限责任公司	Limited Liability Corporations	1371.34	957.13	127.76
国有独资公司	Sole-proprietorship Corporations	70.83	42.78	7.31
其他有限责任公司	Other Limited Liability Corporations	1300.51	914.35	120.45
股份有限公司	Share-holding Corporations Ltd.	669.83	281.22	56.30
私营企业	Private Enterprises	3042.45	2320.23	268.74
私营独资企业	Private Sole-proprietorship Enterprises	52.82	36.27	6.68
私营合伙企业	Private Partnership Enterpises	4.45	2.75	0.41
私营有限责任公司	Private Limited Liability Corporations	2893.39	2213.18	257.22
私营股份有限公司	Private Share-holding Corporations Ltd.	91.79	68.02	4.42
其他企业	Other Enterprises	19.12	10.62	3.47

14－6 续表 1 Continued

(100 million yuan)

负债合计 Total Liabilities	所有者权益合计 Total Owners' Equities	主营业务收入 Revenue from Principal Business	营业成本 Business Cost	其他业务利润 Profits from Other Business	营业利润 Business Profit	利润总额 Total Profits
748.81	189.60	2527.48	2472.69	0.74	16.53	20.68
1488.34	1026.42	4260.40	3578.10	8.23	319.17	323.63
6062.06	1999.57	12601.29	12039.88	11.68	11.88	30.86
570.46	309.23	1098.31	1014.64	2.45	38.09	39.49
1600.66	411.12	3155.87	2697.34	13.62	63.06	63.86
12652.01	3228.17	47601.00	46518.62	24.96	421.71	441.85
3891.76	1185.48	8739.14	8267.53	8.17	207.30	210.64
220.93	47.16	542.45	502.56	0.34	26.97	27.47
581.83	202.95	1996.17	1940.91	1.87	7.16	16.73
4773.81	**2024.73**	**11929.65**	**10703.43**	**107.75**	**226.67**	**241.73**
599.55	398.41	1545.69	1426.82	17.25	27.74	32.04
3712.11	1572.27	9697.00	8740.51	73.18	173.42	186.99
101.04	71.74	240.07	237.46	0.50	-8.21	-7.73
11.44	5.35	30.91	26.86	0.04	1.47	1.59
1.48	1.37	8.38	7.44	0.10	0.26	0.24
0.56	0.95	3.80	3.45	0.01	0.12	0.14
0.53	0.77	2.90	2.73		0.08	0.10
0.01	0.11	0.58	0.55		0.03	0.03
0.02	0.06	0.32	0.18	0.01	0.01	0.01
1005.12	365.71	2501.35	2254.63	23.73	56.83	62.37
51.65	18.86	113.17	109.65	3.13	1.93	2.23
953.47	346.85	2388.18	2144.98	20.61	54.91	60.14
289.65	380.07	507.96	474.19	8.36	2.55	3.65
2295.17	735.95	6365.62	5701.63	40.39	116.37	122.76
29.99	22.71	148.12	127.36	0.36	9.01	9.07
2.13	2.30	14.85	12.94	0.00	0.95	0.95
2216.10	666.09	6106.61	5481.24	39.85	102.34	108.61
46.95	44.84	96.05	80.09	0.18	4.07	4.13
7.66	11.14	38.91	34.84	0.05	4.03	3.96

单位:亿元

项 目	Item	资产总计 Total Assets	#流动资产 Current Assets	#固定资产净额 Net Value of Fixed Assets
港、澳、台商投资企业	Enterprises with Investment from Hong Kong, Macao and Taiwan	704.49	422.48	73.45
合资经营企业	Joint-venture Enterprises	63.89	49.30	6.46
合作经营企业	Cooperative Enterprises			
独资经营企业	Sole-proprietorship Enterprises	549.08	307.46	64.52
港、澳、台商投资股份有限公司	Share-holding Corporations Ltd. from Hong Kong, Macao and Taiwan	88.65	63.22	2.25
其他港澳台投资	Other Enterprises with Investment from Hong Kong, Macao and Taiwan	2.87	2.50	0.22
外商投资企业	Foreign Investment Enterprises	807.91	450.12	100.62
合资经营企业	Joint-venture Enterprises	293.20	146.64	47.25
合作经营企业	Cooperative Enterprises	6.71	3.16	0.22
独资经营企业	Sole-proprietorship Enterprises	467.73	294.77	39.07
外商投资企业	Foreign Investment Enterprises	40.07	5.36	14.08
其他外商投资	Other Foreign Investment Enterprises	0.20	0.20	…
按行业分	**Grouped by Sector**			
综合零售	General Retail	1881.23	1002.31	199.88
食品、饮料及烟草制品专门零售	Special Retail of Food, Beverages and Tobaccos	277.82	192.47	28.00
纺织、服装及日用品专门零售	Special Retail of Textiles, Garments and Daily Consumer Articles	403.69	249.92	27.89
文化、体育用品及器材专门零售	Special Retail of Culture, Sports Appliances and Equipments	431.18	339.75	36.83
医药及医疗器材专门零售	Special Retail of Medicines and Medica Appliances	261.79	194.67	11.87
汽车、摩托车、零配件和燃料及其他动力销售	Retail of Motor Vehicles, Motorcycles, Fuel and Parts	2303.24	1565.06	260.13
家用电器及电子产品专门零售	Special Retail of Household Electric Appliances and Electronic Products	513.04	423.22	20.79
五金、家具及室内装修材料专门零售	Special Retail of Hardware, Furniture and Interior Decoration Materials	132.95	97.36	20.16
货摊、无店铺及其他零售业	Stalls, Non-shop and Other Retail	604.74	510.62	44.26
按经营方式分	**Grouped by Business Mode**			
独立门店	Independent Store	4684.10	3044.89	469.01
连锁总店(总部)	Chain Store	1026.70	725.78	89.29
连锁门店	Branches of Chain Store	370.06	272.77	27.19
其他	Others	728.81	531.95	64.31
按零售业态分	**Grouped by Business Categories**			
有店铺零售	Retail Store	6191.62	4037.46	618.61
食杂店	Grocery Store	10.22	8.55	0.62

14－6 续表2 Continued

(100 million yuan)

负债合计 Total Liabilities	所有者权益合计 Total Owners' Equities	主营业务收入 Revenue from Principal Business	营业成本 Business Cost	其他业务利润 Profits from Other Business	营业利润 Business Profit	利润总额 Total Profits
529.19	175.29	1051.02	896.67	10.43	15.79	15.02
55.11	8.78	157.32	137.60	0.93	-8.38	-8.19
415.16	133.90	778.80	667.31	9.45	26.96	26.18
57.13	31.52	106.85	84.74	0.04	-1.23	-1.43
1.79	1.08	8.05	7.03	0.00	-1.56	-1.55
532.51	277.17	1181.63	1066.25	24.15	37.47	39.72
203.63	89.58	494.24	447.69	15.48	6.39	8.16
2.45	4.26	13.33	11.60	0.12	1.16	1.19
314.85	154.66	554.37	495.49	8.52	26.43	26.68
11.59	28.48	119.54	111.39	0.03	3.46	3.67
…	0.20	0.16	0.08	0.00	0.02	0.02
1315.65	565.49	1747.54	1484.44	55.10	39.83	43.28
167.16	106.49	500.65	438.73	1.36	16.11	17.08
321.29	80.84	495.80	418.68	2.02	16.49	16.64
286.73	143.93	454.80	378.16	4.19	22.27	22.56
200.68	60.41	437.05	355.77	2.84	10.78	11.26
1500.56	799.25	5506.55	5123.16	30.24	116.68	123.35
398.10	114.33	751.76	688.94	2.78	-4.91	-3.22
103.35	28.79	217.87	190.50	0.44	3.09	3.42
480.26	125.20	1817.64	1625.05	8.78	6.33	7.35
3086.63	1585.75	7955.97	7181.94	72.93	197.80	207.77
866.20	160.16	1528.00	1327.95	25.90	15.71	18.61
288.58	81.64	447.51	391.93	3.57	3.95	4.41
532.40	197.19	1998.16	1801.62	5.35	9.22	10.94
4274.92	1905.06	10109.69	9080.50	102.02	224.67	238.44
7.02	3.13	21.31	19.57	…	-0.53	-0.47

单位:亿元

项目	Item	资产总计 Total Assets	#流动资产 Current Assets	#固定资产净额 Net Value of Fixed Assets
便利店	Convenience Store	66.17	41.10	5.15
折扣店	Discount Store	41.92	10.49	16.93
超市	Supermarket	235.33	147.17	24.04
大型超市	Hypermarket	363.84	199.20	54.51
仓储会员店	Warehouse Club	23.61	14.51	1.06
百货店	Department Store	1170.09	593.40	101.48
专业店	Specialty Store	2479.41	1715.53	240.65
专卖店	Franchised Store	1422.02	1088.04	135.53
家具建材商店	Furniture Building Material Shop	46.20	29.20	8.77
购物中心	Shopping Mall	273.77	150.31	23.67
厂家直销中心	Factory Outlets Center	59.04	39.97	6.19
无店铺零售	No Shop Retailing	618.04	537.92	31.19
电视购物	TV Shopping	8.10	7.48	0.09
邮购	Mail Order Shopping	4.65	1.64	0.37
网上商店	Online Store	494.51	444.88	18.67
自动售货亭	Vending Machine	1.31	0.65	0.54
电话购物	Telephone Shopping	1.13	0.95	0.03
其他	Others	108.34	82.32	11.49
在总计中:	**In the Total**			
南京	Nanjing	12528.15	9980.56	317.86
无锡	Wuxi	5796.57	4326.88	201.44
徐州	Xuzhou	1466.50	1202.55	104.39
常州	Changzhou	3260.89	2715.07	93.91
苏州	Suzhou	8889.64	6820.71	326.97
南通	Nantong	3138.88	2638.36	137.04
连云港	Lianyungang	869.03	660.67	58.87
淮安	Huai'an	613.94	473.12	55.52
盐城	Yancheng	1808.34	1386.32	95.36
扬州	Yangzhou	820.79	642.77	49.21
镇江	Zhenjiang	1234.57	1067.58	48.24
泰州	Taizhou	2077.62	1703.09	86.08
宿迁	Suqian	874.63	766.76	28.48

14-6 续表3 Continued

(100 million yuan)

负债合计 Total Liabilities	所有者权益合计 Total Owners' Equities	主营业务收入 Revenue from Principal Business	营业成本 Business Cost	其他业务利润 Profits from Other Business	营业利润 Business Profit	利润总额 Total Profits
64.78	1.87	92.24	78.14	2.58	-4.48	-2.92
30.96	10.97	19.61	16.15	0.60	0.30	0.56
212.54	22.53	323.18	286.14	16.76	-1.31	0.44
371.59	-7.43	647.88	546.80	15.79	-1.90	-1.55
25.07	-1.46	21.66	20.30	0.31	-2.33	-2.36
636.13	533.31	647.76	547.89	18.17	40.23	40.18
1632.07	838.86	4467.04	4033.38	23.74	112.42	115.94
1012.85	407.32	3435.00	3155.94	21.71	61.75	67.49
39.47	6.60	61.89	52.56	0.07	-0.71	-0.46
210.19	63.47	266.71	230.53	2.11	16.18	16.30
32.26	25.87	105.41	93.12	0.17	5.05	5.27
498.89	119.67	1819.95	1622.93	5.73	2.00	3.29
1.55	6.55	10.69	9.18	0.40	-0.18	-0.14
2.44	2.21	5.54	3.23	0.01	0.08	0.09
420.63	75.04	1618.54	1447.93	5.14	-2.14	-1.29
1.63	-0.32	3.82	2.47		-0.11	-0.10
1.02	0.11	4.03	3.00		-0.15	-0.14
71.62	36.08	177.34	157.13	0.19	4.51	4.87
10029.57	2495.60	17946.72	17131.38	58.68	-31.41	-18.93
4082.42	1611.07	17291.26	16636.52	23.94	236.35	244.11
1080.37	377.61	4011.83	3771.35	9.35	88.38	93.71
2356.56	901.63	6520.25	6268.41	13.80	98.14	102.42
6531.77	2351.51	26627.37	25305.72	39.21	332.67	359.44
2421.86	708.80	7188.20	6876.30	6.90	144.55	146.76
619.06	238.24	1815.79	1738.13	2.25	26.16	28.98
423.97	184.13	1169.02	1037.39	5.90	64.28	66.17
1370.79	428.71	2411.36	2304.32	7.68	63.95	73.34
498.01	322.39	2095.63	1875.50	2.93	103.08	102.24
997.95	235.53	1807.96	1714.03	3.62	20.53	22.39
1565.81	509.37	3663.04	3407.60	3.46	57.47	57.42
612.54	259.86	1903.33	1669.05	2.09	134.38	138.88

14－7 限额以上住宿和餐饮业基本情况（2021 年）
Basic Conditions of Enterprises above Designated Size of Hotels and Catering Services (2021)

项　　目	Item	法人企业数（个）Number of Corporation Enterprises (unit)	产业活动单位数（个）Number of Industrial Activity Units (unit)	餐饮营业面积（平方米）Operating Area of Catering Enterprises (sq. m)	从业人员（人）Employed Persons (person)
总　计	**Total**	**4933**	**5882**	**12850214**	**369944**
#国有控股	State-owned Holding	353	220	1893567	45758
住宿业	**Hotels**	**1633**	**269**	**4760144**	**97971**
#国有控股	State-owned Holding	225	88	1198395	30200
按登记注册类型分组	**Grouped by Status of Registration**				
内资企业	Domestic Invested Enterprises	1576	252	4412895	90820
国有企业	State-owned Enterprises	60	8	304740	6794
集体企业	Collective-owned Enterprises	6		9988	176
股份合作企业	Cooperative Enterprises	4		8250	188
联营企业	Joint Ownership Enterprises	4		18234	225
国有联营企业	State Joint Ownership Enterprises	2		18214	167
集体联营企业	Collective Joint Ownership Enterprises				
国有与集体联营企业	Joint State-collective Enterprises				
其他联营企业	Other Joint Ownership Enterprises	2		20	58
有限责任公司	Limited Liability Corporations	264	89	1180952	30342
国有独资公司	State Sole-proprietorship Corporations	52	17	379403	8106
其他有限责任公司	Other Limited Liability Corporations	212	72	801549	22236
股份有限公司	Share-holding Corporations Ltd.	21	21	95206	2959
私营企业	Private Enterprises	1215	134	2792740	50113
私营独资企业	Private Sole-proprietorship Enterprises	63	4	65807	1688
私营合伙企业	Private Partnership Enterprises	4		200	69
私营有限责任公司	Private Limited Liability Corporations	1136	126	2537035	46337
私营股份有限公司	Private Share-holding Corporations Ltd.	12	4	189698	2019
其他企业	Other Enterprises	2		2785	23
港、澳、台商投资企业	Enterprises with Investment from Hong Kong, Macao and Taiwan	36	4	254401	4521
合资经营企业	Joint-venture Enterprises	10		69944	1703
合作经营企业	Cooperative Enterprises				
独资经营企业	Sole-proprie torship Enterprises	26	4	184457	2818

14-7 续表1 Continued

项目	Item	法人企业数（个）Number of Corporation Enterprises (unit)	产业活动单位数（个）Number of Industrial Activity Units (unit)	餐饮营业面积（平方米）Operating Area of Catering Enterprises (sq. m)	从业人员（人）Employed Persons (person)
港、澳、台商投资股份有限公司	Share-holding Corporations Ltd. from Hong Kong, Macao and Taiwan				
其他港澳台投资	Other Enterprises with Investment from Hong Kong, Macao and Taiwan				
外商投资企业	Foreign Investment Enterprises	21	13	92848	2630
合资经营企业	Joint-venture Enterprises	8	7	56582	1496
合作经营企业	Cooperative Enterprises				
独资经营企业	Sole-proprietorship Enterprises	13	6	36266	1134
外商投资股份有限公司	Foreign Investment Share-holding Corporations Ltd.				
其他外商投资	Other Foreign Investment Enterprises				
按行业分组	**Grouped by Sector**				
旅游饭店	Tourist Hotel	655	154	3069017	68861
一般旅馆	Fonda	888	101	1497325	25842
民宿服务	Home Lodging Service	19	6	20370	335
露营地服务	Campground Service	1		4000	31
其他住宿服务	Others	70	8	169432	2902
按星级等级分组	**Grouped by Star Class**				
一星	One-star Class	11	2	58509	445
二星	Two-star Class	24	6	31056	648
三星	Three-star Class	143	21	401621	7085
四星	Four-star Class	135	32	925005	16354
五星	Five-star Class	85	34	814711	18405
其他	Others	1235	174	2529242	55034
餐饮业	**Catering Service**	**3300**	**5613**	**8090070**	**271973**
#国有控股	State-owned Holding	128	132	695172	15558
按登记注册类型分组	**Grouped by Status of Registration**				
内资企业	Domestic Investment Enterprises	3219	3494	7385985	203803
国有企业	State-owned Enterprises	41	40	251491	4378
集体企业	Collective-owned Enterprises	9		23280	701
股份合作企业	Cooperative Enterprises	1		1500	417
联营企业	Joint Ownership Enterprises	2		900	29
国有联营企业	State Joint Ownership Enterprises				

14－7 续表2 Continued

项 目	Item	法人企业数（个）Number of Corporation Enterprises (unit)	产业活动单位数（个）Number of Industrial Activity Units (unit)	餐饮营业面积（平方米）Operating Area of Catering Enterprises (sq. m)	从业人员（人）Employed Persons (person)
集体联营企业	Collective Joint Ownership Enterprises				
国有与集体联营企业	Joint State-collective Enterprises				
其他联营企业	Other Joint Ownership Enterprises	2		900	29
有限责任公司	Limited Liability Corporations	279	820	1073897	32254
国有独资公司	State Sole-proprietorship Corporations	23	20	111919	2512
其他有限责任公司	Other Limited Liability Corporations	256	800	961978	29742
股份有限公司	Share-holding Corporations Ltd.	13	41	66257	1712
私营企业	Private Enterprises	2860	2592	5963132	164135
私营独资企业	Private Sole-proprietorship Enterprises	347	97	415717	8754
私营合伙企业	Private Partnership Enterprises	17	1	37999	708
私营有限责任公司	Private Limited Liability Corporations	2478	2482	5475288	153907
私营股份有限公司	Private Share-holding Corporations Ltd.	18	12	34128	766
其他企业	Other Enterprises	14	1	5528	177
港、澳、台商投资企业	Enterprises with Investment from Hong Kong, Macao and Taiwan	42	617	271641	24504
合资经营企业	Joint-venture Enterprises	12	112	57458	3856
合作经营企业	Cooperative Enterprises				
独资经营企业	Sole-proprietorship Enterprises	30	505	214183	20648
港、澳、台商投资股份有限公司	Share-holding Corporations Ltd. from Hong Kong, Macao and Taiwan				
其他港澳台投资	Other Enterprises with Investment from Hong Kong, Macao and Taiwan				
外商投资企业	Foreign Investment Enterprises	39	1502	432444	43666
合资经营企业	Joint-venture Enterprises	8	641	202734	29169
合作经营企业	Cooperative Enterprises				
独资经营企业	Sole-proprietorship Enterprises	29	838	228184	14316
外商投资股份有限公司	Foreign Investment Share-holding Corporations Ltd.	2	23	1526	181
其他外商投资	Other Foreign Investment Enterprises				

14－7 续表3 Continued

项 目	Item	法人企业数（个）Number of Corporation Enterprises (unit)	产业活动单位数（个）Number of Industrial Activity Units (unit)	餐饮营业面积（平方米）Operating Area of Catering Enterprises (sq. m)	从业人员（人）Employed Persons (person)
按行业分组	**Grouped by Sector**				
正餐服务	Restaurant	2698	2054	6800878	163047
快餐服务	Fast Food	195	2134	825123	77250
饮料及冷饮服务	Beverages and Cold Drink	166	868	101938	7446
餐饮配送及外卖送餐服务	Catering Distribution and Delivery	181	102	276164	17923
其他餐饮服务	Others	60	455	85967	6307
按经营方式分组	**Grouped by Business Mode**				
独立门店	Independent Store	2849	1573	6212274	150861
连锁总店	Chain Store	61	2400	814881	76666
连锁直营店	Branches of Chain Store	109	1357	354615	21475
连锁加盟店	Franchise of Chain Store	52	103	84862	2931
其他	Others	229	180	623438	20040
在总计中：	**In the Total**				
南 京	Nanjing	992	2731	3129376	104530
无 锡	Wuxi	459	885	1555843	52032
徐 州	Xuzhou	389	118	548110	12317
常 州	Changzhou	253	341	806211	30982
苏 州	Suzhou	645	1310	1904897	76044
南 通	Nantong	442	81	764948	16358
连云港	Lianyungang	112	33	296138	6381
淮 安	Huai'an	344	73	611943	13887
盐 城	Yancheng	282	39	844574	14537
扬 州	Yangzhou	346	116	727421	14659
镇 江	Zhenjiang	131	33	425762	8771
泰 州	Taizhou	424	83	918997	13926
宿 迁	Suqian	114	39	315994	5520

14－8 住宿和餐饮业经营情况（2021 年）

单位:万元

项　　目	Item	营业额 Business Revenue	客房收入 From Hotel Rooms
总　计	**Total**	**46287925**	
限额以上企业和单位	**Enterprises and Units above Designated Size**	**9854440**	**1723895**
#国有控股	State-owned Holding	1070955	351400
住宿业	**Hotels**	**2502518**	**1275490**
#国有控股	State-owned Holding	714449	275879
按登记注册类型分组	**Grouped by Status of Registration**		
内资企业	Domestic Investment Enterprises	2332301	1199914
国有企业	State-owned Enterprises	140197	49109
集体企业	Collective-owned Enterprises	4235	1896
股份合作企业	Cooperative Enterprises	4507	2141
联营企业	Joint Ownership Enterprises	3543	2402
国有联营企业	State Joint Ownership Enterprises	2744	1914
集体联营企业	Collective Joint Ownership Enterprises		
国有与集体联营企业	Joint State-collective Enterprises		
其他联营企业	Other Joint Ownership Enterprises	799	488
有限责任公司	Limited Liability Corporations	735001	315222
国有独资公司	State Sole-proprietorship Corporations	173999	68098
其他有限责任公司	Other Limited Liability Corporations	561002	247124
股份有限公司	Share-holding Corporations Ltd.	102846	35156
私营企业	Private Enterprises	1341379	793854
私营独资企业	Private Investment Enterprises	60488	28814
私营合伙企业	Private Partnership Enterpises	2914	2441
私营有限责任公司	Private Limited Liability Corporations	1219510	737162
私营股份有限公司	Private Share-holding Corporations Ltd.	58467	25438
其他企业	Other Enterprises	593	135
港、澳、台商投资企业	Enterprises with Investment from Hong Kong, Macao and Taiwan	107713	48178
合资经营企业	Joint-venture Enterprises	37732	15959
合作经营企业	Cooperative Enterprises		
独资经营企业	Sole-proprietorship Enterprises	69981	32219
港、澳、台、商投资股份有限公司	Share-holding Corporations Ltd. from Hong Kong, Macao and Taiwan		
其他港澳台投资	Other Enterprises with Investment from Hong Kong, Macao and Taiwan		
外商投资企业	Foreign Investment Enterprises	62504	27397
合资经营企业	Joint-venture Enterprises	36462	13888
合作经营企业	Cooperative Enterprises		
独资经营企业	Sole-proprietorship Enterprises	26042	13509
外商投资股份有限公司	Foreign Investment Share-holding Corporations Ltd.		
其他外商投资	Other Foreign Investment Enterprises		
按行业分组	**Grouped by Sector**		
旅游饭店	Tourist Hotel	1693667	670676
一般旅馆	Fonda	718842	549168
民宿服务	Home Lodging Service	11071	7553
露营地服务	Campground Service	392	248
其他住宿服务	Others	78546	47845
按星级等级分组	**Grouped by Star Class**		
一星	One-star Class	9384	4017

Business of Enterprises of Hotels and Catering Services (2021)

(10 000 yuan)

餐费收入 From Meals	商品销售收入 From Sales of Commodities	其他收入 Other Revenue	年末拥有床位数(个) Number of Beds at Year-end (unit)	年末拥有餐位数(位) Number of Dining-seats at Year-end (unit)
7517108	**250663**	**362774**	**465034**	**2359122**
549328	27756	142471	89147	243102
970519	**49190**	**207320**	**331344**	**476568**
315910	19267	103393	66195	148037
891826	46355	194207	311277	434488
72717	2292	16078	13174	32513
2137	119	84	634	1282
2092	40	234	686	1588
679	68	394	807	1220
440		390	668	1200
239	68	4	139	20
315905	18934	84942	74987	152055
75503	2967	27432	16817	35643
240402	15967	57510	58170	116412
40260	5723	21708	8282	16740
457621	19137	70767	212675	228750
28661	1682	1332	8169	10607
443	23	7	400	10
402482	16607	63260	200182	208668
26036	825	6169	3924	9465
416	42		32	340
50865	1613	7057	12379	30590
17806	368	3599	4057	12794
33059	1245	3458	8322	17796
27828	1222	6057	7688	11490
18157	286	4132	3489	7581
9671	937	1925	4199	3909
815126	36115	171750	172451	382115
127174	11556	30944	142776	76625
2668	735	115	1937	940
103	37	5	140	200
25448	747	4507	14040	16688
4833	531	2	1761	4713

14－8 续表

单位：万元

项目	Item	营业额 Business Revenue	客房收入 From Hotel Rooms
二星	Two-star Class	18401	10697
三星	Three-star Class	161930	63878
四星	Four-star Class	161930	63878
五星	Five-star Class	504544	182773
其他	Others	1412396	879269
餐饮业	**Catering Service**	**7351921**	**448405**
#国有控股	State-owned Holding	356505	75521
按登记注册类型分组	**Grouped by Status of Registration**		
内资企业	Domestic Investment Enterprises	5788116	434705
国有企业	State-owned Enterprises	106012	24072
集体企业	Collective-owned Enterprises	20315	3264
股份合作企业	Cooperative Enterprises	7322	
联营企业	Joint Ownership Enterprises	874	
国有联营企业	State Joint Ownership Enterprises		
集体联营企业	Collective Joint Ownership Enterprises		
国有与集体联营企业	Joint State-collective Enterprises		
其他联营企业	Other Joint Ownership Enterprises	874	
有限责任公司	Limited Liability Corporations	762262	87098
国有独资公司	State Sole-proprietorship Corporations	59843	11900
其他有限责任公司	Other Limited Liability Corporations	702420	75198
股份有限公司	Share-holding Corporations Ltd.	39945	3833
私营企业	Private Enterprises	4845690	316245
私营独资企业	Private Investment Enterprises	302511	13979
私营合伙企业	Private Partnership Enterprises	25853	250
私营有限责任公司	Private Limited Liability Corporations	4492110	299888
私营股份有限公司	Private Share-holding Corporations Ltd.	25216	2129
其他企业	Other Enterprises	5696	193
港、澳、台商投资企业	Enterprises with Investment from Hong Kong, Macao and Taiwan	500224	11906
合资经营企业	Joint-venture Enterprises	113275	4197
合作经营企业	Cooperative Enterprises		
独资经营企业	Sole-proprietorship Enterprises	386949	7709
港、澳、台、商投资股份有限公司	Share-holding Corporations Ltd. from Hong Kong, Macao and Taiwan		
其他港澳台投资	Other Enterprises with Investment from Hong Kong, Macao and Taiwan		
外商投资企业	Foreign Investment Enterprises	1063582	1795
合资经营企业	Joint-venture Enterprises	499905	232
合作经营企业	Cooperative Enterprises		
独资经营企业	Sole-proprietorship Enterprises	559848	1563
外商投资股份有限公司	Foreign Investment Share-holding Corporations Ltd.	3829	
其他外商投资	Other Foreign Investment Enterprises		
按行业分组	**Grouped by Sector**		
正餐服务	Restaurant	4704801	446189
快餐服务	Fast Food	1744145	1023
饮料及冷饮服务	Beverages and Cold Drink	288549	
餐饮配送及外卖送餐服务	Catering Distribution and Delivery	450334	453
其他餐饮服务	Others	164093	740
按经营方式分组	**Grouped by Business Mode**		
独立门店	Independent Store	4158469	407623
连锁总店	Chain Store	1898581	3472
连锁直营店	Branches of Chain Store	700849	4901
连锁加盟店	Franchise of Chain Store	74311	8691
其他	Others	519712	23718
限额以下企业(单位)和个体	**Enterprises(Units) and Individuals below Designated Size**	**36433486**	

14－8 续表 Continued

(10 000 yuan)

餐费收入 From Meals	商品销售收入 From Sales of Commodities	其他收入 Other Revenue	年末拥有床位数(个) Number of Beds at Year-end (unit)	年末拥有餐位数(位) Number of Dining-seats at Year-end (unit)
5044	1975	686	3064	2518
82627	4892	10532	24064	48422
195588	8358	57060	38562	99539
259086	10781	51905	37326	99774
423341	22652	87135	226567	221602
6546590	**201473**	**155454**	**133690**	**1882554**
233418	8489	39077	22952	95065
5074599	156045	122767	129294	1677867
64153	3051	14737	8556	27841
16963	17	72	883	4016
7321	1			4000
874	1			480
874	1			480
600941	23865	50358	27773	193339
38768	581	8593	3403	12031
562173	23285	41764	24370	181308
34458	1041	614	1398	13554
4344428	128032	56985	90634	1431319
273313	13084	2136	7164	118432
23968	1209	427	408	7889
4024835	113231	54156	82242	1297817
22313	508	266	820	7181
5463	37	2	50	3318
429604	40803	17911	3580	61494
106843	2078	156	1636	16073
322761	38725	17755	1944	45421
1042387	4626	14775	816	143193
495050	4017	606	224	58469
543511	606	14169	592	84264
3826	3			460
4037759	118834	102018	132288	1426208
1660809	46839	35474	649	264360
276386	8496	3668		22655
422633	13809	13440	122	137719
149003	13496	854	631	31612
3538760	107942	104144	121932	1321537
1818126	43196	33786	996	245183
672827	21050	2071	1405	112065
64163	1188	270	2809	16047
452714	28097	15183	6548	187722

14－9　限额以上住宿和餐饮业企业财务状况（2021年）

单位：亿元

项　　目	Item	资产总计 Total Assets	#流动资产 Current Assets	#固定资产净额 Net Value of Fixed Assets
总　计	**Total**	**1818.23**	**772.72**	**535.38**
#国有控股	State-owned Holding	592.63	238.11	182.63
住宿业	**Hotels**	**1026.76**	**375.29**	**335.29**
#国有控股	State-owned Holding	455.10	153.48	157.91
按登记注册类型分组	**Grouped by Status of Registration**			
内资企业	Domestic Investment Enterprises	915.17	335.32	290.98
国有企业	State-owned Enterprises	73.49	34.09	26.49
集体企业	Collective-owned Enterprises	2.69	0.36	0.66
股份合作企业	Cooperative Enterprises	0.29	0.17	0.01
联营企业	Joint Ownership Enterprises	0.45	0.10	0.05
国有联营企业	State Joint Ownership Enterprises	0.41	0.08	0.03
集体联营企业	Collective Joint Ownership Enterprises			
国有与集体联营企业	Joint State-collective Enterprises			
其他联营企业	Other Joint Ownership Enterprises	0.04	0.02	0.02
有限责任公司	Limited Liability Corporations	417.55	149.23	139.79
国有独资公司	State Sole-proprietorship Corporations	73.53	32.93	27.60
其他有限责任公司	Other Limited Liability Corporations	344.02	116.30	112.19
股份有限公司	Share-holding Corporations Ltd.	52.95	12.53	17.41
私营企业	Private Enterprises	367.69	138.82	106.56
私营独资企业	Private Investment Enterprises	7.48	2.43	3.99
私营合伙企业	Private Partnership Enterpises	0.37	0.19	0.06
私营有限责任公司	Private Limited Liability Corporations	352.79	134.31	99.78
私营股份有限公司	Private Share-holding Corporations Ltd.	7.05	1.89	2.73
其他内资企业	Other Enterprises	0.05	0.02	0.01
港、澳、台商投资企业	Enterprises with Investment from Hong Kong, Macao and Taiwan	82.10	33.19	28.32
合资经营企业	Joint-venture Enterprises	44.57	23.20	5.20
合作经营企业	Cooperative Enterprises			
独资经营企业	Sole-proprietorship Enterprises	37.52	10.00	23.13
港、澳、台商投资股份有限公司	Share-holding Corporations Ltd. from Hong Kong, Macao and Taiwan			
其他港澳台投资	Other Enterprises with Investment from Hong Kong, Macao and Taiwan			
外商投资企业	Foreign Investment Enterprises	29.50	6.78	15.99
合资经营企业	Joint-venture Enterprises	12.48	2.85	7.11
合作经营企业	Cooperative Enterprises			
独资经营企业	Sole-proprietorship Enterprises	17.01	3.93	8.87
外商投资股份有限公司	Foreign Investment Share-holding Corporations Ltd.			
其他外商投资	Other Foreign Investment Enterprises			

Financial Indicators of Enterprises above Designated Size in Hotels and Catering Services (2021)

(100 million yuan)

负债合计 Total Liabilities	所有者权益合计 Total Owners' Equities	主营业务收入 Revenue from Principal Business	营业成本 Business Cost	其他业务利润 Profits from Other Business	营业利润 Business Profits	利润总额 Total Profits
1362.61	**448.68**	**927.51**	**497.43**	**4.41**	**-24.55**	**-19.10**
396.71	195.43	102.23	46.47	0.71	-18.25	-16.88
760.26	**259.56**	**235.07**	**107.93**	**2.50**	**-34.20**	**-32.37**
276.76	177.76	69.27	29.36	0.66	-13.88	-12.99
658.96	252.56	219.64	101.33	2.27	-30.26	-28.36
40.88	32.84	12.71	4.39	0.13	-3.47	-3.25
2.42	0.27	0.40	0.19	0.08	-0.11	-0.08
0.29	…	0.43	0.14		-0.06	-0.06
0.45	…	0.32	0.09	…	-0.08	-0.03
0.44	-0.03	0.24	0.04	…	-0.08	-0.03
0.01	0.03	0.07	0.05		…	…
283.93	132.75	71.06	31.84	0.92	-13.86	-13.05
48.61	24.93	19.43	9.83	0.31	-2.95	-2.89
235.33	107.83	51.63	22.00	0.61	-10.91	-10.16
19.20	32.05	9.54	4.37	0.07	0.20	0.25
311.75	54.63	125.11	60.28	1.06	-12.87	-12.14
5.65	1.84	5.71	3.48	0.01	0.30	0.32
0.43	-0.15	0.24	0.19		0.02	0.02
297.70	53.86	113.82	53.56	1.05	-13.27	-12.61
7.98	-0.93	5.34	3.05		0.08	0.13
0.03	0.02	0.06	0.04		0.00	0.00
77.08	5.15	10.01	4.06	0.10	-2.74	-2.76
47.60	-2.90	3.59	1.56	…	-1.26	-1.20
29.48	8.05	6.42	2.50	0.10	-1.48	-1.56
24.23	1.85	5.42	2.53	0.13	-1.20	-1.25
9.77	2.72	3.42	0.91	0.01	-0.49	-0.36
14.46	-0.87	2.01	1.62	0.12	-0.71	-0.89

单位:亿元

项　　　目	Item	资产总计 Total Assets	#流动资产 Current Assets	#固定资产净额 Net Value of Fixed Assets
按行业分组	**Grouped by Sector**			
旅游饭店	Tourist Hotel	844.44	305.10	278.74
一般旅馆	Fonda	143.35	60.20	32.83
民宿服务	Home Lodging Service	2.64	0.83	0.85
露营地服务	Campground Service	0.24	0.17	0.06
其他住宿服务	Others	36.10	8.99	22.81
按星级等级分组	**Grouped by Star Class**			
一星	One-star Class	1.09	0.28	0.60
二星	Two-star Class	2.33	1.15	0.58
三星	Three-star Class	42.07	18.52	9.53
四星	Four-star Class	176.43	50.00	48.86
五星	Five-star Class	302.74	85.78	117.05
其他	Others	502.10	219.56	158.67
餐饮业	**Catering Service**	**791.46**	**397.42**	**200.09**
#国有控股	State-owned Holding	137.54	84.62	24.72
按登记注册类型分组	**Grouped by Status of Registration**			
内资企业	Domestic Investment Enterprises	698.06	369.91	178.98
国有企业	State-owned Enterprises	28.60	17.79	6.51
集体企业	Collective-owned Enterprises	2.46	0.56	1.36
股份合作企业	Cooperative Enterprises	0.20	0.20	…
联营企业	Joint Ownership Enterprises	0.07	0.06	0.01
国有联营企业	State Joint Ownership Enterprises			
集体联营企业	Collective Joint Ownership Enterprises			
国有与集体联营企业	Joint State-collective Enterprises			
其他联营企业	Other Joint Ownership Enterprises	0.07	0.06	0.01
有限责任公司	Limited Liability Corporations	253.45	148.50	72.51
国有独资公司	State Sole-proprietorship Corporations	17.38	8.09	8.38
其他有限责任公司	Other Limited Liability Corporations	236.07	140.41	64.13
股份有限公司	Share-holding Corporations Ltd.	7.59	2.64	0.19
私营企业	Private Enterprises	405.45	200.06	98.36
私营独资企业	Private Investment Enterprises	17.48	7.24	4.25
私营合伙企业	Private Partnership Enterpises	0.83	0.45	0.17
私营有限责任公司	Private Limited Liability Corporations	385.75	191.75	93.71
私营股份有限公司	Private Share-holding Corporations Ltd.	1.39	0.62	0.24
其他企业	Other Enterprises	0.23	0.12	0.04

14－9 续表1 Continued

(100 million yuan)

负债合计 Total Liabilities	所有者权益合计 Total Owners' Equities	主营业务收入 Revenue from Principal Business	营业成本 Business Cost	其他业务利润 Profits from Other Business	营业利润 Business Profits	利润总额 Total Profits
596.65	242.38	159.27	68.40	2.16	-28.60	-27.33
123.92	17.91	67.41	35.80	0.32	-4.47	-3.95
1.30	1.34	1.11	0.67		-0.02	-0.08
1.12	-0.89	0.04	0.01		-0.04	0.03
37.27	-1.18	7.24	3.04	0.02	-1.07	-1.03
1.06	0.03	0.89	0.72	…	-0.06	-0.05
1.66	0.67	1.69	1.13	…	0.04	0.14
33.75	8.65	14.90	8.80	0.36	-1.29	-1.04
84.39	92.04	39.06	19.69	0.57	-3.24	-3.03
208.28	90.68	47.66	16.01	0.75	-6.90	-6.76
431.12	67.49	130.87	61.57	0.81	-22.76	-21.62
602.35	**189.12**	**692.44**	**389.51**	**1.92**	**9.66**	**13.26**
119.95	17.66	32.96	17.10	0.06	-4.37	-3.90
539.50	158.57	542.47	311.75	1.80	-1.04	2.40
25.44	3.16	9.77	5.19	0.03	-1.09	-0.97
0.74	1.72	1.91	1.16	…	0.04	0.05
0.22	-0.02	0.70	0.36		0.01	0.01
…	0.07	0.09	0.07		0.01	0.01
0.00	0.07	0.09	0.07		0.01	0.01
190.58	62.93	71.05	35.08	0.15	-6.48	-5.65
14.30	3.15	5.28	3.59		-0.87	-0.77
176.27	59.78	65.77	31.49	0.15	-5.61	-4.88
3.07	4.52	3.48	2.34	0.04	-0.21	-0.19
319.34	86.07	454.93	267.22	1.58	6.63	9.08
9.04	8.00	27.46	20.69	0.07	1.59	1.64
0.44	0.39	2.40	1.40	…	0.18	0.17
308.77	77.38	422.78	243.73	1.50	4.86	7.26
1.09	0.29	2.29	1.40	…	0.01	…
0.11	0.12	0.54	0.35		0.06	0.06

14-9 续表2

单位:亿元

项目 Item		资产总计 Total Assets	#流动资产 Current Assets	#固定资产净额 Net Value of Fixed Assets
港、澳、台商投资企业	Enterprises with Investment from Hong Kong, Macao and Taiwan	40.96	12.65	12.06
合资经营企业	Joint-venture Enterprises	11.40	4.91	5.42
合作经营企业	Cooperative Enterprises			
独资经营企业	Sole-proprietorship Enterprises	29.56	7.74	6.64
港、澳、台商投资股份有限公司	Share-holding Corporations Ltd. from Hong Kong, Macao and Taiwan			
其他港澳台投资	Other Enterprises with Investment from Hong Kong, Macao and Taiwan			
外商投资企业	Foreign Investment Enterprises	52.44	14.86	9.05
合资经营企业	Joint-venture Enterprises	21.28	5.95	3.26
合作经营企业	Cooperative Enterprises			
独资经营企业	Sole-proprietorship Enterprises	31.08	8.88	5.79
外商投资股份有限公司	Foreign Investment Share-holding Corporations Ltd.	0.08	0.03	0.01
其他外商投资	Other Foreign Investment Enterprises			
按行业分组	**Grouped by Sector**			
正餐服务	Restaurant	674.33	345.21	183.08
快餐服务	Fast Food	80.06	27.23	12.55
饮料及冷饮服务	Beverages and Cold Drink	11.15	6.96	0.99
餐饮配送及外卖送餐服务	Catering Distribution and Delivery	17.11	14.38	1.59
其他餐饮服务	Others	8.81	3.64	1.88
按经营方式分组	**Grouped by Business Mode**			
独立门店	Independent Store	586.35	317.08	164.21
连锁总部(总店)	Chain Store	92.78	33.11	12.54
连锁门店	Branches of Chain Store	45.41	20.59	8.23
其他	Others	66.92	26.65	15.11
在总计中:	**In the Total**			
南　京	Nanjing	415.79	169.71	104.32
无　锡	Wuxi	189.40	52.00	96.07
徐　州	Xuzhou	38.27	16.11	10.18
常　州	Changzhou	88.92	41.67	22.04
苏　州	Suzhou	525.51	214.33	149.06
南　通	Nantong	91.67	43.77	33.64
连云港	Lianyungang	45.59	12.78	24.30
淮　安	Huai'an	99.92	76.86	12.07
盐　城	Yancheng	80.91	38.18	17.10
扬　州	Yangzhou	81.16	39.76	23.76
镇　江	Zhenjiang	47.45	21.67	11.29
泰　州	Taizhou	82.53	32.83	25.66
宿　迁	Suqian	31.10	13.05	5.90

14－9 续表2 Continued

(100 million yuan)

负债合计 Total Liabilities	所有者权益合计 Total Owners' Equities	主营业务收入 Revenue from Principal Business	营业成本 Business Cost	其他业务利润 Profits from Other Business	营业利润 Business Profits	利润总额 Total Profits
32.58	8.38	48.08	21.04	0.09	-0.65	-0.50
8.62	2.77	11.06	5.18	0.08	-0.15	-0.03
23.96	5.61	37.01	15.85	0.01	-0.51	-0.47
30.27	22.17	101.89	56.72	0.03	11.35	11.37
14.82	6.47	47.36	26.40	…	6.20	6.15
15.40	15.68	54.17	30.19	0.03	5.15	5.22
0.06	0.03	0.36	0.13		-0.01	…
517.35	157.01	440.74	241.12	1.60	-3.34	-0.38
60.15	19.91	166.32	91.77	0.28	11.53	11.93
7.58	3.57	27.33	12.65	0.04	1.37	1.40
11.42	5.68	42.83	35.12	…	0.61	0.78
5.85	2.96	15.22	8.85	-0.01	-0.51	-0.46
442.26	143.71	389.22	235.98	1.47	-5.47	-2.65
70.48	22.30	179.17	89.43	0.10	14.03	14.42
37.14	8.27	73.30	31.14	0.11	0.82	1.01
52.47	14.85	50.74	32.96	0.24	0.29	0.49
297.88	115.70	287.38	138.21	1.18	-2.81	-1.21
147.62	41.92	113.20	58.94	0.72	-5.13	-4.38
32.13	6.21	26.82	17.49	0.07	-0.95	-0.87
78.27	10.79	72.03	39.01	0.34	-2.17	-1.51
363.14	162.32	192.27	100.30	1.07	-10.57	-9.15
64.87	26.82	51.34	31.35	0.16	-0.75	-0.62
41.47	3.20	11.15	6.28	0.07	-1.20	-1.17
80.04	19.74	35.32	24.96	0.11	2.04	2.12
65.15	15.41	33.38	20.18	0.31	-0.60	-0.71
68.06	10.82	32.04	16.63	0.12	-0.71	-0.20
42.27	3.43	18.25	9.69	0.04	-1.91	-1.78
60.20	22.73	44.59	28.77	0.21	0.70	0.77
21.50	9.59	9.72	5.62	0.02	-0.49	-0.39

14－10 批发和零售业、住宿和餐饮业连锁店经营情况（2021 年）

项　　目	Item	连锁总店数（个）Number of Chain Head Stores (unit)	连锁门店数（个）Number of Chain Stores (unit)
总　计	**Total**	**209**	**23920**
批发和零售业	**Wholesale and Retail Trades**	**189**	**21821**
#外商及港澳台投资	Enterprises with Investment from Hong Kong, Macao Taiwan and Foreign	18	5684
按零售业态分	Grouped by Business Categories		
百货商店	Department Store	4	588
超市	Supermarket	29	3716
大型超市	Hypermarket	9	130
专业店	Specialty Store	116	12947
专卖店	Franchised Store	15	3030
便利店	Convenience Store	9	795
家居建材店	Furniture Building Material Store	1	2
其他	Others	6	613
住宿业和餐饮业	**Hotels and Catering Service**	**20**	**2099**
#外商及港澳台投资	Enterprises with Investment from Hong Kong, Macao Taiwan and Foreign	8	1861
住宿业	**Hotels**	**2**	**9**
餐饮业	**Catering Services**	**18**	**2090**
按行业分	Grouped by Sector		
正餐	Restaurant	4	37
快餐	Fast Food	12	1936
其他	Others	2	117

Management Conditions of General Chain Stores of Wholesale and Retail Trade, Hotels and Catering Services (2021)

商品销售总额（或营业总收入）（亿元）Total Sales of (or Gross Revenue) Commodities (100 million yuan)	#商品零售额 Retail Sales	零售或餐饮营业面积（万平方米）Operating Area of Retail and Catering Enterprises (10 000 sq. m)	从业人员（万人）Employed Persons (10 000 persons)
3347.85	**2832.47**	**1327.90**	**21.80**
3211.42	**2699.94**	**1276.19**	**15.69**
2267.11	1784.73	790.53	7.73
106.46	106.46	121.61	1.52
487.73	406.24	318.46	4.65
212.61	205.06	64.75	1.68
2340.30	1918.98	728.52	6.50
32.47	31.36	24.12	0.98
19.79	19.79	9.08	0.10
0.56	0.56	2.47	0.004
11.50	11.49	7.17	0.26
136.44	**132.53**	**51.71**	**6.11**
130.31	126.78	48.45	5.87
0.26	**0.003**	**0.017**	**0.011**
136.18	**15.91**	**51.69**	**6.10**
2.80	2.80	1.29	0.09
131.45	127.90	49.42	5.96
1.94	1.83	0.98	0.05

14－11　亿元以上商品交易市场基本情况（2021 年）
Basic Conditions of Commodity Exchange Markets with Transaction Value over 100 Million Yuan (2021)

项　目	Item	市场个数（个）Number of Markets (unit)	年末出租摊位（个）Number of Booths at Year-end (unit)	成交额（亿元）Turnover (100 million yuan)	营业面积（万平方米）Operating Area (10 000 sq. m)
总　计	**Total**	**383**	**300536**	**23336.93**	**3553.67**
按经营环境分	**Grouped by Business Environment**				
露天式	Open Air	31	11266	1293.59	173.28
封闭式	Closed	300	254438	16622.53	2771.30
其他	Others	52	34832	5420.81	609.10
按经营方式分	**Grouped by Business Mode**				
以批发为主	Whole-sale	201	209377	21886.39	2661.98
以零售为主	Retail-sale	182	91159	1450.54	891.69
按市场类别分	**Grouped by Market Category**				
综合市场	General Markets	74	73674	2712.10	719.74
综合贸易市场	General Trade Market	74	73674	2712.10	719.74
生产资料综合市场	Production Comprehensive Markets	5	10116	132.31	146.09
工业消费品综合市场	In dustrial Consumeable Comprehensive Markets	12	21779	469.73	172.83
农产品综合市场	Farm Produce Comprehensive Markets	36	21946	1746.63	206.11
其他综合市场	Others	21	19833	363.43	194.71
专业市场	Specialized Markets	309	226862	20624.83	2833.93
生产资料市场	Markets for Means of Production	63	43110	9049.92	705.98
农业生产用具市场	Markets for Agricultural Production Equipment	1	469	5.31	5.27
农用生产资料市场	Markets for Means of Agricultural Production	2	141	5.48	11.05
煤炭市场	Coal and Charcoal Markets				
木材市场	Wood Markets	4	985	15.91	23.53
建材市场	Building Material Markets	22	19354	349.28	365.49
化工材料及制品市场	Chemical Material and Products Markets	4	4061	2311.04	16.95
金属材料市场	Matel Materials Markets	22	14522	6159.47	245.06
机械设备市场	Mechanical Equipments Markets	6	2466	186.69	35.84
其他生产资料市场	Others	2	1112	16.74	2.78
农产品市场	Farm Products Markets	96	44895	3332.75	356.11
粮油市场	Grain and Oil Markets	9	6360	1397.38	96.82
肉禽蛋市场	Meat, Poultry and Eggs Markets	17	5152	496.82	39.84
水产品市场	Aquatic Products Markets	17	5384	244.90	49.76
蔬菜市场	Vegetables Markets	8	3842	115.98	34.37
干鲜果品市场	Dried and Fresh Melons and Fruits Markets	3	2558	33.90	20.34
棉麻土畜、烟叶市场	Markets for Cotton, Local & Livestock Products and Tobacco Leaves	1	2371	270.73	42.60

14－11 续表1 Continued

项目	Item	市场个数（个）Number of Markets (unit)	年末出租摊位（个）Number of Booths at Year-end (unit)	成交额（亿元）Turnover (100 million yuan)	营业面积（万平方米）Operating Area (10 000 sq. m)
其他农产品市场	Others	41	19228	773.04	72.39
食品、饮料及烟酒市场	Markets for Food, Beverages, Tobacco and Liquor	13	2824	91.35	34.29
食品饮料市场	Food and Beverages Markets	2	337	3.37	5.80
茶叶市场	Tea Markets				
烟酒市场	Tobacco and Liquor Markets	1	180	3.34	
其他食品、饮料及烟酒市场	Others	10	2307	84.64	28.17
纺织、服装、鞋帽市场	Markets for Textiles, Clothing, Shoes and Hats	27	70897	5841.43	777.57
布料及纺织品市场	Cloth and Textiles Markets	7	20192	3810.82	381.01
服装市场	Clothing Markets	11	43031	1947.93	358.50
鞋帽市场	Shoes and Hats Markets	2	577	12.06	15.12
其他纺织服装鞋帽市场	Others	7	7097	70.63	22.94
日用品及文化用品市场	Markets for Daily Use Articles and Culture Goods	6	4758	103.97	38.17
小商品市场	Small Merchandise Markets	2	552	4.13	6.10
箱包市场	Luggage Markets				
玩具市场	Toys Markets				
文具市场	Stationeries Markets				
图书、报刊杂志市场	Markets for Books, Newspapers and Magazines	1	55	2.04	0.50
音像制品及电子出版物市场	Markets for Video and E-book Products				
体育用品市场	Sports Article Markets				
其他日用品及文化用品市场	Others	3	4151	97.80	31.57
黄金、珠宝、玉器等首饰市场	Gold, Jewelry and Jade Markets	2	5209	208.74	18.84
电器、通讯器材、电子设备市场	Markets for Electrical Appliances, Communication Appliances and Electronic Appliances	6	2406	22.57	8.13
家电市场	Household Appliances Markets	1	384	5.21	1.10
通讯器材市场	Communications Appliances Markets	1	1240	2.80	4.42
照相、摄像器材市场	Cameras and Video Equipments Markets				
计算机及辅助设备市场	Computers and Auxiliary Equipments Markets	4	782	14.56	2.61
其他电器、通讯器材、电子设备市场	Others				
医药、医疗用品及器材市场	Markets for Medicine, Medical Materials and Medical Instruments				

14-11 续表2 Continued

项目	Item	市场个数(个) Number of Markets (unit)	年末出租摊位(个) Number of Booths at Year-end (unit)	成交额(亿元) Turnover (100 million yuan)	营业面积(万平方米) Operating Area (10 000 sq. m)
中药材市场	Chinese Medicine Markets				
其他医药、医疗用品及器材市场	Others				
家具、五金及装饰材料市场	Markets Furniture, Hardware and Decorating Materials	73	39819	773.70	636.08
家具市场	Furniture Markets	22	11406	252.75	177.66
装饰材料市场	Decoration Materials Markets	27	13558	188.56	254.04
灯具市场	Lamps Markets	1	2973	105.00	41.10
厨具、盥洗设备市场	Markets for kitchen Utensils and Washing Equipment				
五金材料市场	Hardware Materials Markets	9	5635	87.02	46.35
其他装修市场	Others	14	6247	140.37	116.94
汽车、摩托车及零配件市场	Markets for Cars, Motorcycles and Spare Parts	16	5934	448.02	161.72
汽车市场	Cars Markets	12	4546	422.31	137.97
摩托车市场	Motorcycles Markets				
机动车零配件市场	Vehicles Spare Parts Markets	4	1388	25.71	23.75
花、鸟、鱼、虫市场	Markets for Flower, Bird, Fish and Insect	3	3944	378.18	85.80
花卉市场	Flower Markets	3	3944	378.18	85.80
鸟市场	Bird Markets				
观赏鱼市场	Markets for Fish for Display				
其他花鸟鱼虫市场	Others				
旧货市场	Second-hand Articles Markets				
古玩、古董、字画市场	Markets for Antiques, Calligraphy and Painting				
邮票、硬币市场	Stamps and Coins Markets				
其他旧货市场	Others				
其他专业市场	Other Specialized Markets				
按市分	**by City**				
南　京	Nanjing	31	33370	1393.89	258.94
无　锡	Wuxi	50	43031	5539.33	655.15
徐　州	Xuzhou	25	23669	424.63	191.29
常　州	Changzhou	47	30503	2341.41	433.86
苏　州	Suzhou	57	70458	9728.47	848.58
南　通	Nantong	72	37010	2344.28	430.96
连云港	Lianyungang	13	12970	379.97	81.26
淮　安	Huai'an	10	6766	75.94	64.98
盐　城	Yancheng	15	6824	54.88	75.60
扬　州	Yangzhou	27	9892	240.44	131.56
镇　江	Zhenjiang	13	6231	295.46	114.37
泰　州	Taizhou	17	13090	326.45	153.83
宿　迁	Suqian	6	6722	191.79	113.30

14-12 旅游业主要指标
Main Indicators of Tourism

项目	Item	2015	2016	2017	2018	2019	2020	2021
旅行社数 （个）	**Number of Travel Agencies (unit)**	**2336**	**2469**	**2593**	**2779**	**2954**	**3066**	**3160**
南　京	Nanjing	572	609	628	700	747	774	790
无　锡	Wuxi	171	186	207	221	241	251	267
徐　州	Xuzhou	196	200	207	210	210	211	208
常　州	Changzhou	139	145	161	175	193	201	213
苏　州	Suzhou	314	354	387	438	478	514	540
南　通	Nantong	150	162	175	188	204	213	218
连云港	Lianyungang	109	110	112	116	118	119	124
淮　安	Huai'an	110	110	110	110	114	116	124
盐　城	Yancheng	136	139	146	137	142	148	156
扬　州	Yangzhou	132	138	147	158	167	168	163
镇　江	Zhenjiang	109	109	110	112	120	123	120
泰　州	Taizhou	124	128	122	126	131	136	144
宿　迁	Suqian	74	79	81	88	89	92	93
星级饭店数 （个）	**Number of Star-rated Hotels (unit)**	**791**	**696**	**649**	**551**	**482**	**399**	**372**
南　京	Nanjing	96	91	83	76	72	61	60
无　锡	Wuxi	49	42	42	39	34	29	29
徐　州	Xuzhou	94	73	63	50	37	19	15
常　州	Changzhou	56	42	44	38	38	33	30
苏　州	Suzhou	124	116	112	95	77	68	63
南　通	Nantong	87	80	80	63	54	47	44
连云港	Lianyungang	39	34	26	20	17	12	10
淮　安	Huai'an	48	48	36	29	27	21	21
盐　城	Yancheng	50	36	34	32	32	27	24
扬　州	Yangzhou	60	48	43	37	36	25	24
镇　江	Zhenjiang	34	34	32	30	26	25	22
泰　州	Taizhou	29	28	30	22	16	17	17
宿　迁	Suqian	25	24	24	20	16	15	13
国内旅游接待人数 （万人次）	**Number of Domestic Visitors (10 000 person-times)**	**61933.65**	**67779.99**	**74287.31**	**81422.84**	**87611.70**	**47174.12**	**70617.57**
南　京	Nanjing	9992.66	10657.32	11383.32	12185.94	12718.85	8670.37	10830.60
无　锡	Wuxi	8043.33	8586.03	9179.34	9817.68	10236.93	6010.20	8800.09
徐　州	Xuzhou	4005.31	4515.48	5097.77	5758.44	6337.14	2754.88	5196.23
常　州	Changzhou	5443.00	5989.56	6582.71	7224.54	7947.05	5144.75	6999.42
苏　州	Suzhou	10605.45	11300.37	12046.42	12847.67	13374.10	8502.75	11248.75
南　通	Nantong	3387.24	3792.11	4247.00	4766.93	5251.21	1620.83	4314.97
连云港	Lianyungang	2682.74	3011.08	3384.18	3802.19	4199.36	2562.55	3619.51
淮　安	Huai'an	2323.79	2610.54	2931.74	3290.11	3658.47	2204.36	3293.04
盐　城	Yancheng	2266.34	2573.70	2926.83	3326.90	3703.84	2405.25	2672.27
扬　州	Yangzhou	5027.21	5622.02	6290.60	7036.59	7739.11	3839.61	6060.37
镇　江	Zhenjiang	4802.68	5348.34	5964.56	6546.70	7120.71	3772.93	5563.56
泰　州	Taizhou	2037.34	2282.32	2558.32	2868.39	3156.72	1266.96	2336.01
宿　迁	Suqian	1316.56	1491.12	1694.52	1950.76	2168.21	1251.13	1801.26

14－12 续表 Continued

项目	Item	2015	2016	2017	2018	2019	2020	2021
国内旅游收入（亿元）	**Earnings from Domestic Tourism（100 million yuan）**	**8769.31**	**9952.47**	**11307.51**	**12851.30**	**13902.21**	**8136.31**	**11593.90**
南京	Nanjing	1612.15	1803.45	2020.43	2279.42	2412.24	1796.08	2112.25
无锡	Wuxi	1356.25	1518.91	1702.64	1906.02	2015.70	1044.23	1646.79
徐州	Xuzhou	485.99	565.90	658.92	766.03	844.44	322.18	629.96
常州	Changzhou	718.35	820.04	936.79	1070.25	1178.09	825.14	1052.02
苏州	Suzhou	1728.79	1932.50	2161.32	2416.48	2559.29	1775.95	2262.31
南通	Nantong	453.04	521.98	601.43	693.33	765.42	267.00	614.96
连云港	Lianyungang	338.70	391.58	454.12	526.20	582.05	266.73	495.84
淮安	Huai'an	264.02	305.64	353.66	409.23	465.66	266.04	403.90
盐城	Yancheng	226.27	265.56	311.75	365.89	413.23	172.84	291.09
扬州	Yangzhou	592.00	681.91	785.29	904.76	996.33	608.41	810.41
镇江	Zhenjiang	614.12	706.19	812.87	923.77	1012.35	492.20	774.51
泰州	Taizhou	241.54	278.22	321.39	371.23	409.31	153.01	290.03
宿迁	Suqian	138.08	160.60	186.90	218.71	248.11	146.50	209.83
接待海外旅游者人数（人次）	**Number of Overseas Tourists Received（person-times）**	**3050104**	**3297735**	**3701038**	**4008509**	**3994629**	**770316**	**618933**
南京	Nanjing	588100	637846	745117	815615	853109	164603	134033
无锡	Wuxi	391343	439185	495425	586016	609557	91116	67047
徐州	Xuzhou	33776	34105	39884	44472	46854	12130	15324
常州	Changzhou	126952	145896	177143	203697	198484	35899	44070
苏州	Suzhou	1512029	1612849	1756298	1827753	1743447	280592	247116
南通	Nantong	172999	180156	185745	195230	198539	113082	40852
连云港	Lianyungang	20345	22624	26140	28936	33803	5797	3988
淮安	Huai'an	14675	18223	23977	26032	25462	8183	9091
盐城	Yancheng	49110	53059	64635	70181	67976	16224	15254
扬州	Yangzhou	51229	58561	67818	76358	7959	13422	16079
镇江	Zhenjiang	52956	54934	69615	75747	79173	16814	13706
泰州	Taizhou	31891	36068	40808	45707	47134	9146	9535
宿迁	Suqian	4699	4229	8433	12765	11501	3308	2838
旅游外汇收入（万美元）	**Foreign Exchange Earnings from International Tourism（USD 10 000）**	**352729**	**380362**	**419472**	**464836**	**474356**	**165672**	**114269**
南京	Nanjing	63999	67617	79227	88281	94204	38510	26382
无锡	Wuxi	35783	38954	42482	49514	51863	19813	11677
徐州	Xuzhou	3861	3938	4963	5431	5712	2054	2861
常州	Changzhou	12066	13147	15468	17725	17971	5934	8061
苏州	Suzhou	200183	216708	230448	252200	251346	64398	46566
南通	Nantong	11668	12482	12581	13743	14259	21776	5571
连云港	Lianyungang	2064	2281	2716	2951	3242	1028	712
淮安	Huai'an	1558	1705	2125	2357	2387	1203	1568
盐城	Yancheng	5866	6419	8212	8822	8595	2987	2866
扬州	Yangzhou	5588	6280	7506	8341	8548	2787	3021
镇江	Zhenjiang	5992	6479	8539	9424	10098	3270	2726
泰州	Taizhou	3255	3631	4161	4658	4802	1604	1765
宿迁	Suqian	846	721	1044	1389	1330	309	494

14－13　接待海外旅游者人数和收入
Number of Overseas Tourists Received and Earnings

项　目	Item	2015	2016	2017	2018	2019	2020	2021
接待人数（人次）	**Number of Received Tourists (person-times)**	**3050104**	**3297735**	**3701038**	**4008509**	**3994629**	**770316**	**618933**
外国人	Foreigners	2008386	2179954	2417538	2646909	2664614	516149	397531
#亚洲	Asia							
#日本	Japan	397104	414889	461922	485023	458077	92483	69148
菲律宾	Philippines	23506	28284	26394	27100	28760	4075	2501
新加坡	Singapore	66501	68466	72914	80237	85004	13907	11643
泰国	Thailand	21403	25793	29216	39358	37305	4016	2955
印度尼西亚	Indonesia	32332	33158	44821	50404	61982	7741	4656
马来西亚	Malaysia	93550	91107	98742	110238	135295	14134	10031
韩国	Korea, Rep.	358214	407723	403309	438699	442470	109761	90836
北美洲	North America							
#美国	United States	209899	225373	249059	283482	273196	41653	32651
加拿大	Canada	75996	78812	83217	96223	75041	17587	14699
欧洲	Europe							
#英国	United Kingdom	54009	59919	60294	63952	63941	15163	11570
法国	France	44066	46447	50003	52513	52375	9506	7081
德国	Germany	98979	103154	108208	114272	108998	18808	15084
意大利	Italy	32146	34374	39906	44863	46105	10480	6953
瑞士	Switzerland	8026	8574	8784	9264	8840	1171	876
瑞典	Sweden	11568	12112	11962	12076	11715	1958	1527
俄罗斯	Russia	17694	21253	15926	8183	20399	8062	5941
西班牙	Spain	16338	18927	22383	22815	22502	3103	2603
大洋洲	Oceania							
#澳大利亚	Australia	53500	60124	77192	93621	106873	12114	8729
香港同胞	Chinese Compatriots from Hong Kong	140427	153754	182295	210056	218569	38754	32256
澳门同胞	Chinese Compatriots from Macao	7071	8219	10749	13433	15282	8304	8410
台湾同胞	Chinese Compatriots from Taiwan	894220	955808	1090456	1138111	1096164	207109	180736
接待人天数（人天）	**Number of Received Days (person-days)**	**11415317**	**12338457**	**13888725**	**15239145**	**15334352**	**8006937**	**5224348**
外国人	Foreigners	6952408	7526609	8392001	9259953	9400006	5229759	3380615
香港同胞	Chinese Compatriots from Hong Kong	351052	380831	451479	518138	538752	359079	297611
澳门同胞	Chinese Compatriots from Macao	17146	19760	25622	31849	36208	77147	76990
台湾同胞	Chinese Compatriots from Taiwan	4094711	4411257	5019623	5429205	5359386	2340952	1469132
旅游外汇收入（万美元）	**Foreign Exchange Earnings from Tourism (USD 10 000)**	**352729**	**380362**	**419472**	**464836**	**474356**	**165672**	**114269**

主要统计指标解释

社会消费品零售总额 指企业(单位、个体户)通过交易直接售给个人、社会集团非生产、非经营用的实物商品金额,以及提供餐饮服务所取得的收入金额。个人包括城乡居民和入境人员,社会集团包括机关、社会团体、部队、学校、企事业单位、居委会或村委会等。

批发和零售业商品购、销、存总额 指各种登记注册类型的批发和零售企业、产业活动单位、个体经营者以本单位为总体的商品购进、销售、库存总额。

商品购进总额 指从本单位以外的单位和个人购进(包括从境外直接进口)作为转卖或加工后转卖的商品总额。

商品销售总额 指对本单位以外的单位和个人出售(包括对境外直接出口)本单位经营的商品总额(含增值税)。

商品批发额 指商品零售额以外的一切商品销售额。包括售给生产经营单位用于生产或经营用的商品销售额;售给批发和零售业、餐饮业用于转卖或加工后转卖的商品销售额;直接向国(境)外出口和委托外贸部门代理出口的商品销售额。

商品零售额 指售给城乡居民用于生活消费、售给社会集团用公款购买用作非生产、非经营使用的商品销售额。

商品库存总额 指报告期末各种登记注册类型的批发和零售业企业、产业活动单位、个体经营者已取得所有权的商品。

商品交易市场 指有固定场所、设施,有若干经营者入场实行集中、公开交易各类实物商品的市场。

商品交易市场成交额 指商品交易市场内所有经营者所实现的商品销售金额。商品交易市场包括消费品市场和生产资料市场。

旅游者人数

(1) 入境国际旅游者人数:指来中国参观、访问、旅行、探亲、访友、休养、考察、参加会议和从事经济、科技、文化、教育、宗教等活动的外国人、华侨、港澳同胞和台湾同胞的人数。不包括外国在我国的常驻机构,如使领馆、通讯社、企业办事处的工作人员;来我国常住的外国专家、留学生以及在岸逗留不过夜人员。

(2) 出境居民人数:指大陆居民因公务活动或私人事务短期出境的人数。公务活动出境居民人数包括在国际交通工具上的中国服务员工,因私出境居民人数不包括在国际交通工具上的中国服务员工。

(3) 国内旅游者人数:指我国大陆居民和在我国常住1年以上的外国人、华侨、港澳台同胞离开常住地在境内其他地方的旅游设施内至少停留一夜,最长不超过6个月的人数。

国际旅游(外汇)收入 指入境旅游的外国人、华侨、港澳同胞和台湾同胞在中国大陆旅游过程中发生的一切旅游支出,对于国家来说就是国际旅游(外汇)收入。

Explanatory Notes on Main Statistical Indicators

Total Retail Sales of Consumer Goods refer to the revenue received by enterprises (units, self-employed individuals) through direct sales of non-production and non-business physical commodities to individuals and social institutions, and revenue from providing catering services. Individuals include rural and urban households, population from abroad, social institutions include government agencies, social organizations, military units, schools, institutions, neighbourhood (village) committees, etc.

Purchase, Sales and Stock of Commodities by Wholesale and Retail Trades refer to the purchase, sales and stock of commodities by various registered wholesale and retail enterprises, industrial activity units and individual operators.

Total Purchases of Commodities refer to the total value of purchases of commodities by the establishments from other establishments or individuals (including direct import from abroad) for the purpose of re-selling.

Total Sales of Commodities refer to the total value (including VAT) of commodities sold by the establishments to other establishments and individuals (including direct export to abroad).

Wholesale of Commodities refer to all sales of commodities except the retail sales of consumer goods. It includes the sales of commodities to production or operating units for the purpose of production and operation; the sales of commodities to wholesale and retail sale trades and catering industry for the purpose of re-selling or re-selling after further processing; the sales of commodities for direct export to abroad or export on a commission basis by entrusted the foreign trade departments.

Retail Sale of Commodities refer to the commodities sold to urban and rural residents for their daily use, to social groups for the use of non-production and non-operation purchased by public money.

Total Stock of Commodities refer to the total commodities owned by wholesale and retail sale enterprises, industrical activity units and individual operators of various types of registration status at the end of the reference period.

Commodity Transaction Markets refer to the markets with fixed place and facilities, where some operators can centralize and trade publicly various physical good.

Turnover of Commodity Transaction Markets refer to the total sales value of commodities realized by the operators in the transaction markets. Commodity transaction markets include consumer good markets and means of production markets.

Number of Tourists

(1) International tourists refer to foreigners, overseas Chinese, Chinese compatriots from Hong Kong, Macao and Taiwan who come to China for sight-seeing, visits, tours, family reunions, vacations, study tours, conferences and other activities of a business, scientific and technological, cultural, educational and religious. It does not include representatives and employees of resident institutions of foreign countries in China such as embassies, consulates, news agencies and offices of foreign companies and organizations, nor does it include long-term foreign experts or students residing in China, or persons in transition without spending a night in China.

(2) Chinese residents going abroad refer to Chinese residents going abroad for short terms for either public business or private purposes. Chinese employees working on international transport carriers are included in those going abroad for public business purpose, not in those for private purpose.

(3) Domestic tourists refer to residents of the mainland of China who stay for one night at least but no more than 6 months at tourist facilities in other places than their permanent residence within the territory of the mainland China, including foreigners, overseas Chinese and Chinese compatriots from Hong Kong, Macao and Taiwan who have resided in China for over one year.

Foreign Exchange Earnings from International Tourism refer to the total expenditures of foreigners, overseas Chinese, Chinese compatriots from Hong Kong, Macao and Taiwan during their stay in the mainland of China, which are earnings of foreign exchange from international tourism from the point of view from China.

15

科技、教育

Science and Technology, Education

简 要 说 明

一、本篇资料的主要内容

本篇主要反映科技、专利、教育情况等内容。

科技部分主要包括科技活动、研究与发展课题情况，县级以上政府部门所属研究与开发机构情况，大中型工业企业、高等学校科技活动情况；人才部分包括工程、农业、科研、卫生等各类专业技术人员数；专利部分主要包括三种专利授权量；教育事业部分包括各级各类教育事业情况，各级各类学校招生、在校生、专任教师人数等情况。

二、本篇资料的来源

根据各部门制定的统计报表制度汇总加工整理而成。科技资料主要来自省科技厅、省教育厅、省统计局；人才资料来自省人力资源和社会保障厅；专利资料来自省知识产权局；教育事业资料来自省教育厅。

Brief Introduction

Ⅰ. Main Contents

Data in this chapter show statistics on science and technology, patents and education.

Data on science and technology mainly include data on scientific and technical activities, research and development (R&D) projects, state-owned R&D institutions above county level, large and medium-sized industrial enterprises, scientific and technical activities of institutions of higher education. Data on talents mainly include number of professional and technical personnel of engineering, agriculture, scientific research, health and so on. Data on patents mainly include three kinds of patent grants. Data on education consist of education by level and type, entrants, number of enrolments, number of full-time teachers of all kinds of schools.

Ⅱ. Sources of Data

Data are collected and tabulated in accordance with the statistic reporting schemes stipulated by the departments concerned. Data on scientific and technical are mainly from Provincial Science and Technology Department, Education Department and Statistics Bureau. Data on talents are from Provincial Human Resources and Social Security Department. Data on patents are provided by Provincial Intellectual Property Office. Data on education are from Provincial Education Department.

15－1 科技活动基本情况
Basic Statistics on Scientific and Technological Activities

指　　标	Item	2015	2016	2017	2018	2019	2020	2021
科技机构数　（个）	Number of Scientific and Technical Institutions (unit)	23101	25402	24112	24728	26087	20457	19111
科研机构	Scientific Research Institutions	142	135	133	130	128	123	117
高等院校	Higher Education Institutions	21542	1055	1133	1219	1369	1484	1550
企业	Enterprises	971	24074	22687	23220	24432	18747	17333
事业单位	Government-affiliated Institutions	446	138	159	159	158	103	111
研究与试验发展人员（万人）	Research and Experimental Development Personnel (10 000 persons)		76.10	75.42	79.41	89.77	91.45	108.83
研究与试验发展经费内部支出　（亿元）	Internal Expenditure on Research and Experimental Development (100 million yuan)	1801.23	2026.87	2260.06	2504.43	2779.52	3005.93	3438.56
研究与试验发展经费支出占地区生产总值比重　（%）	Ratio of Expenditure on Research and Experimental Development to GDP (%)	2.53	2.62	2.63	2.69	2.82	2.93	2.95

注：1. 规模以上工业企业科技统计从2011年开始实施。

2. 因研发支出计入GDP，对2013年—2019年研究与试验发展经费支出占地区生产总值比重进行调整。

a) Statistics of science and technology of industrial enterprises above designated size has been implemented since 2011.

b) As the expenditure on R&D is included in GDP, the ratio of R&D to GDP from 2013 to 2019 has been adjusted.

15－2 研究与试验发展课题情况
Research and Experimental Development Projects

单位：项　　　　(unit)

指　　标	Item	2015	2016	2017	2018	2019	2020	2021
研究与试验发展课题	Re search and Experimental Development Projects	122629	138251	150951	163052	203119	213157	237183
#科研机构	Scientific Research Institutions	6490	6817	7257	7455	8180	7125	6952
高等院校	Higher Education Institutes	59887	67670	70982	77219	89894	92294	105319
企业	Enterprises			70115	75681	102275	111909	122954
事业单位	Government-affiliated Institutions			2597	2697	2770	1829	1958

注：2017年开始，研究与试验发展课题情况取消基础研究、应用研究、试验发展分组。

a) Since 2017, the research and experimental development projects have cancelled the groups of basic research, applied research and experimental development.

15 - 3 规模以上工业企业研发情况
Statistics on R&D of Industrial Enterprises above Designated Size

单位：亿元　　　　　　(100 million yuan)

指标	Item	2015	2016	2017	2018	2019	2020	2021
企业数（个）	Number of Enterprises (unit)	48488	47899	45413	46260	46085	50142	56268
#有R&D活动的企业数	Number of Enterprises with R&D Activities	18872	19186	19323	19669	27365	26161	27303
企业办研发机构数（个）	Number of R&D Institutions (unit)	21542	23564	22007	22469	23015	19147	17805
R&D经费内部支出总额	Internal Expenditure on R&D	1506.51	1657.54	1833.88	2024.52	2206.16	2381.69	2716.63
经常性支出	Recurrent Expenditure	1328.54	1460.53	1619.95	1788.66	2004.82	2178.89	2535.95
#R&D人员劳务费	Service Fee of R&D Personnels	434.77	485.89	512.82	569.54	532.82	798.15	894.96
资产性支出	Capital Expenditure	177.96	197.01	213.93	235.86	201.34	202.80	180.69
#土建工程	Civil Engineering	4.01	3.62	3.57	3.98	4.20	3.60	5.78
仪器设备	Intruments and Equipments	173.96	193.39	210.36	231.88	197.14	199.20	174.91
R&D经费来源	Sources of R&D Funds							
#政府资金	Government Funds	24.96	25.53	25.94	26.18	28.61	21.77	24.82
企业资金	Enterprises Funds	1456.27	1610.06	1794.12	1970.67	2177.06	2350.27	2681.18
境外资金	Offshore Funds	7.91	7.75	6.06	12.08	0.25	7.94	9.36
其他资金	Others Funds	17.38	14.20	7.76	15.59	0.24	1.71	1.27
R&D经费外部支出经费	External Expenditure on R&D	55.56	55.40	65.15	68.23	96.52	108.95	127.63
引进境外技术经费支出	Expenditure for Acguisition of Overseas Technology	36.21	33.27	29.43	30.02	20.70	20.82	43.20
引进境外技术的消化吸收经费支出	Expenditure for Assimilation of Overseas Technology	12.47	9.49	7.36	7.36	2.50	8.90	1.67
购买境内技术经费支出	Expenditure for Purchase of Domestic Technology	20.16	17.38	12.20	12.20	16.34	16.38	25.61
技术改造支出总额	Expenditure for Technical Renovation	507.20	521.95	469.66	402.28	356.28	358.47	449.67
研发活动产出	R&D Output							
新产品销售收入	Sale Revenue of New Products	24463.27	28084.67	28579.02	28425.04	30101.94	39442.84	42622.37
企业专利申请量（件）	Number of Patent Applications by Enterprises (unit)			124979	165096	175906	196799	207371
#发明专利申请量	Number of Inventions			45719	55944	57429	62892	65806
企业拥有有效发明专利数（件）	Number of Effective Inventions by Enterprises (unit)	85287	117912	140346	176120	180893	224512	242423

注：自2021年起，国家知识产权局不再公布"专利申请量"数据，只公布"专利授权量"数据。

a) China National Intellectual Property Administration has published the data of "number of patent grants" instead of "number of patent applications" since 2021.

15-4 规模以上工业企业研究与试验发展经费内部支出
Basic Statistics on Internal Expenditure on R&D of Industrial Enterprises above Designated Size

单位:亿元 (100 million yuan)

指标	Item	2015	2016	2017	2018	2019	2020	2021
总计	**Total**	**1506.51**	**1657.54**	**1833.88**	**2024.52**	**2206.16**	**2381.69**	**2716.63**
按登记注册类型分	**Grouped by Status of Registration**							
内资企业	Domestic Ivested Enterprises	1030.27	1149.26	1295.50	1422.14	1578.92	1688.30	1952.62
国有企业	State-owned Enterprises	16.29	10.24	5.80	1.65	2.64	19.18	13.98
集体企业	Collective-owned Enterprises	4.89	3.22	4.02	1.72	1.03	0.39	0.47
股份合作企业	Cooperative Enterprises	1.53	0.65	0.30	2.00	0.71	1.22	0.85
联营企业	Joint Ownership Enterprises	0.34	0.62	0.18	0.24	0.05	1.51	1.76
有限责任公司	Limited Liability Corporations	310.09	320.03	359.02	347.97	409.24	367.02	420.66
#国有独资	State Sole-proprietorship Corporatios	34.05	33.44	30.84	32.63	36.25	34.41	41.48
股份有限公司	Share-holding Corporations Ltd.	141.54	168.25	193.88	207.38	245.02	219.23	262.31
私营企业	Private Enterprises	554.14	645.64	731.62	861.10	920.18	1079.15	1251.91
其他企业	Other Enterprises	1.45	0.62	0.67	0.06	0.04	0.60	0.70
港、澳、台商投资企业	Enterprises with Investment from Hong Kong, Macao and Taiwan	169.83	182.92	217.36	223.63	253.78	282.82	333.38
外商投资企业	Foreign Invested Enterprises	306.41	325.36	321.02	378.75	373.46	410.57	430.63
按企业规模分	**Grouped by Size of Enterprises**							
大型企业	Large Enterprises	600.90	602.09	652.74	759.00	853.57	897.36	1042.47
中型企业	Medium-sized Enterprises	431.89	489.49	544.02	548.12	546.89	609.52	707.89
小微型企业	Small and Micro Enterprises	473.71	565.96	637.13	717.39	805.70	874.81	966.27
按行业分	**Grouped by Sector**							
采矿业	**Mining**	**9.14**	**6.19**	**4.36**	**5.10**	**5.51**	**7.07**	**6.32**
煤炭开采和洗选业	Mining and Washing of Coal	5.58	2.51	2.91	3.10	4.18	4.91	3.24
石油和天然气开采业	Extraction of Petroleum and Natural Gas	1.16	1.35	0.64	0.02	0.58	0.77	2.20
黑色金属矿采选业	Mining and Processing of Ferrous Metal Ores	0.20	0.53	0.06		0.04	0.32	0.08
有色金属矿采选业	Mining and Processing of Non-ferrous Metals Ores	0.11	0.06	0.09	0.08	0.10	0.13	0.13
非金属矿采选业	Mini ng and Processing of Non-metal Ores	2.08	1.73	0.66	1.02	0.61	0.93	0.67
制造业	**Manufacturing**	**1483.41**	**1641.42**	**1818.56**	**2003.09**	**2179.97**	**2351.42**	**2691.17**
农副食品加工业	Processing of Food from Agricultural Products	17.87	23.05	24.53	26.77	26.94	27.51	22.95
食品制造业	Manufacturing of Foods	9.71	9.74	10.78	11.92	11.28	8.29	9.09
酒、饮料和精制茶制造业	Manufacture of Liquor, Beverages and Refined Tea	7.14	7.61	8.06	7.91	5.96	5.25	3.70
烟草制品业	Manufacture of Tobacco	0.32	0.26	0.40	0.33	0.42	0.95	2.24
纺织业	Manufacture of Textile	54.12	59.28	57.31	72.36	65.22	41.19	37.27
纺织服装、服饰业	Manufacture of Textile, Wearing Apparel and Accessories	28.73	30.76	25.84	27.05	23.40	15.29	13.29
皮革、毛皮、羽毛及其制品和制鞋业	Manufacture of Leather, Fur, Feather and Related Products and Footwear	4.53	5.73	6.09	5.15	4.60	3.41	3.78
木材加工及木、竹、藤、棕、草制品业	Processing of Timber, Manufacture of Wood, Bamboo, Rattan, Palm and Straw Products	16.34	20.52	21.13	15.50	15.10	12.87	16.13

15－4 续表 Continued

单位:亿元 (100 million yuan)

指标	Item	2015	2016	2017	2018	2019	2020	2021
家具制造业	Manufacture of Furniture	2.18	3.45	3.57	6.10	6.68	7.70	7.76
造纸和纸制品业	Manufacture of Paper and Paper Products	16.96	18.72	18.30	22.12	18.87	11.92	11.88
印刷业和记录媒介的复制	Printing and Reproduction of Recording Media	5.75	7.72	9.25	11.99	13.58	14.42	16.89
文教、工美、体育和娱乐用品制造业	Manufacture of Articles for Culture, Education, Arts and Crafts, Sport and Entertainment Activities	18.47	21.80	22.20	27.55	23.87	16.93	19.51
石油加工、炼焦及核燃料加工业	Processing of Petroleum, Coal and Other Fuels	5.57	5.13	5.83	7.43	8.71	3.71	3.82
化学原料及化学制品制造业	Manufacture of Raw Chemical Materials and Chemical Products	162.20	176.21	193.40	165.93	146.20	92.31	93.31
医药制造业	Manufacture of Medicines	62.95	76.09	86.36	110.45	127.13	172.23	218.86
化学纤维制造业	Manufacture of Chemical Fiber	35.28	31.68	37.52	42.36	45.01	49.82	56.38
橡胶和塑料制品业	Manufacture of Rubber and Plastics Products	31.04	38.25	51.19	57.73	64.93	83.39	97.09
非金属矿物制品业	Manufacture of Non-metallic Mineral Products	35.43	41.31	51.78	55.07	69.21	45.95	52.44
黑色金属冶炼及压延加工业	Smelting and Pressing of Ferrous Metals	76.75	69.15	96.74	108.86	162.77	67.53	69.50
有色金属冶炼及压延加工业	Smelting and Pressing of Non-ferrous Metals	26.82	35.23	39.84	38.94	40.38	25.50	27.96
金属制品业	Manufacture of Metal Products	58.41	67.83	78.42	84.97	103.78	121.62	139.69
通用设备制造业	Manufacture of General Purpose Machinery	124.89	140.21	130.21	145.15	175.40	230.85	257.93
专用设备制造业	Manufacture of Special Purpose Machinery	98.06	113.16	132.89	149.80	147.24	193.86	238.84
汽车制造业	Manufacture of Automobiles	71.10	85.36	102.46	124.60	144.59	160.36	167.48
铁路、船舶、航空航天和其他运输设备制造业	Manufacture of Railway, Ship, Aerospace and Other Transport Equipments	51.13	51.48	54.15	54.04	56.98	74.68	82.09
电气机械及器材制造业	Manufacture of Electrical Machinery and Apparatus	237.91	252.22	283.35	301.01	299.86	392.27	458.33
计算机、通信和其他电子设备制造业	Manufacture of Computers, Communication and Other Electronic Equipment	170.80	188.54	201.10	255.09	309.70	389.46	465.80
仪器仪表制造业	Instruments and Meters	49.92	57.40	62.36	64.20	56.43	75.00	89.03
其他制造业	Other Manufacturing	2.08	2.15	2.22	1.41	2.31	2.93	1.83
废弃资源综合利用业	Utilization of Waste Resources	0.68	1.09	1.04	1.14	3.22	3.95	6.03
金属制品、机械和设备修理业	Repair Service of Metal Products, Machinery and Equipment	0.28	0.30	0.25	0.18	0.19	0.25	0.28
电力、热力、燃气及水的生产和供应业	**Production and Supply of Electricity, Heat, Gas and Water**	**13.95**	**9.93**	**10.96**	**16.33**	**20.68**	**23.20**	**19.14**
电力、热力的生产和供应业	Production and Supply of Electricity and Heat	12.57	7.69	7.96	13.20	14.47	18.74	14.97
燃气生产和供应	Production and Supply of Gas	0.37	0.87	1.46	1.95	2.28	2.26	1.77
水的生产和供应业	Production and Supply of Water	1.02	1.38	1.53	1.17	3.92	2.20	2.41

15－5 高等学校科技活动情况
Basic Statistics on Science and Technology Activities by Higher Education Institutions

项　目	Item	2015	2016	2017	2018	2019	2020	2021
参加科技统计的高校（所）	**Higher Education Institutions in Statistics (unit)**	**142**	**146**	**146**	**149**	**149**	**148**	**149**
从事科技活动人数（人）	**Number of Personnels in Science and Technology Activities (person)**	**73204**	**75776**	**77290**	**73921**	**82791**	**86517**	**92703**
教　师	Teachers	48423	49622	50868	52654	55139	58035	61038
其他技术人员	Other Technical Personnels	24781	26154	26422	21267	27652	28482	31665
辅助人员	Assistants	568	509	421	366	261	205	563
从事研究与发展活动人员（人）	**Perssonnel in Research and Development Activities (person)**	**48423**	**71468**	**74576**	**73055**	**82226**	**85843**	**84805**
#正教授	Professors	7929	8311	8988	9393	10278	10811	11596
副教授	Vice-professors	16321	17058	17768	18427	19670	20742	21918
讲　师	Lecturers	20759	20912	21054	21675	22342	23655	24591
助　教	Assistants	3353	3217	2853	2882	2619	2622	2779
研究与发展机构（个）	**R&D Institutions (unit)**	**635**	**702**	**780**	**810**	**883**	**1000**	**1080**
机构中研究与发展人员（人）	R&D Personnel (person)	19034	21653	23319	25084	26310	29116	29330
当年研究与开发经费收入（万元）	**Funds Revenue of Research and Development (10 000 yuan)**	**1449858**	**1600660**	**1825727**	**1397090**	**1724323**	**1764094**	**1944018**
#科技事业费	Science and Technology Funds	62760	71435	83811	76080	108633	112789	131419
主管部门专项费	Speical Funds of Responsible Department for the Work	241007	343371	351468	427216	469977	505712	240819
国务院各部门专项费	Speical Funds of State Council Departments	212947	101067	57155	58403	82382	111358	258107
省专项费	Provincial Special Foundation	104529	110453	87567	105557	93464	103016	130105
企事业单位委托经费	Entrusting Funds of Enterprises and Institutions	549983	502037	673891	779897	901237	1005652	1244785
国家自然科学基金	State Natural Science Foundation	173960	204841	217544	219893	271037	236586	258910
各种收入转入科研经费	Funds from Other Revenues	97252	119620	125719	138995	204934	236090	228523
研究与发展课题（项）	**R&D Projects (unit)**	**42988**	**48734**	**50899**	**57125**	**49825**	**66789**	**84297**
#基础研究	Basic Research	15509	18333	19920	19682	22530	22576	29596
应用研究	Applied Research	13567	16153	14100	15774	20238	20959	22542
试验发展	Experimental Development	3484	4548	3894	5972	7057	6590	6707
研究与发展成果	**R&D Results**							
出版科学专著（部）	Publications on Science (book)	370	418	461	379	624	344	381
发表学术论文（篇）	Papers Issued (piece)	86525	86037	92944	101418	110356	115830	122873
#国外发表	Published in Foreign Periodicals	34201	37319	43299	50799	57666	64988	74398
科技成果转让（项）	**Scientific Results Transfered (unit)**	**1432**	**2349**	**3442**	**2535**	**2574**	**4950**	**5056**
获奖成果数（项）	**Prized Results (unit)**	**394**	**385**	**447**	**457**	**502**	**440**	**428**
#国家级	National Level	28	33	29	41	38	0	23
部省级	Provincial Level	279	218	270	277	309	276	248

15-6 各类专业技术人员数
Number of Professional and Technical Personnels

单位:万人　　　　(10 000 persons)

年份 地区 Year Region	各类专业技术人员 Total	#工程技术人员 Engineering	#农业技术人员 Agriculture	#科学研究人员 Scientific Research	#卫生技术人员 Health	#教学人员 Teaching
1980	43.87	9.63	1.13	1.47	9.02	17.13
1985	83.41	20.70	1.76	1.59	13.35	35.90
1990	158.86	31.84	2.35	1.84	13.87	44.50
1995	184.97	28.38	2.65	0.60	15.48	50.72
2000	194.24	44.84	4.61	1.81	23.04	66.15
2001	186.05	40.11	4.18	1.75	23.19	66.95
2002	175.79	35.79	3.74	1.56	22.96	67.56
2003	163.20	29.19	3.74	1.82	22.07	68.01
2004	147.23	22.16	3.25	1.77	20.86	69.25
2005	148.67	20.96	3.18	1.83	23.45	69.33
2006	142.20	20.54	3.11	1.69	21.35	69.27
2007	142.18	20.03	2.92	1.64	21.86	69.00
2008	142.26	19.72	3.06	1.68	22.04	69.89
2009	141.61	19.67	2.99	1.64	21.88	69.48
2010	140.53	19.00	2.72	1.53	21.21	66.69
2011	140.51	19.82	2.85	1.71	22.04	69.09
2012	140.65	19.79	2.69	1.77	22.30	68.93
2013	117.11	10.99	2.58	0.82	22.37	66.95
2014	117.98	11.20	2.63	0.87	23.01	67.38
2015	118.43	11.46	2.59	1.21	23.01	67.43
2016	118.42	11.77	2.44	1.00	23.46	67.27
2017	119.34	11.78	2.60	1.04	23.75	67.74
2018	119.89	11.14	2.53	1.30	23.46	67.10
2019	122.00	11.96	2.51	1.10	23.85	68.50
2020	125.12	12.37	2.21	1.36	23.60	70.79
2021	132.25	14.18	2.00	0.84	24.41	72.70
南京 Nanjing	11.95	1.46	0.09	0.07	2.75	6.22
无锡 Wuxi	10.19	0.99	0.06	0.02	2.29	5.54
徐州 Xuzhou	13.18	1.33	0.20	0.01	2.02	8.26
常州 Changzhou	6.72	0.39	0.07	0.04	1.83	3.57
苏州 Suzhou	15.12	1.59	0.17	0.03	3.64	8.19
南通 Nantong	10.21	0.97	0.18	0.06	2.12	6.04
连云港 Lianyungang	7.52	0.77	0.16	0.02	1.18	4.52
淮安 Huai'an	6.54	0.41	0.17	0.01	1.15	4.13
盐城 Yancheng	10.47	0.64	0.24	0.01	1.91	6.41
扬州 Yangzhou	6.20	0.48	0.10	0.02	1.25	3.55
镇江 Zhenjiang	4.85	0.46	0.10	0.01	1.08	2.54
泰州 Taizhou	6.36	0.45	0.17	0.01	1.37	3.77
宿迁 Suqian	5.16	0.17	0.10	0.00	0.34	3.84

注:本表数据含辖区内的全民所有制单位和集体所有制单位。
a) Figures in the table include the data of state-owned and collective-owned units.

15－7 三种专利申请授权量

Number of Patent Grants for Three Kinds of Patents Accepted

单位:件 (unit)

项 目	Item	2015	2017	2018	2019	2020	2021
申请授权量合计	**Total**	**250290**	**227187**	**306996**	**314395**	**499167**	**640917**
#发 明	Inventions	36015	41518	42019	39681	45975	68813
实用新型	Utility Models	119513	126482	200333	233114	405885	515935
外观设计	Designs	94762	59187	64644	41600	47307	56169
#非职务	Non-official		39104	39649	25232	28562	30417
职 务	Official		188083	267347	289163	470605	610500
大专院校	Universities and Colleges	19209	21330	23930	28648	37864	45761
科研机构	Scientific Research Institutions	2377	2339	2654	3194	3537	4128
企业	Enterprises	166445	161185	236629	249460	419817	546566
机关团体	Government Agencies and Organizations	3027	3229	4134	7861	9387	14045

注:自2021年起,国家知识产权局不再公布“专利申请量”数据,只公布“专利授权量”数据。

a) China National Intellectual Property Administration has published the data of “number of patent grants” instead of “number of patent applications” since 2021.

15－8　全省产品质量监督检查情况（2021 年）

Results of Sampling Check under Provincial Supervision on the Quality of Products (2021)

产品名称	Item	监督检查批次数（批次）Batch-times of Supervision (batch- time)	监督检查合格批次数（批次）Qualified Batch-times of Supervision (batch-time)	批次合格率（%）Rate of Qualified Batch-times (%)
合　　计	**Total**	**8205**	**474**	**5.8**
日用消费品	**Consumer Goods**	**3237**	**278**	**8.6**
#电动自行车	Electric Bicycle	91	11	12.1
羽绒服	Down Jackets	65	0	0.0
休闲服装	Casual Wear	29	3	10.3
妇女用品	Women's Products	63	2	3.2
食品相关产品	**Food Related Production**	**1103**	**12**	**1.1**
#餐具洗涤剂	Tableware Detergent	36	0	0.0
食品接触用塑料包装容器等制品	Plastic Packaging Containers for Food Contact and Other Products	910	7	0.8
建筑和装饰装修材料	**Construction And Decoration Meterials**	1454	87	6.0
#木家具	Wooden Furniture	0	0	0.0
地板	Floor	93	3	3.2
塑料管材	Plastic Pipe	204	35	17.2
水泥	Cement	74	0	0.0
管材	Pipe	100	6	6.0
插头插座	Plug and Socket	11	0	0.0
家庭装饰灯具	Household Decorative Lamps	18	1	5.6
工业生产资料	**Means of Industrial Production**	**2285**	**91**	**4.0**
#电力电缆	Power Cable	186	4	2.2
阀门	Valve	144	9	6.3
防静电服装及阻燃服装	Antistatic Clothing and Flame Retardant Clothing	38	0	0.0
工业和商用电热食品加工设备	Industrial and Commercial Electrothermal Food Processing Equipment	0	0	0.0
农业生产资料	**Agricultural Production**	**126**	**6**	**4.8**
#肥料	Manure	94	4	4.3
农用塑料薄膜	Agricultural Plastic Film	32	2	6.3

15－9 教育事业基本情况
Basic Statistics on Education

指 标 Item		2015	2016	2017	2018	2019	2020	2021
学校数 （所）	**Number of Schools (unit)**							
普通高等学校	Regular Higher Education Institutions	137	141	142	167	167	167	168
普通中等学校	Regular Secondary Schools	2885	2908	2925	2970	3000	3031	3083
中等专业学校	Specialized Secondary Schools	174	165	161	155	148	147	147
普通中学	Regular Secondary Schools	2660	2692	2712	2765	2804	2843	2895
#高 中	Senior Secondary Schools	569	571	564	578	580	585	609
职业高中	Senior Secondary Vocational Schools	51	51	52	50	48	41	41
小 学	Primary Schools	4068	4036	4075	4103	4151	4144	4116
特殊教育	Special Education Schools	106	101	101	102	104	106	106
专任教师 （万人）	**Number of Fulltime Teachers (10 000 persons)**							
普通高等学校	Regular Higher Education Institutions	10.72	10.98	11.29	11.64	12.06	12.60	11.66
普通中等学校	Regular Secondary Schools	30.84	31.09	31.64	32.77	33.95	35.76	37.71
中等专业学校	Specialized Secondary Schools	3.04	2.98	3.03	3.18	2.96	3.07	3.19
普通中学	Regular Secondary Schools	26.88	27.17	27.66	28.64	30.03	31.80	33.58
#高 中	Secondary Senior Schools	9.54	9.51	9.47	9.56	9.93	10.55	11.31
职业高中	Senior Secondary Vocational Schools	0.92	0.95	0.96	0.95	0.97	0.89	0.94
小 学	Primary Schools	27.79	28.92	30.02	31.61	33.21	34.59	35.90
特殊教育	Special Education Schools	0.33	0.33	0.34	0.35	0.37	0.37	0.38
招生数 （万人）	**Number of Entrants (10 000 persons)**							
普通高等教育	Regular Higher Education	49.96	50.58	59.83	62.74	65.89	76.31	74.61
研究生	Graduates	5.10	5.31	6.45	6.91	7.35	8.95	9.46
本专科生	Students Enrolled in Normal and Short-cycle Courses	44.86	45.27	53.39	55.83	58.54	67.36	65.15
普通中等学校	Regular Secondary Schools	116.74	122.26	126.49	133.87	144.63	150.73	156.63
中等专业学校	Specialized Secondary Schools	17.72	17.55	13.59	16.01	16.92	18.16	15.98
普通中学	Regular Secondary Schools	95.38	101.98	107.23	115.44	124.98	129.84	135.36
#高 中	Senior Secondary Schools	31.95	31.82	31.46	35.21	38.76	42.34	44.94
职业高中	Senior Secondary Vocational Schools	3.64	2.73	5.67	2.42	2.73	2.74	5.29
小 学	Primary Schools	91.96	93.46	95.32	102.23	100.12	97.09	97.15
特殊教育	Special Education Schools	0.38	0.40	0.43	0.48	0.29	0.34	0.32
在校学生 （万人）	**Enrollment (10 000 persons)**							
普通高等教育	Regular Higher Education	187.13	190.74	194.46	200.08	208.86	225.84	238.23
研究生	Graduates	15.56	16.15	17.67	19.46	21.45	24.37	27.15
本专科生	Students Enrolled in Normal and Short-cycle Courses	171.57	174.58	176.79	180.63	187.41	201.47	211.08
普通中等学校	Regular Secondary Schools	347.43	350.50	359.02	381.32	404.44	427.80	445.59
中等专业学校	Specialized Secondary Schools	51.89	51.13	40.52	49.76	49.01	50.83	42.80
普通中学	Regular Secondary Schools	284.52	290.10	303.03	323.84	347.49	369.80	389.07
#高 中	Senior Secondary Schools	97.80	95.15	94.34	98.08	105.03	115.54	125.19
职业高中	Senior Secondary Vocational Schools	11.02	9.27	15.47	7.72	7.94	7.16	13.73
小 学	Primary Schools	499.64	522.20	540.21	560.44	572.64	580.82	585.68
特殊教育	Special Education Schools	2.31	2.47	2.75	3.12	1.85	1.97	2.00
毕业生数 （万人）	**Graduates (10 000 persons)**							
普通高等教育	Regular Higher Education	52.69	52.52	53.53	53.87	53.86	56.99	58.63
研究生	Graduates	4.28	4.37	4.58	4.74	5.01	5.70	6.26
本专科生	Students Enrolled in Normal and Short-cycle Courses	48.41	48.16	48.95	49.13	48.85	51.29	52.36
普通中等学校	Regular Secondary Schools	120.18	116.25	111.61	112.83	119.00	124.75	129.43
中等专业学校	Specialized Secondary Schools	18.06	17.06	13.28	16.43	16.11	16.31	12.14
普通中学	Regular Secondary Schools	98.09	95.47	93.01	93.60	100.73	105.90	113.70
#高 中	Senior Secondary Schools	36.88	33.87	31.76	31.24	31.39	31.13	34.59
职业高中	Senior Secondary Vocational Schools	4.03	3.72	5.32	2.80	2.16	2.54	3.59
小 学	Primary Schools	64.69	72.18	77.37	81.62	87.64	88.67	91.41
特殊教育	Special Education Schools	0.35	0.33	0.36	0.38	0.23	0.30	0.34

注：自 2019 年起，特殊教育学生数为在特殊教育学校就读学生数。

a) Since 2019, the number of special education students has been the number of students studying in special education schools.

15－10 各级各类教育事业（2021 年）
Basic Statistics on Education by Type and Level（2021）

单位：人 （person）

指 标	Item	学校数（所）Number of Schools（unit）	毕业生数 Graduates	招生数 Entrants	在校学生数 Enrollment	教职工数 Educational Personnel	#专任教师 Full-time Teachers
普通高等教育	Regular Higher Education	168	586265	746058	2382274	171500	116615
研究生	Graduates		62620	94607	271469		
本专科学生	Students Enrolled in Normal and Short-cycle Courses		523645	651451	2110805	171500	116615
普通中等专业学校	Regular Specialized Secondary Schools	147	121437	159840	427982	37129	31856
普通中学	Regular Secondary Schools	2895	1136956	1353591	3890665	429517	335824
高 中	Senior Secondary Schools	609	345900	449416	1251876	147327	113133
初 中	Junior Secondary Schools	2286	791056	904175	2638789	282190	222691
职业高中	Senior Secondary Vocational Schools	41	35882	52870	137294	10767	9431
技工学校	Skilled Workers Schools	109	70712	105811	268421	19569	15439
小 学	Primary Schools	4116	914137	971536	5856796	329993	359010
特殊教育学校	Special Education Schools	106	3448	3216	20011	4512	3828
幼儿园	Kindergartens	8116	883964	750143	2524993	315956	174560
成人高等教育	Adult Higher Education	8	230202	279491	610980		
#广播电视大学	Radio and TV Universities	2	1198	1510	3657	914	447
管理干部学院	Institutions of Administration	2	905	0	0	291	237
职工高等学校	Schools of Higher Education for Staff and Workers	3	453	632	1299	87	54
教育学院	Insitutes of Education	1	1876	2070	4039	125	70
成人中等专业学校	Specialized Secondary Schools for Adults	10	4477	4536	14501	1286	815
网络教育	Network-based Education	4	55380	93300	210529		

注：自 2021 年起，成人中学不单独统计，《年鉴》中已删除该指标。

a) The data of Secondary Schools for adults haven't be counted separately and this indicator has been deleted from the yearbook since 2021.

15－11 全省研究生数
Number of Graduates

单位:人 (person)

指 标	Item	2015	2016	2017	2018	2019	2020	2021
高等学校	**Higher Education Institutions**							
招生数	Entrants	50841	52885	64266	68960	73294	89259	94347
在读人数	Enrollment	155017	160978	176108	193963	213713	242984	270647
#女 性	Female	72285	76576	84443	94635	104500	117564	130002
毕业生数	Graduates	42601	43526	45627	47239	49925	56828	62620
研究所(院)	**Research Institutions (Academies)**							
招生数	Entrants	174	169	189	178	242	253	260
在读人数	Enrollment	543	552	605	600	784	720	822
#女 性	Female	156	159	170	200	233	222	248
毕业生数	Graduates	162	157	172	173	184	148	150

15-12 各级各类学校女在校学生和女专任教师数
Number of Female Students Enrollment and Full-time Teachers of Formal Education by Type and Level

指标 Item		2015	2016	2017	2018	2019	2020	2021
女在校学生数（万人）	**Number of Female Students Enrollment (10 000 persons)**							
普通高等教育本、专科	Normal and Short-cycle Courses in Regular Higher Education Institutions	85.28	86.66	87.25	89.02	92.24	98.31	102.22
普通中等专业学校	Regular Specialized Secondary Schools	25.00	24.22	23.99	22.95	22.39	22.97	19.63
普通中学	Regular Secondary Schools	132.81	135.50	141.13	150.61	161.50	171.78	180.59
职业高中	Senior Secondary Vocational Schools	5.03	4.39	3.97	3.28	3.40	3.00	6.00
小　学	Primary Schools	227.47	238.19	247.85	257.65	264.33	269.01	271.89
女在校学生占在校学生总数（%）	**Percentage of Female Students Enrollment to Total Students (%)**							
普通高等教育本、专科	Normal and Short-cycle Courses in Regular Higher Education Institutions	49.7	49.6	49.4	49.3	49.2	48.8	48.4
普通中等专业学校	Regular Specialized Secondary Schools	48.2	47.4	46.8	46.1	45.7	45.2	45.9
普通中学	Regular Secondary Schools	46.7	46.7	46.6	46.5	46.5	46.5	46.4
职业高中	Senior Secondary Vocational Schools	45.6	47.4	44.5	42.5	42.8	41.8	43.7
小　学	Primary Schools	45.5	45.6	45.9	46.0	46.2	46.3	46.4
女专任教师数（万人）	**Number of Female Full-time Teachers (10 000 persons)**							
普通高等学校	Regular Higher Education Institutions	4.87	5.00	5.20	5.39	5.62	5.89	5.55
普通中等专业学校	Regular Specialized Secondary Schools	1.64	1.63	1.66	1.75	1.67	1.73	1.82
普通中学	Regular Secondary Schools	13.46	13.76	14.23	14.98	16.03	17.32	18.65
职业高中	Senior Secondary Vocational Schools	0.47	0.48	0.50	0.50	0.51	0.48	0.51
小　学	Primary Schools	18.08	19.20	20.51	22.15	23.81	25.33	26.80
女专任教师占专任教师总数（%）	**Percentage of Female Full-time Teachers to Total Teachers (%)**							
普通高等学校	Regular Higher Education Institutions	45.4	45.5	46.0	46.3	46.6	46.8	47.6
普通中等专业学校	Regular Specialized Secondary Schools	54.1	54.9	55.0	55.1	56.6	56.4	57.2
普通中学	Regular Secondary Schools	50.1	50.7	51.4	52.3	53.4	54.5	55.5
职业高中	Senior Secondary Vocational Schools	50.5	50.6	52.1	52.5	52.5	53.7	54.1
小　学	Primary Schools	65.1	66.4	68.3	70.1	71.7	73.2	74.7

15-13 普通高等教育分科学生数（2021年）

Number of Students for Regular Higher Education by Field of Study (2021)

单位:人 (person)

项目	Item	毕业生数 Graduates	招生数 Entrants	在校生数 Enrollment
本科合计	**Normal Courses**	**278580**	**329872**	**1214248**
#女生	Female	147208	160012	614037
哲学	Philosophy	137	554	989
经济学	Economics	16603	17281	65621
法学	Law	7523	8499	32804
教育学	Education	9157	10819	40642
文学	Literature	22810	23973	96788
#外语	Foreign Language	11299	12498	50209
历史学	History	684	1115	4234
理学	Science	17374	20848	81541
工学	Engineering	114599	140436	508962
农学	Agriculture	3288	3835	13294
医学	Medicine	15174	18873	75811
管理学	Management	49782	53531	191245
艺术学	Art	21449	27732	98039
专科合计	**Short-cycle Courses**	**245065**	**321579**	**896557**
#女生	Female	116498	149275	408185
农林牧渔大类	Agriculture, Forestry, Husbandry and Fishery	7224	8834	23545
资源环境与安全大类	Resource, Enviroment and Security	1802	3226	7925
能源动力与材料大类	Energy, Power and Materials	1470	1497	4749
土木建筑大类	Civil Construction	17683	25016	70174
水利大类	Water Conservation	57	25	97
装备制造大类	Equipment Manufacture	35804	47096	128144
生物与化工大类	Biology and Chemical Industry	1999	2616	7878
轻工纺织大类	Light Industry and Textile	1660	2139	7322
食品药品与粮食大类	Food, Medicine and Grain	5195	7986	21034
交通运输大类	Transportation	20489	28168	75047
电子信息大类	Electronic Information	37148	52206	148426
医药卫生大类	Medicine and Health	21595	33006	87219
财经商贸大类	Finance and Trade	46587	53251	156951
旅游大类	Tourism	8784	12511	32553
文化艺术大类	Culture and Art	17404	20412	60891
新闻传播大类	Journalism and Communication	2237	2255	6638
教育与体育大类	Education and Physical Education	15346	17802	48235
公安与司法大类	Public Security and Justice	909	1254	3190
公共管理与服务大类	Public Management and Service	1672	2279	6539

注:招生数含五年制高职、专转本学生。

a) The number of entrants includes five-year higher vocational enducation and upgraded students.

15-14 分市教育事业基本情况（2021年）

指 标	Item	南京 Nanjing	无锡 Wuxi	徐州 Xuzhou	常州 Changzhou
学校数（所）	**Number of Schools (unit)**				
普通高等学校	Regular Higher Education Institutions	51	13	12	11
普通中等学校	Regular Secondary Schools	283	214	389	179
中等专业学校	Specialized Secondary Schools	19	16	12	11
普通中学	Regular Secondary Schools	264	198	365	168
#高 中	Senior Secondary Schools	60	46	92	35
职业高中	Senior Secondary Vocational Schools	0	0	12	0
小 学	Primary Schools	392	228	884	229
特殊教育	Special Education Schools	15	8	13	7
专任教师（人）	**Number of Full-time Teachers (person)**	118662	59693	108139	44377
普通高等学校	Regular Higher Education Institutions	48055	7219	8829	6839
普通中等学校	Regular Secondary Schools	32318	28394	53277	19889
中等专业学校	Specialized Secondary Schools	3943	4579	2068	2764
普通中学	Regular Secondary Schools	28375	23815	48809	17125
#高 中	Senior Secondary Schools	9385	7956	14220	5639
职业高中	Senior Secondary Vocational Schools	0	0	2400	0
小 学	Primary Schools	34809	27340	51872	19808
特殊教育	Special Education Schools	534	355	557	163
招生数（人）	**Entrants (person)**				
普通高等教育	Regular Higher Education	295128	50091	54222	43656
研究生	Graduates	61062	3776	7039	1804
本专科生	St udents Enrolled in Normal and Short-cycle Courses	234066	46315	47183	41852
普通中等学校	Regular Secondary Schools	114213	108754	271693	79906
中等专业学校	Specialized Secondary Schools	16251	16272	14648	9660
普通中学	Regular Secondary Schools	97962	92482	234732	70246
#高 中	Senior Secondary Schools	32297	28808	69999	22573
职业高中	Senior Secondary Vocational Schools	0	0	22313	0
小 学	Primary Schools	93966	80572	132285	59683
特殊教育	Special Education Schools	365	296	677	129
在校学生（人）	**Enrollment (person)**				
普通高等教育	Regular Higher Education	935254	153216	175460	136618
研究生	Graduates	177869	10910	19946	4604
本专科生	Students Enrolled in Normal and Short-cycle Courses	757385	142306	155514	132014
普通中等学校	Regular Secondary Schools	336368	314665	742333	232691
中等专业学校	Specialized Secondary Schools	47850	45311	37751	27138
普通中学	Regular Secondary Schools	288518	269354	652878	205553
#高 中	Senior Secondary Schools	95471	86376	174512	64911
职业高中	Senior Secondary Vocational Schools	0	0	51704	0
小 学	Primary Schools	500138	457552	878116	334618
特殊教育	Special Education Schools	1813	1453	4557	780
毕业生数（人）	**Graduates (person)**				
普通高等教育	Regular Higher Education	246169	35539	41086	31161
研究生	Graduates	41495	2348	4926	970
本专科生	Students Enrolled in Normal and Short-cycle Courses	204674	33191	36160	30191
普通中等学校	Regular Secondary Schools	94817	89189	195824	67556
中等专业学校	Specialized Secondary Schools	13223	12559	11434	7676
普通中学	Regular Secondary Schools	81594	76630	172842	59880
#高 中	Senior Secondary Schools	27964	24901	37309	18917
职业高中	Senior Secondary Vocational Schools	0	0	11548	0
小 学	Primary Schools	65903	63001	166788	47887
特殊教育	Special Education Schools	415	265	601	110

Basic Statistics on Education by Region (2021)

苏州 Suzhou	南通 Nantong	连云港 Lianyungang	淮安 Huai'an	盐城 Yancheng	扬州 Yangzhou	镇江 Zhenjiang	泰州 Taizhou	宿迁 Suqian
26	9	5	7	6	9	9	7	3
364	228	196	225	297	173	115	196	224
20	5	12	13	3	6	5	8	17
340	215	184	211	285	164	110	184	207
82	48	35	40	53	32	19	33	34
4	8	0	1	9	3	0	4	0
442	343	426	249	285	201	111	152	174
12	7	7	7	8	7	5	5	5
13058	5558	2691	4492	4156	5600	6286	2405	1427
44404	29394	30360	27121	35030	18784	12152	20523	25465
4851	678	2677	2668	711	1095	1425	1517	2880
39020	25576	27683	24383	31966	17023	10727	18737	22585
12680	9702	9052	8862	10822	6708	3909	6956	7242
533	3140	0	70	2353	666	0	269	0
52351	23703	27208	24247	28078	14933	10872	14723	29066
433	320	204	207	337	213	166	163	176
82508	43543	19230	29120	22284	38179	38465	20607	9025
7556	1744	640	304	335	4450	5897	0	0
74952	41799	18590	28816	21949	33729	32568	20607	9025
175500	102463	129742	107177	138553	65934	44192	75344	152830
17627	4199	13835	13252	7157	4545	5238	14166	22990
156216	88059	115907	93360	118318	58001	38954	59514	129840
45042	30362	39058	37055	43799	23744	14101	22438	40140
1657	10205	0	565	13078	3388	0	1664	0
158730	65576	65618	56430	66570	39590	29705	38531	84280
211	285	189	144	343	198	117	55	207
272811	131997	60488	95377	74474	120431	127199	70500	28449
20673	4326	1660	678	682	12966	17155	0	0
252138	127671	58828	94699	73792	107465	110044	70500	28449
496948	298004	364153	314993	400147	202450	127907	213341	411941
52510	11689	40006	41849	15533	12842	13551	25984	55968
439960	255795	324147	271802	354160	176052	114356	182117	355973
127432	90935	101708	98287	122902	72017	41518	71011	104796
4478	30520	0	1342	30454	13556	0	5240	0
893432	380897	430977	351120	433379	227782	168539	236915	563331
1707	1733	1372	1100	1939	962	634	811	1150
67261	30383	13395	21308	19572	25959	29726	17865	6841
5269	936	226	91	0	2516	3843	0	0
61992	29447	13169	21217	19572	23443	25883	17865	6841
141018	92593	102938	102016	124760	66260	38502	63496	115306
15502	3199	12010	15200	4024	3808	3918	4720	14164
124482	80936	90928	86563	112478	57852	34584	57045	101142
35745	28191	25863	25497	34190	22578	11826	22059	30860
1034	8458	0	253	8258	4600	0	1731	0
119593	57462	77021	56684	75055	34402	24744	37130	88467
244	431	201	127	428	244	110	80	192

15－15 每万人口在校学生数
School Enrollment per 10 000 Population

年 份 Year	平均每万人口中 Average per 10 000 Population		
	大学生 （人） University and College Students （person）	中学生 （人） Secondary School Students （person）	小学生 （人） Primary School Students （person）
1978	10.4	667.9	1489.3
1980	14.2	553.8	1409.4
1985	19.2	492.3	1091.1
1989	23.0	426.4	980.9
1990	21.7	460.3	904.8
1991	21.1	467.4	869.1
1992	22.1	476.6	846.5
1993	25.9	481.3	853.9
1994	28.7	503.8	877.7
1995	29.5	530.5	912.5
1996	31.0	549.1	967.4
1997	33.4	547.9	1024.6
1998	38.0	550.3	1046.8
1999	49.8	565.8	1027.6
2000	61.7	592.3	980.7
2001	79.6	643.1	933.4
2002	94.9	710.7	860.6
2003	116.1	761.3	782.3
2004	133.8	795.3	710.7
2005	155.2	793.3	649.6
2006	173.0	775.1	603.7
2007	193.1	740.8	562.9
2008	204.9	697.7	531.6
2009	214.0	642.6	512.7
2010	209.6	588.1	506.8
2011	227.1	430.2	518.6
2012	228.6	401.4	533.8
2013	232.7	374.7	549.7
2014	232.3	362.6	592.3
2015	234.8	357.1	627.0
2016	238.4	362.6	652.9
2017	242.2	377.4	672.8
2018	248.5	402.3	696.1
2019	258.8	430.6	709.6
2020	266.5	436.4	685.4
2021	280.1	457.4	688.6

主要统计指标解释

科技活动　指在自然科学、农业科学、医药科学、工程与技术科学、人文与社会科学领域(简称科学技术领域)中,与科技知识的产生、发展、传播和应用密切相关的有组织的活动。可分为研究与试验发展(R&D)、研究与试验发展成果应用及相关的科技服务三类活动。

科技活动人员　指直接从事科技活动、以及专门从事科技活动管理和为科技活动提供直接服务的人员。累计从事科技活动的实际工作时间占全年制度工作时间10%及以上的人员。(1) 直接从事科技活动的人员包括:在独立核算的科学研究与技术开发机构、高等学校、各类企业及其他事业单位内设的研究室、实验室、技术开发中心及中试车间(基地)等机构中从事科技活动的研究人员、工程技术人员、技术工人及其他人员;虽不在上述机构工作,但编入科技活动项目(课题)组的人员;科技信息与文献机构中的专业技术人员;从事论文设计的研究生等。(2) 专门从事科技活动管理和为科技活动提供直接服务的人员包括:独立核算的科学研究与技术开发机构、科技信息与文献机构、高等学校、各类企业及其他事业单位主管科技工作的负责人,专门从事科技活动的计划、行政、人事、财务、物资供应、设备维护、图书资料管理等工作的各类人员,但不包括保卫、医疗保健人员、司机、食堂人员、茶炉工、水暖工、清洁工等为科技活动提供间接服务的人员。

研究与试验发展(R&D)　指在科学技术领域,为增加知识总量、以及运用这些知识去创造新的应用而进行的系统的创造性的活动,包括基础研究、应用研究、试验发展三类活动。

基础研究　指为了获得关于现象和可观察事实的基本原理的新知识(揭示客观事物的本质、运动规律,获得新发现、新学说)而进行的实验性或理论性研究,它不以任何专门或特定的应用或使用为目的。其成果以科学论文和科学著作为主要形式。

应用研究　指为获得新知识而进行的创造性研究,主要针对某一特定的目的或目标。应用研究是为了确定基础研究成果可能的用途,或是为达到预定的目标探索应采取的新方法(原理性)或新途径。其成果形式以科学论文、专著、原理性模型或发明专利为主。

试验发展　指利用从基础研究、应用研究和实际经验所获得的现有知识,为产生新的产品、材料和装置,建立新的工艺、系统和服务,以及对已产生和建立的上述各项作实质性的改进而进行的系统性工作。其成果形式主要是专利、专有技术、具有新产品基本特征的产品原型或具有新装置基本特征的原始样机等。在社会科学领域,试验发展是指把通过基础研究、应用研究获得的知识转变成可以实施的计划(包括为进行检验和评估实施示范项目)的过程。人文科学领域没有对应的试验发展活动。

研究与试验发展人员　指参与研究与试验发展项目研究、管理和辅助工作的人员,包括项目(课题)组人员,企业科技行政管理人员和直接为项目(课题)活动提供服务的辅助人员。

研究与试验发展人员全时当量　指全时人员数加非全时人员按工作量折算为全时人员数的总和。例如:有两个全时人员和三个非全时人员(工作时间分别为20%、30%和70%),则全时当量为2+0.2+0.3+0.7=3.2人/年。

专业技术人员　指从事专业技术工作和专业技术管理工作的人员,即企事业单位中已经聘任专业技术职务从事专业技术工作和专业技术管理工作的人员,以及未聘任专业技术职务,现在专业技术岗位上工作的人员。包括工程技术人员,农业技术人员,科学研究人员,卫生技术人员,教学人员,经济人员,会计人员,统计人员,翻译人员,图书资料、档案、文博人员,新闻出版人员,律师、公证人员,广播电视播音人员,工艺美术人员,体育人员,艺术人员及企业政治思想工作人员,共十七个专业技术职务类别。

政府资金　指从各级政府部门获得的计划用于科技活动的经费,包括科学事业费、科技三项费、科研基建费、科学基金、教育等部门事业费中计划用于科技活动的经费以及政府部门预算外资金中计划用于科技活动的经费等。

企业资金　指从自有资金中提取或接受其他企业委托的、科研院所和高校等事业单位接受企业委托获得的,计划用于科研和技术开发的经费。不包括来自政府、金融机构及国外的计划用于科技活动的资金。

科技活动经费内部支出　指报告年内用于科技活动的实际支出包括劳务费、科研业务费、科研管理费,非基建投资购建的固定资产、科研基建支出以及其他用于科技活动的支出。不包括生产性活动支出、归还贷款支出及转拨外单位支出。

新产品　指采用新技术原理、新设计构思研制、生产的全新产品,或在结构、材质、工艺等某一方面比原有产品有明显改进,从而显著提高了产品性能或扩大了使用功能的产品。既包括政府有关部门认定并在有效期内的新产品,也包括企业自行研制开发,未经政府有关部门认定,从投产之日起一年之内的新产品。

专利　是专利权的简称,是对发明人的发明创造经审查合格后,由专利局依据专利法授予发明人和设计人对该项发明创造享有的专有权。包括发明、实用新型和外观设计。

发明　指对产品、方法或者其改进所提出的新的技术方案。

实用新型 指对产品的形状、构造或者其结合所提出的适于实用的新的技术方案。

外观设计 指对产品的形状、图案、色彩或者其结合所作出的富有美感并适于工业上应用的新设计。

普通高等学校 指按照国家规定的设置标准和审批程序批准举办，通过国家统一招生考试，招收高中毕业生为主要培养对象，实施高等学历教育的全日制大学、独立设置的学院和高等专科学校、高等职业学校和其他机构。

成人高等学校 指按照国家规定的设置标准和审批程序举办的，通过全国成人高等教育统一招生考试，招收具有高中毕业或同等学历的人员为主要培养对象，利用脱产、业余或函授等多种形式对其实施高等学历教育的学校。包括广播电视大学、职工高等学校、农民高等学校、管理干部学院、教育学院、独立函授学院、其他机构。

Explanatory Notes on Main Statistical Indicators

Scientific and Technological Activities(S&T Activities) refer to organized activities which are closely related to the creation, development, dissemination and application of the scientific and technical knowledge in the fields of natural science, agricultural science, medical science, engineering and technological science, humanities and social sciences (short for scientific and technological fields). S&T activities can be classified in to 3 categories: research and experimental development(R&D), application of R&D results, and related scientific and technological services.

Personnel Engaged in S&T Activities refers to personnel directly engaged in S&T activities, in the management of S&T activities, and in providing direct service to S&T activities, who spend over 10% of the total working hours in a year in S&T activities. (1) People directly engaged in S&T activities include researchers, engineers, technicians and other related people engaged in S&T activities in independent-accounting R&D institutions, higher education institutions, and research institutes, laboratories, technology development centers and central experiment workshops under enterprises and institutions. People working in S&T research project teams, professional and technical people working in S&T information and archive institutes, and graduates working on the design of their papers are also included. (2) People engaged in the management of S&T activities and in providing direct service to S&T activities. They include the principals who are responsible for S&T activities in independent-accounting R&D institutions, S&T infor mation and archive institutes, higer education institutions, and enterprises and institutions where S&T activities are undertaken. Also included are people who are responsible for the planning, administration, personnel management, financial management, logistics supply, equipment maintenance, library management. People providing indirect services are excluded, such as guards, health care personnel, drivers, canteen staff, tea stove workers, plumbing workers, cleaners and so on.

Research and Experimental Development(R&D) refers to systematic and creative activities in the field of science and technology aiming at increasing the knowledge and using the knowledge for new application. R&D includes 3 categories of activities: basic research, applied research and experimental development.

Basic Research refers to the experimental or theoretical research aiming at obtaining new knowledge on the fundamental principles of phenomena and observable facts to reveal the nature of objective things, law of movement, acquire new discoveries or new theories. Basic research takes no specific or designated application as the aim of the research. Results of basic research are mainly released or disseminated in the form of scientific papers or monographs.

Applied research refers to the creative research aiming at obtaining new knowledge on a specific objective or target. The purpose of the applied research is to identify the possible uses of results from basic research, or to explore new (fundamental) methods or new approaches. Results of applied research are expressed in the form of scientific papers, monographs, fundamental models or invention patents.

Experimental Development refers to systematic work, drawing on knowledge gained from basic and applied researches and practical experience to develop new products, materials and equipment, to establish new production process, systems and services, or to make substantial improvement on the existing products, process or services directly. Results of experimental development activities are embodied in patents, exclusive technology, and monotype of new products or equipment. In the field of social science, experimental development refers to the process of converting the knowledge from basic and applied researches into feasible programmes(including conduct of demonstration projects for assessment and evaluation). There are no relevant experimental development activities in the field of humanities.

R&D Personnel refer to persons engaged in reasearch, management and supporting activities of R&D, including persons in project teams, persons engaged in management of S&T activities of enterprises and supporting staff providing direct service to the research projects.

Full-time Equivalent of R&D Personnel refers to the sum of the number of full-time personnel plus the number of part-time personnel converted to the number of full-time personnel according to the workload. For example, the full-time equivalent of two full-time persons and three part-time persons(the working hours are respective 20%, 30% and 70%) is 2 + 0.2 + 0.3 + 0.7 = 3.2 man/years.

Professional and Technical Personnel refer to the person engaged in professional and technical work or in the management of professional and technical work, such as people with professional or technical positions who are engaged in professional and technical work or in the management of professional and technical work, and people without professional or technical positions but are working on professional or technical posts. They include professionals and technicians working in 17 categories of technical occupations, including engineering, agriculture, scientific research, medical service, teaching, economic, accounting, statistics, translation, libraries, archives, cultural and museum service, journalism and publication, lawyers, notarization service, radio and television broadcasting, handicraft and arts, sports, performing art, and political workers in enterprises.

Government Funds refer to funds obtained from government agencies at all levels to be used for S&T activities, including fund for scientific undertakings, 3 kinds of fund for S&T activities, fund for capital construction for scientific researches, science fund, fund from education expenditures by education departments for S&T activities, and extra-budget fund from government agencies for S&T activities.

Enterprises Funds refer to the expenditure of self-raised funds of enterprises, funds from other enterprises and funds received by universities or research institutions from enterprises for scientific research or technical development projects, excluding funds from government agencies, financial institutions or from foreign institutions.

Internal Expenditure on R&D refers to the real expenditure of surveyed units on R&D activities including labor fees. Business expenses of science and management, fixed assets constructed by non-infrastructure investment, scientific research infrastructure expenditures and other expenditures for scientific and technological activities, but excluding the expenditure on production activities, return of loan, and fees transferred to cooperated and entrusted agencies on R&D activities.

New Products refer to products developed and produced with new technology and design, or improved in structure, material, process or other aspects so that their performance are improved or their functions are expanded. They include those affirmed by government authorities in their validity period, as well as those developed by enterprises within a year without the affirmation of government authorities after they are put into production.

Patent is an abbreviation for the patent right and refers to the exclusive right of ownership by the inventors or designers for the creation or inventions, given from the patent offices after due process of assessment and approval in accordance with the Patent Law. Patents are granted for inventions, utility models and designs.

Inventions refer to the new technical proposals to the products or methods or their modifications.

Utility Models refer to the practical and new technical proposals on the shape and structure of the product or the combination of both.

Designs refer to the aesthetics and industrially applicable new designs for the shape, pattern and color of the product, or their combinations.

Regular Higher Education Institutions refer to educational establishments, set up according to the government evaluation and approval procedures, enrolling graduates from senior secondary schools as the main target through National Matriculation TEST. They include full-time universities, independently established schools, independent colleges, high professional colleges, high vocatoinal colleges and other institutions.

Adults Higher Education Institutions refer to educational establishments, set up in line with the government evalution and approval procedures, enrolling personnel graduated from senior secondary school or with equivalent education through National Matriculation TEST for Adult, and providing higher education courses in forms of full time, spare time, or correspondence for adults. Adults higher education institutions include radio and television universities, schools of higher education for staff and workers, schools of higher education for peasants, institutions of administration, educational colleges, independent correspondence colleges and other institutions.

16

文化、体育、卫生

Culture, Sports and Public Health

简 要 说 明

一、本篇资料的主要内容

本篇主要反映文化、新闻出版、广播电影电视、体育、卫生事业的发展情况。

文化部分主要包括文化艺术和文物机构人员情况，群众艺术馆、文化馆站、公共图书馆业务活动及经费情况，文化产业发展展情况；新闻出版部分包括报纸、期刊、图书出版情况；广播电影电视部分包括广播、电视事业发展情况，广播、电视节目制作时间；体育部分主要内容包括体育系统职工人数，等级运动员、裁判员人数，运动员在各级比赛中获奖牌情况；卫生部分主要内容有卫生机构、人员、床位数，医院诊疗人次及入院人数，传染病的发病及死亡等情况。

二、本篇资料的来源

根据各部门制定的统计报表制度汇总加工整理而成。文化艺术业、文物业、图书馆业、群众文化服务业的资料主要来自省文化和旅游厅；文化产业的资料来自省统计局；新闻出版资料来自省新闻出版局；广播、电视资料来自省广播电视局；体育资料来自省体育局；卫生部分的资料来自省卫生健康委员会。

Brief Introduction

I. Main Contents

Data in this chapter mainly reflect the development of culture; news and publication; radio broadcasting; films and television; sports and public health.

Data on culture cover mainly information on institution and personnel of cultural and cultural relics, mass art centers, cultural centers (stations), facilities, services and expenditures of public libraries, cultural industry development. Press and publication section includes newspaper, periodicals and books published. Part of radio, film and TV includes broadcasting and television stations, production of broadcasting and TV programmes. Data on sports cover number of staff and workers in sports commissions, athletes and referees in grades and awards for athletes in competitions of all levels. Data on public health include mainly the number of institutions, personnel, hospital beds, number of patients treated and in-patients, the incidence of and the deaths caused by infections diseases.

II. Sources of Data

Data are collected and tabulated in accordance with the statistic reporting schemes stipulated by the departments concerned. Data on culture and arts, cultural relics, libraries and mass cultural services are mainly from Jiangsu Provincial Department of Culture and Tourism; data on cultural industry are from Jiangsu Bureau of Statistics; data on journalism are from Provincial Press and Publication Bureau; data on broadcasting and television are from Provincial Radio and Television Bureau; data on sports are from Province Sports Bureau; data on public heath are from Jiangsu Provincial Commission of Health and Wellness.

16－1 文化艺术和文物事业机构、人员情况
Number and Personnel of Cultural and Relics Institutions

项　　目	Item	机构数(个) Number of Institutions (unit) 2020	2021	从业人数(人) Number of Employed Persons (person) 2020	2021
总计	**Total**	**22285**	**22837**	**129771**	**204431**
艺术业	Art	988	1127	21328	27164
#艺术展览创作机构	Art Exhibition and Creation Institutions	94	94	921	957
#艺术表演团体	Art Performance Troupes	620	704	15093	18028
话剧、儿童剧、滑稽剧类	Drama, Children's Play and Comedy Troupes	18	36	385	576
歌舞、音乐类	Song and Dance, Musicals	100	127	3633	5078
京剧、昆曲类	Peking Opera and Kunqu Opera	14	9	503	302
地方戏曲类	Local Opera	253	302	4744	6155
杂技、魔术、马戏类	Acrobatics, Magic and Circus	36	33	934	940
曲艺类	Folk Arts	48	36	787	639
综合性艺术表演团体	Compenhensive Art Performance	151	161	4107	4338
#艺术表演场馆	Art Performance Venues	274	329	5314	8179
#剧场、影剧院	Theaters, Music Halls and Cinemas	129	148	3287	4188
图书馆业	Libraries	120	122	3684	3825
#少儿图书馆	Children's Libraries	10	10	147	154
群众文化服务业	Mass Culture	1371	1381	7763	7476
群众艺术馆、文化馆	Mass Art and Cultural Centers	116	116	2189	2227
文化站	Cultural Stations	1255	1265	5574	5249
#乡镇文化站	Township Cultural Stations	841	840	3759	3566
艺术教育业	Art Education Institutions	13	13	1115	1140
中等专业学校	Specialized Secondary Schools	7	7	838	865
其他教育机构	Others	6	6	277	275
文化市场经营单位	Business Units in Cultural Market	18914	16592	64981	63996
文艺科研	Cultural and Artistic Research Institutions	6	6	80	51
其他文化类	Others	249	246	20783	18758
文物业	Cultural Relic Industry	513	511	8989	8990
文物保护管理机构	Agencies of Cultural Relics Preservation	47	47	353	426
文物科研及其他文物机构	Scientific Research and Other Cultural Relics Agencies	99	98	689	574
博物馆	Museums	367	366	7947	7990
综合性	Comprehensive	93	93	3336	3410
历史类	History	156	157	3400	3380
艺术类	Arts	69	66	708	664
自然科技类	Natural Science and Technology	11	11	112	127
其他	Others	38	39	391	409
文物商店	Cultural Relics Shops				

16－2 群众艺术馆、文化馆站业务活动及经费情况（2021 年）
Basic Statistics on Activities and Expenditures of Mass Art Centers and Cultural Centers（2021）

项　目	Item	总计 Total	群众艺术馆、文化馆 Mass Art Centers and Cultural Centers	文化站 Cultural Stations
单位数（个）	Number of Units (unit)	1381	116	1265
举办展览（个）	Number of Exhibitions (unit)	16684	3931	12753
组织文艺活动（次）	Number of Cultural Activities (times)	100570	17558	83012
举办训练班班次（次）	Number of Training Classes (times)	74775	27284	47491
举办训练班结业人次（万人次）	Number of Persons Completing Courses (10 000 person-times)	836.99	212.93	624.06
由群众艺术馆、文化馆（站）指导的单位	Units Responsible for Guiding Mass Art Centers and Cultural Centers	20194	4683	15511
馆办文艺团体（个）	Art Performance Troupes Run by Centers (unit)	438	438	0
馆办老年大学（个）	Colleges for the Elderly Run by Centers (unit)	37	37	0
群众业余文艺团队（个）	Part-time Art Groups (unit)	19719	4208	15511
总支出（万元）	Total Expenditures (10 000 yuan)	208513.2	85978.6	122534.6

注：本表仅为文化系统内。

a）Data in this table only refer to those under the administration of the cultural departments.

16－3 公共图书馆业务活动及经费情况（2021 年）
Business Activities and Expenditures of Public Libraries（2021）

项　目	Item	总计 Total	#省级公共图书馆 Public Libraries at Provincial Level	#县（市、区）级公共图书馆 Public Libraries at County Level
总藏量（万册件）	Total Collections (10 000 copies)	11160.84	1262.23	6817.20
书架单层总长度（万米）	Total Length of Bookshelves (10 000 m)	112.34	26.00	55.92
累计发放有效借书证数（万个）	Number of Library Cards Distributed Accumulately (10 000 units)	2026.69	92.26	779.73
书刊文献外借人次（万人次）	Borrowing from Libraries of Books and Periodicals (10 000 person-times)	4499.65	68.10	3389.16
书刊文献外借册次（万册次）	Books and Periodicals Lent to Readers (10 000 volume-times)	8019.63	72.32	5755.15
组织各类讲座次数（次）	Number of Lectures (time)	5512	46	4117
参加人数（万人次）	Participants to Lectures (10 000 person-times)	88.20	2.25	72.45
举办展览（个）	Number of Exhibitions (unit)	4071	30	2863
参观人次（万人次）	Visitors to Exhibitions (10 000 person-times)	1767.71	7.47	1212.18
举办培训班（个）	Number of Training Courses (unit)	5760	58	4129
培训人次（万人次）	Participants to Training Courses (10 000 person-times)	50.37	0.38	44.03
总支出（万元）	Total Expenditures (10 000 yuan)	145435	21828	66733
#新增藏量购置费	Purchase Expenses	13468	1097	7544
本年新购藏量（万册件）	Number of Books Purchased during the Year (10 000 copies)	603.92	13.63	448.80
公用房屋建筑面积（万平方米）	Floor Space of Public Buildings under Construction (10 000 sq. m)	162.42	10.30	104.43
#书库	Stack Rooms	19.58	1.03	11.94
阅览室座席（个）	Seats of Reading Rooms (seat)	79767	1847	54231

16－4 报纸、期刊出版情况（2021 年）
Basic Statistics on Newspapers and Periodicals Published（2021）

指　　标	Item	种　数（种）Number of Publications（kind）	总印数（万册、万份）Printed Copies（10 000 volumes）	总印张（万印张）Printed Sheets（10 000 sheets）
报　纸	**Newspapers**	**133**	**189994.99**	**368158.10**
期　刊	**Periodicals**	**452**	**11997.67**	**51248.58**
综　合	Comprehensiveness	16	21.45	213.99
哲学、社会科学	Philosophy and Social Sciences	91	5302.96	22553.35
自然科学、技术	Natural Sciences and Technology	255	1824.74	8130.67
文化、教育	Culture and Education	61	4021.13	16370.30
文学、艺术	Literature and Arts	29	827.39	3980.28
画　刊	**Pictorials**	**1**	**115.91**	**754.58**
少年儿童读物	**Juvenile and Children's Books**	**11**	**5086.95**	**16900.30**

16－5 图书出版情况（2021 年）
Basic Statistics on Books Published（2021）

指　　标	Item	出版图书种数（种）Number of Publications（kind）	总印数（万册）Printed Copies（10 000 volumes）	总印张（万印张）Printed Sheets（10 000 sheets）
总　　计	**Total**	**28198**	**78928.16**	**628245.0**
马列主义、毛泽东思想	Marxism-leninism, Mao Zedong Thought	40	14.39	227.65
哲学	Philosophy	374	281.46	3803.84
社会科学总论	General Social Sciences	137	101.39	1226.33
政治、法律	Politics and Law	425	718.82	6513.99
军事	Military Affairs	28	72.79	883.95
经济	Economics	735	184.81	2797.85
文化、科学、教育、体育	Culture, Science, Education and Sports	17381	69955.61	528321.39
语言、文字	Languages	787	569.51	6723.40
文学	Literature	3267	4100.97	46138.04
艺术	Arts	958	447.87	4726.47
历史、地理	History and Geography	775	867.06	7651.15
自然科学总论	General Natural Sciences	29	17.45	207.50
数理科学、化学	Mathematics, Physics and Chemistry	328	194.08	1673.73
天文学、地理科学	Astronomy and Geology	128	108.36	1064.02
生物科学	Biology	135	101.26	1016.93
医药、卫生	Medicine and Health Care	648	366.29	4862.73
农业科学	Agricultural Science	121	68.73	453.75
工业技术	Industrial Technology	1534	600.56	8125.60
交通运输	Transportation	134	44.95	530.46
航空、航天	Aeronautics and Aerospace	10	8.32	50.80
环境科技	Environmental Science	102	46.80	471.76
综合性图书	General Books	122	56.67	773.68

注：本表为使用中国标准书刊号部分。

a）The table is publications with "China International Stardard Book Number".

16－6 按市分公共图书馆基本情况（2021 年）

指　　标	Item	南　京 Nanjing	无　锡 Wuxi	徐　州 Xuzhou	常　州 Changzhou
公共图书馆（个）	Number of Public Libraries (unit)	14	8	11	8
总藏量（万册件）	Total Collections (10 000 copies)	904.17	998.05	536.31	592.13
人均拥有公共图书馆藏量（册）	Collections of Public Libraries Owned per Person (copy)	0.96	1.33	0.59	1.11
有效借书证数（个）	Number of Active Library Cards Distributed (unit)	1067889	962149	312581	443405
总流通人次（万人次）	Total Number of Circulation (10 000 person-times)	1002.65	1217.93	501.95	1038.7
#书刊文献外借人次	Borrowing from Libraries of Books and Periodicals	380.46	593.71	214.45	290.13
书刊文献外借册次（万册次）	Number of Books and Periodicals Lent to Readers (10 000 copies-times)	586.59	1197.01	326.82	360.71
阅览室座席数（个）	Seats of Reading Rooms (unit)	7919	6623	4901	7984
每万人拥有公共图书馆建筑面积（平方米）	Floor Space of Buildings of Public Libraries Owned per 10 000 Person (sq. m)	214.25	150.01	119.62	221.51
组织各类讲座次数（次）	Number of Lectures (time)	780	492	719	364
参加讲座人次（万人次）	Participants to Lectures (10 000 person-times)	7.53	8.16	20.31	4.75
举办展览（个）	Number of Exhibitions (unit)	579	174	189	183
参观展览人次（万人次）	Visitors to Exhibitions (10 000 person-times)	129.21	180.72	105.08	249.76
举办培训班（个）	Number of Tranining Courses (unit)	405	121	802	488
参加培训人次（万人次）	Participants to Training Courts (10 000 person-times)	2.28	1.09	11.52	3.63
计算机（台）	Computers (set)	1160	985	628	595
#电子阅览室终端数	Terminals in Electronic Media Reading Rooms	694	529	429	304

Statistics on Public Libraries by City (2021)

苏 州 Suzhou	南 通 Nantong	连云港 Lianyungang	淮 安 Huai'an	盐 城 Yancheng	扬 州 Yangzhou	镇 江 Zhenjiang	泰 州 Taizhou	宿 迁 Suqian
11	11	8	9	11	8	9	7	6
2698.4	903.6	379.29	447.32	651.64	622.22	475.54	398.18	291.76
2.1	1.17	0.82	0.98	0.97	1.36	1.48	0.88	0.58
13003565	1011154	228810	337601	388589	632556	238294	443591	274097
2187.81	1313.23	438.02	603.51	580.53	569.21	497.81	390.26	395.96
747	670.45	157.13	185.98	168.25	300.96	220.09	263.47	239.47
1657.78	1059.07	262.59	413.37	301.46	595.3	356.57	338.03	492.01
13274	8028	4089	3902	5725	7164	2880	3477	1954
171.78	195.14	167.54	212.4	169.22	228.75	176.86	195.72	142.63
442	463	519	488	348	305	172	154	220
4.6	11.89	5.49	3.5	6.94	5.28	1.41	2.05	4.04
1020	220	105	148	532	239	196	204	252
261.38	107.73	79.78	54.66	314.24	122.57	68	36.04	51.07
575	636	311	1239	216	194	341	263	111
3.41	10.26	1.98	4.09	1.78	2.78	2.63	3.89	0.65
3400	946	423	748	989	780	538	417	451
1257	595	251	482	709	484	387	267	360

16-7 广播、电视事业发展情况
Basic Statistics on Radio and Television

项目	Item	2015	2016	2017	2018	2019	2020	2021
职工人数（人）	Number of Employed Persons (person)	52664	53531	73417	59604	58992	62886	62977
中短波发射台及转播台（座）	Number of Transmissions and Relaying Stations of Medium and Short Ware Broadcast (set)	21	21	21	21	21	21	21
中短波发射机功率（千瓦）	Power of Transmitters of Medium and Short Ware Broadcast (kW)	735	735	735	735	735	730	807
广播人口覆盖率（%）	Population Coverage Rate of Radio (%)	100	100	100	100	100	100	100
广播电台（座）	Radio (set)	8	8	8	8	8	4	4
电视台(座)	Television Station (set)	8	8	8	8	8	4	4
广播电视台(座)	Radio and Television Station (set)	71	71	71	74	71	74	74
融媒体中心(个)	Convergence Media Center							
调频电视发射及转播台（座）	Launch and FM TV Station (set)	98	104	106	106	106	105	108
调频发射机功率(千瓦)	FM Transmitter Power (kW)	168.2	175.8	173.4	173.8	173.8	177.5	190.0
电视发射机功率(千瓦)	TV Transmitter Power (kW)	510.2	513.0	535.7	533.7	533.7	148.2	127.7
电视人口覆盖率（%）	Population Coverage Rate of TV (%)	100.0	100.0	100.0	100.0	100.0	100.0	100.0
有线电视用户数（万户）	Users of Cable TV (10 000 households)	2226	2069	1606	1641	1546	1528	1335
数字电视用户数（万户）	Users of Digital TV (10 000 households)	1761	1754.1	1479	1567	1500	1515	1332
有线电视数字化率（%）	Cable TV Digitization Rate (%)	91.4	84.8	92.3	95.4	97.0	99.2	99.8

注:融媒体中心统计自2021年开始。

a) The statistics from the convergence media center has begun since 2021.

16-8 广播、电视节目制作时间
Time of Production of Radio and Television Programmes

单位:小时 (hour)

项目	Item	2015	2016	2017	2018	2019	2020	2021
广播节目制作	**Production of Radio Programmes**	**589282**	**608779**	**577970**	**565828**	**554517**	**568126**	**573694**
#新闻	News Programmes	101840	104118	99103	95897	94889	89775	86109
专题	Special Subject Programmes	136748	151160	135877	134736	135089	141323	142712
文艺(综艺)	General Entertainment Programmes	158768	155311	147033	142494	134848	137034	146474
广播剧	Radio Play Programmes	19185	17965	13125	14736	14996		
广告	Advertising Programmes	76548	73031	69555	64168	64505	71044	74588
电视节目制作	**Production of TV Programmes**	**189429**	**195036**	**195865**	**209004**	**188186**	**200939**	**192809**
#新闻	News Programmes	58367	59534	53275	53466	53958	61591	58655
专题	Special Subject Programmes	44822	43939	47159	54032	52464	54392	49503
文艺(综艺)	General Entertainment Programmes	20611	19597	18017	32964	24680	24680	25958
影视剧	TV Drama Programmes	8773	10016	20459	9204	11054		
广告	Advertising Programmes	32668	33796	32047	30642	29713	29156	33390

16－9 按市分规模以上文化及相关产业法人单位数（2020年底）

Number of Corporate Units of Culture and Relavant Industries above Designated Size by City (by the end of 2020)

地区	Region	法人单位数(个) Corporate Units (unit)	文化制造业 Cultual-Related Manufacturing	文化批发和零售业 Culture-related Wholesale and Retail	文化服务业 Culture-related Services
全省	**Total**	**8191**	**2655**	**1558**	**3978**
南京	Nanjing	1814	144	382	1288
无锡	Wuxi	830	330	152	348
徐州	Xuzhou	316	60	79	177
常州	Changzhou	769	276	105	388
苏州	Suzhou	1133	468	179	486
南通	Nantong	770	305	124	341
连云港	Lianyungang	221	59	112	50
淮安	Huai'an	354	116	49	189
盐城	Yancheng	398	137	85	176
扬州	Yangzhou	511	200	102	209
镇江	Zhenjiang	246	92	44	110
泰州	Taizhou	472	220	96	156
宿迁	Suqian	357	248	49	60

16－10 按市分规模以上文化制造业企业基本情况（2020 年）

Statistics on Culture-related Manufacturing Enterprises above Designated Size by City（2020）

单位:万元　　　　　　　　　　　　　　　　　　　　　　　　　　　　(10 000 yuan)

地 区	Region	企业单位数(个) Number of Enterprises (unit)	年末从业人员(人) Employed Persons at Year-end (person)	资产总计 Total Assets	营业收入 Business Revenue	营业税金及附加 Business Taxes and Extra Charges	营业利润 Operating Profits	应交增值税 Value-added Tax Payable
全 省	**Total**	**2655**	**512462**	**55728085**	**55092977**	**218451**	**3022310**	**822448**
南 京	Nanjing	144	28797	3362853	4959273	17843	250005	35950
无 锡	Wuxi	330	57354	6144146	8765923	23379	346349	80475
徐 州	Xuzhou	60	6808	759830	663509	2190	30188	8219
常 州	Changzhou	276	53958	6061085	4902533	20731	323951	102526
苏 州	Suzhou	468	174919	20883439	20560330	67280	1223018	204775
南 通	Nantong	305	46721	3999946	4027929	20003	207441	103472
连云港	Lianyungang	59	8776	809640	387470	3287	－16995	7078
淮 安	Huai’an	116	14541	864017	1077340	7699	56292	32211
盐 城	Yancheng	137	29031	3381580	2712311	18095	185403	86906
扬 州	Yangzhou	200	25355	1572766	1592499	8618	63249	36316
镇 江	Zhenjiang	92	14920	4279373	1825246	10763	144934	36540
泰 州	Taizhou	220	23655	1518226	1662449	9164	109429	38716
宿 迁	Suqian	248	27627	2091183	1956165	9399	99047	49265

16－11 按市分限额以上文化批发和零售业企业基本情况（2020 年）

Statistics on Culture-related Wholesale and Retail Enterprises above Designated Size by City（2020）

单位:万元 (10 000 yuan)

地区	Region	企业单位数（个）Number of Enterprises (unit)	年末从业人员(人) Employed Persons at Year-end (person)	资产总计 Total Assets	营业收入 Business Revenue	营业税金及附加 Business Taxes and Extra Charges	营业利润 Operating Profits	应交增值税 Value-added Tax Payable
全　省	**Total**	**1558**	**58885**	**16798322**	**21091250**	**45755**	**790326**	**168489**
南　京	Nanjing	382	30123	9740737	8277089	18610	365620	68117
无　锡	Wuxi	152	3471	846342	2434984	1860	32207	7123
徐　州	Xuzhou	79	1420	179235	266580	1317	6212	1922
常　州	Changzhou	105	2634	1170163	1567855	2914	16838	7269
苏　州	Suzhou	179	8875	1813557	4364541	9477	73065	29297
南　通	Nantong	124	2898	377144	696571	2278	26570	7707
连云港	Lianyungang	112	1980	220218	578551	1470	21114	3323
淮　安	Huai'an	49	1146	71514	219290	800	5023	3231
盐　城	Yancheng	85	1405	160549	317278	1151	7199	2408
扬　州	Yangzhou	102	1907	126740	276102	1436	11576	3166
镇　江	Zhenjiang	44	760	311511	335597	1277	16099	3768
泰　州	Taizhou	96	1601	354960	618805	610	12037	9140
宿　迁	Suqian	49	665	1425654	1138007	2554	196766	22019

16－12 按市分重点文化服务业企业基本情况（2020年）

Basic Conditions of Major Culture-related Service Enterprises by City（2020）

单位：万元 （10 000 yuan）

地区	Region	企业单位数（个）Number of Enterprises（unit）	年末从业人员（人）Employed Persons at Year-end（person）	资产总计 Total Assets	营业收入 Business Revenue	营业税金及附加 Business Taxes and Extra Charges	营业利润 Business Profits	应交增值税 Value-added Tax Payable
全省	**Total**	**3978**	**492151**	**144398697**	**35434261**	**220579**	**2962006**	**719842**
南京	Nanjing	1288	235089	48921659	17349483	84400	1533386	357077
无锡	Wuxi	348	37739	10817415	3130663	15189	292043	61317
徐州	Xuzhou	177	7552	1024857	456294	3181	－276	14181
常州	Changzhou	388	46729	10872809	2879977	16628	318425	61136
苏州	Suzhou	486	80118	18127808	5143216	36919	435964	114514
南通	Nantong	341	17036	2761428	1384552	9213	66907	14051
连云港	Lianyungang	50	4463	16370991	577291	7846	57351	19523
淮安	Huai'an	189	10762	1230866	563166	4196	134089	11132
盐城	Yancheng	176	8338	3326536	742665	10690	50087	9764
扬州	Yangzhou	209	13089	5786227	831844	7906	50420	13838
镇江	Zhenjiang	110	12662	6883291	482847	5347	－70134	14131
泰州	Taizhou	156	14208	17000579	707062	16154	75429	17356
宿迁	Suqian	60	4366	1274229	1185202	2910	18318	11823

16－13 体育系统职工人数（2021 年）
Number of Staff and Workers in Sports Commissions（2021）

单位:人 （person）

项目	Item	总计 Total	体育行政机关 administrative Agencies of Sports	优秀运动队 Excellent Sports Teams	体育运动学校 Physical Education and Sports Schools	业余体校 Spare-time Sports Schools	体育场馆 Stadiums and Gym-nasiums	其他 Others
总计	**Total**	**9274**	**1208**	**1432**	**1240**	**954**		**4440**
公务员	Civil Servant	1009	1009					
教练员	Coaches	1520	25	164	543	462		326
运动员	Athletes	1864	6	1064	56	11	727	
科研人员	Scientific Research Personnel	104			6	1		97
医务人员	Medical Personnel	57		10	12	3		32
文化教师	Teachers	1125	12		400	231		482
管理人员	Administrative Staff	1349	88	123	130	158		850
其他人员	Others	2246	68	71	93	88		1926

16－14 等级运动员、裁判员人数
Number of Athletes and Referees in Grades

单位:人 （person）

项目	Item	2015	2016	2017	2018	2019	2020	2021
等级运动员发展人数	**Number of Athletes in Grades**	**1963**	**2257**	**2665**	**2311**	**2819**	**2148**	**1620**
运动健将	Master of Sports	152	159	165			35	125
一级	First Grade	581	515	587	622	949	613	524
二级	Second Grade	1230	1583	1913	1689	1870	1500	971
等级裁判员发展人数	**Number of Referees in Grades**	5283	6642	5287	2311	4333	6191	7821
国家(际)级	National(International) Level		17	16		5	4	17
一级	First Grade	792	1327	749	622	656	1083	502
二级	Second Grade	4491	5298	4522	1689	3672	5104	7302

注:2011 年始运动健将包含国际运动健将。

a) Athletes have included international athletes since 2011.

16－15 运动员在各级比赛中获奖牌情况（2021 年）
Awards for Athletes in Competitions of All Levels（2021）

单位:个 （unit）

项目	Item	冠军 Champion	亚军 Second Place	季军 Third Place
世界最高比赛	World Highest Competition	1	2	3
亚洲最高比赛	Asian Highest Competition	5	8	6
全国最高比赛	National Highest Competition	42	35	39

16-16 卫生事业基本情况（2021 年）
Basic Statistics of Health Care (2021)

项目	Item	机构数（个）Institutions (unit)	床位数（张）Hospital Beds (bed)	卫生工作人员（人）Health Personnel (person)	#卫生技术人员 Health Technical Personnel	#执业（助理）医师 Licensed Physicians & Physician Assistants
总计	**Total**	**36448**	**548560**	**853430**	**691785**	**272666**
医院	**Hospitals**	**2030**	**429886**	**502523**	**416611**	**142472**
综合医院	General Hospitals	974	237353	302577	261045	90162
中医医院	Traditional Chinese Medicine Hospitals	152	51685	70646	60546	22586
中西结合医院	Integrated Traditional Chinese and Western Medicine Hospitals	39	6093	8290	6788	2667
专科医院	Specialized Hospitals	532	83318	93491	74554	23913
护理院	Nursing Hospitals	333	51437	27519	13678	3144
基层医疗卫生机构	**Health Care Institutions at Grass-root Level**	**33387**	**105201**	**295296**	**233855**	**114685**
社区卫生服务中心（站）	Community Health Service Centers (Stations)	2669	25501	60651	52678	22764
卫生院	Health Centers	980	78223	106014	91589	40417
村卫生室	Village Clinics	14936		38853	17591	15405
门诊部	Outpatient Departments	2916	352	44125	33869	15701
诊所、卫生所、医务室	Clinics, Sanitation Offices and Medical offices	11886	1125	45653	38128	20398
专业公共卫生机构	**Specialized Public Health Institutions**	**619**	**11520**	**43289**	**34093**	**13445**
疾病预防控制中心	Centers for Disease Control	115		10994	8811	5112
专科疾病防治院（所、站）	Specilized Disease Prevention and Treatment Institutes	34	1771	1399	1046	453
健康教育所（站、中心）	Health Education Centers	6		136	45	28
妇幼保健院（所、站）	Maternal and Children Care Centers	118	9712	21161	17722	7034
急救中心（站）	Emergency Centers (Stations)	56	37	2210	1095	546
采供血机构	Blood Collection and Supply Institutions	31		2363	1756	121
卫生监督所（中心）	Health Inspection Institutions (Centers)	110		3594	3304	
计划生育技术服务机构	Family Planning Technical Services Institutions	149		1432	314	151
其他卫生机构	**Other Health Care Institutions**	**412**	**1953**	**12322**	**7226**	**2064**
康复医疗机构		17	1953	1109	809	306
医学科学研究机构	Rehabilitative Medical Institutions Medical Sciences Research Institutions	9		365	142	96
医学在职培训机构	In-service Training of Medical Science Institutions	20		693	115	39
临床检验中心（所、站）	Clinical Laboratory Centers (Stations)	90		4721	2427	236
统计信息中心	Statistical Information Centers	16		119	7	4
其他	Others	260		5315	3726	1383

16－17 卫生机构数
Number of Health Care Institutions

单位:个 (unit)

年份 地区 Year Region	总 计 Total	#医 院 Hospitals	#卫生院 Health Centers	#门诊部 Outpatient Departments	#社区卫生服务中心 Community Health Service Centers	#妇幼保健院（所、站） Maternal and Children Care Centers	#专科疾病防治院（所、站） Specialized Disease Prevention and Treatment Institutes	#疾病预防控制中心（防疫站） Disease Prevention and Controlling Centers
1978	9277	2428				84	9	107
1980	9943	2457				99	17	119
1985	11515	2460				105	84	127
1990	12366	2491				114	108	135
1995	12039	2534				117	122	141
2000	12813	634	1877		106	112	118	142
2001	13208	662	1771		119	112	113	147
2002	12368	891	1625	6	293	111	80	145
2003	12733	920	1602	7	313	106	59	136
2004	14447	995	1493	71	371	107	45	143
2005	15324	1014	1472	108	372	107	49	154
2006	17143	1061	1407	188	395	107	48	153
2007	19129	1087	1384	302	458	106	49	166
2008	13451	1093	1448	270	474	104	49	170
2009	13388	1112	1440	314	484	105	47	170
2010	30961	1157	1276	499	535	103	46	130
2011	31680	1283	1223	484	708	106	53	129
2012	31054	1426	1117	497	813	110	48	128
2013	31005	1490	1066	528	921	109	45	124
2014	32000	1524	1046	543	992	110	43	123
2015	31925	1581	1035	548	1100	109	44	120
2016	32135	1679	1041	544	1300	110	42	117
2017	32037	1727	1058	558	1481	110	43	116
2018	33253	1853	1057	565	1932	114	41	117
2019	34796	1941	1041	563	2279	111	42	118
2020	35746	1996	1005	568	2552	116	39	118
2021	36448	2030	980	575	2916	118	34	115
南 京 Nanjing	3451	277	15	118	421	14	5	15
无 锡 Wuxi	3107	208	45	72	416	8	5	8
徐 州 Xuzhou	4580	182	159	52	292	13	3	12
常 州 Changzhou	1667	87	59	23	291	7	2	8
苏 州 Suzhou	4027	243	86	89	470	10	4	11
南 通 Nantong	3495	236	84	35	149	11	1	8
连云港 Lianyungang	2729	92	86	24	164	7	1	8
淮 安 Huai'an	2316	64	109	28	83	8	3	8
盐 城 Yancheng	3343	167	138	27	148	11	1	10
扬 州 Yangzhou	1899	96	53	40	187	8	3	7
镇 江 Zhenjiang	1094	57	37	31	105	8	3	7
泰 州 Taizhou	2140	87	103	31	137	7	2	7
宿 迁 Suqian	2600	234	6	5	53	6	1	6

注:从 2010 年起,卫生机构数包括村卫生室的数字(以下表同)。

a) Since 2010, the number of health care institutions has involved the figure of village health stations (the same below).

16－18 卫生机构人员数

Number of Persons Engaged in Health Care Institutions

单位:万人 (10 000 persons)

年份 地区 Year Region	卫生工作人员 Health Personnel	卫生技术人员 Health Technical Personnel	#执业(助理)医师 Licensed Physicians & Physician Assistants	#注册护士 Registered Nurses	每万人拥有医师数(人) Number of Licensed Physicians per 10 000 Persons (person)
1978	17.45	14.00	5.70	1.79	9.7
1980	19.03	15.04	6.10	2.08	10.2
1985	23.68	18.28	7.65	3.61	12.3
1990	27.58	21.35	9.94	5.34	14.6
1995	31.57	24.55	11.22	6.44	15.9
2000	32.18	25.36	11.44	7.39	15.6
2001	32.08	25.36	11.46	7.54	16.2
2002	30.08	24.00	10.22	7.25	14.3
2003	30.37	24.37	10.40	7.37	14.5
2004	30.95	25.01	10.60	7.70	14.7
2005	31.61	25.97	11.13	8.05	15.0
2006	33.45	27.54	11.46	8.59	15.7
2007	35.53	28.62	11.87	9.45	16.1
2008	36.13	29.16	11.97	10.09	15.6
2009	37.76	30.65	12.32	11.06	15.9
2010	45.93	32.84	12.90	12.26	16.4
2011	48.18	35.05	13.47	13.56	17.1
2012	52.02	39.61	15.80	15.53	19.9
2013	55.12	42.90	16.97	17.42	21.4
2014	58.96	45.85	17.86	18.88	22.4
2015	61.89	48.70	18.92	20.40	23.7
2016	65.42	51.71	20.47	22.12	25.6
2017	69.28	54.80	21.72	23.72	27.1
2018	73.93	59.00	23.33	26.04	29.0
2019	78.64	63.33	25.47	27.98	31.6
2020	82.33	66.55	26.78	29.42	31.6
2021	85.34	69.18	27.27	30.86	32.1
南 京 Nanjing	12.89	10.47	3.93	4.79	41.7
无 锡 Wuxi	8.10	6.55	2.56	2.96	34.2
徐 州 Xuzhou	9.40	7.49	2.91	3.45	32.3
常 州 Changzhou	4.97	4.05	1.59	1.82	29.8
苏 州 Suzhou	12.72	10.10	3.94	4.48	30.7
南 通 Nantong	6.94	5.62	2.28	2.43	29.5
连云港 Lianyungang	4.03	3.32	1.32	1.55	28.8
淮 安 Huai'an	4.47	3.69	1.44	1.67	31.6
盐 城 Yancheng	6.18	5.14	2.15	2.14	32.0
扬 州 Yangzhou	3.90	3.19	1.31	1.34	28.6
镇 江 Zhenjiang	2.80	2.29	0.91	1.00	28.2
泰 州 Taizhou	4.19	3.37	1.39	1.41	30.8
宿 迁 Suqian	4.75	3.91	1.52	1.83	30.4

16－19　卫生机构床位数

Number of Beds in Health Care Institutions

单位:万张　　(10 000 beds)

年份　地区 Year　Region	总　计 Total	#医　院 Hospitals	#卫生院 Health Centers	#社区卫生服务中心 Community Health Service Centers	#专科疾病防治院(所、站) Specialized Disease Prevention and Treatment Institutions	每万人拥有医院、卫生院床位数(张) Number of Beds in Hospitals and Health Centers per 10 000 Persons (bed)
1978	12.29	11.07				19.0
1980	12.75	11.62				19.6
1985	14.29	12.65				20.4
1990	16.45	14.54				21.5
1995	17.46	15.48				21.9
2000	17.31	10.01	6.18		0.13	22.1
2001	17.32	10.14	6.13		0.09	22.9
2002	17.45	11.38	5.58		0.10	23.8
2003	17.99	11.54	5.63		0.08	24.0
2004	18.90	12.31	5.42		0.14	24.6
2005	20.01	13.18	5.41		0.10	25.6
2006	21.16	14.27	5.31		0.10	26.8
2007	22.00	15.15	5.30	0.92	0.10	27.8
2008	23.51	16.39	5.70	0.82	0.07	28.8
2009	25.15	17.76	5.71	1.07	0.07	30.4
2010	26.97	19.55	5.20	1.58	0.09	31.5
2011	29.64	22.17	5.13	1.57	0.11	34.6
2012	33.31	25.59	5.18	1.67	0.13	38.8
2013	36.83	28.62	5.51	1.81	0.12	43.0
2014	39.23	30.93	5.56	1.85	0.11	45.8
2015	41.36	32.85	5.64	1.90	0.11	48.3
2016	44.31	35.62	5.88	1.82	0.11	51.9
2017	46.98	37.03	6.80	2.11	0.17	54.6
2018	49.15	38.80	7.07	2.23	0.13	59.7
2019	51.59	40.72	7.46	2.27	0.14	59.7
2020	53.50	42.17	7.69	2.40	0.19	58.9
2021	54.86	42.99	7.79	2.55	0.18	59.7
南　京 Nanjing	6.61	5.97	0.07	0.36	0.02	64.2
无　锡 Wuxi	5.16	4.06	0.37	0.53	0.01	59.3
徐　州 Xuzhou	6.12	4.30	1.33	0.34	0.04	62.3
常　州 Changzhou	3.19	2.51	0.42	0.16	0.00	54.7
苏　州 Suzhou	7.76	6.66	0.79	0.27	0.00	58.1
南　通 Nantong	5.06	3.93	0.89	0.10	0.01	62.3
连云港 Lianyungang	2.83	1.91	0.72	0.06	0.02	57.7
淮　安 Huai'an	3.01	1.88	0.85	0.15	0.01	60.1
盐　城 Yancheng	4.36	3.13	1.03	0.10	0.02	61.9
扬　州 Yangzhou	2.70	1.96	0.44	0.18	0.03	52.5
镇　江 Zhenjiang	1.77	1.30	0.18	0.16	0.02	46.2
泰　州 Taizhou	2.94	2.13	0.64	0.11	0.00	61.3
宿　迁 Suqian	3.35	3.24	0.05	0.03	0.00	65.8

16－20　医疗机构门诊情况（2021 年）
Outpatient Services in Medical Institutions (2021)

指　标	Item	诊疗人次(万人次) Visits (10 000 person-times)	#门　诊 Outpatients Visits	#急　诊 Emergency Visits
总　计	**Total**	**56976.24**	**51454.15**	**4051.25**
医　院	**Hospitals**	**25239.05**	**22178.94**	**2884.87**
综合医院	General Hospitals	16676.36	14548.29	2055.85
中医医院	Traditional Chinese Medicine Hospitals	4365.01	3846.88	471.86
中西医结合医院	Integrated Traditional Chinese and Western Medicine Hospitals	493.14	426.16	62.67
专科医院	Specialized Hospitals	3659.19	3325.1	294.17
基层医疗卫生机构	**Health Care Institutions at Grass-root Level**	**30214.37**	**27987.05**	**967.23**
社区卫生服务中心(站)	Commnunity Health Service Centers (Stations)	8186.73	7507.71	357.11
卫生院	Health Centers	9013.7	8237.64	610.12
#乡镇卫生院	Township Health Centers	8954.36	8184.89	604.01
村卫生室	Village Clinics	7769.82	7576.93	0
门诊部	Outpatient Departments	1616.62	1270.08	0
诊所、卫生所、医务室	Clinics, Sanitation Offices and Medical Offices	3627.5	3394.68	0.01
专业公共卫生机构	**Specialized Public Health Institutions**	**1500.34**	**1273.54**	**199.14**
专科疾病防治院(所、站)	Specialized Disease Prevention and Treatment Institutes	77.19	77.1	0.1
妇幼保健院(所、站)	Maternal and Children Care Centers	1311.75	1196.44	87.65
急救中心(站)	Emergency Centers (Stations)	111.39	0	111.39
其他机构	**Other Health Care Institutions**	**22.48**	**14.63**	**0.01**
康复医疗机构	Rehabilitative Medical Institutions	22.48	14.63	0.01

16－21 医疗机构住院服务、病床使用情况（2021年）
Conditions of Hospitalization Services and Utilization of Beds in Medical Institutions (2021)

指标	Item	病床使用率（%） Utilization Rate of Beds (%) 合计 Total	非营利 Nonprofit	营利 Profit	入院人数（万人） Inpatients (10 000 persons) 合计 Total	非营利 Non-profit	营利 Profit	每百门急诊人次的入院人数（人） Inpatients per 100 Outpatient and Emergency Visits (person)
总计	**Total**	**71.91**	**62.86**	**73.41**	**1415.7**	**140.1**	**1275.6**	**3.28**
医院	**Hospitals**	**77.23**	**63.18**	**80.28**	**1168.3**	**138.16**	**1030.15**	**4.66**
综合医院	General Hospitals	78.4	67.02	80.2	811.11	87.35	723.76	4.88
中医医院	Traditional Chinese Medicine Hospitals	78.42	56.23	80	162.69	8.14	154.56	3.77
中西医结合医院	Integrated Traditional Chinese and Western Medicine Hospitals	66.59	48.98	73.61	16.93	3.66	13.27	3.46
专科医院	Specialized Hospitals	76.76	54.17	83.4	162.86	33.51	129.34	4.5
基层医疗卫生机构	**Health Care Institutions at Grass-root Level**	**50.77**	**20.99**	**50.83**	**206.27**	**1.16**	**205.12**	**1.23**
社区卫生服务中心	Community Health Service Centers	45.84	0	45.85	36.66	0	36.66	0.47
卫生院	Health Centers	52.43	0	52.43	168.38	0	168.38	1.9
乡镇卫生院	Township Health Centers	52.61	0	52.61	167.97	0	167.97	1.91
专业公共卫生机构	**Specialized Public Health Institutions**	**67.39**	**54.88**	**67.62**	**38.1**	**0.74**	**37.36**	**2.8**
专科疾病防治院（所、站）	Specialized Disease Prevention and Treatment Institutes	76.27	0	75.87	0.71	0	0.71	0.92
妇幼保健院（所、站）	Maternal and Children Care Centers	65.81	55.1	66.1	37.39	0.74	36.65	2.91
其他机构	**Other Health Care Institutions**	**31.41**	**6.24**	**35.2**	**3.03**	**0.05**	**2.98**	**20.67**
康复医疗机构	Rehabilitative Medical Institutions	31.41	6.24	35.2	3.03	0.05	2.98	20.67

16－22　法定报告传染病发病及死亡情况（2021 年）

Legal Report on Morbidity and Mortality of Infection Diseases（2021）

病　名	Diseases	发病率（1/10 万）Morbidity Rate（1/100 thousand）	死亡率（1/10 万）Mortality Rate（1/100 thousand）
鼠疫	The Plagne		
霍乱	Cholera	0.0012	
传染性非典型肺炎	SARS		
艾滋病	AIDS	1.8266	0.2785
病毒性肝炎	Viral Hepatitis	29.4827	0.0059
脊髓灰质炎	Poliomyelitis		
人感染高致病性禽流感	HpAI		
麻疹	Measles	0.0094	
流行性出血热	Hemorrhage Fever	0.2348	0.0024
狂犬病	Hydrophobia	0.0165	0.0153
流行性乙型脑炎	Encephalitis B	0.0024	
登革热	Dengue Fever		
炭疽	Anthrax		
细菌性和阿米巴性痢疾	Dysentery		
肺结核	Pulmonary Tuberculosis	25.6395	0.0814
伤寒、副伤寒	Typhoid and Paralyphoid Fever	0.1015	
流行性脑脊髓膜炎	Epidemic Encephalitis		
百日咳	Pertussis	0.1888	
白喉	Diphtheria		
新生儿破伤风　（1/1 000）	Newborn Tetanus		
猩红热	Scarlet Fever	2.4024	
布鲁氏菌病	Brucellosis	0.3363	
淋病	Gonorrhea	8.8321	
梅毒	Syphilis	34.3630	0.0059
钩端螺旋体病	Leptospirosis	0.0177	
血吸虫病	Schistosomiasis		
疟疾	Malaria	0.0425	
人感染 H7N9 禽流感	Avian Influenza H7N9		

16－23　孕产妇及婴儿死亡率

Mortality Rate of Maternity Female and Babies

指　标	Item	2015	2016	2017	2018	2019	2020	2021
孕产妇死亡率　（1/10 万）	Mortality Rate of Maternity Female　（1/100 thousand）	4.64	4.47	10.42	9.83	7.78	5.09	5.51
婴儿死亡率　（‰）	Mortality Rate of Babies　（‰）	6.30	3.05	2.61	2.71	2.52	2.44	2.19
5 岁以下儿童死亡率（‰）	Mortality Rate of Children under 5　（‰）	4.33	4.13	3.67	3.99	3.74	3.69	3.35

主要统计指标解释

文化事业机构 指从事专业文化工作和为专业文化工作服务的独立建制的单位。不包括这些单位另外举办独立核算的其他机构和各部门的业余文化组织。

艺术表演团体 指从事戏曲、音乐、舞蹈、杂技等专业艺术表演,有独立帐户的单位,不包括半工半艺、半农半艺和民间职业剧团。

等级运动员人数 指经考核正式批准授予等级运动员称号的人数。运动员等级分为国际级运动健将、运动健将、一级运动员、二级运动员、三级运动员、少年级运动员。

等级裁判员人数 指经考核正式批准授予等级裁判员称号的人数。裁判员等级分为国际裁判、国家级裁判、一级裁判、二级裁判、三级裁判。

卫生机构 指从卫生计生行政部门取得《医疗机构执业许可证》,或从民政、工商行政、机构编制管理部门取得法人单位登记证书,为社会提供医疗保障、疾病控制、卫生监督服务或从事医学科研和教育等工作的单位。

卫生技术人员 指卫生事业机构支付工资的全部职工中现任职务为卫生技术工作的专业人员,包括执业医师、执业助理医师、注册护士、药剂人员、检验人员和其他卫生技术人员。

执业(助理)医师和注册护士 指领取医师执业证书和注册护士证书的人员。

Explanatory Notes on Main Statistical Indicators

Cultural Institutions refer to the indegendent establishment engaged in professional cultural work and dedicated to cultural work. They exclude other establishment ran by these cultural institutions and amateur groups established by various departments.

Art Performance Troupes refer to the units which are engaged in drama, music, dance, acrobatics or other art performances, with independent accounts, excluding the units which are engaged partly in industrial or agricultural activities, partly in art performance and the professional units organized by private.

Number of Athletes in Grades refer to the number of athletes who have been given titles through examination. The titles of athlets include international masters of sports, masters of sports, first grade sportsmen, second grade sportsmen, third grade sportsmen and young athletes.

Number of Referees in Grades refer to the number of referees who have been given titles after examination. They are classified as international referees, national referees and referees of the first, second and third grades.

Health Care Institutions refer to the units which have received the "Practice Licence of Medical Institutions" from health and family planning administrative departments, or the registered certification of corporation units from the civil, industrial and commercial, and organization establishment administratiiv departments. They provide the services of medical security, disease controlling, health supervision, or units engaged in medical scientific research and education.

Health Technical Personnel refers to all medical staff and workers employed by medical institutions, including health technical personnels, licensed physicians, licensed physicians and physician assistants, registered nurses, pharmacists, inspectors and other health technical personnels.

Licensed Physician Assistants and Registered Nurses refer to the doctors and nurses who have received the practitioner doctor certification and registered nurse certification respectively.

17

公共管理、社会保障和社会组织

Public Management, Social Security and Social Organizations

简 要 说 明

一、本篇资料的主要内容

本篇主要反映档案、民政、残疾人、社会保障、工会妇联、公检法司情况等内容。

档案部分主要包括档案机构人员，档案馆档案资料馆藏和利用情况；民政事业部分主要包括民政行业单位情况，民政事业经费情况，收养类单位情况，办理结婚、离婚情况；社会保障部分主要包括社会保险基本情况，社会保险基金收支及累计结余情况；公检法监司部分主要包括公安机关的刑事案件立案情况和治安案件查处情况，交通事故情况，消防总队的火灾事故情况，人民检察院的办案情况，人民法院审理案件和收结案情况，监察委立案结案情况，以及律师、公证、调解工作等情况。

二、本篇资料的来源

根据各部门制定的统计报表制度汇总加工整理而成。档案资料来自省委办公厅档案管理处；民政事业资料来自省民政厅；残疾人事业资料来自省残疾人联合会；社会保障资料来自省人力资源和社会保障厅；工会妇联资料分别来自省妇女联合会和省总工会；公检法监司资料分别来自省公安厅、省人民检察院、省高级人民法院、省监察委、省司法厅。

Brief Introduction

I. Main Contents

Data in this chapter show statistics on archives, civil affairs, disabled persons, social security, labour union and women's federation, public security, procuratorial and judicial affairs and so on.

Data on archives cover mainly information on staff in archive institutions, conditions of files stored and used in archives. Data on civil affairs include basic conditions of civil affairs industry agencies, expenses for civil affairs, adoptive units, marriages and divorces. Data on social security cover information of social insurance, revenue, expenses and balance of social insurance fund. Data on public security, procuratorial and judicial affairs cover information on criminal cases registered and investigation and handing of public security cases by the public security traffic accidents and fire accidents by fire brigade, cases handled by people's procuratorate, cases accepted and settled by people's courts, cases registered and settled by supervisory committee and lawyers, notarization and mediation.

II. Sources of Data

Data are collected and tabulated in accordance with the statistic reporting schemes stipulated by the departments concerned. Data on archives are provided by the archives management office of the Provincial Party Committee; data on civil affairs are from the Provincial Department of Civil Affairs; data on disabled persons are from Province Disabled Persons' Federation; data on social security are from Provincial Department of Human Resources and Social Security; data on Labour union and women's federation are respectively from Provincial Women's Federation and Federation of Labour Unions; data on public security, procuratorial and judicial affairs are respectively from Provincial Public Security Department, Provincial People's Procuratorate, Provincial Supreme People's Court, Provincial Supervisory Committee and Justice Department.

17－1　档案事业机构人员数（2021 年）
Number of Personnel in Archive Institutions (2021)

项　　目	Item	机构数（个）Number of Institutions (unit)	专职人员数（人）Full-time Personnel (person)	#女性 Female	#大专以上文化程度 College and Higher Level
总　计	**Total**	**5232**	**6423**	**4218**	**6203**
档案行政管理部门	Administrative Department of Archives	109	135	46	135
档案馆	Archives	159	2192	1170	2160
档案室（处、科）	Archives Offices (Sections)	4964	4096	3002	3908

17－2　档案馆档案资料馆藏和利用情况
Conditions of Files Stored and Used in Archives

项　　目	Item	2015	2016	2017	2018	2019	2020	2021
馆藏档案	**Number of Archives**							
全　宗　（个）	Whole File (unit)	22427	20724	20836	21237	21703	22155	23283
案　卷　（万卷）	Files (10 000 volumes)	4298	1975	2159	2482	2836	3044	3292
以件为保管单位档案（万件）	Take a Piece as A Storage Unit File (copy)		1716	1972	2649	3158	3533	4196
录音录像影片档案（盘）	Audio, Video and film Files (copy)	102026	80109	82241	87823	88977	91849	114117
照片档案　（万张）	Photos (10 000 pieces)	330	175	178	172	184	198	211
馆藏资料　（万册）	**Number of Material Stored (10 000 volumes)**	**166**	**155**	**160**	**161**	**165**	**170**	**175**
档案馆面积（平方米）	**Area of Archives (sq. m)**	**800936**	**769284**	**851688**	**911137**	**1035080**	**1061439**	**1122457**
#库房面积	Area of Storerooms	301124	282623	315798	336597	334822	352445	372438
档案资料利用	**Use of Material**							
利用档案人次（万人次）	Number of Person-times Using Files Material (10 000 person-times)	71	44	50	61	55	49	52
利用档案卷次（万卷件次）	Number of Archives Used (10 000 volume-times)	151	72	91	138	155	149	155
利用资料人次（万人次）	Person-time of Using Material (10 000 person-times)		1	1	2	1	1	1
利用资料　（册次）	Number of Data Used (volumes-times)	21200	21303	25009	29461	22503	21676	16307
开放档案	**Archives Open to Public**							
案　卷（万卷/万件）	Files (10 000 volumes)	218	227	259	249	253	259	317
以件为保管单位档案　（万件）	Take a Piece as A Storage Unit File (10 000 volumes)		44	59	74	75	80	269

注：本表档案馆指国家综合档案馆。

a) Archives in this table refer to national comprehensive archives.

17－3 律师、公证及调解工作基本情况
Basic Statistics on Lawyers, Notarization and Mediation

项目	Item	2015	2016	2017	2018	2019	2020	2021
律师工作	**Lawyers**							
律师事务所 (个)	Number of Law Offices (unit)	1512	1612	1786	1882	2043	2187	2300
律师所工作人员 (人)	Number of Lawyers (person)	18235	19140	21816	26570	30461	35632	39185
担任法律顾问 (家)	Number of Units with Legal Advisors (unit)	90137	94244	77830	82623	90495	85840	91810
民事案件诉讼代理 (件)	Agent of Civil Cases (case)	289806	367380	410173	493375	599258	574162	661561
刑事诉讼辩护及代理 (件)	Agent and Defender of Criminal Cases (case)	37765	40995	49549	62453	81066	67343	72460
非诉讼法律事务 (件)	Non-litigious Legal Affairs (case)	80327	86381	70793	85362	119775	55260	112874
解答法律咨询和代写法律事务文书	Legal Advisory Services (person-time)	364688	414898	388900	177689	176086	87386	77737
行政诉讼 (件)	Administrative Litigation (case)	4650	6762	13261	10793	13601	19347	19738
公证工作	**Notarization**							
公证处 (个)	Number of Notary Offices (unit)	104	104	104	107	107	105	105
公证人员 (人)	Notarial Personnels (person)	1504	1549	1598	1441	1509	1474	1461
#公证员	Notaries	666	643	691	710	751	765	748
助理公证员	Assistant Notaries	487	570	605	731	758	709	713
办理国内公证文书 (件)	Number of Domestic Notarized Documents (case)	520165	643237	664324	551923	609491	605318	722819
人民调解工作	**People's Mediation**							
人民调解委员会 (个)	Number of People's Mediation Committees (unit)	29566	33412	37467	25593	30476	29143	29292
调解人员 (人)	Number of Mediators (person)	150618	138361	154506	116951	117023	108270	108854

注:2021 年起,解答法律咨询(人次)和代写法律事务文书(件)合并统计。

a) The statistics of answering leagal advice(person-times) and writing legal affairs documents on behalf(case) have been combined since 2021.

17－4 国内公证文书分类

Domestic Notarial Documents by Type

单位:件 (case)

指标	Item	2015	2016	2017	2018	2019	2020	2021
总 计	**Total**	**520165**	**643237**	**716810**	**551923**	**609491**	**605318**	**722819**
合同(协议)	Contracts (Agreements)	74710	84101	85210	54602	65557	56752	48466
继承	Inheritance	58260	64011	68818	94130	109643	102653	104294
单方法律行为	Unilateral Legal Behavior	187270	260429	292194	66815	61599	74968	
现场监督	Field Supervision	13562	14996	12490	22982	21716	24491	38063
保全证据	Evidence Preservation	16310	23133	34257	34100	41911	43007	73619
公司章程	Corporation Constitutions	45	39	22	225	388	6	39
组织资格	Organization Qualification	469	253	236	3	21	79	38
财产权	Property Rights	146	24	38	15	1	11	6
身份	Identity	1404	2249	6396	29070	27718	77	59
收养关系	Adoptive Relationship	77	119	82	33	20	3	25
婚姻状况	Marital Status	1324	568	906	12917	8264	59	736
亲属关系	Kinship Confirmation	3472	2513	3030	27357	28377	2573	9049
有无违法犯罪记录	Illegal and Criminal Record Check	1850	2851	3444	22364	29184	1679	23206
证书(执照)	Certificate (Licence)	2780	6162	6346	20531	30022	22429	70371
签名(印鉴)	Signature (Seal)	49574	62257	70312	57293	53443	15940	36273
文本相符	Conformity of Documentation	19991	26534	40484	47236	41909	42669	128233
赋予执行效力	Executor Force	25143	23049	20835	20157	37705	57436	58560
执行证书	Certificate of Execution	1430	1267	1008	976	1105	657	404
抵押登记	Mortgage Registration	374	255	382	107	384	1	56
提存	Drawing	34	58	73	60	94	64	69
保管	Storage	24	3	2	3	8	6	89
其他	Others	10326	19603	17384				

注:2021 年起,不再统计单方法律行为指标,该数据并入其他项,其他项数据跟上年不衔接。

a) Indicators of unilateral legal behavior have no longer be counted since 2021. The data have been merged into other items, and other items of data have not been connected with last year.

17－5 涉外公证文书分类

Foreign-related Notarial Documents by Type

单位:件 (case)

指标	Item	2015	2016	2017	2018	2019	2020	2021
总 计	**Total**	**246455**	**240234**	**255136**	**212699**	**237015**	**108096**	**138191**
出 生	Births	35320	29586	29166	30818	23732	10708	15089
学 历	Education Background	19879	17404	14020	9356	6676	3858	4331
经 历	Resume	802	1025	862	240	145	87	30
生存、居住	Survival, Residence	1583	1811	1954	308	1109	475	348
死 亡	Deaths	206	286	326	281	307	122	172
收 养	Adoption	248	148	240	15	11	0	0
亲属关系	Kinship Confirmation	24381	21537	26820	22374	23775	6692	6262
婚姻状况	Marital Status	6626	5137	5438	8191	2180	0	0
继 承 权	Rights of Inheritance	9	28	18	60	57	17	22
遗 嘱	Testament	1	3	2	2	6	3	1
委 托 书	Power of Attorney	2362	2920	3900	3342	2943	728	343
声 明 书	Declaration	3168	4172	3968	2816	3001	899	845
有无违法犯罪记录	Illegal and Criminal Record Check	28152	26881	26212	27167	26687	16543	20976
文本相符	Conformity of Documentation	33084	36959	35144	44737	21496	33363	46991
其 他	Others	47470	52229	63674	62992	24352	3612	1019

17－6 民政行业单位基本情况
Basic Conditions of Civil Affairs Agencies

指　　标	Item	单位数(个) Number of Institutions (unit)		职工人数(人) Number of Employed Workers(person)	
		2020	2021	2020	2021
民政行业单位	**Civil Affairs Agencies**	**125296**	**114113**	**1006812**	**1079430**
民政行政机关	Civil Affairs Administrative Departments	115	115	3194	3178
民政事业单位	Civil Affairs Public Institutions	5878	3448	76526	210270
社区服务中心	Community Service Centers	2835	2970	20534	203690
婚姻登记服务类单位	Marriage Registration Units	70	70	466	486
提供住宿的社会服务机构	Social Service Institutions with Accommodations	2611	91	49920	868
殡仪类单位	Funeral and Interment Units	233	221	4366	4331
福利彩票发行单位	Welfare Lottery Issuing Units	74	74	852	793
其他事业单位	Other Public Institutions	55	22	388	102
社会组织	Social Organizations	97930	89247	815093	754995
社会团体	Social Groups	37973	34284	223417	208687
基金会	Fundations	762	781	2365	2604
民办非企业单位	Private Non-enterprise Units	59195	54182	589311	543704
基层群众自治组织	Grass Roots Autonomous Organizations	21373	21303	111999	110987
社区居委会	Neighborhood Committee	7328	7536	41194	42072
村委会	Villagers Committee	14045	13767	70805	68915

17－7　提供住宿的社会服务机构基本情况（2021 年）
Basic Statistics of Social Service Institutions with Accommodations (2021)

项　　目　Item		机构数（个）Institutions (unit)	工作人员（人）Personnel (person)	床位（张）Beds (bed)	年末收养人员（人）Adoptions (at Year-end person)
总计	**Total**	**2640**	**52196**	**456164**	**205386**
为老年人与残疾人提供服务的机构	Institutions Providing Services for the Elderly and the Disabled	2494	48959	440938	189626
社会福利院	Social Welfare Institutions	55	3,177	22,279	10,672
为智障与精神病人提供服务的机构	**Institutions Providing Services for Retarded Pepole and Mental Illness Patients**	**11**	**1605**	**5568**	**4369**
社会福利医院	Social Welfare Hospitals	11	1605	5568	4369
为儿童提供收养救助服务的机构	**Adoption Institutions Providing Services for children**	**44**	**764**	**4282**	**2010**
儿童福利机构	Child Welfare Institutions	15	585	3205	1695
未成年人救助保护中心	Minors Rescue and Protection Centers	29	179	1077	315
其他提供住宿的社会服务机构	**Other Social Service Institutions with Accommodation**	**113**	**1530**	**9122**	**24605**
生活无着人员救助站	Rescue Stations for Helpless Pepole	69	766	4840	22595
其他收留抚养机构	Other Adoption Institutions	22	102	535	676

17-8 残疾人事业基本情况
Basic Statistics on the Work for Persons with Disability

单位:人

项 目	Item	2015	2016	2017	2018	2019	2020	2021
康复	**Rehabilitation**							
得到基本康复服务残疾人数	Basic rehabilitation services for disabled			383743	357783	296713	277075	245192
视力残疾人数	Number of Persons with Visual Disability			41761	35484	25470	22622	18477
听力残疾人数	Number of Persons with Hearing Disability			15958	12959	10033	9981	8105
言语残疾人数	Number of Persons with Speaking Disability			112	80	117	123	166
肢体残疾人数	Number of Persons with Physical Disability			196944	176784	133428	114041	95454
智力残疾人数	Number of Persons with Mental Disability			35227	30580	25802	24618	19736
精神残疾人数	Number of Persons with Mental Illness			71846	76066	75804	77608	74225
多重残疾人数	Number of Persons with Multiple Disabilities			8897	8054	7819	7823	8139
0—17 岁未持证残疾儿童	Unlicensed Disabled Children Aged 0—17			12998	17776	18240	20259	20890
残疾人康复机构(个)	Rehabilitation institutions for Handicapped Persons (unit)			421	435	465	473	505
辅助器具服务机构(个)	Auxiliary Appliance Service Agencies (unit)			71	74	80	73	78
特殊教育普通高中在校生	Students at Senior Secondary Schools with Special Education	728	521	762	588	604	534	547
残疾人中等职业教育在校生	Secondary Vocational Education for Handicapped Students	1255	1225	1164	1544	1468	1694	1461
普通高等院校录取残疾考生	Handicapped Students Admitted to Regular Higher Education Instiutions	663	415	375	368	391	428	686
就业	**Employment**							
残疾人就业人数	Employed Handicapped Population		366019	366632	380469	349038	336594	353087
按比例就业	Proportional Employment			70151	72912	68837	68641	78045
集中就业	Concentrative Employment			50431	50774	46450	44614	45209
个体就业	Individual Employment					42593	40315	38004

17－8 续表 Continued

(person)

项 目	Item	2015	2016	2017	2018	2019	2020	2021
公益性岗位就业	Employment of Public Welfare Jobs					56706	51978	44832
辅助性就业	Auxiliary Employment			8449	12057	12865	12587	14995
农村种养加	Rural Farming, Breeding and Processing					91165	80678	70005
灵活就业	Flexible Employment					30422	37780	61997
新增残疾人职业技能培训人数	Number of Newly Increased People with Disabilities in Vocational Skills Training							32576
社会保障	**Social Security**							
残疾居民实际参加城乡社会养老保险人数	Handicapped Population Covered by Social Pension Insurance			1404165	1147338	1143008	1173170	1223664
60周岁以下参保残疾居民	Handicapped Residents Under the Age of 60		641310	780717	667431	646018	646573	665682
#重度残疾人	Severely Handicapped		208706	241854	299541	290618	296069	310525
非重度残疾人	Non-severely Handicapped		432604	538863	367890	355400	350504	355157
维权	**Rights Protection**							
残疾人法律救助工作站（个）	Legal Assistance Stations for Handicapped Population (unit)			89	93	108	110	110
残疾人法律救助工作站办理的案件（件）	Case Handled by the Legal Assistance Station for Handicapped Population (unit)			140	182		86	64
残疾人机动轮椅车燃油补贴	Subsidy for Fuel of Motor Wheelchairs of Handicapped Population			22356	20641	18095	14190	12860
残联组织建设	**Federation of Disabled Persons Organization Development**							
残疾人专职委员	Full-time Committee Members with Disability			21993	20418	20265	16260	18862
省市县乡残联实有人员	Actual Personnel of Province-City-County-Township Federation of Disabled			4951	4605	4667	4652	4742
残疾人人口库持证残疾人（万人）	Population with Disability Certificates in the Database of Population with Disability (10 000 persons)			151	160	164	163	166

17－9　婚姻登记和离婚情况

Statistics of Marriage Registration and Divorce

年份 Year 地区 Region	结婚登记对数(万对) Total Number of Marriage Registration (10 000 couples)	内地居民登记结婚(万人) Marriage Registration of Mainland Residents (10 000 persons)	涉外及港澳台居民登记结婚(万人) Marriage Registration Involving Foreigners or Residents (10 000 persons)	初婚(万人) First Marriages (10 000 persons)	再婚(万人) Re-marriages (10 000 persons)	离婚登记对数(万对) Divorces (10 000 couples)
1985	43.01	43.01	0.01	84.51	1.51	2.11
1990	52.72	52.70	0.04	102.88	2.56	4.63
1995	57.51	57.47	0.10	112.00	3.03	6.76
2000	49.81	49.75	0.12	94.43	4.95	8.19
2001	44.42	44.30	0.13	83.25	5.35	8.62
2002	48.14	48.08	0.13	89.41	6.60	9.70
2003	46.15	46.09	0.13	85.84	6.20	9.65
2004	51.64	51.57	0.14	93.98	9.00	11.74
2005	47.20	47.13	0.14	84.94	9.66	12.38
2006	59.23	59.15	0.16	105.70	12.76	13.80
2007	57.14	57.06	0.17	99.93	14.36	16.04
2008	62.47	61.82	0.17	110.60	14.30	13.55
2009	73.09	73.00	0.17	129.51	16.66	14.37
2010	75.71	75.71	0.16	137.41	14.02	16.02
2011	86.75	86.67	0.17	152.53	20.97	16.68
2012	88.76	88.59	0.17	159.03	18.50	18.12
2013	90.38	90.21	0.33	158.20	22.55	21.66
2014	83.45	83.29	0.32	141.84	25.06	21.84
2015	78.60	78.44	0.32	132.21	25.00	22.93
2016	71.61	71.61	0.28	116.28	26.94	26.13
2017	67.55	67.55	0.14	106.29	28.81	24.62
2018	63.77	63.63	0.14	97.30	30.24	24.57
2019	56.94	56.81	0.14	83.85	30.04	26.06
2020	49.23	49.16	0.07	69.63	17.54	23.57
2021	46.70	46.63	0.07	77.74	15.65	13.48
南　京 Nanjing	5.94	5.92	0.01	9.89	1.98	2.35
无　锡 Wuxi	2.75	2.75	0.01	4.46	1.05	0.83
徐　州 Xuzhou	5.42	5.42	0.00	9.05	1.79	1.61
常　州 Changzhou	2.17	2.17	0.00	3.59	0.76	0.67
苏　州 Suzhou	4.54	4.53	0.02	7.59	1.49	1.53
南　通 Nantong	4.44	4.43	0.01	7.38	1.50	0.82
连云港 Lianyungang	2.89	2.88	0.00	4.68	1.09	0.98
淮　安 Huai'an	3.34	3.34	0.00	5.62	1.06	0.88
盐　城 Yancheng	4.46	4.46	0.00	7.42	1.50	1.12
扬　州 Yangzhou	2.51	2.51	0.00	4.29	0.73	0.56
镇　江 Zhenjiang	1.46	1.46	0.00	2.36	0.57	0.46
泰　州 Taizhou	2.83	2.83	0.00	4.80	0.86	0.61
宿　迁 Suqian	3.93	3.92	0.00	6.60	1.25	1.06

17－10 社会保险基本情况

Basic Statistics of Social Insurance

单位:万人 (10 000 persons)

年份 Year 地区 Region	企业职工基本养老保险 Basic Endowent Insurance for Enterprise Workers			城镇职工基本医疗保险 Basic Medical Insurance for Urban Workers		失业保险 Unemployment Insurance			工伤保险 Work Injury Insurance		年末参加生育保险人数 Birth Insurance Participants at Year-end
	年末参保人数 Participants at Year-end	在职参保人数 Participants at Work	领取待遇的参保离退休人员 Insured retirees receiving treatment	年末参保职工人数 Participants for Workers at Year-end	年末参保退休人员 Participants for Retirees at Year-end	年末参保人数 Participants at Year-end	全年发放失业保险金人数 Beneficiaries of Unemployment Insurance Fund	全年发放失业保险金(亿元) Unemployed Relief (100 million yuan)	年末参保人数 Participants at Year-end	年末享受工伤待遇的人数 Beneficiaries at Year-end	
2001				367.64	122.65	750.90	53.70	9.16	473.94	0.79	483.46
2002	937.57	710.59	226.98	507.69	183.24	733.87	76.71	13.00	480.00	1.44	486.06
2003	1022.17	775.74	246.42	608.41	226.67	761.62	88.25	13.92	503.02	1.68	504.06
2004	1103.17	839.81	263.36	715.11	261.62	797.09	85.98	14.73	577.20	2.28	552.68
2005	1234.87	952.31	282.56	821.07	303.02	838.48	67.02	12.03	680.21	3.22	630.92
2006	1361.63	1059.25	302.38	935.77	338.51	901.08	51.63	9.36	812.69	5.06	711.49
2007	1494.05	1167.43	326.62	1070.34	365.45	968.48	48.65	9.37	920.98	5.84	794.11
2008	1641.36	1290.9	350.46	1213.90	390.35	1052.24	48.83	11.57	1055.71	7.90	907.23
2009	1771.75	1386.05	385.70	1282.50	418.63	1079.14	49.98	14.17	1118.10	9.34	962.46
2010	1921.82	1503.36	418.46	1405.06	443.20	1153.78	46.51	13.95	1205.52	9.79	1086.44
2011	2110.49	1659.61	450.88	1541.55	470.89	1238.16	57.70	19.83	1327.46	10.66	1199.21
2012	2308.05	1796.74	511.31	1646.53	508.94	1332.18	64.14	28.73	1420.74	12.29	1276.25
2013	2458.06	1901.82	556.24	1731.09	543.64	1389.34	68.70	31.69	1487.27	13.57	1355.62
2014	2566.51	1968.4	598.11	1784.86	576.95	1441.56	67.93	35.71	1540.11	14.28	1374.56
2015	2653.58	2013.49	640.09	1818.20	610.80	1490.91	68.30	40.63	1594.14	14.66	1471.68
2016	2725.94	2046.42	679.52	1849.36	641.16	1538.22	70.54	47.17	1633.93	15.08	1510.32
2017	2818.20	2097.30	720.90	1921.36	679.77	1582.95	65.36	48.96	1690.19	14.33	1582.01
2018	2957.56	2186.22	771.34	2029.51	723.13	1671.27	61.46	48.66	1777.50	14.79	1694.45
2019	3144.91	2329.47	815.44	2189.60	764.50	1794.20	62.70	58.98	2016.31	15.14	1868.8
2020	3274.02	2415.68	858.34	2296.64	805.62	1890.87	65.88	61.32	2130.85	15.18	1987.11
2021	3313.47	2419.94	893.53	2403.94	842.03	1989.41	64.05	64.23	2342.46	16.42	2094.92
南 京 Nanjing	481.28	372.94	108.34	376.85	127.11	345.89	17.18	20.5	395.18	2.41	339.57
无 锡 Wuxi	394.54	295.82	98.72	301.28	107.53	258.71	6.27	5.69	276.63	2.53	262.83
徐 州 Xuzhou	167.69	120.94	46.75	130.6	54.95	93.6	2.46	2.2	115.35	1.22	115.07
常 州 Changzhou	245.02	177.3	67.73	181.72	62.32	146.59	3.87	3.87	182.05	1.35	154.42
苏 州 Suzhou	802.13	619.76	182.37	630.89	175.56	555.31	16	15.78	652.77	3.26	566.63
南 通 Nantong	258.24	177.84	80.4	181.29	71.12	143.32	4.05	3.96	148.27	1.38	156.11
连云港 Lianyungang	92.86	67.05	25.81	62.69	25.77	51.51	1.21	1.02	67.99	0.34	51.43
淮 安 Huai'an	113.7	76.25	37.45	70.13	28.59	56.15	1.29	1.15	71.92	0.36	64.52
盐 城 Yancheng	175.4	116.12	59.28	109.04	48.1	88.14	3.13	2.57	104	0.94	91.17
扬 州 Yangzhou	164.49	112.05	52.44	114.7	48.4	77.07	2.26	2.11	96.79	0.68	93.26
镇 江 Zhenjiang	112.85	73.51	39.33	78.82	31.89	58.01	1.92	1.85	70.19	0.68	66.71
泰 州 Taizhou	144.34	99.21	45.13	115.13	46.92	72.51	3.75	2.97	95.16	0.84	86.03
宿 迁 Suqian	79.12	64.42	14.71	50.81	13.77	42.59	0.65	0.55	57.43	0.42	47.16

17－11 社会保险基金收支及累计结余

Revenue, Expenses and Balance of Social Insurance Fund

单位:亿元 (100 million yuan)

年份 Year	合计 Total	企业职工基本养老保险 Basic Endowent Insurance for Enterprise Workers	城镇职工基本医疗保险 Basic Medical Insurance for Urban Workers	失业保险 Unemployment Insurance	工伤保险 Work Injury Insurance	生育保险 Birth Insurance
基金收入 Revenue						
2001	205.03	148.53	33.43	18.28	2.18	2.61
2002	271.46	194.12	51.27	20.10	2.67	3.30
2003	344.48	238.86	73.32	24.97	3.32	4.01
2004	413.75	283.40	94.40	26.69	4.25	5.01
2005	519.83	356.23	117.99	31.63	6.66	7.32
2006	667.93	456.36	154.62	39.23	9.05	8.67
2007	874.11	598.45	203.65	48.71	12.12	11.19
2008	1107.35	749.30	264.07	62.88	16.12	14.98
2009	1251.93	865.28	291.67	63.00	15.74	16.24
2010	1450.35	999.80	339.90	72.46	18.77	19.41
2011	1854.94	1269.20	421.94	105.71	32.29	25.80
2012	2295.10	1566.17	531.60	121.63	43.70	32.00
2013	2513.41	1674.81	611.10	134.20	57.00	36.30
2014	2815.97	1889.12	698.60	114.86	73.35	40.04
2015	3141.11	2114.01	783.16	130.07	79.06	34.81
2016	3358.17	2259.27	869.39	112.44	78.13	38.95
2017	3719.86	2509.03	980.82	88.03	85.31	56.67
2018	4380.98	2989.31	1141.37	94.21	78.03	78.06
2019	4391.92	2868.90	1249.97	114.55	72.07	86.43
2020	3461.16	2038.48	1297.75	88.94	35.99	
2021	5176.87	3338.06	1614.65	135.95	88.21	
基金支出 Expenses						
2001	187.11	145.79	21.60	16.50	1.48	1.75
2002	251.47	192.36	35.42	20.09	1.68	1.92
2003	289.96	207.41	55.55	22.05	2.80	2.15
2004	339.98	243.75	69.35	21.13	2.82	2.92
2005	401.02	281.85	90.60	20.22	4.01	4.34
2006	493.45	355.28	107.73	20.06	5.41	4.96
2007	586.98	419.36	133.83	19.81	7.05	6.93
2008	751.91	524.33	178.56	31.00	9.85	8.17
2009	913.13	617.65	231.80	40.77	11.92	10.99

17－11 续表 Continued

年 份 Year	合 计 Total	企业职工基本养老保险 Basic Endowent Insurance for Enterprise Workers	城镇职工基本医疗保险 Basic Medical Insurance for Urban Workers	失业保险 Unemployment Insurance	工伤保险 Work Injury Insurance	生育保险 Birth Insurance
2010	1075.77	737.91	270.26	41.37	13.94	12.29
2011	1337.14	884.20	338.01	74.92	24.19	15.82
2012	1615.07	1078.06	418.74	57.35	38.70	22.22
2013	1943.66	1309.63	496.12	62.85	48.12	26.94
2014	2305.80	1553.78	586.60	70.16	61.08	34.18
2015	2640.03	1792.82	666.98	76.13	61.08	43.02
2016	2967.10	2006.70	735.25	109.77	55.24	60.13
2017	3257.07	2213.72	812.22	99.95	58.87	72.31
2018	3856.24	2705.27	911.08	98.22	65.39	76.28
2019	3746.21	2464.23	1011.58	115.75	74.42	80.23
2020	4066.47	2695.14	1106.15	188.95	76.23	
2021	4465.79	2925.10	1315.10	137.22	88.37	
累计结余 Balance at Year-end						
2001	104.49	56.99	18.37	18.46	6.08	4.59
2002	124.37	58.74	34.22	18.37	7.07	5.97
2003	178.03	90.25	52.00	20.37	7.59	7.83
2004	249.39	127.58	77.05	25.83	9.02	9.91
2005	368.71	201.96	104.44	37.76	11.66	12.89
2006	550.51	305.40	154.95	58.26	15.31	16.59
2007	837.50	484.54	224.57	87.16	20.38	20.85
2008	1192.97	709.52	310.08	119.04	26.67	27.66
2009	1531.68	957.14	369.95	141.18	30.50	32.91
2010	1906.25	1219.03	439.60	172.27	35.32	40.03
2011	2424.02	1604.03	523.52	203.03	43.42	50.02
2012	3104.13	2092.14	636.40	267.30	48.50	59.79
2013	3667.81	2457.32	751.42	332.57	57.35	69.15
2014	4184.06	2792.66	863.42	383.36	69.61	75.01
2015	4685.13	3113.84	979.59	437.31	87.59	66.80
2016	5074.29	3366.42	1111.79	439.97	110.49	45.61
2017	5537.08	3661.73	1282.95	428.05	136.93	27.42
2018	6132.49	3945.76	1583.92	424.04	149.57	29.20
2019	7189.14	4820.40	1822.32	349.60	161.42	35.40
2020	6431.37	4011.30	2049.31	249.58	121.18	
2021	6940.58	4222.39	2348.86	248.31	121.02	

注:2020 年开始,生育保险与职工医保合并实施,不再有单独的收支余。

a）Since 2020, birth insurance and basic medical insurance for workers have been combined, without separate balance of revenue and expenditure.

17－12 工会、妇联基本情况
Basic Statistics on Labour Union and Women's Federation

单位：个 (unit)

项目	Item	2017	2018	2019	2020	2021
工会基本情况	**Basic Statistics on Labour Union**					
基层工会组织数	Number of Grassroot Labour Unions	172000	175600	156700	155100	145600
职工人数 （万人）	Number of Staff and Workers (10 000 persons)	2477.71	2531.07	2254.56	2240.27	2137.42
#女职工人数	Female	1009.83	1034.42	960.11	949.43	910.89
会员人数 （万人）	Number of Membership (10 000 persons)	2397.43	2446.65	2175.15	2156.21	2033.51
#女会员人数	Female	987.48	1011.15	935.07	919.35	867.61
女职工工作委员会	Number of Women Workers Working Committees	169489	173175	140128	138546	128937
建立工会经费审查组织	Number of Units Established with Funds Examing by Labour Union	120437	122615	120077	121587	110490
建立职工代表大会制度的单位	Number of Units Established with Workers Delegating Congress System	365876	362531	321217	313236	270817
实行厂务公开的单位	Number of Units Carried Out the Factory Business to Public	319082	314180	269091	264010	230431
建立工会劳动保护监督检查委员会	Number of Units Established with Labour Protection, Supervisting and Examing Committees	116679	118175	105282	101911	92230
建立工会劳动法律监督组织	Number of Organizations Established with Law of Labour Supervising Committees by Labour Union	114662	116227	97944	94228	81602
建立劳动争议调解委员会的单位	Number of Units Established with Mediating Committee of Labour Disputes	101502	103482	83610	82273	70219
职工董事人数 （人）	Staff Sensible (person)	4449	4431	4406	3601	2814
#女性	Female	1396	1355	1420	1185	835
职工监事人数 （人）	Staff Supervisor (person)	4228	3654	3915	3419	2788
#女性	Female	1703	1514	1607	1328	1062
妇联基本情况	**Basic Statistics on Women's Federation**					
全省妇联数	Number of provincial Women's Federatron	22612	22776	22602	22447	22534
省级妇联	Provincial Women's Federation	1	1	1	1	1
市级妇联	Municipal Women's Federation	13	13	13	13	13
县（市、区）级妇联	County(City, District) Women's Federation	133	129	133	132	134
乡镇（街道）级妇联	Township Women's Federation	1284	1258	1278	1289	1275
村（社区）妇联	Village(Community) Women's Federation	21181	21375	21177	21012	21111
妇联干部数	Number of Cadres	2620	2645	2823	3383	2726
团体会员数	Number of Membership	395	425	428	421	418
妇联执委	Executive Committee Member		5401	5535	5639	5777

注：1. 妇联干部数统计范围：省、市、县（市、区）、乡镇（街道），含行政、事业编制。团体会员统计范围：省、市、县（市、区）。妇联执委统计范围：省、市、县（市、区）、乡镇（街道）、村（社区），含专兼职正副主席。

2. 2017 年江苏省全面完成村妇代会改建妇联工作，因此调整基层妇代会表述。

a) Statistics of cadres cover province, municipality, county(city, district), township(street), including adminstrative and public establishment. Statistics of memberships cover province, municipality, county(city, district). Statistics of executive committee members cover province, municipality, county(city, district), township(street), village(community), including chairmen and vice-chairmen of full-time and part-time.

b) The transformation from rural women's congress into women's federation completed in 2017. The expression of rural women's congress has been adjusted.

17－13 公安机关立案的刑事案件情况

Criminal Cases Registered in Public Security Organs

案件类别	Category of Cases	立案（起） Number of Cases Registered(case)		构成（%） Composition(%)	
		2020	2021	2020	2021
合　计	**Total**	**358672**	**394784**	**100.0**	**100.0**
杀　人	Homicide	269	267	0.08	0.068
伤　害	Injury	3595	4557	1.03	1.154
抢　劫	Robbery	289	307	0.14	0.078
强　奸	Rape	1865	2345	0.44	0.594
拐卖妇女儿童	Abducting Women or Children	18	38	0.01	0.01
盗　窃	Larceny	165885	161306	62.66	40.859
诈　骗	Fraud	134647	139607	22.74	35.363
走　私	Smuggling	2	4		0.00
伪造、变造货币，出售、购买、运输、持有、使用假币	Forging Currency, Selling, Buying, Transporting, Holding and Using Counterfeit Currency	26	69	0.02	0.017
毒品刑事犯罪	Criminal offence of Drug	1749	1354	0.66	0.343
抢　夺	Robbery and Snatch	295	135	0.14	0.034
信用卡诈骗	Credit Card Fraud	455	214	0.32	0.054
其　他	Others	49577	84581	11.76	21.425

17－14 公安机关受理、查处治安案件情况

Cases of Offence against Public Order Handled by Public Security Organs

单位：件　　　　(case)

案件类别	Category of Cases	2020		2021	
		受理 Number of Cases Accepted	查处 Number of Cases Investigated and Treated	受理 Number of Cases Accepted	查处 Number of Cases Investigated and Treated
合　计	**Total**	**950640**	**915757**	**1087262**	**1044713**
扰乱公共场所秩序	Disturbing the Orders in Public Venues	15951	15462	16668	16075
寻衅滋事	Causing Quarrels and Making Troubles	4587	4390	4967	4759
非法携带枪支、弹药、管制刀具	Violation of Firearms Control Regulations	2225	299	1082	1064
违反危险物质管理规定	Violation of Explosives Control Regulations	3386	3319	3523	3400
殴打他人	Battering Other Persons	369467	361838	434137	426647
盗　窃	Stealing Property	224232	211046	253972	237297
诈骗、抢夺、敲诈勒索	Swindling, Robbery and Snatch and Extortion and Blackmail	67310	62870	81320	75563
伪造、变造、倒卖有价票证、凭证	Forge, Alter, Scalp Valuable Coupons or Certificates	270	236	353	311
利用迷信活动危害社会	Endangering the Society through Superstition	213	189	201	189
卖淫、嫖娼	Prostitution or Soliciting Prostitutes	6800	6753	7625	7530
赌　博	Gambling	17137	16564	18467	17736
其　他	Others	239062	232791	264947	254142

17-15 火灾事故情况
Basic Statistics on Fire Accidents

项目 Item		合计 Total		按事故发生程度分 By Degree							
				特大 Extraordinarily Severe		重大 Severe		较大 Major		一般 Ordinary	
		2020	2021	2020	2021	2020	2021	2020	2021	2020	2021
发生数（起）	Number of Fire Accidents (case)	54062	66557					6	1	54056	66556
死亡人数（人）	Number of Deaths (person)	90	74					23	3	67	71
受伤人数（人）	Number of Injuries (person)	63	106					4		59	106
直接财产损失（万元）	Direct Property Losses (10 000 yuan)	35961	48606					1220	10	34742	48596
人口火灾发生率（1/10万人）	Incidence of Fire Accidents (per 100 000 persons)	63.79	78.54								
平均每起事故损失（元）	Average Loss per Fire (yuan)	6652	7303					2032594		6427	7302

17－16 人民检察院审查批准、决定逮捕犯罪嫌疑人和提起公诉被告人情况（2021年）

Satistics on Examination, Approval and Arrest of Criminal Suspects and Indict the Defendants by People's Procuratorate (2021)

案件分类	Category of Cases	批捕、决定逮捕 Total of Arrests		决定起诉 Total of Public Prosecutions	
		件 (case)	人 (person)	件 (case)	人 (person)
合计	**Total**	**18319**	**25198**	**73030**	**105269**
公安、安全、监狱机关提请	**Sub-total of Requests by Departments of State and Public Security and Prisons**	**18314**	**25193**	**72143**	**104286**
危害国家安全案	Offences Against State Security	15	18	14	16
危害公共安全案	Offences Against Public Security	641	666	27796	28595
破坏社会主义市场经济秩序案	Offences Against Socialist Market Economic Order	1438	2205	4254	9419
侵犯公民人身、民主权利案	Offences Against Citizens' Personal and Democratic Rights	3396	3765	6418	7852
侵犯财产案	Offences Against Properties	7171	9525	19322	28282
妨害社会管理秩序案	Offences Against Social Management of Order	5647	9008	14332	30114
危害国防利益案	Offences Against National Defense	6	6	7	8
监察委移交案件	**Case Transferred by Committee of Supervisory**	**5**	**5**	**887**	**983**
贪污贿赂案	Offences on Corruption and Bribery	1	1	830	923
渎职案	Offences on Dereliction of Duty	4	4	57	60

17－17 人民检察院处理申诉案件情况（2021 年）
Appeals Cases Handled by People's Procuratorate（2021）

单位:件 (case)

案件分类	Category of Cases	受案 Cases Accepted	立案复查 Cases Registered for Reinvestigation	结案 Cases Settled	#改变原决定 Original Decision Changed	提请抗诉 Submitting Procuratoral Appeal	提出抗诉 Presenting Protest Appeal	提出再审检察建议 Giving Retrial Procuratorate Suggestion	不予抗诉 Refusing Procuratoral Appeal	指令下级院抗诉 Command the Lower Court to Protest
合计	**Total**	**582**	**233**	**185**	**1**	**6**	**1**	**2**	**25**	**0**
不服检察机关处理决定	Appeals against Decision of Procuratorate's Offices	227	159	121	1					
不服不批捕	Appeals against Rejection of Arrest	4	3	3						
不服不起诉	Appeals against Rejection of Prosecuting	195	150	114						
不服撤案	Appeals against Withdrawal of the Case	2	0	0						
不服原免予起诉	Appeals against Original Exemption of Lawsuit	0	0	0						
其他	Others	26	6	4						
不服法院刑事判决裁定	Appeals against Judgment of Criminal Case	355	74	64		6	1	2	25	0
危害国家安全罪	Offences Against State Security									
危害公共安全罪	Offences Against Public Security	38	8	8				3	4	
破坏社会主义市场经济秩序罪	Offences Against Socialist Economic Order	41	4	3		1			1	
侵犯公民人身权利民主权利罪	Offences Against Citizens' Personal and Democratic Rights	92	15	13		3		1	9	
侵犯财产罪	Offences Against Properties	82	25	20		1		11	4	
妨害社会管理秩序罪	Offences Against Social Management of Order	60	16	16		1	1	6	6	
危害国防利益罪	Offences Against National Defense	0	0	0						
军人违反职责案件	Crimes of Soldiers Violating Military Duties Cases	0	0	0						
贪污贿赂罪	Offences on Corruption and Bribery	39	6	4				2	1	
渎职罪	Offences on Dereliction of Duty	3	0	0						

注:不服法院刑事判决裁定及其分项无"改变原决定分类"。

a) Appeals against Judgment of Criminal Case and its subentries do not include Original Decision Changed.

17－18　人民法院审理刑事一审案件收结案情况
First Trial Criminal Cases Accepted and Settled by People's Courts

单位:件　　(case)

项　目	Item	2019 收案 Cases Accepted	2019 结案 Cases Settled	2020 收案 Cases Accepted	2020 结案 Cases Settled	2021 收案 Cases Accepted	2021 结案 Cases Settled
合 计	**Total**	**81019**	**80439**	**77352**	**77175**	**73087**	**74603**
危害公共安全罪	Offences Against Public Security	26035	26005	27934	27501	27487	27810
破坏社会主义市场经济秩序罪	Offences Against Socialist Economic Order	5906	5819	5256	5295	4253	4574
侵犯公民人身权利民主权利罪	Offences Against Citizens' Personal and Democratic Rights	8202	8121	6823	6931	6612	6704
侵犯财产罪	Offences Against Properties	24560	24384	23410	23258	19837	20648
妨害社会管理秩序罪	Offences Against Social Management of Order	15577	15347	13064	13316	13986	13933
危害国防利益罪	Offences Against National Defense	12	12	6	6	7	7
贪污贿赂罪	Offences on Corruption and Bribery	654	649	775	764	846	881
渎职罪	Offences on Dereliction of Duty	68	99	77	97	50	46
其他	Others	5	3	7	7	9	0
合计中含自诉案件	Private Prosecution Among the Total	551	475				

注:结案含上年旧存(下同)。

a) Data of cases settled include cases turned over from previous year (The same applies to the following tables).

17－19　人民法院审理民事一审案件收结案情况(2021年)
First Trial Civil Cases Accepted and Settled by People's Courts (2021)

单位:件　　(case)

项　目	Item	收案 Cases Accepted	结案 Cases Settled	调解 Mediation	判决 Judgment	驳回 Reject	撤诉 Withdrawal	其他 Others
合 计	**Total**	**986718**	**968253**	**269525**	**427932**	**17309**	**238461**	**15026**
人格权纠纷	Personality Disputes	11575	11734	2892	5934	141	2662	105
婚姻家庭、继承纠纷	Disputes of Marriage, Family and Inberitance	118992	117052	52800	38248	722	24033	1249
物权纠纷	Property Rights Disputes	22122	21767	4177	8649	1433	7096	412
合同、准合同纠纷	Contract and Quasi-contract Disputes	624049	614454	161529	276185	11888	156279	8573
知识产权与竞争纠纷	Intellectual Property Rights and Competition Disputes	28249	26374	3242	7985	176	14209	762
劳动争议、人事争议	Labor Disputes, Personnel Disputes	43846	43771	14815	19445	1037	7418	1056
海事海商纠纷	Maritime Disputes	1236	1235	283	473	22	446	11
与公司、证券、保险、票据等有关的民事纠纷	Civil Disputes Relating to Companies, Securities, Insurance, Bills, etc	43001	40098	7641	18716	966	10322	2453
侵权责任纠纷	Tort Liability Dispute	89617	87750	22132	49867	486	14910	355
非诉讼程序纠纷	Non-Litigious Procedure Dispute	0	0	0	0	0	0	0
特殊诉讼程序纠纷	Special Litigious Procedure Dispute	4031	4018	14	2430	438	1086	50

17-20 人民法院行政一审案件收结案情况（2021 年）

First Trial Administrative Cases Accepted and Settled by People's Courts (2021)

单位:件 (case)

项目 Item		收案 Cases Accepted	结案 Cases Settled	维持 Affirming Original Judgement	撤销 Repeal	驳回 Reject	撤诉 With-drawal	其他 Others
合计	**Total**	**18060**	**17287**			**4326**	**4340**	**1531**
土地等资源	Land	1642	1643			616	367	126
公安	Public Security	2179	2193			362	667	214
城建	City Construction	4456	4265			1411	977	434
交通运输	Traffic and Transport	80	122			21	28	11
工商	Industry and Commerce	387	406			104	153	16
环保	Environment Protection	175	185			31	67	9
计划生育	Family Planning	2	2			0	0	0
税务	Tax	62	70			22	18	7
卫生	Health	83	87			24	20	6
乡政府	Townships Government	2095	1836			389	376	267
劳动和社会保障	Labour and Social Security	2316	2318			255	685	67
其他	Others	4583	4160			1091	982	374

注:1. 行政一审案件包括行政赔偿一审案件。
2. 2021 年起单独赔偿案件不单独统计,年鉴中已删除该分类。

a) First trial administrative cases include first trail administrative compensation cases.

b) Administrative compensation cases have not been counted separately since 2021. This category has been deleted from the yearbook.

主要统计指标解释

民政事业费支出 指报告期内本辖区各项民政事业费实际支出的总数额。包括抚恤事业费、军队移交地方安置的离退休人员费用、社会救济福利事业费、救灾支出以及其他民政事业费。

城镇居民最低生活保障人数 指在报告期末家庭平均收入在当地规定的最低生活保障线以下的城镇居民数。包括"三无"对象、失业人员和在职、下岗、退休人员等。

农村居民最低生活保障人数 指报告期末在建立农村最低生活保障制度的地区,得到当地政府或集体给予最低生活保障的农业人口数。

农村传统救济人数 指未开展最低生活保障制度的农村地区,仍沿用传统救济制度救济贫困人口数。

收养性福利单位 指荣誉军人康复医院、复员军人疗养院、复退军人精神病院、光荣院、社会福利院、儿童福利院、精神病福利院、城镇老年福利机构、农村老年福利机构以及其他收养性单位的总称。

社会福利企业 指以集中安置有一定劳动能力的残疾人就业为目的(残疾职工占生产人员10%以上)、带有社会福利性质的特殊企业的总称。

律师 指受聘参加法律顾问处工作,担任法律顾问、刑(民)事代理人、刑事辩护人,办理非诉讼事件、解答法律询问,代写法律事务文书等主要从事律师业务的专职法律工作者和兼职律师。

公证人员 指在国家公证机关依法办理公证事务的司法人员,包括公证员、助理公证员和在公证处工作的其他人员。

办理公证文书 指公证处在一定时期内办结的公证文书件数。公证文书按司法部规定或批准的格式制作,包括国内公证和涉外公证两部分。国内公证分为经济合同公证和民事法律关系公证两大类。

调解人员 指在人民调解委员会担负调解民间一般民事纠纷和轻微违法行为引起纠纷的工作人员,包括调解委员会的委员和调解小组的调解员。

调解民间纠纷 指调解委员会依照法律规定,根据自愿原则,用说服教育的方法调解民间发生的有关民事权利和义务的争执,促成当事双方达到协议和谅解,解决纠纷。包括婚姻家庭纠纷,财产权益纠纷等,不包括法院受理调解的民事案件数。

决定逮捕 指检察机关对直接受理、自行侦查的案件,认为需要逮捕犯罪嫌疑人时,依据法律作出的逮捕决定。

批准逮捕 指检察机关对公安机关、国家安全机关、监狱管理机关提出逮捕的犯罪嫌疑人进行审查,根据事实,依法作出逮捕决定。

决定起诉 指检察机关对公安机关、国家安全机关、监狱管理机关和检察机关内设机构反贪污贿赂部门移送起诉的刑事犯罪嫌疑人进行审查,根据事实,依法向人民法院提起公诉。

Explanatory Notes on Main Statistical Indicators

Expense's for Civil Adminstration refer to the total actual expenses of various civil affairs in areas under administration during reporting period. They include pension expenses, retirees' expenses for the army transferred to local areas for settlement, social relief and welfare expenses, expenses of disaster relief and other expenses on civil affairs.

Population on Subsistence Allowances for Urban Residents refer to the population of urban residents whose avarge income under the subsistence allowances of local regulation during reporting period. They include people without identification papers, a normal residence permit and a source of income, unemployed people, in-service workers, laid-off workers and retirees.

Population on Subsistence Allowances for Rural Residents refer to popluation of rural residents who receive the subsistence allowances from local government or group. These areas have set up the system of subsistence allowances during reporting period.

Population on Traditional Relief in Rural refers to population of poverty people still follow the system of traditional relief. These areas have not set up the system of subsistence allowances.

Adoptive Welfare Institutions refer to rehabilitation hospitals for glory soldiers, convalenscent homes for demobilized soldiers, mental hospitals for demobilized soldiers and ex-soldiers, homes for disabled veterans, social welfare institutions, children welfare, mental welfare, welfare institutions for urban elderly people welfare institutions for rural elderly people and other adoptive welfare institutions.

Social Welfare Enterprises refers to special enterprises with the intention of arranging for disabled people with certain labor ability(the proportion disabled employees above 10%). These special enterprises also have the nature of social welfare.

Lawyers are legal workers who are employed full time by legal advisory office to act as a legal advisors, agents in criminal(civil) lawsuits or defenders in criminal lawsuits, or to handle non-litigious legal affairs, to advise on matters of law or to write legal papers for others. Both full time and part time lawyers are included.

Notary Personnel refers to judicial workers of the state notary offices handling notarization work according to law. They include notaries, assistant notaries and other people working for notary offices.

Notary Documents refer to documents settled by notary offices for a set period of time. The notary documents are drawn up in accordance with the regulations of the Ministry of Justice, including domestic documents and foreign-related documents. Domestic documents are divided into two major categories, documents on economic contracts and documents on civil legal relation.

Mediators refer to workers on people's mediation committees responsible for mediating in civil disputes and cases of slight infraction of the law. They include members of the mediation committees and mediators of mediation groups.

Mediation of Civeil Disputes refers to people's mediation committees, inaccordance with laws and the wluntary principal, mediate civil dispntes related to civil rights and obligations by the method of persuasion. They contribute to come to agreements and understandings, then settle disputes. They include marriage and family disputes, property rights disputes and so on. They do not include civil cases accepted and settled by People's Courts.

Decision on Arrest refers to decision made by procuratorate office, in accordance with laws, to arrest the suspect(s) in the cases that are accepted and to be investigated by procurators office.

Approval for Arrest refers to the decision made by procuratorate office, in accordance with laws and relevant facts and after due investigation, to approve the arrest of the suspect(s) as proposed by the public security departments, state security departments or authority of prisons.

Decision on Prosecution refers to the decision made by procuratorate office, in accordance with laws and relevent facts, to prosecute to the people court against the suspect(s) of criminal cases handed by the public security departments, state security departments or authority of prisons, or by the anti-corruption and bribery departments of the procurators office.

18

城市经济与建设

Urban Economy and Construction

简 要 说 明

一、本篇资料的主要内容

本篇资料反映城市建设基本情况、城市经济社会发展情况。

二、本篇资料来源

城市建设数据来自住房与城乡建设部门及交通运输部门;城市经济社会发展统计数据来自市县社会经济基本情况统计年报,部分数据为初步核算数。

Brief Introduction

I. Main Contents

Data in this chapter reflect the basic conditions of city construction, city economic and social development.

II. Sources of Data

Data of city construction are provided by the Ministry of Housing and Urban-rural Development, Ministry of Communications. Data of city economic and social development come from cities and counties in basic socio-economic statistics annual report, and part of the data are preliminary statistics.

18－1 城市公用事业基本情况
Basic Statisics on City Public Utilities

指　标	Item	2015	2016	2017	2018	2019	2020	2021
城市基本情况	**Basic Condition of City**							
建成区面积　（平方公里）	Areas of Built Districts (sq. km)	4189	4299	4427	4558	4648	4787	4858
城市人口密度（人/平方公里）	Population Density of City Districts (person/sq. km)	2034	2057	2092	2176	2221	2240	2278
供水、供气	**Water Supply and Gas Supply**							
自来水年供水量　（亿吨）	Annual Volume of Tap Water Supply (100 million tons)	50.68	53.31	54.00	56.02	59.99	58.76	63.77
#生活用水量	Water Consumption for Daily life	23.09	24.67	25.21	26.32	27.14	28.37	29.83
平均每人日生活用水（升）	Per Capita for Daily Life per person Water Comsuption (litre)	210.74	215.39	215.20	214.01	217.15	220.69	226.15
用水普及率　（%）	Coverage of Urban Population with Access to Tap Water (%)	99.8	99.9	100.0	100.0	100.0	100.0	100.0
煤气（天燃气）供气量（亿立方米）	Coal Gas and Natural Gas Supply (100 million cu. m)	96.98	96.25	108.75	123.87	133.22	143.78	158.89
#家庭用量	Consumption for Household Use	17.32	19.33	20.16	24.41	27.57	31.08	33.11
煤气（天燃气）管道长度（公里）	Length of Gas Pipelines (km)	61125	66599	71881	81809	89338	95315	109014
液化气家庭用量　（万吨）	Consumption of Liquefied Gas for Household Use (10 000 tons)	59.12	31.45	39.13	34.43	32.74	31.45	32.87
燃气普及率　（%）	Coverage of Urban Populatrou with Access to Gas (%)	99.6	99.5	99.7	99.8	99.8	99.9	99.9
市政工程	**Municipal Engineering**							
年末实有道路长度（公里）	Length of Paved Roads at Year-end (km)	40749	44999	47112	47973	49056	50861	53304
平均每万人拥有道路长度（公里）	Length of Paved Roads per 10 000 persons (km)	13.26	14.32	14.65	14.19	14.22	14.41	14.69
年末实有道路面积（万平方米）	Area of Paved Roads at Year-end (10 000 sq. m)	75052	79733	82379	85212	87686	90570	93965
人均拥有道路面积（平方米）	Per Capita Area of Paved Roads (sq. m)	24.42	25.37	25.62	25.20	25.41	25.60	25.60
排水管道长度　（公里）	Length of Sewer Pipelines (km)	70048	72823	76886	80649	83943	88001	92127
建成区排水管道密度（公里/平方公里）	Density of Drainage Pipelines (km/sq. km)	16.72	16.94	13.59	14.20	14.08	14.86	15.51
公共交通	**Public Traffic**							
公共汽（电）车总数　（辆）	Number of Public Buses and Trolley Buses in Operation (unit)	39729	39855	41558	44186	49074	46683	47372
平均每万人拥有公共汽（电）车　（辆）	Number of Public Buses and Trolley Buses per 10 000 persons (unit)	15.1	15.5	16.0	16.6	17.1	17.6	17.4
出租汽车　（万辆）	Taxis (10 000 units)	6.11	5.45	5.35	5.26	5.70	5.06	4.89
城市绿化	**City Greening**							
公园绿地面积　（公顷）	Area of Parks Green Land (hectare)	44713	46476	48060	49580	51683	54270	56620
人均公园绿地面积（平方米）	Per Capita Area of Parks and Green Land (sq. m)	14.55	14.79	14.95	14.66	14.98	15.34	15.60
公园面积　（公顷）	Area of Parks (hectare)	25935	29076	30141	30546	31423	33106	34943
环境卫生	**Environmental Sanitation**							
清运生活垃圾（万吨）（万吨）	Volume of Garbage Disposal (10 000 tons)	1456.07	1562.31	1731.64	1718.02	1809.56	1870.53	1903.60
每万人拥有公厕　（座）	Number of Public Toilets per 10 000 persons (unit)	3.82	3.86	4.00	4.13	4.14	4.24	4.21

注：1. 2011 年起，煤气、天燃气供气量统计口径调整。

2. 2017 年起，建成区排水管道密度（公里/平方公里）统计口径调整。

a) The statistical caliber of coal gas and natural gas supply has been adjusted since 2011.

b) The statistical caliber of density of drainage pipelines(km/sq. km) in built districts has been adjusted since 2017.

18-2 城市自来水情况
Basic Statistics on Tap Water Supply in Cities

年份 Year 城市 City	综合生产能力（万吨/日）General Production Capacity (10 000 tons/day)	全年供水总量（万吨）Total Aunual Volume of Tap Water Supply (10 000 tons)	#生产用水量 For Daily Consumption	#生活用水量 For Production Use	用水人口（万人）Number of Population with Access to Tap Water (10 000 persons)	人均日生活用水量（升）Per Capita Daily Cosumption of Tap Water (liter)	城市人口用水普及率（%）Coverage of Urban Population with Access to Tap Water (%)
1978	112.3	35056	20073	12013	347.2	94.8	83.6
1980	142.6	45221	26005	16323	463.0	89.0	92.2
1985	218.9	76609	40908	29280	585.4	137.0	89.0
1989	856.3	233848	167472	54326	896.6	166.0	88.3
1990	941.7	256664	181543	62369	968.0	176.4	91.3
1991	1056.1	282691	201088	68287	1049.2	178.3	93.8
1992	1191.4	317812	224575	77010	1158.6	182.1	96.0
1993	1299.5	342780	239520	83041	1238.6	183.7	97.1
1994	1368.9	358696	243332	93030	1212.3	210.2	98.7
1995	1388.7	382325	190471	105192	1277.5	225.6	98.9
1996	1424.4	349423	192948	135429	1300.7	285.3	99.0
1997	1457.1	343106	189889	131650	1346.1	267.9	99.3
1998	1543.6	358999	199055	137663	1388.0	271.8	99.2
1999	1585.5	339066	173487	138264	1425.4	265.8	99.1
2000	1641.6	353366	172552	145707	1503.1	265.6	99.2
2001	1698.5	332155	156019	156717	1745.2	246.0	91.0
2002	1803.7	380991	182591	168929	2048.7	225.9	89.0
2003	1835.0	380395	174834	171830	2167.7	217.2	91.9
2004	1871.4	392462	179602	179068	2273.7	215.8	94.0
2005	1977.6	390460	161320	185906	2408.5	211.5	96.3
2006	2166.8	472128	225805	164928	2209.1	204.6	99.2
2007	2334.7	452628	198647	167341	2300.9	199.5	99.5
2008	2356.9	436597	187915	173506	2331.5	205.0	99.9
2009	2534.1	449037	185461	183641	2443.9	207.2	99.7
2010	2714.7	482821	204878	197408	2515.6	220.4	99.6
2011	2757.2	477044	198830	206120	2660.5	212.3	99.6
2012	2749.8	492791	200532	219008	2785.1	215.4	99.7
2013	2902.6	489286	194884	220130	2875.2	209.8	99.7
2014	2961.6	488062	184371	227293	2970.7	209.6	99.8
2015	3104.1	506807	193679	236039	3068.6	210.7	99.8
2016	3369.7	533098	201351	246698	3138.0	215.4	99.9
2017	3445.2	540034	202144	252031	3214.9	215.2	100.0
2018	3491.2	560242	203467	263207	3380.9	214.0	100.0
2019	3472.5	599976	201721	271886	3450.6	217.1	100.0
2020	3490.4	587581	183945	283695	3538.0	220.7	100.0
2021	3608.2	637702	209128	298346	3628.5	226.1	100.0
南京市区 Nanjing Urban Area	707.8	148761	39687	81356	692.8	322.7	100.0
无锡市区 Wuxi Urban Area	269.5	51815	23124	20736	283.8	200.2	100.0
徐州市区 Xuzhou Urban Area	160.6	43124	13739	9184	207.5	121.5	100.0
常州市区 Changzhou Urban Area	222.6	39872	13743	19841	214.4	253.6	100.0
苏州市区 Suzhou Urban Area	456.6	83320	32603	41508	483.9	235.0	100.0
南通市区 Nantong Urban Area	217.5	36667	10835	17426	209.0	228.5	100.0
连云港市区 Lianyungang Urban Area	64.0	15248	3294	9111	105.6	236.7	100.0
淮安市区 Huai'an Urban Area	132.0	24898	9447	10336	170.3	177.7	100.0
盐城市区 Yancheng Urban Area	119.1	13709	2844	7838	143.5	149.7	100.0
扬州市区 Yangzhou Urban Area	124.3	24453	4356	9373	123.1	209.9	100.0
镇江市区 Zhenjiang Urban Area	80.0	15400	5906	7146	89.0	220.0	100.0
泰州市区 Taizhou Urban Area	53.4	12545	3518	7111	99.3	197.3	100.0
宿迁市区 Suqian Urban Area	57.0	10992	4305	4352	89.8	133.1	100.0

18－3　城市煤气、液化石油气情况

Basic Statistics on Supply of Gas and Liquefied Petroleum Gas in Cities

年份 Year 城市 City	全年供气总量 Volume of Gas Supply			家庭用气量 Consumption for Household Use			用气人口（万人） Population with Access to Gas (10 000 persons)			燃气普及率（%）
	煤气（万立方米） Coal Gas (10 000 cu. m)	天然气（万立方米） Natural Gas (10 000 cu. m)	液化石油气（吨） Liquefied Petroleum Gas (ton)	煤气（万立方米） Coal Gas (10 000 cu. m)	天然气（万立方米） Natural Gas (10 000 cu. m)	液化石油气（吨） Liquefied Petroleum Gas (ton)	煤气 Coal Gas	天然气 Natural Gas	液化石油气 Liquefied Petroleum Gas	Coverage of Urban Populatiou with Access to Gas (%)
1978	11756		23666	1592		22043	15.7		48.4	15.7
1980	11401		32591	2215		31350	20.0		69.6	17.8
1985	13155		42495	3851		38834	39.9		76.2	17.9
1989	140497		190471	13429		105671	93.0		186.1	32.5
1990	142681		216936	15902		122691	101.2		219.3	36.8
1991	142665		252342	17750		137780	116.3		261.2	41.9
1992	147625		337456	20943		190861	131.0		373.1	53.3
1993	153994		442089	23774		258003	150.6		498.0	63.5
1994	184552		574191	26281		337126	180.3		558.8	74.1
1995	282227		436131	30877		361990	213.4		637.3	81.8
1996	271852		543989	35837		468838	243.3		701.2	86.6
1997	274853		468106	34055		392574	244.1		746.2	87.8
1998	331580		620344	34797		430131	271.1		798.3	93.0
1999	350299		667556	41206		427971	323.9		814.1	94.9
2000	362606		705010	39141		492377	324.7		882.9	95.8
2001	376025		780527	44685		523600	373.2		1200.3	82.0
2002	788537		1252001	38761		632199	361.1		1600.0	85.2
2003	802430		1357710	47369		687358	405.8		1673.5	88.6
2004	1027886		1226675	40926		708033	333.8		1712.1	92.0
2005	1290834		1110300	27831		649936	234.1		1720.0	93.3
2006	1420015	155940	1042278	18120	22710	591415	177.1	574.9	1408.8	97.1
2007	1633281	254507	999243	13228	39383	548113	146.1	699.8	1407.3	97.4
2008	1554953	299726	931734	12518	62207	578762	123.2	841.7	1328.2	98.2
2009	1728890	343544	865663	11741	53244	531023	135.5	1029.6	1248.1	98.4
2010	1931995	472309	766586	9664	79160	471731	89.8	1299.7	1115.0	99.1
2011	10310	591493	766635	9270	99133	464117	45.8	1557.5	1042.6	99.0
2012	4889	691763	735757	3883	121988	502258	27.5	1743.6	1006.5	99.4
2013	3940	765869	700765	2270	140471	458823	9.0	1906.6	956.6	99.6
2014	612	842071	651779	470	147899	390403	9.0	2125.0	828.9	99.5
2015		969799	593577		173196	358045		2345.7	714.6	99.6
2016		962542	515611		193326	314482		2505.6	622.3	99.5
2017		1087514	577137		201551	391296		2625.7	581.4	99.7
2018		1238706	575121		244109	344335		2918.0	457.1	99.8
2019		1332189	558223		275725	327391		3016.5	426.2	99.8
2020		1437794	525335		310763	314541		3172.7	362.4	99.9
2021		1588946	569194		331132	328700		3305.5	320.1	99.9
南京市区 Nanjing Urban Area		153394	56080		65599	19687		644.4	46.2	99.7
无锡市区 Wuxi Urban Area		125961	27164		27638	14201		270.7	13.1	100.0
徐州市区 Xuzhou Urban Area		52250	20012		14941	4708		195.7	11.8	100.0
常州市区 Changzhou Urban Area		159838	37085		16299	2412		210.2	4.2	100.0
苏州市区 Suzhou Urban Area		139919	64493		32972	43533		418.3	65.6	100.0
南通市区 Nantong Urban Area		62827	45161		12149	29170		193.2	15.8	100.0
连云港市区 Lianyungang Urban Area		69228	19400		14147	16798		97.7	7.8	100.0
淮安市区 Huai'an Urban Area		36467	22035		16198	17196		156.0	14.3	100.0
盐城市区 Yancheng Urban Area		26239	28506		21774	21288		129.7	13.9	100.0
扬州市区 Yangzhou Urban Area		24284	16757		12319	12077		114.5	7.9	99.4
镇江市区 Zhenjiang Urban Area		55454	21502		8102	9135		73.1	15.9	100.0
泰州市区 Taizhou Urban Area		58050	12018		6539	9851		84.5	14.8	100.0
宿迁市区 Suqian Urban Area		32574	3898		4982	2195		87.1	2.7	100.0

18－4 城市市政工程情况
Basic Statistics on Municipal Infrastructure in Cities

年份 Year 城市 City	年末实有道路长度（公里）Length of Paved Roads at Year-end (km)	年末实有道路面积（万平方米）Area of Paved Roads at Year-end (10 000 sq. m)	排水管道长度（公里）Length of Sewer Pipelines (km)	城市污水日处理能力（万吨）Daily Diposal Capacity of City Sewage (10 000 tons)	城市路灯盏数（千盏）Number of Street Lights (1 000 units)	人均拥有道路面积（平方米）Per Capita Area of Paved Roads (sq. m)	建成区排水管道密度（公里/平方公里）Density of Sewer Pipelines in Built Districts (km/sq. km)	污水处理率（%）Waster Water Treatment Rate (%)
1978	1893	1154	1503					
1980	1881	1160	1650	0.1	48	2.3		0.2
1985	2437	1623	2277	1.8	71	2.5	5.3	0.6
1989	5272	6607	3782	91.3	122	7.7	5.7	23.0
1990	5812	5672	4099	103.5	129	6.3	5.7	16.4
1991	5658	5216	4872	133.2	144	5.8	5.4	13.4
1992	6781	6587	5721	155.5	165	7.0	5.6	16.7
1993	7090	7581	6653	160.7	194	7.4	4.7	22.9
1994	6150	7094	7019	236.7	194	7.1	6.0	31.8
1995	8163	8669	8262	273.5	215	8.3	7.5	38.7
1996	8552	9711	8860	390.3	256	8.9	7.5	42.7
1997	9440	10438	8812	434.3	290	9.3	7.1	47.5
1998	9618	11336	9574	589.3	328	9.8	7.6	49.3
1999	10066	12283	10382	632.9	381	10.2	8.0	58.1
2000	11011	13357	11097	712.9	437	10.6	8.0	61.8
2001	16702	20309	13974	736.7	549	10.6	9.0	65.3
2002	22656	26987	16744	800.4	753	11.7	8.6	66.0
2003	25541	31859	20343	906.6	971	13.5	9.6	69.9
2004	26598	35596	25537	1017.8	1169	14.7	11.3	76.1
2005	28674	40830	28568	1084.7	1296	16.3	12.0	77.7
2006	27058	41623	31215	1224.9	1501	18.7	12.1	81.8
2007	28456	44595	34050	1184.1	1701	19.3	12.6	84.4
2008	28761	47330	38062	1432.2	1660	20.3	13.1	84.1
2009	30003	50075	42826	1411.2	1982	20.4	14.1	85.4
2010	31899	53723	46867	1590.0	2174	21.3	14.3	87.6
2011	32491	58405	51735	1555.5	2331	21.9	14.8	89.9
2012	34966	62438	56887	1564.5	2727	22.4	15.6	90.7
2013	36975	66970	62194	1606.5	2877	23.2	16.3	92.1
2014	39070	71151	66256	1622.4	3198	23.9	19.5	93.5
2015	40749	75052	70048	1673.2	3391	24.4	16.7	93.9
2016	44999	79733	72823	1742.9	3510	25.4	16.9	94.6
2017	47112	82379	76886	1761.6	3538	25.6	13.6	95.3
2018	47973	85212	80649	1870.9	3443	25.2	14.2	95.6
2019	49056	87687	83943	1942.1	3621	25.4	14.1	96.1
2020	50861	90570	88001	1854.7	3663	25.6	14.9	96.8
2021	53304	92965	92127	1815.7	3849	25.6	15.5	97.0
南京市区 Nanjing Urban Area	10594	17863	10860	387.1	595	25.8	12.5	98.2
无锡市区 Wuxi Urban Area	4049	7617	13396	175.3	288	26.8	24.1	98.9
徐州市区 Xuzhou Urban Area	2603	4710	3920	91.0	122	22.7	12.9	93.4
常州市区 Changzhou Urban Area	2804	5133	9309	123.3	313	23.9	24.0	98.2
苏州市区 Suzhou Urban Area	7447	11528	12230	257.5	466	23.8	20.1	96.5
南通市区 Nantong Urban Area	3469	6159	3774	96.5	310	29.5	12.6	96.1
连云港市区 Lianyungang Urban Area	2000	2781	3364	39.4	68	26.4	13.8	97.5
淮安市区 Huai'an Urban Area	2178	4128	3398	76.5	130	24.2	15.7	97.3
盐城市区 Yancheng Urban Area	1702	3818	2183	45.2	272	26.6	6.7	96.6
扬州市区 Yangzhou Urban Area	1861	3281	3632	60.5	134	26.6	18.7	95.2
镇江市区 Zhenjiang Urban Area	1554	2655	2122	49.5	115	29.8	10.6	98.4
泰州市区 Taizhou Urban Area	1505	3139	2372	29.2	187	31.6	14.9	96.4
宿迁市区 Suqian Urban Area	1120	2517	1854	39.0	77	28.0	11.8	98.5

注:2017 年起,建成区排水管道密度(公里/平方公里)统计口径调整。

a) Since 2017, the statistical caliber of density of drainage pipelines(km/sq. km) in built districts area has been adjusted.

18-5 城市园林绿化情况

Basic Statistics on Parks, Gardens and Green Areas in Cities

年份 Year 城市 City	园林绿地面积（公顷）Area of Parks, Gardens and Green Areas (hectare)	#公园绿地 Park Green Areas	建成区绿化覆盖面积（公顷）Coverage of Green Areas in Completed Area (hectare)	公园 Park 个数（个）Number (unit)	公园 Park 面积（公顷）Area (hectare)	人均公园绿地面积（平方米）Per Capita Area of Park Green Areas (sq. m)	建成区面积（平方公里）Areas of Built Districts (sq. km)	建成区绿化覆盖率（%）Green Covered Area Rate in Completed Area (%)
1978	7303			59	786			
1980	6582	1341		72	944	2.7		19.3
1985	7998	1450		83	1030	2.3		20.6
1989	18148	3214	12804	172	2725	3.7		19.2
1990	20337	3447	14112	184	2991	3.8		19.5
1991	19096	3841	16423	201	3071	4.3		18.4
1992	20898	4283	21726	217	2958	4.5		21.4
1993	30174	5882	31133	242	5179	5.8		22.1
1994	33089	6124	34728	241	5396	6.1		29.6
1995	48564	7226	34093	264	5648	6.9		30.8
1996	50558	7528	35964	283	5263	6.9		30.3
1997	52349	8175	38356	287	4831	7.3		30.9
1998	54756	8891	40513	295	4920	7.7		32.3
1999	57386	9581	43725	303	5027	8.0		33.7
2000	60064	10248	45925	313	5159	8.1		33.2
2001	94175	12724	49456	374	5549	6.6	1549	31.9
2002	137702	16252	68413	403	6374	7.1	1939	35.3
2003	145956	18743	74929	446	7317	7.9	2120	35.4
2004	172563	21617	85367	489	9098	8.9	2253	37.9
2005	189070	25687	94778	539	9924	10.3	2379	39.8
2006	152885	25868	107752	492	10608	11.6	2583	41.7
2007	180784	29125	116157	601	11787	12.6	2714	42.8
2008	195460	30645	123801	628	13026	13.1	2904	42.6
2009	214989	32403	127930	590	13740	13.2	3046	42.0
2010	227584	33585	137623	584	12433	13.3	3271	44.1
2011	237486	35634	147157	701	15687	13.3	3494	42.1
2012	247001	38069	154135	783	16465	13.6	3655	42.2
2013	256263	40413	161671	842	18707	14.0	3810	42.4
2014	265543	42901	171265	883	21879	14.4	4020	42.6
2015	274071	44713	179411	942	25935	14.6	4189	42.8
2016	281855	46476	184591	1074	29076	14.8	4299	42.9
2017	285981	48060	190194	1107	30141	15.0	4427	43.0
2018	293765	49580	196610	1133	30546	14.7	4558	43.1
2019	298531	51683	201663	1168	31423	15.0	4648	43.4
2020	305816	54270	208084	1194	33106	15.3	4787	43.5
2021	345866	56620	212293	1243	34943	15.6	4858	43.7
南京市区 Nanjing Urban Area	102877	11212	39037	176	8058	16.2	868	45.0
无锡市区 Wuxi Urban Area	21037	4262	15497	69	4257	15.0	356	43.5
徐州市区 Xuzhou Urban Area	18421	3685	12541	56	2117	17.8	290	43.3
常州市区 Changzhou Urban Area	14074	3196	12239	43	1367	14.9	279	43.9
苏州市区 Suzhou Urban Area	27776	5977	20838	173	2758	12.4	481	43.3
南通市区 Nantong Urban Area	15047	4029	13004	51	816	19.3	300	43.3
连云港市区 Lianyungang Urban Area	22354	1630	9486	24	641	15.4	223	42.5
淮安市区 Huai'an Urban Area	12450	2609	9338	20	1176	15.3	216	43.2
盐城市区 Yancheng Urban Area	10233	2282	7621	64	1385	15.9	173	44.0
扬州市区 Yangzhou Urban Area	10401	2486	8634	116	1922	20.2	192	44.9
镇江市区 Zhenjiang Urban Area	9949	1614	6368	28	627	18.1	147	43.2
泰州市区 Taizhou Urban Area	7597	1638	6838	49	2111	16.5	158	43.2
宿迁市区 Suqian Urban Area	12677	1525	5288	33	1368	17.0	118	45.0

18－6 城市环境卫生情况

Basic Statistics on Urban Environmental Sanitation

年份 Year 城市 City	清扫面积（万平方米）Sweeping Areas (10 000 sq. m)	生活垃圾清运量（万吨）Volume of Garbage Disposal (10 000 tons)	无害化处理厂日处理能力（吨）Day Disposal Capacities of Harmless Disposal Factories (ton)	垃圾粪便年处理量（万吨）Annual Garbages and Night Soil Disposal Cleared (10 000 tons)	环卫机械（辆）Machines of Environment Sanitation (unit)	公共厕所（座）Public Toilets (unit)
1978	503	79			223	3545
1980	601	158			296	3712
1985	1078	159	20		734	4700
1989	2136	262	162		1735	7910
1990	2445	288	385		1322	8072
1991	3068	341	1588	357.3	1604	9974
1992	3432	409	7622	531.7	1785	9265
1993	4095	408	14014	654.1	1998	9162
1994	4240	360	16442	658.8	1736	7095
1995	5429	398	13810	532.5	2072	7263
1996	6252	426	13125	523.9	2144	6932
1997	7085	479	15813	606.0	2351	7675
1998	7589	486	18570	721.4	2407	7486
1999	8221	505	43419	756.0	2458	7337
2000	8773	515	17392	762.9	2569	7393
2001	10971	634	17324	868.1	3800	9532
2002	16101	723	19997	985.9	4573	11016
2003	20874	775	20728	1060.9	4456	10660
2004	22505	808	23569	1106.6	4494	10260
2005	27101	835	24000	1030.5	5094	10591
2006	29409	851	24545	915.7	5447	9165
2007	31072	898	24192	942.8	5589	8520
2008	35418	934	27985	1024.8	5939	9050
2009	36160	957	34570	1048.4	6923	9654
2010	44088	1017	37637	1064.3	7481	9475
2011	46162	1120	42170	1142.0	7984	10134
2012	48098	1210	43113	1258.4	8709	10035
2013	52029	1203	40723	1250.3	9865	10438
2014	55132	1352	50574	1400.7	11227	11178
2015	57992	1456	52816	1518.2	12175	11739
2016	62827	1562	55403	1634.3	13482	12136
2017	67319	1735	60267	1734.6	16820	12934
2018	63905	1718	60665	1718.0	17757	13965
2019	71066	1810	63951	1809.6	19049	14279
2020	69489	1871	83051	1870.5	21351	14961
2021	74920	1904	83304	1903.6	23037	15284
南京市区 Nanjing Urban Area	8453	290	9660	290.5	2609	1039
无锡市区 Wuxi Urban Area	4649	181	9390	180.6	1704	2519
徐州市区 Xuzhou Urban Area	3827	132	4296	132.3	986	903
常州市区 Changzhou Urban Area	3591	134	5190	134.3	1089	1136
苏州市区 Suzhou Urban Area	13132	301	13250	301.0	4773	1195
南通市区 Nantong Urban Area	4547	82	0	82.3	2028	577
连云港市区 Lianyungang Urban Area	2564	77	3390	76.9	662	755
淮安市区 Huai'an Urban Area	3840	77	300	76.9	406	531
盐城市区 Yancheng Urban Area	4169	73	2850	72.6	765	719
扬州市区 Yangzhou Urban Area	2250	72	4690	71.5	391	495
镇江市区 Zhenjiang Urban Area	3076	48	1590	48.0	364	374
泰州市区 Taizhou Urban Area	2802	50	1220	50.0	1170	538
宿迁市区 Suqian Urban Area	2885	39	1600	38.7	674	449

18－7 城市公共汽(电)车、出租汽车情况

Basic Statistics on Buses (Trolley Buses) and Taxis in Cities

年份 Year 城市 City	年末实有公共汽(电)车营运车辆(辆) Number of Public Vehicles in Operation at Year-end (unit)	实有公共汽(电)车营运标准车台(标台) Number of Standard Public Vehicles in Operation (standard unit)	公共汽(电)车营运线路长度(公里) Length of Public Vehicles Routes in Operation(km)	公共汽(电)车客运总量(万人次) Total Passenger Traffic by Public Vehicles (10 000 person-times)	每万人拥有公共交通车辆(标台) Number of Public Vehicales per 10 000 Persons (standard unit)	出租汽车营运车数(辆) Number of Taxi in Operation (unit)
1978	1407		1772			
1980	1605		1920	100671		150
1985	2237		2904	143146		605
1989	2826	3167	4603	135947	3.7	4555
1990	2827	3210	3991	130641	3.6	5775
1991	2968	3727	4229	124409	4.1	5005
1992	4578	4855	6939	120282	5.1	8133
1993	6384	5954	7570	109248	5.8	9838
1994	7367	6808	10127	110921	6.8	12307
1995	8019	7215	13642	95362	7.1	18073
1996	7962	7144	3544	104583	6.6	25403
1997	9665	7916	5684	124805	7.0	32493
1998	12411	10080	5198	157600	8.9	34661
1999	14136	11625	5858	191831	9.7	36613
2000	14838	13341	6896	246314	10.6	36603
2001	16244	14871	7296	224582	7.8	41480
2002	16902	15874	12397	245227	6.9	41933
2003	17822	17015	14696	233586	7.2	40073
2004	19079	19098	15888	263088	7.9	40746
2005	22197	22484	18077	283760	9.1	41476
2006	22002	22898	12121	304669	10.4	42032
2007	23874	26419	16133	322230	11.6	44993
2008	25369	28664	14657	352597	12.4	44708

18－7 续表 Continued

年 份 Year 城 市 City	年末实有公共汽(电)车营运车辆(辆) Number of Public Vehicles in Operation at Year-end (unit)	实有公共汽(电)车营运标准车台(标台) Number of Standard Public Vehicles in Operation (standard unit)	公共汽(电)车营运线路长度(公里) Length of Public Vehicles Routes in Operation(km)	公共汽(电)车客运总量(万人次) Total Passenger Traffic by Public Vehicles (10 000 person-times)	每万人拥有公共交通车辆(标台) Number of Public Vehicales per 10 000 Persons (standard unit)	出租汽车营运车数(辆) Number of Taxi in Operation (unit)
2009	30432	34335	18881	389293	11.7	52282
2010	28687	32927	44941	391856	11.9	52957
2011	30867	35715	50971	424699	12.0	53409
2012	32105	37743	52887	444148	11.7	54464
2013	34176	40463	53903	453366	12.7	56785
2014	36665	43815	57734	461348	14.1	60712
2015	39729	47138	63623	474984	15.1	61120
2016	39855	48090	63982	448734	15.5	54521
2017	41558	49877	69100	449242	16.0	53465
2018	44186	52850	79773	442020	16.6	52559
2019	44976	53571	80629	417860	17.1	51098
2020	46683	55230	83541	265665	17.6	50567
2021	47372	47372	100391	287908	17.4	48902
南京市区 Nanjing Urban Area	8814	8814	12833	59120	21.8	10724
无锡市区 Wuxi Urban Area	5058	5058	11057	30927	18.1	5005
徐州市区 Xuzhou Urban Area	3266	3266	6423	17470	18.6	5060
常州市区 Changzhou Urban Area	3152	3152	6669	14547	17.9	3678
苏州市区 Suzhou Urban Area	10088	10088	18849	54847	21.9	9013
南通市区 Nantong Urban Area	3531	3531	10931	12839	14.9	2420
连云港市区 Lianyungang Urban Area	1435	1435	3367	10884	16.7	1479
淮安市区 Huai'an Urban Area	1834	1834	2616	30273	14.7	1434
盐城市区 Yancheng Urban Area	2121	2121	6178	12523	14.6	1688
扬州市区 Yangzhou Urban Area	2403	2403	5186	8189	19.8	3397
镇江市区 Zhenjiang Urban Area	2052	2052	4198	8385	15.3	2630
泰州市区 Taizhou Urban Area	2399	2399	9650	19979	16.8	1604
宿迁市区 Suqian Urban Area	1219	1219	2434	7925	16.2	770

18－8 主要城市土地面积、人口情况（2021年）
Land Area and Population of Major Cities (2021)

城市 City		土地面积（平方公里） Land Area (sq. km)	年末户籍人口（万人） Registered Population at Year-end (10 000 persons)	#女 Female	年末常住人口（万人） Permanent Population at Year-end (10 000 persons)
南京市区	Nanjing Urban Area	6587	733.73	370.07	942.34
无锡市区	Wuxi Urban Area	1644	281.21	144.17	441.05
徐州市区	Xuzhou Urban Area	3063	345.95	170.44	359.18
常州市区	Changzhou Urban Area	2838	309.62	159.30	454.53
苏州市区	Suzhou Urban Area	4653	396.16	202.75	677.05
南通市区	Nantong Urban Area	3287	313.40	160.80	379.50
连云港市区	Lianyungang Urban Area	3032	225.91	109.55	222.83
淮安市区	Huai'an Urban Area	4476	332.90	163.29	284.11
盐城市区	Yancheng Urban Area	5601	242.09	118.90	238.05
扬州市区	Yangzhou Urban Area	2305	231.97	117.52	265.05
镇江市区	Zhenjiang Urban Area	1088	102.53	51.90	126.97
泰州市区	Taizhou Urban Area	1568	162.84	81.65	173.69
宿迁市区	Suqian Urban Area	2153	178.41	86.92	162.78

18－9 主要城市地区生产总值及指数（2021年）
Gross Domestic Product and Indices of Major Cities (2021)

城市 City		地区生产总值（亿元） Gross Domestic Product (100 million yuan)	第一产业 Primary Industry	第二产业 Secondary Industry	第三产业 Tertiary Industry	人均地区生产总值（元） Per Capita GDP (yuan)	地区生产总值指数（上年=100） Indices of GDP (preceding year =100)
南京市区	Nanjing Urban Area	16355.33	303.94	5902.65	10148.74	174520	107.5
无锡市区	Wuxi Urban Area	7340.74	37.51	3241.06	4062.17	166672	109.2
徐州市区	Xuzhou Urban Area	4087.58	148.95	1777.33	2161.30	113844	108.0
常州市区	Changzhou Urban Area	7546.28	110.07	3550.11	3886.10	166964	109.0
苏州市区	Suzhou Urban Area	10693.98	65.14	4735.10	5893.74	158586	109.0
南通市区	Nantong Urban Area	5633.30	142.00	2634.60	2856.60	150584	109.0
连云港市区	Lianyungang Urban Area	2218.48	153.75	999.14	1065.59	99846	108.5
淮安市区	Huai'an Urban Area	3011.19	222.21	1264.91	1524.08	106144	109.2
盐城市区	Yancheng Urban Area	2645.57	211.84	1118.41	1315.32	111154	107.1
扬州市区	Yangzhou Urban Area	4014.99	110.03	1851.43	2053.53	151879	107.3
镇江市区	Zhenjiang Urban Area	2151.90	31.45	951.59	1168.85	169648	110.3
泰州市区	Taizhou Urban Area	2588.50	79.40	1259.54	1249.56	149365	110.2
宿迁市区	Suqian Urban Area	1376.18	79.64	642.33	654.21	84652	109.7

18－10 主要城市房地产开发投资（2021 年）
Real Estate Development and Investment of Major Cities（2021）

单位:亿元 （100 million yuan）

城市 City		房地产开发投资 Real Estate Development and Investment	#住宅 Resdential Buildings	商品房销售面积（万平方米） Floor Space of Commercial Housing Sold（10 000 sq. m）	#住宅 Resdential Buildings	商品房待售面积（万平方米） Floor Space of Commercial Housing for Sales	#住宅 Resdential Buildings
南京市区	Nanjing Urban Area	2719.80	1932.13	1510.95	1371.39	274.39	117.26
无锡市区	Wuxi Urban Area	1048.31	881.89	1008.06	851.74	241.72	66.78
徐州市区	Xuzhou Urban Area	569.87	475.65	774.10	688.25	80.37	29.58
常州市区	Changzhou Urban Area	880.40	737.33	896.12	668.50	349.56	99.31
苏州市区	Suzhou Urban Area	1737.66	1417.73	1181.38	1096.84	500.86	243.68
南通市区	Nantong Urban Area	799.70	632.87	1174.34	911.38	221.30	65.24
连云港市区	Lianyungang Urban Area	247.48	213.86	429.57	394.61	55.65	22.89
淮安市区	Huai'an Urban Area	346.11	285.98	828.00	698.00	61.00	37.00
盐城市区	Yancheng Urban Area	433.41	325.02	645.14	535.94	166.67	111.61
扬州市区	Yangzhou Urban Area	606.16	436.48	586.60	422.46	141.71	35.22
镇江市区	Zhenjiang Urban Area	186.24	145.91	281.59	264.96	108.37	47.78
泰州市区	Taizhou Urban Area	221.18	184.03	493.38	389.03	25.97	11.19
宿迁市区	Suqian Urban Area	186.29	163.47	320.75	290.49	46.35	11.63

18－11 主要城市工业基本情况（2021 年）
Basic Statistics on Industry of Major Cities（2021）

单位:亿元 （100 million yuan）

城市 City		规模以上工业企业单位数（个） Number of Industrial Enterprises above Designated Size（unit）	#大中型企业 Enterprises of Large and Medium Size	资产总计 Total Assets	负债合计 Total Liabilities	营业收入 Business Revenue	利润总额 Total Profits
南京市区	Nanjing Urban Area	3975	404	16601.04	8994.81	15531.73	1098.91
无锡市区	Wuxi Urban Area	3968	385	11537.39	5641.48	11228.96	848.64
徐州市区	Xuzhou Urban Area	922	104	4202.49	2489.23	3756.52	241.16
常州市区	Changzhou Urban Area	5058	458	12244.13	6392.91	11957.61	679.71
苏州市区	Suzhou Urban Area	5647	882	18792.04	9661.48	18478.70	1200.10
南通市区	Nantong Urban Area	2582	204	5719.96	2840.86	5045.41	352.90
连云港市区	Lianyungang Urban Area	583	68	4032.73	2286.43	2923.00	312.25
淮安市区	Huai'an Urban Area	832	63	1661.22	804.74	1679.49	109.51
盐城市区	Yancheng Urban Area	1297	102	3282.99	2162.36	2792.09	39.96
扬州市区	Yangzhou Urban Area	1709	180	3416.49	1850.75	3252.67	250.54
镇江市区	Zhenjiang Urban Area	790	80	2458.42	1251.86	2212.85	164.69
泰州市区	Taizhou Urban Area	1258	88	2893.89	1643.90	3302.68	162.91
宿迁市区	Suqian Urban Area	651	86	1533.64	823.02	1591.37	112.52

18－12 主要城市财政、金融（2021 年）

Government Finance and Firancial Intermediation of Major Cities (2021)

单位:亿元 (100 million yuan)

城市 City		一般公共预算收入 General Public Budget Revenue	#税收收入 Taxes	一般公共预算支出 General Public Budget Expenditure	人民币存款余额 Balance of RMB Deposits of Finacial Institutions	#住户存款 Deposits of Household	人民币贷款余额 Balance of RMB Loans from Finacial Institutions
南京市区	Nanjing Urban Area	1729.52	1473.31	1817.73	43524.28	10636.78	42718.95
无锡市区	Wuxi Urban Area	784.17	638.11	900.69	13344.23	4856.63	11223.19
徐州市区	Xuzhou Urban Area	319.81	246.99	460.80	6403.06	2624.79	5140.05
常州市区	Changzhou Urban Area	600.78	493.64	661.98	11769.84	4733.02	10392.87
苏州市区	Suzhou Urban Area	1358.21	1169.95	1499.24	23275.99	6983.16	25335.73
南通市区	Nantong Urban Area	416.56	330.75	578.96	8896.16	4416.73	8208.58
连云港市区	Lianyungang Urban Area	192.28	151.29	317.39	3442.70	1223.25	3809.80
淮安市区	Huai'an Urban Area	224.63	178.94	418.81	3655.44	1317.81	3904.17
盐城市区	Yancheng Urban Area	240.05	171.90	447.31	4925.97	1852.25	4905.73
扬州市区	Yangzhou Urban Area	231.72	184.22	439.04	5739.60	2639.70	5126.94
镇江市区	Zhenjiang Urban Area	160.84	116.30	283.78	3223.20	1220.87	3297.18
泰州市区	Taizhou Urban Area	213.49	152.72	310.61	4378.19	1774.43	3896.96
宿迁市区	Suqian Urban Area	142.05	128.81	268.22	2457.99	682.61	2255.06

18－13 主要城市贸易、外经（2021 年）

Domestic Trade and Foreign Economy of Major Cities (2021)

城市 City		社会消费品零售总额（亿元） Total Retail Sales of Consumer Goods (100 million yuan)	进出口总额（亿元） Total Value of Imports and Exports (100 million yuan)	出口 Exports	进口 Imports	实际使用外资（亿美元） Actually Utilzation of Foreign Capital (USD 100 million)	星级饭店数（个） Number of Star Class Hotels (unit)
南京市区	Nanjing Urban Area	7899.41	6366.80	3989.90	2376.90	50.14	60
无锡市区	Wuxi Urban Area	2012.63	4883.95	2962.81	1921.14	25.21	13
徐州市区	Xuzhou Urban Area	1861.12	735.76	606.45	129.31	15.93	11
常州市区	Changzhou Urban Area	2522.37	2904.50	2105.10	799.40	24.79	21
苏州市区	Suzhou Urban Area	4880.88	12996.34	7507.48	5488.86	38.75	29
南通市区	Nantong Urban Area	2028.19	1961.28	1419.22	542.07	17.92	16
连云港市区	Lianyungang Urban Area	754.78	851.97	317.54	534.42	5.70	6
淮安市区	Huai'an Urban Area	1290.44	308.28	208.17	100.11	8.10	14
盐城市区	Yancheng Urban Area	1198.80	736.57	371.61	364.96	8.30	8
扬州市区	Yangzhou Urban Area	1001.75	736.64	554.47	182.17	11.84	19
镇江市区	Zhenjiang Urban Area	654.42	497.40	299.40	198.00	3.67	3
泰州市区	Taizhou Urban Area	714.66	532.51	371.77	160.74	8.25	6
宿迁市区	Suqian Urban Area	742.56	260.52	217.75	42.77	6.30	5

18－14 主要城市电力（2021 年）
Electricity Consumption of Major Cities（2021）

城　市	City	全年用电量（亿千瓦时）Total Consumption of Electricity（100 million kW·h）	#工业用电 Consumption of Industrial Electricity	#城乡居民生活用电 Consumption of Household Electricity
南京市区	Nanjing Urban Area	683.57	350.33	107.55
无锡市区	Wuxi Urban Area	426.77	284.34	50.56
徐州市区	Xuzhou Urban Area	191.00	105.94	34.16
常州市区	Changzhou Urban Area	477.67	357.76	50.26
苏州市区	Suzhou Urban Area	758.28	521.84	85.65
南通市区	Nantong Urban Area	276.65	179.76	40.77
连云港市区	Lianyungang Urban Area	137.56	77.20	20.89
淮安市区	Huai'an Urban Area	161.65	103.71	25.79
盐城市区	Yancheng Urban Area	171.53	112.93	22.80
扬州市区	Yangzhou Urban Area	162.73	100.02	28.10
镇江市区	Zhenjiang Urban Area	139.63	101.77	14.29
泰州市区	Taizhou Urban Area	122.49	80.46	18.13
宿迁市区	Suqian Urban Area	110.13	79.05	13.03

18－15 主要城市文教、科技、卫生（2021 年）
Culture, Education, Science, Technology and Public Health of Major Cities（2021）

城　市	City	普通本专科在校学生数（万人）Number of Undergraduates in Regular High Education Institutions（10 000 persons）	专利授权量（件）Number of Patent Applications Accepted（unit）	公共图书馆图书藏量（千册）Total Volume of Collections of Public Libraries（1 000 volumes）	医疗卫生机构数（个）Number of Health Care Institutions（unit）	卫生机构床位数（万张）Number of Beds in Health Care Institutions（10 000 units）	执业（助理）医师（万人）Licensed Physicians & Physician Assistants（10 000 persons）
南京市区	Nanjing Urban Area	75.74	91964	24843	3451	6.61	3.93
无锡市区	Wuxi Urban Area	13.85	57614	6110	1823	3.45	1.61
徐州市区	Xuzhou Urban Area	14.59	20478	2600	1708	3.29	1.46
常州市区	Changzhou Urban Area	15.63	51955	5382	1374	2.77	1.37
苏州市区	Suzhou Urban Area	20.11	107653	15414	1989	4.37	2.20
南通市区	Nantong Urban Area	13.46	22897	5349	1625	2.85	1.21
连云港市区	Lianyungang Urban Area	6.05	6462	2347	1371	1.57	0.71
淮安市区	Huai'an Urban Area	11.20	9813	3101	1302	1.98	0.95
盐城市区	Yancheng Urban Area	7.19	14901	3654	1173	1.65	0.83
扬州市区	Yangzhou Urban Area	10.75	17109	4160	1135	1.64	0.79
镇江市区	Zhenjiang Urban Area	7.44	7659	2445	449	0.97	0.45
泰州市区	Taizhou Urban Area	8.22	11461	2007	678	1.28	0.57
宿迁市区	Suqian Urban Area	3.00	7123	1852	736	1.15	0.49

18－16　主要城市居民收支情况（2021 年）
Household Income and Consumption Expenditure of Major Cities（2021）

单位:元　　　　(yuan)

城市 City		城市常住居民人均可支配收入 Per Capita Disposable Income of Urban Permanent Households	城市常住居民人均消费性支出 Per Capita Consumption Expenditure of Urban Permanent Households	#食品烟酒 Foods, Tobacco and Liquor	居民消费价格指数（上年＝100） Consumer Price Index (preceding year＝100)
南京市区	Nanjing Urban Area	73593	42487	10864	101.5
无锡市区	Wuxi Urban Area	63297	38713	10726	101.7
徐州市区	Xuzhou Urban Area	45294	28937	7967	101.1
常州市区	Changzhou Urban Area	58265	34989	9760	101.5
苏州市区	Suzhou Urban Area	69698	43196	11612	102.1
南通市区	Nantong Urban Area	52327	31273	9001	101.8
连云港市区	Lianyungang Urban Area	37061	22759	6490	101.3
淮安市区	Huai'an Urban Area	43954	23920	7103	101.2
盐城市区	Yancheng Urban Area	43263	25828	6275	101.6
扬州市区	Yangzhou Urban Area	48073	33392	9551	101.5
镇江市区	Zhenjiang Urban Area	58513	35730	10245	101.2
泰州市区	Taizhou Urban Area	47328	29893	8820	101.3
宿迁市区	Suqian Urban Area	30717	18715	5691	101.3

18－17 市辖区主要指标（2021 年）

市辖区 Municipal District		年末户籍人口（万人）Registered Population at Year-end（10 000 persons）	土地面积（平方公里）Land Area（sq. m）	地区生产总值（亿元）Gross Domestic Product（100 million yuan）	#第二产业 Secondary Industry	#第三产业 Tertiary Industry
南京市	**Nanjing City**	**733.73**	**6587.04**	**16355.33**	**5902.65**	**10148.74**
玄武区	Xuanwu District	46.45	75.46	1205.94	21.21	1184.73
秦淮区	Qinhuai District	68.04	49.11	1324.42	93.37	1231.05
建邺区	Jianye District	45.24	81.75	1214.95	377.24	837.71
鼓楼区	Gulou District	92.04	54.18	1921.08	153.15	1767.93
浦口区	Pukou District	34.53	697.61	490.48	161.52	282.28
栖霞区	Qixia District	56.67	395.44	1708.88	977.75	723.35
雨花台区	Yuhuatai District	32.69	132.39	1015.55	183.39	832.05
江宁区	Jiangning District	124.75	1563.33	2810.47	1519.00	1219.78
六合区	Luhe District	68.13	1295.27	567.56	208.40	289.02
溧水区	Lishui District	45.30	1063.67	1000.95	513.52	435.55
高淳区	Gaochun District	45.13	790.23	560.24	245.16	266.29
无锡市	**Wuxi City**	**515.25**	**4627.46**	**14003.24**	**6710.50**	**7162.41**
锡山区	Xishan District	50.02	399.11	1128.73	579.53	532.52
惠山区	Huishan District	53.24	325.12	1145.13	631.26	497.20
滨湖区	Binhu District	37.73	571.55	982.56	372.43	606.58
梁溪区	Liangxi District	80.84	71.50	1468.52	200.60	1267.92
新吴区	Xinwu District	39.65	220.01	2271.06	1389.68	880.77
徐州市	**Xuzhou City**	**1035.29**	**11764.94**	**8117.44**	**3376.02**	**3998.08**
鼓楼区	Gulou District	33.76	80.37	339.83	53.85	285.92
云龙区	Yunlong District	39.62	119.72	423.49	48.41	373.95
贾汪区	Jiawang District	51.37	612.05	400.49	179.84	189.00
泉山区	Quanshan District	53.74	99.97	663.68	90.19	573.22
铜山区	Tongshan District	122.82	1857.21	1281.10	637.83	537.09
常州市	**Changzhou City**	**388.16**	**4372.16**	**8807.58**	**4198.93**	**4441.78**
天宁区	Tianning District	48.49	154.84	888.39	228.21	652.80
钟楼区	Zhonglou District	44.39	132.93	836.70	255.31	578.89
新北区	Xinbei District	62.98	508.91	1820.37	908.21	891.98
武进区	Wujin District	99.51	1065.27	2951.58	1614.73	1297.47
金坛区	Jintan District	54.24	975.68	1101.09	571.57	488.89
苏州市	**Suzhou City**	**762.11**	**8657.32**	**22718.34**	**10872.81**	**11655.80**
虎丘区	Huqiu District	46.77	332.37	1675.80	809.86	864.67
吴中区	Wuzhong District	75.21	2231.69	1519.17	700.64	800.96

Major Indicators of Municipal Districts (2021)

一般公共预算收入（亿元）General Public Budget Revenues (100 million yuan)	房地产开发投资（亿元）Real Estate Development and Investment (100 million yuan)	#住宅 Resdential Buildings	社会消费品零售总额（亿元）Total Retail Sales of Consumer Goods (100 million yuan)	进出口总额（亿元）Total Value of Imports and Exports (100 million yuan)	#出口 Exports	实际使用外资（亿美元）Actually Utilization of Foreign Capital (USD 100 million)
1729.52	**2719.80**	**1932.13**	**7899.41**	**6366.80**	**3989.90**	**50.14**
105.08	76.15	46.60	1129.77	803.40	221.40	3.94
110.52	149.78	96.23	1031.04	767.30	409.70	3.00
161.66	374.95	237.12	451.24	221.90	162.90	3.82
176.59	200.17	80.88	1145.73	597.10	431.50	2.90
78.17	296.21	227.10	150.10	216.60	128.70	3.59
151.76	361.03	272.32	512.01	1079.60	582.20	9.19
91.58	237.41	200.63	731.18	361.00	223.10	3.66
265.30	380.90	273.62	1032.02	1533.70	1199.30	10.45
52.72	102.49	74.00	294.05	84.30	64.90	3.42
81.88	130.72	99.21	398.12	143.80	120.40	2.84
43.04	69.52	64.48	264.14	101.50	90.30	2.12
1200.50	**1568.06**	**1327.41**	**3306.09**	**6829.37**	**4221.75**	**38.07**
110.27	174.17	134.06	245.31	429.21	338.79	4.27
114.71	165.08	120.96	285.14	287.26	257.26	3.68
101.14	204.07	185.69	263.54	224.52	154.42	4.27
64.29	167.67	153.55	738.74	216.42	193.33	3.36
243.31	227.08	195.67	414.66	3674.19	1975.27	8.55
537.31	**853.88**	**714.02**	**4038.02**	**1254.23**	**1050.29**	**24.23**
23.90	79.28	65.32	328.66	19.35	17.15	1.51
35.04	140.03	102.51	309.04	34.45	33.66	1.69
25.24	84.26	78.00	168.36	48.04	43.37	0.74
41.86	88.05	73.79	400.68	57.05	41.56	1.80
56.07	94.83	84.21	465.40	140.11	126.83	3.16
688.11	**959.12**	**805.30**	**2911.36**	**3017.80**	**2196.40**	**30.71**
65.48	169.91	137.43	460.15	211.50	185.60	2.37
59.01	152.94	122.50	495.71	230.50	209.80	2.21
141.59	175.75	150.03	413.43	1090.40	756.50	8.13
216.55	258.41	222.87	876.61	1099.20	740.30	9.63
60.03	123.03	104.15	276.48	272.90	212.90	2.44
2510.00	**2869.78**	**2379.89**	**9031.32**	**25332.00**	**14875.76**	**69.92**
192.10	355.50	317.13	629.34	2820.04	1801.51	6.87
208.29	415.13	356.06	894.39	611.48	432.50	5.00

市辖区 Municipal District		年末户籍人口（万人）Registered Population at Year-end (10 000 persons)	土地面积（平方公里）Land Area (sq. m)	地区生产总值（亿元）Gross Domestic Product (100 million yuan)	#第二产业 Secondary Industry	#第三产业 Tertiary Industry
相城区	Xiangcheng District	48.51	489.96	1057.52	524.16	524.96
姑苏区	Gushu District	75.07	83.42	886.70	60.20	826.50
吴江区	Wujiang District	89.50	1237.44	2224.53	1160.01	1027.18
南通市	**Nantong City**	**751.70**	**10507.00**	**11026.90**	**5357.92**	**5184.00**
崇川区	Chongchuan District	74.30	312.00	1631.50	530.60	1099.70
海门区	Haimen District	98.30	1144.00	1569.30	769.70	727.00
通州区	Tongzhou District	124.50	1565.00	1594.20	815.30	711.80
连云港市	**Lianyungang City**	**533.21**	**7626.06**	**3727.92**	**1625.76**	**1704.03**
连云区	Lianyun District	13.44	814.83	255.29	121.38	126.52
海州区	Haizhou Distric	81.90	700.71	727.83	158.86	546.07
赣榆区	Ganyu Distric	119.31	1516.88	707.50	308.63	290.84
淮安市	**Huai'an City**	**555.25**	**10030.00**	**4550.13**	**1889.21**	**2237.60**
淮安区	Huai'an District	113.42	1452.00	708.25	301.40	326.75
淮阴区	Huaiyin District	88.21	1307.00	623.57	250.72	294.10
清江浦区	Qingjiangpu District	58.81	310.00	673.57	154.34	505.29
洪泽区	Hongze District	35.79	1273.00	394.15	158.08	190.48
盐城市	**Yancheng City**	**803.84**	**17717.96**	**6617.39**	**2686.13**	**3195.50**
亭湖区	Tinghu District	67.82	789.72	623.66	225.25	361.15
盐都区	Yandu District	70.04	1016.22	682.58	304.92	319.02
大丰区	Dafeng District	69.38	3487.79	759.21	253.21	394.94
扬州市	**Yangzhou City**	**451.56**	**6590.62**	**6696.43**	**3207.38**	**3171.87**
广陵区	Guangling District	48.81	334.86	927.06	371.81	544.79
邗江区	Hanjiang District	64.33	552.69	1208.94	467.28	718.29
江都区	Jiangdu District	101.61	1329.29	1220.54	619.21	526.50
镇江市	**Zhenjiang City**	**268.10**	**3840.33**	**4763.42**	**2319.73**	**2286.67**
京口区	Jingkou District	31.27	95.98	509.30	131.83	376.64
润州区	Runzhou District	21.01	113.36	273.69	45.05	228.22
丹徒区	Dantu District	28.77	617.08	461.07	229.59	208.44
泰州市	**Taizhou City**	**492.70**	**5787.99**	**6025.26**	**2918.59**	**2788.54**
海陵区	Hailing District	46.51	307.12	700.13	290.72	395.44
高港区	Gaogang District	43.82	402.87	1106.86	609.50	481.87
姜堰区	Jiangyan District	72.51	857.76	781.51	359.33	372.24
宿迁市	**Suqian City**	**590.86**	**8524.33**	**3719.01**	**1613.47**	**1752.51**
宿城区	Sucheng District	113.29	916.70	463.91	124.87	307.68
宿豫区	Suyu District	65.12	1236.55	383.13	170.13	178.86

18－17 续 表 Continued

一般公共预算收入(亿元) General Public Budget Revenues (100 million yuan)	房地产开发投资(亿元) Real Estate Development and Investment (100 million yuan)	#住宅 Resdential Buildings	社会消费品零售总额(亿元) Total Retail Sales of Consumer Goods (100 million yuan)	进出口总额(亿元) Total Value of Imports and Exports (100 million yuan)	#出口 Exports	实际使用外资(亿美元) Actually Utilization of Foreign Capital (USD 100 million)
148.33	330.64	250.14	555.46	465.72	363.14	4.69
67.45	142.72	111.67	978.88	158.45	142.32	0.73
258.06	334.59	257.59	720.12	1710.90	1275.82	5.50
710.18	**1171.94**	**953.27**	**3935.48**	**3405.80**	**2263.39**	**31.21**
126.00	335.69	271.84	684.45	700.77	483.96	3.44
79.01	129.00	106.11	506.43	322.47	276.29	3.27
90.44	144.31	107.17	453.68	324.64	277.55	2.35
274.81	**341.43**	**294.95**	**1203.31**	**927.64**	**385.15**	**8.24**
21.03	17.66	15.50	80.51	191.18	52.60	0.67
57.00	129.91	105.64	440.88	98.18	75.96	0.49
34.81	48.91	46.33	181.63	136.12	40.00	0.91
297.02	**405.17**	**338.21**	**1828.25**	**386.78**	**281.31**	**12.01**
33.20	52.75	47.10	253.98	36.34	31.59	1.70
30.11	46.24	37.83	197.07	18.67	15.31	1.31
36.62	124.98	98.20	561.31	36.71	30.04	1.68
22.14	11.50	8.08	127.91	25.88	21.94	0.72
451.01	**607.87**	**469.30**	**2684.34**	**1123.59**	**700.05**	**12.60**
45.00	125.80	92.83	283.11	110.45	37.23	1.19
42.52	64.14	57.61	275.27	87.35	36.52	1.20
58.05	45.22	37.09	245.79	271.09	114.51	1.24
344.07	**841.68**	**624.38**	**1480.92**	**968.86**	**712.11**	**17.30**
46.34	155.81	123.43	321.42	110.41	100.85	2.91
61.87	276.10	190.69	316.65	183.88	160.11	4.64
56.90	111.24	77.29	277.14	226.78	137.15	3.01
327.59	**413.97**	**342.58**	**1346.83**	**834.36**	**596.10**	**8.09**
22.34	47.89	39.27	285.69	94.50	70.30	0.27
14.66	46.17	39.67	134.60	18.40	16.80	0.20
24.38	29.17	25.07	72.97	67.90	63.00	0.18
420.29	**354.00**	**289.23**	**1576.94**	**1222.81**	**863.14**	**18.28**
40.01	49.64	44.29	238.27	153.27	137.02	2.01
100.54	110.30	88.91	284.98	256.33	127.96	3.86
41.21	61.24	50.84	191.41	122.91	106.80	2.39
267.82	**378.59**	**323.36**	**1460.36**	**449.39**	**391.97**	**8.52**
30.00	84.37	74.40	308.56	52.41	48.53	1.02
34.87	39.55	34.31	317.35	62.93	52.79	3.01

18－18 市辖区人口、面积（2021年）
Population and Land Area of Municipal Districts (2021)

市辖区	Municipal District	年末户籍人口（万人）Registered Population at Year-end (10 000 persons)	年末总户数（万户）Total Households at Year-end (10 000 households)	土地面积（平方公里）Land Area (sq. m)	人口密度（人/平方公里）Population Density (person/sq. m)
南京市浦口区	Nanjing Pukou District	34.53	11.95	698	581
南京市江宁区	Nanjing Jiangning District	124.75	48.08	1563	1250
南京市六合区	Nanjing Luhe District	68.13	24.07	1295	491
南京市溧水区	Nanjing Lishui District	45.30	16.64	1064	471
南京市高淳区	Nanjing Gaochun District	45.13	16.66	790	550
徐州市贾汪区	Xuzhou Jiawang District	51.37	13.36	612	738
徐州市铜山区	Xuzhou Tongshan District	122.82	32.62	1857	604
常州市武进区	Changzhou Wujin District	99.51	35.72	1065	1612
常州市金坛区	Changzhou Jintan District	54.24	19.95	976	608
苏州市吴江区	Suzhou Wujiang District	89.50	28.99	1237	1260
南通市通州区	Nantong Tongzhou District	124.50	52.27	1565	805
南通市海门区	Nantong Haimen District	98.30	39.80	1144	868
连云港市赣榆区	Lianyungang Ganyu District	119.31	37.99	1517	662
淮安市淮安区	Huai'an Huai'an District	113.42	32.65	1452	548
淮安市淮阴区	Huai'an Huaiyin District	88.21	28.73	1307	569
淮安市洪泽区	Huai'an Hongze District	35.79	11.07	1273	223
盐城市盐都区	Yancheng Yandu District	70.04	23.74	1016	605
盐城市大丰区	Yancheng Dafeng District	69.38	26.27	3488	185
扬州市邗江区	Yangzhou Hanjiang District	64.33	20.99	553	1564
扬州市江都区	Yangzhou Jiangdu District	101.61	33.94	1329	702
镇江市丹徒区	Zhenjiang Dantu District	28.77	10.41	617	564
泰州市姜堰区	Taizhou Jiangyan District	72.51	24.93	858	783
宿迁市宿豫区	Suqian Suyu District	65.12	17.70	1237	476

18-19 市辖区地区生产总值（2021年）
Gross Domestic Product of Municipal Districts (2021)

市辖区 Municipal District		地区生产总值（亿元）Gross Domestic Product (100 million yuan)	第一产业 Primary Industry	第二产业 Secondary Industry	#工业 Industry	第三产业 Tertiary Industry	地区生产总值指数（上年=100）Indices of GDP (preceding year =100)
南京市浦口区	Nanjing Pukou District	490.48	46.68	161.52	113.63	282.28	107.0
南京市江宁区	Nanjing Jiangning District	2810.47	71.69	1519.00	1285.37	1219.78	107.5
南京市六合区	Nanjing Luhe District	567.56	70.14	208.40	168.44	289.02	108.6
南京市溧水区	Nanjing Lishui District	1000.95	51.88	513.52	437.71	435.55	108.4
南京市高淳区	Nanjing Gaochun District	560.24	48.79	245.16	113.19	266.29	107.6
徐州市贾汪区	Xuzhou Jiawang District	400.49	31.65	179.84	165.60	189.00	108.0
徐州市铜山区	Xuzhou Tongshan District	1281.10	106.19	637.83	556.78	537.09	109.7
常州市武进区	Changzhou Wujin District	2951.58	39.38	1614.73	1510.72	1297.47	109.6
常州市金坛区	Changzhou Jintan District	1101.09	40.63	571.57	479.15	488.89	109.5
苏州市吴江区	Suzhou Wujiang District	2224.53	37.34	1160.01	1072.71	1027.18	108.0
南通市通州区	Nantong Tongzhou District	1594.20	67.10	815.30	677.10	711.80	109.2
南通市海门区	Nantong Haimen District	1569.33	72.64	769.69	643.17	727.00	108.9
连云港市赣榆区	Lianyungang Ganyu District	707.50	108.03	308.63	212.44	290.84	108.3
淮安市淮安区	Huai'an Huai'an District	708.25	80.11	301.40	222.07	326.75	112.0
淮安市淮阴区	Huai'an Huaiyin District	623.57	78.76	250.72	203.15	294.10	110.0
淮安市洪泽区	Huai'an Hongze District	394.15	45.59	158.08	136.00	190.48	110.0
盐城市盐都区	Yancheng Yandu District	682.58	58.64	304.92	224.73	319.02	107.7
盐城市大丰区	Yancheng Dafeng District	759.21	111.06	253.21	231.18	394.94	106.6
扬州市邗江区	Yangzhou Hanjiang District	1208.94	23.37	467.28	381.59	718.29	105.4
扬州市江都区	Yangzhou Jiangdu District	1220.54	74.83	619.21	491.69	526.50	108.0
镇江市丹徒区	Zhenjiang Dantu District	461.07	23.04	229.59	197.46	208.44	109.5
泰州市姜堰区	Taizhou Jiangyan District	781.51	49.94	359.33	278.53	372.24	110.6
宿迁市宿豫区	Suqian Suyu District	383.13	34.14	170.13	127.67	178.86	109.3

18－20　市辖区投资、财政收支（2021 年）
Investment, Government Revenue and Expenditure of Municipal Districts (2021)

单位:亿元　　(100 million yuan)

市　辖　区 Municipal District		房地产开发投资 Real Estate Development and Investment	#住宅 Resdential Buildings	商品房销售面积(万平方米) Floor Space of Commercial Housing Sold (10 000 sq. m)	一般公共预算收入 General Public Budget Revenue	#税收收入 Taxes	一般公共预算支出 General Public Budget Expenditure
南京市浦口区	Nanjing Pukou District	296.21	227.10	155.80	78.17	61.64	80.28
南京市江宁区	Nanjing Jiangning District	380.90	273.62	256.82	265.30	225.11	269.99
南京市六合区	Nanjing Luhe District	102.49	74.00	109.80	52.72	41.61	88.90
南京市溧水区	Nanjing Lishui District	130.72	99.21	186.53	81.88	63.54	129.27
南京市高淳区	Nanjing Gaochun District	69.52	64.48	66.95	43.04	35.37	87.36
徐州市贾汪区	Xuzhou Jiawang District	84.26	78.00	147.07	25.24	21.11	45.87
徐州市铜山区	Xuzhou Tongshan District	94.83	84.21	201.75	56.07	47.50	120.36
常州市武进区	Changzhou Wujin District	258.41	222.87	309.07	216.55	188.16	209.40
常州市金坛区	Changzhou Jintan District	123.03	104.15	167.20	60.03	49.67	90.21
苏州市吴江区	Suzhou Wujiang District	334.59	257.59	258.20	258.06	220.87	351.12
南通市通州区	Nantong Tongzhou District	144.31	107.17	296.31	90.44	70.81	143.72
南通市海门区	Nantong Haimen District	129.00	106.11	267.04	79.01	65.00	134.32
连云港市赣榆区	Lianyungang Ganyu District	48.91	46.33	136.64	34.81	29.68	89.85
淮安市淮安区	Huai'an Huai'an District	52.75	47.10	132.00	33.20	27.73	103.30
淮安市淮阴区	Huai'an Huaiyin District	46.24	37.83	103.00	30.11	26.58	77.17
淮安市洪泽区	Huai'an Hongze District	11.50	8.08	39.00	22.14	18.68	50.59
盐城市盐都区	Yancheng Yandu District	64.14	57.61	235.05	42.52	35.00	78.58
盐城市大丰区	Yancheng Dafeng District	45.22	37.09	121.12	58.05	46.44	115.06
扬州市邗江区	Yangzhou Hanjiang District	276.10	190.69	275.67	61.87	49.70	102.64
扬州市江都区	Yangzhou Jiangdu District	111.24	77.29	126.35	56.90	46.77	111.00
镇江市丹徒区	Zhenjiang Dantu District	29.17	25.07	47.92	24.38	17.77	39.15
泰州市姜堰区	Taizhou Jiangyan District	61.24	50.84	182.20	41.21	33.37	80.83
宿迁市宿豫区	Suqian Suyu District	39.55	34.31	79.82	34.87	31.04	59.04

18－21 市辖区贸易、外资（2021 年）

Trade and Foreign Capital of Municipal Districts (2021)

市辖区	Municipal District	社会消费品零售总额（亿元）Total Retail Sales of Consumer Goods (100 million yuan)	进出口总额（亿元）Total Value of Imports and Exports (100 million yuan)	#出口（亿元）Exports (100 million yuan)	新设立外商直接投资企业家（家）Newly Established Foreign Direct Investment Entrepreneurs (Unit)	实际使用外资（亿美元）Actually Utilzation of Foreign Capital (USD 100 million)
南京市浦口区	Nanjing Pukou District	150.10	216.60	128.70	59	3.59
南京市江宁区	Nanjing Jiangning District	1032.02	1533.70	1199.30	138	10.45
南京市六合区	Nanjing Luhe District	294.05	84.30	64.90	28	3.42
南京市溧水区	Nanjing Lishui District	398.12	143.80	120.40	81	2.84
南京市高淳区	Nanjing Gaochun District	264.14	101.50	90.30	39	2.12
徐州市贾汪区	Xuzhou Jiawang District	168.36	48.04	43.37	20	0.74
徐州市铜山区	Xuzhou Tongshan District	465.40	140.11	126.83	21	3.16
常州市武进区	Changzhou Wujin District	876.61	1099.20	740.30	149	9.63
常州市金坛区	Changzhou Jintan District	276.48	272.90	212.90	57	2.44
苏州市吴江区	Suzhou Wujiang District	720.12	1710.90	1275.82	105	5.50
南通市通州区	Nantong Tongzhou District	453.68	324.64	277.55	37	2.35
南通市海门区	Nantong Haimen District	506.43	322.47	276.29	28	3.27
连云港市赣榆区	Lianyungang Ganyu District	181.63	136.12	40.00	9	0.91
淮安市淮安区	Huai'an Huai'an District	253.98	36.34	31.59	34	1.70
淮安市淮阴区	Huai'an Huaiyin District	197.07	18.67	15.31	13	1.31
淮安市洪泽区	Huai'an Hongze District	127.91	25.88	21.94	21	0.72
盐城市盐都区	Yancheng Yandu District	275.27	87.35	36.52	7	1.20
盐城市大丰区	Yancheng Dafeng District	245.79	271.09	114.51	23	1.24
扬州市邗江区	Yangzhou Hanjiang District	316.65	183.88	160.11	38	4.64
扬州市江都区	Yangzhou Jiangdu District	277.14	226.78	137.15	18	3.01
镇江市丹徒区	Zhenjiang Dantu District	72.97	67.90	63.00	7	0.18
泰州市姜堰区	Taizhou Jiangyan District	191.41	122.91	106.80	21	2.39
宿迁市宿豫区	Suqian Suyu District	317.35	62.93	52.79	8	3.01

18－22 市辖区规模以上工业效益（2021 年）

Industrial Benefit above Designated Size of Municipal Districts（2021）

市辖区	Municipal District	企业个数（个）Number of Enterprises（unit）	资产合计（亿元）Total Assets（100 million yuan）	负债合计（亿元）Total Liabilities（100 million yuan）	营业收入（亿元）Business Revenue（100 million yuan）	利润总额（亿元）Total Profits（100 million yuan）
南京市浦口区	Nanjing Pukou District	258	713.52	391.42	369.17	33.20
南京市江宁区	Nanjing Jiangning District	1124	4878.48	2730.24	3846.04	306.79
南京市六合区	Nanjing Luhe District	366	459.34	241.67	379.33	19.79
南京市溧水区	Nanjing Lishui District	622	1077.18	678.31	833.33	58.81
南京市高淳区	Nanjing Gaochun District	264	255.70	147.10	210.98	9.69
徐州市贾汪区	Xuzhou Jiawang District	186	379.23	257.22	462.05	1.93
徐州市铜山区	Xuzhou Tongshan District	377	796.48	532.08	784.84	23.26
常州市武进区	Changzhou Wujin District	2263	4823.93	2545.95	5897.38	332.62
常州市金坛区	Changzhou Jintan District	588	2704.16	1537.51	1580.69	42.84
苏州市吴江区	Suzhou Wujiang District	1787	5027.57	2770.02	4610.56	238.39
南通市通州区	Nantong Tongzhou District	944	1419.09	772.67	1279.21	60.62
南通市海门区	NanTong Haimen District	806	1109.43	603.59	1116.53	95.91
连云港市赣榆区	Lianyungang Ganyu District	236	421.69	287.01	752.01	16.24
淮安市淮安区	Huai'an Huai'an District	254	322.31	169.85	335.68	15.47
淮安市淮阴区	Huai'an Huaiyin District	216	342.42	222.76	306.02	-0.42
淮安市洪泽区	Huai'an Hongze District	212	215.69	127.12	245.09	8.99
盐城市盐都区	Yancheng Yandu District	316	439.72	277.05	419.80	16.95
盐城市大丰区	Yancheng Dafeng District	513	1421.69	903.25	1256.15	76.16
扬州市邗江区	Yangzhou Hanjiang District	465	934.87	504.77	805.19	46.38
扬州市江都区	Yangzhou Jiangdu District	741	997.00	584.59	1067.07	29.11
镇江市丹徒区	Zhenjiang Dantu District	260	472.88	269.13	474.73	20.80
泰州市姜堰区	Taizhou Jiangyan District	512	635.59	344.97	625.05	27.51
宿迁市宿豫区	Suqian Suyu District	218	470.05	273.29	458.69	28.95

18－23 市辖区教育、卫生、收入(2021年)

Education, Public Health and Income of Municipal Districts (2021)

市辖区	Municipal District	普通中学在校学生(万人) Regular Secondary School Students Enrollment (10 000 persons)	小学在校学生(万人) Primary School Students Enrollment (10 000 persons)	医疗卫生机构个数(个) Number of Health Care Institutions (unit)	卫生机构床位数(张) Number of Beds in Health Care Institutions (unit)	执业(助理)医师(人) Licensed Physicians & Physician Assistants (person)	城镇常住居民人均可支配收入(元) Per Capita Disposable Income of Urban Permanent Households (yuan)
南京市浦口区	Nanjing Pukou District	2.62	6.33	139	2107	1257	67911
南京市江宁区	Nanjing Jiangning District	4.89	10.36	655	9856	5385	70989
南京市六合区	Nanjing Luhe District	3.30	5.09	213	1804	1626	66353
南京市溧水区	Nanjing Lishui District	1.82	2.95	185	2317	1550	64860
南京市高淳区	Nanjing Gaochun District	1.65	2.46	222	2761	1413	65444
徐州市贾汪区	Xuzhou Jiawang District	2.90	4.29	206	2616	1213	40266
徐州市铜山区	Xuzhou Tongshan District	7.91	11.16	557	5857	3372	45959
常州市武进区	Changzhou Wujin District	6.17	11.28	532	9017	4512	68775
常州市金坛区	Changzhou Jintan District	2.14	3.01	211	3215	1559	62316
苏州市吴江区	Suzhou Wujiang District	5.33	10.77	488	7780	3721	76781
南通市通州区	Nantong Tongzhou District	3.65	5.78	485	7289	2945	59299
南通市海门区	Nantong Haimen District	3.73	5.11	473	4832	2323	59183
连云港市赣榆区	Lianyungang Ganyu District	8.02	10.08	690	6234	2222	38828
淮安市淮安区	Huai'an Huai'an District	4.74	5.66	479	4770	2319	38148
淮安市淮阴区	Huai'an Huaiyin District	4.36	5.82	302	7121	2873	40896
淮安市洪泽区	Huai'an Hongze District	1.38	1.60	152	1315	787	43911
盐城市盐都区	Yancheng Yandu District	2.09	3.48	401	4915	2686	47369
盐城市大丰区	Yancheng Dafeng District	2.12	2.77	362	3824	1987	44392
扬州市邗江区	Yangzhou Hanjiang District	2.28	5.26	466	5397	3016	57037
扬州市江都区	Yangzhou Jiangdu District	3.44	4.03	431	4973	2284	52366
镇江市丹徒区	Zhenjiang Dantu District	1.10	1.54	115	887	545	57971
泰州市姜堰区	Taizhou Jiangyan District	3.14	3.47	305	4213	1936	54143
宿迁市宿豫区	Suqian Suyu District	1.66	4.54	333	4350	1804	34449

主要统计指标解释

供水综合生产能力 指按供水设施取水、净化、送水、出厂输水干管等环节实际测定计算的综合生产能力。

供水总量 指报告期供水企业(单位)供出的全部水量。包括有效供水量及损失水量。

生活用水量 指居民日常生活与公共福利设施的用水量,包括居民、饮食店、旅馆、医院、理发店、浴池、洗衣店、游泳池、商店、学校、机关、部队等单位的用水量。

城市人口用水普及率 指城市用水人口数与城市人口总数之比。计算公式为:

用水普及率=城市用水人口数/城市人口总数×100%

燃气供气管道长度 指报告期末从气源厂压缩机的出口或门站出口到各类用户引入管之间的全部已经通气投入使用的管道长度。不包括煤气生产厂、输配站、液化气储存站、灌瓶站、储配站、气化站、混气站、供应站等厂(站)内的管道。按不同的材质、压力级别、管径分别统计。

燃气供应总量 指报告期燃气企业(单位)向用户供应的燃气数量。包括销售量及损失量。

燃气普及率 指报告期末使用燃气的城市人口数与城市人口总数的比率。计算公式为:

燃气普及率=用气人口数/城市人口总数×100%

道路长度 指道路长度和与道路相通的桥梁、隧道的长度,按车行道中心线计算。

排水管道长度 指所有排水总管、干管、支管、检查井及连接井进出口等长度之和。

计算时应按单管计算,即在同一条街道上如有两条或两条以上并排的排水管道时,应按每条排水管道的长度相加计算。

城市污水处理能力 指污水处理厂(或处理装置)每昼夜处理污水量的设计能力。

营运车数 指报告期末公交企业(单位)用于运营业务的全部车辆数。以企业(单位)固定资产台帐中已投入运营的车辆数为准;新购、新制和调入的运营车辆,自投入之日起开始计算;调出、报废和调作他用的运营车辆,自上级主管机关批准之日起不再计入。

园林绿地面积 指报告期末用于园林和绿化的各种绿地面积。包括公共绿地、居住区绿地、单位附属绿地、防护绿地、生产绿地、道路绿地和风景林地面积。不包括:

1. 屋顶绿化、垂直绿化、阳台绿化和室内绿化。
2. 以物质生产为主的林地、耕地、牧草地、果园和竹园等。
3. 城市总体规划中不列入绿地的水域。

公园绿地 指城市中向公众开放的以游憩为主要功能,有一定的游憩设施和服务设施,同时兼有健全生态、美化景观,防灾减灾等综合作用的绿化用地。包括综合公园、社区公园、专类公园、带状公园和街旁绿地。其中综合公园、专类公园和带状公园面积之和为公园面积。

Explanatory Notes on Main Statistical Indicators

General Production Capacity of Tap Water refers to the actual comprehensive production capacity of the water facilities, taking the capacity of the main links such as water collection, purification, conveyance and outflow of the trunk pilelines into account.

Total Volume of Water Supply refers to the total volume of water supplied by the water supply enterprises (units) during the reference period, including both the effective water supply and loss.

Water Consumption for Daily Life refers to the water consumption of households for daily life and the water consumption for public welfare facilities, including the consumption of restaurants, hotels, hospitals, barber shops, public bathhouses, laundries, swimming pools, shops, schools, institutions, army units and other units.

Coverage Rate of Urban Population with Access to Tap Water refers to the ratio of the urban population with access to tap water to the total urban population. The formula is:

Coverage of Population with Access to Tap Water = (Urban Population with Access to Tap Water/Urban Population) ×100%

Length of Gas Pipelines refer to the total length of pipelines between the outlet of the compressor, blower or burning gas tank of the source factory and the burning gas meters of users, which are all put in use, excluding the pipelines in burning gas—works (stations) and the pipelines of transportation and distribution station, liquefied petroluem gas storage station, pipeline and bottle station, storage and distribution station, gasification station, gas mixed station, supply station. They are counted respectively according to the different quality of materials, level of preasure and the size of bores.

Total Volume of Gas Supply refers to the volume of burning gas supplied by the burning gas enterprises, including both the sales volume and loss.

Coverage Rate of Urban Population with Access to Gas refers to the ratio of the urban population with access to burning gas to the urban population at the reference period. The formula is:

Coverage of Urban Population with Access to Burning Gas = (Urban Population with Access to Burning Gas/Urban Population) × 100%

Length of Roads refer to the length of roads, as well as the length of bridges and tunnels, the same as the roads, and taking the middle line of traffic lane into account.

Length of Sewage Pipelines refer to the total length of general drainage, trunks, branch and blind drainages, inspection wells, connection wells, inlets and outlets, ete. , taking the single pipe into account. Namely if there are two or more than two pipes standing side by side in a street, the length of every pipe should put into account.

Disposal Capacity of Urban Sewage refers to the designed 24-hour capacity of sewage disposal by the sewage treatment works.

Number of Vehicles under Operation refer to the total of operatoinal vehicles (buses and trolley buses) available at the end of the reference period, taking them as the fixed assets registered in account book of the enterprises and put in operation as the accounting standard. Vehicles, newly bought, newly manufactured and transfered in from other units, should be put into account since the day of putting into operation, while the vehicles, transfered to other units, being scrapped and turned to other use, should not be put into account since the day of permission made by higher responsible department.

Area of Gardens and Green Areas refer to the various green land used for gardening and afforestation at the end of reference period, including public green land, residential area green land, subsidiary green land of the units, protection green land, production green land, roadside green land and scenic forest land, excluding:

1. Roof, perpendicular, balcony and indoor green areas.

2. Areas taking the material production as the main aim, such as forest land, cultivated land, pasture, orchard and bamboo forest.

3. Water areas which are not listed in the urban general plan.

Park Green Areas refer to green areas open to the public for amusement and rest with the facilities of amusement, rest and services. Its function includes perfecting ecology, beautifying landscape, and preventing and reducing disaster. Park green areas include comprehensive parks, community parks, theme parks, belt-shaped parks and green areas nearby streets. Total areas of comprehensive parks, theme parks and belt-shaped parks are the area of parks.

19

区域经济

Regional Economy

简 要 说 明

一、本篇资料的主要内容

本篇资料反映苏南苏中苏北、沿江、沿海、沿东陇海线及长三角地区经济社会发展情况。

二、本篇资料来源

本篇资料主要根据市县社会经济基本情况统计年报加工整理，部分数据为初步核算数。

Brief Introduction

I. Main Contents

Data in this chapter reflect economic and social development of the Southern, Mid and Northern Jiangsu, the regions along the Yangtze River and coastal areas, the regions along the east Longhai railway and the Yangtze River Delta.

Ⅱ. Sources of Data

Data in this chapter mainly are based on the basic annual report of socio-economic situation, and part of the data are preliminary statistics.

19－1 三大区域主要经济指标（2021 年）
Major Economic Indicators of Three Regions（2021）

指标	Item	苏南 Southern Jiangsu	苏中 Mid Jiangsu	苏北 Northern Jiangsu
年末常住人口（万人）	Permanent Population at Year-end (10 000 persons)	3831.75	1683.18	2990.47
土地面积（平方公里）	Land Area (sq. km)	28084	22886	55663
地区生产总值（亿元）	Gross Domestic Product (100 million yuan)	66647.91	23748.63	26731.89
第一产业	Primary Industry	947.89	1120.33	2653.58
第二产业	Secondary Industry	30004.62	11483.89	11190.59
第三产业	Tertiary Industry	35695.40	11144.41	12887.72
#工业	Industry	26889.79	9508.22	9239.98
人均地区生产总值（元）	Per Capita GDP (yuan)	174604	141203	89333
地区生产总值指数（上年＝100）	Indices of GDP (preceding year＝100)	108.5	108.5	108.7
粮食产量（万吨）	Output of Grain (10 000 tons)	409.41	908.07	2486.71
油料产量（万吨）	Output of Oil-bearing Crops (10 000 tons)	13.84	37.66	46.3
棉花产量（万吨）	Output of Cotton (10 000 tons)	0.05	0.13	0.61
规模以上工业利润总额（亿元）	Total Profit of Industrial Enterprises above Designated Size (100 million yuan)	6442.98	1621.59	1452.57
社会消费品零售总额（亿元）	Total Retail Sale of Consumer Goods (100 million yuan)	24495.01	6993.35	11214.29
进出口总额（亿美元）	Total Value of Imports and Exports (USD 100 million)	42380.32	5597.48	4141.64
#出口	Exports	25879.91	3838.64	2808.77
实际使用外资（亿美元）	Actually Utilization of Foreign Capital (USD 100 million)	196.95	66.79	65.60
一般公共预算收入（亿元）	General Public Budget Revenue (100 million yuan)	6455.72	1474.54	1827.97
一般公共预算支出（亿元）	General Public Budget Expenditure (100 million yuan)	7074.21	2474.95	3789.14
金融机构人民币存款余额（亿元）	Balance of Deposits of Financial Institutions (100 million yuan)	123031.33	32894.10	33507.70
#住户存款	Deposits of Households	41030.89	17191.80	16139.25
金融机构人民币贷款余额（亿元）	Balance of RMB Loans from Financial Institutions (100 million yuan)	118086.81	28613.01	31270.28
居民人均可支配收入（元）	Per Capita Disposable Income of Households (100 million yuan)	63253	44630	33879
城镇常住居民人均可支配收入（元）	Per Capita Disposable Income of Urban Permanent Households (yuan)	71643	54484	41107
农村常住居民人均可支配收入（元）	Per Capita Disposable Income of Rural Permanent Households (yuan)	37204	28092	23235

19－2　三大区域经济社会基本情况（2021 年）

指标	Item	苏南合计 Southern Jiangsu	南京 Nanjing	无锡 Wuxi	常州 Changzhou	苏州 Suzhou
人口、就业	**Population and Employment**					
土地面积　（平方公里）	Land Area　(sq. km)	28084	6587	4627	4372	8657
年末户籍人口　（万人）	Registered Population at Year-end (10 000 persons)	2667.35	733.73	515.25	388.16	762.11
男	Male	1307.76	363.66	252.21	189.65	370.07
女	Female	1359.59	370.07	263.04	198.51	392.04
年均户籍人口　（万人）	Yearly Average Registered Population (10 000 persons)	2649.55	728.15	512.11	387.40	753.22
年末常住人口　（万人）	Permanent Population at Year-end (10 000 persons)	3831.75	942.34	747.95	534.96	1284.78
城镇化率　（%）	Rate of Urbanization　(%)	82.6	86.9	82.9	77.6	81.9
年末总户数　（万户）	Number of Households at Year-end (10 000 subs)	942.35	266.81	179.15	139.49	253.75
人口密度（人/平方公里）	Density of Population (person/sq. km)	1364	1431	1616	1224	1484
就业人员　（万人）	Employed Persons　(10 000 persons)	2151.7	485.1	418.7	300.4	748.8
第一产业	Primary Industry	110.9	36.2	13.0	25.3	18.1
第二产业	Secondary Industry	959.1	152.3	206.6	134.1	386.1
第三产业	Tertiary Industry	1081.8	296.6	199.1	141.1	344.6
国民经济核算	**National Accounts**					
地区生产总值　（亿元）	Gross Domestic Product (100 million yuan)	66647.91	16355.33	14003.24	8807.58	22718.34
第一产业	Primary Industry	947.89	303.94	130.33	166.87	189.73
第二产业	Secondary Industry	30004.62	5902.65	6710.50	4198.93	10872.81

Basic Conditions on Economy and Society of Three Regions (2021)

镇江 Zhenjiang	苏中合计 Mid Jiangsu	南通 Nantong	扬州 Yangzhou	泰州 Taizhou	苏北合计 Northern Jiangsu	徐州 Xuzhou	连云港 Lianyungang	淮安 Huai'an	盐城 Yancheng	宿迁 Suqian
3840	22886	10507	6591	5788	55663	11765	7626	10030	17718	8524
268.10	1695.96	751.70	451.56	492.70	3518.45	1035.29	533.21	555.25	803.84	590.86
132.17	843.11	368.40	224.55	250.16	1819.22	535.88	278.13	284.06	414.63	306.52
135.93	852.85	383.30	227.01	242.54	1699.23	499.41	255.08	271.19	389.21	284.34
268.68	1701.94	753.88	453.14	494.93	3527.77	1036.67	533.85	556.61	809.17	591.48
321.72	1683.18	773.30	457.70	452.18	2990.47	902.85	460.20	456.22	671.30	499.90
79.9	70.6	71.2	71.4	68.6	64.8	66.2	62.4	66.2	64.8	63.2
103.16	602.30	289.40	147.64	165.26	1035.86	284.78	155.97	170.94	268.27	155.89
838	735	736	694	781	537	767	603	455	379	586
198.7	1028.3	481.9	270.8	275.6	1682.8	475.2	249.4	265.4	413.0	279.8
18.4	150.8	66.3	38.4	46.1	368.0	87.0	65.7	66.2	79.2	70.0
80.0	418.3	205.5	104.3	108.5	579.5	167.6	78.1	85.9	153.9	94.1
100.4	459.2	210.2	128.1	121.0	735.3	220.6	105.7	113.4	180.0	115.7
4763.42	23748.63	11026.94	6696.43	6025.26	26731.89	8117.44	3727.92	4550.13	6617.39	3719.01
157.02	1120.33	485.02	317.18	318.13	2653.58	743.34	398.13	423.32	735.76	353.03
2319.73	11483.89	5357.92	3207.38	2918.59	11190.59	3376.02	1625.76	1889.21	2686.13	1613.47

19-2 续表1

指标	Item	苏南合计 Southern Jiangsu	南京 Nanjing	无锡 Wuxi	常州 Changzhou	苏州 Suzhou
第三产业	Tertiary Industry	35695.40	10148.74	7162.41	4441.78	11655.80
#工业	Industry	26889.79	4991.39	6038.47	3791.46	9962.52
人均地区生产总值（按常住人口计算,元）	Per Capita GDP (permanent households, yuan)	174604	174520	187415	165724	177505
人均地区生产总值（按户籍人口计算,元）	Per Capita GDP (registered population, yuan)	251544	224615	273442	227354	301616
地区生产总值指数（上年=100）	Indices of GDP (preceding year=100)	108.5	107.5	108.8	109.1	108.7
第一产业	Primary Industry	101.1	100.8	101.3	101.5	99.2
第二产业	Secondary Industry	109.3	107.6	109.9	109.8	109.5
第三产业	Tertiary Industry	108.0	107.6	107.9	108.8	108.1
#工业	Industry	110.8	108.8	111.0	111.4	111.2
地区生产总值构成（%）	Composition of GDP (%)					
第一产业	Primary Industry	1.4	1.9	0.9	1.9	0.8
第二产业	Secondary Industry	45.0	36.1	47.9	47.7	47.9
第三产业	Tertiary Industry	53.6	62.1	51.1	50.4	51.3
#工业	Industry	40.3	30.5	43.1	43.0	43.9
固定资产投资	**Investment in Fixed Assets**					
房地产开发投资（亿元）	Real Estate Development and Investment (100 million yuan)	8530.73	2719.80	1568.06	959.12	2869.78
#住宅	Residencial Buildings	6787.32	1932.13	1327.41	805.30	2379.89
商品房销售建筑面积（万平方米）	Floor Space of Commercial Housing Sold (10 000 sq. m)	7043.7	1510.95	1550.86	1011.43	2275.42
#住宅	Residencial Buildings	6230.9	1371.39	1344.94	764.91	2088.27
财政、金融、保险	**Government Finance, Financial Intermediation and Insurance**					
财政总收入（新口径）（亿元）	Total Financial Revenue (new statistical scale) (100 million yuan)	11237.21	3264.26	2010.30	1143.37	4292.18

19－2 续表1 Continued

镇江 Zhenjiang	苏中合计 Mid Jiangsu	南通 Nantong	扬州 Yangzhou	泰州 Taizhou	苏北合计 Northern Jiangsu	徐州 Xuzhou	连云港 Lianyungang	淮安 Huai'an	盐城 Yancheng	宿迁 Suqian
2286.67	11144.41	5184.00	3171.87	2788.54	12887.72	3998.08	1704.03	2237.60	3195.50	1752.51
2105.95	9508.22	4538.90	2662.89	2306.43	9239.98	2783.94	1314.54	1540.18	2246.58	1354.74
148204	141203	142642	146562	133323	89333	89634	81015	99768	98593	74476
177293	139539	146269	147780	121741	75776	78303	69832	81747	81780	62876
108.8	108.5	108.9	107.4	110.1	108.7	108.7	108.8	110.0	107.7	109.1
103.6	101.1	104.5	103.0	102.8	103.5	103.8	103.4	103.4	103.5	103.1
109.5	109.3	109.8	109.2	109.3	109.0	108.7	109.5	109.8	108.1	109.9
108.5	108.0	108.3	106.2	111.8	109.6	109.6	109.5	111.6	108.2	109.5
112.1	111.5	111.7	111.2	111.4	111.6	111.4	110.8	111.9	110.9	113.4
3.3	4.7	4.4	4.7	5.3	9.9	9.2	10.7	9.3	11.1	9.5
48.7	48.4	48.6	47.9	48.4	41.9	41.6	43.6	41.5	40.6	43.4
48.0	46.9	47.0	47.4	46.3	48.2	49.3	45.7	49.2	48.3	47.1
44.2	40.0	41.2	39.8	38.3	34.6	34.3	35.3	33.8	33.9	36.4
413.97	2359.77	1171.94	841.68	346.15	2586.95	853.88	341.43	405.17	607.87	378.59
342.58	1859.06	953.27	624.38	281.40	2139.83	714.02	294.95	338.21	469.30	323.36
695.05	3989.0	2186.78	829.03	973.17	5519.1	1658.59	708.40	1200.03	1120.37	831.75
661.36	3167.8	1793.52	629.57	744.73	4962.8	1534.39	661.81	1049.26	963.31	754.04
527.10	2403.31	1145.66	559.97	697.67	3210.66	997.67	458.86	574.14	694.30	485.69

19－2 续表2

指标	Item	苏南合计 Southern Jiangsu	南京 Nanjing	无锡 Wuxi	常州 Changzhou	苏州 Suzhou
上划中央收入	Turnover Revenue to the Central Government	4781.51	1534.76	809.79	455.27	1782.18
一般公共预算收入	General Public Budget Revenue	6455.72	1729.52	1200.50	688.11	2510.00
#税收收入	Taxes	5449.56	1473.31	983.87	569.67	2166.66
一般公共预算支出（亿元）	General Public Budget Expenditure (100 million yuan)	7074.21	1817.88	1357.79	771.89	2583.70
人均一般公共预算收入（元）	Per Capita General Public Budget Revenue (yuan)	16913	18455	16067	12948	19611
一般公共预算收入占GDP比重（%）	Percentage of General Public Budget Revenue to GDP (%)	9.7	10.6	8.6	7.8	11.0
金融机构存款余额（亿元）	Balance of Deposits of Financial Institutions (100 million yuan)	123031.33	43524.28	20705.29	13482.08	38627.01
#住户存款	Deposits of Households	41030.89	10636.78	8134.69	5609.72	13555.75
金融机构人民币贷款余额（亿元）	Balance of RMB Loans From Financial Institutions (100 million yuan)	118086.81	42718.95	17189.42	11717.36	39502.81
农业	**Agriculture**					
乡村就业人员（万人）	Rural Employees (10 000 persons)	621.04	112.01	112.29	130.11	167.99
#农林牧渔业	Agriculture, Forestry, Animal Husbandry and Fishery	88.32	21.08	14.22	21.21	14.05
工业	Industry	322.63	35.10	69.16	63.35	103.85
建筑业	Construction	68.55	23.25	6.33	17.08	10.30
农林牧渔业总产值（亿元）	Gross Output Value of Agriculture, Forestry, Animal Husbandry and Fishery (100 million yuan)	1619.39	504.01	214.49	283.74	346.44
农业	Farming	888.04	271.53	131.85	156.42	172.45
林业	Forestry	67.78	22.44	12.81	2.03	19.72
牧业	Animal Husbandry	90.05	21.02	5.38	18.64	11.49
渔业	Fishery	395.55	150.19	34.33	80.54	91.18
农林牧渔服务业	Agriculture, Forestry, Animal Husbandry and Fishery Services	177.99	38.84	30.13	26.12	51.60

19－2 续表2 Continued

镇 江 Zhenjiang	苏中合计 Mid Jiangsu	南 通 Nantong	扬 州 Yangzhou	泰 州 Taizhou	苏北合计 Northern Jiangsu	徐 州 Xuzhou	连云港 Lianyungang	淮 安 Huai'an	盐 城 Yancheng	宿 迁 Suqian
199.51	930.23	435.48	217.36	277.39	1384.24	460.36	184.84	277.11	243.30	218.63
327.59	1474.54	710.18	344.07	420.29	1827.97	537.31	274.81	297.02	451.01	267.82
256.05	1164.43	572.90	274.57	316.96	1457.17	429.20	218.02	238.38	339.21	232.36
542.95	2474.95	1122.22	684.83	667.90	3789.14	1004.40	534.18	612.91	1053.17	584.48
10192	8767	9187	7531	9300	6109	5933	5972	6513	6720	5363
6.9	6.2	6.4	5.1	7.0	6.8	6.6	7.4	6.5	6.8	7.2
6692.67	32894.10	16092.91	8198.32	8602.87	33507.70	9914.81	4732.60	5372.85	9092.42	4395.01
3093.96	17191.80	8899.48	4150.69	4141.63	16139.25	4988.57	2064.21	2361.16	4743.19	1982.12
6958.27	28613.01	14085.81	7124.63	7402.57	31270.28	8128.51	5140.66	5517.41	8038.58	4445.13
98.64	669.60	295.21	172.16	202.22	1232.88	348.62	172.14	204.72	290.75	216.65
17.75	117.05	56.12	29.16	31.77	426.08	114.51	66.70	73.03	98.61	73.23
51.17	225.77	92.41	63.43	69.92	312.97	106.45	32.29	47.12	60.94	66.18
11.59	129.42	62.54	31.79	35.09	184.98	51.74	32.90	32.87	37.43	30.04
270.70	1985.35	897.60	561.44	526.31	4674.97	1297.36	728.03	727.04	1311.61	610.92
155.79	947.51	392.52	258.79	296.20	2576.00	816.80	324.25	452.70	620.83	361.43
10.78	19.76	4.29	12.22	3.25	87.55	21.64	10.70	15.40	23.78	16.03
33.52	272.98	153.78	59.87	59.33	868.52	280.30	112.93	122.20	253.30	99.79
39.31	579.58	242.76	196.43	140.39	860.27	105.10	222.01	106.10	320.43	106.63
31.30	165.52	104.25	34.13	27.14	282.62	73.52	58.15	30.64	93.26	27.05

指　　标　　Item		苏南合计 Southern Jiangsu	南京 Nanjing	无锡 Wuxi	常州 Changzhou	苏州 Suzhou
农业机械总动力（万千瓦）	Total Power of Agricultural Machinery (10 000 kW)	757.22	236.85	89.39	138.72	140.27
农村用电量（亿千瓦小时）	Electricity Consumption in Rural Areas (100 million kW·h)	1382.98	32.28	434.54	181.18	656.31
农作物总播种面积（千公顷）	Total Sown Areas of Farm Grops (1 000 hectares)	960.25	260.02	135.44	172.20	208.01
#粮食	Grain	570.24	136.59	80.05	95.04	124.04
主要产品产量（万吨）	Output of Major Products (10 000 tons)					
粮食	Grain	409.41	98.48	55.07	69.48	90.36
油料	Oil-bearing Crops	13.84	4.88	0.76	3.15	0.74
棉花（吨）	Cotton (ton)	478	358		54	56
肉类	Meat	18.81	3.44	0.94	5.30	1.14
#猪牛羊肉	Pork, Beef and Mutton	6.73	1.43	0.54	1.66	0.87
水产品	Aquatic Products	65.93	16.37	10.21	15.36	14.30
工业(规模以上)	**Industry(above Designated Size)**					
工业企业单位数（个）	Number of Industrial Enterprises (unit)	32139	3975	7721	5662	12493
资产总计（亿元）	Total Assets (100 million yuan)	100054.86	16601.04	21380.25	14172.02	41881.84
负债合计（亿元）	Total Liabilities (100 million yuan)	52707.90	8994.81	10968.29	7591.85	21851.41
营业收入（亿元）	Business Revenues (100 million yuan)	102093.87	15531.73	22772.78	14266.99	44524.10

19－2　续表3　Continued

镇 江 Zhenjiang	苏中合计 Mid Jiangsu	南 通 Nantong	扬 州 Yangzhou	泰 州 Taizhou	苏北合计 Northern Jiangsu	徐 州 Xuzhou	连云港 Lianyungang	淮 安 Huai'an	盐 城 Yancheng	宿 迁 Suqian
151.99	1020.11	430.97	295.68	293.46	3370.91	778.75	542.97	652.25	756.77	640.16
78.68	395.53	181.29	64.89	149.35	265.44	70.96	31.44	18.44	87.83	56.77
184.58	1786.19	787.24	480.43	518.52	4768.00	1181.95	632.96	814.70	1390.49	747.90
134.52	1300.49	536.12	388.70	375.67	3556.81	767.50	511.73	682.69	991.75	603.14
96.02	908.07	340.09	286.97	281.00	2486.71	501.79	368.80	491.73	714.78	409.61
4.30	37.66	22.68	5.21	9.77	46.30	11.68	10.22	6.15	13.66	4.59
10	1294	1293	1		6107	5870		4	152	81
7.99	69.76	38.19	16.36	15.21	222.97	65.24	30.54	32.66	60.50	34.03
2.22	44.38	24.13	9.16	11.10	138.43	36.01	21.45	20.35	40.37	20.25
9.68	159.69	80.33	40.38	38.98	268.19	16.17	74.35	30.25	118.61	28.81
2288	12911	6174	3486	3251	11231	2557	1116	1756	3494	2308
6019.71	24781.17	12076.84	5857.57	6846.76	25130.04	6478.04	4786.89	3042.63	7158.33	3664.15
3301.54	13222.76	6391.27	3196.16	3635.33	14557.02	3805.73	2721.19	1564.92	4588.51	1876.67
4998.27	24511.74	11171.99	6295.88	7043.87	23394.04	5946.73	3754.47	3153.37	6783.49	3755.98

指 标 Item		苏南合计 Southern Jiangsu	南京 Nanjing	无锡 Wuxi	常州 Changzhou	苏州 Suzhou
营业成本 (亿元)	Business Costs (100 million yuan)	86625.20	12767.96	19533.63	12188.57	37905.17
利润总额 (亿元)	Total Profits (100 million yuan)	6442.98	1098.91	1452.45	855.24	2727.66
平均用工人数(万人)	Average Employees (10 000 persons)	578.64	62.28	122.03	86.55	273.85
建筑业	**Construction**					
建筑企业单位数 (个)	Number of Construction Enterprises (unit)	5523	2013	700	891	1402
建筑业总产值 (亿元)	Gross Output Value of Construction (100 million yuan)	12089.55	4918.04	1213.06	2193.28	3119.57
房屋建筑施工面积 (万平方米)	Floor Space of Buildings under Construction (10 000 sq. m)	62723.14	26469.92	4590.11	13030.24	16435.66
房屋建筑竣工面积 (万平方米)	Floor Space of Buildings Completed (10 000 sq. m)	15894.95	5883.39	1316.06	4001.99	4090.28
交通运输、邮电业	**Transport, Postal and Telecommunication Services**					
公路里程 (公里)	Total Length of Highways (km)	44480	9746	7803	8499	11558
#等级公路	Expressway and Class Ⅰ to Ⅳ Highways	44480	9746	7803	8499	11558
#高速公路	Expressway	2215	326	464	620	482
公路客运量 (万人)	Passenger Traffic of Highways (10 000 persons)	29828	5608	6393	1862	14304
公路货运量 (万吨)	Freight Traffic of Highways (10 000 tons)	89611	24419	19925	11558	27426
民用汽车拥有量(万辆)	Number of Civil Vehicles (10 000 units)	1231.41	293.62	231.37	162.62	471.48
#私人汽车拥有量	Number of Private Vehicles	998.28	222.64	189.46	132.91	390.94
邮政业务总量 (亿元)	Total Business Volume of Postal Services (100 million yuan)	556.49	117.80	105.98	56.26	244.73
电信业务总量 (亿元)	Total Business Volume of Telecommunication Services (100 million yuan)	707.79	189.07	132.11	87.41	257.64
固定电话用户 (万户)	Number of Fixed Telephone Subscribers (10 000 subscribers)	605.77	163.76	109.86	77.73	206.35
移动电话用户 (万户)	Number of Mobile Phone Subscribers (10 000 subscribers)	5113.49	1301.72	978.48	659.49	1795.20
互联网宽带接入用户 (万户)	Number of Internet Service Subscribers (10 000 subscribers)	2032.73	541.73	396.50	279.24	654.29
全年用电量 (亿千瓦小时)	Total Consumption of Electricity (100 million kW · h)	4090.92	683.57	838.64	588.38	1685.28
#工业用电	Consumption of Industrial Electricity	2903.32	350.33	620.25	449.65	1271.45
居民生活用电	Consumption of Household Electricity	445.22	107.55	84.97	58.16	159.62

19－2 续表4 Continued

镇 江 Zhenjiang	苏中合计 Mid Jiangsu	南 通 Nantong	扬 州 Yangzhou	泰 州 Taizhou	苏北合计 Northern Jiangsu	徐 州 Xuzhou	连云港 Lianyungang	淮 安 Huai'an	盐 城 Yancheng	宿 迁 Suqian
4229.87	20418.59	9385.00	5351.94	5681.65	19397.80	4902.74	2833.60	2573.55	5956.97	3130.94
308.72	1621.59	760.20	414.46	446.93	1452.57	357.31	350.87	192.21	247.55	304.63
33.93	170.03	78.97	44.96	46.10	152.20	36.19	17.10	24.24	40.68	33.99
517	3486	1283	1199	1004	3884	934	430	815	1192	513
645.61	19455.42	10568.67	4881.33	4005.41	6699.52	1698.01	596.69	1578.32	2058.99	767.52
2197.21	165920.42	99443.02	32531.73	33945.67	44784.40	10364.27	3917.38	12192.22	11815.31	6495.22
603.23	45705.48	23798.01	11383.76	10523.71	13392.89	2848.30	1077.49	2941.12	4530.96	1995.02
6874	37302	17520	9688	10094	76254	15859	12203	13616	22082	12494
6874	37302	17520	9688	10094	76254	15859	12203	13616	22082	12494
323	811	355	210	246	1706	356	400	395	308	247
1661	3781	2044	667	1070	10178	3519	1646	1761	2949	303
6283	23545	12295	5717	5533	73554	31424	13089	5893	12601	10547
72.31	388.73	204.17	94.96	89.60	554.94	183.14	102.04	75.92	110.31	83.53
62.32	346.62	182.44	80.91	83.27	513.93	169.08	80.61	69.01	111.53	83.70
31.72	182.04	111.34	37.02	33.67	234.13	63.95	40.88	39.42	36.17	53.71
41.56	210.11	96.86	57.48	55.77	325.63	98.59	51.40	48.26	73.09	54.29
48.07	236.95	99.23	82.09	55.63	227.15	76.15	47.33	31.39	48.29	23.98
378.59	1897.45	878.14	527.94	491.37	3168.53	1003.78	479.00	484.62	701.50	499.65
160.97	804.79	375.05	222.33	207.41	1234.09	380.43	187.48	187.31	291.81	187.06
295.06	1169.27	541.70	289.77	337.80	1508.76	393.55	218.19	228.72	258.17	410.12
211.64	792.26	362.50	189.62	240.15	952.21	229.40	131.68	142.02	174.50	274.61
34.92	172.41	81.22	45.67	45.52	253.81	74.41	39.09	39.57	61.62	39.12

19-2 续表 5

指标	Item	苏南合计 Southern Jiangsu	南京 Nanjing	无锡 Wuxi	常州 Changzhou	苏州 Suzhou
批发零售贸易、餐饮业	**Wholesale and Retail Trade and Catering Services**					
社会消费品零售总额（亿元）	Total Retail Sale of Consumer Goods (100 million yuan)	24495.01	7899.41	3306.09	2911.36	9031.32
对外经济贸易、旅游	**International Trade and Economic Cooperation and Tourism**					
进出口总额（亿元）	Total Value of Imports and Exports (100 million yuan)	42380.32	6366.80	6829.37	3017.80	25332.00
出口	Exports	25879.91	3989.90	4221.75	2196.40	14875.76
进口	Imports	16500.41	2376.90	2607.61	821.40	10456.24
外贸依存度（%）	Interdependent Level to Foreign Trade (%)	63.6	38.9	48.8	34.3	111.5
实际使用外资（亿美元）	Actually Utilization of Foreign Capital (USD 100 million)	196.95	50.14	38.07	30.71	69.92
接待境外旅游者人数（万人次）	Number of Overseas Tourists Recieved (10 000 person-times)	50.60	13.40	6.70	4.41	24.71
星级饭店数（个）	Number of Star-rated Hotels (unit)	204	60	29	30	63
旅游外汇收入（亿美元）	Foreign Exchange Earnings from Tourism (USD 100 million)	9.54	2.64	1.17	0.81	4.66
教育	**Education**					
学校数（所）	Number of Schools (unit)					
#普通高校	Regular Higher Education Institutions	110	51	13	11	26
普通中等专业学校	Regular Specialized Secondary Schools	71	19	16	11	20
普通中学	Regular Secondary Schools	1080	264	198	168	340
小学	Primary Schools	1402	392	228	229	442
在校学生数（万人）	Number of Students Enrollment (10 000 persons)					
#普通高校	Regular Higher Education Institutions	162.51	93.53	15.32	13.66	27.28
普通中等专业学校	Regular Specialized Secondary Schools	18.64	4.79	4.53	2.71	5.25
普通中学	Regular Secondary Schools	131.77	28.85	26.94	20.56	44.00

19-2 续表5 Continued

镇江 Zhenjiang	苏中合计 Mid Jiangsu	南通 Nantong	扬州 Yangzhou	泰州 Taizhou	苏北合计 Northern Jiangsu	徐州 Xuzhou	连云港 Lianyungang	淮安 Huai'an	盐城 Yancheng	宿迁 Suqian
1346.83	6993.35	3935.48	1480.92	1576.94	11214.29	4038.02	1203.31	1828.25	2684.34	1460.36
834.36	5597.48	3405.80	968.86	1222.81	4141.64	1254.23	927.64	386.78	1123.59	449.39
596.10	3838.64	2263.39	712.11	863.14	2808.77	1050.29	385.15	281.31	700.05	391.97
238.25	1758.84	1142.41	256.75	359.68	1332.87	203.94	542.49	105.47	423.54	57.42
17.5	23.6	30.9	14.5	20.3	15.5	15.5	24.9	8.5	17.0	12.1
8.09	66.79	31.21	17.30	18.28	65.60	24.23	8.24	12.01	12.60	8.52
1.37	6.65	4.09	1.61	0.95	4.65	1.53	0.40	0.91	1.53	0.28
22	85	44	24	17	83	15	10	21	24	13
0.27	1.04	0.56	0.30	0.18	0.85	0.29	0.07	0.16	0.29	0.05
9	25	9	9	7	33	12	5	7	6	3
5	19	5	6	8	57	12	12	13	3	17
110	563	215	164	184	1252	365	184	211	285	207
111	696	343	201	152	2018	884	426	249	285	174
12.72	32.29	13.20	12.04	7.05	43.42	17.55	6.05	9.54	7.45	2.84
1.36	5.05	1.17	1.28	2.60	19.11	3.78	4.00	4.18	1.55	5.60
11.44	61.40	25.58	17.61	18.21	195.90	65.29	32.41	27.18	35.42	35.60

指标	Item	苏南合计 Southern Jiangsu	南京 Nanjing	无锡 Wuxi	常州 Changzhou	苏州 Suzhou
小学	Primary Schools	235.43	50.01	45.76	33.46	89.34
专任教师数 （万人）	Number of Full-time Teachers (10 000 persons)					
#普通高校	Regular Higher Education Institutions	8.15	4.81	0.72	0.68	1.31
普通中等专业学校	Regular Specialized Secondary Schools	1.76	0.39	0.46	0.28	0.49
普通中学	Regular Secondary Schools	11.91	2.84	2.38	1.71	3.90
小学	Primary Schools	14.52	3.48	2.73	1.98	5.24
成人高等学校在校学生数 （万人）	Number of Students in Adult Higher Education Institutions (10 000 persons)					
科技、文化、卫生	**Science, Culture and Public Health**					
专利申请受理量 （件）	Number of Patents Applications Accepted (unit)	434990	91964	79738	55463	185133
#发　明	Inventions	49610	21568	5764	4793	14677
公共图书馆 （个）	Public Libraries (unit)	51	15	8	8	11
公共图书馆藏书量 （千册、件）	Total Collections of Public Libraries (1 000 volumes)	70512	24843	9980	5921	25489
卫生机构数 （个）	Number of Health Care Institutions (unit)	13346	3451	3107	1667	4027
#医院	Hospitals	874	277	208	89	243
卫生院	Health Centers	242	15	45	59	86
卫生机构床位数 （万张）	Number of Beds in Health Care Institutions (10 000 units)	24	7	5	3	8
#医院	Hospital	21	6	4	3	7
卫生院	Health Centers	1.85	0.07	0.37	0.42	0.80
卫生技术人员 （万人）	Number of Health Technical Personnel (10 000 persons)	33.46	10.47	6.55	4.05	10.10

19－2 续表6 Continued

镇 江 Zhenjiang	苏中合计 Mid Jiangsu	南 通 Nantong	扬 州 Yangzhou	泰 州 Taizhou	苏北合计 Northern Jiangsu	徐 州 Xuzhou	连云港 Lianyungang	淮 安 Huai'an	盐 城 Yancheng	宿 迁 Suqian
16.85	84.56	38.09	22.78	23.69	265.69	87.81	43.10	35.11	43.34	56.33
0.63	1.36	0.56	0.56	0.24	2.16	0.88	0.27	0.45	0.42	0.14
0.14	0.33	0.07	0.11	0.15	1.10	0.21	0.27	0.27	0.07	0.29
1.07	6.13	2.56	1.70	1.87	15.54	4.88	2.77	2.44	3.20	2.26
1.09	5.34	2.37	1.49	1.47	16.05	5.19	2.72	2.42	2.81	2.91
22692	95111	40867	28942	25302	110776	41895	9607	14831	27365	17078
2808	9992	6506	1948	1538	9210	4564	901	974	2309	462
9	26	11	8	7	46	12	8	9	11	6
4279	17585	8132	5767	3686	22592	5363	3793	4087	6517	2832
1094	7533	3494	1899	2140	15568	4580	2729	2316	3343	2600
57	419	236	96	87	739	182	92	64	167	234
37	240	84	53	103	498	159	86	109	138	6
2	11	5	3	3	20	6	3	3	4	3
1	8	4	2	2	14	4	2	2	3	3
0.18	1.97	0.89	0.44	0.64	4.01	1.33	0.74	0.86	1.03	0.05
2.29	13.00	5.62	3.19	4.20	23.55	7.49	3.32	3.69	5.14	3.91

指标	Item	苏南合计 Southern Jiangsu	南京 Nanjing	无锡 Wuxi	常州 Changzhou	苏州 Suzhou
人民生活	**People's Livelihood**					
居民人均可支配收入（元）	Per Capita Disposable Income of Households (yuan)	63253	66140	63014	56897	68191
城镇常住居民人均可支配收入（元）	Per Capita Disposable Income of Urban Permanent Households (yuan)	71643	73593	70483	65822	76888
城镇常住居民人均生活消费支出（元）	Per Capita Consumption Expanditure of Urban Permanent Households (yuan)	42696	42487	43873	38021	46566
#食品烟酒	Foods, Tobacco and Liquor	11118	10864	11539	10028	11934
恩格尔系数(城镇)(%)	Engle Coefficient(Urban) (%)	26.0	25.6	26.3	26.4	25.6
农村常住居民人均可支配收入（元）	Per Capita Disposable Income of Rural Permanent Households (yuan)	37204	32701	39623	35822	41487
农村常住居民人均生活消费支出（元）	Per Capita Consumption Expanditure of Rural Permanent Households (yuan)	25643	24006	27127	24768	27240
#食品烟酒	Foods, Tobacco and Liquor	7473	7150	8383	7783	7284
恩格尔系数(农村)(%)	Engle Coefficient(Rural) (%)	29.1	29.8	30.9	31.4	26.7
城镇人均住房建筑面积（平方米）	Per Capita of Floor Space of Building under Construction in Urban Areas (sq. m)	47.2	40.7	51.7	51.4	47.0
农村人均住房建筑面积（平方米）	Per Capita of Floor Space of Building under construction in Rural Areas (sq. m)	69.4	66.5	64.5	77.7	72.0
居民消费价格指数（上年=100）	Consumer Price Index (preceding year=100)		101.5	101.7	101.5	102.1

19－2 续表7 Continued

镇 江 Zhenjiang	苏中合计 Mid Jiangsu	南 通 Nantong	扬 州 Yangzhou	泰 州 Taizhou	苏北合计 Northern Jiangsu	徐 州 Xuzhou	连云港 Lianyungang	淮 安 Huai'an	盐 城 Yancheng	宿 迁 Suqian
0.91	4.98	2.28	1.31	1.39	9.35	2.91	1.32	1.44	2.15	1.52
1.00	5.18	2.43	1.34	1.41	10.64	3.45	1.55	1.67	2.14	1.83
50360	44630	46882	42287	43777	33879	34217	32295	34731.00	36764.00	29122.00
59204	54484	57289	50947	53818	41107	40842	39862	43953.58	43787.38	35056.33
33992	32841	35281	29586	32295	23974	24146	25278	23920	24303	21328
9785	9365	10037	8550	9132	7069	7018	7914	7103	6866	6433
28.8	28.5	28.4	28.9	28.3	29.5	29.1	31.3	29.7	28.3	30.2
31354	28092	29134	27354	27401	23235	23694	21373	21884	26049	21577
23876	20110	20197	20042	20239	15962	16723	14917	14197	18443	13862
7018	6168	6097	5833	6650	5001	5035	5467	4358	5517	4345
29.4	30.7	30.2	29.1	32.9	31.3	30.1	36.6	30.7	29.9	31.3
51.1	51.5	52.5	48.6	52.7	49.7	51.3	52.1	50.0	48.6	45.6
60.4	68.1	70.4	62.4	69.8	58.2	63.7	59.4	55.0	57.2	52.1
101.2		101.8	101.5	101.3		101.1	101.3	101.2	101.6	101.3

19－3 江苏主要指标占长三角地区比重（2021 年）
Proportion of Main Indicators of Jiangsu in Yangtze River Delta Area (2021)

指　　标	Item	长三角地区四省市合计 Yangtze River Delta	长三角地区占全国比重（%）Proportion of Yangtze River Delta in the Country (%)	江苏占长三角地区比重（%）Proportion of Jiangsu in Yangtze River Delta (%)
土地面积（万平方公里）	Land Area (10 000 sq. km)	35.9	3.7	29.8
年末总人口（万人）	Total Population at Year-end (10 000 persons)	23647.0	16.7	36.0
地区生产总值（亿元）	Gross Domestic Product (100 million yuan)	276054.0	24.1	42.2
第一产业	Primary Industry	10392.1	12.5	45.4
第二产业	Secondary Industry	112026.5	24.8	46.2
第三产业	Tertiary Industry	153635.4	25.2	39.0
#工业	Industry	95470.0	25.6	46.8
房地产开发投资（亿元）	Real Estate Development and Investment (100 million yuan)	38165.0	25.9	35.3
一般公共预算收入（亿元）	General Public Budget Revenue (100 million yuan)	29547.7	26.6	33.9
金融机构本外币存款余额（亿元）	Balance of Deposits of Local and Foreign Currencies of Financial Institutions (100 million yuan)	609531.9	25.5	32.2
金融机构本外币贷款余额（亿元）	Loans Balance of Local and Foreign Currencies Loans from Financial Institutions (100 million yuan)	500996.4	25.2	36.0
社会消费品零售总额（亿元）	Total Retail Sales of Consumer Goods (100 million yuan)	111463.6	25.3	38.3
进出口总额（亿元）	Total Value of Imports and Exports (100 million yuan)	141090.2	36.1	36.9
出口	Exports	82467.0	37.9	39.4
进口	Imports	58623.2	33.8	33.4
实际使用外资（亿美元）	Actually Utilization of Foreign Capital (USD 100 million)	890.4	51.3	32.4
普通高等学校数（所）	Number of Regular Higher Education Institutions (unit)	462	16.8	36.4
专利申请授权量（万件）	Number of Patents Applications Accepted (10 000 units)	143.9	36.0	44.5
医疗卫生机构数（万个）	Number of Health Care Institutons (10 000 units)	10.7	10.4	33.9
执业(助理)医师数（万人）	Licensed physicians & Physician Assistants (10 000 persons)	76.1	17.7	35.8

19－4 沿江开发区域主要指标占全省比重（2021年）
Proportion of Main Indicators of Development Zones along the Yangtze River in Jiangsu Province（2021）

指　　标	Item	全　省 Province	沿江开发区域 Development Zones along the Yangtze River	沿江开发区域占全省比重（%） Proportion of Development Zones along the Yangtze River in Jiangsu Province（%）
年末户籍人口（万人）	Registered Population at Year-end（10 000 persons）	7881.70	2870.88	36.4
土地面积（万平方公里）	Land Area（10 000 sq. km）	10.72	3.16	29.4
地区生产总值（亿元）	Gross Domestic Product（100 million yuan）	116364.20	58789.59	50.5
第一产业	Primary Industry	4722.42	1333.67	28.2
第二产业	Secondary Industry	51775.39	26586.05	51.3
第三产业	Tertiary Industry	59866.39	30869.76	51.6
#工业	Industry	44634.07	23265.46	52.1
规模以上工业营业收入（亿元）	Business Revenue of Industry Enterprises above Designoted Size（100 million yuan）	149920.66	73695.68	49.2
规模以上工业利润总额（亿元）	Total Profits of Industry Enterprises above Designated Size（100 million yuan）	9358.16	4767.78	50.9
房地产开发投资（亿元）	Real Estate Development and Investment（100 million yuan）	13477.45	7108.05	52.7
社会消费品零售总额（亿元）	Total Retail Sales of Consumer Goods（100 million yuan）	42702.65	20443.68	47.9
进出口总额（亿元）	Total Value of Imports and Exports（100 million yuan）	52131.00	21868.63	41.9
#出口	Exports	32532.00	13699.62	42.1
实际使用外资（亿美元）	Actually Utilization of Foreign Capital（USD 100 million）	329.96	163.98	49.7
一般公共预算收入（亿元）	General Public Budget Revenue（100 million yuan）	10015.16	4793.70	47.9
一般公共预算支出（亿元）	General Public Budget Expenditure（100 million yuan）	14585.96	5760.46	39.5
金融机构存款余额（亿元）	Balance of Deposits of Financial Institutions（100 million yuan）	189433.13	102906.34	54.3
#住户存款	Deposits of Households	74361.95	37733.34	50.7
金融机构贷款余额（亿元）	Balance of Loans from Financial Institutions（100 million yuan）	177970.10	96332.54	54.1

19-5 沿江地区主要指标（2021 年）

Main Indicators of the Region along the Yangtze River (2021)

地区	Region	年末户籍人口（万人）Registered Population at Year-end (10 000 persons)	土地面积（平方公里）Land Area (sq. km)	人口密度（人/平方公里）Density of Population (person/sq. km)	就业人员（万人）Employed Persons (10 000 persons)	#第二产业 Secondary Industry	#第三产业 Tertiary Industry
沿江八市	**Eight Cities**	**4363.31**	**50970**	**8804**	**3180.07**	**1377.38**	**1540.97**
沿江开发区域	**Development Regions**	**2870.88**	**31567**	**19163**	**2038.52**	**834.21**	**1023.13**
南京市区	Nanjing Urban Area	733.73	6587	1431	485.06	152.30	296.60
江阴市	Jiangyin	126.96	987	1806	103.90	59.20	41.43
常州市区	Changzhou Urban Area	309.62	2838	1602	248.17	109.19	122.02
常熟市	Changshu	106.10	1276	1321	102.43	57.47	41.84
张家港市	Zhangjiagang	92.93	987	1460	80.38	44.41	33.48
太仓市	Taicang	52.59	810	1036	48.98	24.44	22.13
南通市区	Nantong Urban Area	313.40	3287	1155	245.70	96.90	124.10
启东市	Qidong	99.30	2781	316	56.80	23.90	22.00
如皋市	Rugao	139.50	1574	780	67.70	28.10	25.20
扬州市区	Yangzhou Urban Area	231.97	2305	1150	161.19	60.03	87.59
仪征市	Yizheng	54.82	902	592	30.92	12.56	12.88
镇江市区	Zhenjiang Urban Area	102.53	1088	1167	75.92	26.71	45.36
丹阳市	Danyang	79.42	1047	946	63.46	28.60	28.55
扬中市	Yangzhong	27.96	327	966	19.81	10.60	7.55
句容市	Jurong	58.19	1378	465	39.54	14.10	18.91
泰州市区	Taizhou Urban Area	162.84	1568	1108	105.16	41.56	53.22
靖江市	Jingjiang	64.33	656	1014	41.19	19.95	15.65
泰兴市	Taixing	114.69	1170	849	62.21	24.19	24.62

19－5 续表1 Continued

地 区	Region	地区生产总值（亿元）Gross Domestic Product (100 million yuan)	第一产业 Primary Industry	第二产业 Seconary Industry	第三产业 Tertiary Industry	#工 业 Industry	人均地区生产总值（元）Per Capita GDP (yuan)
沿江八市	**Eight Cities**	**90396.54**	**2068.22**	**41488.50**	**46839.81**	**36398.01**	**112227**
沿江开发区域	**De velopment Regions**	**58789.59**	**1333.67**	**26586.05**	**30869.76**	**23265.46**	**166345**
南京市区	Nanjing Urban Area	16355.33	303.94	5902.65	10148.74	4991.39	174520
江阴市	Jiangyin	4580.33	38.30	2383.33	2158.70	2184.55	257177
常州市区	Changzhou Urban Area	7546.28	110.07	3550.11	3886.10	3255.29	166964
常熟市	Changshu	2672.04	39.68	1341.71	1290.65	1242.74	158894
张家港市	Zhangjiagang	3030.21	29.75	1550.88	1449.58	1442.57	210966
太仓市	Taicang	1574.05	23.98	782.38	767.69	728.69	188486
南通市区	Nantong Urban Area	5633.30	142.00	2634.60	2856.60	2226.70	150584
启东市	Qidong	1272.20	96.00	632.80	543.40	554.50	142500
如皋市	Rugao	1432.40	82.20	707.60	642.60	602.80	115076
扬州市区	Yangzhou Urban Area	4014.99	110.03	1851.43	2053.53	1542.14	151879
仪征市	Yizheng	910.71	23.84	483.77	403.10	420.86	170737
镇江市区	Zhenjiang Urban Area	2151.90	31.45	951.59	1168.85	856.29	169648
丹阳市	Danyang	1324.01	52.52	690.04	581.45	658.87	133759
扬中市	Yangzhong	550.77	17.51	289.07	244.19	269.87	174434
句容市	Jurong	736.75	55.54	313.00	368.21	262.00	115108
泰州市区	Taizhou Urban Area	2588.50	79.40	1259.54	1249.56	1034.99	149365
靖江市	Jingjiang	1142.38	25.98	621.78	494.62	446.82	172019
泰兴市	Taixing	1273.44	71.48	639.77	562.19	544.39	128048

19－5 续表2 Continued

单位:% (%)

地 区 Region		三次产业占GDP比重 Percentage of Three Industries to GDP				一般公共预算收入占GDP比重 Percentage of General Public Budget Revenue to GDP	外贸依存度 Interdependent Level to Foreign Trade
		第一产业 Primary Industry	第二产业 Seconary Industry	第三产业 Tertiary Industry	#工 业 Industry		
沿江八市	**Eight Cities**	**2.3**	**45.9**	**51.8**	**40.3**	**8.8**	**53.1**
沿江开发区域	**Development Regions**	**2.3**	**45.2**	**52.5**	**39.6**	**8.2**	**37.2**
南京市区	Nanjing Urban Area	1.9	36.1	62.1	30.5	10.6	38.9
江 阴 市	Jiangyin	0.8	52.0	47.1	47.7	6.0	32.9
常州市区	Changzhou Urban Area	1.5	47.0	51.5	43.1	8.0	38.5
常 熟 市	Changshu	1.5	50.2	48.3	46.5	8.6	57.5
张家港市	Zhangjiagang	1.0	51.2	47.8	47.6	8.7	92.7
太 仓 市	Taicang	1.5	49.7	48.8	46.3	12.1	70.1
南通市区	Nantong Urban Area	2.5	46.8	50.7	39.5	7.4	34.8
启 东 市	Qidong	7.5	49.7	42.7	43.6	5.4	39.8
如 皋 市	Rugao	5.7	49.4	44.9	42.1	5.4	22.6
扬州市区	Yangzhou Urban Area	2.7	46.1	51.1	38.4	5.8	18.3
仪 征 市	Yizheng	2.6	53.1	44.3	46.2	5.3	13.9
镇江市区	Zhenjiang Urban Area	1.5	44.2	54.3	39.8	5.6	23.1
丹 阳 市	Danyang	4.0	52.1	43.9	49.8	5.4	18.3
扬 中 市	Yangzhong	3.2	52.5	44.3	49.0	6.9	7.5
句 容 市	Jurong	7.5	42.5	50.0	35.6	7.8	7.2
泰州市区	Taizhou Urban Area	3.1	48.7	48.3	40.0	8.2	20.6
靖 江 市	Jingjiang	2.3	54.4	43.3	39.1	5.9	19.9
泰 兴 市	Taixing	5.6	50.2	44.1	42.7	7.3	30.7

19-5 续表3 Continued

地区 Region		规模以上工业企业个数（个）Number of Industrial Enterprises above Designated Size(unit)	#高技术产业企业 High-tech Industrial Enterprises	#国有控股企业 State Share-holding Enterprises	资产合计（亿元）Total Assets (100 million yuan)	营业收入（亿元）Business Revenue (100 million yuan)	利润总额（亿元）Total Profits (100 million yuan)
沿江八市	**Eight Cities**	**45047**	**6025**	**1071**	**124836.03**	**126605.61**	**8064.57**
沿江开发区域	**Development Regions**	**27241**	**3237**	**784**	**75474.79**	**73673.20**	**4767.47**
南京市区	Nanjing Urban Area	3975	968	294	16601.04	15531.73	1098.91
江阴市	Jiangyin	2340	142	25	6660.83	7108.90	400.04
常州市区	Changzhou Urban Area	5059	665	92	12244.13	11957.61	679.71
常熟市	Changshu	1711	168	33	5179.38	4833.28	318.74
张家港市	Zhangjiagang	1472	97	14	6385.02	7291.03	434.43
太仓市	Taicang	1173	113	24	2669.63	3085.37	207.53
南通市区	Nantong Urban Area	2582	258	75	5719.96	5045.41	352.90
启东市	Qidong	884	50	17	2083.35	1676.71	156.61
如皋市	Rugao	907	79	8	1339.84	1432.06	71.84
扬州市区	Yangzhou Urban Area	1709	181	61	3416.49	3252.67	250.54
仪征市	Yizheng	538	34	27	961.12	1229.72	84.09
镇江市区	Zhenjiang Urban Area	790	125	46	2458.42	2212.85	164.69
丹阳市	Danyang	824	48	6	1710.11	1576.78	89.73
扬中市	Yangzhong	416	18	4	928.19	730.92	39.97
句容市	Jurong	258	28	8	922.98	477.73	14.33
泰州市区	Taizhou Urban Area	1258	172	27	2893.89	3302.68	162.91
靖江市	Jingjiang	645	30	11	1713.54	1257.36	81.42
泰兴市	Taixing	700	61	12	1586.87	1670.39	159.06

19－5 续表4 Continued

地　区	Region	房地产开发投资（亿元）Real Estate Development and Investment（100 million yuan）	#住宅 Residential Buildings	社会消费品零售总额（亿元）Total Retail Sales of Consumer Goods（100 million yuan）	进出口总额（亿元）Total Value of Imports and Exports（100 million yuan）	#出　口 Exports	实际使用外资（亿美元）Actually Utilzation of Foreign Capital（USD 100 million）
沿江八市	**Eight Cities**	**10890.50**	**8646.37**	**31488.36**	**47977.80**	**29718.55**	**263.73**
沿江开发区域	**Development Regions**	**7108.05**	**5510.48**	**20443.68**	**21868.63**	**13699.62**	**163.98**
南京市区	Nanjing Urban Area	2719.80	1932.13	7899.41	6366.80	3989.90	50.14
江阴市	Jiangyin	328.29	290.68	704.84	1507.00	960.49	7.96
常州市区	Changzhou Urban Area	880.40	737.33	2522.37	2904.50	2105.10	24.79
常熟市	Changshu	292.89	253.49	1214.22	1537.26	1013.27	7.59
张家港市	Zhangjiagang	277.62	233.21	800.06	2808.55	1176.69	5.68
太仓市	Taicang	220.77	195.43	510.47	1104.11	599.02	5.65
南通市区	Nantong Urban Area	799.70	632.87	2028.19	1961.28	1419.22	17.92
启东市	Qidong	51.47	43.08	477.80	506.84	174.87	3.80
如皋市	Rugao	109.85	88.34	532.55	323.99	248.39	2.15
扬州市区	Yangzhou Urban Area	606.16	436.48	1001.75	736.64	554.47	11.84
仪征市	Yizheng	108.47	80.43	123.51	126.71	66.71	2.30
镇江市区	Zhenjiang Urban Area	186.24	145.91	654.42	497.40	299.40	3.67
丹阳市	Danyang	77.88	65.89	358.07	242.40	218.40	2.02
扬中市	Yangzhong	29.76	20.69	156.49	41.50	38.10	0.99
句容市	Jurong	120.09	110.10	177.85	53.00	40.30	1.42
泰州市区	Taizhou Urban Area	221.18	184.03	714.66	532.51	371.77	8.25
靖江市	Jingjiang	44.02	36.95	243.16	227.76	184.81	3.52
泰兴市	Taixing	33.45	23.46	323.85	390.38	238.70	4.27

19－5 续表5 Continued

单位:亿元 (100 million yuan)

地 区	Region	一般公共预算收入 General Public Budget Revenue	#税收收入 Taxes	一般公共预算支出 General Public Budget Expenditure	年末金融机构存款余额 Balance of Deposits of Financial Institutions at Year-end	#住户存款 Deposits of Households	年末金融机构贷款余额 Balance of Loans from Financial Institutions at Year-end
沿江八市	**Eight Cities**	**7930.26**	**6613.99**	**9549.16**	**155925.43**	**58222.69**	**146699.82**
沿江开发区域	**Development Regions**	**4833.67**	**3990.94**	**5894.75**	**102906.34**	**37733.34**	**96332.54**
南京市区	Nanjing Urban Area	1729.52	1473.31	1817.73	43524.28	10636.78	42718.95
江 阴 市	Jiangyin	273.94	226.70	268.80	4548.04	1755.66	3785.81
常州市区	Changzhou Urban Area	600.78	493.64	661.98	11769.84	4733.02	10392.87
常 熟 市	Changshu	230.75	198.17	273.39	3890.19	1966.19	3541.95
张家港市	Zhangjiagang	264.13	223.02	244.40	4061.29	1727.89	3435.53
太 仓 市	Taicang	190.03	164.04	167.56	2030.69	856.85	2167.86
南通市区	Nantong Urban Area	416.56	330.75	578.96	8896.16	4416.73	8208.58
启 东 市	Qidong	68.50	56.40	146.38	1744.22	995.29	1254.23
如 皋 市	Rugao	77.81	64.90	139.24	1767.16	1159.11	1537.03
扬州市区	Yangzhou Urban Area	231.72	184.22	439.04	5739.60	2639.70	5126.94
仪 征 市	Yizheng	48.21	39.00	71.35	868.08	469.50	714.56
镇江市区	Zhenjiang Urban Area	160.84	116.30	283.78	3223.20	1220.87	3297.18
丹 阳 市	Danyang	71.11	60.98	107.52	1611.36	927.46	1476.44
扬 中 市	Yangzhong	38.01	30.40	65.86	803.23	427.93	734.29
句 容 市	Jurong	57.64	48.38	85.80	1054.88	517.70	1450.36
泰州市区	Taizhou Urban Area	213.49	152.72	310.61	4378.19	1774.43	3896.96
靖 江 市	Jingjiang	67.51	52.91	113.96	1483.56	769.88	1313.88
泰 兴 市	Taixing	93.12	75.11	118.39	1512.36	738.37	1279.12

19－5 续表6 Continued

地区	Region	公路里程（公里） Total Length of Highways (km)	民用汽车拥有量（万辆） Number of Civil Vehicles (10 000 units)	公路客运量（万人） Passenger Traffic of Highways (10 000 persons)	公路货运量（万吨） Freight Traffic of Highways (10 000 tons)	全社会用电量（亿千瓦时） Total Consumption of Electricity (100 million kW·h)	#工业用电 Consumption of Industrial Electricity
沿江八市	**Eight Cities**	**81782**	**1620.14**	**33609**	**113156**	**5260.19**	**3695.58**
沿江开发区域	**Development Regions**	**55294**	**1001.79**	**13355**	**73110**	**3298.13**	**2322.59**
南京市区	Nanjing Urban Area	9746	293.62	5608	24419	683.57	350.33
江阴市	Jiangyin	2337	57.54	304	5155	292.91	248.73
常州市区	Changzhou Urban Area	6181	139.86	1538	9547	477.67	357.76
常熟市	Changshu	2404	54.57	601	1887	210.16	169.01
张家港市	Zhangjiagang	1600	48.19	444	5178	321.74	286.79
太仓市	Taicang	1349	29.42	319	2232	115.07	90.17
南通市区	Nantong Urban Area	5471	103.83	1283	6944	276.65	179.76
启东市	Qidong	3175	23.63	190	1036	75.10	54.98
如皋市	Rugao	3305	32.87	215	2106	73.10	47.77
扬州市区	Yangzhou Urban Area	4053	62.35	352	3724	162.73	100.02
仪征市	Yizheng	1702	11.09	56	877	53.82	42.64
镇江市区	Zhenjiang Urban Area	1536	32.48	845	3528	139.63	101.77
丹阳市	Danyang	2264	23.60	353	1431	102.22	80.71
扬中市	Yangzhong	698	7.53	167	382	18.27	11.10
句容市	Jurong	2377	8.70	296	942	34.93	18.06
泰州市区	Taizhou Urban Area	3428	37.20	408	2823	122.49	80.46
靖江市	Jingjiang	1309	16.89	254	826	49.91	34.52
泰兴市	Taixing	2360	18.43	231	1144	88.14	68.02

19 – 6 沿海地区主要指标（2021 年）

Main Indicators of the Coastal Regions (2021)

地　区	Region	年末户籍人口（万人） Registered Population at Year-end (10 000 persons)	土地面积（平方公里） Land Area (sq. km)	人口密度（人/平方公里） Density of Population (person/sq. km)	就业人员（万人） Employed Persons (10 000 persons)	#第二产业 Secondary Industry	#第三产业 Tertiary Industry
沿海三市合计	**Three Cities**	**2088.75**	**35851**	**1718**	**1144.27**	**437.4**	**495.8**
沿海地带合计	**Coastal Regions**	**1641.45**	**29644**	**6288**	**935.94**	**362.80**	**412.94**
南通市区	Nantong Urban Area	313.40	3287	1155	245.70	96.90	124.10
海 安 市	Haian	90.80	1184	735	56.60	32.30	17.00
如 东 县	Rudong	99.30	2781	316	55.10	24.30	22.00
启 东 市	Qidong	108.70	1681	572	56.80	23.90	22.00
连云港市区	Lianyungang Urban Area	225.91	3032	735	122.65	41.87	60.96
灌 云 县	Guanyun	101.96	1529	471	37.85	9.84	10.90
灌 南 县	Guannan	81.06	1028	594	32.82	11.76	9.45
盐城市区	Yancheng Urban Area	242.09	5601	425	147.43	56.44	72.52
响 水 县	Xiangshui	61.16	1470	312	25.57	9.31	10.20
滨 海 县	Binhai	119.15	1921	427	47.95	16.99	19.12
射 阳 县	Sheyang	92.46	2573	295	48.13	17.28	19.60
东 台 市	Dongtai	105.46	3558	250	59.34	21.91	25.09

19－6 续表1 Continued

地 区	Region	地区生产总值（亿元）Gross Domestic Product (100 million yuan)	第一产业 Primary Industry	第二产业 Seconary Industry	第三产业 Tertiary Industry	#工 业 Industry	人均地区生产总值（元）Per Capita GDP (yuan)
沿海三市合计	**Three Cities**	**21372.25**	**1618.91**	**9669.82**	**10083.53**	**8100.02**	**112227**
沿海地带合计	**Coastal Regions**	**17995.99**	**1312.16**	**8153.61**	**8530.22**	**6878.62**	**117144**
南通市区	Nantong Urban Area	5633.30	142.00	2634.60	2856.60	2226.70	150584
海 安 市	Haian	1343.10	76.10	725.90	541.10	625.70	153120
如 东 县	Rudong	1272.20	96.00	632.80	543.40	554.50	142500
启 东 市	Qidong	1345.90	88.70	657.00	600.30	529.20	138678
连云港市区	Lianyungang Urban Area	2218.48	153.75	999.14	1065.59	833.17	99846
灌 云 县	Guanyun	424.02	82.10	152.50	189.42	111.77	58696
灌 南 县	Guannan	452.57	70.09	210.82	171.66	157.89	73961
盐城市区	Yancheng Urban Area	2645.57	211.84	1118.41	1315.32	931.10	111154
响 水 县	Xiangshui	446.33	57.92	203.95	184.46	189.88	97176
滨 海 县	Binhai	565.13	79.02	224.83	261.28	182.64	68890
射 阳 县	Sheyang	663.31	111.75	240.05	311.51	215.06	87318
东 台 市	Dongtai	986.08	142.89	353.61	489.58	321.01	110963

19－6 续表2 Continued

单位:% （%）

地区	Region	三次产业占GDP比重 Percentage of Three Industries to GDP 第一产业 Primary Industry	第二产业 Seconary Industry	第三产业 Tertiary Industry	#工业 Industry	一般公共预算收入相当于GDP的比例 Percentage of General Public Budget Revenue to GDP	外贸依存度 Interdependent Level to Foreign Trade
沿海三市合计	**Three Cities**	**7.6**	**45.2**	**47.2**	**37.9**	**6.7**	**25.5**
沿海地带合计	**Coastal Regions**	**7.3**	**45.3**	**47.4**	**38.2**	**7.0**	**27.8**
南通市区	Nantong Urban Area	2.5	46.8	50.7	39.5	7.4	34.8
海安市	Haian	5.7	54.0	40.3	46.6	5.2	15.6
如东县	Rudong	7.5	49.7	42.7	43.6	5.4	39.8
启东市	Qidong	6.6	48.8	44.6	39.3	5.8	30.0
连云港市区	Lianyungang Urban Area	6.9	45.0	48.0	37.6	8.7	38.4
灌云县	Guanyun	19.4	36.0	44.7	26.4	6.0	3.9
灌南县	Guannan	15.5	46.6	37.9	34.9	6.0	3.2
盐城市区	Yancheng Urban Area	8.0	42.3	49.7	35.2	9.1	27.8
响水县	Xiangshui	13.0	45.7	41.3	42.5	5.7	21.5
滨海县	Binhai	14.0	39.8	46.2	32.3	4.7	11.1
射阳县	Sheyang	16.8	36.2	47.0	32.4	5.1	8.5
东台市	Dongtai	14.5	35.9	49.6	32.6	6.1	9.3

19-6 续表3 Continued

地区 Region		规模以上工业企业个数(个) Number of Industria Enterprises above Dsignated Size(unit)	#高技术产业企业 High-tech Industrial Enterprises	#国有控股企业 State Share-holding Enterprises	资产合计(亿元) Total Assets (100 million yuan)	营业收入(亿元) Business Revenue (100 million yuan)	利润总额(亿元) Total Profits (100 million yuan)
沿海三市合计	**Three Cities**	**10784**	**1696**	**316**	**24022.06**	**21709.95**	**1358.62**
沿海地带合计	**Coastal Regions**	**8846**	**1382**	**293**	**21608.72**	**19174.58**	**1243.16**
南通市区	Nantong Urban Area	2582	258	75	5719.96	5045.41	352.90
海安市	Haian	1135	104	6	1523.23	1835.29	131.06
如东县	Rudong	884	50	17	2083.35	1676.71	156.61
启东市	Qidong	670	69	14	1410.46	1182.52	47.79
连云港市区	Lianyungang Urban Area	583	153	46	4032.73	2923.00	312.25
灌云县	Guanyun	116	15	9	217.53	128.68	7.44
灌南县	Guannan	122	28	3	258.09	407.33	11.27
盐城市区	Yancheng Urban Area	1297	397	47	3282.99	2792.09	39.96
响水县	Xiangshui	205	20	18	1036.97	1595.74	78.83
滨海县	Binhai	229	60	16	535.98	307.40	13.72
射阳县	Sheyang	430	76	26	589.89	468.75	26.16
东台市	Dongtai	593	152	16	917.55	811.65	65.18

19－6　续表4　Continued

地　　区　　Region		房地产开发投资 Real Estate Development and Investment (100 million yuan)	#住宅 Residential Buildings	社会消费品零售总额（亿元） Total Retail Sales of Consumer Goods (100 million yuan)	进出口总额（亿元） Total Value of Imports and Exports (100 million yuan)	#出　口 Exports	实际使用外　资（亿美元） Actually Utilzation of Foreign Capital (USD 100 million)
沿海三市合计	**Three Cities**	**2121.24**	**1717.52**	**7823.14**	**5457.04**	**3348.59**	**52.05**
沿海地带合计	**Coastal Regions**	**1942.53**	**1568.37**	**6512.31**	**5007.94**	**2989.55**	**48.00**
南通市区	Nantong Urban Area	799.70	632.87	2028.19	1961.28	1419.22	17.92
海 安 市	Haian	64.59	50.65	414.38	209.51	161.07	3.30
如 东 县	Rudong	51.47	43.08	477.80	506.84	174.87	3.80
启 东 市	Qidong	146.32	138.33	482.57	404.18	259.84	4.04
连云港市区	Lianyungang Urban Area	247.48	213.86	754.78	851.97	317.54	5.70
灌 云 县	Guanyun	32.43	27.11	81.14	16.47	15.81	0.78
灌 南 县	Guannan	28.39	25.37	99.00	14.54	11.78	0.67
盐城市区	Yancheng Urban Area	433.41	325.02	1198.80	736.57	371.61	8.30
响 水 县	Xiangshui	14.61	12.10	124.20	96.06	88.39	0.48
滨 海 县	Binhai	33.17	25.58	276.29	62.64	40.06	0.67
射 阳 县	Sheyang	43.37	37.85	274.27	56.13	45.68	1.10
东 台 市	Dongtai	47.58	36.55	300.90	91.74	83.68	1.23

19－6 续表5 Continued

单位:亿元 (100 million yuan)

地区	Region	一般公共预算收入 General Public Budget Revenue	#税收收入 Taxes	一般公共预算支出 General Public Budget Expenditure	年末金融机构存款余额 Balance of Deposits of Financial Institutions at Year-end	#住户存款 Deposits of Households	年末金融机构贷款余额 Balance of Loans from Financial Institutions at Year-end
沿海三市合计	**Three Cities**	**1436.00**	**1130.13**	**2709.57**	**29917.93**	**15706.88**	**27265.05**
沿海地带合计	**Coastal Regions**	**1263.22**	**989.98**	**2283.98**	**26192.19**	**13201.11**	**24256.19**
南通市区	Nantong Urban Area	416.56	330.75	578.96	8896.16	4416.73	8208.58
海安市	Haian	69.50	57.06	139.42	1798.97	1100.58	1603.67
如东县	Rudong	68.50	56.40	146.38	1744.22	995.29	1254.23
启东市	Qidong	77.81	63.79	118.22	1886.39	1227.77	1482.29
连云港市区	Lianyungang Urban Area	192.28	151.29	317.39	3442.70	1223.25	3809.80
灌云县	Guanyun	25.33	20.40	71.70	389.12	257.23	394.49
灌南县	Guannan	27.19	22.26	60.87	309.65	191.79	363.35
盐城市区	Yancheng Urban Area	240.05	171.90	447.31	4925.97	1852.25	4905.73
响水县	Xiangshui	25.30	20.75	72.81	336.53	205.28	299.36
滨海县	Binhai	26.56	21.25	100.05	578.47	363.83	542.20
射阳县	Sheyang	33.87	27.12	103.09	694.23	510.38	564.30
东台市	Dongtai	60.26	47.01	127.80	1189.77	856.72	828.18

19－6 续表6 Continued

地　区	Region	公路里程（公里）Total Length of Highways (km)	民用汽车拥有量（万辆）Number of Civil Vehicles (10 000 units)	公路客运量（万人）Passenger Traffic of Highways (10 000 persons)	公路货运量（万吨）Freight Traffic of Highways (10 000 tons)	全社会用电量（亿千瓦时）Total Consumption of Electricity (100 million kW·h)	#工业用电 Consumption of Industrial Electricity
沿海三市合计	**Three Cities**	**51805**	**416.52**	**6639**	**37985**	**1018.07**	**668.69**
沿海地带合计	**Coastal Regions**	**44937**	**340.12**	**5713**	**32356**	**1004.27**	**656.10**
南通市区	Nantong Urban Area	5471	103.83	1283	6944	276.65	179.76
海 安 市	Haian	2581	19.89	172	1635	67.83	50.91
如 东 县	Rudong	3175	23.63	190	1036	75.10	54.98
启 东 市	Qidong	2989	23.96	184	575	49.02	29.09
连云港市区	Lianyungang Urban Area	4877	53.27	1163	8361	137.56	77.20
灌 云 县	Guanyun	2589	15.88	138	1677	17.56	6.58
灌 南 县	Guannan	1911	8.90	250	688	33.06	22.35
盐城市区	Yancheng Urban Area	8268	46.39	1512	4290	171.53	112.93
响 水 县	Xiangshui	1984	6.69	111	513	59.49	51.11
滨 海 县	Binhai	2636	11.44	245	2342	28.62	15.69
射 阳 县	Sheyang	3416	12.65	204	1877	32.22	17.89
东 台 市	Dongtai	5041	13.60	260	2418	55.63	37.63

19－7 沿东陇海线地区主要指标（2021 年）

Main Indicators of the East Region along the Long-hai Railway（2021）

地区	Region	年末户籍人口（万人）Registered Population at Year-end（10 000 persons）	土地面积（平方公里）Land Area（sq. km）	人口密度（人/平方公里）Density of Population（person/sq. km）	就业人员（万人）Employed Persons（10 000 persons）	#第二产业 Secondary Industry	#第三产业 Tertiary Industry
东陇海合计	**Total**	**998.22**	**11809**	**3715**	**496.94**	**165.38**	**246.44**
徐州市区	Xuzhou Urban Area	345.95	3063	1173	196.74	64.82	113.57
新沂市	Xinyi	110.30	1592	603	51.68	18.69	20.29
邳州市	Pizhou	191.78	2085	692	69.82	25.42	27.27
连云港市区	Lianyungang Urban Area	225.91	3032	735	122.65	41.87	60.96
东海县	Donghai	124.28	2037	512	56.05	14.58	24.35

19－7 续表 1 Continued

地区	Region	地区生产总值（亿元）Gross Domestic Product（100 million yuan）	第一产业 Primary Industry	第二产业 Seconary Industry	第三产业 Tertiary Industry	#工业 Industry	人均地区生产总值（元）Per Capita GDP（yuan）
东陇海合计	**Total**	**8828.56**	**653.09**	**3782.48**	**4392.99**	**3167.65**	**95181**
徐州市区	Xuzhou	4087.58	148.95	1777.33	2161.30	1489.14	113844
新沂市	Xinyi	781.43	93.17	297.87	390.39	247.88	80942
邳州市	Pizhou	1108.22	165.03	444.84	498.35	385.75	76307
连云港市区	Lianyungang Urban Area	2218.48	153.75	999.14	1065.59	833.17	99846
东海县	Donghai	632.85	92.19	263.30	277.36	211.71	60531

19－7 续表2 Continued

地区 Region		规模以上工业企业个数（个）Number of Industrial Enterprises above Designated Size(unit)	#高技术产业企业 High-tech Industrial Enterprises	#国有控股企业 State Share-holding Enterprises	资产合计（亿元）Total Assets (100 million yuan)	营业收入（亿元）Business Revenue (100 million yuan)	利润总额（亿元）Total Profits (100 million yuan)
东陇海合计	**Total**	**2544**	**347**	**144**	**9637.72**	**8059.80**	**645.20**
徐州市区	Xuzhou Urban Area	922	82	79	4202.49	3756.52	241.16
新沂市	Xinyi	328	39	5	587.38	473.51	24.28
邳州市	Pizhou	416	36	6	536.58	611.32	47.60
连云港市区	Lianyungang Urban Area	583	153	46	4032.73	2923.00	312.25
东海县	Donghai	295	37	8	278.54	295.46	19.91

19－7 续表3 Continued

地区 Region		房地产开发投资（亿元）Real Estate Development and Investment (100 million yuan)	#住宅 Residential Buildings	社会消费品零售总额（亿元）Total Retail Sales of Consumer Goods (100 million yuan)	进出口总额（亿元）Total Value of Imports and Exports (100 million yuan)	#出口 Export	实际使用外资（亿美元）Actually Utilization of Foreign Capital (USD 100 million)
东陇海合计	**Total**	**965.92**	**821.33**	**3661.32**	**1916.95**	**1199.55**	**28.28**
徐州市区	Xuzhou Urban Area	569.87	475.65	1861.12	735.76	606.45	15.93
新沂市	Xinyi	58.06	53.48	368.33	135.14	100.54	2.31
邳州市	Pizhou	57.39	49.73	408.70	149.41	135.00	3.24
连云港市区	Lianyungang Urban Area	247.48	213.86	754.78	851.97	317.54	5.70
东海县	Donghai	33.13	28.61	268.39	44.67	40.01	1.09

19－7 续表4 Continued

单位:亿元 (100 million yuan)

地区	Region	一般公共预算收入 General Public Budget Revenue	#税收收入 Taxes	一般公共预算支出 General Public Budget Expenditure	年末金融机构存款余额 Balance of Deposits of Financial Institutions at Year-end	#住户存款 Deposits of Households	年末金融机构贷款余额 Balance of Loans from Financial Institutions at Year-end
东陇海合计	**Total**	**633.15**	**497.20**	**1092.55**	**11894.67**	**5201.89**	**10909.15**
徐州市区	Xuzhou Urban Area	319.81	246.99	460.80	6403.06	2624.79	5140.05
新沂市	Xinyi	43.71	36.88	103.07	608.21	379.08	597.67
邳州市	Pizhou	47.34	37.96	127.06	849.58	582.84	788.61
连云港市区	Lianyungang Urban Area	192.28	151.29	317.39	3442.70	1223.25	3809.80
东海县	Donghai	30.01	24.08	84.23	591.12	391.94	573.02

19－7 续表5 Continued

地区	Region	公路里程(公里) Total Length of Highways (km)	民用汽车拥用量(万辆) Number of Civil Vehicles (10 000 units)	公路客运量(万人) Passenger Traffic of Highways (10 000 persons)	公路货运量(万吨) Freight Traffic of Highways (10 000 tons)	全社会用电量(亿千瓦时) Total Consumption (100 million kW·h)	#工业用电 Consumption of Electricity for Industrial Use
东陇海合计	**Total**	**16738**	**204.97**	**4537**	**32313**	**440.11**	**245.61**
徐州市区	Xuzhou Urban Area	3515	91.58	2674	11036	191.00	105.94
新沂市	Xinyi	2172	14.20	65	5333	40.78	26.36
邳州市	Pizhou	3348	21.93	540	5220	40.76	21.27
连云港市区	Lianyungang Urban Area	4875	53.27	1163	8361	137.56	77.20
东海县	Donghai	2828	23.99	94	2363	30.01	14.85

20

市县社会经济

Social Economy of Cities and Counties

简 要 说 明

一、本篇资料的主要内容

本篇资料反映市县经济社会发展情况。

二、本篇资料来源

本篇资料主要根据市县社会经济基本情况统计年报加工整理，部分数据为初步核算数。

Brief Introduction

I. Main Contents

Data in this chapter reflect the economic and social development of cities and counties.

Ⅱ. Sources of Data

Data in this chapter are mainly based on the statistical annual report on the basic socio-economic situation, and part of the data are preliminary statistics.

20-1 人 口（2021 年）
Population（2021）

市 县 City and County		年末户籍人口（万人）Registered Population at Year-end (10 000 persons)	#女 Female	年末常住人口（万人）Permanent Population at Year-end (10 000 persons)	人口密度（人/平方公里）Density of Population (person/sq. km)
南京市	**Nanjing City**	**733.73**	**370.07**	**942.34**	**1431**
无锡市	**Wuxi City**	**515.25**	**263.04**	**747.95**	**1616**
江阴市	Jiangyin City	126.96	64.43	178.20	1806
宜兴市	Yixing City	107.08	54.44	128.70	645
徐州市	**Xuzhou City**	**1035.29**	**499.41**	**902.85**	**767**
丰县	Fengxian County	119.60	56.89	92.66	639
沛县	Peixian County	127.68	60.96	102.87	570
睢宁县	Suining County	139.98	66.38	107.85	610
新沂市	Xinyi City	110.30	53.01	96.09	603
邳州市	Pizhou City	191.78	91.74	144.20	692
常州市	**Changzhou City**	**388.16**	**198.51**	**534.96**	**1224**
溧阳市	Liyang City	78.54	39.21	80.43	524
苏州市	**Suzhou City**	**762.11**	**392.04**	**1284.78**	**1484**
常熟市	Changshu City	106.10	54.72	168.61	1321
张家港市	Zhangjiagang City	92.93	47.63	144.04	1460
昆山市	Kunshan City	114.33	59.49	211.18	2267
太仓市	Taicang City	52.59	27.44	83.90	1036
南通市	**Nantong City**	**751.70**	**383.30**	**773.30**	**736**
如东县	Rudong County	99.30	50.60	88.00	316
启东市	Qidong City	108.70	55.70	96.20	572
如皋市	Rugao City	139.50	70.10	122.70	780
海安市	Haian City	90.80	46.10	87.00	735
连云港市	**Lianyungang City**	**533.21**	**255.08**	**460.20**	**603**
东海县	Donghai County	124.28	59.35	104.32	512
灌云县	Guanyun County	101.96	47.98	71.94	471
灌南县	Guannan County	81.06	38.20	61.11	594

20－1 续表 Continued

市县	City and County	年末户籍人口（万人） Registered Population at Year-end (10 000 persons)	#女 Female	年末常住人口（万人） Permanent Population at Year-end (10 000 persons)	人口密度（人/平方公里） Density of Population (person/sq. km)
淮 安 市	**Huai'an City**	**555.25**	**271.19**	**456.22**	**455**
涟 水 县	Lianshui County	109.85	52.50	82.47	491
盱 眙 县	Xuyi County	78.59	38.44	60.78	243
金 湖 县	Jinhu County	33.92	16.97	28.86	209
盐 城 市	**Yancheng City**	**803.84**	**389.21**	**671.30**	**379**
响 水 县	Xiangshui County	61.16	28.81	45.94	312
滨 海 县	Binhai County	119.15	56.30	82.05	427
阜 宁 县	Funing County	108.49	51.59	79.44	552
射 阳 县	Sheyang County	92.46	44.98	75.98	295
建 湖 县	Jianhu County	75.02	36.32	60.96	527
东 台 市	Dongtai City	105.46	52.32	88.88	250
扬 州 市	**Yangzhou City**	**451.56**	**227.01**	**457.70**	**694**
宝 应 县	Baoying County	85.90	42.38	68.24	467
仪 征 市	Yizheng City	54.82	27.41	53.42	592
高 邮 市	Gaoyou City	78.86	39.71	70.99	369
镇 江 市	**Zhenjiang City**	**268.10**	**135.93**	**321.72**	**838**
丹 阳 市	Danyang City	79.42	40.28	99.08	946
扬 中 市	Yangzhong City	27.96	14.31	31.59	966
句 容 市	Jurong City	58.19	29.44	64.08	465
泰 州 市	**Taizhou City**	**492.70**	**242.54**	**452.18**	**781**
兴 化 市	Xinghua City	150.84	71.78	112.66	470
靖 江 市	Jingjiang City	64.33	32.61	66.47	1014
泰 兴 市	Taixing City	114.69	56.50	99.36	849
宿 迁 市	**Suqian City**	**590.86**	**284.34**	**499.90**	**586**
沭 阳 县	Shuyang County	198.36	94.60	167.92	730
泗 阳 县	Siyang County	105.38	50.22	83.11	603
泗 洪 县	Sihong County	108.71	52.60	86.09	320

20－2 户数及土地面积（2021 年）
Number of Households and Land Area (2021)

市 县	City and County	年末总户数（万户）Number of Households at Year-end (10 000 households)	土地面积（平方公里）Land Area (sq. km)	建成区面积（平方公里）Area of Built Districts (sq. km)	绿化覆盖面积（公顷）Green Covered Areas (hectare)
南京市	**Nanjing City**	**266.81**	**6587**	**868**	**102877**
无锡市	**Wuxi City**	**179.15**	**4627**	**572**	**31657**
江阴市	Jiangyin City	39.74	987	125	5505
宜兴市	Yixing City	37.28	1997	91	5115
徐州市	**Xuzhou City**	**284.78**	**11765**	**500**	**29990**
丰县	Fengxian County	32.80	1450	33	1850
沛县	Peixian County	37.78	1806	53	2442
睢宁县	Suining County	32.85	1769	34	2286
新沂市	Xinyi City	30.51	1592	39	2585
邳州市	Pizhou City	48.00	2085	51	2407
常州市	**Changzhou City**	**139.49**	**4372**	**313**	**15865**
溧阳市	Liyang City	27.02	1535	34	1791
苏州市	**Suzhou City**	**253.75**	**8657**	**770**	**48010**
常熟市	Changshu City	31.98	1276	100	4870
张家港市	Zhangjiagang City	31.72	987	65	2731
昆山市	Kunshan City	40.21	932	72	9481
太仓市	Taicang City	17.48	810	52	3152
南通市	**Nantong City**	**289.40**	**10507**	**442**	**23776**
如东县	Rudong County	36.26	2781	32	1773
启东市	Qidong City	46.72	1681	36	1689
如皋市	Rugao City	44.29	1574	42	2988
海安市	Haian City	34.32	1184	32	2280
连云港市	**Lianyungang City**	**155.97**	**7626**	**317**	**27549**
东海县	Donghai County	30.78	2037	35	1770
灌云县	Guanyun County	28.30	1529	29	2060
灌南县	Guannan County	23.53	1028	30	1365

20-2 续表 Continued

市 县	City and County	年末总户数（万户）Number of Households at Year-end（10 000 households）	土地面积（平方公里）Land Area（sq. km）	建成区面积（平方公里）Area of Built Districts（sq. km）	绿化覆盖面积（公顷）Green Covered Areas（hectare）
淮安市	**Huai'an City**	**170.94**	**10030**	**327**	**19507**
涟水县	Lianshui County	31.64	1679	37	2868
盱眙县	Xuyi County	21.70	2497	41	2513
金湖县	Jinhu County	12.29	1378	33	1676
盐城市	**Yancheng City**	**268.27**	**17718**	**376**	**23369**
响水县	Xiangshui County	16.86	1470	23	1133
滨海县	Binhai County	35.27	1921	36	2723
阜宁县	Funing County	34.53	1439	47	3560
射阳县	Sheyang County	30.36	2573	29	1715
建湖县	Jianhu County	27.67	1157	29	1643
东台市	Dongtai City	38.08	3558	39	2362
扬州市	**Yangzhou City**	**147.64**	**6591**	**298**	**16195**
宝应县	Baoying County	26.40	1462	38	2206
仪征市	Yizheng City	18.12	902	39	1834
高邮市	Gaoyou City	24.94	1922	29	1755
镇江市	**Zhenjiang City**	**103.16**	**3840**	**236**	**14554**
丹阳市	Danyang City	28.27	1047	39	2007
扬中市	Yangzhong City	10.78	327	16	1172
句容市	Jurong City	23.10	1378	34	1426
泰州市	**Taizhou City**	**165.26**	**5788**	**279**	**13424**
兴化市	Xinghua City	49.37	2395	43	2120
靖江市	Jingjiang City	20.85	656	34	1738
泰兴市	Taixing City	39.57	1170	44	1970
宿迁市	**Suqian City**	**155.89**	**8524**	**276**	**30461.66**
沭阳县	Shuyang County	50.55	2299	72	4490.34
泗阳县	Siyang County	27.36	1378	47	6748.12
泗洪县	Sihong County	29.25	2694	40	6546.66

20－3 年末就业人员（2021 年）
Employed Persons at the end of the year（2021）

单位:万人

市县 City and County		就业人员 Employed Persons	第一产业 Primary Industry	第二产业 Secondary Industry	第三产业 Tertiary Industry
南京市	**Nanjing City**	**485.06**	**36.16**	**152.30**	**296.60**
无锡市	**Wuxi City**	**418.74**	**13.04**	**206.61**	**199.09**
江阴市	Jiangyin City	103.90	3.27	59.20	41.43
宜兴市	Yixing City	73.17	7.62	39.44	26.11
徐州市	**Xuzhou City**	**475.20**	**86.98**	**167.58**	**220.64**
丰县	Fengxian County	49.61	12.38	18.39	18.84
沛县	Peixian County	52.49	12.83	19.85	19.81
睢宁县	Suining County	54.85	13.59	20.41	20.85
新沂市	Xinyi City	51.68	12.70	18.69	20.29
邳州市	Pizhou City	69.82	17.13	25.42	27.27
常州市	**Changzhou City**	**300.44**	**25.27**	**134.08**	**141.09**
溧阳市	Liyang City	52.27	8.31	24.89	19.07
苏州市	**Suzhou City**	**748.77**	**18.09**	**386.08**	**344.60**
常熟市	Changshu City	102.43	3.12	57.47	41.84
张家港市	Zhangjiagang City	80.38	2.49	44.41	33.48
昆山市	Kunshan City	128.95	1.05	71.92	55.98
太仓市	Taicang City	48.98	2.41	24.44	22.13
南通市	**Nantong City**	**481.90**	**66.28**	**205.46**	**210.16**
如东县	Rudong County	55.10	8.80	24.30	22.00
启东市	Qidong City	56.80	11.00	23.90	22.00
如皋市	Rugao City	67.70	14.40	28.10	25.20
海安市	Haian City	56.60	7.40	32.30	17.00
连云港市	**Lianyungang City**	**249.37**	**65.66**	**78.05**	**105.66**
东海县	Donghai County	56.05	17.12	14.58	24.35
灌云县	Guanyun County	37.85	17.11	9.84	10.90
灌南县	Guannan County	32.82	11.61	11.76	9.45

20-3 续表 Continued

单位:万人

市县 City and County		就业人员 Employed Persons	第一产业 Primary Industry	第二产业 Secondary Industry	第三产业 Tertiary Industry
淮安市	**Huai'an City**	**265.43**	**66.17**	**85.90**	**113.36**
涟水县	Lianshui County	49.02	16.09	12.84	20.09
盱眙县	Xuyi County	35.06	9.74	11.57	13.75
金湖县	Jinhu County	16.87	4.63	6.07	6.17
盐城市	**Yancheng City**	**413.00**	**79.15**	**153.85**	**180.00**
响水县	Xiangshui County	25.57	6.06	9.31	10.20
滨海县	Binhai County	47.95	11.84	16.99	19.12
阜宁县	Funing County	47.83	11.72	17.04	19.07
射阳县	Sheyang County	48.13	11.25	17.28	19.60
建湖县	Jianhu County	36.75	7.47	14.88	14.40
东台市	Dongtai City	59.34	12.34	21.91	25.09
扬州市	**Yangzhou City**	**270.82**	**38.41**	**104.34**	**128.07**
宝应县	Baoying County	38.31	9.97	15.25	13.09
仪征市	Yizheng City	30.92	5.48	12.56	12.88
高邮市	Gaoyou City	40.40	9.39	16.50	14.51
镇江市	**Zhenjiang City**	**198.73**	**18.35**	**80.01**	**100.37**
丹阳市	Danyang City	63.46	6.31	28.60	28.55
扬中市	Yangzhong City	19.81	1.66	10.60	7.55
句容市	Jurong City	39.54	6.53	14.10	18.91
泰州市	**Taizhou City**	**275.61**	**46.12**	**108.50**	**120.99**
兴化市	Xinghua City	67.05	16.75	22.80	27.50
靖江市	Jingjiang City	41.19	5.59	19.95	15.65
泰兴市	Taixing City	62.21	13.40	24.19	24.62
宿迁市	**Suqian City**	**279.79**	**70.01**	**94.12**	**115.66**
沭阳县	Shuyang County	92.19	24.24	30.73	37.22
泗阳县	Siyang County	45.34	12.20	14.91	18.23
泗洪县	Sihong County	46.90	13.30	14.98	18.62

20-4 地区生产总值(2021年)
Gross Domestic Product (2021)

单位:亿元 (100 million yuan)

市县	City and County	地区生产总值 Gross Domestic Product	第一产业 Primary Industry	第二产业 Secondary Industry	第三产业 Tertiary Industry	#工业 Industry	人均地区生产总值(元) Per Capita Gross Domestic Product(yuan)
南京市	**Nanjing City**	**16355.33**	**303.94**	**5902.65**	**10148.74**	**4991.39**	**174520**
无锡市	**Wuxi City**	**14003.24**	**130.33**	**6710.50**	**7162.41**	**6038.47**	**187415**
江阴市	Jiangyin City	4580.33	38.30	2383.33	2158.70	2184.55	257177
宜兴市	Yixing City	2082.17	54.52	1086.11	941.54	917.32	161835
徐州市	**Xuzhou City**	**8117.44**	**743.34**	**3376.02**	**3998.08**	**2783.94**	**89634**
丰县	Fengxian County	538.05	99.55	194.09	244.40	162.62	57800
沛县	Peixian County	926.36	123.36	390.61	412.39	289.93	89634
睢宁县	Suining County	675.81	113.28	271.28	291.26	208.62	62369
新沂市	Xinyi City	781.43	93.17	297.87	390.39	247.88	80942
邳州市	Pizhou City	1108.22	165.03	444.84	498.35	385.75	76307
常州市	**Changzhou City**	**8807.58**	**166.87**	**4198.93**	**4441.78**	**3791.46**	**165724**
溧阳市	Liyang City	1261.30	56.80	648.81	555.69	536.17	158674
苏州市	**Suzhou City**	**22718.34**	**189.73**	**10872.81**	**11655.80**	**9962.52**	**177505**
常熟市	Changshu City	2672.04	39.68	1341.71	1290.65	1242.74	158894
张家港市	Zhangjiagang City	3030.21	29.75	1550.88	1449.58	1442.57	210966
昆山市	Kunshan City	4748.06	31.18	2462.74	2254.14	2289.06	225856
太仓市	Taicang City	1574.05	23.98	782.38	767.69	728.69	188486
南通市	**Nantong City**	**11026.94**	**485.02**	**5357.92**	**5184.00**	**4538.90**	**142642**
如东县	Rudong County	1272.20	96.00	632.80	543.40	554.50	142500
启东市	Qidong City	1345.90	88.70	657.00	600.30	529.20	138678
如皋市	Rugao City	1432.40	82.20	707.60	642.60	602.80	115076
海安市	Haian City	1343.10	76.10	725.90	541.10	625.70	153120
连云港市	**Lianyungang City**	**3727.92**	**398.13**	**1625.76**	**1704.03**	**1314.54**	**81015**
东海县	Donghai County	632.85	92.19	263.30	277.36	211.71	60531
灌云县	Guanyun County	424.02	82.10	152.50	189.42	111.77	58696
灌南县	Guannan County	452.57	70.09	210.82	171.66	157.89	73961

20-4 续表 Continued

单位:亿元 (100 million yuan)

市 县 City and County		地区生产总值 Gross Domestic Product	第一产业 Primary Industry	第二产业 Secondary Industry	第三产业 Tertiary Industry	#工 业 Industry	人均地区生产总值(元) Per Capita Gross Domestic Product(yuan)
淮 安 市	**Huai'an City**	**4550.13**	**423.32**	**1889.21**	**2237.60**	**1540.18**	**99768**
涟 水 县	Lianshui County	650.48	74.37	278.66	297.45	213.89	78636
盱 眙 县	Xuyi County	501.94	77.29	188.41	236.24	170.42	82624
金 湖 县	Jinhu County	386.51	49.45	157.23	179.83	137.77	133694
盐 城 市	**Yancheng City**	**6617.39**	**735.76**	**2686.13**	**3195.50**	**2246.58**	**98593**
响 水 县	Xiangshui County	446.33	57.92	203.95	184.46	189.88	97176
滨 海 县	Binhai County	565.13	79.02	224.83	261.28	182.64	68890
阜 宁 县	Funing County	645.45	75.45	266.31	303.69	185.59	81265
射 阳 县	Sheyang County	663.31	111.75	240.05	311.51	215.06	87318
建 湖 县	Jianhu County	665.52	56.90	278.96	329.66	221.31	109191
东 台 市	Dongtai City	986.08	142.89	353.61	489.58	321.01	110963
扬 州 市	**Yangzhou City**	**6696.43**	**317.18**	**3207.38**	**3171.87**	**2662.89**	**146562**
宝 应 县	Baoying County	841.41	89.96	403.91	347.54	321.72	123320
仪 征 市	Yizheng City	910.71	23.84	483.77	403.10	420.86	170737
高 邮 市	Gaoyou City	929.31	93.35	468.26	367.70	378.17	130935
镇 江 市	**Zhenjiang City**	**4763.42**	**157.02**	**2319.73**	**2286.67**	**2105.95**	**148204**
丹 阳 市	Danyang City	1324.01	52.52	690.04	581.45	658.87	133759
扬 中 市	Yangzhong City	550.77	17.51	289.07	244.19	269.87	174434
句 容 市	Jurong City	736.75	55.54	313.00	368.21	262.00	115108
泰 州 市	**Taizhou City**	**6025.26**	**318.13**	**2918.59**	**2788.54**	**2306.43**	**133323**
兴 化 市	Xinghua City	1020.94	141.27	397.50	482.17	280.23	90517
靖 江 市	Jingjiang City	1142.38	25.98	621.78	494.62	446.82	172019
泰 兴 市	Taixing City	1273.44	71.48	639.77	562.19	544.39	128048
宿 迁 市	**Suqian City**	**3719.01**	**353.03**	**1613.47**	**1752.51**	**1354.74**	**74476**
沭 阳 县	Shuyang County	1162.10	110.33	492.04	559.73	431.69	69280
泗 阳 县	Siyang County	596.31	74.36	252.98	268.97	204.80	71801
泗 洪 县	Sihong County	584.42	88.70	226.12	269.60	175.96	67956

20-5 地区生产总值构成(2021年)
Components of Gross Domestic Product (2021)

(上年=100) (Preceding year=100)

市县 City and County		地区生产总值 Gross Domestic Product	三次产业占GDP比重(%) Percentage of Three Industries to GDP 第一产业 Primary Industry	第二产业 Secondary Industry	第三产业 Tertiary Industry	一般公共预算收入相当于GDP的比例(%) General Public Budget Revenue to GDP	外贸依存度(%) Interdependent Level to International Trade(%)
南京市	**Nanjing City**	**107.5**	**1.9**	**36.1**	**62.1**	**10.6**	**38.9**
无锡市	**Wuxi City**	**108.8**	**0.9**	**47.9**	**51.1**	**8.6**	**48.8**
江阴市	Jiangyin City	108.1	0.8	52.0	47.1	6.0	32.9
宜兴市	Yixing City	108.8	2.6	52.2	45.2	6.8	21.1
徐州市	**Xuzhou City**	**108.7**	**9.2**	**41.6**	**49.3**	**6.6**	**15.5**
丰县	Fengxian County	109.5	18.5	36.1	45.4	6.1	13.8
沛县	Peixian County	108.9	13.3	42.2	44.5	5.5	8.7
睢宁县	Suining County	108.7	16.8	40.1	43.1	6.3	11.7
新沂市	Xinyi City	110.1	11.9	38.1	50.0	5.6	17.3
邳州市	Pizhou City	109.5	14.9	40.1	45.0	4.3	13.5
常州市	**Changzhou City**	**109.1**	**1.9**	**47.7**	**50.4**	**7.8**	**34.3**
溧阳市	Liyang City	110.1	4.5	51.4	44.1	6.9	9.0
苏州市	**Suzhou City**	**108.7**	**0.8**	**47.9**	**51.3**	**11.0**	**111.5**
常熟市	Changshu City	109.2	1.5	50.2	48.3	8.6	57.5
张家港市	Zhangjiagang City	108.0	1.0	51.2	47.8	8.7	92.7
昆山市	Kunshan City	107.8	0.7	51.9	47.5	9.8	145.0
太仓市	Taicang City	109.7	1.5	49.7	48.8	12.1	70.1
南通市	**Nantong City**	**108.9**	**4.4**	**48.6**	**47.0**	**6.4**	**30.9**
如东县	Rudong County	108.9	7.5	49.7	42.7	5.4	39.8
启东市	Qidong City	108.4	6.6	48.8	44.6	5.8	30.0
如皋市	Rugao City	108.5	5.7	49.4	44.9	5.4	22.6
海安市	Haian City	109.1	5.7	54.0	40.3	5.2	15.6
连云港市	**Lianyungang City**	**108.8**	**10.7**	**43.6**	**45.7**	**7.4**	**24.9**
东海县	Donghai County	109.1	14.6	41.6	43.8	4.7	7.1
灌云县	Guanyun County	110.3	19.4	36.0	44.7	6.0	3.9
灌南县	Guannan County	108.4	15.5	46.6	37.9	6.0	3.2

20－5 续表 Continued

市县 City and County		地区生产总值 Gross Domestic Product	三次产业占 GDP 比重(%) Percentage of Three Industries to GDP			一般公共预算收入相当于 GDP 的比例(%) General Public Budget Revenue to GDP	外贸依存度(%) Interdependent Level to International Trade(%)
			第一产业 Primary Industry	第二产业 Secondary Industry	第三产业 Tertiary Industry		
淮安市	**Huai'an City**	**110.0**	**9.3**	**41.5**	**49.2**	**6.5**	**8.5**
涟水县	Lianshui County	113.2	11.4	42.8	45.7	4.1	3.8
盱眙县	Xuyi County	111.2	15.4	37.5	47.1	4.1	2.7
金湖县	Jinhu County	110.1	12.8	40.7	46.5	6.5	10.4
盐城市	**Yancheng City**	**107.7**	**11.1**	**40.6**	**48.3**	**6.8**	**17.0**
响水县	Xiangshui County	106.0	11.1	40.6	48.3	5.7	21.5
滨海县	Binhai County	108.4	14.0	39.8	46.2	4.7	11.1
阜宁县	Funing County	107.2	11.7	41.3	47.1	4.7	6.8
射阳县	Sheyang County	108.1	16.8	36.2	47.0	5.1	8.5
建湖县	Jianhu County	108.5	8.5	41.9	49.5	5.2	5.5
东台市	Dongtai City	108.9	14.5	35.9	49.66.1	9.3	
扬州市	**Yangzhou City**	**107.4**	**4.7**	**47.9**	**47.45.1**	**14.5**	
宝应县	Baoying County	107.5	10.7	48.0	41.33.0	7.4	
仪征市	Yizheng City	107.6	2.6	53.1	44.35.3	13.9	
高邮市	Gaoyou City	107.8	10.0	50.4	39.64.2	4.7	
镇江市	**Zhenjiang City**	**109.4**	**3.3**	**48.7**	**48.06.9**	**17.5**	
丹阳市	Danyang City	111.0	4.0	52.1	43.95.4	18.3	
扬中市	Yangzhong City	111.1	3.2	52.5	44.36.9	7.5	
句容市	Jurong City	109.3	7.5	42.5	50.0	7.8	7.2
泰州市	**Taizhou City**	**110.1**	**5.3**	**48.4**	**46.3**	**7.0**	**20.3**
兴化市	Xinghua City	109.5	13.8	38.9	47.2	4.5	7.1
靖江市	Jingjiang City	110.6	2.3	54.4	43.3	5.9	19.9
泰兴市	Taixing City	109.9	5.6	50.2	44.1	7.3	30.7
宿迁市	**Suqian City**	**109.1**	**9.5**	**43.4**	**47.1**	**7.2**	**12.1**
沭阳县	Shuyang County	108.6	9.5	42.3	48.2	5.3	7.6
泗阳县	Siyang County	109.0	12.5	42.4	45.1	5.4	11.1
泗洪县	Sihong County	108.7	15.2	38.7	46.1	5.4	5.9

20－6 农林牧渔业总产值(2021年)
Gross Output Value of Agriculture, Forestry, Animal Husbandry and Fishery (2021)

单位:亿元 (100 million yuan)

市县	City and County	农林牧渔业总产值 Gross Output Value of Agriculture, Forestry, Animal Husbandry and Fishery	农业 Farming	林业 Forestry	畜牧业 Animal Husbandry	渔业 Fishery	农林牧渔服务业 Agriculture Forestry Animal Husbandry and Fishery Services
南京市	**Nanjing City**	**504.01**	**271.53**	**22.44**	**21.02**	**150.19**	**38.84**
无锡市	**Wuxi City**	**214.49**	**131.85**	**12.81**	**5.38**	**34.33**	**30.13**
江阴市	Jiangyin City	64.06	39.40	5.29	1.63	8.20	9.54
宜兴市	Yixing City	86.86	50.94	2.88	2.81	20.52	9.70
徐州市	**Xuzhou City**	**1297.36**	**816.80**	**21.64**	**280.30**	**105.10**	**73.52**
丰县	Fengxian County	168.02	130.16	1.12	27.46	2.35	6.94
沛县	Peixian County	213.81	134.31	1.82	46.73	15.33	15.63
睢宁县	Suining County	191.27	115.26	4.03	52.77	8.69	10.52
新沂市	Xinyi City	174.28	80.05	4.71	37.55	41.08	10.89
邳州市	Pizhou City	287.71	190.61	4.46	56.09	18.41	18.15
常州市	**Changzhou City**	**283.74**	**156.42**	**2.03**	**18.64**	**80.54**	**26.12**
溧阳市	Liyang City	93.45	50.29	1.08	4.00	33.27	4.80
苏州市	**Suzhou City**	**346.44**	**172.45**	**19.72**	**11.49**	**91.18**	**51.60**
常熟市	Changshu City	71.08	41.60	1.78	1.86	14.77	11.05
张家港市	Zhangjiagang City	55.04	34.93	5.46	3.05	2.78	8.83
昆山市	Kunshan City	53.19	17.69	4.06	0.68	25.79	4.97
太仓市	Taicang City	44.31	24.10	3.75	1.83	6.42	8.21
南通市	**Nantong City**	**897.60**	**392.52**	**4.29**	**153.78**	**242.76**	**104.25**
如东县	Rudong County	190.63	65.42	0.78	31.42	79.80	13.20
启东市	Qidong City	177.93	52.59	0.63	14.89	88.11	21.70
如皋市	Rugao City	135.72	78.19	0.31	37.50	9.45	10.27
海安市	Haian City	142.90	61.30	0.41	48.68	16.84	15.67
连云港市	**Lianyungang City**	**728.03**	**324.25**	**10.70**	**112.93**	**222.01**	**58.15**
东海县	Donghai County	167.24	92.96	2.96	30.15	21.02	20.14
灌云县	Guanyun County	155.89	75.92	2.42	33.20	25.85	18.50
灌南县	Guannan County	117.13	73.11	1.95	19.71	16.14	6.23

20-6 续表 Continued

单位:亿元 (100 million yuan)

市县	City and County	农林牧渔业总产值 Gross Output Value of Agriculture, Forestry, Animal Husbandry and Fishery	农业 Farming	林业 Forestry	畜牧业 Animal Husbandry	渔业 Fishery	农林牧渔服务业 Agriculture Forestry Animal Husbandry and Fishery Services
淮安市	**Huai'an City**	**727.04**	**452.70**	**15.40**	**122.20**	**106.10**	**30.64**
涟水县	Lianshui County	128.56	86.60	3.82	24.12	7.80	6.22
盱眙县	Xuyi County	131.56	68.28	1.91	23.07	33.90	4.39
金湖县	Jinhu County	85.39	47.25	2.23	7.79	24.07	4.06
盐城市	**Yancheng City**	**1311.61**	**620.83**	**23.78**	**253.30**	**320.43**	**93.26**
响水县	Xiangshui County	105.57	46.22	1.90	14.15	37.02	6.30
滨海县	Binhai County	137.80	63.78	1.76	34.94	27.73	9.58
阜宁县	Funing County	131.79	68.50	2.47	30.97	19.15	10.70
射阳县	Sheyang County	198.33	79.21	6.28	34.33	63.26	15.25
建湖县	Jianhu County	99.20	51.99	0.81	14.19	24.36	7.85
东台市	Dongtai City	264.65	132.47	4.94	63.32	48.45	15.47
扬州市	**Yangzhou City**	**561.44**	**258.79**	**12.22**	**59.87**	**196.43**	**34.13**
宝应县	Baoying County	155.99	59.72	3.34	15.00	69.79	8.14
仪征市	Yizheng City	47.55	29.63	2.07	8.08	2.19	5.59
高邮市	Gaoyou City	165.94	62.69	1.80	19.37	72.25	9.83
镇江市	**Zhenjiang City**	**270.70**	**155.79**	**10.78**	**33.52**	**39.31**	**31.30**
丹阳市	Danyang City	90.17	51.09	2.29	10.50	14.73	11.56
扬中市	Yangzhong City	31.73	16.96	1.74	3.71	5.60	3.73
句容市	Jurong City	90.23	55.52	5.27	8.95	10.11	10.38
泰州市	**Taizhou City**	**526.31**	**296.20**	**3.25**	**59.33**	**140.39**	**27.14**
兴化市	Xinghua City	245.78	100.65	1.40	16.36	114.73	12.63
靖江市	Jingjiang City	42.06	30.20	0.47	3.82	3.91	3.66
泰兴市	Taixing City	112.75	77.05	0.88	23.74	6.82	4.26
宿迁市	**Suqian City**	**610.92**	**361.43**	**16.03**	**99.79**	**106.63**	**27.05**
沭阳县	Shuyang County	191.25	152.26	5.26	21.69	5.14	6.90
泗阳县	Siyang County	132.79	66.73	5.98	17.92	35.56	6.59
泗洪县	Sihong County	149.52	68.61	1.77	29.28	44.15	5.71

20－7 农业生产情况（2021年）
Basic Conditions of Output of Agriculture（2021）

市　县	City and County	农作物总播种面积（千公顷）Total Sown Area（1 000 hectares）	#粮食作物 Grain Grops	农业机械总动力（万千瓦）Total Agricultural Machinery Power（10 000 kW）	农村用电量（亿千瓦时）Electricity Consumed in Rural Areas（100 million kW·h）
南 京 市	**Nanjing City**	**260.02**	**136.59**	**236.85**	**32.28**
无 锡 市	**Wuxi City**	**135.44**	**80.05**	**89.39**	**434.54**
江 阴 市	Jiangyin City	33.31	19.01	27.72	182.81
宜 兴 市	Yixing City	79.62	51.70	41.39	95.62
徐 州 市	**Xuzhou City**	**1181.95**	**767.50**	**778.75**	**70.96**
丰　　县	Fengxian County	155.03	99.94	101.89	6.10
沛　　县	Peixian County	158.26	99.85	109.00	7.60
睢 宁 县	Suining County	187.94	146.40	125.85	8.15
新 沂 市	Xinyi City	192.78	106.12	131.34	4.80
邳 州 市	Pizhou City	233.85	127.13	130.70	17.60
常 州 市	**Changzhou City**	**172.20**	**95.04**	**138.72**	**181.18**
溧 阳 市	Liyang City	76.48	54.97	57.82	67.15
苏 州 市	**Suzhou City**	**208.01**	**124.04**	**140.27**	**656.31**
常 熟 市	Changshu City	57.42	32.38	32.62	78.93
张家港市	Zhangjiagang City	43.11	30.01	29.89	108.68
昆 山 市	Kunshan City	19.06	11.93	17.92	131.88
太 仓 市	Taicang City	36.74	21.59	21.10	75.75
南 通 市	**Nantong City**	**787.24**	**536.12**	**430.97**	**181.29**
如 东 县	Rudong County	167.28	141.16	98.18	20.52
启 东 市	Qidong City	129.21	80.77	67.63	13.63
如 皋 市	Rugao City	145.91	99.97	89.36	44.73
海 安 市	Haian City	104.65	79.78	71.14	25.59
连云港市	**Lianyungang City**	**632.96**	**511.73**	**542.97**	**31.44**
东 海 县	Donghai County	207.96	163.82	140.42	7.51
灌 云 县	Guanyun County	145.45	121.16	95.29	6.54
灌 南 县	Guannan County	108.60	87.91	126.48	5.60

20－7 续表 Continued

市 县	City and County	农作物总播种面积（千公顷）Total Sown Area（1 000 hectares）	#粮食作物 Grain Grops	农业机械总动力（万千瓦）Total Agricultural Machinery Power（10 000 kW）	农村用电量（亿千瓦时）Electricity Consumed in Rural Areas（100 million kW·h）
淮安市	**Huai'an City**	**814.70**	**682.69**	**652.25**	**18.44**
涟水县	Lianshui County	175.67	141.32	132.50	2.84
盱眙县	Xuyi County	164.13	147.57	133.92	4.61
金湖县	Jinhu County	83.05	75.67	80.54	2.52
盐城市	**Yancheng City**	**1390.49**	**991.75**	**756.77**	**87.83**
响水县	Xiangshui County	115.11	84.89	82.50	3.03
滨海县	Binhai County	161.75	132.32	105.03	10.43
阜宁县	Funing County	168.24	126.91	91.60	6.97
射阳县	Sheyang County	201.61	156.87	108.56	9.90
建湖县	Jianhu County	120.02	95.17	70.06	11.64
东台市	Dongtai City	247.30	147.75	109.74	19.67
扬州市	**Yangzhou City**	**480.43**	**388.70**	**295.68**	**64.89**
宝应县	Baoying County	135.82	112.97	71.33	13.65
仪征市	Yizheng City	50.64	36.35	43.44	8.53
高邮市	Gaoyou City	135.11	113.92	76.10	11.98
镇江市	**Zhenjiang City**	**184.58**	**134.52**	**151.99**	**78.68**
丹阳市	Danyang City	69.69	58.11	38.84	51.21
扬中市	Yangzhong City	15.75	10.12	13.32	11.17
句容市	Jurong City	58.14	37.69	57.76	7.07
泰州市	**Taizhou City**	**518.52**	**375.67**	**293.46**	**149.35**
兴化市	Xinghua City	201.51	162.27	131.07	48.64
靖江市	Jingjiang City	46.57	36.76	27.55	14.05
泰兴市	Taixing City	132.38	84.87	63.32	53.09
宿迁市	**Suqian City**	**747.90**	**603.14**	**640.16**	**56.77**
沭阳县	Shuyang County	252.86	185.16	229.65	27.93
泗阳县	Siyang County	120.32	96.29	117.58	6.11
泗洪县	Sihong County	201.51	179.13	164.84	8.10

20－8 农产品产量(2021年)
Output of Farm Products (2021)

单位:万吨 (10 000 tons)

市县	City and County	粮食产量 Output of Grain	油料产量 Output of Oil-bearing Crops	棉花产量(吨) Output of Cotton (ton)	肉类总产量 Output of Meat	#猪牛羊肉 Pork, Beef and Mutton	水产品产量 Output of Aquatic Products
南京市	**Nanjing City**	**98.48**	**4.88**	**358**	**3.44**	**1.43**	**16.37**
无锡市	**Wuxi City**	**55.07**	**0.76**		**0.94**	**0.54**	**10.21**
江阴市	Jiangyin City	13.05	0.20		0.33	0.22	2.01
宜兴市	Yixing City	35.51	0.48		0.48	0.23	7.14
徐州市	**Xuzhou City**	**501.79**	**11.68**	**5870**	**65.24**	**36.01**	**16.17**
丰县	Fengxian County	60.82	0.62	5700	5.02	3.06	0.30
沛县	Peixian County	66.28	0.33	170	11.11	3.83	2.50
睢宁县	Suining County	94.18	2.96		10.90	6.89	2.51
新沂市	Xinyi City	71.99	6.03		9.90	6.01	4.28
邳州市	Pizhou City	85.04	1.00		15.47	8.01	2.39
常州市	**Changzhou City**	**69.48**	**3.15**	**54**	**5.30**	**1.66**	**15.36**
溧阳市	Liyang City	40.92	1.96	54	0.67	0.33	6.68
苏州市	**Suzhou City**	**90.36**	**0.74**	**56**	**1.14**	**0.87**	**14.30**
常熟市	Changshu City	23.47	0.22	45	0.27	0.23	2.46
张家港市	Zhangjiagang City	21.47	0.29		0.20	0.13	0.98
昆山市	Kunshan City	9.10	0.04		0.18	0.18	2.16
太仓市	Taicang City	15.26	0.15	11	0.23	0.15	0.84
南通市	**Nantong City**	**340.09**	**22.68**	**1293**	**38.19**	**24.13**	**80.33**
如东县	Rudong County	97.75	2.54	74	10.33	5.63	31.72
启东市	Qidong City	32.80	5.22	316	3.66	2.60	32.13
如皋市	Rugao City	67.68	2.74	16	9.50	5.58	2.75
海安市	Haian City	62.37	1.57		7.77	5.65	4.87
连云港市	**Lianyungang City**	**368.80**	**10.22**		**30.54**	**21.45**	**74.35**
东海县	Donghai County	116.88	5.07		9.65	6.18	6.75
灌云县	Guanyun County	87.88	0.16		6.08	4.51	6.17
灌南县	Guannan County	64.27	0.24		7.00	5.98	4.64

20－8 续表 Continued

单位:万吨 （10 000 tons）

市 县	City and County	粮食产量 Output of Grain	油料产量 Output of Oil-bearing Crops	棉花产量（吨） Output of Cotton (ton)	肉类总产量 Output of Meat	#猪牛羊肉 Pork, Beef and Mutton	水产品产量 Output of Aquatic Products
淮安市	**Huai'an City**	**491.73**	**6.15**	**4**	**32.66**	**20.35**	**30.25**
涟水县	Lianshui County	96.82	2.89		6.36	4.47	2.45
盱眙县	Xuyi County	104.71	0.95	4	8.85	4.96	9.88
金湖县	Jinhu County	57.17	0.49		1.68	1.17	5.55
盐城市	**Yancheng City**	**714.78**	**13.66**	**152**	**60.50**	**40.37**	**118.61**
响水县	Xiangshui County	60.51	1.13		5.05	4.34	7.00
滨海县	Binhai County	98.73	1.46		9.57	6.64	10.02
阜宁县	Funing County	95.88	1.09		8.60	6.18	7.80
射阳县	Sheyang County	113.77	1.56	7	8.25	5.88	18.47
建湖县	Jianhu County	71.31	1.29		2.41	0.98	10.34
东台市	Dongtai City	102.32	3.15	105	13.20	7.89	19.00
扬州市	**Yangzhou City**	**286.97**	**5.21**	**1**	**16.36**	**9.16**	**40.38**
宝应县	Baoying County	87.18	1.32		4.36	3.06	14.91
仪征市	Yizheng City	26.27	0.74	1	1.49	1.17	0.76
高邮市	Gaoyou City	84.40	1.49		6.04	1.77	17.97
镇江市	**Zhenjiang City**	**96.02**	**4.30**	**10**	**7.99**	**2.22**	**9.68**
丹阳市	Danyang City	42.68	0.66		2.83	0.84	4.54
扬中市	Yangzhong City	7.28	0.21		0.39	0.27	0.75
句容市	Jurong City	25.83	2.38	10	2.03	0.51	2.55
泰州市	**Taizhou City**	**281.00**	**9.77**		**15.21**	**11.10**	**38.98**
兴化市	Xinghua City	124.35	2.87		3.89	2.38	30.25
靖江市	Jingjiang City	26.94	0.58		0.64	0.46	0.99
泰兴市	Taixing City	63.23	3.40		6.26	5.12	2.17
宿迁市	**Suqian City**	**409.61**	**4.59**	**81**	**34.03**	**20.25**	**28.81**
沭阳县	Shuyang County	128.48	1.83		7.52	5.36	1.62
泗阳县	Siyang County	64.40	0.71		5.56	3.80	9.94
泗洪县	Sihong County	117.67	1.55	81	8.96	7.33	8.50

20－9 规模以上工业企业主要经济指标（2021年）

Main Economic Indicators of Industrial Enterprises above Designated Size (2021)

单位:亿元 (100 million yuan)

市县	City and County	企业个数（个） Number of Enterprises (unit)	资产合计 Total Assets	负债合计 Total Liabilities	营业收入 Business Revenue	营业成本 Business Cost	利润总额 Total Profits
南京市	**Nanjing City**	**3972**	**16601.04**	**8994.81**	**15531.73**	**12767.96**	**1098.91**
无锡市	**Wuxi City**	**7721**	**21380.25**	**10968.29**	**22772.78**	**19533.63**	**1452.45**
江阴市	Jiangyin City	2340	6660.83	3560.39	7108.90	6274.86	400.04
宜兴市	Yixing City	1415	3182.03	1766.42	4434.92	3903.87	203.77
徐州市	**Xuzhou City**	**2557**	**6478.04**	**3805.73**	**5946.73**	**4902.74**	**357.31**
丰县	Fengxian County	251	289.45	165.79	264.80	222.23	20.00
沛县	Peixian County	362	577.91	344.32	549.79	489.84	10.21
睢宁县	Suining County	280	283.84	176.67	290.81	249.99	14.09
新沂市	Xinyi City	328	587.38	316.44	473.51	405.98	24.28
邳州市	Pizhou City	416	536.58	312.84	611.32	518.93	47.60
常州市	**Changzhou City**	**5662**	**14172.02**	**7591.85**	**14266.99**	**12188.57**	**855.24**
溧阳市	Liyang City	604	1927.89	1198.94	2309.38	1983.63	175.53
苏州市	**Suzhou City**	**12493**	**41881.84**	**21851.41**	**44524.10**	**37905.17**	**2727.66**
常熟市	Changshu City	1708	5179.38	2704.92	4833.28	4062.28	318.74
张家港市	Zhangjiagang City	1471	6385.02	3338.75	7291.03	6377.02	434.43
昆山市	Kunshan City	2494	8855.78	4739.79	10835.71	9491.92	566.85
太仓市	Taicang City	1173	2669.63	1406.48	3085.37	2593.30	207.53
南通市	**Nantong City**	**6174**	**12076.84**	**6391.27**	**11171.99**	**9385.00**	**760.20**
如东县	Rudong County	884	2083.35	976.13	1676.71	1384.92	156.61
启东市	Qidong City	670	1410.46	920.34	1182.52	1000.06	47.79
如皋市	Rugao City	907	1339.84	796.04	1432.06	1224.79	71.84
海安市	Haian City	1135	1523.23	857.90	1835.29	1551.16	131.06
连云港市	**Lianyungang City**	**1116**	**4786.89**	**2721.19**	**3754.47**	**2833.60**	**350.87**
东海县	Donghai County	295	278.54	130.58	295.46	251.77	19.91
灌云县	Guanyun County	116	217.53	143.76	128.68	106.77	7.44
灌南县	Guannan County	122	258.09	160.43	407.33	376.98	11.27

20－9 续表 Continued

单位:亿元 (100 million yuan)

市 县	City and County	企业个数(个) Number of Enterprises (unit)	资产合计 Total Assets	负债合计 Total Liabilities	营业收入 Business Revenue	营业成本 Business Cost	利润总额 Total Profits
淮 安 市	**Huai'an City**	**1756**	**3042.63**	**1564.92**	**3153.37**	**2573.55**	**192.21**
涟 水 县	Lianshui County	214	366.40	176.31	388.08	298.46	43.25
盱 眙 县	Xuyi County	232	214.13	143.28	261.02	227.94	7.96
金 湖 县	Jinhu County	331	336.91	218.99	385.39	336.74	14.48
盐 城 市	**Yancheng City**	**3494**	**7158.33**	**4588.51**	**6783.49**	**5956.97**	**247.55**
响 水 县	Xiangshui County	205	1036.97	649.72	1595.74	1459.89	78.83
滨 海 县	Binhai County	229	535.98	335.43	307.40	256.23	13.72
阜 宁 县	Funing County	298	367.07	228.29	377.38	335.35	-1.19
射 阳 县	Sheyang County	430	589.89	394.20	468.75	390.64	26.16
建 湖 县	Jianhu County	442	427.89	250.83	430.47	363.66	24.91
东 台 市	Dongtai City	593	917.55	567.68	811.65	687.67	65.18
扬 州 市	**Yangzhou City**	**3486**	**5857.57**	**3196.16**	**6295.88**	**5351.94**	**414.46**
宝 应 县	Baoying County	566	683.91	433.14	815.86	696.00	37.36
仪 征 市	Yizheng City	538	961.12	498.15	1229.72	1050.43	84.09
高 邮 市	Gaoyou City	671	795.48	413.78	996.85	873.07	42.46
镇 江 市	**Zhenjiang City**	**2288**	**6019.71**	**3301.54**	**4998.27**	**4229.87**	**308.72**
丹 阳 市	Danyang City	824	1710.11	933.27	1576.78	1340.54	89.73
扬 中 市	Yangzhong City	416	928.19	547.08	730.92	612.70	39.97
句 容 市	Jurong City	258	922.98	569.34	477.73	426.52	14.33
泰 州 市	**Taizhou City**	**3251**	**6846.76**	**3635.33**	**7043.87**	**5681.65**	**446.93**
兴 化 市	Xinghua City	649	652.46	344.28	813.44	693.39	43.54
靖 江 市	Jingjiang City	645	1713.54	840.55	1257.36	1080.05	81.42
泰 兴 市	Taixing City	700	1586.87	806.60	1670.39	1335.21	159.06
宿 迁 市	**Suqian City**	**2308**	**3664.15**	**1876.67**	**3755.98**	**3130.94**	**304.63**
沭 阳 县	Shuyang County	826	587.99	326.65	1088.26	977.62	41.77
泗 阳 县	Siyang County	378	402.41	250.39	407.33	366.29	8.04
泗 洪 县	Sihong County	452	506.28	287.05	385.62	316.00	39.80

20－10 交通运输（2021年）
Transport（2021）

市　县 City and County		公路里程（公里）Length of Highways（km）	#等级公路 Expressway and Class Ⅰ to Ⅳ Highways	公路客运量（万人）Passenger Traffic of Highways（10 000 persons）	公路货运量（万吨）Freight Traffic of Highways（10 000 tons）	民用汽车拥有量（万辆）Possession of Civil Vehicles（10 000 units）	#私人汽车 Private Vehicles
南京市	**Nanjing City**	**9746**	**9746**	**5608**	**24419**	**293.62**	**222.64**
无锡市	**Wuxi City**	**7803**	**7803**	**6393**	**19925**	**231.37**	**189.46**
江阴市	Jiangyin City	2337	2337	304	5155	57.54	49.50
宜兴市	Yixing City	2836	2836	111	2225	36.16	31.13
徐州市	**Xuzhou City**	**15859**	**15859**	**3519**	**31424**	**183.14**	**169.08**
丰　县	Fengxian County	2028	2028	43	2646	17.30	16.59
沛　县	Peixian County	2538	2538	76	3830	18.69	17.51
睢宁县	Suining County	2258	2258	122	3358	19.44	18.26
新沂市	Xinyi City	2172	2172	65	5333	14.20	13.29
邳州市	Pizhou City	3348	3348	540	5220	21.93	21.12
常州市	**Changzhou City**	**8499**	**8499**	**1862**	**11558**	**162.62**	**132.91**
溧阳市	Liyang City	2318	2318	324	2011	22.77	20.09
苏州市	**Suzhou City**	**11558**	**11558**	**14304**	**27426**	**471.48**	**390.94**
常熟市	Changshu City	2404	2404	601	1887	54.57	47.95
张家港市	Zhangjiagang City	1600	1600	444	5178	48.19	40.55
昆山市	Kunshan City	1486	1486	2016	3043	81.23	65.78
太仓市	Taicang City	1349	1349	319	2232	29.42	24.09
南通市	**Nantong City**	**17520**	**17520**	**2044**	**12295**	**204.17**	**182.44**
如东县	Rudong County	3175	3175	190	1036	23.63	22.01
启东市	Qidong City	2989	2989	184	575	23.96	22.38
如皋市	Rugao City	3305	3305	215	2106	32.87	30.02
海安市	Haian City	2581	2581	172	1635	19.89	17.62
连云港市	**Lianyungang City**	**12203**	**12203**	**1646**	**13089**	**102.04**	**80.61**
东海县	Donghai County	2828	2828	94	2363	23.99	19.41
灌云县	Guanyun County	2589	2589	138	1677	15.88	12.73
灌南县	Guannan County	1911	1911	250	688	8.90	7.78

20-10 续表 Continued

市 县	City and County	公路里程（公里）Length of Highways (km)	#等级公路 Expressway and Class Ⅰ to Ⅳ Highways	公路客运量（万人）Passenger Traffic of Highways (10 000 persons)	公路货运量（万吨）Freight Traffic of Highways (10 000 tons)	民用汽车拥有量（万辆）Possession of Civil Vehicles (10 000 units)	#私人汽车 Private Vehicles
淮安市	**Huai'an City**	**13616**	**13616**	**1761**	**5893**	**75.92**	**69.01**
涟水县	Lianshui County	2454	2415			12.73	11.95
盱眙县	Xuyi County	2830	2714			8.07	7.38
金湖县	Jinhu County	1504	1496			4.41	3.93
盐城市	**Yancheng City**	**22082**	**22082**	**2949**	**12601**	**110.31**	**111.53**
响水县	Xiangshui County	1984	1984	111	513	6.69	6.39
滨海县	Binhai County	2636	2636	245	2342	11.44	10.94
阜宁县	Funing County	2782	2782	233	612	10.51	10.05
射阳县	Sheyang County	3416	3416	204	1877	12.65	12.28
建湖县	Jianhu County	2026	2026	282	549	9.03	8.47
东台市	Dongtai City	5041	5041	260	2418	13.60	12.92
扬州市	**Yangzhou City**	**9688**	**9688**	**667**	**5717**	**94.96**	**80.91**
宝应县	Baoying County	1771	1771	81	431	9.68	8.95
仪征市	Yizheng City	1702	1702	56	877	11.09	10.11
高邮市	Gaoyou City	2161	2161	178	685	11.84	10.54
镇江市	**Zhenjiang City**	**6874**	**6874**	**1661**	**6283**	**72.31**	**62.32**
丹阳市	Danyang City	2264	2264	353	1431	23.60	20.58
扬中市	Yangzhong City	698	698	167	382	7.53	6.47
句容市	Jurong City	2377	2377	296	942	8.70	7.82
泰州市	**Taizhou City**	**10094**	**10094**	**1070**	**5533**	**89.60**	**83.27**
兴化市	Xinghua City	2996	2996	177	740	17.08	16.83
靖江市	Jingjiang City	1309	1309	254	826	16.89	15.24
泰兴市	Taixing City	2360	2360	231	1144	18.43	17.34
宿迁市	**Suqian City**	**12494**	**12494**	**303**	**10547**	**83.53**	**83.70**
沭阳县	Shuyang County	3806	3806	97	3378	25.11	14.29
泗阳县	Siyang County	2291	2291	48	1686	13.46	8.23
泗洪县	Sihong County	2586	2586	73	2536	11.94	7.37

20－11 邮电、电力（2021年）
Postal and Telecommunication, Electricity Services（2021）

市　县	City and County	全年用电量（亿千瓦时）Total Electricity Consumption（100 million kW·h）	#工业用电 Electricity Consumption for Industrial Use	#城乡居民生活用电 Electricity Consumption for Urban and Rural Households
南京市	**Nanjing City**	**683.57**	**350.33**	**107.55**
无锡市	**Wuxi City**	**838.64**	**620.25**	**84.97**
江阴市	Jiangyin City	292.91	248.73	19.98
宜兴市	Yixing City	118.96	87.18	14.42
徐州市	**Xuzhou City**	**393.55**	**229.40**	**74.41**
丰县	Fengxian County	28.81	15.90	7.14
沛县	Peixian County	57.73	42.44	8.09
睢宁县	Suining County	30.10	13.11	8.14
新沂市	Xinyi City	40.78	26.36	6.78
邳州市	Pizhou City	40.76	21.27	10.09
常州市	**Changzhou City**	**588.38**	**449.65**	**58.16**
溧阳市	Liyang City	110.71	91.89	7.90
苏州市	**Suzhou City**	**1685.28**	**1271.45**	**159.62**
常熟市	Changshu City	210.16	169.01	18.75
张家港市	Zhangjiagang City	321.74	286.79	15.73
昆山市	Kunshan City	280.03	203.64	29.75
太仓市	Taicang City	115.07	90.17	9.75
南通市	**Nantong City**	**541.70**	**362.50**	**81.22**
如东县	Rudong County	75.10	54.98	8.87
启东市	Qidong City	49.02	29.09	10.37
如皋市	Rugao City	73.10	47.77	13.28
海安市	Haian City	67.83	50.91	7.94
连云港市	**Lianyungang City**	**218.19**	**131.68**	**39.09**
东海县	Donghai County	30.01	14.85	7.64
灌云县	Guanyun County	17.56	6.58	5.82
灌南县	Guannan County	33.06	22.35	4.74

市　县 City and County		全年用电量（亿千瓦时） Total Electricity Consumption (100 million kW·h)	#工业用电 Electricity Consumption for Industrial Use	#城乡居民生活用电 Electricity Consumption for Urban and Rural Households
淮安市	**Huai'an City**	**228.72**	**142.02**	**39.57**
涟水县	Lianshui County	24.17	12.71	6.06
盱眙县	Xuyi County	26.07	14.71	4.99
金湖县	Jinhu County	16.83	10.89	2.74
盐城市	**Yancheng City**	**258.17**	**174.50**	**61.62**
响水县	Xiangshui County	59.49	51.11	4.30
滨海县	Binhai County	28.62	15.69	7.20
阜宁县	Funing County	31.43	18.74	6.90
射阳县	Sheyang County	32.22	17.89	6.93
建湖县	Jianhu County	31.20	20.62	5.58
东台市	Dongtai City	55.63	37.63	7.92
扬州市	**Yangzhou City**	**289.77**	**189.62**	**45.67**
宝应县	Baoying County	28.08	16.32	5.88
仪征市	Yizheng City	53.82	42.64	5.46
高邮市	Gaoyou City	45.13	30.64	6.23
镇江市	**Zhenjiang City**	**295.06**	**211.64**	**34.92**
丹阳市	Danyang City	102.22	80.71	9.76
扬中市	Yangzhong City	18.27	11.10	3.62
句容市	Jurong City	34.93	18.06	7.25
泰州市	**Taizhou City**	**337.80**	**240.15**	**45.52**
兴化市	Xinghua City	77.26	57.14	9.53
靖江市	Jingjiang City	49.91	34.52	7.43
泰兴市	Taixing City	88.14	68.02	10.43
宿迁市	**Suqian City**	**410.12**	**274.61**	**39.12**
沭阳县	Shuyang County	71.66	48.32	13.05
泗阳县	Siyang County	43.12	28.45	6.43
泗洪县	Sihong County	33.26	18.68	6.61

20－12　房地产开发投资主要指标（2021 年）

Main Indicators of Investment for Real Estate Development（2021）

单位：亿元　　　　　　　　　　　　　　　　　　　　　　　　　　　　（100 million yuan）

市　县	City and County	房地产开发投资 Investment in Real Estate Development	#住宅 Residential Buildings	商品房销售面积（万平方米）Floor Space of Commercial Buildings Sold (10 000 sq. m)	#住宅 Residential Buildings	商品房待售面积（万平方米）Floor Space of Commercial Buildings for Sale (10 000 sq. m)	#住宅 Residential Buildings
南京市	**Nanjing City**	**2719.80**	**1932.13**	**1510.95**	**1371.39**	**274.39**	**117.26**
无锡市	**Wuxi City**	**1568.06**	**1327.41**	**1550.86**	**1344.94**	**443.22**	**164.65**
江阴市	Jiangyin City	328.29	290.68	334.44	300.97	104.91	57.87
宜兴市	Yixing City	191.46	154.84	208.36	192.23	96.58	40.00
徐州市	**Xuzhou City**	**853.88**	**714.02**	**1658.59**	**1534.39**	**159.28**	**69.82**
丰　县	Fengxian County	48.17	41.04	122.27	114.19	24.80	11.19
沛　县	Peixian County	59.47	46.66	147.76	136.81	18.14	4.65
睢宁县	Suining County	60.93	47.46	182.66	176.58	7.93	3.97
新沂市	Xinyi City	58.06	53.48	140.14	134.11	3.02	1.70
邳州市	Pizhou City	57.39	49.73	291.66	284.45	25.02	18.73
常州市	**Changzhou City**	**959.12**	**805.30**	**1011.43**	**764.91**	**397.36**	**122.64**
溧阳市	Liyang City	78.72	67.97	115.31	96.41	47.80	23.33
苏州市	**Suzhou City**	**2869.78**	**2379.89**	**2275.42**	**2088.27**	**882.27**	**444.65**
常熟市	Changshu City	292.89	253.49	260.17	247.60	72.19	38.19
张家港市	Zhangjiagang City	277.62	233.21	226.34	188.59	71.09	23.23
昆山市	Kunshan City	340.84	280.05	384.67	355.62	139.64	69.94
太仓市	Taicang City	220.77	195.43	222.86	199.62	98.49	69.62
南通市	**Nantong City**	**1171.94**	**953.27**	**2186.78**	**1793.52**	**415.77**	**165.24**
如东县	Rudong County	51.47	43.08	126.03	105.05	25.11	12.05
启东市	Qidong City	146.32	138.33	341.06	330.79	62.05	55.88
如皋市	Rugao City	109.85	88.34	274.12	212.11	87.04	25.57
海安市	Haian City	64.59	50.65	271.23	234.19	20.27	6.51
连云港市	**Lianyungang City**	**341.43**	**294.95**	**708.40**	**661.81**	**91.89**	**44.27**
东海县	Donghai County	33.13	28.61	110.86	107.68	1.44	1.31
灌云县	Guanyun County	32.43	27.11	86.58	80.55	29.41	17.35
灌南县	Guannan County	28.39	25.37	81.38	78.97	5.40	2.72

20-12 续表 Continued

单位:亿元 (100 million yuan)

市 县 City and County		房地产开发投资 Investment in Real Estate Development	#住宅 Residential Buildings	商品房销售面积(万平方米) Floor Space of Commercial Buildings Sold (10 000 sq. m)	#住宅 Residential Buildings	商品房待售面积(万平方米) Floor Space of Commercial Buildings for Sale (10 000 sq. m)	#住宅 Residential Buildings
淮安市	**Huai'an City**	**405.17**	**338.21**	**1200.03**	**1049.26**	**84.00**	**43.00**
涟水县	Lianshui County	26.16	23.48	165.00	158.00	9.00	1.00
盱眙县	Xuyi County	24.52	21.69	152.00	145.00	14.00	5.00
金湖县	Jinhu County	8.39	7.07	55.00	48.00		
盐城市	**Yancheng City**	**607.87**	**469.30**	**1120.37**	**963.31**	**353.73**	**241.34**
响水县	Xiangshui County	14.61	12.10	33.63	32.10	5.74	2.74
滨海县	Binhai County	33.17	25.58	63.03	57.33	8.59	6.59
阜宁县	Funing County	22.62	20.45	46.71	43.33	21.55	19.93
射阳县	Sheyang County	43.37	37.85	114.06	107.13	48.95	38.40
建湖县	Jianhu County	13.12	11.74	56.72	52.43	24.10	12.16
东台市	Dongtai City	47.58	36.55	161.08	135.05	78.14	49.91
扬州市	**Yangzhou City**	**841.68**	**624.38**	**829.03**	**629.57**	**242.43**	**93.26**
宝应县	Baoying County	40.23	29.65	67.65	58.83	11.69	7.20
仪征市	Yizheng City	108.47	80.43	107.29	89.01	46.75	23.89
高邮市	Gaoyou City	86.84	77.82	67.49	59.28	42.29	26.95
镇江市	**Zhenjiang City**	**413.97**	**342.58**	**695.05**	**661.36**	**301.62**	**144.67**
丹阳市	Danyang City	77.88	65.89	140.18	135.61	85.85	34.35
扬中市	Yangzhong City	29.76	20.69	50.62	40.56	53.70	23.56
句容市	Jurong City	120.09	110.10	222.66	220.23	53.70	38.97
泰州市	**Taizhou City**	**346.15**	**281.40**	**973.17**	**744.73**	**88.04**	**35.25**
兴化市	Xinghua City	55.35	44.79	122.45	98.43	3.88	3.52
靖江市	Jingjiang City	44.02	36.95	144.41	126.43	7.99	1.05
泰兴市	Taixing City	33.45	23.46	221.68	139.61	50.20	19.49
宿迁市	**Suqian City**	**378.59**	**323.36**	**831.75**	**754.04**	**159.38**	**36.93**
沭阳县	Shuyang County	76.64	63.01	225.98	210.62	78.51	11.76
泗阳县	Siyang County	61.16	49.49	161.19	148.87	34.52	13.53
泗洪县	Sihong County	54.50	47.39	123.82	104.06		

20－13 国内贸易、对外经济（2021 年）
Domestic Trade, International Economy (2021)

市县 City and County		社会消费品零售总额（亿元）Total Retail Sales of Consumer Goods (100 million yuan)	进出口总额（亿元）Total Value of Imports and Exports (100 million yuan)	出口 Exports	进口 Imports	实际使用外资（亿美元）Total Amount of Foreign Investment Actually Utilized (USD 100 million)
南京市	**Nanjing City**	**7899.41**	**6366.80**	**3989.90**	**2376.90**	**50.14**
无锡市	**Wuxi City**	**3306.09**	**6829.37**	**4221.75**	**2607.61**	**38.07**
江阴市	Jiangyin City	704.84	1507.00	960.49	546.50	7.96
宜兴市	Yixing City	588.62	438.42	298.44	139.97	4.90
徐州市	**Xuzhou City**	**4038.02**	**1254.23**	**1050.29**	**203.94**	**24.23**
丰县	Fengxian County	318.95	74.20	69.08	5.12	1.50
沛县	Peixian County	563.40	80.82	70.58	10.24	2.26
睢宁县	Suining County	517.52	78.90	68.65	10.25	1.48
新沂市	Xinyi City	368.33	135.14	100.54	34.60	2.31
邳州市	Pizhou City	408.70	149.41	135.00	14.41	3.24
常州市	**Changzhou City**	**2911.36**	**3017.80**	**2196.40**	**821.40**	**30.71**
溧阳市	Liyang City	388.98	113.20	91.20	22.00	3.62
苏州市	**Suzhou City**	**9031.32**	**25332.00**	**14875.76**	**10456.24**	**69.92**
常熟市	Changshu City	1214.22	1537.26	1013.27	523.99	7.59
张家港市	Zhangjiagang City	800.06	2808.55	1176.69	1631.86	5.68
昆山市	Kunshan City	1625.68	6885.73	4579.30	2306.43	12.25
太仓市	Taicang City	510.47	1104.11	599.02	505.10	5.65
南通市	**Nantong City**	**3935.48**	**3405.80**	**2263.39**	**1142.41**	**31.21**
如东县	Rudong County	477.80	506.84	174.87	331.96	3.80
启东市	Qidong City	482.57	404.18	259.84	144.34	4.04
如皋市	Rugao City	532.55	323.99	248.39	75.60	2.15
海安市	Haian City	414.38	209.51	161.07	48.45	3.30
连云港市	**Lianyungang City**	**1203.31**	**927.64**	**385.15**	**542.49**	**8.24**
东海县	Donghai County	268.39	44.67	40.01	4.65	1.09
灌云县	Guanyun County	81.14	16.47	15.81	0.66	0.78
灌南县	Guannan County	99.00	14.54	11.78	2.76	0.67

20－13 续表 Continued

市 县	City and County	社会消费品零售总额（亿元）Total Retail Sales of Consumer Goods（100 million yuan）	进出口总额（亿元）Total Value of Imports and Exports（100 million yuan）	出 口 Exports	进口 Imports	实际使用外资（亿美元）Total Amount of Foreign Ivestment Actually Utilized（USD 100 million）
淮 安 市	**Huai'an City**	**1828.25**	**386.78**	**281.31**	**105.47**	**12.01**
涟 水 县	Lianshui County	224.73	24.68	20.93	3.75	1.75
盱 眙 县	Xuyi County	181.34	13.43	12.28	1.14	0.72
金 湖 县	Jinhu County	131.74	40.39	39.92	0.47	1.43
盐 城 市	**Yancheng City**	**2684.34**	**1123.59**	**700.05**	**423.54**	**12.60**
响 水 县	Xiangshui County	124.20	96.06	88.39	7.68	0.48
滨 海 县	Binhai County	276.29	62.64	40.06	22.58	0.67
阜 宁 县	Funing County	278.53	43.93	38.32	5.61	0.59
射 阳 县	Sheyang County	274.27	56.13	45.68	10.45	1.10
建 湖 县	Jianhu County	231.35	36.52	32.32	4.19	0.24
东 台 市	Dongtai City	300.90	91.74	83.68	8.06	1.23
扬 州 市	**Yangzhou City**	**1480.92**	**968.86**	**712.11**	**256.75**	**17.30**
宝 应 县	Baoying County	170.46	61.99	50.15	11.85	1.50
仪 征 市	Yizheng City	123.51	126.71	66.71	59.99	2.30
高 邮 市	Gaoyou City	185.20	43.53	40.78	2.74	1.65
镇 江 市	**Zhenjiang City**	**1346.83**	**834.36**	**596.10**	**238.25**	**8.09**
丹 阳 市	Danyang City	358.07	242.40	218.40	24.00	2.02
扬 中 市	Yangzhong City	156.49	41.50	38.10	3.40	0.99
句 容 市	Jurong City	177.85	53.00	40.30	12.70	1.42
泰 州 市	**Taizhou City**	**1576.94**	**1222.81**	**863.14**	**359.68**	**18.28**
兴 化 市	Xinghua City	295.27	72.16	67.85	4.30	2.23
靖 江 市	Jingjiang City	243.16	227.76	184.81	42.95	3.52
泰 兴 市	Taixing City	323.85	390.38	238.70	151.68	4.27
宿 迁 市	**Suqian City**	**1460.36**	**449.39**	**391.97**	**57.42**	**8.52**
沭 阳 县	Shuyang County	356.41	87.91	84.41	3.50	1.19
泗 阳 县	Siyang County	177.81	66.32	60.29	6.03	0.81
泗 洪 县	Sihong County	183.59	34.64	29.24	5.41	0.21

20－14 财政、金融（2021 年）

Government Finance, Financial Intermediation (2021)

单位:亿元 (100 million yuan)

市县	City and County	一般公共预算收入 General Public Budget Revenue	#税收收入 Tax Revenue	一般公共预算支出 General Public Budget Expenditure	年末金融机构存款余额 Deposits Balance of Financial Institutions (Year-end)	#住户存款 Household Deposits	年末金融机构贷款余额 Loans Balance of Financial Institutions (Year-end)
南京市	**Nanjing City**	**1729.52**	**1473.31**	**1817.88**	**43524.28**	**10636.78**	**42718.95**
无锡市	**Wuxi City**	**1200.50**	**983.87**	**1357.79**	**20705.29**	**8134.69**	**17189.42**
江阴市	Jiangyin City	273.94	226.70	268.80	4548.04	1755.66	3785.81
宜兴市	Yixing City	142.39	119.05	188.30	2813.03	1522.40	2180.42
徐州市	**Xuzhou City**	**537.31**	**429.20**	**1004.40**	**9914.81**	**4988.57**	**8128.51**
丰县	Fengxian County	33.02	29.12	82.08	616.81	426.72	459.66
沛县	Peixian County	50.74	42.76	127.85	718.72	497.41	560.72
睢宁县	Suining County	42.69	35.48	103.54	718.43	477.75	581.79
新沂市	Xinyi City	43.71	36.88	103.07	608.21	379.08	597.67
邳州市	Pizhou City	47.34	37.96	127.06	849.58	582.84	788.61
常州市	**Changzhou City**	**688.11**	**569.67**	**771.89**	**13482.08**	**5609.72**	**11717.36**
溧阳市	Liyang City	87.33	76.03	109.91	1712.24	876.69	1324.49
苏州市	**Suzhou City**	**2510.00**	**2166.66**	**2583.70**	**38627.01**	**13555.75**	**39502.81**
常熟市	Changshu City	230.75	198.17	273.39	3890.19	1966.19	3541.95
张家港市	Zhangjiagang City	264.13	223.02	244.40	4061.29	1727.89	3435.53
昆山市	Kunshan City	466.88	411.48	399.11	5368.85	2021.67	5021.74
太仓市	Taicang City	190.03	164.04	167.56	2030.69	856.85	2167.86
南通市	**Nantong City**	**710.18**	**572.90**	**1122.22**	**16092.91**	**8899.48**	**14085.81**
如东县	Rudong County	68.50	56.40	146.38	1744.22	995.29	1254.23
启东市	Qidong City	77.81	63.79	118.22	1886.39	1227.77	1482.29
如皋市	Rugao City	77.81	64.90	139.24	1767.16	1159.11	1537.03
海安市	Haian City	69.50	57.06	139.42	1798.97	1100.58	1603.67
连云港市	**Lianyungang City**	**274.81**	**218.02**	**534.18**	**4732.60**	**2064.21**	**5140.66**
东海县	Donghai County	30.01	24.08	84.23	591.12	391.94	573.02
灌云县	Guanyun County	25.33	20.40	71.70	389.12	257.23	394.49
灌南县	Guannan County	27.19	22.26	60.87	309.65	191.79	363.35

20-14 续表 Continued

单位:亿元 (100 million yuan)

市 县 City and County		一般公共预算收入 General Public Budget Revenue	#税收收入 Tax Revenue	一般公共预算支出 General Public Budget Expenditure	年末金融机构存款余额 Deposits Balance of Financial Institutions (Year-end)	#住户存款 Household Deposits	年末金融机构贷款余额 Loans Balance of Financial Institutions (Year-end)
淮安市	**Huai'an City**	**297.02**	**238.38**	**612.91**	**5372.85**	**2361.16**	**5517.41**
涟水县	Lianshui County	26.49	21.98	74.22	543.18	322.12	451.30
盱眙县	Xuyi County	20.60	16.60	66.21	492.63	309.05	521.11
金湖县	Jinhu County	25.30	20.87	53.67	351.45	242.12	331.34
盐城市	**Yancheng City**	**451.01**	**339.21**	**1053.17**	**9092.42**	**4743.19**	**8038.58**
响水县	Xiangshui County	25.30	20.75	72.81	336.53	205.28	299.36
滨海县	Binhai County	26.56	21.25	100.05	578.47	363.83	542.20
阜宁县	Funing County	30.43	24.26	97.39	662.36	475.15	404.39
射阳县	Sheyang County	33.87	27.12	103.09	694.23	510.38	564.30
建湖县	Jianhu County	34.53	26.93	104.73	705.09	479.57	494.43
东台市	Dongtai City	60.26	47.01	127.80	1189.77	856.72	828.18
扬州市	**Yangzhou City**	**344.07**	**274.57**	**684.83**	**8198.32**	**4150.69**	**7124.63**
宝应县	Baoying County	25.14	19.48	86.29	699.32	459.07	550.95
仪征市	Yizheng City	48.21	39.00	71.35	868.08	469.50	714.56
高邮市	Gaoyou City	39.00	31.87	88.15	891.32	582.42	732.19
镇江市	**Zhenjiang City**	**327.59**	**256.05**	**542.95**	**6692.67**	**3093.96**	**6958.27**
丹阳市	Danyang City	71.11	60.98	107.52	1611.36	927.46	1476.44
扬中市	Yangzhong City	38.01	30.40	65.86	803.23	427.93	734.29
句容市	Jurong City	57.64	48.38	85.80	1054.88	517.70	1450.36
泰州市	**Taizhou City**	**420.29**	**316.96**	**667.90**	**8602.87**	**4141.63**	**7402.57**
兴化市	Xinghua City	46.16	36.22	124.94	1228.77	858.95	912.62
靖江市	Jingjiang City	67.51	52.91	113.96	1483.56	769.88	1313.88
泰兴市	Taixing City	93.12	75.11	118.39	1512.36	738.37	1279.12
宿迁市	**Suqian City**	**267.82**	**232.36**	**584.48**	**4395.01**	**1982.12**	**4445.13**
沭阳县	Shuyang County	62.01	51.67	138.00	865.19	584.94	875.69
泗阳县	Siyang County	31.98	26.41	82.08	553.97	355.54	696.69
泗洪县	Sihong County	31.78	25.47	96.40	517.86	359.03	617.68

20－15 科技、教育（2021年）
Science, Technology and Education（2021）

市县	City and County	专利申请受权量（件）Number of Patent Applications and Grants (unit)	#发明 Inventions	普通中学在校学生（万人）Regular Secondary Schools Student Enrolment (10 000 persons)	小学在校学生（万人）Primary Schools Student Enrolment (10 000 persons)	普通中学专任教师（人）Full-time Teachers in Regular Secondary Schools (person)	小学专任教师（人）Full-time Teachers in Primary Schools (person)
南京市	**Nanjing City**	**91964**	**21568**	**28.85**	**50.01**	**28375**	**34809**
无锡市	**Wuxi City**	**79738**	**5764**	**26.94**	**45.76**	**23815**	**27340**
江阴市	Jiangyin City	11494	769	6.61	10.74	5935	6355
宜兴市	Yixing City	10630	473	4.44	7.27	4379	4173
徐州市	**Xuzhou City**	**41895**	**4564**	**65.29**	**87.81**	**48809**	**51872**
丰县	Fengxian County	4671	231	6.38	8.71	4613	5008
沛县	Peixian County	3140	266	7.54	10.51	5621	6228
睢宁县	Suining County	3971	249	7.42	11.03	4915	6271
新沂市	Xinyi City	4403	667	8.62	10.07	6447	6050
邳州市	Pizhou City	5232	598	13.97	15.36	11473	10065
常州市	**Changzhou City**	**55463**	**4793**	**20.56**	**33.46**	**17125**	**19808**
溧阳市	Liyang City	3508	291	3.00	4.28	2877	2660
苏州市	**Suzhou City**	**185133**	**14677**	**44.00**	**89.34**	**39020**	**52351**
常熟市	Changshu City	11552	1098	5.11	9.07	4612	5441
张家港市	Zhangjiagang City	12659	960	5.47	9.88	4492	5760
昆山市	Kunshan City	40517	2183	7.63	17.29	5831	9197
太仓市	Taicang City	12752	695	2.70	5.42	2244	3124
南通市	**Nantong City**	**40867**	**6506**	**25.58**	**38.09**	**25576**	**23703**
如东县	Rudong County	2715	303	2.55	3.02	2846	2455
启东市	Qidong City	3508	509	2.89	4.06	3113	2821
如皋市	Rugao City	4573	438	5.04	6.94	4829	4148
海安市	Haian City	7174	1084	2.68	3.71	3288	2628
连云港市	**Lianyungang City**	**9607**	**901**	**32.41**	**43.10**	**27683**	**27208**
东海县	Donghai County	1830	50	8.77	11.39	7665	7163
灌云县	Guanyun County	822	28	5.04	6.37	4410	4174
灌南县	Guannan County	493	44	4.47	5.74	3905	3989

20－15 续表 Continued

市 县 City and County		专利申请受权量（件） Number of Patent Applications and Grants (unit)	#发 明 Inventions	普通中学在校学生（万人） Regular Secondary Schools Student Enrolment (10 000 persons)	小学在校学生（万人） Primary Schools Student Enrolment (10 000 persons)	普通中学专任教师（人） Full-time Teachers in Regular Secondary Schools (person)	小学专任教师（人） Full-time Teachers in Primary Schools (person)
淮安市	**Huai'an City**	**14831**	**974**	**27.18**	**35.11**	**24383**	**24247**
涟水县	Lianshui County	1870	71	5.71	6.86	5288	4638
盱眙县	Xuyi County	1199	47	4.25	4.81	3789	3725
金湖县	Jinhu County	1949	73	0.95	1.39	976	1107
盐城市	**Yancheng City**	**27365**	**2309**	**35.42**	**43.34**	**31966**	**28078**
响水县	Xiangshui County	1112	51	3.53	4.18	3112	2667
滨海县	Binhai County	1486	85	6.29	6.58	4502	3960
阜宁县	Funing County	2296	68	4.89	6.35	4192	4184
射阳县	Sheyang County	1700	87	3.79	4.43	3420	2967
建湖县	Jianhu County	2533	191	3.05	3.46	2852	2369
东台市	Dongtai City	3337	423	2.97	3.80	3474	2657
扬州市	**Yangzhou City**	**28942**	**1948**	**17.61**	**22.78**	**17023**	**14933**
宝应县	Baoying County	2368	158	3.00	3.29	3144	2366
仪征市	Yizheng City	2769	144	1.93	2.49	1910	1656
高邮市	Gaoyou City	6696	378	2.34	2.91	2474	2052
镇江市	**Zhenjiang City**	**22692**	**2808**	**11.44**	**16.85**	**10727**	**10872**
丹阳市	Danyang City	6561	272	3.87	5.57	3522	3640
扬中市	Yangzhong City	3965	200	1.11	1.68	1066	1065
句容市	Jurong City	2561	175	1.99	3.02	2108	2089
泰州市	**Taizhou City**	**25302**	**1538**	**18.21**	**23.69**	**18737**	**14723**
兴化市	Xinghua City	4358	119	4.98	6.23	4526	4091
靖江市	Jingjiang City	4464	194	2.31	3.11	2701	1946
泰兴市	Taixing City	5019	367	4.03	4.93	4753	3225
宿迁市	**Suqian City**	**17078**	**462**	**35.60**	**56.33**	**22585**	**29066**
沭阳县	Shuyang County	4247	93	12.58	18.90	7080	8384
泗阳县	Siyang County	3159	73	7.11	9.13	4408	5425
泗洪县	Sihong County	2549	56	6.87	10.81	4889	5813

20-16 文化、卫生(2021年)
Culture and Health (2021)

市　县 City and County		公共图书馆(个) Public Libraries (unit)	公共图书馆图书藏量(千册) Total Collections of Public Libraries (1 000 volumes)	医疗卫生机构数(个) Number of Health Care Institutions (unit)	医疗机构床位数(张) Number of Beds in Health Care Institutions (bed)	卫生技术人员(人) Health Technical Personnel (person)	#执业(助理)医师 Licensed Physicians & Physician Assistants
南京市	**Nanjing City**	**15**	**24843**	**3451**	**66087**	**104726**	**39326**
无锡市	**Wuxi City**	**8**	**9980**	**3107**	**51605**	**65493**	**25595**
江阴市	Jiangyin City	1	3033	663	9683	12433	5251
宜兴市	Yixing City	1	838	621	7388	10569	4199
徐州市	**Xuzhou City**	**12**	**5363**	**4580**	**61191**	**74890**	**29122**
丰县	Fengxian County	1	240	578	4294	5686	2753
沛县	Peixian County	1	845	580	6194	6374	2675
睢宁县	Suining County	1	447	471	5356	6778	2704
新沂市	Xinyi City	1	545	481	4367	6280	2557
邳州市	Pizhou City	1	687	762	8070	10001	3822
常州市	**Changzhou City**	**8**	**5921**	**1667**	**31891**	**40481**	**15936**
溧阳市	Liyang City	1	539	293	4236	5557	2257
苏州市	**Suzhou City**	**11**	**25489**	**4027**	**77622**	**100974**	**39441**
常熟市	Changshu City	1	2733	555	10557	12142	4903
张家港市	Zhangjiagang City	1	2670	502	10278	11417	4571
昆山市	Kunshan City	1	3288	666	8336	14211	5739
太仓市	Taicang City	1	1384	315	4721	5439	2258

20-16 续表1 Continued

市　县 City and County		公共图书馆（个） Public Libraries (unit)	公共图书馆图书藏量（千册） Total Collections of Public Libraries (1 000 volumes)	医疗卫生机构数（个） Number of Health Care Institutions (unit)	医疗机构床位数（张） Number of Beds in Health Care Institutions (bed)	卫生技术人员（人） Health Technical Personnel (person)	#执业(助理)医师 Licensed Physicians & Physician Assistants
南通市	**Nantong City**	**11**	**8132**	**3494**	**50630**	**56192**	**22786**
如东县	Rudong County	2	466	483	4133	5233	2373
启东市	Qidong City	1	775	403	4737	5835	2368
如皋市	Rugao City	2	1046	577	6790	7649	3488
海安市	Haian City	1	496	406	6425	6010	2461
连云港市	**Lianyungang City**	**8**	**3793**	**2729**	**28275**	**33200**	**13229**
东海县	Donghai County	1	785	520	4367	5679	2375
灌云县	Guanyun County	1	300	441	4390	4780	1987
灌南县	Guannan County	1	361	397	3776	4549	1747
淮安市	**Huai'an City**	**9**	**4087**	**2316**	**30110**	**36882**	**14433**
涟水县	Lianshui County	1	212	481	4868	5082	2105
盱眙县	Xuyi County	1	409	398	3844	4550	1964
金湖县	Jinhu County	1	365	135	1621	2051	835
盐城市	**Yancheng City**	**11**	**6517**	**3343**	**43608**	**51434**	**21480**
响水县	Xiangshui County	1	184	214	2875	3373	1182
滨海县	Binhai County	1	273	412	4932	5390	2381
阜宁县	Funing County	2	531	421	5155	6393	2697

20－16 续表2 Continued

市　县 City and County		公共图书馆（个） Public Libraries (unit)	公共图书馆图书藏量（千册） Total Collections of Public Libraries (1 000 volumes)	医疗卫生机构数（个） Number of Health Care Institutions (unit)	医疗机构床位数（张） Number of Beds in Health Care Institutions (bed)	卫生技术人员（人） Health Technical Personnel (person)	#执业(助理)医师 Licensed Physicians & Physician Assistants
射阳县	Sheyang County	1	335	334	4610	4917	2315
建湖县	Jianhu County	1	323	316	3740	4245	1973
东台市	Dongtai City	1	1217	473	5747	6099	2642
扬州市	**Yangzhou City**	**8**	**5767**	**1899**	**26998**	**31897**	**13097**
宝应县	Baoying County	1	470	329	3717	4106	1764
仪征市	Yizheng City	1	664	177	3101	3639	1533
高邮市	Gaoyou City	1	473	258	3807	4148	1872
镇江市	**Zhenjiang City**	**9**	**4279**	**1094**	**17707**	**22934**	**9082**
丹阳市	Danyang City	2	805	276	3972	5464	2237
扬中市	Yangzhong City	1	508	122	1674	2157	875
句容市	Jurong City	1	521	247	2389	3522	1504
泰州市	**Taizhou City**	**7**	**3686**	**2140**	**29366**	**41956**	**13936**
兴化市	Xinghua City	1	296	655	5988	9489	3083
靖江市	Jingjiang City	1	1021	335	5154	6583	2226
泰兴市	Taixing City	1	362	472	5469	8254	2938
宿迁市	**Suqian City**	**6**	**2832**	**2600**	**33470**	**39054**	**15203**
沭阳县	Shuyang County	1	203	886	9780	11929	4846
泗阳县	Siyang County	1	405	458	5755	6674	2672
泗洪县	Sihong County	1	372	520	6436	7328	2790

20－17 人民生活(2021年)

市　县	City and County	居民人均可支配收入(元) Per Capita Disposable Income of Households (yuan)	居民人均生活消费支出(元) Per Capita Consumption Expenditure of Households (yuan)	#食品烟酒 Foods, Tobacco and Liquor	居民恩格尔系数(%) Engle Coefficient of Households (%)	居民人均住房建筑面积(平方米) Per Capita Floor Space of Residential Buildings Constructed (sq. m)	城镇常住居民人均可支配收入(元) Per Capita Disposable Income of Urban Permanent Households (yuan)	城镇常住居民人均生活消费支出(元) Per Capita Consumption Expenditure of Urban Permanent Households (yuan)
南京市	**Nanjing City**	**66140**	**39118**	**10187**	**26.0**	**45.4**	**73593**	**42487**
无锡市	**Wuxi City**	**63014**	**39820**	**10774**	**27.1**	**54.8**	**70483**	**43873**
江阴市	Jiangyin City	67555	36580	10109	27.6	64.9	78415	40543
宜兴市	Yixing City	55852	34831	10072	28.9	62.3	66527	40313
徐州市	**Xuzhou City**	**34217**	**21278**	**6252**	**29.4**	**56.2**	**40842**	**24146**
丰　县	Fengxian County	27546	18505	5515	29.8	57.0	33459	22884
沛　县	Peixian County	32242	20088	5851	29.1	56.7	39558	23776
睢宁县	Suining County	27579	16220	4839	29.8	63.6	33788	18405
新沂市	Xinyi City	29686	19356	5684	29.4	59.2	36255	22800
邳州市	Pizhou City	32742	18501	5476	29.6	57.0	41055	21855
常州市	**Changzhou City**	**56897**	**34079**	**9336**	**27.4**	**62.8**	**65822**	**38021**
溧阳市	Liyang City	49521	28296	8032	28.4	46.0	60560	30792
苏州市	**Suzhou City**	**68191**	**41818**	**10791**	**25.8**	**53.1**	**76888**	**46566**
常熟市	Changshu City	65755	40197	10762	26.8	64.1	77325	44995
张家港市	Zhangjiagang City	66101	38644	10449	27.0	52.5	77939	44216
昆山市	Kunshan City	67871	40402	11249	27.8	48.2	77699	45336
太仓市	Taicang City	64890	40050	10643	26.6	59.0	76733	45993
南通市	**Nantong City**	**46882**	**29705**	**8580**	**28.9**	**58.1**	**57289**	**35281**
如东县	Rudong County	41551	25533	7326	28.7	62.1	54090	30046
启东市	Qidong City	44191	31863	9368	29.4	59.9	54910	40167
如皋市	Rugao City	41545	25179	7137	28.3	65.5	53735	29784
海安市	Haian City	42973	28029	8010	28.6	64.0	54799	32105
连云港市	**Lianyungang City**	**32295**	**21038**	**6912**	**32.9**	**55.1**	**39862**	**25278**
东海县	Donghai County	30908	19819	6907	34.9	57.0	39504	24855
灌云县	Guanyun County	26218	16627	5791	34.8	52.1	33098	19770
灌南县	Guannan County	26773	17757	5509	31.0	64.0	35217	22509

People's Livelihoods (2021)

#食品烟酒 Foods, Tobacco and Liquor	城镇常住居民恩格尔系数(%) Engle Coefficient of Urban Permanent Households (%)	城镇常住居民人均住房建筑面积(平方米) Per Capita Floor Space of Urban Residential Buildings Constructed (sq. m)	农村常住居民人均可支配收入(元) Per Capita Disposable Income of Rural Permanent Households (yuan)	农村常住居民人均生活消费支出(元) Per Capita Consumption Expenditure of Rural Permanent Households (yuan)	#食品烟酒 Foods, Tobacco and Liquor	农村常住居民恩格尔系数(%) Engle Coefficient of Rural Permanent Households (%)	农村常住居民人均住房建筑面积(平方米) Per Capita Floor Space of Rural Residential Buildings Constructed (sq. m)
10864	**25.6**	**40.7**	**32701**	**24006**	**7150**	**29.8**	**66.5**
11539	**26.3**	**51.7**	**39623**	**27127**	**8383**	**30.9**	**64.5**
10984	27.1	66.2	42519	27443	8091	29.5	61.7
11444	28.4	65.3	36017	24644	7523	30.5	79.0
7018	**29.1**	**51.3**	**23694**	**16723**	**5035**	**30.1**	**64.0**
6755	29.5	48.0	21735	14203	4296	30.2	65.0
6831	28.7	55.1	24461	16165	4808	29.7	58.3
5488	29.8	62.7	21449	14062	4199	29.9	64.6
6615	29.0	55.8	22560	15619	4675	29.9	63.0
6419	29.4	54.3	23809	14898	4463	30.0	59.8
10028	**26.4**	**51.4**	**35822**	**24768**	**7783**	**31.4**	**77.7**
8643	28.1	42.0	33371	24530	7325	29.9	52.5
11934	**25.6**	**47.0**	**41487**	**27240**	**7284**	**26.7**	**72.0**
11937	26.5	60.6	41986	30342	8346	27.5	70.1
11956	27.0	44.4	41859	27234	7364	27.0	69.2
12441	27.4	39.7	42420	27623	8159	29.5	73.7
12162	26.4	52.0	41446	28285	7637	27.0	75.0
10037	**28.4**	**52.5**	**29134**	**20197**	**6097**	**30.2**	**70.4**
8469	28.2	58.7	26435	20094	5948	29.6	65.5
11741	29.2	55.4	30710	21419	6383	29.8	68.8
8425	28.3	64.5	26280	19412	5525	28.5	66.5
9024	28.1	61.2	28104	22903	6735	29.4	68.6
7914	**31.3**	**52.1**	**21373**	**14917**	**5467**	**36.6**	**59.4**
8404	33.8	54.0	22269	14757	5403	36.6	61.0
6930	35.1	52.0	19977	13777	4756	34.5	54.0
6822	30.3	55.3	19131	13455	4320	32.1	69.4

市县 City and County		居民人均可支配收入(元) Per Capita Disposable Income of Households (yuan)	居民人均生活消费支出(元) Per Capita Consumption Expenditure of Households (yuan)	#食品烟酒 Foods, Tobacco and Liquor	居民恩格尔系数(%) Engle Coefficient of Households (%)	居民人均住房建筑面积(平方米) Per Capita Floor Space of Residential Buildings Constructed (sq. m)	城镇常住居民人均可支配收入(元) Per Capita Disposable Income of Urban Permanent Households (yuan)	城镇常住居民人均生活消费支出(元) Per Capita Consumption Expenditure of Urban Permanent Households (yuan)
淮安市	**Huai'an City**	**34731**	**19857**	**5956**	**30.0**	**53.0**	**43954**	**23920**
涟水县	Lianshui County	28471	17218	5130	29.8	58.5	36520	21877
盱眙县	Xuyi County	33235	17735	5330	30.1	54.0	44126	23476
金湖县	Jinhu County	34539	23596	7175	30.4	59.4	44552	27303
盐城市	**Yancheng City**	**36764**	**21982**	**6332**	**28.8**	**52.7**	**43787**	**24303**
响水县	Xiangshui County	29603	15149	4469	29.5	47.4	36284	16105
滨海县	Binhai County	30795	17930	5172	28.8	52.3	38141	20175
阜宁县	Funing County	30492	20645	5963	28.8	47.3	36589	27036
射阳县	Sheyang County	32578	21712	6364	29.3	49.5	38522	28667
建湖县	Jianhu County	35165	19624	5734	29.2	47.5	42316	22144
东台市	Dongtai City	39645	22320	6415	28.7	61.4	46731	24501
扬州市	**Yangzhou City**	**42287**	**26083**	**7552**	**29.0**	**53.7**	**50947**	**29586**
宝应县	Baoying County	32327	20326	6079	29.9	50.0	38698	22866
仪征市	Yizheng City	40255	24432	7158	29.3	54.0	52037	28875
高邮市	Gaoyou City	35549	24214	6988	28.9	58.9	45066	29160
镇江市	**Zhenjiang City**	**50360**	**30780**	**8906**	**28.9**	**54.5**	**59204**	**33992**
丹阳市	Danyang City	48075	30603	9010	29.4	48.0	59056	32082
扬中市	Yangzhong City	53720	30186	8981	29.8	59.0	65232	33487
句容市	Jurong City	44497	27712	8699	31.4	56.0	57253	22253
泰州市	**Taizhou City**	**43777**	**27712**	**8188**	**29.5**	**59.0**	**53818**	**32295**
兴化市	Xinghua City	37862	22868	6815	29.8	46.5	48644	26831
靖江市	Jingjiang City	47400	33948	9893	29.1	72.1	57787	39063
泰兴市	Taixing City	42628	26743	7645	28.6	63.0	53615	32747
宿迁市	**Suqian City**	**29122**	**18041**	**5514**	**30.6**	**48.5**	**35056**	**21328**
沭阳县	Shuyang County	28700	18399	5635	30.6	49.2	34604	21622
泗阳县	Siyang County	28430	18461	5677	30.7	51.8	34351	20786
泗洪县	Sihong County	27760	16478	5059	30.7	48.0	33489	20767

#食品烟酒 Foods, Tobacco and Liquor	城镇常住居民恩格尔系数(%) Engle Coefficient of Urban Permanent Households(%)	城镇常住居民人均住房建筑面积(平方米) Per Capita Floor Space of Urban Residential Buildings Constructed (sq. m)	农村常住居民人均可支配收入(元) Per Capita Disposable Income of Rural Permanent Households (yuan)	农村常住居民人均生活消费支出(元) Per Capita Consumption Expenditure of Rural Permanent Households (yuan)	#食品烟酒 Foods, Tobacco and Liquor	农村常住居民恩格尔系数(%) Engle Coefficient Annual of Rural Permanent Households (%)	农村常住居民人均住房建筑面积(平方米) Per Capita Floor Space of Rural Residential Buildings Constructed (sq. m)
7103	**29.7**	**50.0**	**21884**	**14197**	**4358**	**30.7**	**55.0**
6491	29.7	63.2	20419	12558	3769	30.0	52.0
7052	30.0	50.0	22026	11827	3559	30.1	62.0
8192	30.0	56.2	24035	19708	6109	31.0	64.0
6866	**28.3**	**48.6**	**26049**	**18443**	**5517**	**29.9**	**57.2**
4769	29.6	47.4	22033	14067	4128	29.3	59.0
5666	28.1	47.6	22704	15457	4627	29.9	59.8
7785	28.7	42.3	23409	13220	3828	28.9	59.7
8333	29.1	50.9	25072	12927	3877	30.0	47.8
6285	28.4	49.3	25815	16329	5014	30.7	44.2
6975	28.5	59.5	29741	19271	5631	29.2	63.5
8550	**28.9**	**48.6**	**27354**	**20042**	**5833**	**29.1**	**62.4**
6830	29.9	48.0	25788	17720	5295	29.9	55.0
8454	29.3	51.0	26376	19199	5632	29.3	57.0
8407	28.8	52.5	25732	19111	5524	28.9	65.9
9785	**28.8**	**51.1**	**31354**	**23876**	**7018**	**29.4**	**60.4**
9529	29.7	47.0	32539	28510	8276	29.0	51.0
9940	29.7	56.4	35819	25053	7490	29.9	63.3
9994	31.2	48.9	28387	22253	7063	31.7	63.4
9132	**28.3**	**52.7**	**27401**	**20239**	**6650**	**32.9**	**69.8**
7649	28.5	44.3	25835	18447	5883	31.9	49.0
11133	28.5	62.2	29964	25360	7811	30.8	90.8
9511	29.0	57.0	27658	18563	5102	27.5	72.0
6433	**30.2**	**45.6**	**21577**	**13862**	**4345**	**31.3**	**52.1**
6538	30.2	46.5	21828	14648	4585	31.3	52.4
6325	30.4	53.0	21591	15775	4928	31.2	50.5
6310	30.4	45.8	21175	11549	3621	31.4	50.6

21

县（市）社会经济发展序列

Social Economy Development Sequence of Counties（Cities）

简 要 说 明

一、本篇资料的主要内容

本篇资料反映县(市)经济社会发展水平序列情况。

二、本篇资料来源

本篇资料主要根据市县社会经济基本情况统计年报加工整理,部分数据为初步核算数。

Brief Introduction

I. Main Contents

Data in this chapter reflects the sequence of socio-economic development of counties(cities).

Ⅱ. Sources of Data

Data in this chapter are mainly based on the basic conditions of socio-economic in the statistical annual report, and part of the data are preliminary statistics.

21-1 年末户籍人口(2021年)

Total Registered Population at Year-end (2021)

位次 No.	县(市)名称 County (City)		绝对数(万人) Value (10 000 persons)	位次 No.	县(市)名称 County (City)		绝对数(万人) Value (10 000 persons)
1	沭阳县	Shuyang County	198.36	21	泗阳县	Siyang County	105.38
2	邳州市	Pizhou City	191.78	22	灌云县	Guanyun County	101.96
3	兴化市	Xinghua City	150.84	23	如东县	Rudong County	99.30
4	睢宁县	Suining County	139.98	24	张家港市	Zhangjiagang City	92.93
5	如皋市	Rugao City	139.50	25	射阳市	Sheyang City	92.46
6	沛县	Peixian County	127.68	26	海安市	Haian City	90.80
7	江阴市	Jiangyin City	126.96	27	宝应县	Baoying County	85.90
8	东海县	Donghai County	124.28	28	灌南县	Guannan County	81.06
9	丰县	Fengxian County	119.60	29	丹阳市	Danyang City	79.42
10	滨海县	Binhai County	120.43	30	高邮市	Gaoyou City	78.86
11	泰兴市	Taixing City	114.69	31	盱眙县	Xuyi County	78.59
12	昆山市	Kunshan City	114.33	32	溧阳市	Liyang City	78.54
13	新沂市	Xinyi City	110.30	33	建湖县	Jianhu County	75.02
14	涟水县	Lianshui County	109.85	34	靖江市	Jingjiang City	64.33
15	泗洪县	Sihong County	108.71	35	响水县	Xiangshui County	61.16
16	启东市	Qidong City	108.70	36	句容市	Jurong City	58.19
17	阜宁县	Funing County	108.49	37	仪征市	Yizheng City	54.82
18	宜兴市	Yixing City	107.08	38	太仓市	Taicang City	52.59
19	常熟市	Changshu City	106.10	39	金湖县	Jinhu County	33.92
20	东台市	Dongtai City	105.46	40	扬中市	Yangzhong City	27.96

21-2 地区生产总值（2021 年）
Gross Domestic Product（2021）

位次 No.	县（市）名称 County（City）		绝对数（亿元）Value（100 million yuan）
1	昆山市	Kunshan City	4748.06
2	江阴市	Jiangyin City	4580.33
3	张家港市	Zhangjiagang City	3030.21
4	常熟市	Changshu City	2672.04
5	宜兴市	Yixing City	2082.17
6	太仓市	Taicang City	1574.05
7	如皋市	Rugao City	1432.40
8	启东市	Qidong City	1345.90
9	海安市	Haian City	1343.10
10	丹阳市	Danyang City	1324.01
11	泰兴市	Taixing City	1273.44
12	如东县	Rudong County	1272.20
13	溧阳市	Liyang City	1261.30
14	沭阳县	Shuyang County	1162.10
15	靖江市	Jingjiang City	1142.38
16	邳州市	Pizhou City	1108.22
17	兴化市	Xinghua City	1020.94
18	东台市	Dongtai City	986.08
19	高邮市	Gaoyou City	929.31
20	沛县	Peixian County	926.36
21	仪征市	Yizheng City	910.71
22	宝应县	Baoying County	841.41
23	新沂市	Xinyi City	781.43
24	句容市	Jurong City	736.75
25	睢宁县	Suining County	675.81
26	建湖县	Jianhu County	665.52
27	射阳县	Sheyang County	663.31
28	涟水县	Lianshui County	650.48
29	阜宁县	Funing County	645.45
30	东海县	Donghai County	632.85
31	泗阳县	Siyang County	596.31
32	泗洪县	Sihong County	584.42
33	滨海县	Binhai County	565.13
34	扬中市	Yangzhong City	550.77
35	丰县	Fengxian County	538.05
36	盱眙县	Xuyi County	501.94
37	灌南县	Guannan County	452.57
38	响水县	Xiangshui County	446.33
39	灌云县	Guanyun County	424.02
40	金湖县	Jinhu County	386.51

21－3 第一产业增加值（2021 年）
Value-added of the Primary Industry（2021）

位次 No.	县（市）名称 County（City）	绝对数（亿元） Value（100 million yuan）	位次 No.	县（市）名称 County（City）	绝对数（亿元） Value（100 million yuan）
1	邳州市 Pizhou City	165.03	21	阜宁县 Funing County	75.45
2	东台市 Dongtai City	142.89	22	涟水县 Lianshui County	74.37
3	兴化市 Xinghua City	141.27	23	泗阳县 Siyang County	74.36
4	沛县 Peixian County	123.36	24	泰兴市 Taixing City	71.48
5	睢宁县 Suining County	113.28	25	灌南县 Guannan County	70.09
6	射阳县 Sheyang County	111.75	26	响水县 Xiangshui County	57.92
7	沭阳县 Shuyang County	110.33	27	建湖县 Jianhu County	56.90
8	丰县 Fengxian County	99.55	28	溧阳市 Liyang City	56.80
9	如东县 Rudong County	96.00	29	句容市 Jurong City	55.54
10	高邮市 Gaoyou City	93.35	30	宜兴市 Yixing City	54.52
11	新沂市 Xinyi City	93.17	31	丹阳市 Danyang City	52.52
12	东海县 Donghai County	92.19	32	金湖县 Jinhu County	49.45
13	宝应县 Baoying County	89.96	33	常熟市 Changshu City	39.68
14	启东市 Qidong City	88.70	34	江阴市 Jiangyin City	38.30
15	泗洪县 Sihong County	88.70	35	昆山市 Kunshan City	31.18
16	如皋市 Rugao City	82.20	36	张家港市 Zhangjiagang City	29.75
17	灌云县 Guanyun County	82.10	37	靖江市 Jingjiang City	25.98
18	滨海县 Binhai County	79.02	38	太仓市 Taicang City	23.98
19	盱眙县 Xuyi County	77.29	39	仪征市 Yizheng City	23.84
20	海安市 Haian City	76.10	40	扬中市 Yangzhong City	17.51

21-4 第二产业增加值（2021 年）
Value-added of the Secondary Industry（2021）

位次 No.	县（市）名称 County（City）	绝对数（亿元）Value（100 million yuan）	位次 No.	县（市）名称 County（City）	绝对数（亿元）Value（100 million yuan）
1	昆山市 Kunshan City	2462.74	21	沛县 Peixian County	390.61
2	江阴市 Jiangyin City	2383.33	22	东台市 Dongtai City	353.61
3	张家港市 Zhangjiagang City	1550.88	23	句容市 Jurong City	313.00
4	常熟市 Changshu City	1341.71	24	新沂市 Xinyi City	297.87
5	宜兴市 Yixing City	1086.11	25	扬中市 Yangzhong City	289.07
6	太仓市 Taicang City	782.38	26	建湖县 Jianhu County	278.96
7	海安市 Haian City	725.90	27	涟水县 Lianshui County	278.66
8	如皋市 Rugao City	707.60	28	睢宁县 Suining County	271.28
9	丹阳市 Danyang City	690.04	29	阜宁县 Funing County	266.31
10	启东市 Qidong City	657.00	30	东海县 Donghai County	263.30
11	溧阳市 Liyang City	648.81	31	泗阳县 Siyang County	252.98
12	泰兴市 Taixing City	639.77	32	射阳县 Sheyang County	240.05
13	如东县 Rudong County	632.80	33	泗洪县 Sihong County	226.12
14	靖江市 Jingjiang City	621.78	34	滨海县 Binhai County	224.83
15	沭阳县 Shuyang County	492.04	35	灌南县 Guannan County	210.82
16	仪征市 Yizheng City	483.77	36	响水县 Xiangshui County	203.95
17	高邮市 Gaoyou City	468.26	37	丰县 Fengxian County	194.09
18	邳州市 Pizhou City	444.84	38	盱眙县 Xuyi County	188.41
19	宝应县 Baoying County	403.91	39	金湖县 Jinhu County	157.23
20	兴化市 Xinghua City	397.50	40	灌云县 Guanyun County	152.50

21-5 第三产业增加值(2021年)
Value-added of the Tertiary Industry (2021)

位次 No.	县(市)名称 County (City)		绝对数(亿元) Value (100 million yuan)	位次 No.	县(市)名称 County (City)		绝对数(亿元) Value (100 million yuan)
1	昆山市	Kunshan City	2254.14	21	新沂市	Xinyi City	390.39
2	江阴市	Jiangyin City	2158.70	22	句容市	Jurong City	368.21
3	张家港市	Zhangjiagang City	1449.58	23	高邮市	Gaoyou City	367.70
4	常熟市	Changshu City	1290.65	24	宝应县	Baoying County	347.54
5	宜兴市	Yixing City	941.54	25	建湖县	Jianhu County	329.66
6	太仓市	Taicang City	767.69	26	射阳县	Sheyang County	311.51
7	如皋市	Rugao City	642.60	27	阜宁县	Funing County	303.69
8	启东市	Qidong City	600.30	28	涟水县	Lianshui County	297.45
9	丹阳市	Danyang City	581.45	29	睢宁县	Suining County	291.26
10	泰兴市	Taixing City	562.19	30	东海县	Donghai County	277.36
11	沭阳县	Shuyang County	559.73	31	泗洪县	Sihong County	269.60
12	溧阳市	Liyang City	555.69	32	泗阳县	Siyang County	268.97
13	如东县	Rudong County	543.40	33	滨海县	Binhai County	261.28
14	海安市	Haian City	541.10	34	丰县	Fengxian County	244.40
15	邳州市	Pizhou City	498.35	35	扬中市	Yangzhong City	244.19
16	靖江市	Jingjiang City	494.62	36	盱眙县	Xuyi County	236.24
17	东台市	Dongtai City	489.58	37	灌云县	Guanyun County	189.42
18	兴化市	Xinghua City	482.17	38	响水县	Xiangshui County	184.46
19	沛县	Peixian County	412.39	39	金湖县	Jinhu County	179.83
20	仪征市	Yizheng City	403.10	40	灌南县	Guannan County	171.66

21-6 全部工业增加值（2021 年）
Value-added of Total Industry（2021）

位次 No.	县（市）名称 County（City）	绝对数（亿元）Value（100 million yuan）	位次 No.	县（市）名称 County（City）	绝对数（亿元）Value（100 million yuan）
1	昆山市 Kunshan City	2289.06	21	沛县 Peixian County	289.93
2	江阴市 Jiangyin City	2184.55	22	兴化市 Xinghua City	280.23
3	张家港市 Zhangjiagang City	1442.57	23	扬中市 Yangzhong City	269.87
4	常熟市 Changshu City	1242.74	24	句容市 Jurong City	262.00
5	宜兴市 Yixing City	917.32	25	新沂市 Xinyi City	247.88
6	太仓市 Taicang City	728.69	26	建湖县 Jianhu County	221.31
7	丹阳市 Danyang City	658.87	27	射阳县 Sheyang County	215.06
8	海安市 Haian City	625.70	28	涟水县 Lianshui County	213.89
9	如皋市 Rugao City	602.80	29	东海县 Donghai County	211.71
10	如东县 Rudong County	554.50	30	睢宁县 Suining County	208.62
11	泰兴市 Taixing City	544.39	31	泗阳县 Siyang County	204.80
12	溧阳市 Liyang City	536.17	32	响水县 Xiangshui County	189.88
13	启东市 Qidong City	529.20	33	阜宁县 Funing County	185.59
14	靖江市 Jingjiang City	446.82	34	滨海县 Binhai County	182.64
15	沭阳县 Shuyang County	431.69	35	泗洪县 Sihong County	175.96
16	仪征市 Yizheng City	420.86	36	盱眙县 Xuyi County	170.42
17	邳州市 Pizhou City	385.75	37	丰县 Fengxian County	162.62
18	高邮市 Gaoyou City	378.17	38	灌南县 Guannan County	157.89
19	宝应县 Baoying County	321.72	39	金湖县 Jinhu County	137.77
20	东台市 Dongtai City	321.01	40	灌云县 Guanyun County	111.77

21－7 人均地区生产总值（2021 年）
Per Capita Gross Domestic Product（2021）

位次 No.	县（市）名称 County（City）	绝对数（元） Value（yuan）	位次 No.	县（市）名称 County（City）	绝对数（元） Value（yuan）
1	江阴市 Jiangyin City	257177	21	东台市 Dongtai City	110963
2	昆山市 Kunshan City	225856	22	建湖县 Jianhu County	109191
3	张家港市 Zhangjiagang City	210966	23	响水县 Xiangshui County	97176
4	太仓市 Taicang City	188486	24	兴化市 Xinghua City	90517
5	扬中市 Yangzhong City	174434	25	沛县 Peixian County	89634
6	靖江市 Jingjiang City	172019	26	射阳县 Sheyang County	87318
7	仪征市 Yizheng City	170737	27	盱眙县 Xuyi County	82624
8	宜兴市 Yixing City	161835	28	阜宁县 Funing County	81265
9	常熟市 Changshu City	158894	29	新沂市 Xinyi City	80942
10	溧阳市 Liyang City	158674	30	涟水县 Lianshui County	78636
11	海安市 Haian City	153120	31	邳州市 Pizhou City	76307
12	如东县 Rudong County	142500	32	灌南县 Guannan County	73961
13	启东市 Qidong City	138678	33	泗阳县 Siyang County	71801
14	丹阳市 Danyang City	133759	34	沭阳县 Shuyang County	69280
15	金湖县 Jinhu County	133694	35	滨海县 Binhai County	68890
16	高邮市 Gaoyou City	130935	36	泗洪县 Sihong County	67956
17	泰兴市 Taixing City	128048	37	睢宁县 Suining County	62369
18	宝应县 Baoying County	123320	38	东海县 Donghai County	60531
19	句容市 Jurong City	115108	39	灌云县 Guanyun County	58696
20	如皋市 Rugao City	115076	40	丰县 Fengxian County	57800

21-8 一般公共预算收入（2021 年）
General Public Budget Revenue（2021）

位次 No.	县（市）名称 County（City）	绝对数（亿元） Value（100 million yuan）	位次 No.	县（市）名称 County（City）	绝对数（亿元） Value（100 million yuan）
1	昆山市 Kunshan City	466.88	21	兴化市 Xinghua City	46.16
2	江阴市 Jiangyin City	273.94	22	新沂市 Xinyi City	43.71
3	张家港市 Zhangjiagang City	264.13	23	睢宁县 Suining County	42.69
4	常熟市 Changshu City	230.75	24	高邮市 Gaoyou City	39.00
5	太仓市 Taicang City	190.03	25	扬中市 Yangzhong City	38.01
6	宜兴市 Yixing City	142.39	26	建湖县 Jianhu County	34.53
7	泰兴市 Taixing City	93.12	27	射阳县 Sheyang County	33.87
8	溧阳市 Liyang City	87.33	28	丰县 Fengxian County	33.02
9	如皋市 Rugao City	77.81	29	泗阳县 Siyang County	31.98
10	启东市 Qidong City	77.81	30	泗洪县 Sihong County	31.78
11	丹阳市 Danyang City	71.11	31	阜宁县 Funing County	30.43
12	海安市 Haian City	69.50	32	东海县 Donghai County	30.01
13	如东县 Rudong County	68.50	33	灌南县 Guannan County	27.19
14	靖江市 Jingjiang City	67.51	34	滨海县 Binhai County	26.56
15	沭阳县 Shuyang County	62.01	35	涟水县 Lianshui County	26.49
16	东台市 Dongtai City	60.26	36	灌南县 Guannan County	25.33
17	句容市 Jurong City	57.64	37	响水县 Xiangshui County	25.30
18	沛县 Peixian County	50.74	38	金湖县 Jinhu County	25.30
19	仪征市 Yizheng City	48.21	39	宝应县 Baoying County	25.14
20	邳州市 Pizhou City	47.34	40	盱眙县 Xuyi County	20.60

21－9 人均一般公共预算收入(2021年)

Per Capita General Public Budget Revenue (2021)

位次 No.	县(市)名称 County (City)		绝对数(元) Value (yuan)	位次 No.	县(市)名称 County (City)		绝对数(元) Value (yuan)
1	太仓市	Taicang City	22755	21	响水县	Xiangshui County	5509
2	昆山市	Kunshan City	22209	22	高邮市	Gaoyou City	5495
3	张家港市	Zhangjiagang City	18389	23	沛县	Peixian County	4909
4	江阴市	Jiangyin City	15382	24	新沂市	Xinyi City	4528
5	常熟市	Changshu City	13722	25	射阳县	Sheyang County	4459
6	扬中市	Yangzhong City	12037	26	灌南县	Guannan County	4444
7	宜兴市	Yixing City	11068	27	兴化市	Xinghua City	4093
8	溧阳市	Liyang City	10986	28	睢宁县	Suining County	3940
9	靖江市	Jingjiang City	10167	29	泗阳县	Siyang County	3850
10	泰兴市	Taixing City	9364	30	阜宁县	Funing County	3831
11	仪征市	Yizheng City	9039	31	沭阳县	Shuyang County	3697
12	句容市	Jurong City	9006	32	泗洪县	Sihong County	3696
13	金湖县	Jinhu County	8753	33	宝应县	Baoying County	3684
14	启东市	Qidong City	8067	34	丰县	Fengxian County	3547
15	海安市	Haian City	7968	35	灌云县	Guanyun County	3506
16	如东县	Rudong County	7829	36	盱眙县	Xuyi County	3392
17	丹阳市	Danyang City	7184	37	邳州市	Pizhou City	3260
18	东台市	Dongtai City	6781	38	滨海县	Binhai County	3238
19	如皋市	Rugao City	6312	39	涟水县	Lianshui County	3203
20	建湖县	Jianhu County	5665	40	东海县	Donghai County	2870

21－10 粮食产量（2021年）
Output of Grain (2021)

位次 No.	县（市）名称 County (City)	绝对数（万吨） Value (10 000 tons)	位次 No.	县（市）名称 County (City)	绝对数（万吨） Value (10 000 tons)
1	沭阳县 Shuyang County	128.48	21	泗阳县 Siyang County	64.40
2	兴化市 Xinghua City	124.35	22	灌南县 Guannan County	64.27
3	泗洪县 Sihong County	117.67	23	泰兴市 Taixing City	63.23
4	东海县 Donghai County	116.88	24	海安市 Haian City	62.37
5	射阳县 Sheyang County	113.77	25	丰县 Fengxian County	60.82
6	盱眙县 Xuyi County	104.71	26	响水县 Xiangshui County	60.51
7	东台市 Dongtai City	102.32	27	金湖县 Jinhu County	57.17
8	滨海县 Binhai County	98.73	28	丹阳市 Danyang City	42.68
9	如东县 Rudong County	97.75	29	溧阳市 Liyang City	40.92
10	涟水县 Lianshui County	96.82	30	宜兴市 Yixing City	35.51
11	阜宁县 Funing County	95.88	31	启东市 Qidong City	32.80
12	睢宁县 Suining County	94.18	32	靖江市 Jingjiang City	26.94
13	灌云县 Guanyun County	87.88	33	仪征市 Yizheng City	26.27
14	宝应县 Baoying County	87.18	34	句容市 Jurong City	25.83
15	邳州市 Pizhou City	85.04	35	常熟市 Changshu City	23.47
16	高邮市 Gaoyou City	84.40	36	张家港市 Zhangjiagang City	21.47
17	新沂市 Xinyi City	71.99	37	太仓市 Taicang City	15.26
18	建湖县 Jianhu County	71.31	38	江阴市 Jiangyin City	13.05
19	如皋市 Rugao City	67.68	39	昆山市 Kunshan City	9.10
20	沛县 Peixian County	66.28	40	扬中市 Yangzhong City	7.28

21－11 油料产量（2021年）

Output of Oil-bearing Crops（2021）

位次 No.	县（市）名称 County（City）	绝对数（万吨） Value（10 000 tons）	位次 No.	县（市）名称 County（City）	绝对数（万吨） Value（10 000 tons）
1	新沂市 Xinyi City	6.03	21	响水县 Xiangshui County	1.13
2	启东市 Qidong City	5.22	22	阜宁县 Funing County	1.09
3	东海县 Donghai County	5.07	23	邳州市 Pizhou City	1.00
4	泰兴市 Taixing City	3.40	24	盱眙县 Xuyi County	0.95
5	东台市 Dongtai City	3.15	25	仪征市 Yizheng City	0.74
6	睢宁县 Suining County	2.96	26	泗阳县 Danyang City	0.71
7	涟水县 Lianshui County	2.89	27	丹阳市 Danyang City	0.66
8	兴化市 Xinghua City	2.87	28	丰县 Fengxian County	0.62
9	如皋市 Rugao City	2.74	29	靖江市 Jingjiang City	0.58
10	如东县 Rudong County	2.54	30	金湖县 Jinhu County	0.49
11	句容市 Jurong City	2.38	31	宜兴市 Yixing City	0.48
12	溧阳市 Liyang City	1.96	32	沛县 Peixian County	0.33
13	沭阳县 Shuyang County	1.83	33	张家港市 Zhangjiagang City	0.29
14	海安市 Haian City	1.57	34	灌南县 Guannan County	0.24
15	射阳县 Sheyang County	1.56	35	常熟市 Changshu City	0.22
16	泗洪县 Sihong County	1.55	36	扬中市 Yangzhong City	0.21
17	高邮市 Gaoyou City	1.49	37	江阴市 Jiangyin City	0.20
18	滨海县 Binhai County	1.46	38	灌云县 Guanyun County	0.16
19	宝应县 Baoying County	1.32	39	太仓市 Taicang City	0.15
20	建湖县 Jianhu County	1.29	40	昆山市 Kunshan City	0.04

21－12 规模以上工业企业利润总额（2021年）
Toatl Profits of Industrial Enterprises above Designated Size（2021）

位 次 No.	县（市）名 称 County（City）	绝对数（亿元） Value（100 million yuan）	位 次 No.	县（市）名 称 County（City）	绝对数（亿元） Value（100 million yuan）
1	昆山市 Kunshan City	566.85	21	高邮市 Gaoyou City	42.46
2	张家港市 Zhangjiagang City	434.43	22	沭阳县 Shuyang County	41.77
3	江阴市 Jiangyin City	400.04	23	扬中市 Yangzhong City	39.97
4	常熟市 Changshu City	318.74	24	泗洪县 Sihong County	39.80
5	太仓市 Taicang City	207.53	25	宝应县 Baoying County	37.36
6	宜兴市 Yixing City	203.77	26	射阳县 Sheyang County	26.16
7	溧阳市 Liyang City	175.53	27	建湖县 Jianhu County	24.91
8	泰兴市 Taixing City	159.06	28	新沂市 Xinyi City	24.28
9	如东县 Rudong County	156.61	29	丰县 Fengxian County	20.00
10	海安市 Haian City	131.06	30	东海县 Donghai County	19.91
11	丹阳市 Danyang City	89.73	31	金湖县 Jinhu County	14.48
12	仪征市 Yizheng City	84.09	32	句容市 Jurong City	14.33
13	靖江市 Jingjiang City	81.42	33	睢宁县 Suining County	14.09
14	响水县 Xiangshui County	78.83	34	滨海县 Binhai County	13.72
15	如皋市 Rugao City	71.84	35	灌南县 Guannan County	11.27
16	东台市 Dongtai City	65.18	36	沛县 Peixian County	10.21
17	启东市 Qidong City	47.79	37	泗阳县 Siyang County	8.04
18	邳州市 Pizhou City	47.60	38	盱眙县 Xuyi County	7.96
19	兴化市 Xinghua City	43.54	39	灌云县 Guanyun County	7.44
20	涟水县 Lianshui County	43.25	40	阜宁县 Funing County	－1.19

21－13 社会消费品零售总额(2021年)
Total Retail Sales of Consumer Goods (2021)

位次 No.	县(市)名称 County (City)		绝对数(亿元) Value (100 million yuan)	位次 No.	县(市)名称 County (City)		绝对数(亿元) Value (100 million yuan)
1	昆山市	Kunshan City	1625.68	21	兴化市	Xinghua City	295.27
2	常熟市	Changshu City	1214.22	22	阜宁县	Funing County	278.53
3	张家港市	Zhangjiagang City	800.06	23	滨海县	Binhai County	276.29
4	江阴市	Jiangyin City	704.84	24	射阳县	Sheyang County	274.27
5	宜兴市	Yixing City	588.62	25	东海县	Donghai County	268.39
6	沛县	Peixian County	563.40	26	靖江市	Jingjiang City	243.16
7	如皋市	Rugao City	532.55	27	建湖县	Jianhu County	231.35
8	睢宁县	Suining County	517.52	28	涟水县	Lianshui County	224.73
9	太仓市	Taicang City	510.47	29	高邮市	Gaoyou City	185.20
10	启东市	Qidong City	482.57	30	泗洪县	Sihong County	183.59
11	如东县	Rudong County	477.80	31	盱眙县	Xuyi County	181.34
12	海安市	Haian City	414.38	32	句容市	Jurong City	177.85
13	邳州市	Pizhou City	408.70	33	泗阳县	Siyang County	177.81
14	溧阳市	Liyang City	388.98	34	宝应县	Baoying County	170.46
15	新沂市	Xinyi City	368.33	35	扬中市	Yangzhong City	156.49
16	丹阳市	Danyang City	358.07	36	金湖县	Jinhu County	131.74
17	沭阳县	Shuyang County	356.41	37	响水县	Xiangshui County	124.20
18	泰兴市	Taixing City	323.85	38	仪征市	Yizheng City	123.51
19	丰县	Fengxian County	318.95	39	灌南县	Guannan County	99.00
20	东台市	Dongtai City	300.90	40	灌云县	Guanyun County	81.14

21－14 出口总额（2021年）
Total Value of Exports（2021）

位次 No.	县（市）名称 County（City）		绝对数（亿元）Value（100 million yuan）	位次 No.	县（市）名称 County（City）		绝对数（亿元）Value（100 million yuan）
1	昆山市	Kunshan City	4579.30	21	丰县	Fengxian County	69.08
2	张家港市	Zhangjiagang City	1176.69	22	睢宁县	Suining County	68.65
3	常熟市	Changshu City	1013.27	23	兴化市	Xinghua City	67.85
4	江阴市	Jiangyin City	960.49	24	仪征市	Yizheng City	66.71
5	太仓市	Taicang City	599.02	25	泗洪县	Sihong County	60.29
6	宜兴市	Yixing City	298.44	26	宝应县	Baoying County	50.15
7	启东市	Qidong City	259.84	27	射阳县	Sheyang County	45.68
8	如皋市	Rugao City	248.39	28	高邮市	Gaoyou City	40.78
9	泰兴市	Taixing City	238.70	29	句容市	Jurong City	40.30
10	丹阳市	Danyang City	218.40	30	滨海县	Binhai County	40.06
11	靖江市	Jingjiang City	184.81	31	东海县	Donghai County	40.01
12	如东县	Rudong County	174.87	32	金湖县	Jinhu County	39.92
13	海安市	Haian City	161.07	33	阜宁县	Funing County	38.32
14	邳州市	Pizhou City	135.00	34	扬中市	Yangzhong City	38.10
15	新沂市	Xinyi City	100.54	35	建湖县	Jianhu County	32.32
16	溧阳市	Liyang City	91.20	36	泗洪县	Sihong County	29.24
17	响水县	Xiangshui County	88.39	37	涟水县	Lianshui County	20.93
18	沭阳县	Shuyang County	84.41	38	灌云县	Guanyun County	15.81
19	东台市	Dongtai City	83.68	39	盱眙县	Xuyi County	12.28
20	沛县	Peixian County	70.58	40	灌南县	Guannan County	11.78

21-15 实际使用外资（2021 年）
Foreign Investment Actually Utilized（2021）

位次 No.	县（市）名称 County（City）	绝对数（亿美元） Value（USD 100 million）	位次 No.	县（市）名称 County（City）	绝对数（亿美元） Value（USD 100 million）
1	昆山市 Kunshan City	12.25	21	高邮市 Gaoyou City	1.65
2	江阴市 Jiangyin City	7.96	22	宝应县 Baoying County	1.50
3	常熟市 Changshu City	7.59	23	丰县 Fengxian County	1.50
4	张家港市 Zhangjiagang City	5.68	24	睢宁县 Suining County	1.48
5	太仓市 Taicang City	5.65	25	金湖县 Jinhu County	1.43
6	宜兴市 Yixing City	4.90	26	句容市 Jurong City	1.42
7	泰兴市 Taixing City	4.27	27	东台市 Dongtai City	1.23
8	启东市 Qidong City	4.04	28	沭阳县 Shuyang County	1.19
9	如东县 Rudong County	3.80	29	射阳县 Sheyang County	1.10
10	溧阳市 Liyang City	3.62	30	东海县 Donghai County	1.09
11	靖江市 Jingjiang City	3.52	31	扬中市 Yangzhong City	0.99
12	海安市 Haian City	3.30	32	泗阳县 Siyang County	0.81
13	邳州市 Pizhou City	3.24	33	灌云县 Guanyun County	0.78
14	新沂市 Xinyi City	2.31	34	盱眙县 Xuyi County	0.72
15	仪征市 Yizheng City	2.30	35	滨海县 Binhai County	0.67
16	沛县 Peixian County	2.26	36	灌南县 Guannan County	0.67
17	兴化市 Xinghua City	2.23	37	阜宁县 Funing County	0.59
18	如皋市 Rugao City	2.15	38	响水县 Xiangshui County	0.48
19	丹阳市 Danyang City	2.02	39	建湖县 Jianhu County	0.24
20	涟水县 Lianshui County	1.75	40	泗洪县 Sihong County	0.21

21-16　金融机构各项存款余额(人民币)(2021年)

Balance of Various Deposits of Financial Institutions (RMB) (2021)

位次 No.	县(市)名称 County (City)	绝对数(亿元) Value (100 million yuan)	位次 No.	县(市)名称 County (City)	绝对数(亿元) Value (100 million yuan)
1	昆山市 Kunshan City	5368.85	21	邳州市 Pizhou City	849.58
2	江阴市 Jiangyin City	4548.04	22	扬中市 Yangzhong City	803.23
3	张家港市 Zhangjiagang City	4061.29	23	沛县 Peixian County	718.72
4	常熟市 Changshu City	3890.19	24	睢宁县 Suining County	718.43
5	宜兴市 Yixing City	2813.03	25	建湖县 Jianhu County	705.09
6	太仓市 Taicang City	2030.69	26	宝应县 Baoying County	699.32
7	启东市 Qidong City	1886.39	27	射阳县 Sheyang County	694.23
8	海安市 Haian City	1798.97	28	阜宁县 Funing County	662.36
9	如皋市 Rugao City	1767.16	29	丰县 Fengxian County	616.81
10	如东县 Rudong County	1744.22	30	新沂市 Xinyi City	608.21
11	溧阳市 Liyang City	1712.24	31	东海县 Donghai County	591.12
12	丹阳市 Danyang City	1611.36	32	滨海县 Binhai County	578.47
13	泰兴市 Taixing City	1512.36	33	泗阳县 Siyang County	553.97
14	靖江市 Jingjiang City	1483.56	34	涟水县 Lianshui County	543.18
15	兴化市 Xinghua City	1228.77	35	泗洪县 Sihong County	517.86
16	东台市 Dongtai City	1189.77	36	盱眙县 Xuyi County	492.63
17	句容市 Jurong City	1054.88	37	灌云县 Guanyun County	389.12
18	高邮市 Gaoyou City	891.32	38	金湖县 Jinhu County	351.45
19	仪征市 Yizheng City	868.08	39	响水县 Xiangshui County	336.53
20	沭阳县 Shuyang County	865.19	40	灌南县 Guannan County	309.65

21－17 金融机构各项贷款余额(人民币)(2021年)

Balance of Various Loans of Financial Institutions (RMB) (2021)

位次 No.	县(市)名称 County (City)		绝对数(亿元) Value (100 million yuan)	位次 No.	县(市)名称 County (City)		绝对数(亿元) Value (100 million yuan)
1	昆山市	Kunshan City	5021.74	21	高邮市	Gaoyou City	732.19
2	江阴市	Jiangyin City	3785.81	22	仪征市	Yizheng City	714.56
3	常熟市	Changshu City	3541.95	23	泗阳县	Siyang County	696.69
4	张家港市	Zhangjiagang City	3435.53	24	泗洪县	Sihong County	617.68
5	宜兴市	Yixing City	2180.42	25	新沂市	Xinyi City	597.67
6	太仓市	Taicang City	2167.86	26	睢宁县	Suining County	581.79
7	海安市	Haian City	1603.67	27	东海县	Donghai County	573.02
8	如皋市	Rugao City	1537.03	28	射阳县	Sheyang County	564.30
9	启东市	Qidong City	1482.29	29	沛县	Peixian County	560.72
10	丹阳市	Danyang City	1476.44	30	宝应县	Baoying County	550.95
11	句容市	Jurong City	1450.36	31	滨海县	Binhai County	542.20
12	溧阳市	Liyang City	1324.49	32	盱眙县	Xuyi County	521.11
13	靖江市	Jingjiang City	1313.88	33	建湖县	Jianhu County	494.43
14	泰兴市	Taixing City	1279.12	34	丰县	Fengxian County	459.66
15	如东县	Rudong County	1254.23	35	涟水县	Lianshui County	451.30
16	兴化市	Xinghua City	912.62	36	阜宁县	Funing County	404.39
17	沭阳县	Shuyang County	875.69	37	灌云县	Guanyun County	394.49
18	东台市	Dongtai City	828.18	38	灌南县	Guannan County	363.35
19	邳州市	Pizhou City	788.61	39	金湖县	Jinhu County	331.34
20	扬中市	Yangzhong City	734.29	40	响水县	Xiangshui County	299.36

21-18 居民人均可支配收入（2021年）
Per Capita Disposable Income of Households (2021)

位次 No.	县（市）名称 County (City)	绝对数（元） Value (yuan)	位次 No.	县（市）名称 County (City)	绝对数（元） Value (yuan)
1	昆山市 Kunshan City	67871	21	建湖县 Jianhu County	35165
2	江阴市 Jiangyin City	67555	22	金湖县 Jinhu County	34539
3	张家港市 Zhangjiagang City	66101	23	盱眙县 Xuyi County	33235
4	常熟市 Changshu City	65755	24	邳州市 Pizhou City	32742
5	太仓市 Taicang City	64890	25	射阳县 Sheyang County	32578
6	宜兴市 Yixing City	55852	26	宝应县 Baoying County	32327
7	扬中市 Yangzhong City	53720	27	沛县 Peixian County	32242
8	溧阳市 Liyang City	49521	28	东海县 Donghai County	30908
9	丹阳市 Danyang City	48075	29	滨海县 Binhai County	30795
10	靖江市 Jingjiang City	47400	30	阜宁县 Funing County	30492
11	句容市 Jurong City	44497	31	新沂市 Xinyi City	29686
12	启东市 Qidong City	44191	32	响水县 Xiangshui County	29603
13	海安市 Haian City	42973	33	沭阳县 Shuyang County	28700
14	泰兴市 Taixing City	42628	34	涟水县 Lianshui County	28471
15	如东县 Rudong County	41551	35	泗阳县 Siyang County	28430
16	如皋市 Rugao City	41545	36	泗洪县 Sihong County	27760
17	仪征市 Yizheng City	40255	37	睢宁县 Suining County	27579
18	东台市 Dongtai City	39645	38	丰县 Fengxian County	27546
19	兴化市 Xinghua City	37862	39	灌南县 Guannan County	26773
20	高邮市 Gaoyou City	35549	40	灌云县 Guanyun County	26218

21-19 城镇常住居民人均可支配收入（2021 年）
Per Capita Disposable Income of Urban Permanent Residents（2021）

位次 No.	县（市）名称 County（City）	绝对数（元） Value（yuan）	位次 No.	县（市）名称 County（City）	绝对数（元） Value（yuan）
1	江阴市 Jiangyin City	78415	21	金湖县 Jinhu County	44552
2	张家港市 Zhangjiagang City	77939	22	盱眙县 Xuyi County	44126
3	昆山市 Kunshan City	77699	23	建湖县 Jianhu County	42316
4	常熟市 Changshu City	77325	24	邳州市 Pizhou City	41055
5	太仓市 Taicang City	76733	25	沛县 Peixian County	39558
6	宜兴市 Yixing City	66527	26	东海县 Donghai County	39504
7	扬中市 Yangzhong City	65232	27	宝应县 Baoying County	38698
8	溧阳市 Liyang City	60560	28	射阳县 Sheyang County	38522
9	丹阳市 Danyang City	59056	29	滨海县 Binhai County	38141
10	靖江市 Jingjiang City	57787	30	阜宁县 Funing County	36589
11	句容市 Jurong City	57253	31	涟水县 Lianshui County	36520
12	启东市 Qidong City	54910	32	响水县 Xiangshui County	36285
13	海安市 Haian City	54799	33	新沂市 Xinyi City	36255
14	如东县 Rudong County	54090	34	灌南县 Guannan County	35217
15	如皋市 Rugao City	53735	35	沭阳县 Shuyang County	34604
16	泰兴市 Taixing City	53615	36	泗阳县 SiYang County	34351
17	仪征市 Yizheng City	52037	37	睢宁县 Suining County	33788
18	兴化市 Xinghua City	48644	38	泗洪县 Sihong County	33489
19	东台市 Dongtai City	46731	39	丰县 Fengxian County	33459
20	高邮市 Gaoyou City	45066	40	灌云县 Guanyun County	33098

21－20 农村常住居民人均可支配收入（2021 年）

Per Capita Disposable Income of Rural Permanent Residents（2021）

位次 No.	县（市）名称 County（City）	绝对数（元） Value（yuan）	位次 No.	县（市）名称 County（City）	绝对数（元） Value（yuan）
1	江阴市 Jiangyin City	42519	21	宝应县 Baoying County	25788
2	昆山市 Kunshan City	42420	22	高邮市 Gaoyou City	25732
3	常熟市 Changshu City	41986	23	射阳县 Sheyang County	25072
4	张家港市 Zhangjiagang City	41859	24	沛县 Peixian County	24461
5	太仓市 Taicang City	41446	25	金湖县 Jinhu County	24035
6	宜兴市 Yixing City	36017	26	邳州市 Pizhou City	23809
7	扬中市 Yangzhong City	35819	27	阜宁县 Funing County	23409
8	溧阳市 Liyang City	33371	28	滨海县 Binhai County	22704
9	丹阳市 Danyang City	32539	29	新沂市 Xinyi City	22560
10	启东市 Qidong City	30710	30	东海县 Donghai County	22269
11	靖江市 Jingjiang City	29964	31	响水县 Xiangshui County	22033
12	东台市 Dongtai City	29741	32	盱眙县 Xuyi County	22026
13	句容市 Jurong City	28387	33	沭阳县 Shuyang County	21828
14	海安市 Haian City	28104	34	丰县 Fengxian County	21735
15	泰兴市 Taixing City	27658	35	泗阳县 SiYang County	21591
16	如东县 Rudong County	26435	36	睢宁县 Suining County	21449
17	仪征市 Yizheng City	26376	37	泗洪县 Sihong County	21175
18	如皋市 Rugao City	26280	38	涟水县 Lianshui County	20419
19	兴化市 Xinghua City	25835	39	灌云县 Guanyun County	19977
20	建湖县 Jianhu County	25815	40	灌南县 Guannan County	19131

22

乡镇基本情况

Basic Conditions of Villages and Towns

简 要 说 明

一、本篇资料的主要内容

本篇资料反映乡镇经济社会基本情况。

二、资料来源

本篇资料根据乡镇社会经济基本情况统计年报加工整理。

Brief Introduction

I. Main Contents

Data in this chapter reflect economic and social basic conditions of villages and towns.

Ⅱ. Sources of Data

Data in this chapter are compiled mainly on the annual statistical report of economics and social basic conditions of villages and towns.

22－1　乡镇基本情况（2021 年）
Basic Conditions of Villages and Towns（2021）

名　称 Name		总人口（人）Total Population (person)	从业人员（人）Employed Persons (person)	土地面积（公顷）Area of Land (hectare)	耕地面积（公顷）Area of Cultiuated Land (hectare)	财政收入（万元）Government Revenue (10 000 yuan)	粮食产量（吨）Grain Output (ton)
南　　京	**Nanjing**						
市辖区	**Municipal District**						
竹镇镇	Zhuzhen Town	44770	26974	21105	9660	38467	59410
白马镇	Baima Town	40128	23801	14588	4948	40534	31395
晶桥镇	Jingqiao Town	36741	22525	14260	4872	39610	33489
和凤镇	Hefeng Town	50809	28986	19000	4229	35421	33584
阳江镇	Yangjiang Town	70897	41601	13113	6510	35820	6405
砖墙镇	Zhuanqiang Town	34819	21620	7585	4118	35251	1038
无　　锡	**Wuxi**						
市辖区	**Municipal District**						
羊尖镇	Yangjian Town	59138	36423	5046	2004	65842	10807
鹅湖镇	Ehu Town	75021	42087	5457	1234	75650	7576
锡北镇	Xibei Town	111269	59387	6323	2945	102390	11453
东港镇	Donggang Town	139566	82994	8505	2693	218877	14630
洛社镇	Luoshe Town	170096	120455	7742	1185	346871	1300
阳山镇	Yangshan Town	52503	31559	4212	702	98917	57
胡埭镇	Hudai Town	75312	41161	3608	384	133000	535
江　　阴	**Jiangyin**						
璜土镇	Huangtu Town	89573	51042	6449	2439	184670	10611
月城镇	Yuecheng Town	45139	32721	3853	1214	42023	5235
青阳镇	Qingyang Town	88236	47278	6757	3278	92763	12718
徐霞客镇	Xuxiake Town	124035	78051	11017	4644	107484	21819
华士镇	Huashi Town	142965	88060	7456	2252	208818	7897
周庄镇	Zhouzhuang Town	152945	97885	7596	2334	310882	10648
新桥镇	Xinqiao Town	49373	32857	2000	287	241474	702
长泾镇	Changjing Town	75764	48024	5316	2423	59457	16057

22－1 续表1 Continued

名　　称	Name	总人口（人） Total Population (person)	从业人员（人） Employed Persons (person)	土地面积（公顷） Area of Land (hectare)	耕地面积（公顷） Area of Cultiuated Land (hectare)	财政收入（万元） Government Revenue (10 000 yuan)	粮食产量（吨） Grain Output (ton)
顾山镇	Gushan Town	84361	61129	4971	1368	119270	8279
祝塘镇	Zhutang Town	105718	69763	5959	2830	119246	17187
宜　兴	**Yixing**						
张渚镇	Zhangzhu Town	88655	48901	18894	3227	76615	12876
西渚镇	Xizhu Town	21500	16775	6661	3112	16301	15774
太华镇	Taihua Town	28497	13788	9600	724	15574	1357
徐舍镇	Xushe Town	98493	57160	17991	9607	57898	74671
官林镇	Guanlin Town	91235	41818	12400	3932	204802	16867
杨巷镇	Yangxiang Town	29707	24832	8642	4124	28901	22418
新建镇	Xinjian Town	25972	14894	4436	2318	23999	2182
和桥镇	Heqiao Town	81236	50213	10134	3592	78421	37570
高塍镇	Gaocheng Town	78130	44351	11267	3406	168031	38258
万石镇	Wanshi Town	33001	18433	4392	2318	55680	21626
周铁镇	Zhoutie Town	44361	23648	7135	3591	107572	28675
丁蜀镇	Dingshu Town	219323	96987	19218	4511	212048	21000
湖父镇	Hufu Town	23708	12614	9802	1184	20312	3215
徐　州	**Xuzhou**						
市辖区	**Municipal District**						
青山泉镇	Qingshanquan Town	38827	25206	6647	2855	9982	21177
紫庄镇	Zizhuang Town	53706	34105	6668	3200	9278	36764
塔山镇	Tashan Town	67542	29643	9468	5497	8812	39188
汴塘镇	Biantang Town	48289	22152	10080	4392	2781	45905
江庄镇	Jiangzhuang Town	32794	16710	7496	4146	34406	42468
何桥镇	Heqiao Town	41990	31416	7400	5326	5973	39967
黄集镇	Huangji Town	53068	33849	8340	4668	7209	50201
马坡镇	Mapo Town	46277	25061	6900	4312	5679	58934
郑集镇	Zhengji Town	43634	13854	6710	4203	10236	52670
柳新镇	Liuxin Town	74677	36029	9606	3119	43097	53891
刘集镇	Liuji Town	56525	30787	8360	4393	12700	53706
大彭镇	Dapeng Town	64295	31395	7600	3218	18431	28080

名　称	Name	总人口（人）Total Population (person)	从业人员（人）Employed Persons (person)	土地面积（公顷）Area of Land (hectare)	耕地面积（公顷）Area of Cultiuated Land (hectare)	财政收入（万元）Government Revenue (10 000 yuan)	粮食产量（吨）Grain Output (ton)
汉王镇	Hanwang Town	46780	19959	6393	1810	28910	9900
棠张镇	Tangzhang Town	53839	39725	8060	4316	19961	26018
张集镇	Zhangji Town	76852	40757	14800	7657	16593	61690
房村镇	Fangcun Town	68429	38945	13600	7880	7663	87025
伊庄镇	Yizhuang Town	40317	22340	8565	3586	9237	39894
单集镇	Shanji Town	56856	29739	13210	7389	8467	86428
利国镇	Liguo Town	55207	20576	7769	2733	57097	25612
大许镇	Daxu Town	64858	45804	12917	7334	6727	88198
茅村镇	Maocun Town	59102	37435	8324	3845	19185	30004
柳泉镇	Liuquan Town	60628	40815	10520	4714	24221	51674
徐庄镇	Xuzhuang Town	60380	39278	13259	6947	14154	94619
丰　县	**Fengxian County**						
首羡镇	Shouxian Town	55446	48531	12864	9198	10143	98546
顺河镇	Shunhe Town	36183	27368	9404	5998	23675	53647
常店镇	Changdian Town	44825	33359	8187	3917	21842	46582
欢口镇	Huankou Town	70058	53296	10751	7250	27611	92210
师寨镇	Shizhai Town	62465	52661	8518	4886	19469	54694
华山镇	Huashan Town	61140	41265	10100	5199	23898	31620
梁寨镇	Liangzhai Town	45829	33737	8680	5826	28163	41625
范楼镇	Fanlou Town	55012	38750	11873	7352	15108	51551
宋楼镇	Songlou Town	71181	44916	12214	3883	33127	31299
大沙河镇	Dashahe Town	44885	29588	8631	1852	22116	7123
王沟镇	Wanggou Town	49527	48405	12955	8336	14254	66810
赵庄镇	Zhaozhuang Town	43675	41608	9100	5287	18494	59371
沛　县	**Peixian County**						
龙固镇	Longgu Town	45504	31896	5302	2659	41886	26680
杨屯镇	Yangtun Town	50960	35726	5165	2055	44309	22030
胡寨镇	Huzhai Town	29632	21718	4594	3267	8384	42545
魏庙镇	Weimiao Town	38939	33118	6202	3734	11916	47856

22-1 续表3 Continued

名称	Name	总人口（人）Total Population (person)	从业人员（人）Employed Persons (person)	土地面积（公顷）Area of Land (hectare)	耕地面积（公顷）Area of Cultiuated Land (hectare)	财政收入（万元）Government Revenue (10 000 yuan)	粮食产量（吨）Grain Output (ton)
五段镇	Wuduan Town	38574	23209	4977	2869	18752	40455
张庄镇	Zhangzhuang Town	66002	38882	11200	6247	16832	51101
张寨镇	Zhangzhai Town	61737	37031	10634	6945	15716	64850
敬安镇	Jingan Town	51260	30094	9600	5025	48542	28800
河口镇	Hekou Town	42613	33580	8257	5481	14364	31178
栖山镇	Qishan Town	44203	33246	8951	6225	10865	39388
鹿楼镇	Lulou Town	52913	43332	12540	5969	20935	65158
朱寨镇	Zhuzhai Town	46191	27321	7900	4700	20325	39900
安国镇	Anguo Town	69222	44337	10294	5689	37864	40875
睢宁县	**Suining County**						
王集镇	Wangji Town	52816	47042	13152	7633	8118	54309
双沟镇	Shuanggou Town	48423	31115	9530	5521	36275	46144
岚山镇	Lanshan Town	42319	42289	11850	8373	18286	70059
李集镇	Liji Town	41841	33903	6298	3769	18283	40975
桃园镇	Taoyuan Town	42569	27026	9489	5288	10902	58124
官山镇	Guanshan Town	51329	51266	12499	7589	12747	80689
高作镇	Gaozuo Town	27442	24440	4171	2608	25998	31266
沙集镇	Shaji Town	47603	38285	6518	3403	19973	36180
凌城镇	Lingcheng Town	56271	38612	9365	5358	26262	61252
邱集镇	Qiuji Town	70612	59286	14079	8886	10830	90885
古邳镇	Gupi Town	42075	41098	10666	6054	18276	51094
姚集镇	Yaoji Town	56187	50512	16780	8100	17189	71157
魏集镇	Weiji Town	40419	38823	13000	7670	14293	74269
梁集镇	Liangji Town	41300	32791	12134	4365	10699	45840
庆安镇	Qingan Town	35749	35712	11571	7266	10020	63125
新沂	**Xinyi**						
瓦窑镇	Wayao Town	36401	20731	6203	2918	174352	23429
港头镇	Gangtou Town	33042	22473	6810	3812	11717	49569

名 称	Name	总人口（人）Total Population (person)	从业人员（人）Employed Persons (person)	土地面积（公顷）Area of Land (hectare)	耕地面积（公顷）Area of Cultiuated Land (hectare)	财政收入（万元）Government Revenue (10 000 yuan)	粮食产量（吨）Grain Output (ton)
合沟镇	Hegou Town	53111	31612	6734	3074	13941	30151
草桥镇	Caoqiao Town	60145	41415	10122	4108	10520	65057
窑湾镇	Yaowan Town	54187	33857	11636	4213	18434	39430
棋盘镇	Qipan Town	67913	42090	15770	8431	11844	74532
马陵山镇	Malingshan Town	45546	36563	9528	4783	10455	52098
新店镇	Xindian Town	48996	29875	11199	4863	10400	54598
邵店镇	Shaodian Town	35392	22739	5849	2266	8277	28738
时集镇	Shiji Town	54851	26671	13887	8149	18255	76221
高流镇	Gaoliu Town	52850	36051	12189	6125	15274	63178
阿湖镇	Ahu Town	50498	40267	12527	7600	14288	67799
双塘镇	Shuangtang Town	37586	27188	9484	4572	16010	36001
邳州	**Pizhou**						
邳城镇	Picheng Town	51807	26511	9293	4715	16926	30450
官湖镇	Guanhu Town	93625	68660	8906	539	54695	7889
四户镇	Sihu Town	29425	26596	8106	4882	5399	44026
宿羊山镇	Suyangshan Town	60768	41906	9614	6122	11432	35057
八义集镇	Bayiji Town	47657	40113	12263	7454	6311	56196
土山镇	Tushan Town	24379	20235	7015	3742	16027	10733
碾庄镇	Nianzhuang Town	69866	42389	12151	8106	81621	47202
港上镇	Gangshang Town	44580	22093	6181	354	5530	713
邹庄镇	Zouzhuang Town	31212	26137	7351	2764	5281	28371
占城镇	Zhancheng Town	28617	16533	7920	4806	3843	36996
新河镇	Xinhe Town	38115	32758	11275	5566	6580	52481
八路镇	Balu Town	27285	25456	7043	3818	6671	32140
铁富镇	Tiefu Town	74501	73900	12754	3464	14792	42260
岔河镇	Chahe Town	27130	26882	7085	4551	12186	56899
陈楼镇	Chenlou Town	38999	25621	4423	419	7423	2352
邢楼镇	Xinglou Town	38408	35172	9684	6566	5973	86050
戴庄镇	Daizhuang Town	31999	29810	7455	4343	5772	36520
车辐山镇	Chefushan Town	44785	32135	9469	6248	7090	24477

名称	Name	总人口（人）Total Population (person)	从业人员（人）Employed Persons (person)	土地面积（公顷）Area of Land (hectare)	耕地面积（公顷）Area of Cultiuated Land (hectare)	财政收入（万元）Government Revenue (10 000 yuan)	粮食产量（吨）Grain Output (ton)
燕子埠镇	Yanzibu Town	22529	19142	7701	5176	8427	37100
赵墩镇	Zhaodun Town	67893	58531	12081	7379	18451	60769
议堂镇	Yitang Town	24354	19569	5775	3452	19476	32630
常州	**Changzhou**						
市辖区	**Municipal District**						
郑陆镇	Zhenglu Town	112599	50469	8893	2815	122722	4986
邹区镇	Zouqu Town	113841	41570	6615	2245	106103	833
孟河镇	Menghe Town	90658	62452	8866	3699	110229	18505
薛家镇	Xuejia Town	99782	34304	3756	520	394396	1884
罗溪镇	Luoxi Town	56128	33224	5379	1113	185479	4290
西夏墅镇	Xixiashu Town	50070	26914	5196	2488	81835	4098
奔牛镇	Benniu Town	68624	37994	5631	2799	75707	3396
湖塘镇	Hutang Town	424589	131254	5900	33	329131	39
牛塘镇	Niutang Town	85145	36719	3460	412	90660	114
洛阳镇	Luoyang Town	88387	35715	5577	1165	78960	3718
遥观镇	Yaoguan Town	108642	58136	4468	466	249999	2162
横林镇	Henglin Town	102163	55130	4668	703	121939	2351
横山桥镇	Hengshanqiao Town	93069	53225	5840	1393	131562	2925
雪堰镇	Xueyan Town	112540	48259	10483	3019	107257	10153
前黄镇	Qianhuang Town	85967	41527	10240	2506	74173	17438
礼嘉镇	Lijia Town	89401	28801	5784	2378	77305	11692
嘉泽镇	Jiaze Town	92576	48164	10148	4574	79970	81
湟里镇	Huangli Town	67314	44791	8715	3765	138852	169
金城镇	Jincheng Town	117546	71703	9335	3502	68023	26677
儒林镇	Rulin Town	30319	19062	12390	1591	185015	2114
直溪镇	Zhixi Town	57294	34137	10652	4725	56154	47517
朱林镇	Zhulin Town	36230	24345	7733	3207	31264	24714
薛埠镇	Xuebu Town	50923	32972	13263	4285	52857	22848

名称 Name		总人口（人）Total Population (person)	从业人员（人）Employed Persons (person)	土地面积（公顷）Area of Land (hectare)	耕地面积（公顷）Area of Cultiuated Land (hectare)	财政收入（万元）Government Revenue (10 000 yuan)	粮食产量（吨）Grain Output (ton)
指前镇	Zhiqian Town	54055	25917	10514	3446	36651	32583
溧阳	**Liyang**						
埭头镇	Daitou Town	28021	13899	4369	1905	28200	18673
上黄镇	Shanghuang Town	25645	13554	4760	1630	24711	7092
戴埠镇	Daibu Town	46592	36124	15367	2700	18070	17434
天目湖镇	Tianmuhu Town	40741	24614	21063	4362	71375	10205
别桥镇	Bieqiao Town	63735	39891	12084	6687	15523	70268
上兴镇	Shangxing Town	67160	42996	24560	9667	81791	61911
竹箦镇	Zhuze Town	41326	31190	16396	5602	17000	42769
南渡镇	Nandu Town	50047	37516	11325	6092	40537	60846
社渚镇	Shezhu Town	70242	26784	20700	8766	61906	72599
苏州	**Suzhou**						
市辖区	**Municipal District**						
通安镇	Tongan Town	81220	42273	3698	1326	93665	4138
甪直镇	Luzhi Town	120950	112577	12081	2059	390296	7670
木渎镇	Mudu Town	349256	263205	7459	390	367583	0
胥口镇	Xukou Town	102422	61759	3586	221	257927	591
东山镇	Dongshan Town	56047	33719	9600	474	47912	418
光福镇	Guangfu Town	55951	36496	6156	1340	80437	1205
金庭镇	Jinting Town	39053	27499	8459	836	111316	2627
临湖镇	Linhu Town	71196	29904	5221	1576	129764	8295
望亭镇	Wangting Town	64776	41295	4406	1081	143271	4628
黄埭镇	Huangdai Town	128565	89851	5600	1103	301298	5142
渭塘镇	Weitang Town	72693	46980	3936	791	206859	795
阳澄湖镇	Yangchenghu Town	73766	44259	12456	1723	165155	4312
平望镇	Pingwang Town	120414	68163	13565	4650	143900	29715
盛泽镇	Shengze Town	208952	143175	14774	2604	655682	16863
七都镇	Qidu Town	73442	45353	8620	2884	78753	6030

名 称	Name	总人口（人）Total Population (person)	从业人员（人）Employed Persons (person)	土地面积（公顷）Area of Land (hectare)	耕地面积（公顷）Area of Cultiuated Land (hectare)	财政收入（万元）Government Revenue (10 000 yuan)	粮食产量（吨）Grain Output (ton)
震泽镇	Zhenze Town	93166	52823	9561	3680	177514	24054
桃源镇	Taoyuan Town	79859	47978	9060	3688	103031	4715
黎里镇	Lili Town	226433	118875	25800	6518	526742	43237
同里镇	Longli Town	60957	37732	9320	2601	111854	10216
常 熟	**Changshu**						
梅李镇	Meili Town	106642	65345	8084	2923	234756	20581
海虞镇	Haiyu Town	114936	73703	10997	3410	317798	36824
古里镇	Guli Town	103028	63524	9646	2164	261204	28398
沙家浜镇	Shajiabang Town	59791	47361	7024	1984	190784	2760
支塘镇	Zhitang Town	81629	48405	12896	5422	137922	47728
董浜镇	Dongbang Town	62718	37545	6261	2800	63285	6794
辛庄镇	Xinzhuang Town	105373	70237	10426	3291	174445	22438
尚湖镇	Shanghu Town	100443	63611	11250	3526	129889	43952
张家港	**Zhangjiagang**						
杨舍镇	Yangshe Town	424686	238568	15309	3397	1198013	15057
塘桥镇	Tangqiao Town	135907	49565	9427	4011	196578	26299
锦丰镇	Jinfeng Town	181418	104708	11432	4532	812541	31664
乐余镇	Leyu Town	86812	34669	7858	3941	98525	34742
凤凰镇	Fenghuang Town	119858	60889	7879	2745	161626	20636
南丰镇	Nanfeng Town	81805	50971	6246	2640	293347	20263
大新镇	Daxin Town	59588	34199	4048	1692	91653	10057
昆 山	**Kunshan**						
玉山镇	Yushan Town	558313	383414	11800	1128	2178333	12449
巴城镇	Bacheng Town	150801	84782	15700	1095	574348	5915
周市镇	Zhoushi Town	204619	118293	7943	1140	673603	9829
陆家镇	Lujia Town	106612	75078	3546	503	269759	3930
花桥镇	Huaqiao Town	191348	125177	5009	446	1168262	1957

名　称 Name		总人口（人）Total Population（person）	从业人员（人）Employed Persons（person）	土地面积（公顷）Area of Land（hectare）	耕地面积（公顷）Area of Cultiuated Land（hectare）	财政收入（万元）Government Revenue（10 000 yuan）	粮食产量（吨）Grain Output（ton）
张浦镇	Zhangpu Town	152761	129897	10847	2689	759193	19733
千灯镇	Qiandeng Town	127622	108235	7853	1627	262005	13828
太　仓	**Taicang**						
城厢镇	Chengxiang Town	157291	79430	5295	1928	167517	15284
沙溪镇	Shaxi Town	143291	86664	13240	5570	190304	40772
浏河镇	Liuhe Town	99020	63158	6459	3178	198153	20586
浮桥镇	Fuqiao Town	136818	85251	16034	5628	509834	36560
璜泾镇	Huangjing Town	76229	43350	8355	3813	65214	27615
双凤镇	Shuangfeng Town	67613	34412	6250	2363	125342	14553
南　通	**Nantong**						
市辖区	**Municipal District**						
西亭镇	Xiting Town	44046	27324	6921	4072	18555	31509
二甲镇	Erjia Town	57116	49617	6602	3482	16251	9605
东社镇	Dongshe Town	66470	45346	11511	6861	20401	31688
三余镇	Sanyu Town	92042	75494	36926	10939	46498	59862
十总镇	Shizong Town	65659	43105	13317	7792	18615	68883
石港镇	Shigang Town	56567	38640	11015	5632	20231	71807
刘桥镇	Liuqiao Town	62552	37215	10728	5613	35648	67141
平潮镇	Pingchao Town	108894	65480	10960	5213	229466	45327
五接镇	Wujie Town	38835	25012	8066	2176	64713	18296
兴仁镇	Xingren Town	77403	51284	7757	3799	38661	28466
张芝山镇	Zhangzhishan Town	67578	25205	4982	2097	24490	8965
川姜镇	Chuanjiang Town	111198	50206	4986	1978	146033	6334
海永镇	Haiyong Town	4283	2618	800	500	7509	1700
常乐镇	Changle Town	74406	39806	9813	4684	60870	21950
悦来镇	Yuelai Town	101775	63476	14144	7784	41013	40225
四甲镇	Sijia Town	63189	43785	9683	5146	25968	19586
余东镇	Yudong Town	44453	39237	6830	3580	28002	16276
正余镇	Zhengyu Town	60024	28408	7636	3473	25748	18562
如东县	**Rudong County**						
栟茶镇	Bingcha Town	45703	25394	9570	5556	21432	44105
洋口镇	Yangkou Town	73785	37577	13710	8448	200165	81533

名　称 Name		总人口（人）Total Population (person)	从业人员（人）Employed Persons (person)	土地面积（公顷）Area of Land (hectare)	耕地面积（公顷）Area of Cultiuated Land (hectare)	财政收入（万元）Government Revenue (10 000 yuan)	粮食产量（吨）Grain Output (ton)
长沙镇	Changsha Town	36754	24404	10270	5247	93006	27469
大豫镇	Dayu Town	74391	49328	20154	12793	51314	50726
马塘镇	Matang Town	71120	31991	14083	8560	21646	97114
丰利镇	Fengli Town	61575	31864	14076	9760	19878	94157
曹埠镇	Caobu Town	42404	26521	9236	5269	19356	63009
岔河镇	Chahe Town	69261	36896	14163	8815	20339	104921
双甸镇	Shuangdian Town	58048	35159	11233	7294	23676	88595
新店镇	Xindian Town	30417	17586	8074	4358	10738	49696
河口镇	Hekou Town	56787	33501	11610	6980	51574	64692
袁庄镇	Yuanzhuang Town	54985	24640	9919	5830	12194	72218
启　东	**Qidong**						
汇龙镇	Huilong Town	244097	81834	10419	4960	184042	18823
北新镇	Beixin Town	63698	34652	9720	6003	17707	31595
惠萍镇	Huiping Town	58583	34758	7500	4816	24339	19032
东海镇	Donghai Town	51437	31575	8540	5421	12509	29852
南阳镇	Nanyang Town	84682	52886	12680	7747	17581	40195
海复镇	Haifu Town	50637	26626	7380	4069	7713	18071
合作镇	Hezuo Town	56536	33845	8870	4578	11862	25116
王鲍镇	Wangbao Town	71949	43428	12600	6883	18822	35335
吕四港镇	Lvsigang Town	142956	83167	15280	7149	122000	40169
如　皋	**Rugao**						
东陈镇	Dongchen Town	58907	36553	11232	6429	37181	55418
丁堰镇	Dingyan Town	44658	24081	7053	4071	28108	44284
白蒲镇	Baipu Town	96450	57871	14489	8018	39125	90544
下原镇	Xiayuan Town	45346	30882	7076	3975	18328	38944
九华镇	Jiuhua Town	65770	32747	7335	3892	43091	33489
石庄镇	Shizhuang Town	74652	42906	8506	5008	33147	28996
长江镇	Changjiang Town	128527	92523	12236	7685	215710	59539
吴窑镇	Wuyao Town	62214	29844	6436	3371	25174	28922
江安镇	Jiangan Town	86514	50995	11836	6633	32722	55282

22－1 续表 10 Continued

名称	Name	总人口（人）Total Population (person)	从业人员（人）Employed Persons (person)	土地面积（公顷）Area of Land (hectare)	耕地面积（公顷）Area of Cultiuated Land (hectare)	财政收入（万元）Government Revenue (10 000 yuan)	粮食产量（吨）Grain Output (ton)
搬经镇	Banjing Town	103667	54686	17485	9990	33176	86196
磨头镇	Motou Town	75156	37480	10315	4969	24450	35772
海安	**Haian**						
海安镇	Haian Town	322197	182808	21272	7612	781185	82614
城东镇	Chengdong Town	148858	83100	17093	6295	317835	74216
曲塘镇	Qutang Town	78991	45986	11894	6412	63874	83074
李堡镇	Libao Town	80063	39336	9449	4789	61069	55268
角斜镇	Jiaoxie Town	59940	32751	14622	5655	91779	62640
大公镇	Dagong Town	57408	24833	10450	5116	44734	59724
雅周镇	Yazhou Town	48113	29704	8330	4841	13354	56214
白甸镇	Baidian Town	28128	15137	5305	3079	14117	25367
南莫镇	Nanmo Town	43443	24787	7420	3937	27612	45286
墩头镇	Duntou Town	57108	32370	11556	6104	23238	72946
连云港	**Lianyungang**						
市辖区	**Municipal District**						
前三岛乡	Qiansandao Township			40		650	
锦屏镇	Jinping Town	28525	13576	5214	1693	5003	22645
新坝镇	Xinba Town	26650	19247	6952	4893	4373	67989
板浦镇	Banpu Town	70601	48076	8064	4966	7880	56279
浦南镇	Punan Town	56683	34468	10850	5570	5518	60407
青口镇	Qingkou Town	219811	96158	8728	2083	75395	27735
柘汪镇	Zhewang Town	52155	27329	7624	2011	282000	18960
石桥镇	Shiqiao Town	49403	30521	7865	2502	10123	26178

22－1 续表 11 Continued

名称	Name	总人口（人）Total Population (person)	从业人员（人）Employed Persons (person)	土地面积（公顷）Area of Land (hectare)	耕地面积（公顷）Area of Cultiuated Land (hectare)	财政收入（万元）Government Revenue (10 000 yuan)	粮食产量（吨）Grain Output (ton)
金山镇	Jinshan Town	44812	22435	6690	2895	4786	28756
黑林镇	Heilin Town	38088	16521	8262	4114	6978	22933
厉庄镇	Lizhuang Town	27776	20535	6203	3126	7952	17322
海头镇	Haitou Town	78536	30886	8333	2435	17472	29759
塔山镇	Tashan Town	42208	29606	10536	4225	7921	44032
赣马镇	Ganma Town	73003	44504	8560	4045	12667	30487
班庄镇	Banzhuang Town	101759	41962	17541	7032	10651	43902
城头镇	Chengtou Town	70121	43610	11779	6157	15204	66719
城西镇	Chengxi Town	41879	18841	4917	2556	6038	29903
宋庄镇	Songzhuang Town	32096	16352	5040	810	6319	10582
沙河镇	Shahe Town	96785	61563	13252	7457	14594	80987
墩尚镇	Dunshang Town	64687	42182	12854	3866	9255	59671
东海县	**Donghai County**						
白塔埠镇	Baitabu Town	54531	31099	10329	6051	7142	75999
黄川镇	Huangchuan Town	44213	33469	9438	4716	5933	60715
石梁河镇	Shilianghe Town	49871	37642	10395	5723	6515	37964
青湖镇	Qinghu Town	47093	37496	9432	6131	7284	64518
温泉镇	Wenquan Town	42635	27269	10271	4947	3645	36610
双店镇	Shuangdian Town	41891	27831	11700	7000	5739	40869
桃林镇	Taolin Town	57150	37610	16978	9344	12889	52915
洪庄镇	Hongzhuang Town	28810	17725	6719	4500	3018	32410
安峰镇	Anfeng Town	49017	37037	13417	6670	6148	93862
房山镇	Fangshan Town	56010	48045	14972	9213	14819	109048
平明镇	Pingming Town	45848	37312	15787	9898	11691	152279
驼峰乡	Tuofeng Township	49656	31152	10433	6345	7790	75534
李埝乡	Linian Township	29004	14877	7031	4683	1930	14680
山左口乡	Shanzuokou Township	32933	20623	8906	5502	4087	35575
石湖乡	Shihu Township	25997	18069	7226	4095	4279	32886
曲阳乡	Quyang Township	24203	16367	7495	3967	5908	37930
张湾乡	Zhangwan Township	26399	21032	9500	5750	2889	66307

22－1 续表12 Continued

名称 Name		总人口（人） Total Population (person)	从业人员（人） Employed Persons (person)	土地面积（公顷） Area of Land (hectare)	耕地面积（公顷） Area of Cultiuated Land (hectare)	财政收入（万元） Government Revenue (10 000 yuan)	粮食产量（吨） Grain Output(ton)
灌云县	**Guanyun County**						
伊山镇	Yishan Town	146654	73005	8233	4131	39505	42652
杨集镇	Yangji Town	65852	58137	15449	9529	7547	98748
燕尾港镇	Yanweigang Town	8187	3987	2580	347	61121	2815
同兴镇	Tongxing Town	38508	35106	10606	6015	3108	87871
四队镇	Sidui Town	46490	26493	8827	5989	10567	97167
圩丰镇	Weifeng Town	32205	26536	6901	5114	4917	68808
龙苴镇	Longju Town	50385	45521	12801	8796	7852	93040
下车镇	Xiache Town	57067	54386	12661	8154	14628	85872
图河镇	Tuhe Town	23179	19235	10821	5536	5472	68780
东王集镇	Dongwangji Town	61950	34144	9197	5645	22606	66481
小伊镇	Xiaoyi Town	41786	24554	8460	5641	4571	49769
南岗镇	Nangang Town	68523	46568	13372	9678	8867	96185
灌南县	**Guannan County**						
新安镇	Xinan Town	231172	93872	14328	5702	45074	70780
堆沟港镇	Duigougang Town	65351	42801	14082	7749	19509	87815
田楼镇	Tianlou Town	55003	46098	11144	6919	12253	74621
北陈集镇	Beichenji Town	23187	21975	5526	3443	12085	35882
张店镇	Zhangdian Town	22487	20553	5918	3800	4047	37706
三口镇	Sankou Town	34840	32296	8702	5013	17900	60974
孟兴庄镇	Mengxingzhuang Town	35142	27048	7809	4327	5169	45983
汤沟镇	Tanggou Town	16892	12574	3260	1729	8157	21982
百禄镇	Bailu Town	36581	35398	10516	6261	12362	69284
新集镇	Xinji Town	43159	32998	12738	7849	6491	88944
李集镇	Liji Town	47186	36120	8819	4209	20253	48743
淮安	**Huai'an**						
市辖区	**Municipal District**						
平桥镇	Pingqiao Town	26649	15382	7925	4937	20144	61230
朱桥镇	Zhuqiao Town	23961	21872	5158	2751	8704	39081
施河镇	Shihe Town	70020	33326	10083	8235	30370	76776

名称 Name		总人口（人）Total Population (person)	从业人员（人）Employed Persons (person)	土地面积（公顷）Area of Land (hectare)	耕地面积（公顷）Area of Cultiuated Land (hectare)	财政收入（万元）Government Revenue (10 000 yuan)	粮食产量（吨）Grain Output (ton)
车桥镇	Cheqiao Town	50737	32663	11700	7028	19653	99032
流均镇	Liujun Town	27399	25096	8860	2857	25896	32081
博里镇	Boli Town	48680	46254	14638	9030	12868	111637
复兴镇	Fuxing Town	20410	19794	6454	3834	6750	56769
苏嘴镇	Suzui Town	41308	37948	9533	7235	7892	51024
钦工镇	Qingong Town	51546	32131	9887	5688	10800	65715
顺河镇	Shunhe Town	28152	25755	7756	4133	6344	60700
漕运镇	Caoyun Town	42145	41029	13874	7878	13941	100985
石塘镇	Shitang Town	37563	24226	6958	3889	15131	52256
范集镇	Fanji Town	11745	5843	2615	1662	4403	11043
南陈集镇	Nanchenji Town	38231	24851	9327	4612	4537	78612
丁集镇	Dingji Town	43380	30183	9340	4420	11938	30872
徐溜镇	Xuliu Town	53051	30935	13343	9902	18625	83437
渔沟镇	Yugou Town	56101	39251	15548	7970	16046	88842
三树镇	Sanshu Town	25722	15848	7984	4399	11334	38311
高家堰镇	Gaojiayan Town	45021	31064	15225	4499	25446	58864
马头镇	Matou Town	54805	37625	16431	9000	13724	92485
刘老庄镇	Liulaozhuang Town	26635	15981	8493	5783	9514	48950
淮高镇	Huaigao Town	72617	47202	18007	9173	26073	106672
和平镇	Heping Town	34784	25553	8984	3996	4582	49542
黄码镇	Huangma Town	31952	20842	4327	2416	3113	28541
蒋坝镇	Jiangba Town	8500	6065	1210	325	11830	5146
岔河镇	Chahe Town	32105	25938	19968	9526	11712	132447
西顺河镇	Xishunhe Town	6724	5031	1900	297	7828	1161
老子山镇	Laozishan Town	11443	8514	30000	283	6081	5875
三河镇	Sanhe Town	26178	19284	9887	7608	37356	113581
东双沟镇	Dongshuanggou Town	32227	28071	12668	7963	14608	110555
涟水县	**Lianshui County**						
高沟镇	Gaogou Town	76451	72454	25892	15535	22771	157263
唐集镇	Tangji Town	15837	15178	6506	4181	3209	54167
大东镇	Dadong Town	13592	13590	5668	3314	2710	38260

名称	Name	总人口（人）Total Population (person)	从业人员（人）Employed Persons (person)	土地面积（公顷）Area of Land (hectare)	耕地面积（公顷）Area of Cultiuated Land (hectare)	财政收入（万元）Government Revenue (10 000 yuan)	粮食产量（吨）Grain Output (ton)
五港镇	Wugang Town	32088	22553	11218	7181	7899	61548
梁岔镇	Liangcha Town	22636	16949	6943	3647	3058	42051
石湖镇	Shihu Town	22151	17042	8484	3733	6021	45599
岔庙镇	Chamiao Town	23021	16241	8330	4192	6806	43192
东胡集镇	Donghuji Town	26975	26407	11234	6627	11022	56099
南集镇	Nanji Town	14802	13955	5706	3275	14950	30106
成集镇	Chengji Town	43012	22708	7727	5043	5852	37144
红窑镇	Hongyao Town	52224	43125	15755	6943	8533	91496
黄营镇	Huangying Town	22960	22435	9940	6797	3708	36890
盱眙县	**Xuyi County**						
马坝镇	Maba Town	78681	58374	29837	17300	17770	248922
官滩镇	Guantan Town	26751	14794	13345	6999	20930	61041
桂五镇	Guiwu Town	28547	17563	11074	4868	13284	33024
河桥镇	Heqiao Town	23577	21685	23769	8260	5405	91512
鲍集镇	Baoji Town	53229	44323	20716	12495	25111	99948
黄花塘镇	Huanghuatang Town	53234	36919	29896	15043	3550	163783
淮河镇	Huaihe Town	40454	31172	18598	8711	12143	80648
天泉湖镇	Tianquanhu Town	24670	18037	24248	6068	6705	61543
管仲镇	Guanzhong Town	31525	25365	16298	7226	15991	74525
穆店镇	Mudian Town	32275	23696	14802	7773	7540	93970
金湖县	**Jinhu County**						
金南镇	Jinnan Town	18278	17860	10201	4858	11303	64127
塔集镇	Taji Town	23390	18711	16577	5861	22672	57707
前锋镇	Qianfeng Town	15401	12954	7915	3947	5972	86344
吕良镇	Lvliang Town	16826	16123	9997	6240	3882	88712
银涂镇	Yintu Town	42116	40894	14909	6132	40371	79996
盐城	**Yancheng**						
市辖区	**Municipal District**						
南洋镇	Nanyang Town	70851	54792	12942	7391	30416	54499

22－1 续表15 Continued

名 称	Name	总人口（人）Total Population（person）	从业人员（人）Employed Persons（person）	土地面积（公顷）Area of Land（hectare）	耕地面积（公顷）Area of Cultiuated Land（hectare）	财政收入（万元）Government Revenue（10 000 yuan）	粮食产量（吨）Grain Output（ton）
新兴镇	Xinxing Town	47037	28465	9257	4880	14284	40923
便仓镇	Biancang Town	27834	13984	7197	3650	12180	33324
盐东镇	Yandong Town	43909	28072	12218	7286	11691	56459
黄尖镇	Huangjian Town	27737	18304	26298	7333	7244	57254
大纵湖镇	Dazonghu Town	31601	27843	9303	4911	26044	26252
楼王镇	Louwang Town	38403	34820	15069	5790	11180	53150
学富镇	Xuefu Town	29343	24486	8391	5300	16107	46310
尚庄镇	Shangzhuang Town	24951	18612	7257	4538	6039	45079
秦南镇	Qinnan Town	47245	41032	12767	8387	18480	103708
龙冈镇	Longgang Town	59658	45833	10900	5492	25902	69080
郭猛镇	Guomeng Town	24787	16560	4303	2375	21000	18649
大冈镇	Dagang Town	43822	21707	10142	5567	17822	61733
草堰镇	Caoyan Town	27767	16398	9589	6121	11975	58356
白驹镇	Baiju Town	27508	21689	11300	6846	13786	78667
刘庄镇	Liuzhuang Town	29736	20226	9638	5552	15594	62643
西团镇	Xituan Town	21719	16950	8800	4860	32203	39785
小海镇	Xiaohai Town	28137	19581	12380	8220	9738	68676
大桥镇	Daqiao Town	22055	15506	10255	6694	11775	81191
草庙镇	Caomiao Town	19334	16307	12503	8153	15662	89116
万盈镇	Wanying Town	32703	24925	14266	9245	16027	96865
南阳镇	Nanyang Town	24761	17456	9352	5196	20406	39145
新丰镇	Xinfeng Town	80213	44660	27621	16216	29629	102008
三龙镇	Sanlong Town	35699	26734	15300	9809	8562	98205
步凤镇	Bufeng Town	40893	28493	12790	6418	11146	78150
响水县	**Xiangshui County**						
响水镇	Xiangshui Town	103600	48692	5121	1621	8092	18952
陈家港镇	Chenjiagang Town	90469	43111	8518	2800	122859	38514
小尖镇	Xiaojian Town	40311	34796	18858	12183	24332	118749

22－1 续表16 Continued

名 称 Name		总人口(人) Total Population(person)	从业人员(人) Employed Persons(person)	土地面积(公顷) Area of Land(hectare)	耕地面积(公顷) Area of Cultiuated Land(hectare)	财政收入(万元) Government Revenue(10 000 yuan)	粮食产量(吨) Grain Output(ton)
黄圩镇	Huangwei Town	12667	8464	6418	4152	5336	40416
大有镇	Dayou Town	24116	16703	11430	6857	11020	91210
双港镇	Shuanggang Town	60060	30818	10372	6584	24101	62194
南河镇	Nanhe Town	25133	12565	11698	8306	4919	88629
运河镇	Yunhe Town	21786	13737	13193	8097	10664	80121
滨海县	**Binhai County**						
五汛镇	Wuxun Town	50861	33295	14963	9393	6570	110881
蔡桥镇	Caiqiao Town	32618	17694	9199	6876	10470	35712
正红镇	Zhenghong Town	55666	43043	14542	7541	7381	93601
通榆镇	Tongyu Town	22235	21934	5600	3214	8748	36848
界牌镇	Jiepai Town	41596	35847	12194	7510	15276	71179
八巨镇	Baju Town	26899	24011	6902	3987	7423	40405
八滩镇	Batan Town	53900	35926	11185	5773	5691	39973
滨淮镇	Binhuai Town	60663	54221	20132	12254	10165	120280
天场镇	Tianchang Town	25068	19365	8194	4375	7047	43449
陈涛镇	Chentao Town	37717	36984	11091	5796	10950	71483
滨海港镇	Binhaigang Town	30856	22621	13962	5792	9999	62241
阜宁县	**Funing County**						
沟墩镇	Goudun Town	40820	36501	11210	7299	8425	81510
陈良镇	Chenliang Town	22361	15357	6755	4524	5976	55033
三灶镇	Sanzao Town	32417	23894	9120	6192	5911	68702
郭墅镇	Guoshu Town	32696	18867	7071	4890	20388	47563
新沟镇	Xingou Town	31238	22210	7740	5130	18834	52077
陈集镇	Chenji Town	29874	19544	8727	5229	6022	56168
羊寨镇	Yangzhai Town	31684	22461	9420	6028	5568	52830
芦蒲镇	Lupu Town	26545	19478	8673	4375	5299	38472

名称	Name	总人口（人）Total Population (person)	从业人员（人）Employed Persons (person)	土地面积（公顷）Area of Land (hectare)	耕地面积（公顷）Area of Cultiuated Land (hectare)	财政收入（万元）Government Revenue (10 000 yuan)	粮食产量（吨）Grain Output (ton)
板湖镇	Banhu Town	25211	23448	6928	4731	5567	49970
东沟镇	Donggou Town	64886	43973	16968	10047	10992	113761
益林镇	Yilin Town	65026	53118	10918	6681	21699	59015
古河镇	Guhe Town	30187	23600	8979	6034	3777	67373
罗桥镇	Luoqiao Town	31434	27080	8871	6212	4396	62892
射阳县	**Sheyang County**						
合德镇	Hede Town	192987	104683	14323	7598	70634	82356
临海镇	Linhai Town	55583	39182	22928	9535	37101	101221
千秋镇	Qianqiu Town	36697	28801	15746	10000	4676	99329
四明镇	Siming Town	45068	41456	17457	10315	10699	109950
海河镇	Haihe Town	61637	43864	24243	14283	9998	152704
海通镇	Haitong Town	23913	16599	7888	3883	18910	33720
兴桥镇	Xingqiao Town	35883	27048	12914	7780	12378	78465
新坍镇	Xintan Town	31398	20840	9875	5000	8500	57526
长荡镇	Changdang Town	29402	22860	9591	6549	6279	56590
盘湾镇	Panwan Town	29124	23289	9600	5085	9703	45089
特庸镇	Teyong Town	30626	22645	10248	5488	7500	24186
洋马镇	Yangma Town	22312	17067	9857	6576	10849	63891
黄沙港镇	Huangshagang Town	15396	13037	2273	1900	23949	9599
建湖县	**Jianhu County**						
建阳镇	Jianyang Town	40977	22846	9623	4973	27366	45076
九龙口镇	Jiulongkou Town	15057	14534	7480	4974	41472	29436
恒济镇	Hengji Town	16401	15542	8008	3692	10863	34786
颜单镇	Yanshan Town	13147	11253	8974	1887	18713	19400
沿河镇	Yanhe Town	16947	15960	8181	4662	10502	42526
芦沟镇	Lugou Town	20142	12909	8590	4123	15969	43220
庆丰镇	Qingfeng Town	31135	28966	9400	5358	22789	68820

名 称	Name	总人口（人）Total Population (person)	从业人员（人）Employed Persons (person)	土地面积（公顷）Area of Land (hectare)	耕地面积（公顷）Area of Cultiuated Land (hectare)	财政收入（万元）Government Revenue (10 000 yuan)	粮食产量（吨）Grain Output (ton)
上冈镇	Shanggang Town	101015	67833	23127	13560	32558	190929
冈西镇	Gangxi Town	16017	13986	6811	4224	8571	46969
宝塔镇	Baota Town	12401	9128	5078	4016	9986	42721
高作镇	Gaozuo Town	17587	11994	7010	4801	15964	52889
东台	**Dongtai**						
溱东镇	Qindong Town	30782	18106	7574	4390	31538	36643
时堰镇	Shiyan Town	46963	35146	10226	5266	30553	59914
五烈镇	Wulie Town	58746	43571	13428	8213	24630	75642
梁垛镇	Liangduo Town	55076	52600	13217	7923	30316	75744
安丰镇	Anfeng Town	37676	28102	7128	3950	22652	38501
南沈灶镇	Nanshenzao Town	32989	27816	10323	6596	11263	55458
富安镇	Fuan Town	61591	53868	17457	10645	27337	88459
唐洋镇	Tangyang Town	35554	27768	10744	6489	9076	35757
新街镇	Xinjie Town	30308	22810	10289	5859	7938	7300
许河镇	Xuhe Town	34201	22374	10691	6921	9319	44608
三仓镇	Sancang Town	51958	29783	15726	10132	13515	43300
头灶镇	Touzao Town	50618	30360	20675	14215	18080	120087
弶港镇	Jianggang Town	32332	27164	26132	17233	5677	61211
东台镇	Dongtai Town	206478	133033	16989	9478	128135	91012
扬州	**Yangzhou**						
市辖区	**Municipal District**						
李典镇	Lidian Town	45237	24860	7045	2246	108996	24277
沙头镇	Shatou Town	20180	12671	3295	1226	13323	6512
头桥镇	Touqiao Town	44086	28788	6421	2625	23565	29416
湾头镇	Wantou Town	26000	14260	977	0	9153	
杭集镇	Hangji Town	45121	33410	4026	896	41172	8802
泰安镇	Taian Town	20177	12629	4100	914	15030	5895

22－1 续表19 Continued

名　称 Name		总人口（人）Total Population (person)	从业人员（人）Employed Persons (person)	土地面积（公顷）Area of Land (hectare)	耕地面积（公顷）Area of Cultiuated Land (hectare)	财政收入（万元）Government Revenue (10 000 yuan)	粮食产量（吨）Grain Output (ton)
公道镇	Gongdao Town	32421	19659	10646	2666	15881	31283
方巷镇	Fangxiang Town	42815	25677	8936	2743	27254	31124
槐泗镇	Huaisi Town	39934	23771	6000	2256	41270	18306
瓜洲镇	Guazhou Town	14589	8450	1602	264	24311	1390
杨寿镇	Yangshou Town	22768	11392	4048	1536	24710	11785
杨庙镇	Yangmiao Town	23929	14931	3102	1305	44011	6096
双桥乡	Shuangqiao Township	82288	45908	639	0	51459	
平山乡	Pingshan Township	23856	7975	1120	248	19120	568
仙女镇	Xiannv Town	341233	107902	14158	3406	322228	34748
小纪镇	Xiaoji Town	81332	41517	17823	7589	41158	100747
武坚镇	Wujian Town	28416	24106	8558	3523	30424	48210
樊川镇	Fanchuan Town	41601	30383	11611	6009	15479	78950
真武镇	Zhenwu Town	32585	18499	7602	3827	14365	42722
宜陵镇	Yiling Town	46452	26182	5986	2388	12623	31126
丁沟镇	Dinggou Town	38323	36394	10232	4828	12604	59694
郭村镇	Guocun Town	56667	44793	10450	6017	5464	60193
邵伯镇	Shaobo Town	66049	58091	12700	6158	44282	49684
丁伙镇	Dinghuo Town	41785	28016	8020	3707	17777	38926
大桥镇	Daqiao Town	111323	88446	15566	4834	86482	56219
吴桥镇	Wuqiao Town	33841	24950	5596	2727	5542	30789
浦头镇	Putou Town	32191	22186	4315	2471	5547	24630
施桥镇	Shiqiao Town	37692	22018	3099	613	26342	991
八里镇	Bali Town	47365	29363	2326	596	6320	925
朴席镇	Puxi Town	19844	16402	4301	1726	4580	22415
宝应县	**Baoying County**						
安宜镇	Anyi Town	266046	120122	14135	3785	82915	57627
氾水镇	Fanshui Town	59928	43377	17200	7660	26300	102042
夏集镇	Xiaji Town	33340	26268	12500	5934	16940	72177

名称	Name	总人口（人）Total Population (person)	从业人员（人）Employed Persons (person)	土地面积（公顷）Area of Land (hectare)	耕地面积（公顷）Area of Cultiuated Land (hectare)	财政收入（万元）Government Revenue (10 000 yuan)	粮食产量（吨）Grain Output (ton)
柳堡镇	Liubao Town	33526	28910	11740	4907	15800	75879
射阳湖镇	Sheyanghu Town	55418	41287	19650	8040	24256	110087
广洋湖镇	Guangyanghu Town	21531	19439	9155	2978	10025	37985
鲁垛镇	Luduo Town	16577	15494	6158	3111	10551	42971
小官庄镇	Xiaoguanzhuang Town	23034	14283	4600	2892	6306	42964
望直港镇	Wangzhigang Town	42454	42176	8904	4544	22344	51558
曹甸镇	Caodian Town	37734	33188	10000	4913	12002	72132
西安丰镇	Xianfeng Town	26341	15979	5864	2143	5822	33881
山阳镇	Shanyang Town	31044	29981	12277	4410	13013	74722
黄塍镇	Huangcheng Town	22106	17018	4300	1863	8000	27673
泾河镇	Jinghe Town	33118	25802	8412	4464	10610	70132
仪征	**Yizheng**						
真州镇	Zhenzhou Town	219300	96420	6126	1405	81757	5193
新集镇	Xinji Town	40971	26333	6389	3170	34780	21352
新城镇	Xincheng Town	29165	17018	5616	2698	13972	12594
马集镇	Maji Town	25569	16340	6573	3870	13740	23805
刘集镇	Liuji Town	40163	29010	9065	6342	21008	31448
陈集镇	Chenji Town	30429	17944	8155	4992	26594	46150
大仪镇	Dayi Town	46897	29102	10866	6301	20800	49812
月塘镇	Yuetang Town	37771	28832	14800	7333	43278	49126
青山镇	Qingshan Town	23665	15832	4603	554	12645	3337
高邮	**Gaoyou**						
龙虬镇	Longqiu Town	33256	17045	7600	2388	16032	38940
汤庄镇	Tangzhuang Town	40047	33803	14582	7004	18276	105476
卸甲镇	Xiejia Town	51147	29442	17016	9066	25644	135745
三垛镇	Sanduo Town	48124	29526	18688	7027	16053	98522
甘垛镇	Ganduo Town	34184	29781	14972	7012	4481	91550
界首镇	Jieshou Town	31370	15428	8580	2421	7852	40159
周山镇	Zhoushan Town	24326	12582	6202	3153	5372	43218
临泽镇	Linze Town	50592	35671	19940	7901	32468	135170

22－1 续表21 Continued

名 称	Name	总人口（人）Total Population（person）	从业人员（人）Employed Persons（person）	土地面积（公顷）Area of Land（hectare）	耕地面积（公顷）Area of Cultiuated Land（hectare）	财政收入（万元）Government Revenue（10 000 yuan）	粮食产量（吨）Grain Output（ton）
送桥镇	Songqiao Town	69914	44986	15300	6413	55224	100854
菱塘回族乡	Lingtanghuizu Township	19954	15150	5392	2028	28257	27440
镇 江	**Zhenjiang**						
市辖区	**Municipal District**						
高桥镇	Gaoqiao Town	15746	11514	4280	1023	4603	11712
辛丰镇	Xinfeng Town	47434	27689	7942	2708	20429	22195
谷阳镇	Guyang Town	26368	18165	5068	1768	18217	14347
上党镇	Shangdang Town	40025	27263	11372	3459	14432	27353
宝堰镇	Baoyan Town	15517	10318	4082	2325	5204	18766
世业镇	Shiye Town	10158	7657	5275	1303	3809	10054
姚桥镇	Yaoqiao Town	25440	22974	5691	3066	30466	36004
大路镇	Dalu Town	12765	9760	4307	1533	15113	8100
丁岗镇	Dinggang Town	52271	14524	3549	1923	63233	17695
丹 阳	**Danyang**						
司徒镇	Situ Town	47155	30342	9165	4531	56897	31817
延陵镇	Yanling Town	68332	46670	11552	6013	33641	60101
珥陵镇	Erling Town	46025	28578	8367	4896	12393	58513
导墅镇	Daoshu Town	45211	28448	8060	4673	16105	33990
皇塘镇	Huangtang Town	56868	39823	8044	4169	41066	9175
吕城镇	Lvcheng Town	48079	30725	6801	3945	23148	45395
陵口镇	Lingkou Town	42593	27644	6440	3850	10035	44302
访仙镇	Fangxian Town	51864	29988	7380	4410	24996	39566
界牌镇	Jiepai Town	55111	34559	2363	706	23360	3722
丹北镇	Danbei Town	113025	70041	11491	3988	160258	31910
扬 中	**Yangzhong**						
新坝镇	Xinba Town	50726	35117	4920	1601	197800	14571
油坊镇	Youfang Town	31288	25586	5028	2080	41806	20614
八桥镇	Baqiao Town	29953	24470	3458	1484	33232	16119
西来桥镇	Xilaiqiao Town	18712	12047	1950	701	17270	5908

22－1 续表 22 Continued

名称 Name		总人口（人）Total Population (person)	从业人员（人）Employed Persons (person)	土地面积（公顷）Area of Land (hectare)	耕地面积（公顷）Area of Cultiuated Land (hectare)	财政收入（万元）Government Revenue (10 000 yuan)	粮食产量（吨）Grain Output (ton)
句容	**Jurong**						
下蜀镇	Xiashu Town	39911	30364	9644	2642	84896	13365
白兔镇	Baitu Town	32959	17842	11550	4903	29100	44441
边城镇	Biancheng Town	27157	18614	10900	4103	22034	21047
茅山镇	Maoshan Town	26890	18658	8100	4667	8717	11000
后白镇	Houbai Town	40541	31153	14328	7761	36667	51741
郭庄镇	Guozhuang Town	53021	36546	15055	7854	45721	48052
天王镇	Tianwang Town	41644	34559	13154	8173	39542	29251
宝华镇	Baohua Town	62375	25459	10306	981	133100	9768
泰州	**Taizhou**						
市辖区	**Municipal District**						
九龙镇	Jiulong Town	32996	16347	2680	492	35523	6283
罡杨镇	Gangyang Town	17495	15086	3400	1668	16568	19180
苏陈镇	Suchen Town	43436	26984	4580	2536	19332	20197
华港镇	Huagang Town	35809	22611	6977	3687	13072	25538
永安洲镇	Yonganzhou Town	29367	18193	5291	769	25661	10377
白马镇	Baima Town	18149	11749	2322	1405	3334	8912
胡庄镇	Huzhuang Town	32740	22468	5382	3082	12996	30290
大泗镇	Dasi Town	24296	18862	3678	2185	12885	16275
野徐镇	Yexu Town	27209	14777	2267	633	9910	7278
溱潼镇	Qintong Town	58923	45987	11714	4485	26620	52424
蒋垛镇	Jiangduo Town	32501	21589	6505	4175	9137	47007
顾高镇	Gugao Town	18700	16308	3820	3404	8727	26856
大伦镇	Dalun Town	24286	18154	5503	3303	10430	39378
张甸镇	Zhangdian Town	53226	34019	9360	5518	24430	69710
淤溪镇	Yuxi Town	24185	23441	7168	3547	14006	27848
白米镇	Baimi Town	27296	20037	5484	3014	29589	39086
娄庄镇	Louzhuang Town	28848	23630	6792	3526	10732	50115
俞垛镇	Yuduo Town	25916	24150	7965	4364	12759	51148

名称	Name	总人口（人）Total Population (person)	从业人员（人）Employed Persons (person)	土地面积（公顷）Area of Land (hectare)	耕地面积（公顷）Area of Cultiuated Land (hectare)	财政收入（万元）Government Revenue (10 000 yuan)	粮食产量（吨）Grain Output (ton)
兴化	**Xinghua**						
戴窑镇	Daiyao Town	38866	20637	10046	6133	21529	69372
合陈镇	Hechen Town	29637	13496	9890	6756	3332	37698
永丰镇	Yongfeng Town	22590	19148	6961	4562	9527	17845
新垛镇	Xinduo Town	14972	13391	4908	3303	11071	29675
安丰镇	Anfeng Town	79179	35438	20859	13986	15593	47199
海南镇	Hainan Town	20886	10196	7164	3856	6655	18796
钓鱼镇	Diaoyu Town	22852	15158	7488	4082	4672	57992
大邹镇	Dazou Town	12976	6652	4657	2558	9092	21875
沙沟镇	Shagou Town	28420	8866	12781	6467	22629	47358
中堡镇	Zhongbao Town	16021	8894	8393	3186	6096	46972
竹泓镇	Zhuhong Town	21496	14846	6427	3032	5167	42076
沈沦镇	Shenlun Town	14147	6840	4957	2628	7968	35404
大垛镇	Daduo Town	27042	18530	7277	3420	15103	43985
荻垛镇	Diduo Town	26759	12064	7240	4415	16119	64086
陶庄镇	Taozhuang Town	27035	12277	6963	4296	10557	59010
昌荣镇	Changrong Town	20270	10714	6164	3346	12199	27006
周庄镇	Zhouzhuang Town	33899	26235	9252	5065	8989	70155
陈堡镇	Chenbao Town	28484	22181	8057	4483	21111	62381
戴南镇	Dainan Town	166021	100963	23513	11593	142559	155426
大营镇	Daying Town	14072	12045	5081	3630	7451	42430
兴东镇	Xingdong Town	35753	19907	10417	4713	11298	63011
千垛镇	Qiandou Town	37286	33124	18481	8069	9061	88980
林湖乡	Linhu Township	14129	6104	4719	2415	4875	17880
靖江	**Jingjiang**						
新桥镇	Xinqiao Town	55874	31745	6135	3141	43422	31884

名称	Name	总人口（人）Total Population (person)	从业人员（人）Employed Persons (person)	土地面积（公顷）Area of Land (hectare)	耕地面积（公顷）Area of Cultiuated Land (hectare)	财政收入（万元）Government Revenue (10 000 yuan)	粮食产量（吨）Grain Output (ton)
东兴镇	Dongxing Town	34243	22350	4683	1850	24504	20523
斜桥镇	Xieqiao Town	83783	42344	10788	2800	15714	28415
西来镇	Xilai Town	47138	25365	4666	2555	22864	26556
季市镇	Jishi Town	44759	23906	4163	2303	13838	24139
孤山镇	Gushan Town	27890	17519	4799	2503	22845	26004
生祠镇	Shengci Town	47843	29285	7019	4283	23888	55328
马桥镇	Maqiao Town	24968	24155	5031	2744	19421	38407
泰兴	**Taixing**						
黄桥镇	Huangqiao Town	187881	106469	17595	8579	160144	110872
分界镇	Fenjie Town	44403	31700	7113	3882	11929	54881
古溪镇	Guxi Town	41965	32391	7606	3863	12418	46278
元竹镇	Yuanzhu Town	29680	21735	4749	2361	12777	29027
珊瑚镇	Shanhu Town	38839	29902	4926	2764	11650	36358
广陵镇	Guangling Town	39228	30136	5866	2972	7607	32142
曲霞镇	Quxia Town	21525	19016	3531	2016	9733	23413
张桥镇	Zhangqiao Town	38746	30872	6146	3159	12977	37964
河失镇	Heshi Town	39565	29912	6441	3194	13755	34845
新街镇	Xinjie Town	44440	36314	7206	3642	21898	37245
宣堡镇	Xuanbao Town	23122	17564	3227	1786	11376	12818
滨江镇	Binjiang Town	57066	48129	9837	3554	567296	45710
虹桥镇	Hongqiao Town	72967	40106	8825	4351	110183	61340
根思乡	Gensi Township	33201	25018	5890	3298	16709	39190
宿迁	**Suqian**						
市辖区	**Municipal District**						
耿车镇	Gengche Town	32929	18626	3501	1104	2800	14491
埠子镇	Buzi Town	39566	27495	4401	2278	4738	22751
龙河镇	Longhe Town	69698	58699	10712	6123	5590	72150
中扬镇	Zhongyang Town	32689	26670	14515	7330	3574	79183

名称	Name	总人口（人）Total Population (person)	从业人员（人）Employed Persons (person)	土地面积（公顷）Area of Land (hectare)	耕地面积（公顷）Area of Cultiuated Land (hectare)	财政收入（万元）Government Revenue (10 000 yuan)	粮食产量（吨）Grain Output (ton)
陈集镇	Chenji Town	24710	23023	6867	3797	2014	36245
蔡集镇	Caiji Town	42871	25785	4433	2362	2981	27270
王官集镇	Wangguanji Town	32653	26869	6270	3346	2180	42479
屠园镇	Tuyuan Town	27975	17486	6311	4130	2748	57055
洋河镇	Yanghe Town	151821	106457	19884	10359	214699	101539
仰化镇	Yanghua Town	16490	15296	5233	2945	2608	17044
大兴镇	Daxing Town	45023	41373	10590	5690	3812	46500
来龙镇	Lailong Town	61231	52691	17647	10265	4586	156503
关庙镇	Guanmiao Town	21237	21024	7954	4858	4871	70512
新庄镇	Xinzhuang Town	14085	10455	5374	3755	6586	43765
皂河镇	Zaohe Town	55432	31159	31014	4215	4502	45633
曹集乡	Caoji Township	21665	14312	4687	2956	4220	27720
南蔡乡	Nancai Township	26117	21662	3974	2218	9830	24900
沭阳县	**Shuyang County**						
陇集镇	Longji Town	21052	12112	4688	2950	5672	30110
胡集镇	Huji Town	37795	28099	6868	3584	4041	32728
钱集镇	Qianji Town	37868	27012	8847	5287	13564	56363
塘沟镇	Tanggou Town	39303	32150	10326	5927	14617	70215
马厂镇	Machang Town	44729	29657	8436	5865	12511	61203
沂涛镇	Yitao Town	47690	35144	9458	5614	4813	58100
庙头镇	Miaotou Town	35520	24825	5800	3680	7025	30005
韩山镇	Hanshan Town	56725	44533	12526	7233	7913	85383

22－1 续表26 Continued

名　称 Name		总人口（人）Total Population (person)	从业人员（人）Employed Persons (person)	土地面积（公顷）Area of Land (hectare)	耕地面积（公顷）Area of Cultiuated Land (hectare)	财政收入（万元）Government Revenue (10 000 yuan)	粮食产量（吨）Grain Output (ton)
华冲镇	Huachong Town	35411	27752	5491	3074	8410	42000
桑墟镇	Sangxu Town	78139	47205	11088	7640	34811	65756
悦来镇	Yuelai Town	34380	19929	8847	5183	6805	52962
刘集镇	Liuji Town	29220	16633	7200	4948	7331	56100
李恒镇	Liheng Town	45658	37961	12005	6651	75600	89456
扎下镇	Zhaxia Town	48292	30277	5530	2406	12680	8670
颜集镇	Yanji Town	42111	31589	6941	4812	16770	4128
潼阳镇	Tongyang Town	38515	24218	9968	6785	3664	37148
龙庙镇	Longmiao Town	39631	24031	4960	2515	8111	28784
高墟镇	Gaoxu Town	53774	38809	12458	8830	6552	106548
耿圩镇	Gengwei Town	49262	34618	10921	6018	5256	67833
新河镇	Xinhe Town	35759	22683	4952	2895	2889	3380
贤官镇	Xianguan Town	70610	41032	8499	6068	21287	56735
吴集镇	Wuji Town	28323	10890	7305	4080	18966	36125
青伊湖镇	Qingyihu Town	30268	22374	7580	4379	19388	62071
西圩乡	Xiwei Township	19582	14162	4672	3960	7900	31105
泗阳县	**Siyang County**						
爱园镇	Aiyuan Town	50966	49567	10980	6534	2747	73668
王集镇	Wangji Town	68849	50192	12703	8305	7122	70659
裴圩镇	Peiwei Town	34253	27560	7686	4120	2969	48775
新袁镇	Xinyuan Town	26059	21580	5354	3154	2665	29342
李口镇	Likou Town	28827	26874	6565	3420	5874	35871

名 称 Name		总人口（人）Total Population (person)	从业人员（人）Employed Persons (person)	土地面积（公顷）Area of Land (hectare)	耕地面积（公顷）Area of Cultiuated Land (hectare)	财政收入（万元）Government Revenue (10 000 yuan)	粮食产量（吨）Grain Output (ton)
临河镇	Linhe Town	41217	30295	7690	3178	5736	29835
穿城镇	Chuancheng Town	44396	35916	11280	6990	5466	78140
卢集镇	Luji Town	44639	35874	13782	8437	2863	83982
三庄镇	Sanzhuang Town	39645	39124	11073	6135	4559	72156
庄圩乡	Zhuangwei Township	21651	15547	4876	2978	3762	30837
泗洪县	**Sihong County**						
双沟镇	Shuanggou Town	63522	47062	19350	13958	54887	83340
上塘镇	Shangtang Town	28118	23760	13299	9839	5743	58751
魏营镇	Weiying Town	21957	14885	10315	7786	2088	42702
临淮镇	Linhuai Town	22753	17984	10400	4528	10345	56596
半城镇	Bancheng Town	30021	24022	11429	5739	3119	73846
孙园镇	Sunyuan Town	26955	22336	9526	5902	2696	72078
梅花镇	Meihua Town	23259	13350	9380	6206	3495	47500
归仁镇	Guiren Town	35235	19850	11459	7233	3949	73652
金锁镇	Jinsuo Town	22611	15017	8069	4844	5608	62632
朱湖镇	Zhuhu Town	20027	16038	7370	5020	2320	50245
界集镇	Jieji Town	61322	60552	25480	17386	12041	187925
龙集镇	Longji Town	22741	17098	8551	4505	4245	52960
天岗湖乡	Tianganghu Township	18146	13428	8918	5233	4480	35281
车门乡	Chemen Township	18518	14226	8270	5798	5118	67985
瑶沟乡	Yaogou Township	21673	8675	6935	4375	5823	36395
石集乡	Shiji Township	14524	7274	5996	4484	2833	46631

附录
APPENDIX

全国分省主要指标
Main Indicators by Province

简 要 说 明

一、主要内容

包括全国各省、自治区、直辖市经济社会主要指标。

二、资料来源

资料均来自中国统计出版社出版的《中国统计摘要2022》，部分数据为初步统计数。其中江苏的数据与相应篇章内容保持一致。

Brief Introduction

Ⅰ. Main Content

Data in this charter include economic and social main indicators of provinces, autonomous regions and municipalities.

Ⅱ. Sources of Data

Data in this charter come from *China Statistics Abstract 2022* published by China Statistics Press, and part of the data are preliminary statistics. Data of Jiangsu Province are consistent with corresponding chapter.

附录1－1 人口及地区生产总值(2021年)
Population and Gross Domestic Product (2021)

地区 Region		年末常住人口(万人) Permanent Population at Year-end (10 000 persons)	年末城镇人口比重(%) Proportion of Urban Population at Year-end (%)	地区生产总值(亿元) Gross Domestic Product (100 million yuan)	第一产业 Primary Industry	第二产业 Secondary Industry	第三产业 Tertiary Industry	人均地区生产总值(元) Per Capita Gross Domestic Product (yuan)
全　国	**National Total**	**141260**	**64.7**	**1143670**	**83086**	**450904**	**609680**	**80976**
北　京	Beijing	2189	87.5	40269.55	111.34	7268.60	32889.61	183980
天　津	Tianjin	1373	84.9	15695.05	225.41	5854.27	9615.37	113732
河　北	Hebei	7448	61.1	40391.27	4030.34	16364.22	19996.71	54172
山　西	Shanxi	3480	63.4	22590.16	1286.87	11213.13	10090.16	64821
内蒙古	Inner Mongolia	2400	68.2	20514.19	2225.23	9374.19	8914.77	85422
辽　宁	Liaoning	4229	72.8	27584.08	2461.76	10875.23	14247.09	65026
吉　林	Jilin	2375	63.4	13235.52	1553.84	4768.28	6913.40	55450
黑龙江	Heilongjiang	3125	65.7	14879.19	3462.97	3975.29	7440.93	47266
上　海	Shanghai	2489	89.3	43214.85	99.97	11449.32	31665.56	173630
江　苏	**Jiangsu**	**8505**	**73.9**	**116364.20**	**4722.42**	**51775.39**	**59866.39**	**137039**
浙　江	Zhejiang	6540	72.7	73515.76	2209.09	31188.57	40118.10	113032
安　徽	Anhui	6113	59.4	42959.18	3360.59	17613.19	21985.39	70321
福　建	Fujian	4187	69.7	48810.36	2897.74	22866.32	23046.30	116939
江　西	Jiangxi	4517	61.5	29619.67	2334.29	13183.21	14102.17	65560
山　东	Shandong	10170	63.9	83095.90	6029.03	33187.16	43879.71	81727
河　南	Henan	9883	56.5	58887.41	5620.82	24331.65	28934.93	59410
湖　北	Hubei	5830	64.1	50012.94	4661.67	18952.90	26398.37	86416
湖　南	Hunan	6622	59.7	46063.09	4322.92	18126.09	23614.08	69440
广　东	Guangdong	12684	74.6	124369.67	5003.66	50219.19	69146.82	98285
广　西	Guangxi	5037	55.1	24740.86	4015.51	8187.90	12537.45	49206
海　南	Hainan	1020	61.0	6475.20	1254.44	1238.80	3981.96	63707
重　庆	Chongqing	3212	70.3	27894.02	1922.03	11184.94	14787.05	86879
四　川	Sichuan	8372	57.8	53850.79	5661.86	19901.38	28287.55	64326
贵　州	Guizhou	3852	54.3	19586.42	2730.92	6984.70	9870.80	50808
云　南	Yunnan	4690	51.1	27146.76	3870.17	9589.37	13687.22	57686
西　藏	Tibet	366	36.6	2080.17	164.12	757.28	1158.77	56831
陕　西	Shaanxi	3954	63.6	29800.98	2409.39	13802.52	13589.07	75360
甘　肃	Gansu	2490	53.3	10243.31	1364.72	3466.56	5412.02	41046
青　海	Qinghai	594	61.0	3346.63	352.65	1332.61	1661.37	56398
宁　夏	Ningxia	725	66.0	4522.31	364.48	2021.55	2136.28	62549
新　疆	Xinjiang	2589	57.3	15983.65	2356.06	5967.36	7660.23	61725

注:本表2020年人口数据为第七次全国人口普查时点(2020年11月1日零时)数。
a) The population data of 2020 are based on the Seventh National Population Census. (0:00 on November 1,2020).

附录1-2 地区生产总值构成及增速（2021年）
Composition and Growth Rate of Gross Domestic Product（2021）

地　区	Region	地区生产总值构成（%）Composition Gross Domestic Product(%)	第一产业 Primary Industry	第二产业 Secondary Industry	第三产业 Tertiary Industry	地区生产总值比上年增长（%）Growth Rate of Gross Domestic Product Over Preceding Year (%)
全　国	**National Total**	**100.0**	**7.3**	**39.4**	**53.3**	**8.1**
北　京	Beijing	100.0	0.3	18.0	81.7	8.5
天　津	Tianjin	100.0	1.4	37.3	61.3	6.6
河　北	Hebei	100.0	10.0	40.5	49.5	6.5
山　西	Shanxi	100.0	5.7	49.6	44.7	9.1
内蒙古	Inner Mongolia	100.0	10.8	45.7	43.5	6.3
辽　宁	Liaoning	100.0	8.9	39.4	51.6	5.8
吉　林	Jilin	100.0	11.7	36.0	52.2	6.6
黑龙江	Heilongjiang	100.0	23.3	26.7	50.0	6.1
上　海	Shanghai	100.0	0.2	26.5	73.3	8.1
江　苏	**Jiangsu**	**100.0**	**4.1**	**44.5**	**51.4**	**8.6**
浙　江	Zhejiang	100.0	3.0	42.4	54.6	8.5
安　徽	Anhui	100.0	7.8	41.0	51.2	8.3
福　建	Fujian	100.0	5.9	46.8	47.2	8.0
江　西	Jiangxi	100.0	7.9	44.5	47.6	8.8
山　东	Shandong	100.0	7.3	39.9	52.8	8.3
河　南	Henan	100.0	9.5	41.3	49.1	6.3
湖　北	Hubei	100.0	9.3	37.9	52.8	12.9
湖　南	Hunan	100.0	9.4	39.4	51.3	7.7
广　东	Guangdong	100.0	4.0	40.4	55.6	8.0
广　西	Guangxi	100.0	16.2	33.1	50.7	7.5
海　南	Hainan	100.0	19.4	19.1	61.5	11.2
重　庆	Chongqing	100.0	6.9	40.1	53.0	8.3
四　川	Sichuan	100.0	10.5	37.0	52.5	8.2
贵　州	Guizhou	100.0	13.9	35.7	50.4	8.1
云　南	Yunnan	100.0	14.3	35.3	50.4	7.3
西　藏	Tibet	100.0	7.9	36.4	55.7	6.7
陕　西	Shaanxi	100.0	8.1	46.3	45.6	6.5
甘　肃	Gansu	100.0	13.3	33.8	52.8	6.9
青　海	Qinghai	100.0	10.5	39.8	49.6	5.7
宁　夏	Ningxia	100.0	8.1	44.7	47.2	6.7
新　疆	Xinjiang	100.0	14.7	37.3	47.9	7.0

附录1－3　房地产开发投资主要指标（2021年）

Main Indicators of Investment for Real Estate Development（2021）

地　区	Region	房地产开发投资（含农户）（亿元）Investment in Real Estate Development (Including Farm Households)（100 million yuan）	#住宅 Residential Buildings	商品房销售额（亿元）Value of Sale of Commercial Buildings（100 million yuan）	#住宅 Residential Buildings	商品房销售面积（万平方米）Floor Space of Commercial Buildings Sold（10 000 sq. m）	商品房待售面积（万平方米）Floor Space of Commercial Buildings for Sale（10 000 sq. m）
全　国	**National Total**	**147602**	**111173**	**181930**	**162730**	**179433**	**51023**
北　京	Beijing	4139.03	2522.18	4486.47	4117.23	1107.07	2396.29
天　津	Tianjin	2769.98	2168.35	2322.76	2183.74	1435.42	922.08
河　北	Hebei	5023.87	4092.68	5052.90	4814.32	6133.15	768.77
山　西	Shanxi	1945.23	1556.08	2170.91	2030.10	3204.41	861.54
内蒙古	Inner Mongolia	1234.13	971.36	1214.77	1116.38	1858.95	944.14
辽　宁	Liaoning	2900.72	2321.00	3066.38	2849.28	3433.87	2764.23
吉　林	Jilin	1540.92	1094.84	1290.99	1179.29	1836.32	1036.82
黑龙江	Heilongjiang	935.97	724.05	858.08	751.89	1348.09	1595.74
上　海	Shanghai	5035.18	2673.95	6788.73	6104.95	1880.45	2683.78
江　苏	**Jiangsu**	**13477.45**	**10786.21**	**21361.32**	**19626.09**	**16551.82**	**3893.67**
浙　江	Zhejiang	12389.11	8801.51	19052.24	17172.79	9990.65	1899.75
安　徽	Anhui	7263.22	5976.82	8143.19	7514.62	10460.90	1713.44
福　建	Fujian	6195.61	4560.71	8217.26	7082.59	6976.44	1958.37
江　西	Jiangxi	2528.83	1994.94	5894.13	5109.97	7676.21	737.49
山　东	Shandong	9819.75	7694.50	12155.62	11044.14	14272.85	2765.26
河　南	Henan	7874.35	6696.09	8657.71	7892.03	13277.19	2766.98
湖　北	Hubei	6121.93	4859.30	7250.26	6671.93	7940.78	1258.27
湖　南	Hunan	5427.83	4164.61	6040.51	5390.44	9188.79	1146.31
广　东	Guangdong	17465.85	12438.31	22320.27	19457.63	14011.26	6696.98
广　西	Guangxi	3733.93	2902.89	3672.49	3164.41	6178.26	1461.10
海　南	Hainan	1379.62	897.13	1559.24	1179.59	888.92	527.41
重　庆	Chongqing	4354.96	3288.11	5391.26	4786.06	6197.71	2343.06
四　川	Sichuan	7831.88	5767.25	10796.73	9061.34	13692.91	2038.50
贵　州	Guizhou	3383.06	2624.94	3243.93	2713.37	5585.99	564.70
云　南	Yunnan	4309.93	3175.11	2962.52	2524.74	3880.84	1393.16
西　藏	Tibet	141.97	87.46	121.73	97.51	140.81	69.79
陕　西	Shaanxi	4441.00	3411.03	4146.26	3762.14	4260.06	579.58
甘　肃	Gansu	1525.88	1159.12	1344.89	1267.78	2224.09	619.89
青　海	Qinghai	442.51	350.57	294.37	258.35	386.16	141.14
宁　夏	Ningxia	466.95	344.24	675.13	584.93	1014.45	1027.40
新　疆	Xinjiang	1501.43	1067.67	1376.91	1220.27	2398.61	1447.42

附录 1－4 居民人均收入与支出（2021 年）

Per Capita Income and Consumption Expenditure of Households（2021）

单位:元 (yuan)

地区 Region		全体居民 All Households		城镇常住居民 Urban Permanent Households		农村常住居民 Rural Permanent Households	
		人均可支配收入 Per Capita Disposable Income	人均消费支出 Per Capita Consumption Expenditure	人均可支配收入 Per Capita Disposable Income	人均消费支出 Per Capita Consumption Expenditure	人均可支配收入 Per Capita Disposable Income	人均消费支出 Per Capita Consumption Expenditure
全　国	**National Total**	**35128**	**24100**	**47412**	**30307**	**18931**	**15916**
北　京	Beijing	75002	43640	81518	46776	33303	23574
天　津	Tianjin	47449	33188	51486	36067	27955	19286
河　北	Hebei	29383	19954	39791	24193	18179	15391
山　西	Shanxi	27426	17191	37433	21966	15308	11410
内蒙古	Inner Mongolia	34108	22658	44377	27194	18337	15691
辽　宁	Liaoning	35112	23831	43051	28438	19217	14606
吉　林	Jilin	27770	19605	35646	24421	17642	13411
黑龙江	Heilongjiang	27159	20636	33646	24422	17889	15225
上　海	Shanghai	78027	48879	82429	51295	38521	27205
江　苏	**Jiangsu**	**47498**	**31451**	**57744**	**36558**	**26791**	**21130**
浙　江	Zhejiang	57541	36668	68487	42194	35247	25415
安　徽	Anhui	30904	21911	43009	26495	18372	17163
福　建	Fujian	40659	28440	51141	33942	23229	19290
江　西	Jiangxi	30610	20290	41684	24587	18684	15663
山　东	Shandong	35705	22821	47066	29314	20794	14299
河　南	Henan	26811	18391	37095	23178	17533	14073
湖　北	Hubei	30829	23846	40278	28506	18259	17647
湖　南	Hunan	31993	22798	44866	28294	18295	16951
广　东	Guangdong	44993	31589	54854	36621	22306	20012
广　西	Guangxi	26727	18088	38530	22555	16363	14165
海　南	Hainan	30457	22242	40213	27565	18076	15487
重　庆	Chongqing	33803	24598	43503	29850	18100	16096
四　川	Sichuan	29080	21518	41444	26971	17575	16444
贵　州	Guizhou	23996	17957	39211	25333	12856	12557
云　南	Yunnan	25666	18851	40905	27441	14197	12386
西　藏	Tibet	24950	15343	46503	28159	16932	10577
陕　西	Shaanxi	28568	19347	40713	24784	14745	13158
甘　肃	Gansu	22066	17456	36187	25757	11433	11206
青　海	Qinghai	25920	19020	37745	24513	13604	13300
宁　夏	Ningxia	27905	20024	38291	25386	15337	13536
新　疆	Xinjiang	26075	18961	37642	25724	15575	12821

附录1－5　居民消费价格指数（2021年）
Consumer Price Indices（2021）

上年＝100　　　　(preceding year＝100)

地　区 Region		居民消费价格指数 Consumer Price Index	食品烟酒 Foods, Tobacco and Alcohol	衣着 Clothing	居住 Housing	生活用品及服务 Articles for Daily Use and Services	交通和通信 Transport and Communications	教育文化和娱乐 Education、Culture and Recreation	医疗保健 Health Care	其他用品和服务 Other Articles and Services
全　国	**National Total**	**100.9**	**99.7**	**100.3**	**100.8**	**100.4**	**104.1**	**101.9**	**100.4**	**98.7**
北　京	Beijing	101.1	100.5	99.8	101.1	99.7	105.1	100.9	99.8	99.5
天　津	Tianjin	101.3	101.3	97.8	100.7	101.0	104.7	103.4	100.0	97.8
河　北	Hebei	101.0	100.9	99.3	100.2	99.7	104.5	101.2	100.3	99.3
山　西	Shanxi	101.0	100.4	100.3	100.4	100.4	104.4	102.6	99.5	98.1
内蒙古	Inner Mongolia	100.9	100.5	99.2	100.5	99.8	104.0	101.0	100.3	99.4
辽　宁	Liaoning	101.1	100.3	100.5	100.6	99.9	104.7	102.3	99.8	99.3
吉　林	Jilin	100.6	99.7	99.9	101.3	99.9	103.8	100.4	100.0	98.1
黑龙江	Heilongjiang	100.6	99.5	100.8	100.3	99.8	104.0	100.5	101.1	99.4
上　海	Shanghai	101.2	100.5	99.5	101.1	100.7	104.0	102.7	98.9	100.9
江　苏	**Jiangsu**	**101.6**	**100.9**	**101.5**	**101.3**	**101.1**	**104.3**	**101.8**	**101.0**	**98.9**
浙　江	Zhejiang	101.5	100.7	101.0	100.9	101.6	104.1	103.5	100.8	97.1
安　徽	Anhui	100.9	99.5	101.1	100.7	100.1	104.8	102.8	100.5	96.1
福　建	Fujian	100.7	98.9	101.5	101.3	100.7	103.7	102.0	100.0	96.3
江　西	Jiangxi	100.9	99.3	99.7	100.9	100.4	104.3	103.0	99.9	98.7
山　东	Shandong	101.2	100.9	100.1	101.1	99.8	104.5	101.3	100.1	98.5
河　南	Henan	100.9	100.2	99.4	100.7	100.0	102.8	103.5	100.4	98.2
湖　北	Hubei	100.3	98.5	100.0	100.0	100.4	104.0	102.4	100.1	97.7
湖　南	Hunan	100.5	98.0	100.7	101.2	100.3	104.8	101.0	100.7	97.9
广　东	Guangdong	100.8	99.4	100.3	101.0	100.6	104.4	101.8	100.2	98.5
广　西	Guangxi	100.9	98.8	101.0	100.8	100.4	102.7	103.7	102.4	99.7
海　南	Hainan	100.3	98.9	100.9	101.0	101.2	103.7	99.3	99.4	98.8
重　庆	Chongqing	100.3	97.8	101.4	100.4	100.7	104.7	101.7	99.6	97.3
四　川	Sichuan	100.3	98.0	99.8	100.3	100.6	104.1	100.9	101.9	100.1
贵　州	Guizhou	100.1	97.7	99.3	100.0	99.7	103.9	101.3	100.4	100.2
云　南	Yunnan	100.2	98.4	99.7	100.2	99.6	103.6	100.7	100.1	100.0
西　藏	Tibet	100.9	100.5	100.7	100.2	99.8	103.8	100.4	100.8	99.2
陕　西	Shaanxi	101.5	101.4	100.5	101.9	100.3	102.9	102.9	99.3	101.0
甘　肃	Gansu	100.9	100.3	100.0	101.1	100.3	103.8	100.6	100.2	100.5
青　海	Qinghai	101.3	100.1	101.0	101.3	99.9	103.7	102.0	102.2	98.8
宁　夏	Ningxia	101.4	101.5	99.0	100.8	100.7	104.1	101.5	101.7	98.5
新　疆	Xinjiang	101.2	100.7	102.0	101.2	100.4	104.5	99.9	100.2	99.3

附录1－6 农林牧渔业总产值和增速（2021年）
Gross Output Value and Growth Rate of Agriculture, Forestry, Animal Husbandry and Fishery (2021)

地 区 Region		农林牧渔业总产值（亿元）	Gross Output Value of Agriculture, Forestry, Animal Husbandry and Fishery (100 million yuan)				农林牧渔业总产值比上年增长（%） Gross Output Value of Agriculture, Forestry, Animal Husbandry and Fishery Over Preceding Year (%)
			#农 业 Farming	#林 业 Forestry	#畜牧业 Animal Husbandry	#渔 业 Fishery	
全 国	**National Total**	**147013**	**78340**	**6508**	**39911**	**14507**	**7.9**
北 京	Beijing	269.51	122.98	88.80	46.27	4.37	2.8
天 津	Tianjin	509.26	258.39	9.50	142.48	80.93	2.1
河 北	Hebei	7018.67	3645.02	263.66	2239.50	298.02	7.1
山 西	Shanxi	2134.02	1223.14	159.80	624.39	9.12	9.9
内蒙古	Inner Mongolia	3815.12	1879.55	94.06	1755.27	29.82	5.1
辽 宁	Liaoning	4927.73	2222.54	120.95	1683.94	719.90	5.7
吉 林	Jilin	2972.32	1302.91	72.59	1454.25	54.39	7.5
黑龙江	Heilongjiang	6459.97	4099.55	208.05	1833.07	135.90	7.1
上 海	Shanghai	268.93	144.94	8.68	45.34	47.72	-6.7
江 苏	**Jiangsu**	**8279.72**	**4426.06**	**178.15**	**1215.87**	**1833.51**	**4.3**
浙 江	Zhejiang	3579.21	1697.86	168.25	402.74	1188.32	3.0
安 徽	Anhui	6004.31	2802.93	412.90	1810.86	621.66	9.3
福 建	Fujian	5200.97	1906.02	424.87	1059.91	1621.51	5.1
江 西	Jiangxi	3998.09	1796.31	398.91	1051.36	548.31	8.9
山 东	Shandong	11468.01	5814.56	219.94	2904.24	1652.60	8.6
河 南	Henan	10501.20	6564.83	134.08	2942.06	143.41	7.1
湖 北	Hubei	8296.44	3912.47	302.70	1990.16	1458.88	14.3
湖 南	Hunan	7662.36	3532.87	455.82	2542.51	570.82	10.4
广 东	Guangdong	8305.84	3951.14	495.44	1707.82	1747.34	7.1
广 西	Guangxi	6524.39	3690.73	538.10	1437.58	555.06	9.2
海 南	Hainan	2014.79	1049.56	118.25	327.65	435.16	5.1
重 庆	Chongqing	2935.65	1759.89	168.13	804.15	138.17	9.2
四 川	Sichuan	9383.32	5089.48	408.44	3305.28	327.82	7.5
贵 州	Guizhou	4691.97	3123.71	319.82	958.96	69.83	9.2
云 南	Yunnan	6351.82	3441.47	497.33	2113.31	112.38	10.4
西 藏	Tibet	255.34	115.31	3.97	129.32	0.29	5.6
陕 西	Shaanxi	4313.44	3035.65	99.97	917.76	34.99	6.7
甘 肃	Gansu	2439.54	1623.21	32.82	619.85	1.96	11.3
青 海	Qinghai	528.53	204.73	13.21	298.57	4.14	4.5
宁 夏	Ningxia	759.81	412.70	11.38	280.66	24.96	4.8
新 疆	Xinjiang	5143.12	3488.99	79.12	1265.69	35.95	8.8

附录1-7 主要农产品产量（2021年）
Output of Major Farm Products (2021)

单位:万吨 (10 000 tons)

地区 Region		粮食 Grain	油料 Oil-bearing Crops	棉花 Cotton	肉类 Meat	奶类 Milk	水果 Fruits
全国	**National Total**	**68285**	**3613**	**573**	**8990**	**3778**	**29970**
北京	Beijing	37.75	0.52		4.42	25.85	48.8
天津	Tianjin	249.87	0.31	0.40	30.50	51.81	49.4
河北	Hebei	3825.09	118.36	15.97	464.34	501.85	1445.1
山西	Shanxi	1421.25	15.46	0.09	135.38	135.73	974.9
内蒙古	Inner Mongolia	3840.30	213.89		277.32	680.04	190.8
辽宁	Liaoning	2538.74	116.18		435.41	139.25	856.4
吉林	Jilin	4039.24	85.75		274.65	32.75	164.1
黑龙江	Heilongjiang	7867.72	13.58		300.42	501.00	184.3
上海	Shanghai	93.96	0.49		9.14	29.36	32.6
江苏	**Jiangsu**	**3746.10**	**97.81**	**0.79**	**306.51**	**64.88**	**969.1**
浙江	Zhejiang	620.90	31.71	0.56	103.56	18.61	722.6
安徽	Anhui	4087.56	167.14	2.91	456.31	47.56	778.1
福建	Fujian	506.42	23.31		286.54	19.97	810.3
江西	Jiangxi	2192.33	130.91	1.72	344.96	8.35	744.6
山东	Shandong	5500.75	285.89	14.03	819.26	288.37	3032.6
河南	Henan	6544.17	657.28	1.40	646.81	216.82	2455.3
湖北	Hubei	2764.33	354.14	10.89	425.51	9.61	1119.4
湖南	Hunan	3074.36	263.00	8.05	562.05	5.70	1193.6
广东	Guangdong	1279.87	117.30		457.42	17.30	1957.8
广西	Guangxi	1386.54	75.86	0.11	440.97	13.09	3121.1
海南	Hainan	146.03	7.46		66.87	0.10	525.7
重庆	Chongqing	1092.84	68.48		196.59	3.07	553.2
四川	Sichuan	3582.14	416.60	0.20	664.04	68.35	1290.9
贵州	Guizhou	1094.86	94.88		228.23	4.92	653.7
云南	Yunnan	1930.30	63.89		488.06	72.51	1142.6
西藏	Tibet	106.15	4.58		27.36	53.72	3.0
陕西	Shaanxi	1270.43	58.33		127.97	161.90	2141.1
甘肃	Gansu	1231.46	58.79	3.06	135.29	67.54	883.8
青海	Qinghai	109.09	31.88		40.03	35.62	3.0
宁夏	Ningxia	368.44	4.82		35.33	280.51	262.8
新疆	Xinjiang	1735.78	34.60	512.85	198.73	221.92	1659.5

附录1-8　规模以上工业企业主要经济指标（2021年）
Main Economic Indicators of Industrial Enterprises above Designated Size (2021)

单位:亿元　　(100 million yuan)

地区 Region		营业收入 Business Revenue	营业成本 Business Cost	利润总额 Total Profits	应收账款 Accounts Receivable	产成品 Finished Goods	资产总计 Total Assets
全　国	**National Total**	**1279227**	**1071247**	**87092**	**188730**	**53986**	**1412880**
北　京	Beijing	28054.0	21710.0	3664.9	4717.7	1150.3	60393.9
天　津	Tianjin	22571.2	19334.6	1456.9	3161.4	964.3	22897.8
河　北	Hebei	52125.4	45918.9	2294.3	6248.6	1904.3	55395.6
山　西	Shanxi	32396.2	25561.5	2949.9	5327.8	1042.3	55386.7
内蒙古	Inner Mongolia	23947.1	18271.5	3380.8	2741.2	702.5	37260.6
辽　宁	Liaoning	35214.2	29672.0	1699.6	4472.1	1705.4	42272.9
吉　林	Jilin	14058.0	11608.6	1073.8	1729.0	523.6	18846.1
黑龙江	Heilongjiang	11253.1	9336.7	515.2	1618.2	495.3	17732.9
上　海	Shanghai	44173.0	36026.8	3032.0	8255.5	1968.6	51746.2
江　苏	**Jiangsu**	**149920.7**	**126829.6**	**9358.1**	**29636.1**	**7840.3**	**149340.8**
浙　江	Zhejiang	97967.6	81918.3	6788.7	18492.0	5181.7	110368.5
安　徽	Anhui	44775.9	38191.0	2669.9	8265.0	1946.9	48960.0
福　建	Fujian	64743.0	55815.5	4353.3	5753.0	2326.9	46172.9
江　西	Jiangxi	43976.7	37969.9	3122.4	4238.9	1326.5	30357.9
山　东	Shandong	102271.5	88711.2	5268.8	12573.7	4896.2	109712.9
河　南	Henan	54006.4	47301.5	2581.2	6149.5	1744.8	54479.5
湖　北	Hubei	49215.7	41300.3	3189.5	5458.3	1826.9	46565.5
湖　南	Hunan	42763.3	35350.4	2060.0	4724.7	1194.1	32485.2
广　东	Guangdong	169785.1	141095.1	10927.6	28748.0	8004.6	169766.7
广　西	Guangxi	21911.1	19081.5	1131.3	2696.9	941.3	22802.3
海　南	Hainan	2625.7	2052.8	212.1	361.1	84.5	4281.6
重　庆	Chongqing	27118.9	22920.4	1877.5	4095.0	891.6	24310.8
四　川	Sichuan	52583.4	43160.9	4359.2	6913.5	1794.2	57922.3
贵　州	Guizhou	9712.5	7563.3	1063.5	1374.2	394.6	16452.9
云　南	Yunnan	17359.5	13735.8	1211.0	1849.1	701.6	24804.5
西　藏	Tibet	401.7	291.3	48.9	88.2	14.3	2139.1
陕　西	Shaanxi	29585.6	22821.7	3605.1	4073.5	1148.2	40875.3
甘　肃	Gansu	9601.7	8075.2	516.5	1211.0	318.2	12876.3
青　海	Qinghai	3186.7	2512.6	301.6	627.4	126.7	6481.8
宁　夏	Ningxia	6491.2	5389.8	462.6	959.2	230.6	11930.2
新　疆	Xinjiang	15430.4	11718.5	1916.1	2170.1	594.9	27860.3

附录1-9　主要工业产品产量（2021年）
Output of Major Industrial Products (2021)

地　区	Region	发电量（亿千瓦时）Electricity Generation (100 million kW·h)	生铁（万吨）Pig Iron (10 000 tons)	粗钢（万吨）Crude Steel (10 000 tons)	钢材（万吨）Rolled Steel (10 000 tons)	水泥（万吨）Cement (10 000 tons)	农用化肥（万吨）Chemical Fertilizers for Agricultural Use (10 000 tons)	汽车（万辆）Motor Vehicles (10 000 units)	布（亿米）Cloth (100 million m)
全　国	**National Total**	**85342**	**86857**	**103524**	**133667**	**237811**	**5544**	**2653**	**502**
北　京	Beijing	472.57			203.40	258.10		135.50	
天　津	Tianjin	799.73	1818.4	1825.30	5991.70	632.00	56.00	74.00	0.40
河　北	Hebei	3513.42	20203.0	22496.50	29559.40	11354.61	201.62	110.00	10.53
山　西	Shanxi	3926.16	5988.4	6740.70	6173.90	5688.63	383.31	11.90	0.20
内蒙古	Inner Mongolia	6119.93	2347.4	3117.90	2957.60	3667.90	394.96	5.40	
辽　宁	Liaoning	2257.58	7024.7	7502.40	7759.10	4938.88	37.11	80.90	0.72
吉　林	Jilin	1025.75	1366.0	1538.90	1790.60	2125.30	28.80	242.40	0.30
黑龙江	Heilongjiang	1200.53	846.5	960.60	951.40	2188.59	73.61	7.60	
上　海	Shanghai	1003.06	1391.0	1577.10	1941.40	444.02	1.10	283.30	0.67
江　苏	**Jiangsu**	**5968.89**	**10023.9**	**11925.00**	**15701.90**	**15402.07**	**178.65**	**77.60**	**83.57**
浙　江	Zhejiang	4222.50	794.8	1455.60	3451.80	13638.01	80.78	99.40	123.40
安　徽	Anhui	3083.39	2911.6	3891.60	3820.30	15000.97	210.23	150.30	8.43
福　建	Fujian	2950.80	1145.2	2535.50	3980.50	10131.04	66.70	34.30	83.21
江　西	Jiangxi	1563.27	2315.6	2711.00	3480.90	10403.76	98.57	43.60	9.70
山　东	Shandong	6210.32	7524.4	7649.30	10667.60	16617.53	403.73	107.30	46.62
河　南	Henan	3039.08	2746.7	3316.10	4336.00	11385.86	359.00	52.80	19.30
湖　北	Hubei	3292.37	2624.4	3656.10	3852.10	11872.83	582.17	209.90	52.38
湖　南	Hunan	1741.86	2177.4	2612.70	2979.70	10513.33	66.01	31.90	1.34
广　东	Guangdong	6306.23	2053.6	3178.30	5111.20	17084.27	7.73	338.50	27.21
广　西	Guangxi	2081.93	3015.3	3660.90	5282.10	11432.91	41.21	190.10	0.85
海　南	Hainan	391.23				1937.50	67.00	1.50	
重　庆	Chongqing	991.43	674.5	899.30	1310.50	6238.14	162.10	199.80	2.84
四　川	Sichuan	4530.33	2092.0	2787.90	3496.20	14171.46	342.99	72.70	13.90
贵　州	Guizhou	2368.40	375.4	461.90	811.20	9332.80	336.66	8.80	0.50
云　南	Yunnan	3770.23	1711.6	2361.00	2646.40	11511.46	248.37	1.80	
西　藏	Tibet	112.77				991.60			
陕　西	Shaanxi	2739.75	1136.3	1520.80	2097.40	6698.50	166.40	80.10	8.19
甘　肃	Gansu	1896.82	789.2	1059.00	1080.60	4478.17	26.95		
青　海	Qinghai	995.71	154.2	186.70	182.00	1107.05	494.30		
宁　夏	Ningxia	2082.89	457.6	596.30	582.30	1870.07	62.71		0.60
新　疆	Xinjiang	4683.55	1147.6	1299.90	1467.70	4693.38	365.08	1.60	7.01

附录 1－10　建筑业主要指标（2021 年）
Main Indicators of Construction（2021）

地　区 Region		企业个数（个）Number of Enterprises (unit)	从事建筑业活动的从业人员平均人数（万人）Average Number of Employees Engaged in Construction (10 000 persons)	建筑业总产值（亿元）Gross Output Value of Construction (100 million yuan)	房屋建筑施工面积（万平方米）Floor Space of Buildings under Construction (10 000 sq. m)	房屋建筑竣工面积（万平方米）Floor Space of Buildings Completed (10 000 sq. m)	按建筑业总产值计算的劳动生产率（元/人）Labor Productivity in Terms of Total Output Value of Construction (yuan/person)
全　国	**National Total**	**128746**	**6194**	**293079**	**1575495**	**408257**	**473191**
北　京	Beijing	2518	218.45	13987.73	91154.80	13254.46	640303
天　津	Tianjin	2388	88.31	4653.05	18022.62	2189.78	526910
河　北	Hebei	3142	100.50	6484.60	35548.94	8212.20	645244
山　西	Shanxi	3733	122.79	5677.71	23316.40	5047.96	462396
内蒙古	Inner Mongolia	1026	24.53	1279.38	7497.49	1320.68	521475
辽　宁	Liaoning	5816	69.89	4044.90	18129.70	3458.96	578784
吉　林	Jilin	2801	37.52	2246.29	8737.45	3006.05	598758
黑龙江	Heilongjiang	2195	31.05	1328.50	3753.52	786.78	427852
上　海	Shanghai	2362	121.43	9236.42	54802.86	9232.42	760647
江　苏	**Jiangsu**	**11396**	**1035.34**	**38244.49**	**273463.34**	**74993.32**	**369389**
浙　江	Zhejiang	8750	585.24	23010.97	181956.36	43302.41	393185
安　徽	Anhui	6834	198.57	10584.04	53887.36	14006.50	533025
福　建	Fujian	7758	490.94	15810.43	87172.33	19182.50	322044
江　西	Jiangxi	4663	181.74	9762.95	35525.62	14475.20	537197
山　东	Shandong	9297	306.86	16412.05	95011.86	24018.20	534836
河　南	Henan	8158	307.96	14192.01	67394.30	18988.63	460835
湖　北	Hubei	5077	249.96	19031.55	94015.95	33112.57	761375
湖　南	Hunan	3590	301.25	13280.14	76367.89	24029.14	440841
广　东	Guangdong	8501	393.04	21345.58	105978.42	24525.57	543085
广　西	Guangxi	2351	125.63	6699.59	29484.21	8596.73	533283
海　南	Hainan	271	6.63	447.09	1700.28	475.84	674177
重　庆	Chongqing	3500	227.86	9943.01	37895.19	14161.97	436359
四　川	Sichuan	7891	412.95	17351.19	72351.79	23250.76	420179
贵　州	Guizhou	1993	84.55	4578.04	17892.13	4035.63	541463
云　南	Yunnan	3770	162.28	7336.58	18747.23	6648.64	452088
西　藏	Tibet	410	4.62	270.73	425.53	196.39	586263
陕　西	Shaanxi	3636	165.83	9176.40	36561.94	7164.87	553355
甘　肃	Gansu	2168	49.32	2270.28	12418.96	2341.39	460361
青　海	Qinghai	390	8.23	587.33	935.52	277.08	713397
宁　夏	Ningxia	648	17.55	681.52	1989.74	839.93	388333
新　疆	Xinjiang	1713	62.86	3124.77	13355.55	3124.54	497108

附录 1－11　客运量和旅客周转量（2021 年）

Passenger Traffic and Passenger-Kilometers（2021）

地区 Region		客运量（万人）Passenger Traffic（10 000 persons）	铁路 Railways	公路 Highways	水运 Waterways	旅客周转量（亿人公里）Passenger-Kilometers（100 million Passenger-km）	铁路 Railways	公路 Highways	水运 Waterways
全国	**National Total**	**830257**	**261171**	**508693**	**16337**	**19758**	**9568**	**3628**	**33**
北京	Beijing	36666	8607	28059		149.59	95.48	54.11	
天津	Tianjin	12391	3406	8916	70	171.01	116.61	54.30	0.11
河北	Hebei	15009	7931	7079		682.13	615.67	66.46	
山西	Shanxi	11810	6454	5280	76	221.32	165.44	55.85	
内蒙古	Inner Mongolia	6283	3597	2686		164.82	130.61	34.20	
辽宁	Liaoning	27408	7778	19362	268	431.43	333.45	96.09	1.89
吉林	Jilin	13470	4216	9155	98	208.72	135.73	72.90	0.09
黑龙江	Heilongjiang	13480	4867	8477	135	190.24	133.48	56.62	0.14
上海	Shanghai	11125	9284	1480	361	134.65	84.27	49.68	0.71
江苏	**Jiangsu**	**67295**	**21367**	**43789**	**2140**	**991.53**	**689.12**	**301.58**	**0.83**
浙江	Zhejiang	46355	18263	24246	3846	713.62	531.81	176.87	4.94
安徽	Anhui	27563	11118	16284	161	753.60	605.57	147.82	0.21
福建	Fujian	19614	8350	10522	742	313.97	238.64	74.52	0.82
江西	Jiangxi	24304	9167	14978	159	603.91	505.96	97.71	0.24
山东	Shandong	29975	13790	15139	1047	706.81	525.13	177.83	3.85
河南	Henan	50717	13126	37388	203	985.32	691.16	293.73	0.43
湖北	Hubei	33040	11627	21098	314	620.77	490.28	128.61	1.88
湖南	Hunan	50660	12865	37031	764	857.69	660.62	195.38	1.69
广东	Guangdong	53599	24452	27567	1580	940.86	670.39	265.96	4.51
广西	Guangxi	27918	9088	18326	504	521.94	335.64	184.22	2.08
海南	Hainan	8944	2771	4856	1317	89.94	44.70	42.43	2.82
重庆	Chongqing	32754	6497	25647	610	281.17	157.80	120.39	2.98
四川	Sichuan	60287	14073	45349	865	596.57	325.32	270.27	0.98
贵州	Guizhou	25855	6481	19004	370	410.16	255.39	153.89	0.89
云南	Yunnan	20582	5253	14973	357	283.36	144.70	138.03	0.63
西藏	Tibet	939	327	612		30.16	15.38	14.77	
陕西	Shaanxi	20587	7728	12794	66	435.53	333.42	101.97	0.14
甘肃	Gansu	15494	4601	10813	79	335.90	269.11	66.70	0.09
青海	Qinghai	2474	821	1590	63	85.01	57.23	27.72	0.06
宁夏	Ningxia	3575	720	2713	141	55.92	29.03	26.81	0.08
新疆	Xinjiang	16026	2543	13483		260.78	180.66	80.12	

附录1－12 货运量和货物周转量（2021年）
Freight Traffic and Freight Ton-Kilometers（2021）

地区 Region		货运量（万吨）Freight Traffic（10 000 tons）	铁路 Railways	公路 Highways	水运 Waterways	货物周转量（亿吨公里）Freight Ton-Kilometers（100 million ton-km）	铁路 Railways	公路 Highways	水运 Waterways
全国	**National Total**	**5298499**	**477372**	**3913889**	**823973**	**223600**	**33238**	**69088**	**115578**
北京	Beijing	23425	350	23075		1077.31	802.90	274.41	
天津	Tianjin	56435	11750	34527	10159	2677.56	553.59	672.71	1451.26
河北	Hebei	261208	29205	227203	4800	14769.50	5395.40	8650.10	724.00
山西	Shanxi	217623	102909	114698	16	6444.67	3218.92	3225.71	
内蒙古	Inner Mongolia	215975	83128	132847		4933.82	2715.32	2218.50	
辽宁	Liaoning	179238	23151	152596	3491	4524.65	1246.06	2719.50	559.09
吉林	Jilin	53587	5912	47675		2068.58	544.76	1523.81	
黑龙江	Heilongjiang	55116	12512	42086	519	1744.82	882.77	815.81	46.24
上海	Shanghai	154793	513	52899	101380	34074.60	18.94	1037.32	33018.33
江苏	**Jiangsu**	**294678**	**9738**	**186708**	**98232**	**11788.60**	**357.51**	**3687.79**	**7743.29**
浙江	Zhejiang	328041	5177	213653	109210	12937.51	271.03	2636.97	10029.51
安徽	Anhui	401415	7791	259044	134580	11068.04	826.90	3727.88	6513.26
福建	Fujian	166113	5112	110777	50224	10159.13	201.36	1233.16	8724.61
江西	Jiangxi	198685	4818	181024	12843	4884.72	570.36	3960.11	354.24
山东	Shandong	342728	32203	291196	19329	12049.70	1729.68	7517.61	2802.41
河南	Henan	255551	11563	226447	17541	10674.57	2384.53	7026.33	1263.70
湖北	Hubei	214762	5828	161310	47625	6742.91	1100.35	2196.18	3446.39
湖南	Hunan	224465	4771	198423	21272	2897.70	986.92	1461.16	449.62
广东	Guangdong	386540	11844	267489	107206	28031.52	362.54	2980.46	24688.52
广西	Guangxi	216168	9119	169019	38030	4882.04	772.72	1873.39	2235.93
海南	Hainan	27991	1100	7608	19282	8771.75	16.15	44.72	8710.87
重庆	Chongqing	144593	1946	121185	21462	3846.48	254.70	1155.84	2435.94
四川	Sichuan	184312	7535	171377	5400	3078.89	1024.37	1789.79	264.73
贵州	Guizhou	96989	7276	89154	560	1435.90	685.85	726.31	23.73
云南	Yunnan	135007	5342	129090	576	1868.28	482.79	1377.57	7.92
西藏	Tibet	4583	81	4502		150.15	31.23	118.91	
陕西	Shaanxi	160695	37894	122716	85	3945.05	2126.07	1818.67	0.31
甘肃	Gansu	76109	6444	69665		2887.31	1689.89	1197.41	
青海	Qinghai	17817	3735	14083		591.59	431.13	160.47	
宁夏	Ningxia	46929	9423	37506		812.21	234.50	577.70	
新疆	Xinjiang	73508	19199	54309		2000.07	1318.74	681.33	

附录1－13　国内外贸易（2021年）
Domestic and Foreign Trade (2021)

地区 Region		社会消费品零售总额（亿元） Total Retail Sales of Consumer Goods (100 million yuan)	进出口总额（亿美元） Total Value of Imports and Exports (USD 100 million)	出口 Exports	进口 Imports
全　国	**National Total**	**440823**	**60515**	**33640**	**26875**
北　京	Beijing	14867.74	4710.20	946.40	3763.80
天　津	Tianjin	3769.78	1325.70	599.70	726.00
河　北	Hebei	13509.87	838.10	469.00	369.20
山　西	Shanxi	7747.26	345.10	211.40	133.70
内蒙古	Inner Mongolia	5060.31	191.20	74.10	117.20
辽　宁	Liaoning	9783.95	1194.80	512.50	682.30
吉　林	Jilin	4216.63	232.40	54.70	177.70
黑龙江	Heilongjiang	5542.89	308.80	69.30	239.50
上　海	Shanghai	18079.25	6286.00	2433.10	3852.90
江　苏	**Jiangsu**	**42702.65**	**8068.70**	**5035.40**	**3033.30**
浙　江	Zhejiang	29210.54	6410.90	4661.20	1749.70
安　徽	Anhui	21471.16	1071.00	633.80	437.10
福　建	Fujian	20373.11	2855.00	1674.10	1180.90
江　西	Jiangxi	12206.69	770.80	568.20	202.50
山　东	Shandong	33714.55	4536.30	2722.30	1813.90
河　南	Henan	24381.70	1271.00	778.10	492.90
湖　北	Hubei	21561.37	831.40	543.10	288.30
湖　南	Hunan	18596.85	927.10	652.40	274.80
广　东	Guangdong	44187.71	12795.50	7819.10	4976.40
广　西	Guangxi	8538.50	917.00	454.50	462.50
海　南	Hainan	2497.62	228.70	51.50	177.20
重　庆	Chongqing	13967.67	1238.30	800.10	438.30
四　川	Sichuan	24133.21	1473.20	884.10	589.10
贵　州	Guizhou	8904.27	101.30	75.40	25.90
云　南	Yunnan	10731.80	486.60	273.50	213.10
西　藏	Tibet	810.34	6.20	3.50	2.70
陕　西	Shaanxi	10250.50	736.40	397.30	339.20
甘　肃	Gansu	4037.11	75.90	15.00	60.90
青　海	Qinghai	947.84	4.80	2.60	2.20
宁　夏	Ningxia	1335.12	33.20	27.10	6.10
新　疆	Xinjiang	3584.62	243.00	197.10	45.90